Comentarios y sugerencias:
Correo electrónico: editor@fce.com.mx

BIBLIOTECA DE PROSPECTIVA

MÉXICO 2030

JULIO A. MILLÁN B.
ANTONIO ALONSO CONCHEIRO
(coordinadores)

México 2030
Nuevo siglo, nuevo país

ENRIQUE ALDUNCIN ABITIA • ANTONIO ALONSO CONCHEIRO
JUAN PABLO ARROYO ORTIZ • ROLANDO CORDERA
DANIEL DÍAZ DÍAZ • JORGE ELIZONDO ALARCÓN
JULIO FAESLER • JOSÉ GÓMEZ DE LEÓN
ENRIQUE GONZÁLEZ TIBURCIO • ÓSCAR GUERRA FORD
CARLOS M. JARQUE • FEDERICO KUHLMANN
VÍCTOR LICHTINGER • JAIME MARTUSCELLI • JULIO A. MILLÁN B.
OLGA OJEDA CÁRDENAS • FERNANDO DEL OLMO
DANIEL RESÉNDIZ NÚÑEZ • FEDERICO REYES HEROLES
GEORGINA SÁNCHEZ • FERNANDO SOLANA • LORENZO ZAMBRANO

FONDO DE CULTURA ECONÓMICA
MÉXICO

Primera edición,   2000
Primera reimpresión, 2000

Esta obra ha sido patrocinada por

CARLOS ABEDROP DÁVILA
(Grupo Olmeca)

JOSÉ MENDOZA FERNÁNDEZ
(Grupo Bufete Industrial)

JULIO A. MILLÁN B.
(Grupo Coraza)

CARLOS SLIM HELÚ
(Grupo Carso)

D.R. ©, 2000, FONDO DE CULTURA ECONÓMICA
Carretera Picacho-Ajusco 227, 14200 México, D.F.
www.fce.com.mx

ISBN 968-16-6224-5

Impreso en México

PRESENTACIÓN

Julio Millán Bojalil*
Antonio Alonso Concheiro**

En el despertar del siglo XXI, el Fondo de Cultura Económica, guiado por Miguel de la Madrid, tomó la iniciativa de impulsar una reflexión seria, profunda y documentada sobre los futuros de largo plazo de México. Nos sumamos a ella con entusiasmo, convencidos de la urgencia que tiene nuestro país de explorar sus futuros. México no puede ser sujeto pasivo de transformaciones que sean producto del azar y de circunstancias coyunturales; tiene que tomar un papel proactivo, propositivo, reflexivo, analítico en la construcción de su futuro, ya que de no hacerlo se profundizarían las fracturas territoriales. México deberá ser lo que colectivamente los mexicanos queremos que sea, apoyándonos en lo que ya tenemos. El proyecto de país está abierto a discusión; debe dialogarse no sólo sobre lo que sería deseable, sino también sobre lo que será posible. Conviene poner en la mesa, en blanco y negro, algunas alternativas.

México y el mundo viven una época de grandes transformaciones en prácticamente todos los ámbitos. Hoy más que nunca es cierta aquella frase de Thomas Hobbes en el sentido de que "el infierno es la verdad vista demasiado tarde". Y hoy resulta demasiado costoso no anticiparla. Es cierto que el futuro no puede pronosticarse. Afortunadamente así es, ya que ello significa que nuestro actuar (o no actuar) influyen sobre él; esto es, que el futuro puede construirse, que no es un destino único al que inexorablemente habremos de dirigirnos. Si bien no puede asegurarse cómo será el futuro, sí puede explorarse razonada y rigurosamente cómo podría ser, en un ejercicio de tipo condicional (si x, luego y). Sólo si este tipo de ejercicios de carácter anticipatorio se multiplican, con una participación tan amplia como sea posible desde diferentes puntos de vista, podremos reducir el riesgo de que el futuro siempre nos alcance como una gran sorpresa permanente.

Estamos inaugurando un nuevo siglo y un nuevo milenio. Es época propicia para explorar qué podría depararnos el porvenir. Frente a la intensidad de los cambios vividos recientemente por la sociedad nacio-

* Presidente, Coraza Corporación Azteca
** Socio Consultor, Analítica Consultores Asociados, SC

nal, no hay duda que el proyecto de país que deseamos requiere ajustes y grandes redefiniciones. Cabe especular sobre cuáles serán los renglones en que más habremos de cambiar y las posibles direcciones en que habremos de hacerlo. Cabe anticipar hipótesis sobre cuáles podrían ser nuestros retos y oportunidades futuras de mayor importancia. Ello en sí mismo será contribuir positivamente a construirnos un nuevo futuro, que esperamos será mejor.

Lo inevitable en la mitología griega se denominaba "destino", fenómeno superior que obraba irremediablemente sobre los dioses y sobre los hombres. La pregunta de si somos dueños de nuestros actos o estamos sometidos al imperio del destino nos ubica en el centro del debate del futuro y de la prospectiva.

La construcción del futuro es sin duda un ejercicio altamente riesgoso, por lo que es mejor tomar la decisión de edificarlo desde ahora. El futuro no se prevé; se construye. Lo que ocurra o deje de ocurrir dependerá solamente de las acciones que emprendamos o dejemos de realizar.

El concepto de prospectiva supone la fuerza creadora del hombre para dominar y transformar la naturaleza y está estrechamente vinculado con la noción de libertad, entendida como la capacidad de la voluntad para obrar de una manera o de otra. Esto significa que la construcción del futuro no sería posible sin la libertad del hombre para llevarla a cabo. Pero a su vez, la voluntad obra movida por el intelecto.

Prospectiva es ver al futuro, pero no sólo el mañana, sino más allá. Es ver el pasado, pero no sólo el ayer, sino más allá. Es ver el presente, pero no sólo el hoy, sino más allá. Porque el hoy no es sólo el instante que ya es pasado. El presente son muchos presentes: "Todo depende del color del cristal con que se mire". El presente es este segundo, este minuto, esta semana, este año, este siglo.

Prospectiva es abstracción para contemplar los pasados, los presentes y los futuros. Es concreción para abrir las puertas de las posibilidades y las alternativas, de los deseos y de los anhelos.

Pero prospectiva no sólo es desear, sino ambicionar y mucho más allá. Es compromiso con nuestro ser para atrevernos a perder el miedo al futuro, el miedo al presente y el miedo al pasado. Es atrevernos a soñar y a realizar ese sueño. Es reconocernos a nosotros mismos como seres perfectibles. Prospectiva es también perder el miedo a sabernos seres fuertes, aptos, inteligentes; seres con la capacidad para crear e inventar nuestro futuro.

Escribía Octavio Paz que los pueblos se conocen no sólo por sus recuerdos (su historia) sino por sus proyectos, sus sueños y sus miedos (su futuro). Paz atribuía a México cierta miopía o cortedad de vista; según él, hemos pasado más tiempo revisando lo ocurrido que proponiéndonos lo que desearíamos que ocurriera. Pero ello puede (y debe) corregirse. La exploración de nuestros futuros no debe ser un ejercicio meramente voluntarista, de expresión de deseos como recurso mágico para modificar el presente. La voluntad es motor importante siempre que vaya acompañada de la acción adecuada. Pensar nuestros futuros, así, en plural, puesto que no se trata de uno solo, debe ser un ejercicio de definición de alternativas, de valoración del impacto que nuestros actos podrían tener. Nombrar las cosas es empezar a construirlas, y, un ejercicio tal debe ser un diálogo con propósitos pragmáticos para contribuir a tomar mejores decisiones en el presente.

Al imaginar el futuro conviene siempre emplear una combinación balanceada de imaginación y razón. La imaginación nos libera de las ataduras de los moldes del pasado; la razón recorta las alas de la imaginación para hacer realizables los futuros proyectados. El porvenir dependerá en parte del pasado; por ello los estudios de prospectiva recurren a la historia. Pero el pasado será pésima guía para el futuro si no se tiene en cuenta que el porvenir será función también de lo que ocurra (o deje de ocurrir) de ahora en adelante. Las tendencias presentes y el peso de la historia se diluyen con el paso del tiempo y la ocurrencia de eventos que portan con ellos nuevos futuros.

Para el futuro nacional importan tanto los futuros deseables, los que nos permiten explorar nuevos proyectos de país, como los posibles o probables, que nos permiten determinar los retos y oportunidades que habremos de enfrentar y frente a los que habremos de desarrollar estrategias de acción. El propósito no es meramente académico; está orientado a la acción. En última instancia se reflexiona sobre el futuro para entender mejor el presente; esto es, con el propósito de estar mejor informados al tomar decisiones. Los deseos y las posibilidades pertenecen a mundos distintos. Los primeros corresponden a nuestros sueños y miedos y son producto de quien desea. Las segundas están atadas a las leyes naturales, a las inercias de los sistemas, a los conocimientos colectivos, a las limitaciones de recursos, a la razón, y son producto de una combinación de aquello que podemos controlar y lo que las circunstancias nos imponen. Con mucha frecuencia las posibilidades son primero deseos. Siendo los deseos y posibilidades de naturaleza distinta, al pensar en los futuros conviene distinguirlos y separarlos claramente, aunque ello no siempre sea fácil. Los dos tienen cabida, pero cada uno en su propio universo.

El estudio de la prospectiva cobra mayor importancia en la medida que el cambio económico, social y tecnológico se hace más veloz y que las crisis se tornan más profundas; la prospectiva aparece como la disciplina ideal para su estudio, porque las analiza como asuntos de largo plazo y desde la cima las cosas se pueden ver en su real dimensión. Si nos anticipamos al cambio, estaremos ganando ventajas comparativas de competitividad porque ya no seremos sorprendidos por el futuro.

La presente edición cumple con la finalidad de todo proceso prospectivo, que tiene como punto de máximo interés el diseño de escenarios posibles y probables en los diferentes capítulos que integran. Toca al lector elegir los más útiles y provechosos y determinar sus propias estrategias encaminadas a alcanzarlos.

México está inmerso en diversas transiciones de gran envergadura.

Una transición demográfica, con una población que crece con menor rapidez que en el pasado, que está modificando de manera importante su estructura por grupos de edades y envejeciendo, y que es cada vez más urbana. La transición demográfica abrirá diferentes ventanas de oportunidad, reduciendo la razón de dependencia y la demanda de ciertos servicios, como los de educación primaria. Pero también planteará nuevos retos; en particular la necesidad de generar cerca de un millón de nuevos empleos productivos por año. Una transición demográfica en la que la migración interna y hacia el exterior desempeñará un papel importante, que puede llevarnos a reconsiderar la conformación de la nación mexicana, para incluir como parte de ella a los seguramente más de treinta millones de mexicano-estadounidenses que vivirán allende la frontera norte. Los cambios demográficos corresponden a una revolución silenciosa que sólo percibimos en grandes lapsos, pero que tiene consecuencias de gran envergadura en todos los ámbitos de la vida nacional.

Una transición económica, paralela a la que ocurre a nivel mundial, en la que está cambiando la importancia relativa de los sectores en la generación del producto interno bruto, la generación de empleos y el comercio exterior. Una transición en la que el sector agropecuario seguramente continuará perdiendo terreno y el de servicios ganándolo, en la que parece obligada a generar una mayor productividad y competitividad de las empresas nacionales dentro y fuera del país, en la que el sistema financiero está débil y en proceso de modernización, y en la que el papel del estado como agente económico está redefiniéndose, abriendo nuevos espacios a la participación del sector privado y otorgando a la operación de los mercados un papel predominante, buscando un nuevo acomodo como promotor y regulador de las actividades productivas. México, luego de un periodo de cerca de cuarenta años de crecimiento económico sostenido, con tasas promedio anuales superiores al 6%, en el que prevaleció un modelo de sustitución de importaciones que finalmente se agotó, ha vivido, a partir de 1982, crisis económicas recurrentes. Como resultado, el producto *per cápita* no ha crecido en los últimos tres lustros y los salarios se han deteriorado, conduciendo a una injusta distribución de la riqueza. El modelo de sustitución de importaciones ha sido cambiado por otro que descansa en una apertura de la economía mexicana al comercio internacional, esto es, en el comercio exterior como motor de la economía. En paralelo, los cambios tecnológicos han transformado y siguen transformando los productos, los modos de producción y hasta las formas de comercialización. Los avances en teleinformática han tenido un impacto particularmente importante sobre todo ello. Los cambios económicos están transformando también asuntos más cercanos a nuestra raíz: los valores. Las siguientes tres décadas serán cruciales para la reconstrucción de la economía nacional.

Una transición política, en la que México parece avanzar decididamente hacia un sistema democrático de representación cada vez más acertado, con elecciones más transparentes y legítimas, una competencia partidista más equitativa, un menor contenido de presidencialismo, corporativismo y clientelismo, y una participación ciudadana más vigilante. Una transición que incluye también una nueva distribución de poder entre los tres poderes federales (más cercana a lo que marca la Constitución), la aparición de nuevos actores políticos tanto a nivel federal como regional y estatal, y una presencia creciente de los municipios. Una transición no exenta de dificultades y retrocesos, que ocurre en un amplio vacío de cultura política de los ciudadanos, en la que las plataformas partidistas son prácticamente inexistentes, con algunos brotes de violencia organizada cuyo expediente no ha podido cerrarse, y en una sociedad todavía muy acostumbrada a los caudillos, que compiten por el poder a través de campañas de mercadotecnia personal.

Una transición social, en la que los mexicanos tienen un creciente nivel educativo, la familia mexicana está reconfigurándose, reduciéndose de tamaño e incorporando de manera creciente nuevos prototipos de constitución (por ejemplo, las familias uniparentales) y modificando los valores sociales. Transición que incluirá también nuevos caminos por explorar en materia de salud y seguridad social. Nuevos papeles para los medios de comunicación, nuevos modos de relaciones interpersonales, posiblemente una diferenciación geográfica más marcada en los patrones de comportamiento, mayor movilidad física, y cambios importantes en la filiación religiosa de un número creciente de mexicanos. Esta transición ocurrirá en un ambiente donde la inseguridad personal se está convirtiendo en una pesada carga y en el que el narcotráfico y la corrupción no han podido ser erradicados y neutralizados.

Los próximos treinta años se seguirá observando la evolución de las transiciones de México dentro del marco de un entorno internacional que también ha tenido transformaciones fundamentales en las últimas tres décadas y en el que mucho está por definirse con claridad. El llamado proceso de globalización, la formación de bloques económicos regionales, la creciente volatilidad de los capitales y la construcción de un nuevo sistema financiero, el creciente peso de las empresas multinacionales, las funciones y papel de las organizaciones multinacionales, las olas de fusiones entre megaempresas, los conflictos culturales y religiosos, el deterioro ambiental y las medidas para controlarlo, son asuntos todos, sólo para citar algunos, donde el mundo seguirá sorprendiéndonos con frecuencia. Conviene destacar en dicho contexto la transformación y nuevos límites del concepto de soberanía.

Una transición, en fin, que incluye las interrelaciones viejas y nuevas entre todas las transiciones, con efectos de retroalimentación, positiva y negativa, entre la multitud de cambios vividos. En nuestro camino hacia el año 2030 sin duda iremos construyendo un nuevo país. Urge hacerlo de manera visionaria, con una ambición de que sea mejor para todos los mexicanos. Urge discutirlo razonadamente.

Los temas de los capítulos que integran este libro fueron escogidos para dar cobertura al conjunto de transiciones arriba citadas al año 2030. Se seleccionó esa fecha, porque entre hoy y entonces habría un cambio generacional que podría marcar nuevos patrones en los usos y costumbres de la humanidad, muchos de ellos motivados por las fuerzas tecno-ecológicas, consideradas como uno de los principales núcleos de eventos portadores de futuro.

Este libro, *México 2030: Nuevo siglo, nuevo país*, pretende contribuir al tan necesario diálogo sobre el porvenir de México. Para su elaboración, el Fondo de Cultura Económica invitó a un grupo de autores de reconocido prestigio para que cada uno de ellos escribiese un capítulo sobre los futuros de largo plazo (entre hoy y el año 2030) de un sector o tema de importancia para nuestro país. La riqueza de ideas y alternativas definidas y exploradas es inmensa. Los autores reflejan también un profundo nacionalismo al centrar sus concepciones en el futuro de México, tomando en cuenta que en prospectiva el futuro no lo construye el hombre individual, sino el hombre colectivo conformado por los actores sociales y grupos humanos que se unen para defender sus intereses y que obran utilizando el grado de poder que cada uno puede ejercer. Las tendencias políticas, económicas y sociales existen porque han sido el fruto de estrategias desplegadas por actores sociales. La diversidad de enfoques y de temas y asuntos tratados hará que cualquier lector interesado en el devenir de nuestro país, encuentre nuevos caminos que explorar. A todos los autores nuestro agradecimiento como mexicanos y como coordinadores de la obra. Al concebir esta obra aceptamos desde un comienzo que habríamos de dejar fuera de ella asuntos y temas sin duda importantes para el futuro nacional. Tal es el caso, por ejemplo, del sector de energía, la vivienda, los medios de comunicación masiva, las etnias, etc. Por amplia que sea, ninguna obra puede abarcar por completo a México y los mexicanos. Pero los huecos dejados no tienen por qué ser permanentes. Éste puede (y debe) ser el primero de muchos libros sobre los futuros de nuestro país, que vayan abarcando cada vez más sectores, profundizando en las esencias y detalles de los futuros de cada uno de ellos. Ojalá así sea.

Esta edición contó con el apoyo de cuatro empresarios que creen en el largo plazo, siempre preocupados por el quehacer y porvenir de México: Carlos Abedrop Dávila, José Mendoza Fernández, Carlos Slim Helú y el que suscribe esta presentación, Julio A. Millán B., quien agradece el privilegio no sólo de copatrocinar este libro, sino también el gran honor de coordinar junto con Antonio Alonso Concheiro la obra en su conjunto.

Gracias a ellos el Fondo de Cultura Económica pudo contar con el patrocinio de las empresas que aparecen en la página legal de este libro. Sin embargo, su contribución no se limitó al patrocinio de la obra; puntualmente asistieron a las reuniones que tuvo el grupo de autores para intercambiar puntos de vista, contribuyendo de manera sustantiva a la generación de ideas a tratar en los diversos capítulos. Nuestro país requiere de estas luces para no transitar a ciegas por el camino del nuevo siglo y milenio.

JULIO A. MILLÁN B.
ANTONIO ALONSO C.
México, D.F., enero de 2000

I. MÉXICO 2030: UN NUEVO PAÍS EN UN MUNDO DIFERENTE

Fernando Solana

¿Cuál será la situación de México y de los mexicanos en el año 2030? ¿Es posible preverla? ¿Tiene sentido intentar nuevas estrategias que abran un horizonte más claro para los 130 millones de mexicanos que habitarán en el territorio nacional en ese año?

El Fondo de Cultura Económica ha invitado a un grupo de especialistas en diferentes materias a realizar una nueva reflexión sobre el futuro de México e intentar trazar el perfil que tendrá nuestro país en tres décadas más. Se trata de un ejercicio audaz de prospectiva. Esperamos que resulte interesante, útil y divertido para el lector.

En este capítulo inicial se intentará ofrecer una visión panorámica, de conjunto, una "primera toma" de ese México tan distante y tan cercano a la vez.

Para situar el tema y entrar en materia, en este primer capítulo del libro se incluirán algunas ideas, reflexiones y comentarios sobre:

a) El alcance y la utilidad de los estudios prospectivos.

b) Una visión de carácter muy general sobre el mundo de las primeras décadas del siglo XXI.

c) Algunas cifras y escenarios, también de carácter general, sobre lo que podríamos esperar para México y los mexicanos.

d) Finalmente, algunas sugerencias y estrategias para que nuestro país pueda participar, de manera más activa e independiente, en las decisiones que orientarán la evolución del mundo globalizado.

I.1. Alcance y utilidad de la prospectiva

A pesar de sus signos aparentemente distintos, la historia y la prospectiva tienen, en última instancia, un objetivo principal común: entender mejor el presente.

Difícilmente la historia es un relato exacto de lo que ocurrió. La realidad social es tan compleja, que a la misma historia hay que dividirla en especialidades, épocas y regiones. La forma, el método de estudiar el pasado, no sólo ha ido cambiando, perfeccionándose y enriqueciéndose, sino que cada generación se siente con el derecho y la obligación de reinterpretar la historia a la luz de su tiempo y de sus necesidades. De hecho, cada historiador explica el pasado en el marco de sus propios valores, su espacio y sus códigos culturales.

La historia nos sirve, sobre todo, para conocernos mejor. Para entendernos a lo largo del tiempo. Para comprender y asumir de un modo más integral lo que somos, lo que es hoy nuestro espacio, nuestra sociedad y nuestro mundo.

La prospectiva nos sirve, fundamentalmente, para lo mismo. No se trata de adivinar o predecir el futuro. Tampoco de planear o programar sistemáticamente acciones para alcanzar, en algún lapso establecido, determinadas metas.

La prospectiva tiene sus propios métodos de trabajo, algunos compartidos con la historia, como son las cronologías largas y el análisis de ciclos, porque el futuro descansa en parte en el pasado. Las tendencias proyectan el pasado hacia el porvenir; el futuro las modifica. Pero, en última instancia, más que saber qué va a ocurrir y cuándo, la prospectiva nos ayudará, pensando en el futuro, a entender más claramente lo que pasa en el presente y, en todo caso, qué acción realmente eficaz podemos tomar para modificar —dentro de los límites que imponen las corrientes históricas fundamentales— nuestro futuro.

I.2. TENDENCIAS QUE APUNTAN HACIA EL SIGLO XXI

En su libro *Megatrends 2000*, escrito en 1990, John Naisbitt y Patricia Aburdene proponían diez "megatendencias" o "puertas" hacia el siglo XXI. Mencionaban, entre otras: la expansión de la economía global, la privatización del Estado benefactor, el liderazgo femenino, la era de la biología, el renacimiento religioso del nuevo milenio y el triunfo de lo individual.

Al terminar el siglo, algunas de las características y tendencias del mundo contemporáneo que parecerían tener más fuerza para proyectarse hacia las próximas tres décadas son, en mi opinión:

I.2.1. En el campo técnico-científico

a) El desarrollo y enorme impacto social de la biotecnología y la ingeniería genética. La genómica está teniendo ya efectos notables en los campos de la salud y la producción de alimentos. Éstos se irán ampliando y empezarán a abarcar otros ámbitos; por ejemplo: energía, protección ambiental, metalurgia e incluso la informática.

b) El avance de las tecnologías del procesamiento electrónico de datos y de las telecomunicaciones y su efecto en la economía y en la capacidad competitiva de las empresas y de las economías regionales y nacionales. Más que en los equipos, se esperan grandes adelantos en los programas (el *software)* que podrían llevarnos, en el largo plazo, a extensas y quizá todavía inimaginables aplicaciones de la inteligencia artificial.

c) Avances también en el área de los nuevos materiales, que permitirán producirlos bajo pedido, con características que se ajusten a los requerimientos de los diseñadores de equipos y no a la inversa. Nuevos materiales con memoria, resistentes a altas temperaturas y presiones, con características diferentes en cada dirección espacial, etc.

Los hallazgos que procedan de la investigación y conquista del espacio extraterrestre.

d) Una vez precisado el mapa del genoma humano (probablemente hacia el año 2003), la búsqueda y el eventual descubrimiento del sitio —o el sistema— donde se localiza la conciencia de sí mismo que tiene cada ser humano.

I.2.2. En las formas de organización política

a) Disminución relativa del papel del Estado.

b) A pesar de lo anterior, es probable que en algunos países el Estado recupere la capacidad para moderar o incluso corregir la polarización de los conocimientos, del bienestar y de la riqueza provocada por la globalización y los excesos del mercado.

c) Surgimiento y consolidación de nuevas confederaciones de Estados, en la línea de la Unión Europea.

d) Consolidación de nuevos centros de poder (consejos de las grandes empresas multinacionales, de los medios de comunicación de alcance mundial, etc.).

e) Continuación de los conflictos religiosos, étnicos y culturales.

f) Diferencias de interés —y eventuales conflictos— entre las grandes potencias económicas, en lucha por asegurar mercados y zonas de influencia.

g) Aparición de nuevas organizaciones internacionales y transformación de las existentes, particularmente de las financieras.

h) Consolidación del prestigio de la llamada democracia representativa. Su aplicación real, sin embargo, dependerá en cada caso, de que sea posible asegurar, por un lado, la gobernabilidad y, por el otro, el bienestar social generalizado.

i) En las sociedades más avanzadas, mayor capacidad de los grupos pequeños de personas, e incluso de los individuos, para tomar sus propias decisiones e influir en las que tomen los gobiernos y las grandes organizaciones.

j) Multiplicación y fortalecimiento de las organizaciones de la llamada sociedad civil y el establecimiento de "redes" internacionales que las doten de mayor capacidad de influencia.

I.2.3. En lo social

a) La mujer tendrá un papel cada vez más importante en la vida social, económica y política.

b) Transformación gradual de las formas familiares de organización social.

c) Cambio gradual de la moral social.

d) Cambios en los sistemas educacionales y laborales como consecuencia, entre otras cosas, del uso generalizado del Internet y de la comunicación electrónica de datos.

e) Individualización de la vida cotidiana, del trabajo y de la educación de sectores cada vez más amplios de la sociedad.

f) Nuevas formas de convivencia y socialización motivadas por el creciente aislamiento de las personas.

g) Mayores contrastes sociales, como resultado de avances enormes en la productividad de algunas empresas, regiones y países, frente al estancamiento de otros.

I.2.4. En la actividad económica

a) Avance hacia una economía universal cada vez más interdependiente, basada principalmente en el libre mercado y en la apertura de las fronteras.

b) Como reacción a lo anterior, es probable que surjan nuevas tendencias y mecanismos de equilibrio; entre otros: nuevos sistemas de regulación de los mercados regionales y mundial, y proyectos de desarrollo "cerrados" locales, regionales e inclusos nacionales.

c) Consolidación de un sistema monetario mundial totalmente electrónico.

d) Avance de las monedas "fuertes" como unidades de intercambio internacional, regional y local.

e) Nuevas formas de organización y producción empresarial. Tanto las empresas industriales como las de servicios continuarán su tendencia a privilegiar las fuentes externas de abastecimiento (outsourcing) de información, sistemas y partes.

f) En la industria manufacturera continuará la tendencia hacia los sistemas de producción flexible, las entregas "justo a tiempo" y los diseños individuales.

g) Continuarán las fusiones de grandes multinacionales, orientadas a dominar los mercados mundiales.

h) Como reacción y a la vez como complemento de lo anterior, multiplicación de las pequeñas y medianas empresas. Algunas de ellas se desarrollarán como satélites de las grandes corporaciones multinacionales.

i) Continuará igualmente la tendencia al "autoempleo" y al desarrollo de pequeñas empresas personales para atender mercados locales y "nichos" muy específicos.

j) Resistencia a desaparecer de los grupos informales de la economía, especialmente en los países de menor desarrollo.

I.2.5. En los aspectos culturales

a) Universalización creciente de la lengua inglesa.

b) Interdependencia e interacción —en ocasiones pacífica, a veces violenta— de las grandes culturas del mundo.

c) Convivencia de estilos de vida mundiales, con formas culturales regionales y locales.

d) Gestación de nuevas culturas periféricas.

La relación anterior sólo pretende apuntar algunas de las tendencias que podrían caracterizar los cambios mundiales en los próximos años.

I.3. ¿QUÉ TAN LEJOS ESTÁ EL AÑO 2030?

Hay tres décadas de distancia entre este fin de siglo y el año 2030. Las mismas que hay respecto de 1970.

En 1970 el hombre ya había llegado a la luna, y el liderazgo espacial soviético alcanzado con el Sputnik empezaba a quedar atrás. No obstante, la Guerra Fría estaba en todo su apogeo.

La gran revolución tecnológica impulsada por la Segunda Guerra Mundial beneficiaba ya a millones de seres humanos, al generalizarse el uso de nuevos materiales, las telecomunicaciones y el procesamiento electrónico de datos. Empezaban a desarrollarse los microprocesadores y las computadoras personales.

La pastilla anticonceptiva estaba ya al alcance prácticamente de todas las mujeres del planeta que tuviesen alguna escolaridad. Ya desde principios de los años sesenta era evidente que se avanzaba hacia la igualdad de géneros en materia de educación. Consecuentemente, se iniciaba una transformación de las relaciones de la pareja, la familia y el matrimonio, así como de la estructura laboral y del papel de la mujer en la producción, en las organizaciones civiles, empresariales y políticas y en las estructuras de poder de toda índole.

Al terminar el siglo, la familia y la sociedad de raíz decimonónica características del siglo XX avanzaban, con velocidad sorprendente, hacia las que muy probablemente darán un perfil distinto al papel de la mujer, a las relaciones de género, a la familia y a las organizaciones de todo tipo en el siglo XXI.

I.4. Contexto internacional

Durante el siglo XVIII se gestaron las condiciones y las dos grandes revoluciones, la norteamericana y la francesa, que abrirían los nuevos tiempos de la historia. El sistema internacional moderno tuvo su origen formal al fin de las guerras napoleónicas, en los Tratados de Viena. En el siglo XX se consolidó, de alguna manera, en los Tratados de Versalles y con el nacimiento de la Liga de las Naciones. Posteriormente, en 1945, al terminar la llamada Segunda Guerra Mundial, se aprueba la Carta de la Naciones Unidas y nace la Organización que hoy agrupa a 185 Estados del planeta.

Este sistema, que condujo y ordenó la vida de las naciones durante dos siglos, está en crisis. Ello se debe a los embates de los países que más poder ostentan, a la falta de recursos financieros y a la violación frecuente a la Carta, que ha llegado al extremo de acciones militares decididas, de hecho, por el llamado Grupo de los Siete, por la OTAN y, en algunos casos, sólo por Estados Unidos.

Es difícil imaginar cuál será el próximo acomodo de los equilibrios del poder en el mundo internacional. Las condiciones de competencia económica parecen haber rebasado el límite de los Estados soberanos como unidades económicas viables, con algunas pocas excepciones.

A la vez, en dirección opuesta, los Estados parecen haber rebasado el tamaño que permite atender y responder a las necesidades de las localidades y regiones que los conforman. Sólo así puede explicarse un mundo cada vez más global pero con mayor número de nacionalismos y localismos florecientes.

Durante dos siglos el Estado nacional organizó la protección de los intereses económicos de las burguesías y las prerrogativas de poder de las burocracias. Ante el proceso de mundialización, las grandes burguesías y las grandes burocracias avanzan gradualmente hacia la internacionalización.

A partir de la caída del Muro de Berlín (1989) y con él de la Unión Soviética y del mundo bipolar, se radicalizó el pensamiento de la derecha y la ideología del mercado. El título de un libro de Francis Fukuyama daba una idea más clara del ambiente que prevalecía al empezar los años noventa en los círculos académicos y empresariales de los países industrializados: *El fin de la historia*. En pocas palabras: el fin del conflicto, de la dialéctica del mundo bipolar, del Estado, de la historia (en el sentido hegeliano), para dar lugar al mundo abierto, único, integrado, regido de manera natural por el equilibrio y la armonía que se atribuía al mercado.

La nueva ideología empezó por condenar a todas las anteriores y a hablar de "el fin de las ideologías". En muy poco tiempo ésta se impuso en la mayor parte de los países del mundo bajo el impulso de la potencia militar y política que habría de definir y tratar de ordenar y regir el mundo unipolar. Y México amaneció a los años noventa con su poderoso vecino convertido, sin posibilidad de equilibrio alguno, en el centro hegemónico del planeta.

El Estado nacional que ha organizado el poder, la producción, el comercio, las finanzas, el arte y los deportes durante los dos últimos siglos continuará la transformación que se precipitó a partir de 1989 con la caída del Muro de Berlín. Pero es difícil imaginar cómo continuará evolucionando la distribución y la organización del poder en el mundo. Países como el propio Estados Unidos, China, India, Japón, Brasil, Rusia o la nueva confederación de Estados nacionales que es la Unión Europea seguirán conservando un gran poder como Estados soberanos. El futuro de otros, como es el caso de México, dependerá de las estrategias que se sigan y de la habilidad y voluntad que existan para aplicarlas.

Lo que es ya un hecho es el avance y consolidación de nuevos centros de poder; algunos, como Estados Unidos, la Unión Europea y China, con su carácter de Estados soberanos; otros, sin embargo, como unidades claramente supranacionales: empresas multinacionales, medios de comunicación de alcance mundial, organismos financieros internacionales, algunas iglesias y organizaciones de la sociedad civil, e incluso organizaciones criminales.

Al terminar el siglo XX la preocupación por los efectos de la globalización y de la llamada economía neoliberal es manifiesta. La Organización para la Cooperación y el Desarrollo Económico, el Banco Mundial, la Reserva Federal de Estados Unidos y el propio Grupo de los Siete países más poderosos han hecho pública, en diferentes circunstancias y con diferentes palabras, su preocupación.

Los que vienen serán tiempos difíciles para la defensa de los intereses y la capacidad de decisión de países de tamaño medio —como México—, y mucho más difíciles para los países pequeños.

I.5. Las perspectivas para México

En 1970 éramos menos de 50 millones de mexicanos. Seremos cerca de 100 millones en 2000 y 130 millones en 2030. En otras palabras: doblamos la población en los últimos 30 años y sólo la aumentaremos en un 30% en las próximas tres décadas.

En materia educacional, en 1970 teníamos una escolaridad promedio de 3.4 años contra 7.8 que tendremos en 2000 y por lo menos 12 años en 2030.

El consumo total de energía era en 1970 de 2 petajoules. Será de 7 en 2000 y posiblemente de cerca de 30 para el año 2030.

Hace 30 años había 1.8 millones de vehículos en todo el país. Habrá probablemente 19.5 millones al terminar el siglo, y alrededor de 60 millones en el año 2030.

Podríamos dar más cifras sobre la economía, como el número de accesos de telefonía o de viviendas u otras, pero éstas son abordadas más adelante en el libro.

En cuanto al futuro del país, ya se dijo, dependerá de las estrategias, la habilidad y la voluntad de las nuevas generaciones de mexicanos y mexicanas y de quienes escojan como líderes.

México no escapa a las tendencias globales. Por el contrario, desde la apertura económica iniciada hace 15 años nuestro país se ha insertado más directamente en la dinámica política y económica global.

Podemos identificar, en el ámbito interno, criterios, decisiones y sucesos que coinciden o repiten como espejo lo que pasa a nivel internacional. Los procesos de privatización, la reducción (redimensionamiento) del tamaño y las funciones del Estado, la apertura ilimitada a todo tipo de flujos y reflujos de capital, son ejemplos de ello.

En México se manifestarán, sin duda, las grandes tendencias modernizadoras de la humanidad de fin de siglo. Pero se verá también la gran desigualdad que presenciamos a nivel internacional y las brechas que se amplían entre los sectores más tradicionales y los más modernos de la economía y la sociedad.

Uno de los temas que seguirá vigente, y agravándose si no se toman las medidas adecuadas, es la existencia no sólo de una "economía dual" sino, como resultado de ella, de una sociedad fragmentada.

Mientras México ha podido avanzar en el ámbito del comercio y la inversión internacionales y en la adopción de sistemas políticos más representativos, no puede superar rezagos ancestrales que han dado pie a formas de protesta radicales y que ponen en entredicho el Estado de derecho mexicano.

Es en este marco desigual donde pueden coexistir las grandes fortunas mexicanas con los 25 millones de mexicanos que subsisten con menos —a veces mucho menos— de un dólar diario. ¿Cómo lograr una sociedad más productiva y eficiente, más homogénea, una nación más integrada?

I.6. LOS MEXICANOS EN ESTADOS UNIDOS

Un nuevo factor, que se ha convertido ya en determinante de muchas situaciones nacionales, es la enorme población de mexicanos y de hijos y nietos de mexicanos que vive en Estados Unidos.

En 1990 la población de origen mexicano en Estados Unidos rebasaba ya los 14 millones, frente a los algo más de 81 millones de habitantes de México en ese año. Se estima que en el año 2000 pasará de 20 millones. La nación mexicana terminará así el siglo XX con una quinta parte de su población fuera de sus fronteras nacionales.

En el futuro la población de origen mexicano en Estados Unidos seguirá aumentando de manera importante, por dos factores: su elevada tasa natural de crecimiento y la continua migración de mexicanos hacia el norte. Por ello, en el año 2030 esta población podría ascender a alrededor de 40 millones, o sea, cerca del 30% de la población de México estimada para entonces.

Las cifras anteriores encierran toda una dinámica compleja que modificará de alguna manera la identidad de los mexicanos. Las implicaciones para México serán igualmente significativas por la influencia cultural y el impacto económico que los mexicanos de fuera generan en sus lugares de origen. ¿Cómo aprovechar las fortalezas de la comunidad de mexicanos en el extranjero y disminuir su vulnerabilidad? ¿Cómo aprovechar las ventajas de la vecindad con Estados Unidos, evitando los efectos negativos de la transculturación?

I.7. ESTRATEGIAS ANTE LA MUNDIALIZACIÓN

Tres podrían ser los objetivos estratégicos de México ante la realidad de la globalización:

a) Recuperar nuestro crecimiento económico sostenido con estabilidad y mejorar nuestra posición financiera interna y externa.

b) Consolidar los avances democráticos recientes y avanzar hacia una sociedad más equitativa y una convivencia social, y particularmente política, de más calidad.

c) Asumir la globalización, al tiempo que fortalecemos nuestra unidad nacional, nuestro peso económico político y cultural en el mundo, y aseguramos nuestra capacidad para participar más activa y eficazmente en las decisiones mundiales.

Hasta hoy México no ha sido capaz de aprovechar los procesos de globalización para adelantar en relación con los objetivos anteriores. En realidad le ha ocurrido lo contrario. De hecho, evaluaciones recientes muestran que los procesos de mundialización han beneficiado a algunas economías nacionales empresariales y personales a costa de otras. Y, lo que es más grave, han polarizado la riqueza y el bienestar, y han fortalecido procesos de decisión internacional centralizados, autoritarios y antidemocráticos.

I.8. 48 AÑOS DE DESARROLLO Y 17 DE ESTANCAMIENTO

De 1933 a 1974 las autoridades financieras de México fueron capaces de crear las condiciones para lograr un crecimiento económico excepcionalmente alto, con estabilidad de precios. De hecho, de 1933 a 1981 la economía mexicana creció con una tasa anual promedio anual de 6.3%: la más alta del mundo durante ese largo periodo.

El país cambió y se consolidó notablemente durante esos años. En 1930 México era una nación de 17 millones de habitantes, analfabetos en un 85%, la mayoría en extrema pobreza, con menos de 30 años de esperanza de vida al nacer. El país carecía de carreteras, de infraestructura industrial, comercial, educativa y de comunicaciones, y apenas salía de la larga guerra civil que había destruido o afectado seriamente la infraestructura creada por el porfiriato.

Organizado por sexenios, el crecimiento del producto nacional y de la inflación, en promedio anual, fue de:

Crecimiento con estabilidad:	Producto	Inflación
1934 a 1940	4.5	5.5
1941 a 1946	6.1	14.6
1947 a 1952	5.8	9.9
1953 a 1958	6.4	5.8
1959 a 1964	6.7	2.3
1965 a 1970	6.8	2.8
Crecimiento sin estabilidad:		
1971 a 1976	6.2	12.8
1977 a 1982	6.1	29.6

Ni crecimiento ni estabilidad:

1983 a 1988	0.3	92.9
1989 a 1994	2.9	15.9
1995 a 1999	2.7	25.4

[1] Obviamente la inflación no es el único indicador de la estabilidad, pero es el más representativo.

[2] La mayor parte de las cifras anteriores se toman de Antonio Ortiz Mena, *El desarrollo estabilizador*, p. 50.

Las condiciones internacionales y sobre todo las políticas económicas aplicadas en los tres periodos señalados en el cuadro anterior fueron obviamente diferentes. Durante el primer periodo (1934 a 1970) se apoyó un gran proyecto de desarrollo agrícola e industrial en el marco de una economía mixta, protegida, que daba apoyo y preferencia al capital nacional, pero que desarrolló también importantes programas para la inversión extranjera, como fue el caso de la industria automotriz. En el lapso 1941-1946 se dio una inflación de sólo 14.6%, no obstante ser el periodo de la Segunda Guerra Mundial.

Por los enormes avances logrados en los programas de sanidad, salud pública y alimentación se abatieron las tasas de mortalidad y la población alcanzó sus mayores tasas de crecimiento, de cerca de 3.3% anual en los sesenta. Pasamos de 18 a 48 millones de mexicanos en 1970. No obstante, fue posible mejorar en gran medida la infraestrutura física (electricidad, obras hidráulicas, carreteras, agua potable, drenaje) y los servicios educativos del país.

Destaca el periodo de 1959 a 1970, que fue calificado por Antonio Ortiz Mena, secretario de Hacienda y Crédito Público y responsable del manejo de las finanzas públicas durante esos años, como el de *desarrollo estabilizador*. Durante ese lapso se puso el énfasis en las estrategias de "desarrollo". Y así se consiguieron ambos objetivos: desarrollo y estabilidad.

En el segundo periodo los equipos económicos de los presidentes Luis Echeverría y José López Portillo se centraron en el desarrollo, pero prácticamente olvidaron la estabilidad. Ésta se fue afectando gradualmente, hasta culminar en el desastre de 1982.

A partir de 1983 la balanza se cargó de golpe hacia la recuperación de la estabilidad perdida. Fueron años particularmente difíciles para las economías de América Latina, y en especial para la mexicana, fue la llamada "década pérdida".

Luego vendrían las estrategias del Departamento del Tesoro de los Estados Unidos y del Fondo Monetario Internacional, identificadas como el "consenso de Washington", que provocarían cambios radicales en los objetivos y las estrategias latinoamericanas. En México éstas se aplicaron con frecuencia de manera inflexible, con poco realismo y dejando para después la solución de problemas sociales.

El resultado ha sido menos bueno de lo esperado: no se ha logrado la estabilidad y menos aún el crecimiento.

¿Qué pasará con la economía de México en los próximos seis, doce, treinta años? Ello dependerá de tres grandes factores:

a) *La situación económica internacional*. La economía mexicana se ha abierto a la globalización de tal manera, que el futuro desarrollo de nuestros mercados extranjeros y la estabilidad del sistema financiero mundial se han convertido en las variables determinantes de nuestro futuro económico.

b) *La política económica que se aplique en México*. Ojalá se entienda que la única forma de lograr estabilidad económica y social en un país, todavía pobre y con 100 millones de habitantes, es dando su lugar prioritario a una política de desarrollo integral, consistente y constante, realista y a la vez imaginativa.

c) *El lugar que se le dé a la educación como factor determinante del verdadero desarrollo*. Los recursos, la voluntad y la inteligencia que dediquen a la educación los sectores público y privado de todos y cada uno de los estados de la República serán determinantes de nuestro desarrollo integral, incluido el crecimiento económico.

I.9. HACIA UNA NUEVA POLÍTICA ECONÓMICA

No se puede volver al pasado, pero es necesario revisar las estrategias que se han aplicado en los últimos tres lustros para lograr que México recupere un crecimiento económico sostenido no menor del 6% anual en promedio, e incluso mayor si es que nos proponemos recuperar el tiempo perdido.

En 1970 el producto de México era superior al de Brasil (34.5 miles de millones de dólares contra 33.8 miles de millones) y varias veces mayor que el de Corea. Hoy, ambos países tienen economías mayores que la mexicana. China ha crecido durante los últimos quince años a tasas cinco veces mayores que las de México. Incluso Estados Unidos crece actualmente más que México, y esto ha vuelto a abrir la diferencia de los respectivos productos por habitante. Algo se ha hecho mal en México y debe corregirse.

Las características de México en el año 2030 dependerán, en primer lugar, de que seamos capaces de, por lo menos, recuperar el crecimiento sostenido que tuvimos en el pasado.

No es este el lugar para presentar la nueva política económica que se requiere para asegurar el bienestar social, la calidad de la convivencia y el lugar en el mundo global a los que aspiran la mayor parte de los mexicanos. Pero se pueden mencionar algunos puntos indispensables de ella:

a) Pasar de una estrategia que se limita a aplicar sólo algunos instrumentos orientados a lograr la estabilidad de las cifras macro-económicas, a una que tenga como objetivo un alto desarrollo sostenido con estabilidad.

b) Utilizar la política fiscal como el instrumento clave de una política económica que dé un nuevo impulso al crecimiento del país.

c) Superar la idea de reducir la dimensión y la acción del Estado (la política del "redimensionamiento") y construir un gobierno altamente eficiente y eficaz, honesto y flexible, democrático y moderno en su funcionamiento.

d) Avanzar en el proceso de descentralización iniciado en los últimos años, fortaleciendo a la vez las normas, las estructuras, la información y la conciencia cultural que asegure la unidad nacional.

e) Apoyar resueltamente la creación y el desarrollo de las pequeñas y medianas empresas industriales, agropecuarias y de servicios.

f) Fortalecer y, cuando sea el caso, recuperar la capacidad de decisión soberana de México en sus relaciones bilaterales y multilaterales.

g) Situar a la educación en el centro del proyecto de recuperación nacional. El desarrollo es de las personas o no es desarrollo.

La teoría social de los dos últimos siglos ha dado prioridad a lo económico como el factor determinante del desarrollo y del bienestar social. Desde que Smith publicó *La riqueza de las naciones* en 1776 hasta nuestros días, se ha considerado que el análisis económico —pasando por Ricardo, Malthus, Marx, Keyness y los contemporáneos— es la base para analizar y entender el funcionamiento de la sociedad.

Como consecuencia de lo anterior, se ha venido considerando a la economía como la única disciplina capaz de establecer las bases para diseñar las estrategias y las políticas necesarias que permitan alcanzar determinados objetivos, y se supone que todo lo demás, incluso el conflicto o la convivencia social, la vida política, la educación y la cultura, son sólo reflejo o consecuencia de lo económico.

Obviamente no todos los estudiosos piensan de esa manera. Algunos consideran que es el *poder* la categoría que debería estar en la base de todo estudio o diseño de la sociedad. Otros se inclinan a pensar que se requiere un conjunto de enfoques complementarios y equilibrados para lograr avanzar en el entendimiento de esa realidad tan inmensamente compleja que es la vida de millones de seres humanos en sociedad.

Pero prevalece la visión economicista de la sociedad. Es probable que una buena parte de los grandes problemas y de los errores y los horrores de los tiempos modernos puedan derivarse de esta concepción.

Tampoco es este el lugar para tratar más ampliamente este tema. Pero sirvan los párrafos anteriores para introducir al menos alguna duda sobre la omnipotencia de la economía para entender, explicar, diseñar y recomponer la compleja vida de las sociedades modernas.

I.10. LA EDUCACIÓN

Claro que la educación requiere recursos económicos suficientes, oportunos y consistentes a lo largo del tiempo; recursos que provengan de las familias, de los sectores privados de la sociedad y, sobre todo, del Estado, recursos que no ha tenido en México. Pero la educación necesita algo más.

Lo primero es asumir que el desarrollo no es una cuestión de cifras macro-económicas, ni de promedios (por habitante). Una sociedad es desarrollada cuando la mayor parte de las personas adultas que la integran son sanas, productivas, informadas, libres, respetuosas de los derechos, las creencias y las opiniones de los demás, y han adquirido la capacidad de disfrutar, convivir y aprender a lo largo de su vida. Es decir, cuando tienen una vida de calidad.

En otras palabras, el desarrollo es de las personas o no es desarrollo. Puede haber un aumento espectacular del comercio exterior, del crecimiento del producto, buenas cifras macro-económicas, o equilibrio financiero. Pero si la mayor parte de la población no tiene una vida de buena calidad, ni podrán sostenerse los avances numéricos ni éstos tienen sentido alguno.

Lo único que da sentido a la idea de desarrollo es el mejoramiento permanente de la calidad de la vida de las personas.

Y a nivel del país, se requiere que estas personas sean capaces, además, de construir un nuevo equilibrio social, y a partir de él, la convivencia respetuosa y de calidad que permita crear los consensos mínimos indispensables para preservar y fortalecer en el tiempo la unidad nacional. La meta es una convivencia que deje espacio, por una parte, a la competencia que estimula la productividad y, por otra, a la solidaridad necesaria para desarrollar el sentimiento de pertenencia a un mismo grupo nacional. También se requiere de una unidad que dé fuerza a estrategias que permitan a los mexicanos participar más efectivamente en las decisiones que irán conduciendo el mundo global del siglo XXI.

¿Lo lograremos los mexicanos en los próximos 30 años? En los siguientes capítulos especialistas en éstos y otros asuntos nos darán sus puntos de vista.

II. MÉXICO 2030: EL CONTEXTO INTERNACIONAL[1]

Georgina Sánchez*

II.1. Introducción

A comienzos del nuevo milenio la globalización parece ser el modelo hegemónico de desarrollo económico y social. Ningún país queda al margen de esta tendencia de articulación entre sociedades y economías. En el último decenio del siglo la riqueza generada superó a los mejores periodos anteriores de la historia económica. De la misma manera, los efectos perversos de la globalización (volatilidad de capitales, flujos financieros del narcotráfico, quiebras bancarias en cadena, fuerte incremento de la exclusión y la pobreza, ampliación de la brecha de inequidad, regiones en involución del desarrollo) están tocando a todas las economías y sociedades. Algunos actores internacionales subrayan que la globalización es el único camino hacia el futuro; otros más sufren sus consecuencias, ofreciendo poca resistencia, y otros buscan alternativas a un sistema que no les ofrece futuro. La clave del desarrollo económico y social está, por una parte, en entender que hay varias formas de globalización y que ésta no es la única tendencia internacional y, por otra, en aprovechar las tendencias para situarse mejor dentro del desarrollo internacional.

¿Cuáles son las nuevas fuerzas motrices (geográficas) y (temáticas) y el futuro de los actores nacionales e internacionales? ¿Qué escenarios pueden derivarse para el mundo hacia el año 2030? ¿Existen posibilidades de acceso a las fuerzas motrices internacionales para un país como México? ¿Cuál es el potencial de conflicto en los escenarios futuros? De entre las diferentes posibles maneras de abordar el análisis del entorno internacional en el año 2030, seleccionamos dos. La primera consiste en un análisis regional de algunos actores y momentos clave para el futuro. La segunda apunta hacia temas que se plantean como determinantes del futuro, y frente a los cuales los actores nacionales e internacionales tendrán que tomar posición. Subrayando los futuros probables, evitamos en la medida de lo posible hacer referencia a los futuros deseables; éstos se dejan a la elección y libre imaginación del lector. El caso particular

[1] Agradezco la generosa colaboración que me brindaron Lucila Leal y Eduardo Araujo durante la realización de este capítulo.

* Politóloga.

de México es analizado de manera puntual a todo lo largo de este libro, por lo que el presente capítulo sólo lo aborda de manera tangencial.

II.2. GLOBALIZACIÓN: ¿HACIA LA ALDEA GLOBAL?

La idea de globalización parece ser la que dominará al mundo durante los próximos treinta años. Su extensión y profundidad se ven reflejados en la integración de los flujos financieros y de capitales, el incremento del comercio y la transferencia de la tecnología. En los últimos 25 años la riqueza, las exportaciones, los nuevos modos de producción, las estructuras laborales, las inversiones y la articulación de las economías y las sociedades han mostrado crecimientos sin precedentes. Los países industrializados se han beneficiado de la liberalización de las inversiones y el comercio y han reforzado sus economías. Así, tres cuartas partes del comercio mundial se realizan entre estos países, quienes a su vez son el origen de dos tercios de la inversión directa mundial. Desde 1995 el crecimiento del comercio y la inversión extranjera han alcanzado niveles históricos: el comercio mundial duplicó su crecimiento, el de los países industrializados casi se cuadruplicó, y el de las economías menos industrializadas se duplicó.

La globalización es un proceso que se desarrolla a diferentes velocidades y en sentidos distintos. Mientras que en las economías más industrializadas la globalización cuenta con marcos regulatorios que facilitan los intercambios (no sólo de productos, sino también de personas) e incluso han adoptado una moneda común (como en Europa), los países intermedios, con economías dinámicas, viven sólo de manera parcial su integración, y otros más han quedado excluidos del proceso. Sin embargo, todos están igualmente sujetos a los efectos de la globalización: creación de mayor riqueza, pero mayor concentración de ésta; crecimiento del desempleo, de la volatilidad de capitales y de la pobreza. La emergencia de nuevas fuerzas motrices, como el comercio electrónico, la biotecnología, la participación de la mujer en la economía y los intercambios de bienes intangibles apuntan hacia futuros diversos. La aparición de nuevos problemas, como el cambio climático, que sólo podrán resolverse a través de acuerdos multinacionales y el reforzamiento de los organismos multilaterales, apuntan hacia una nueva configuración internacional que requerirá de nuevos marcos de cooperación y de ética.

En cierto sentido, el siglo XXI comenzó en 1989. La historia se adelantó a su tiempo. El mundo ya no se encuentra configurado en los ejes Norte-Sur o Este-Oeste. El corte es transversal, y muestra nuevos pobres en los países más ricos, nuevos ricos en los países más pobres, poblaciones envejecidas en las economías más fuertes y poblaciones jóvenes y poco calificadas en las economías en desarrollo. Han aparecido además nuevos actores internacionales, tanto a nivel de Estados-naciones como de organismos no gubernamentales. La demanda de participación creciente hierve en las sociedades civiles, ante administraciones públicas que se revelan incapaces de responder de manera eficaz y creativa frente a ellas.

Si bien el modelo económico posterior a la Guerra Fría está inserto en la globalización, existen posibilidades reales de incidir en el esquema internacional para orientarlo hacia el desarrollo pleno del ser humano; este último se alcanzará en la medida en que los responsables de la toma de decisiones de las políticas públicas tengan capacidad y voluntad para comprender el futuro y comprometerse con él.

Ante la globalización se imponen tres preguntas: ¿ Se dirige el mundo realmente hacia una aldea global caracterizada no sólo por el crecimiento sino por el desarrollo equitativo? ¿Existe espacio para todos los jugadores en la arena internacional? ¿Cuál podría ser la nueva configuración internacional?

A continuación planteamos dos escenarios, uno de alto crecimiento de la economía mundial y otro de bajo crecimiento.

CUADRO II.1. *La economía mundial: escenario de bajo crecimiento para el año 2020, como continuación de las tendencias internacionales de los últimos cinco años*

PIB mundial	Crecimiento de 1.7%, aparejado de un crecimiento del ingreso de 2%
Tasa de participación en el PIB mundial (100%) en el año 2020	Estados Unidos: 15% Europa: 16% Japón: 6% Economías del Pacífico: 7% El 56% restante se distribuye entre las demás economías del mundo.
Economías mayores	Brasil, China, India, Indonesia y Rusia tendrán un crecimiento del PIB de 4.5%, representarán 29% del PIB mundial y tomarán los primeros lugares de dinamismo internacional, desplazando a los países más industrializados.
Resto del mundo	Crecimiento de 3.8%; su participación en el PIB mundial será de 26%
Crecimiento del PIB, países en desarrollo	América Latina: 2.7% África subsahariana: 2.7% Economías asiáticas: 5.5%

Ingresos	Tanto en este escenario como en el de alto crecimiento, el ingreso per cápita de todas las economías, excluyendo las asiáticas, no alcanzarán en 2020 el nivel de ingresos de los países de la OCDE en 1995. Crecimiento del ingreso en América Latina: 7% Menos desarrollados: ingresos menores al 32% del nivel de ingresos de 1995 de los países más industrializados, abriendo aún más la brecha entre los países en desarrollo y los más desarrollados.
Comercio (% del total mundial) en el año 2020	Intra-OCDE: 35% OCDE-otras economías: 32% Cinco economías mayores: 16% Resto del mundo: 17%
Bienes de capital	Penetración de importaciones en la OCDE: 22% Fuera de la OCDE: superior a 50%
Bienes de consumo	Penetración de las importaciones en la OCDE: 18% Fuera de la OCDE: superior al 30%
Crecimiento demográfico	Total: 1.21% OCDE : 0.43% Cinco grandes: 0.89% Resto del mundo: 1.94% América Latina: 1.47%

CUADRO II.2. *Escenario de alto crecimiento del PIB mundial al año 2020, como resultado de variaciones en las tendencias internacionales*

PIB mundial	Crecimiento de 2.9%, aparejado de un crecimiento del ingreso de 2.5%
Tasa de participación en el PIB mundial (100%) en el año 2020	Estados Unidos: 11% Europa: 12% Japón: 5% Economías del Pacífico: 5% El 67% restante se distribuye entre las demás economías del mundo.
Cinco economías mayores	Crecimiento de 7% anual; representarán el 33.2% del PIB mundial y sacarán el mayor partido del crecimiento.
Resto del mundo	Crecimiento superior al 6%; su participación en el PIB mundial será de 32%
Crecimiento del	América Latina: 5.2%

PIB; países en desarrollo	África subsahariana: 5.1%
	Economías asiáticas: 6.8%
Ingresos	Crecimiento anual en economías no pertenecientes a la OCDE: 5%
	América Latina: crecimiento de 12%
Comercio (% del total mundial) en el año 2020	Intra-OCDE: 29%
	OCDE-otras economías: 33%
	Cinco economías mayores: 16%
	Resto del mundo: 22%
Bienes de capital	Penetración de importaciones en la OCDE: superior al 20%
	Fuera de la OCDE: superior a 50%
Bienes de consumo	Penetración de importaciones en la OCDE: 25%
	Fuera de la OCDE: 34%
Disparidades	Las disparidades en el ingreso serían mayores entre los países industrializados, los intermedios y los que quedarán fuera del impulso globalizador.

Elaboración propia a partir de OECD, *The World in 2020*, 1997.

La probabilidad de que ocurra un escenario de alto crecimiento económico mundial que beneficie a todas las regiones depende, por una parte, de dinámicas propias del desarrollo regional y, por otra, de las fuerzas portadoras de futuro, algunas de las cuales se analizan a continuación. En las próximas décadas, más que saltos cuantitativos hacia un mayor crecimiento económico, habrá cambios cualitativos, por la transformación de los modos de vida de las personas.

II.3. ALCANCES Y LÍMITES DE LA GLOBALIZACIÓN:
ENFOQUE REGIONAL

Hacia el año 2030 el perfil de la configuración internacional podría ser como sigue:

a) Las economías industrializadas, con un crecimiento relativamente estable y homogéneo de alrededor de 2% anual;

b) Las economías mayores, con crecimientos de alrededor de 5% y fuertes disparidades internas;

c) Las economías más dinámicas, con crecimientos aproximados al 5%, pero con menor impacto en la economía mundial y fuertes disparidades internas;

d) Las economías puente, enlace entre las economías globalizadas y las economías menos desarrolladas, y

e) Las economías más débiles, atomizadas, pobres y tecnológicamente retrasadas, poco atractivas para los flujos de capital y comerciales.

II.3.1. *Las economías industrializadas*

II.3.1.1. *Estados Unidos*

En 1995 correspondió a Estados Unidos un 20 % del PIB mundial (32 billones de dólares). En el escenario de alto crecimiento del PIB mundial (106 billones de dólares), en el año 2020 la participación de Estados Unidos en el producto mundial se reduciría a 11%; en el escenario de bajo crecimiento lo haría hasta el 15%. Estos escenarios están condicionados por:

— La participación dinámica de los 5 grandes (China, India, Indonesia, Brasil y Rusia), cuya participación conjunta en el PIB mundial (PIBm) podría pasar de 21 a 30%;
— El crecimiento de la Unión Europea, a la que correspondería entre 12 y 16% del PIBm, y
— La dinámica económica de otros países que, si bien en el escenario de bajo crecimiento económico mantendrían su participación en el PIBm en alrededor del 20%, en el de alto crecimiento podrían aumentarla a un 30%.[2]

La dinámica económica de Estados Unidos estará determinada, en términos de política interna, por el crecimiento demográfico y el envejecimiento de la población que, aunque por abajo del de Japón y la Unión Europea, hará sentir su impacto a partir del año 2020. Para el año 2030 la mayoría de la población estadounidense podría estar compuesta por las actuales minorías; en ese año la población de origen hispano podría representar un 19% de la población total de Estados Unidos, y en el año 2050 podría situarse por arriba del 40%.[3] "De hecho, se proyecta que después del 2020 la población de origen hispano añadirá más personas a Estados Unidos cada año de lo que harán todos los otros grupos étnicos y raciales combinados".[4] El crecimiento de las minorías cambiará el

[2] OECD, *The World in 2020*, fig. 2.5, p. 68.
[3] Bureau of Census, *Population projection of the US by age, sex, race and hispanic origin, 1995 to 2050*, US Department of Commerce, p. 24.
[4] *Ibid.*, p. 1.

actual perfil de Estados Unidos; América Latina podría convertirse en factor central, no ya para la política externa de Estados Unidos, sino de la interna.

II.3.1.2. *Unión Europea: ¿competencia o cooperación?*

La unión monetaria europea, acompañada de nuevas reformas regulatorias para abrir su mercado aún más, serán factores a considerar en los futuros de Europa. El peso económico de la Unión Europea será equiparable, o incluso ligeramente mayor, al de Estados Unidos durante los próximos 20 años, lo mismo en el escenario de alto crecimiento del PIBm que en el de bajo crecimiento. Una Unión Europea consolidada y en plena expansión podría desplazar a Estados Unidos como principal receptor de inversión extranjera, y como mayor productor, consumidor, comercializador, etc.

La creación del euro como moneda única europea podría desviar entre 500 000 millones y 1 billón de dólares en inversiones de portafolio de Estados Unidos hacia la Unión Europea. La consolidación del euro tendrá que pasar por una etapa de ajustes y fluctuaciones de probablemente diez años antes de alcanzar su estabilidad; si bien grandes transferencias de capital hacia Europa podrían reforzarlo, ésta no podrá olvidar que hacia su interior existen disparidades entre los niveles de desarrollo tanto de las economías nacionales como regionales. Un euro devaluado con relación al dólar implicaría la transferencia de problemas internos —tales como el desempleo o los sistemas menos flexibles de trabajo o de producción agrícola europeos— a cuenta de Estados Unidos y el dólar; un euro sobrevaluado daría los primeros signos al Banco Central Europeo de su éxito, pero crearía presiones suplementarias sobre el comercio y probablemente iniciativas proteccionistas. En todo caso, tanto Estados Unidos como la UE gozan de márgenes de independencia bastante amplios, ya que la parte proporcional de su comercio exterior bilateral representa para ambos alrededor del 23% de su comercio total.[5] Al menos durante la etapa de consolidación del euro, ni Estados Unidos ni la UE podrán marchar por sendas diferentes: el peor escenario para ambos consistiría en hacer de las dos monedas un subeibaja que funcione a la velocidad de las operaciones electrónicas. La volatilidad aparejada a la globalización financiera hace de las dos regiones paraísos de estabilidad, por lo que un euro reforzado y estable atraería de manera creciente a los capitales en busca de refugio seguro. Ello plantearía problemas a los países en desarrollo en busca de capitales de riesgo. Una vez más,

[5] Para un análisis detallado de la prospectiva del euro y el dólar, ver: Fred C. Bergsten, "The dollar and the Euro" en *Foreign Affairs*, vol. 76, núm. 4, julio y agosto 1997, pp. 83-95.

entre hoy y el año 2030 el comportamiento demográfico de la Unión Europea y su capacidad para rejuvenecerse podrían ser pieza clave para su evolución.

II.3.2. *Asia–Pacífico: ¿equilibrio regional?*

Después de los fuertes impactos derivados de la crisis asiática, la recuperación de la región, y en particular de Japón, no es muy alentadora. Antes de la crisis se estimaba que la participación de Japón en el PIBm llegaría en el año 2020 entre 5 y 6%; sin embargo, los efectos de la crisis prometen ser de largo plazo. Frente a una fuga de capitales equivalente a 10% del PIB de los países asiáticos en crisis, las condiciones de recuperación y reingreso a los circuitos económicos de manera dinámica se ven condicionados por la solución de cuestiones como los rescates bancarios, el préstamo de créditos del sector privado, la deuda externa y la reforma regulatoria derivada del Acuerdo de Basilea hacia créditos de largo plazo.[6] En un contexto de volatilidad de capitales y de inestabilidad e incertidumbre internacionales no hay recetas de segura aplicación. El desarrollo sustentable y las mejoras en los sistemas sociales están sujetas no sólo a reformas de orden económico, sino a factores de orden político, social, tecnológico, ambiental, cultural y valorativo en términos de los diálogos y acercamientos que puedan establecerse entre Oriente y Occidente.

A pesar del peso económico de Japón en el sistema mundial, el yen está lejos de competir con el dólar y el euro. Si bien es probable que Japón se mantenga como un país fuerte dentro del sistema internacional durante los próximos treinta años, las visiones hasta hace poco frecuentes de un futuro mundo tripolar liderado por Estados Unidos, Europa y Japón no parecen conformar un escenario probable para los próximos treinta años (que tal vez tampoco lo sea en todo el siglo XXI).

II.3.3. *Economías mayores: China, India y Brasil*

II.3.3.1. *China*

Uno de los estrategas estadounidenses más importantes del siglo XIX apuntaba que para que Estados Unidos se convirtiera en la potencia mundial en el siglo XX bastaba con vender a cada familia china una lam-

---

[6] Para un análisis de las consecuencias de la crisis asiática, ver: Helmut Reisen, "After the Great Asian Slump: Towards a Coherent Approach to Global Capital Inflows", OECD Development Centre, Policy Brief, núm. 16, 1999.

parita de aceite. Hacia el año 2010 China contará con una población cercana a 1 400 millones de personas y en el año 2030 su población podría llegar a cerca de 1 700 millones. Pareciera que si la lamparita de aceite fuera transformada en computadora, las ganancias de la transacción no sólo beneficiarían al productor, sino convertirían a China en la mayor potencia económica del mundo (a condición de que los chinos desarrollasen su infraestructura de telecomunicaciones y participasen en el comercio electrónico, lo que no puede descartarse). Las reformas en la economía china para promover sus exportaciones, aunadas a la creciente urbanización, hacen posible pensar en incrementos del ingreso *per capita* chino de entre 2.5 y 4.5% anual en los próximos lustros. Las consecuencias de tal posibilidad serían muy importantes: el consumo chino de cereales es crecientemente reemplazado por el de productos animales, lo que implicaría un incremento en la demanda de granos de 400 millones de toneladas métricas a fines del siglo xx a 600 millones hacia el año 2020.[7] La demanda creciente de vehículos podría incrementar la producción de 1.2 millones de automóviles y camiones en 1994 a entre 3 y 6 millones en el año 2010. El crecimiento anual de la demanda de electricidad podría pasar de 6 ó 7% en 2010 a 12% en 2030. China no parece estar lista para satisfacer tales demandas. Para hacerlo, los niveles de producción chinos tendrían que ser comparables a la producción futura de Estados Unidos prevista bajo el escenario de alto crecimiento de la economía mundial.[8]

Sin duda el factor fundamental sobre el que reposan los escenarios para China es el crecimiento demográfico. La urbanización, el envejecimiento de la población y los incrementos en los niveles educativos de la población hacen pensar que en el futuro el crecimiento demográfico chino será más lento. Existen también elementos que permiten pensar que, a pesar de ello, el producto per cápita de China también moderará su crecimiento, pasando del 6.04% anual observado durante 1978-1995 a 4.5% anual en 1995-2015.[9]

A pesar de que el crecimiento de China ha superado en seis puntos el crecimiento mundial en los últimos años y de que en el año 2015 podría representar 17% del PIB mundial (comparable al de Estados Unidos), China continúa y aparentemente continuará siendo un país pobre. El modelo de producción masiva de productos simples basados en la maquila y la mano de obra barata no garantiza un futuro mejor para este gigante asiático. Varias son las condiciones para su pleno ingreso en el siglo XXI. Para empezar, China tendría que reorientar su economía ha-

---

[7] OECD, *China in the 21st Century, Long -term Global Implications*, 1996, p. 14.
[8] *Op. cit.*, pp. 7-19.
[9] *Op. cit.*, p. 97.

cia nuevas tecnologías y equipo e invertir en el capital humano capaz de manejarlas y de innovar en los campos de punta. La modernización china está provocando una grave contaminación ambiental que podría tener consecuencias determinantes para el planeta. Se impone la implantación urgente de medidas de control, por ejemplo, para reducir la emisión de gases de efecto invernadero, incluyendo una mayor educación ambiental en todas sus capas sociales y regiones productivas. La reforma de las empresas estatales va aparejada con una lucha intensiva contra amplios márgenes de corrupción, inaceptables si se desea mejorar la distribución del ingreso. Se requieren, además, nuevas políticas para vivienda, salud y educación y para contrarrestar el desempleo producido por cambio del modelo rural al urbano. Por otra parte, la subvención a servicios y precios no es compatible con políticas de mercado competitivas y para la atracción de la inversión extranjera; por ello, China requiere también una reforma regulatoria que otorgue certidumbre y transparencia a las operaciones de inversión y desarrollo. Como corolario, sería necesario modificar su sistema legal para establecer incentivos a la inversión, confianza y legitimidad en el sistema económico, predictibilidad para las reglas y normas y percepción de la disminución de los riesgos.[10] Aun si todo ello se cumpliera, China tendría que resolver su "ingreso legítimo" dentro de la arena internacional, creando también condiciones de certidumbre política y de seguridad. "El avance de la integración china en la economía mundial requiere tanto de marcos institucionales y de mecanismos de solución de controversias... (como de) marcos más amplios de relaciones e instituciones. Ello implicará también un fuerte cambio en el énfasis de los enfoques bilaterales hacia los multilaterales, tales como el diálogo con la OCDE y posiblemente, en el largo plazo, con el G7".[11]

La agenda de seguridad norteamericana ha vuelto a insertar a China como asunto de interés nacional: su potencial económico, acompañado de un acendrado nacionalismo y la posibilidad de un eventual giro hacia una carrera armamentista en el siglo XXI, preocupan a los asesores del Pentágono, quienes sugieren la conformación de un bloque regional asiático bajo el liderazgo de China.[12] Si en los ochenta, bajo la presidencia de Reagan, la "carta china" revivió sus mejores momentos nixonianos, sirviendo de equilibrio entre la URSS y los Estados Unidos, en el

[10] *China in the 21st. Century, Op. cit.*, p. 18.
[11] *Op. cit.*, p. 19.
[12] Mark T. Clark,"Emerging Security Threats", Orbis, *A journal of World Affairs, Review Essays*, vol. 42, núm. 1, Winter 1998, Foreign Policy Institute, JAI Press Inc., Greenwich, Connecticut, 1998, pp. 121-143. Análisis de Peter Rodman, Broken triangle: *China, Russia and America after 25 years*, Washington, DC, Nixon Center for Peace and Freedom, 1997, 83 pp.

futuro los papeles de estas tres potencias podrían revertirse y diversificarse; la "carta rusa", o bien otra oriental, lidereada por Japón, podrían
ser fiel de la balanza para lograr una configuración internacional estable, evitando que China desbordara los límites de poder aceptables para
Estados Unidos. Sin embargo, en términos de seguridad no existe nunca
una opción única. La visión de seguridad desde el punto de vista de Estados Unidos no parece ser compatible con las fuerzas motrices y las
nuevas orientaciones del siglo XIX, con un mundo multipolar, donde
las guerras no necesariamente serán armadas, sino batallas por el acceso al agua, los alimentos, guerras de competencia tecnológica o causadas por riesgos globales como el cambio climático, o crisis por la volatilidad de capitales, la sobrepoblación y el déficit de capital humano. Más
aún, la perspectiva occidental podría revelarse totalmente insuficiente
para comprender el mundo, los valores y la cosmogonía orientales. Dadas las tendencias actuales, en el siglo XXI el poder norteamericano podría ser desplazado por Asia. El siglo XXI difícilmente podrá ser lidere-
do de manera exitosa por un solo país; probablemente se impondrá la
acción efectiva de organismos multilaterales en acciones de consenso y
cooperación capaces de crear puentes de entendimiento entre el Oriente
y el Occidente.

II.3.3.2. *India*

India podría convertirse en el año 2020 en la cuarta economía mundial. Para que así fuese se requerirían profundas reformas sociales que
permitiesen una mayor cohesión social en un país todavía fuertemente
marcado por las castas y una economía tradicionalmente agrícola. Así,
mientras que hoy día las luces del futuro cercano apuntan hacia China
como potencia emergente, hacia el año 2030 India podría ser un actor
económico mayor a nivel mundial. La dinámica económica de India
parece tener mayores posibilidades de crecimiento y desarrollo, pero
que éstos se materialicen dependerá de que sea capaz de mitigar su explosión demográfica, que seguramente hará que para el año 2030 India
tenga una población mayor que China, y de la evolución de sus relaciones con China y Japón. Para que India se convierta en un actor internacional mayor requiere modernizar su estructura agrícola, orientándola
hacia la agroindustria, mejorar los estándares de vida de su población y
aprovechar mejor sus relaciones con la zona Asia-Pacífico, más que con
el mundo occidental. En 1991 India se lanzó en un programa modernizador de ajuste estructural que incluye la liberalización comercial, la
privatización de grandes empresas estatales y la implantación de políticas de competitividad. Dicha reforma incluyó la transformación de las

reglas del juego concernientes a los procedimientos de bancarrota de empresas públicas y privadas, incluidos los bancos y otras empresas financieras, introduciendo no sólo una dinámica expedita, sino transparencia en las operaciones.[13]

En el mundo occidental desarrollado existe una "visión general de que el gobierno (indio) debiera salir de las áreas donde las señales de mercado son suficientes y refocalizarse en el sector social —educación primaria, salud pública, dotación de agua potable, sanidad— donde generalmente los mercados fallan y donde las inversiones son vitales para incrementar la calidad futura del capital humano".[14] La apertura y reforma económicas se plantean como la única vía para que India alcance el 8% de crecimiento anual sostenido, sin el cual no será mínimamente capaz de hacer frente a la pobreza.[15] Sin embargo, la reforma estructural, siendo necesaria, no será suficiente para consolidar una economía y una sociedad sustentables; se requerirá además la consolidación de un sistema político democrático y transparente, una lucha contra la corrupción, la integración de las minorías, de las etnias y las castas; en suma, una sociedad civil más equitativa, que garantice la protección social de los más desprotegidos (particularmente los enfermos, los que están en extrema pobreza y los viejos), especialmente teniendo en cuenta las enormes diferencias en la distribución del ingreso y el envejecimiento de la población, que empecerá a hacerse sentir a partir del año 2005. Todos los factores aquí señalados están sujetos a una condición *sine qua non:* la construcción de un Estado de derecho, único pasaporte para el futuro. Si bien el equilibrio regional estará marcado por la presencia de Estados Unidos y Rusia, también es cierto que un Estado de derecho[16] permitirá sentar las bases de una estabilidad económica, política y social relativa capaz de integrar todos los factores internos y hacer de India una gran potencia regional.[17]

II.3.3.3. *Brasil*

El gran gigante latinoamericano no sólo amenaza los intereses de seguridad de Estados Unidos, sino los del mundo. La volatilidad de capitales tomó recientemente entre sus redes a Brasil, quien mantiene ritmos de

[13] Para un modelo de procedimiento de solución a la bancarrota de empresas, ver: *Corporate bankruptcy in India*, Development Centre Studies, 1996, p. 108.
[14] OECD, *Policy Reform in India*, Development Centre Seminars, 1996, p. 10.
[15] *Op. cit.*, p. 146.
[16] Entrevista con Isabelle Cordonnier, especialista en la zona Asia-Pacífico del Instituto de Estudios Estratégicos de Japón, 24 de febrero, 1999.
[17] Bhabani Sen Gupta, "India in the 21st. Century", en *International Affairs*, vol. 73, núm. 2, pp. 297-314.

desarrollo a varias velocidades. La fuerza brasileña reside en su biodiversidad; la nación sudamericana constituye un gran depósito de agua dulce (junto con Argentina y Chile) y es la mayor fuente de oxigenación del mundo. Si bien tiene una industria fuerte, su mayor fuerza motriz está en el desarrollo regional. Las regiones brasileñas, consolidadas desde hace tiempo, son la fuente más promisoria de desarrollo con estabilidad, bajo dos condiciones: la primera, que su desarrollo sustentable apunte hacia condiciones de menor desigualdad socioeconómica; la segunda, que la apertura brasileña ocurra dentro de sus propios ritmos y bajo una visión de desarrollo de largo plazo. De mantenerse las condiciones actuales de inequidad y desarrollo a varias velocidades, el año 2030 verá un Brasil no sólo atomizado y empobrecido, sino socialmente inestable. El futuro de Brasil no se encuentra pues, en la industria tradicional y nacionalista, sino en el desarrollo de nichos de mercado basados en el desarrollo sustentable y en la cuidadosa gestión de sus recursos naturales, con un desarrollo intensivo de integración social a través de la educación. En la región, Brasil seguirá constituyendo el gigante del Mercosur; a nivel internacional, sería un error confundir la solidez de la industria brasileña con la posibilidad de un futuro con estabilidad económica y social.

II.3.4. *América Latina: entre dos siglos*

América Latina está lejos de constituir una región integrada en términos económicos, políticos, sociales, ambientales y culturales. Partes importantes de sus economías y sociedades se encuentran todavía en el siglo XIX, otras en el siglo XX y unas más ya actúan bajo los ritmos y tendencias del siglo XXI. Por lo tanto, variará la forma y cadencia en la que se insertarán estos países dentro de la globalización.

En el caso de México, es indudable el éxito del Tratado de Libre Comercio de América del Norte (TLCAN) en el rápido crecimiento de los intercambios comerciales. Sin embargo, también lo es que los efectos han sido asimétricos. Para México los beneficios se han dirigido hacia un sector exportador que, si bien incide de manera positiva sobre la balanza comercial mexicana,[18] también se traduce en una falta de programas de desarrollo de largo plazo hacia las regiones y sectores no exportadores, ampliando así la inequidad inter-sectorial y geográfica. Adicionalmente, los beneficios de corto plazo del TLCAN constituyen una cortina

---

[18] Desde 1997 México se convirtió en el principal importador de bienes de Estados Unidos, desplazando a Japón.

que impide ver la asimetría de los socios,[19] lo que, a largo plazo, jugará contra los intereses mexicanos. En 1994 se esperaba que México alcanzaría niveles reales de salario equivalentes al 50% de los de Estados Unidos en el año 2013;[20] sin embargo, en diciembre de 1994 la economía nacional sufrió un grave tropiezo que, aunado a las consecuencias negativas de la posterior caída de los precios del petróleo y las crisis asiática y brasileña, han hecho que las expectativas de que así ocurra se alejen mucho más. Por otra parte, existen ya evidencias de que el TLCAN está teniendo efectos negativos sobre la migración rural y está produciendo presiones sobre el sistema político, la política social, las relaciones entre el empresariado, los sindicatos y el gobierno, así como entre los partidos políticos y las regiones. Más aún, los acuerdos paralelos del TLCAN requieren de respuestas más o menos inmediatas y estarán sujetos a crecientes presiones.[21] La inclusión de los servicios, la migración, el incremento de los intercambios de todo tipo y la volatilidad financiera podrían conducir a fricciones crecientes entre México, Estados Unidos y Canadá. Para afrontar esta situación se requieren sistemas regulatorios que armonicen la realidad interna nacional con la internacional y acerquen los marcos mexicano y norteamericano. Con todo, de poco servirían estos marcos regulatorios ante diferencias estructurales tan profundas. Treinta años son un periodo relativamente corto para hacer frente a una reforma estructural —la cual no sería sólo económica, sino también social— que permita acercar los niveles de ingreso, productividad, competitividad y distribución entre los miembros del TLCAN. Así pues, se plantea cómo lograr un equilibrio difícil con los vecinos del norte y beneficiarse económicamente del TLCAN anteponiendo los intereses de México. Ello pone en tela de debate no sólo las diferencias entre los intereses mexicanos y "los otros", sino que obliga a revisar lo que entendemos por interés nacional, soberanía y viabilidad futura de la economía y la sociedad mexicanas frente a fuerzas motrices e inercias internas y externas, y a la globalización. La posible ampliación del TLCAN a otros países latinoamericanos requeriría compromisos fuertes y una mayor competitividad por parte de ellos, por lo que muy probablemente pocos podrán entrar en la com-

---

[19] Sobre el particular ver: Gabriel Székely, "The consecuences of NAFTA for European and Japanese trade and investment in Mexico" en: Victor Bulmer-Thomas, Nikki Craske & Mónica Serraño, eds, *Mexico and the North American Free Trade Agreement: Who Will Benefit?* The Macmillan Press Ltd, Basingstoke, Gran Bretaña, 1994, pp. 149-162.

[20] Bulmer-Thomas, ed., *op. cit.*

[21] Por ejemplo, el Acuerdo de Cooperación Laboral de América del Norte está centrado en los derechos de cualquiera de sus miembros para obligar a otro miembro a reforzar sus leyes laborales, bajo pena de que el incumplimiento de ello podría reflejarse en medidas de restricción comercial. La actual Ley Federal del Trabajo de México frena los nuevos modos y cadencias de producción, ahora mucho más dinámicas y flexibles.

petencia. Así, la consolidación de bloques regionales y los acuerdos bilaterales parecen tener más posibilidades de convertirse en fuerzas motrices de desarrollo para América Latina que la ampliación del TLCAN. La viabilidad de lograr beneficios compartidos residirá en las cadencias y los candados de la apertura económica.

Chile avanza desde hace años con una política de regionalismo abierto, pero a la vez acotado, que disminuye los riesgos de la apertura. A pesar de su tamaño relativo, es sin duda un caso de éxito. Éste podrá ser sostenido si dicho país logra resolver el ingreso integral de todas sus fuerzas políticas —en particular los militares— al cambio democrático. Su talón de Aquiles se encuentra, pues, en la política y en los posibles consensos alrededor de la consolidación de la democracia. En el largo plazo, Chile sufrirá presiones sociales si, como en el caso de Brasil, no toma desde ahora medidas para hacer más competitiva y equitativa a su sociedad.

Argentina, propuesta como modelo de apertura, parece correr hacia el desarrollo, pero con los riesgos de tropiezos que su vecino brasileño ya vivió y las consecuencias previsibles de inestabilidad económica, política y social. El valor agregado argentino a la globalización está en su capacidad de adaptación e innovación futuras; pero ese mismo valor constituye un riesgo. Que Argentina haya podido apresurar el paso se debe en gran parte a la inversión en educación que realizó durante décadas. El paso acelerado a la competencia sin un sostén de largo plazo basado en la continuidad de la educación, el paso de la educación al empleo y la adaptación a nuevos modelos productivos corre el riesgo de aumentar la desigualdad, la atomización social y el debilitamiento de su transición política, hasta ahora bases de la apertura económica. Argentina mira hacia el futuro y para ella el futuro se encuentra —en parte debido a sus raíces— más en Europa que en el norte del Continente Americano. La consolidación europea a través del euro y la comprensión de las reglas del juego europeo podrían ofrecer a Argentina la puerta que tanto busca al futuro antes del año 2020, con la condición de no correr y de mirar hacia adentro y no sólo hacia afuera.

Lo que ocurre en los países de Latinoamérica hace pensar que la globalización podría no tocar a amplios segmentos de la economía y las sociedades, o que lo hará sólo de manera marginal, haciendo sentir sus efectos perversos de exclusión e inequidad. Si se considera que la mitad de la población mundial se encuentra en estado de pobreza, con un ingreso de menos de tres dólares diarios, "una economía mundial con un crecimiento del 2% anual no podrá proveer los recursos necesarios para hacer frente a la guerra contra la pobreza".[22]

---

[22] Discurso del Secretario General de las Naciones Unidas frente al ECOSOC, 6 de julio de 1999.

Más allá de sus vaivenes políticos, tres economías latinoamericanas tienen aún posibilidades de entrar en la máquina globalizadora: Perú, Venezuela y Colombia. Sin embargo, su ingreso estará condicionado por su integración étnica, socioeconómica y política a las reglas del libre mercado y la democracia. Su influencia regional podría ser un motor propulsor que haga de estas economías "países intermedios" antes del año 2020. La globalización requerirá de "países puente", y éstos podrían ser excelentes interlocutores dinámicos. Los catalizadores para su desarrollo e integración no se encuentran en el exterior ni en la atracción de capitales foráneos, sino en políticas que fomenten un desarrollo económico interno participativo, integración social, economías alternativas a los flujos financieros y lazos políticos del narcotráfico, consolidación de la democracia y lucha contra la pobreza a través del desarrollo local y nichos de mercado.

Otros países latinoamericanos podrán pasar por fuertes etapas de crecimiento y crisis, de crecimiento inequitativo, de adelantos y retrocesos en lo político y social, pero sólo serán tocados marginalmente por la globalización, sufriendo sus efectos negativos más que sus beneficios. Sin embargo, no se trata de adelantar juicios sino de ofrecer escenarios, y si algunos de estos países tienen viabilidad, ésta se encuentra en los siguientes rubros: inversión en la educación, internacionalización de algunos sectores de la economía, desarrollo del mercado de servicios, especialización y competitividad industrial basadas en redes de producción interna y desarrollo local; refuerzo de redes socioeconómicas de producción en asociación con los gobiernos y con participación de empresas en la educación y capacitación, y flexibilidad de los sistemas fiscales, financieros, comerciales, productivos, asociativos, económicos y políticos para la creación de economías basadas en el florecimiento acelerado, consistente y sostenido de las pequeñas y medianas empresas. Las economías monoproductoras tienen su futuro limitado a los avances tecnológicos que las sustituyan; su diversificación es la única puerta al futuro.

Más allá de las posibilidades de integración continental, la Iniciativa de las Américas no puede obviar el parteaguas existente entre América del norte y los países del sur. La Iniciativa de las Américas y el TLCAN constituyen iniciativas de integración comercial que están lejos de ofrecer respuestas a las grandes diferencias estructurales del continente. Más aún, la consolidación de un mercado continental que haga frente a la Unión Europea o al renacimiento asiático está acotada por los intereses de seguridad nacional de Estados Unidos, dentro de los cuales sólo Cuba constituye uno y menor. Ni siquiera México[23] se encuentra en su

---

[23] Sergio Muñoz Bata (miembro del consejo editorial de *Los Angeles Times*) "Para resolver viejas heridas", *Reforma*, 21 de enero de 1999.

agenda de prioridades. Los esfuerzos estratégicos de Estados Unidos están enfocados a mantener un lugar de vanguardia en la globalización. En este juego, la Unión Europea y Asia siguen constituyendo actores de talla.

II.3.5. *África subsahariana: un desafío futuro*

¿Podrá ser África un actor mayor de la escena internacional en el siglo XXI? La pobreza extrema del África subsahariana, las luchas étnicas y las herencias coloniales parecen impedir el paso al futuro de África. Sin embargo, nuevos líderes, producto de los conflictos regionales en los que se jugaban las fronteras ideológicas de la URSS y Estados Unidos, llegaron al poder en Eritrea, Ruanda, Etiopía y Uganda con una visión pragmática que favorece el libre mercado y una conciencia de que la corrupción constituye la mayor amenaza para la región. De manera creciente la asistencia humanitaria y la caridad son sustituidas por políticas de inversión; las tasas de crecimiento anual del PIB van del 3.4% en Etiopía al 6.9% en Uganda. Aunque cada uno de estos líderes amplía la gama de sus seguidores, "ninguno puede ser llamado democrático, ya que cada uno de ellos es líder de facto de Estados monopartidistas".[24] Sin embargo, a fines del siglo XX estos líderes no constituyen una punta de lanza para impulsar al África subsahariana hacia el siglo XXI. En cambio, tres riesgos mayores aparecen en la escena internacional: Nigeria se consolida como un punto de tránsito de la heroína que atraviesa de Asia hacia Europa y Estados Unidos; Sudán se convirtió en refugio y centro de operaciones de movimientos islámicos radicales apegados a métodos terroristas y, en conjunto, las presiones provocadas por el hambre, la enfermedad y los conflictos étnicos podrían conducir a emigraciones masivas y tener mayor potencial de conflicto regional. Más que migraciones económicas amenazantes para Occidente, estos flujos demográficos podrían ser de carácter político-religioso (islámicos) y ampliamente involucrados en el jugoso negocio del tráfico de drogas y de armas. Por esta vía se crearían amenazas reales a la estabilidad en cualquier parte del mundo. Por estas razones no debe retrasarse la presencia y el impulso, por parte de Oriente y Occidente de políticas de libre mercado, democratización e incremento de la asistencia al desarrollo de África. Con una mayor educación e higiene, políticas de sanidad y salud, construcción de infraestructura, agua, mejoramiento de los sistemas agrícolas e impulso a esquemas, si no democráticos, al menos de negociación, el

---

[24] Don Connel y Frank Smyth, "Africa's New Bloc", en *Foreign Affairs*, marzo-abril de 1998, pp. 80-94.

potencial de conflicto será contenido e incluso probablemente diluido. De no ser así, África podría jugar un papel mayor, aunque disruptivo, en la globalización.

II.4. ¿Hacia un nuevo estado de bienestar?

La importante inequidad social, regional, sectorial e internacional producida por la globalización pone en riesgo la cohesión social, incrementa la pobreza, aleja del desarrollo a capas importantes de la población e incrementa el potencial de conflicto social.

Ante estos resultados, existen fuertes opiniones en favor del regreso a patrones proteccionistas, a sistemas políticos cerrados y a la reinstauración del Estado de bienestar. Sin embargo, sin negar los efectos perversos de la globalización, no existen modelos de sustitución ante esta tendencia internacional en plena consolidación. Pero, ¿cómo hacer para ofrecer alternativas de desarrollo económico, político, social y humano sin exclusión? Existen factores que permiten pensar en alternativas particulares. Se trata de la coexistencia de diferentes tendencias que no sólo no desaparecerán con la globalización, sino que podrían ser reforzadas por ella.

Muchas de las economías locales y regionales aún están centradas en la producción agrícola. En estos casos, una primera alternativa es diversificar las economías monoproductoras, aprovechando la experiencia y cultura agrícolas, para crear economías que garanticen el autoconsumo de la población. En estas economías, aún lejos de ingresar a la agroindustria, será necesario, por una parte, evitar los subsidios a la agricultura y, por otra, crear economías redistributivas que puedan atender a las poblaciones en extrema pobreza. El mayor desafío se encuentra en la creación, reforzamiento y planeación de las economías nacionales con una visión de largo plazo, donde la prioridad sea invertir en la gente, lo cual tendrá repercusiones en la competitividad, productividad, estabilidad y cohesión social y en la creación de élites mejor preparadas para la tarea de gobernar. Un elemento fundamental de la acción de los gobiernos será su convicción y compromiso hacia sus poblaciones nacionales, su cultura, sus valores, historia y condiciones específicas de desarrollo. La globalización debe entenderse como una tendencia de articulación internacional, no como un modelo a copiar. En este sentido, las formas y ritmos de la articulación pueden ser tan variados como lo sean los gobernantes, economías, sociedades y culturas. A mayor refuerzo de las economías y sociedades nacionales, mejor desarrollo local, regional y nacional, y mejores posibilidades de inserción internacional. A mayor compromiso con los intereses nacionales sociales, mayor soberanía para decidir las formas de articulación internacional. En todos los casos, frente a la exclusión y la marginación se requiere de la participación social activa en acciones de solidaridad que, aunadas a iniciativas gubernamentales, promuevan el autodesarrollo y la cooperación para el desarrollo.

El Estado benefactor del siglo xxi no será ciertamente el del siglo xx. Las sociedades nacionales no son homogéneas, y se requieren políticas específicas de inversión para el combate a la pobreza, inversión en capital humano, educación y salubridad, además de especial atención a las poblaciones más desprotegidas. En ello, si bien las condiciones de estabilidad macroeconómica son importantes (son los más pobres quienes más sufren las consecuencias de la inflación o de la falta de recursos para el desarrollo), sería posible cierta flexibilidad en los déficits fiscales que permitiera mayores rangos de libertad en el ejercicio del presupuesto.

Una alternativa a las disparidades nacionales es la promoción, por una parte, del desarrollo regional y la descentralización y, por otra, una política de redistribución regional que permitiese que los beneficios de unas regiones pudieran contribuir al desarrollo de otras. El desarrollo regional y local y la descentralización no serán alternativas mientras sean consideradas como acciones de orden puramente fiscal. Su éxito residirá en la capacidad de administrar localmente los fondos con una visión de largo plazo. Es por ello que la inversión en la creación de capital humano, en la educación y la capacitación son fundamentales.

El desarrollo "hacia adentro", a diferencia de la sustitución de importaciones del pasado, no podrá estar desvinculado de las tendencias de articulación y apertura internacional. Las políticas y los políticos tendrán frente a sí la compleja tarea de administrar y tomar iniciativas que permitan la coexistencia de los sistemas. El aislamiento total significará, durante los próximos 30 años, y seguramente también después, la exclusión definitiva del desarrollo.

Para que estas formas alternativas específicas de desarrollo funcionen se requieren ciertas condiciones políticas: voluntad por parte de los gobernantes; suficiente legitimidad y apoyo por parte de los gobernados; co-participación en todos los ámbitos (los gobiernos no cuentan con la suficiente fuerza para realizar esta tarea solos), y compromiso de los gobiernos hacia el desarrollo social y humano, y no sólo económico, de los países.

Cuba representa un caso de desarrollo de una economía nacional por fuera de la globalización. Si bien se trata más de un producto de la Guerra Fría que de un desarrollo que pudiera ser característico del siglo xxi, sus condiciones particulares podrían apuntar a una inserción internacional *sui generis* pero exitosa dentro de la arena internacional. La integración de Cuba a la globalización económica y a un patrón occidental de comportamiento político y social reposa sobre un factor político: el liderazgo de Fidel Castro. A pesar de su tamaño, Cuba sigue constituyendo un factor de influencia en los intereses de seguridad de Estados Unidos.

Cuba no es el único ejemplo de una economía que obedece más a preocupaciones internas que a la globalización de libre mercado y a la democracia. África, Asia, Medio Oriente y América Latina cuentan con numerosos ejemplos en los que la economía está orientada hacia el interior, o en los que la democracia no aparece en la agenda de prioridades. El grado en el que el libre mercado y la democracia sean o no adecuados a estas economías y sociedades depende de la posibilidad de que estos países puedan garantizar el desarrollo, el bien común y la paz social. La globalización, así vista, tiene su razón de ser, mientras sea generadora de bienestar social y equidad. Pero la última palabra la tienen las sociedades, quienes de no recibir los beneficios de los modelos económicos y sociales, probablemente se lanzarán, impulsadas tanto por viejas diferencias como por nuevos elementos de exclusión, a nuevas guerras y conflictos sociales.

II.5. ¿Nuevas guerras?

Varios tipos de guerras parecen posibles y hasta probables a lo largo del siglo XXI. Entre ellas, podemos mencionar las siguientes:

II.5.1. *Los conflictos regionales no resueltos, algunos de ellos milenarios*

Destacan los de Israel, Líbano y Palestina; Libia y Chad; Corea del norte y Corea del Sur; Vietnam; India y Paquistán; Yugoslavia, Kosovo, Macedonia, Montenegro, Albania y eventualmente Croacia; Albania y Turquía; Irlanda; Filipinas; Irak e Irán; Egipto; Perú; Argelia; Armenia; Camboya; Siria; Bangladesh. También cabe mencionar numerosos conflictos étnicos, especialmente en África, donde en 1998 tuvieron lugar 11 de ellos. Hacia fines de siglo, llama la atención que además de los conflictos tradicionales, nuevos actores aparecen en el comercio de armas convencionales; entre ellos, algunos de los nuevos países independientes de la ex URSS, además de la consolidación de países de Europa Central como productores de armas.[25] A los conflictos anteriores habría que agregar

---

[25] Ver: *Principales proveedores y receptores de armas convencionales, Informe 1999*, SIPRI.

los de origen religioso, entre los que destaca la extensión del fundamentalismo en el Medio Oriente, África, Asia e incluso en Europa.

Los organismos internacionales multilaterales existentes, especialmente las Naciones Unidas, son incapaces, por su estructura, métodos y alcance, para resolver los conflictos regionales. En el siglo XXI se requerirán nuevos procedimientos y estructuras de solución de conflictos y nuevas culturas de negociación política y cooperación económica, especialmente el desarrollo de la diplomacia preventiva. Aunque la guerra es motor económico y tecnológico, y a pesar de que la posguerra es un negocio jugoso para las inversiones internacionales,[26] los flujos de capital son demasiado volátiles y ocasionan efectos globales indeseables, producto de la inestabilidad política y económica que generan.

Dentro de este apartado no hay que descartar el creciente tráfico internacional de materiales nucleares y los deseos crecientes de algunos países, como China, India o Pakistán, de mostrar su presencia internacional a través de los ensayos nucleares. Si bien las conversaciones y negociaciones orientadas al desarme continúan, varios de los mayores productores de armas (Estados Unidos, Rusia, Francia) se negarán a continuar su desarme mientras nuevas amenazas nucleares aparezcan sobre la Tierra.

II.5.2. *Conflictos internos de exclusión*

Como se apuntó anteriormente, la globalización es fuente de riqueza y de inequidad. La creciente exclusión, especialmente urbana, encierra un alto potencial de conflicto, frente al cual las estructuras policiacas poco pueden hacer, ya que se trata de movimientos sociales amplios que expresan su descontento no sólo en las urnas, sino también en las calles. Más aún, en países donde las zonas urbanas son polos de atracción —y de creación de nuevos desempleados y pobres— el abandono de las regiones agrícolas se da de manera atomizada, extendida e irregular, de suerte que estos países sufren de una "desertificación humana" que requiere de inversiones financieras para poder abastecer de infraestructura y recursos para el desarrollo a pequeñas comunidades o caseríos muy distantes unos de los otros. Esta atomización es fuente segura de focos de extrema pobreza.[27]

Entre las guerras de exclusión se encuentran también los viejos y nuevos conflictos étnicos y religiosos: en Karachi, la escisión de las sectas

---

[26] El gasto en armamento en 1998 ascendió a 75 000 millones de dólares, equivalentes a 2.6% del PIB mundial. SIPRI 1999.

[27] Para el caso de México, esta atomización ha provocado en los últimos 5 años que los pequeños asentamientos rurales distantes unos de otros se reproduzcan en más del doble.

musulmanas sunnitas parece que va a extenderse a lo largo de otro siglo; en África los conflictos étnicos vuelven a recordarnos que los Estados-naciones producto de la colonización europea crearon fronteras artificiales entre las culturas; en América Latina la mayor participación de las sociedades en la política y la emergencia de los organismos no gubernamentales a favor de los derechos de los indígenas traerán, sin duda, nuevas tensiones dentro de sistemas en plena transición política; en Europa la tendencia hacia la unificación abre paso a focos de conflicto reflejados en los reclamos de los nacionalismos, regionalismos y localismos independentistas.

II.5.3. *Equilibrio de poder*

Frente a la incertidumbre sobre los nuevos y viejos conflictos, surge uno mayor: a fines del siglo XX un solo país ha llenado el vacío que dejó el fin de la Guerra Fría. El equilibrio bipolar de la segunda mitad del siglo XX abrió paso a un mundo atomizado en el que el país líder, Estados Unidos, no es suficiente para garantizar un equilibrio internacional. La OTAN ha dejado de ser el organismo de seguridad de los países más desarrollados, para convertirse en la punta de lanza de Estados Unidos. Sin embargo, no sólo la economía sino también la sociedad de este país tendrán cada vez más problemas para hacer frente a estos conflictos. En lo económico, estrechez en el financiamiento; en lo social, falta de reclutas debido a una población cada vez más vieja; en lo político, rechazo interno de las poblaciones de origen hispanoamericano para asumir guerras en las que no desean participar. El creciente potencial de los conflictos regionales apunta hacia una política de intervención creciente en el escenario internacional. Los límites, alcance y razones de fondo de la intervención deberán ser discutidos y acordados por consenso, tarea que se antoja difícil pero necesaria, so pena de mayores desajustes en el sistema internacional y de crecientes enfrentamientos entre los miembros del Consejo de Seguridad de las Naciones Unidas. Dicho Consejo, y las Naciones Unidas en su conjunto, deberían reestructurarse a la brevedad posible, implantando nuevos enfoques que le permitan recobrar eficacia, legitimidad y mayor peso específico; de no hacerlo, los próximos 30 años podrían conducir a la desaparición —de facto, aunque no necesariamente de manera formal— de la sucesora de la Sociedad de Naciones.

II.5.4. *Las batallas jurídicas*

Los gobiernos se verán atacados jurídicamente por sus ciudadanos, o por otros gobiernos; las empresas *versus* los gobiernos y viceversa; los ciudadanos de un país y los de otro, etc. Los campos de enfrentamiento son varios, desde los ya tradicionales, como los embargos, anti-*dumping* y las reglas de competencia, hasta otros menos usuales, como importantes procesos judiciales producto de las transacciones electrónicas, la fiscalidad internacional en el contexto del comercio electrónico,[28] la soberanía en la era global, las migraciones o las batallas jurídicas por los recursos naturales. Desde luego, parte del trasfondo de las guerras jurídicas tiene una base de intereses económicos; sin embargo, el aspecto puramente jurídico revela la insuficiencia de las normas internacionales y nacionales, así como de las instituciones y procedimientos existentes.

Las posibles batallas jurídicas futuras dentro de la bioética, campo en que el mundo se encuentra aún muy atrasado, constituyen un caso novedoso que se antoja interesante. La creación en 1999 de la primera biocomputadora, construida a partir de moléculas biológicas, que hará posible, por ejemplo, la cirugía sin escalpelo y a larga distancia, la implantación de instrucciones para el ataque de células cancerosas o la reproducción de tejidos que estarán programados para la síntesis de algunos fármacos destinados a reforzar ciertos órganos o modificar células, coloca en primer plano a los asuntos éticos de los avances en genómica y biotecnología.

II.5.5. *Otro tipo de guerras relacionadas con los recursos naturales*

Cuestiones como la seguridad alimentaria, la desertificación, las reservas naturales, los energéticos, el ambiente y el (agua) serán la constante de un mundo de creciente escasez. Por ejemplo, en 1998 el cambio climático, el calentamiento global y la destrucción de zonas forestales produjeron 311 catástrofes naturales (frente a 179 en 1997), con un saldo de 126.7 millones de personas afectadas, de las cuales 25 millones tuvieron que abandonar sus hogares. La cantidad de refugios ambientales creados para tal efecto (58% del total de refugios en el mundo) supera a todos los refugios de las guerras.[29] Incendios, sequías e inundaciones

---

[28] Para dar una idea del potencial de conflicto en este rubro, en Estados Unidos el número de transacciones comerciales electrónicas a través de tarjeta de crédito era del orden de 80 000 a 100 000 por minuto en 1999. Si a ello se suma que tan solo en Estados Unidos y Canadá el número de personas con acceso a Internet es de 92 millones de usuarios, es evidente que algunos miles de ellos llegarán a tener problemas.

[29] *Informe 1999* de la Cruz Roja Internacional.

provocadas por el fenómeno climático de *El Niño* causaron 21 mil muertes, en tanto la deforestación en la cuenca del río Yang Tse Kiang de China provocó inundaciones que afectaron a 180 millones de personas. Huracanes, sequías, inundaciones, incendios y nubes tóxicas afectan a mil millones de personas que viven en asentamientos no planificados; 40 de las ciudades de mayor crecimiento en el mundo se encuentran ubicadas en zonas sísmicas; en 1998 el 96 por ciento del total de muertes causadas por desastres naturales tuvieron lugar en países subdesarrollados. Sin embargo, de acuerdo con el informe 1999 de la Cruz Roja, los fondos de emergencia descendieron en 40%. Las catástrofes naturales, que presentan una tendencia creciente, requieren de una diplomacia preventiva, que no sólo planifique los refugios ambientales, sino que de manera sólida ataque el problema del cambio climático desde sus raíces.

El cambio climático produce desbordamientos e inundaciones, pero también genera una creciente escasez de agua. Del 97% de agua que cubre al mundo, sólo el 0.36% es agua dulce accesible y renovable. Sin embargo, ésta se encuentra irregularmente distribuida y ciertamente no coincide con los asentamientos humanos que más la requieren. China, con 25% de la población mundial, sólo tiene acceso a 8% del agua dulce disponible. En México la gran mayoría de la población vive sobre los 1 000 metros de altura, mientras que el agua se localiza por debajo de esa altitud. Si bien la industria mundial ocupa alrededor del 25% del agua dulce, la agricultura consume el 70% de ésta. De hecho, el agua utilizada para propósitos sanitarios y de consumo directo representa una pequeña proporción. El agua para riego es, sin embargo, importante, porque de ella depende otro factor de conflicto bélico: la seguridad alimentaria.

Los alimentos necesarios para abastecer al mundo hacia el año 2030 dependerán en 80% de la irrigación transfronteriza. La población mundial habrá llegado a 12 000 millones hacia el año 2010. Sin embargo, el abasto de agua permanecerá constante y, si las tendencias actuales continúan, ese abasto se verá reducido por la contaminación de los ríos, lagos y mantos subterráneos, la principal fuente de agua del mundo. Ello revela el complejo potencial de conflicto del agua, que requiere acuerdos y negociaciones transfronterizos. Éste es el caso en la mitad de las 300 cuencas que abastecen al mundo de agua dulce. Así, de acuerdo con un informe de 1996,[30] existen más de 3 000 reclamos interregionales y transnacionales por el agua. En el año 2000 el problema de la seguridad

---

[30] George W. Sherk, Patricia Wouters y Samantha Rochford, *Water Wars in the Near Future? Reconciling Competing Claims for the World's Diminishing Freshwater Resources - The Challenge of the Next Millennium"*, People & the Planet (Homepage), 1996.

del agua es ya una realidad. Los conflictos interregionales en México ya han aparecido, como en los casos de la presa El Cuchillo de Nuevo León, motivo de disputa con Tamaulipas, y con las aguas del río Lerma, utilizadas por Guanajuato, Michoacán y Jalisco, que son reclamadas por Querétaro y Jalisco. Un problema creciente es el de la cuenca del río Bravo, que presenta un crecimiento demográfico muy alto del lado mexicano, al cual se vierten aguas no tratadas. En los próximos 30 años la frontera, especialmente Ciudad Juárez, representará una fuente de conflicto —económico, ambiental, social, político, jurídico, etc.— entre México y Estados Unidos. En la agenda se encuentran también los reclamos que hacen las regiones que abastecen a las grandes ciudades, como México, a través de demandas económicas, de soberanía regional y batallas jurídicas. Una vez agotadas las disputas legales, las batallas internacionales por la seguridad del agua y la seguridad alimentaria pueden seguir su curso a través de la vía militar, como en el caso de Jordania e Israel. El enfoque de las Naciones Unidas al respecto consiste en lograr acuerdos entre las partes, tanto de la demanda como de la oferta, con el fin de compartir recursos finitos. Un ejemplo de este tipo de enfoque es el que actualmente se realiza en el estado de Guanajuato.

En resumen, la prospectiva regional del mundo hacia el año 2030 se encuentra más anclada en el siglo XX, o en asuntos históricamente no resueltos, que en cambios radicales que pudieran conducir hacia un nuevo mundo. Éste no es el caso de los temas que la globalización ha revelado como estratégicos para el futuro, donde existen poderosas fuerzas motrices en marcha que modelarán el futuro.

II.6. FUERZAS MOTRICES E INERCIAS
DEL PANORAMA MUNDIAL EN EL SIGLO XXI

¿Está el mundo preparado para el siglo XXI? ¿Puede haber una "preparación previa"? ¿Qué potencial de conflicto y ventanas de oportunidad se abren? ¿Cuáles son las fuerzas motrices y cuáles las inercias del cambio? ¿Qué equilibrio es deseable y qué probabilidades tiene de ser alcanzado?

Un primer recuento de lo que nos espera hace recordar las peores previsiones de Nostradamus: hacia el año 2050 el mundo tendrá 13 000 millones de habitantes,[31] el agua será escasa y no habrá suficiente comida; la extrema pobreza habrá alcanzado a grandes porciones de los antigua-

[31] Previsiones de crecimiento poblacional elaboradas por las Naciones Unidas; ver también: *Juggernaut: Growth on a Finite Planet*, Seven Locks Press, 1996, Santa Anna, CA, US, pp. 5-100.

mente países ricos, habrá un creciente tráfico de armas convencionales y algunas armas nucleares estarán en manos de grupos radicales terroristas; las estructuras sofisticadas del tráfico de drogas habrán sobrepasado las capacidades de cualquier autoridad nacional e internacional, y las nuevas tecnologías habrán echado a la calle a millones de personas. Para colmar las desgracias de la humanidad, la contaminación y el cambio climático habrán terminado o exterminado cualquier vestigio de riqueza o aliento civilizatorio. La diferencia entre este enfoque, cercano a las previsiones catastrofistas del año mil, y el que presentamos aquí es precisamente que pasaron mil años, y hoy día la información y los conocimientos nos permiten realizar análisis más complejos, menos adivinatorios y más exploratorios.

II.6.1. *Ciencia y tecnología*

En los próximos 30 años las revoluciones tecnológicas influirán en la vida cotidiana de los seres humanos de manera más trascendental que el conjunto de todas las innovaciones tecnológicas del siglo xx. Hoy día la tecnología no significa sólo máquinas, sino procesos e ideas innovadoras. El cambio es importante, pues se trata de pasar de productos tangibles y fácilmente cuantificables, a bienes intangibles.

Existen al menos dos vertientes del cambio tecnológico: la difusión de la tecnología (que puede ser de origen nacional o extranjero) y su innovación (en el ámbito nacional). La innovación es el pivote de desarrollo de las economías. Para ello, varios países han creado "sistemas nacionales de innovación": se trata de "redes de instituciones en los sectores público y privado cuyas actividades y acciones inician, importan, modifican y difunden nuevas tecnologías".[32] Dos de los factores a tomar en cuenta son la rapidez del avance tecnológico y el abatimiento de sus costos: "De acuerdo con un anuncio de 1996 en revistas de Estados Unidos, el automóvil típico norteamericano tenía a bordo entonces computadoras con mayor poder del que tenía a bordo el Apolo xiii en 1970. Apenas en 1970, esta afirmación sería inimaginable".[33] "Hace 25 años un megabyte de memoria de computadora de semiconductores costaba cerca de 550 000 dólares; hoy cuesta alrededor de 4 dólares. En 1997 los microprocesadores eran 100 000 veces más rápidos que los microprocesadores originales de 1950. Si estas tendencias continuasen, en el año

---

[32] *Op. cit.*, p. 46.
[33] Cita en Jim Mulin, "Technological change and its impact on OECD linkages with major developing economies" en *Globalisation and Linkages to 2020. Challenges and Opportunities for OECD Countries*, OECD, 1996, p. 45.

2020 una sola computadora portátil podría ser tan poderosa como el conjunto de las computadoras actualmente existentes en Sillicon Valley".[34]

Entre las tecnologías que afectarán positivamente nuestra vida cotidiana se encuentran los diagnósticos genéticos, nuevas terapias y medicamentos; estructuras inteligentes, estructuras subterráneas y prevención de sismos; completa integración de la ergonomía en el diseño, productos y sistemas a nanoescalas, asistencia de robots e inteligencia en los componentes de los sistemas computacionales, estaciones espaciales, y la planeación para la transformación. En todo ello, la capacidad de los países para llevar a cabo el cambio tecnológico será determinante.

El desarrollo de nuevas tecnologías y su difusión tendrán efectos económicos, políticos, sociales, culturales y éticos; cambiarán la forma en que vivimos y descansamos. Hacia el año 2025 los diferentes ámbitos de vida del hombre estarán interrelacionados por redes de telecomunicaciones: las oficinas con las casas; los servicios, el consumo y el comercio. Habrá grandes y pequeñas empresas en intensiva internacionalización a través de oficinas virtuales en todo el mundo. En 1985 Internet recibía al mes 1 000 visitas de usuarios; en 1998, esta cifra fue cercana a los 50 millones.[35] Dentro de tres años el comercio electrónico podría alcanzar un monto de 100 000 millones de dólares.

China ha implantado uno de los modelos de cambio tecnológico[36] más dinámicos y completos, en el que:

a) El conocimiento se produce en el contexto de sus aplicaciones, y existen grandes expectativas de que el apoyo a la investigación conducirá directamente a beneficios económicos y sociales para la nación que apoye la ID;

b) Existe una tendencia inexorable hacia la conformación de grupos más amplios y más interdisciplinarios que trabajen en actividades de investigación transdisciplinaria;

c) Existe una diversidad creciente en las organizaciones que participan en grupos de investigación; y

d) Existe una tendencia continua hacia la articulación de lazos entre estos equipos.

En México "la membresía total del Sistema Nacional de Investigadores (SNI) es de 6 000, de los cuales cerca de la mitad son candidatos, es decir, miembros estudiantes. Menos del 10% serán eventualmente acep-

---

[34] Wolfgang Michalski, Riel Miller, Barrie Stevens, "The Promises and Perils of 21st. Century Technology: An Overview of the Issues", *21st. Technologies. Promises and Perils of a Dynamic Future*, OCDE, p. 9, 1998.

[35] OECD, *The Economic and Social Impact of Electronic Commerce. Preliminary Findings and Research Agenda*, p. 9, 1999.

[36] Jim Mullin, "Technological Change and its Impact on OECD Linkages with Major Developing Economies" en *Globalisation and linkages..., op. cit.*, p. 50.

tados como miembros de pleno derecho".[37] Esto significa que en el mejor de los casos (suponiendo que todos fueran aceptados), habría un científico por cada 15 833 habitantes de México. No existen estadísticas sobre los estudiantes que han hecho estudios de posgrado en el extranjero, las motivaciones económicas son muy débiles y la falta de infraestructura para el pleno desarrollo de sus investigaciones es insuficiente; mientras que 51% del presupuesto de Conacyt se dedica al otorgamiento de becas (12 885 en 1995), los primeros estudios al respecto indican que podría haber una fuerte fuga de cerebros por razones económicas, familiares y de desarrollo profesional.[38]

II.6.2. *Transporte*

Además del transporte multimodal, donde la mano humana nunca interviene directamente y que es ya una realidad, en los próximos 10 años el modo de transporte con mayor crecimiento será el aéreo, en particular para el tráfico de carga, con un crecimiento anual de 8.5%, el cual obtendrá ingresos por 346 000 millones de dólares en 2010, contra 69 000 en 1990.[39] En cuanto a los aviones sólo de carga, la flota mundial podría llegar en el año 2010 a unas 2 130 unidades (contra las 768 que había en 1990). El mayor crecimiento de tráfico se dará en la región Asia-Pacífico, que ya en el año 2000 representará el 40% del transporte aéreo de carga total. El crecimiento intensivo de los intercambios y el comercio vía aérea harán que antes del año 2010 Asia esté más cerca de Estados Unidos que América Latina. Si las tendencias hacia grandes conglomerados reunidos para hacer frente a la competencia continúan, en 2010 sólo podrían existir en el mundo cinco aerolíneas regulares: dos basadas en Estados Unidos (con capitales internacionales), una en Europa y dos en Asia.[40] Obviamente, las líneas aéreas nacionales quedarían desplazadas en esta travesía. También, como parte del incremento del tráfico aéreo, los cielos del mundo podrían convertirse en un enorme atolladero, con graves problemas de estacionamiento y congestión en tierra, complicaciones derivadas de los diferentes sistemas operativos de tráfico aéreo (que tendrán que adoptar una sola norma regulatoria para todo el mundo), y sistemas de telecomunicaciones y tecnología que per-

---

[37] Heriberta Castaños Lomnitz, "The brain drain from Mexico: the experience of scientists" en *Science and Public Policy*, agosto de 1998, p. 247.

[38] *Ibid.*, pp. 247-253.

[39] Citado en *Highlights: International Air Transport 2000: The Challenges of Growth and Competition, International Futures Program*, OCDE, 1992.

[40] *Op. cit.*

mita un manejo masivo, seguro y eficiente del transporte de pasajeros y de carga.

En cuanto al transporte terrestre, a pesar de expectativas menos optimistas que las de hace pocos años, se estima que en 2005 la demanda mundial será de 40 millones de unidades por año, registrando el mayor incremento en la región de Asia-Pacífico, con crecimientos anuales de alrededor de 12% en China e India. Las preocupaciones ambientalistas de varios países europeos llevarán a crecimientos más moderados en ellos. Pero frente a una mayor competencia y desplazamiento de empresas, fruto de una competencia intensiva que conducirá a grandes conglomerados en la producción de automóviles de alta tecnología, los decisores tendrán que tomar iniciativas ante los casi 600 millones de carros usados, contaminantes o chatarras existentes.[41] Los incentivos para el transporte eléctrico no son suficientes para que en los próximos 30 años se opte por esta tecnología como medio de transporte eficaz de manera generalizada.

II.6.3. *Agricultura y alimentación*

La Cumbre Mundial de Alimentación propuso disminuir a la mitad en el año 2015 el número de personas con hambre existente en los años noventa. Para cumplir con este objetivo se requeriría al menos: que cayesen las tasas de fertilidad de los países en desarrollo, un incremento en los ingresos per cápita, el mejoramiento de las tecnologías agropecuarias, mayores inversiones en este sector y un aumento en la dinámica del sector agro-industrial, orientándolo hacia nuevas generaciones de productos biotecnológicos.[42]

En las próximas dos décadas el crecimiento de la demanda alimentaria en los países en desarrollo será de alrededor de 2.6% anual. Mientras que Estados Unidos, Australia y Nueva Zelanda parecen preparados para enfrentar este desafío, Europa apunta hacia un estancamiento de su producción (a pesar de los mayores intercambios dentro de la zona intra-europea); los tres primeros gozan de condiciones de mayor libertad de mercados y costos de producción menos elevados.[43]

Uno de los mayores cuellos de botella se localizará no tanto en la producción como en la distribución de los productos alimentarios, ya que los distribuidores podrán tener una influencia directa sobre el consumi-

---

[41] Ver: "The Economist Intelligence Unit, The Outlook for the World Car Industry to 2005", *Motor Business International*, núm. 3, pp. 110-122.

[42] OCDE, *Se nourrir demain: perspectives du secteur agro-alimentaire*, Forum sur l'avenir, 1998.

[43] *Ibid.*, p. 8.

dor, escoger mercados y hacer "volátil" la distribución de productos de acuerdo con sus intereses, transformando radicalmente los patrones de competencia. "En el sector agro alimentario, como en muchos otros, es evidente que la ventaja comparativa de los países no reside en sus recursos naturales... la competitividad de las empresas dependerá en el futuro en gran medida de su capacidad, como multiestablecimientos con multiproductos, para generar los activos específicos; es decir, movilizar y sacar provecho de los recursos intelectuales en actividades tales como la investigación y el desarrollo (I y D), la publicidad y el tejido de redes de alianzas y socios".[44] El desarrollo del comercio electrónico impulsará el comercio a gran escala sin importar las distancias; en el comercio al menudeo las compras de supermercado a través de computadora y televisión son ya una realidad. El problema no es ya franquear grandes distancias, sino comercializar en los mercados locales productos adaptados al gusto y cultura locales, por más diversificados que éstos sean.

Las grandes fusiones de empresas en conglomerados que buscan abatir costos, crear sinergias y cubrir mayores mercados es también una constante en el sector agroalimentario. Desde 1983, cada año se han producido en promedio 268 fusiones en Estados Unidos, mientras que el número de nuevos productos lanzados por este país a los mercados internacionales entre 1991 y 1994 pasó de 12 398 a 15 006.[45] Los avances de la biotecnología prometen un crecimiento exponencial de nuevos productos agroalimentarios en los mercados internacionales.

El estudio minucioso de los mercados agrícolas, sus estructuras, la relación entre la demanda y la oferta, así como el análisis de la mercadotecnia y distribución indican que en el futuro será "más importante crear las estructuras económicas favorables (para la producción agroalimentaria) que buscar prever en sus menores detalles los procesos de producción futuros que, de todas formas, probablemente serían falsos".[46] Aunque las tendencias de largo plazo apuntan hacia precios más accesibles, mayor diversidad de productos, mejor conservación y transporte, mayor libertad de elección para el consumidor y mejor calidad nutritiva,[47] "la principal tarea que enfrentará el sector agroalimentario en el siglo XXI será la de crear sistemas de producción sustentables, que permitan sa-

[44] *Ibid.*, p. 15.
[45] *Ibid.*, p. 139.
[46] *Ibid.*, p. 179.
[47] "La aportación calórica total, por ejemplo, pasó de 2 375 calorías por día y por persona en 1965 a 2 542 calorías en 1980, para alcanzar 2 730 calorías en 1995. En el curso del mismo lapso, la calidad del régimen alimentario mejoró; las aportaciones de proteínas pasaron de 64 gramos diarios por persona a cerca de 71 gramos en 1995"; cita en Gerard Viatte y Josef Schmidhuber, "Une politique agro-alimentaire: enjeux et defis a long terme", en *Se nourrir demain...*, *op. cit.*, p. 211.

tisfacer las necesidades de alimentos seguros de una población mundial en expansión, sin por ello contaminar el ambiente".[48]

La seguridad alimentaria es una cuestión de orden político: una cuestión de soberanía nacional. Si bien los sistemas proteccionistas y subvencionados han probado su ineficacia y están dando paso a dinámicas de libre mercado, la alimentación y la satisfacción de las necesidades nutritivas de las poblaciones situadas donde no llegan los mercados (regiones alejadas o con niveles de consumo de productos de mercado bajos) siguen siendo parte de las responsabilidades de los Estados. En la medida en que las normas regulatorias liberen al sector agroalimentario, importantes capas poblacionales tendrán acceso a nuevos, más y mejores productos; en la medida en que los Estados no puedan garantizar la seguridad alimentaria y el abatimiento de los déficits nutricionales de sus poblaciones, estarán creando no sólo potenciales focos de conflicto, sino sobre todo sociedades incapaces de hacer frente a los desafíos que implica la globalización: mejores niveles de alfabetización, comprensión y conocimiento; mejores niveles de higiene y salud; abatimiento de la extrema pobreza; integración a nuevas tecnologías; en resumen, una mejor calidad de vida. En consecuencia, los Estados gozarían de menor soberanía en un mundo abierto a los intercambios en los patrones de producción y consumo, pero también abierto a los grandes conglomerados que desplazarán, sin duda alguna, a los monoproductores campesinos y agrícolas que no tengan acceso a las nuevas tecnologías.

II.6.4. *Biotecnología*

Hace sólo 10 años el mundo, incluyendo a los científicos, tenía serias dudas sobre los alcances de la biotecnología en el corto plazo. El proyecto del genoma humano (también conocido como Manhattan) parecía más un hoyo financiero sin fondo que una promesa de futuro. El conocimiento de los genes a través de la decodificacion del DNA es hoy una realidad. Las empresas farmacéuticas lo lograron gracias a que "los costos promedio para conocer la secuencia de cada uno de los millones de pares de bases de DNA bajaron de 5 dólares en 1990 a menos de 0.50 dólares a fines de este siglo (el número de pares de bases del DNA secuenciados cada año se multiplicó exponencialmente: de cerca de 40 millones en 1990 a más de 400 millones en 1997"[49]). La puerta de la ingeniería genética se convirtió así en una combinación de lámpara de

---

[48] *Ibid.*, p. 205.
[49] OECD, *21st. Century Technologies, Ibid.*, p. 12.

Aladino y caja de Pandora. La lámpara de Aladino contiene, entre otras muchas cosas, nuevos productos agrícolas mejorados, cura efectiva contra enfermedades provocadas por un solo gen, tales como la fibrosis cística, algunos tipos de Alzheimer, artritis y cáncer, que incluso podrían ser reversibles; también le da esperanzas de cura a quienes sufren de migrañas o requieren de prótesis neuronales a través de implantes de sensores o de la clonación de órganos.[50] Por el lado de la caja de Pandora están las posibilidades de modificación genética, es decir, de la información contenida en las células necesaria para su sobrevivencia y reproducción. La modificación de las secuencias hereditarias de los organismos son ya una realidad en los campos de la agricultura y la química-farmacéutica. La medicina preventiva, a partir del conocimiento de las tendencias hereditarias, puede ser practicada con precisión. Más aún, la producción de alimentos nutritivamente mejorados y aclimatados representa hoy día la posibilidad real de proporcionar a las poblaciones en pobreza extrema una dieta rica en nutrientes, a través del suministro de productos tradicionales que son a la vez complejos nutritivos. "En los próximos años, uno de cada cuatro medicamentos será genéticamente producido".[51] Los cultivos mejorados y resistentes a plagas, además de estar preparados para ser menos perecederos, ya no requieren de fertilizantes dañinos para la salud y el ambiente. Antes de 30 años la ingeniería genética aplicada a la agricultura hará posible el cultivo de plantas en climas secos, desérticos, salinos o muy calientes. Entre los posibles nuevos resultados de la caja de Pandora en los próximos 15 años se encuentran la bioelectrónica, la neuroinformática y la neurobiología. El comportamiento neuronal es estudiado y aplicado a los circuitos informáticos para la creación de inteligencia artificial. Más allá de los campos en que su aplicación puede facilitar la prevención y reversión de enfermedades o el mejoramiento de los sistemas de computación, las intervenciones quirúrgicas, la dotación de órganos y la alimentación, el potencial de estas ciencias es enorme y depara enormes sorpresas. ¿Cuál será el impacto de los cultivos modificados sobre su medio ecológico? ¿Pueden los nuevos microorganismos ser portadores migrantes de efectos incontenibles?

Uno de los mayores debates en la genómica y la biotecnología se ha centrado alrededor de la propiedad intelectual y la codificación de lenguajes que devengan inaccesibles para los gobiernos y los centros de seguridad nacional. Con fines estrictamente científicos, recientemente fue encontrada la forma de crear series numéricas no codificables por su in-

[50] Para un recuento apasionante de los efectos en el avance de la biotecnología, ver Werner Arber, "Biotechnology for the 21st Century", en *21st. Technologies..., op. cit.*, pp. 77-95.
[51] *Ibid.*, p. 84.

finitud. Ahora que el espionaje es considerado como algo del pasado, más relacionado con las películas de James Bond que con la realidad, el mercado potencial de productos de propiedad intelectual, de información confidencial que viaja sin fronteras, bajo lenguajes imposibles de decodificar y sin lugar de origen (el origen bien puede ser un mensaje que circula por todo el planeta a la velocidad de Internet) plantea enormes oportunidades y serios riesgos para la seguridad de los países, los gobiernos y las empresas.

Las armas biológicas, como el ántrax utilizado en el transporte subterráneo en Tokio, revelan una alta peligrosidad, más por el uso irresponsable que se les pudiera dar, que por su descubrimiento. Se imponen nuevos códigos de seguridad y de ética que garanticen que este tipo de armas y eventos no ocurran. En efecto, "en última instancia el objetivo es usar esta tecnología para el beneficio de nuestra civilización y para la conservación de nuestro ambiente animado e inanimado".[52]

II.6.5. *Comercio electrónico*

El mundo no parece estar preparado para cambiar al ritmo que el comercio electrónico impondrá. Algunas de las consecuencias de esta nueva forma de operar será la desaparición de millones de intermediarios y la reestructuración completa del sistema organizacional de los servicios. Imaginar un mundo sin agencias de viaje, sin bancos, sin desplazamientos para pagos de electricidad, teléfonos, salarios, compras de libros, juguetes, periódicos, alimentos, refacciones, música, flores o autos no es un escenario del futuro, sino una realidad del año 2000. Estas transacciones son posibles hoy en muchos países y regiones del mundo a través del comercio electrónico. En las próximas décadas este sistema se extenderá de manera exponencial en diversos campos de los negocios y la vida cotidiana, cubriendo cada vez más rubros y siendo cada vez más eficaz y accesible. Uno de los competidores, Japón, multiplicó su cantidad de ciber-tiendas, de 214 en septiembre de 1995, a 6 500 en febrero de 1998.[53] En la Unión Europea el comercio electrónico representó 65 millones de dólares en 1996, mientras que para el 2002 podría llegar a 64 360 millones de dólares.[54]

Por el lado del consumidor, se plantea la posibilidad de que éste adquiera bienes directamente del productor, abatiendo así los gastos de

[52] *Ibid.*, p. 95.
[53] OCDE, *The Economic and Social Impact of Electronic Commerce. Preliminary Findings and Research Agenda*, 1999.
[54] *Ibid.*, p. 33.

intermediación. Por el lado del productor, éste reducirá sus costos de intermediación y aquéllos derivados de la producción inútil (los pedidos podrán ser elaborados antes de que el bien sea producido, con base en estimaciones de los productos que serán realmente vendidos), así como los tiempos de producción y entrega, incrementando la seguridad en los pagos. Como consecuencia del comercio electrónico se desarrollarán nuevas estructuras de empleo que permitirán que importantes grupos, como las mujeres, trabajen desde su hogar, así como la inserción de discapacitados al mercado de trabajo y la extensión de redes de distribución que trabajen todo el año a lo largo del día y en ciclos de producción más cortos. El cambio del lugar del trabajo, de la oficina a la casa, tendrá un impacto definitivo en el abatimiento de los costos operativos. La productividad corporativa podrá ser incrementada; las empresas podrán reclutar a los mejores cuadros en cualquier parte del mundo, sin tenerlos que desplazar de sus hogares; quienes decidan entrar al sector de comercio electrónico podrían obtener mayor satisfacción personal, abandonando profesiones no competitivas o insatisfactorias; los trabajadores tendrán mayor libertad de elección, pudiendo decidir su propio estilo de vida y cuántas horas trabajarán, con menores costos en fatiga, tiempo y dinero, al no tener que desplazarse al lugar de trabajo. El tiempo será un valor central y constante, ya que afectará los ritmos de producción, la toma de decisiones y la adaptación continua a nuevos métodos de producción basados en nuevas tecnologías.

Los tamaños de las empresas disminuirán y aumentará la internacionalización y competitividad global de las pequeñas empresas alejadas de las grandes ciudades, lo que creará importantes flujos de intercambio internacional que apoyarán las tendencias ya existentes de consolidación regional y descentralización.

La librería virtual Amazon, distribuidora de libros en todo el mundo, tuvo en 1997 ganancias netas de 16.01 millones de dólares, mientras que en 1998 éstas llegaron a 87.73 millones de dólares, un crecimiento de 448.1%; sus costos de operación pasaron de 1.58 millones de dólares en el primero de estos años a 6.73 millones de dólares en el segundo, un crecimiento de 327%. Para los próximos años sus costos de operación llegarán a estabilizarse, pero previsiblemente las ganancias seguirán su crecimiento intensivo.[55] El éxito de este proyecto reside no sólo en dar

---

[55] En comparación con Amazon, la tradicional y prestigiada enciclopedia Britannica fue a la bancarrota cuando salieron al mercado otras enciclopedias que compitieron en una fácil batalla de precios: mientras que la primera costaba de 1 500 a 2 000 dólares, los nuevos discos compactos eran puestos en el mercado a sólo 50 dólares. La bancarrota de Britannica se explica por su forma de venta (directa), que fue desplazada del mercado por el comercio electrónico, más que por su contenido.

un buen servicio, diversificado en sus productos y expedito, sino especialmente en el interés, desde su creación, en la inversión en I y D. Con tan sólo 10 a 12% de inversión en este rubro, las empresas que se lanzaron al comercio electrónico en los últimos años han garantizado su crecimiento futuro sobre bases seguras: la innovación tecnológica y el conocimiento humano aplicados.[56]

Los efectos sociales mundiales de esta revolución tecnológica están por verse; algunos de ellos comienzan a delinearse: en Estados Unidos cerca de 11 millones de personas tienen acceso a Internet; en Irlanda sólo cerca de 100 000. Los países con menos computadoras y líneas telefónicas tendrán una participación marginal; actualmente más de la mitad de los habitantes del planeta no han hecho uso jamás del teléfono. La mayoría de las transacciones y programas se realizan en inglés, marginando a los no angloparlantes. El acceso al mercado electrónico supone también ciertos niveles de preparación; no sólo en lo que alfabetización se refiere, sino en calificaciones más especializadas en el manejo de computadoras; además, el nivel de ingreso es determinante en el acceso a las nuevas tecnologías. Por otra parte, el comercio electrónico podría tener efectos redistributivos sobre las estructuras tradicionales, abriendo nuevas oportunidades para el desarrollo local, creando nichos de mercado, "conectando" zonas marginadas al mundo desarrollado y contribuyendo en la creación de sociedades más y mejor informadas.

El comercio electrónico ha tomado al mundo por sorpresa —y él mismo es el primero en estar sorprendido—. Si bien el 80% de sus transacciones tienen lugar en Estados Unidos, la tendencia es hacia su creciente internacionalización, a pesar de que las aduanas, costos de envío y riesgos de pérdida o robo no han desaparecido. Aun cuando el comercio electrónico no conoce fronteras, los agentes fiscales sí demandan el pago de impuestos, por lo que para hacer viable este comercio tendrán que crearse nuevas normas y regulaciones. En fin, entre el sueño de un desarrollo con nuevas perspectivas de riqueza y equidad y la pesadilla de mundos cibernéticos que amplíen las brechas cibernéticas y otras "tradicionales", podríamos despertar para constatar que... "se fue la luz".

II.6.6. *Energía*

Entre los años de 1995 y 2020 la demanda mundial de energía crecerá en un 65%, las emisiones de bióxido de carbono en 70% y los compromisos de la cumbre de Kioto no verán el día. La producción de gas

[56] *Ibid.*, pp. 90-91.

podría pasar de 40 a 110 mtoes,[57] y el crecimiento anual del uso de energía para el transporte podría registrar una tasa de crecimiento anual medio de 2.8%.[58] A nivel mundial la producción de energía eléctrica descansará cada vez menos en el uso del petróleo y cada vez más en el del gas. Lo que ocurra con los precios relativos de los energéticos será trascendental para determinar los procesos de sustitución de unos por otros. Precios bajos del petróleo retrasarían la transición hacia el gas y la viabilidad económica de usar energías alternativas. Otras fuentes, más tradicionales, continuarán representando una parte importante tanto de la generación de energía, como de la generación de contaminantes. El desarrollo de energías alternativas como la solar no resultan todavía rentables, y se requerirán "nuevas políticas si el uso de la energía nuclear y las fuentes de energía renovable son utilizados para ayudar a reducir el consumo de combustibles fósiles y las emisiones de gases de invernadero".[59] La importante oposición internacional al recurso de la energía nuclear —a pesar de ser la más limpia y una de las menos costosas— tiene que ver más con el recuerdo de Tchernobyl y las percepciones asociadas a la Guerra Fría, así como con la falta de preparación para la gestión segura de las plantas y el manejo acertado de los desechos peligrosos. Así pues, se trata más de un problema político que económico.

También entre 1995 y 2020 la demanda de energía primaria de América Latina podría casi duplicarse. Las tendencias en la oferta de energía primaria en la región apuntan hacia una disminución del consumo de petróleo, pudiendo pasar éste del 62% del total en 1995 a 53% en el 2020; en el mismo lapso el gas natural podría pasar de 20 a 31%. Los combustibles sólidos, los combustibles renovables, la energía hidroeléctrica y la nuclear tendrán la misma proporción que en la actualidad (un total de 17% de la oferta en 2020).[60] Brasil, con la mayor selva tropical del mundo, representó 37% del consumo regional de biomasa, producto de la quema de árboles (60%) y caña de azúcar, biomasa que alimenta de energía al 69% de la industria brasileña.[61]

La privatización de la industria eléctrica en América Latina podría conducir a una mayor competitividad y a mejores precios, e incrementar la oferta para cubrir una demanda creciente, que pasaría de alrededor de 50 mtoes en 1996 a 130 mtoes en 2020, reflejando un incremento anual en la demanda de energía eléctrica de 4.1% en la región durante dicho lapso.[62]

[57] Millones de toneladas equivalentes de petróleo.
[58] *Ibid.*, pp. 354-355.
[59] *Ibid.*, p. 20.
[60] *World Energy Outlook, Op. cit.*, p. 350.
[61] IEA, *World Energy Outlook*, 1998, p. 367.
[62] *Ibid.*, p. 356.

A fines de 1997 las reservas oficiales de hidrocarburos de México eran de 40 000 millones de barriles y se extraían 3.4 millones de barriles diarios, lo cual da un estimado conservador de autosuficiencia de 32 años. Hacia el año 2030, o antes si se incrementa la producción y no se encuentran nuevos yacimientos, estas reservas llegarán a su fin. El sector energético requiere de fuertes inversiones de capital para introducir nuevas tecnologías. La falta de claridad sobre esta cuestión y sobre las reglas del juego para el ingreso de capitales foráneos ha sido sin duda una de las razones del fracaso en la privatización del sector petroquímico. Más aún, mientras México no implante una reforma fiscal más equilibrada, en la que su presupuesto no dependa en 40% de los ingresos petroleros, el gobierno mexicano no tendrá mucho margen de maniobra ni incentivos para dejar de lado este ingreso fiscal. En comparación, Venezuela goza de reservas de hidrocarburos equiparables a las de Arabia Saudita (72 mil millones de barriles), por lo que, de continuar la ineficiencia de la OPEP y la falta de consensos sobre producción y precios, los países exportadores seguirán viendo que "hay mucho petróleo en el mar" (referencia a la cantidad de buques estacionados en aguas internacionales, cargados de petróleo).

Las reservas de gas natural mexicano son de 64 trillones de metros cúbicos, pero su lejanía de los centros consumidores encarece el producto. Sin embargo, la liberalización en este sector es prometedora, sobre todo para la producción de energía eléctrica.

II.6.7. *El ambiente*

Las preocupaciones de los ecologistas sobre el ambiente durante los setenta y ochenta se convirtieron en las de los gobiernos algunos años después. La protección del ambiente ha sido reconocida como asunto de interés nacional e internacional; se ha revelado además como un interesante campo económico para el desarrollo de nuevos productos, como los convertidores catalíticos, y nuevas fuentes de ingresos fiscales. La ecología no está peleada ya con la política, y menos aún con la economía.

Durante los próximos 30 años un hecho sin precedentes, ante el cual los gobiernos individuales son totalmente incapaces, amenazará al planeta: el cambio climático. Entre la Cumbre de Río en 1992, que alertó sobre la gravedad del problema, y la de Buenos Aires en 1998, enfocada a crear herramientas e indicadores para identificar y medir sus consecuencias, estuvo la Cumbre de Kioto. En ésta (1997), a pesar de su gran politización, se sentaron las bases consensuales necesarias para que los países aceptaran que su acción individual es insuficiente para hacer

frente al calentamiento global y que se requiere la· participación de todos en acuerdos multilaterales que conlleven a una serie de compromisos en la reducción de gases de efecto invernadero (bióxido de carbono
y metano) y de gases destructores de la capa de ozono (óxido nitroso y
clorofluorocarbonos), y programas de largo plazo para la reducción de
contaminantes. Desafortunadamente el enfoque de Kioto será insuficiente para resolver el problema.[63] Los tratados internacionales diseñados
para alcanzar objetivos comunes caen en dos categorías: aquellos que
acuerdan una serie de objetivos nacionales, pero que dejan el cumplimiento de los objetivos en manos de los propios países, y los que definen
acciones conjuntas. El Protocolo de Kioto cae en la primera categoría.[64]
La Cumbre de Buenos Aires reflejó en buena medida estas fronteras:
mientras que los grupos de trabajo presentaban avances en sus indicadores, la preocupación y la atención generales se centraba en si Estados
Unidos ratificaría o no el Protocolo de Kioto. La ratificación llegó el último día de trabajos, en un ambiente fuertemente politizado y atomizado,
donde los trabajos técnicos parecían ocupar el último de los lugares. La
cadencia política, los compromisos de los gobiernos y el avance técnico
están muy por atrás de la evolución del cambio climático, generador de
los efectos de *El Niño* y de *La Niña*, de la desaparición de playas por el
aumento de los niveles del mar o de sus implicaciones en términos de
equilibrio ecológico, biodiversidad y vulnerabilidad de las poblaciones. El cambio climático promete aún nuevas sorpresas, ante las cuales
tanto las sociedades como los gobiernos son vulnerables. La cuestión no
sólo es de orden ecológico, sino político: no basta con la acción de los
gobiernos, se requieren compromisos ciudadanos; es decir, una clara
conciencia y participación en la solución del problema por parte de la
sociedad.

   Kioto volvió a marcar las fronteras entre los países ricos y pobres; los
primeros fueron los mayores responsables de las primeras oleadas de
fuerte contaminación; los segundos, por falta de tecnología y recursos, y
con frecuencia por sus niveles de desarrollo acelerado, se están convirtiendo en las mayores fuentes de contaminación. También marcó la
frontera entre los países productores y los importadores de petróleo, los
primeros presionando para que se mantengan los carburantes fósiles

---

   [63] El problema a debate es que grandes volúmenes de gases de invernadero, principalmente dióxido de carbono, producto de la quema de combustibles sólidos, así como del
metano generado por el cultivo de arroz y por el ganado, calentarán gradualmente la atmósfera terrestre, con implicaciones inconmensurables para los ecosistemas naturales y
el hábitat humano. Existe todavía desacuerdo científico sobre la magnitud y el tiempo que
llevará este calentamiento. Richard N. Cooper, "Toward a Real Global Warming Treaty",
Foreign Affairs, marzo/abril, 1998, pp. 67-79.
   [64] Cooper, *Ibid.*, p. 67.

como el recurso energético más consumido. Cualquiera de las fórmulas para hacer frente a los compromisos de Kioto abre nuevas fronteras y diferendos que parecen irresolubles, planteando más un esquema de buenos propósitos incumplidos que compromisos de viabilidad práctica. Aunque el Protocolo entrará en vigor en el próximo siglo y su programa de monitoreo, información y examen de la reducción de gases de invernadero se extenderá hasta el año 2012, el hecho de que no sea obligatorio (por medios jurídicos, económicos y/o políticos) hace pensar que tendrá corto alcance. Pareciera entonces que ante los efectos del cambio climático las respuestas no serán de orden preventivo, sino de gestión de la crisis.

Un enfoque diferente podría cambiar las cosas: La alternativa consiste en que los gobiernos otorguen incentivos a los ciudadanos para corresponsabilizarlos del problema, primero a través de su concientización y educación, y después a través de acciones concretas, con las cuales podría haber esperanzas de mejores resultados. Una buena herramienta podría ser la fiscalidad, lo mismo como incentivo que como herramienta coercitiva para que las empresas utilicen energías más limpias. Otra herramienta sería implantar incentivos para que se prefieran productos más limpios, sin efectos peligrosos en el largo plazo. Tal vez no sea demasiado tarde para repensar los riesgos del cambio climático y plantear la cuestión de otra manera: que los compromisos se conviertan en obligaciones monitoreables por organismos multilaterales. Lo que los gobiernos están dispuestos a firmar de manera individual, no están dispuestos a cumplir de manera multilateral; los intereses de corto plazo —incluidos los electorales— podrían prevalecer sobre los de largo plazo para encontrar, al final del camino, que el juego de los intereses individuales fue contrario al interés común global.

II.7. EMPLEO, CAPITAL HUMANO Y LA MUJER EN LA ECONOMÍA

La tendencia general demográfica de la población del mundo hace que vayamos a ser más y al mismo tiempo más viejos. En 1960 la fuerza de trabajo representó el 43% de la población total; en el 2000 llegará al 50%, sosteniéndose en un equilibrio difícil hasta el 2010, para caer luego de manera estrepitosa y sin parar hasta el 2030, cuando representará 41% de la población total. No toda la fuerza de trabajo estará empleada. En 1960 la población con empleo representaba 42% de la PEA; dicha cifra se mantuvo en 44% entre 1970 y 1985, para crecer hasta más del 45% a principios de los noventa; en el futuro presentará altibajos, alcanzando su valor máximo en el 2012, para retomar luego el curso de caída conti-

nua hasta llegar al 39% en 2030.[65] "En los próximos 25 años, el número de
personas en edad de jubilarse se incrementará en 70 millones en los países de la OCDE, mientras que la población en edad de trabajar sólo crecerá en 5 millones".[66] Por ejemplo, en el caso de Estados Unidos, "entre
2030 y 2050 la población blanca de origen no hispano no contribuirá en
nada al incremento nacional de población, porque estará decreciendo".[67]

En resumen, en los países de la OCDE la población total será mas vieja,
no estará dentro de los rangos de edad para ser económicamente productiva y gastará sus fondos de pensiones, provocando con esto que los
capitales para inversión en los países en desarrollo sean muy escasos.
Una menor proporción de la población tendrá que cargar a cuestas con
los gastos correspondientes al mantenimiento, gastos de salud y entretenimiento de las poblaciones envejecidas que, además, vivirán en promedio más años y se retirarán del mercado de trabajo antes que en el pasado. Entre 2000 y 2030 el tamaño de la población envejecida crecerá
alrededor de 50%. En el corto plazo este problema será mayor para Japón, Europa y Estados Unidos que para otras economías. Por ejemplo,
de aquí al 2005 la mayoría de la población en México apenas estará entrando por primera vez al mercado de trabajo; la pirámide poblacional
más bien se parece a un cilindro abultado en el centro, pues hoy día
México no es un país de viejos, pero tampoco de niños. Su problema del
envejecimiento poblacional será un factor importante a partir de 2025-
2030 y grave a partir de 2040. La medida de su importancia estará marcada cuantitativamente por los niños que están naciendo hoy y que
entrarán a la fuerza laboral dentro de 25 años para mantener a las poblaciones mayores de 60, que entonces serán mayoría, y cualitativamente por el porcentaje de estos jóvenes en edad de trabajar que efectivamente encontrarán empleo cuando los sistemas de trabajo basados en la
producción masiva e intensiva serán cosa del pasado.

Desde hace casi 20 años los capitales no se desplazan hacia los países
con mano de obra más barata, sino hacia donde ésta está más calificada. Esto plantea la pregunta de qué tan calificados estarán los niños que
nacen hoy o los nacidos hace 5 años y que están por entrar a la educación primaria. El gran éxito de algunos países del sudeste asiático es que
se dedicaron paciente e intensivamente a calificar a su mano de obra
durante más de 30 años. Si existe una fuerte inversión cuantitativa y
cualitativa en capital humano, las presiones disminuirán en la medida
en que los países registren mayor crecimiento económico, haciendo que
haya mayor cantidad de empleados.

[65] OECD, *Maintaining Prosperity in an Ageing Society*, 1998, p. 11.
[66] *Ibid.*, p. 10.
[67] *Population Projections of the US*, ibid., p. 1.

Para todas las sociedades los riesgos de exclusión económica —por no tener oportunidades de empleo -y social- derivados de la primera, pero agravados por su incapacidad, si no para participar en la vida activa, cuando menos para comprenderla y participar de manera integrada en la vida social— son una realidad. La inversión en capital humano, definido como "el conocimiento, calificaciones, competencias y otros atributos adquiridos por los individuos que son relevantes a la actividad económica"[68] no sólo busca crear bases económicas más fuertes a futuro, sino también disminuir las brechas generacionales, las socioeconómicas y los cortes entre el medio rural y el urbano, e incrementar la participación de las mujeres en las actividades económicas y sociales, para sentar bases sólidas de cohesión social. Ello será posible sólo a través de un medio: la educación. Además de la educación formal aprendida en las escuelas, que es claramente insuficiente para hacer frente a los retos del futuro, se trata de ampliar las capacidades de comprensión, adaptación, flexibilidad, integración, innovación y creatividad; intuición, análisis y crítica; la conciencia social, económica y ambiental, corresponsabilidad, coparticipación y asociación; y la comprensión y manejo de nuevas tecnologías; todo esto a través del mejoramiento de los niveles de participación socioeconómica a través de las edades y los grados de alfabetización —dentro de los cuales se incluyen el aprendizaje de las capacidades de uso de computadoras, la comprensión de otras lenguas y el manejo de criterios eficaces y efectivos para la integración al empleo y el sentido social de la acción—. La gestión empresarial presentará nuevas estructuras de organización, basadas en la diversidad, la complementariedad, la creación de redes y la horizontalidad tanto del trabajo como de la toma de decisiones.

"No todos los beneficios de la inversión en capital humano pueden ser capturados en términos de su impacto económico directo. La creación de conocimiento, calificaciones, competencias y aptitudes relevantes a la actividad económica afectan no sólo el desempeño en el trabajo, sino la conducta social. Los beneficios derivados pueden afectar la salud pública, el nivel de criminalidad, el ambiente, la familia, la participación comunitaria y política y la cohesión social, que a la vez retroalimentan al bienestar económico".[69] Los requerimientos financieros para un proyecto de inversión en capital humano de suficiente envergadura no pueden ser cubiertos por los gobiernos; sus finanzas son insuficientes para ello. Es por esta razón que la asociación entre capitales públicos y privados es indispensable, dado el tamaño de la tarea a cumplir.[70] Las razones

[68] OECD, *Human Capital Investment*, 1998, p. 9.
[69] *Ibid.*, p. 66.
[70] STI, *University Research in Transition*, p. 93, e *Internationalisation of Industrial R&D*, p. 92.

por las cuales los capitales privados estarían interesados en participar son varias: primero, porque la creación de innovaciones será lo que les permita a futuro mantenerse y crecer en mercados competitivos; segundo, porque la toma de decisiones se realizará crecientemente de manera horizontal, delegando responsabilidades en cuadros muy bien preparados; tercero, porque las tasas de inversión en la educación (tanto en educación media-superior como en educación superior, y más aún en ID) ofrecen una rentabilidad alta (alrededor de 20% en Estados Unidos, Canadá y Nueva Zelandia, y aún mayor en los países con mayores déficits de conocimiento),[71] y cuarto, porque está probado que cuando el aprendizaje está acompañado de la experiencia en el empleo (trabajos de medio tiempo o por periodos, integración de proyectos de investigación enfocados a las necesidades de las empresas, etc.) y cuando el empleo está acompañado del aprendizaje (cursos de capacitación continua, educación a distancia, entrenamientos específicos, mejoramiento de competencias informáticas, aprendizaje de lenguas), el valor agregado del conocimiento es mayor y mejor adaptado al mercado de trabajo que si se sigue el camino tradicional del paso de los estudios al empleo.

Las tasas de rendimiento monetario y no monetario en las mujeres aparecen como las más altas, y es previsible que con el paso del tiempo lo serán más. Para alcanzar sus objetivos de desempeño, "las mujeres parecen estructurar sus negocios de manera diferente (que los hombres); establecen estructuras más horizontales y recurren a la creación de consensos para decidir las políticas y las acciones. También hay evidencia (en el caso de Estados Unidos) de que las mujeres están más dispuestas a contratar fuerza de trabajo diversa y ofrecer nuevos beneficios (tales como compartir tareas, reembolsar colegiaturas, etc.) a los empleados. Las mujeres empresarias son buenas para el bienestar de la sociedad, frecuentemente dan mayor prioridad a la eficiencia organizacional y social, y enfatizan la comunicación interna más que sus contrapartes. Estas diferencias, combinadas con las habilidades de las mujeres para escuchar y su experiencia en la creación de armonía en sus entornos, parecen ayudar al desarrollo de los requerimientos necesarios para los decisores del siglo XXI".[72]

Con excepción de Canadá, donde la tasa de participación de las muje-

---

[71] "Mc Mahon reporta que las tasas anuales monetarias y no monetarias de ganancia a mitad de los noventa alcanzó entre 20 y 25% en la educación media-superior y 26 y 28 % en la educación superior en los Estados Unidos. El valor de las ganancias no monetarias en la educación está basado en lo que podría costar producir el mismo resultado por otras vías; por ejemplo, gastando en cuidados de salud". Mc Mahon, "Recent advances in measuring the social and individual benefits of education", *International Journal of Educational Research*, vol. 27, núm. 6, Cap. 1, 1997, citado en *Human Capital Investment*, p. 75.
[72] OECD, *Women Entrepreneurs in Small and Medium Enterprises*, 1998, p. 37.

res en la PEA es de 41.6%, y de Turquía, donde es de sólo el 5.3%, la mayoría de los países de la OCDE registran tasas de entre 25 y 30%. En 1994 en México fue de 36.1%. Un dato importante para las tendencias futuras es que en años recientes el número de empresas creadas y dirigidas por mujeres aumentó dos veces más rápido que el de las creadas y dirigidas por los hombres[73]. Si bien las proporciones varían de país a país, la tendencia es clara: en el mundo cada vez hay más mujeres que trabajan por su cuenta, como empleadas y directivas en pequeñas y medianas empresas, y las tasas de crecimiento de su participación presentan un crecimiento definido y positivo.

En el año 2030 el mundo estará organizado a través de redes; éstas serán mayoritariamente lazos entre pequeñas y medianas empresas dinámicas que trabajarán de manera articulada y en cadena, presentando estructuras horizontales de gestión, a manera de vasos comunicantes; su fuerza estará basada en el trabajo en equipo, al interior y al exterior, y en la delegación de responsabilidades en la toma de decisiones, buscando nuevas formas de producción basadas en la innovación y la creatividad. El siglo XXI parece portar como imagen la de la mujer al frente de la pequeña y mediana empresa. "Los niños cuyos padres tienen su propio negocio, o son 'emprendedores', o tienen más aptitudes para desarrollar actitudes emprendedoras. La práctica ha mostrado que mientras más temprano se adquieren las calificaciones básicas, más efectivas son".[74]

II.8. El futuro del Estado-nación

El modelo de Estado-nación cerrado y soberano es más una historia del pasado que una posibilidad del futuro. A pesar de las importantes inercias existentes, que apuntan a hacer creer que los Estados no han sido tocados políticamente por la globalización, es un hecho que la autoridad y el control sobre los ciudadanos, territorios, regulaciones, información, productividad o crecimiento ya no es un atributo privativo de las burocracias. Por otro lado, el surgimiento de nuevos actores internacionales desde hace varias décadas (multinacionales, organismos no gubernamentales, medios de comunicación, Internet, etc.) no apunta hacia un nuevo orden internacional sustituto.

No obstante, la tendencia hacia la democratización de la información, el conocimiento, los intercambios comerciales y culturales (y la creación de redes locales, nacionales e internacionales) en las últimas déca-

[73] *Ibid.*, p. 20.
[74] *Ibid.*, p. 29.

das tampoco ha conducido a la anarquía del sistema internacional. Por el contrario, estamos tentados a pensar que después del fin de la Guerra Fría, que sirvió de equilibrio —peligroso, pero equilibrio al fin— el mundo parecía "muy ordenado". Sin embargo, los riesgos para el futuro están ahí: aprovechamiento de las nuevas redes y sistemas tecnológicos por parte del tráfico internacional de drogas y de armas, extensión intensiva del islamismo radical; explosión demográfica en los países más pobres, envejecimiento en los más ricos, y pobreza y desempleo en todos; tentaciones de intervención a través de leyes supranacionales para "resolver los asuntos del mundo"; falta de capitales de inversión en los países en desarrollo; falta de control sobre el uso de los avances genéticos y otros avances tecnológicos; migraciones por razones económicas, inseguridad alimentaria y escasez de agua, etc. Mientras todo esto se intensifica, los gobiernos parecen cada vez más incapaces para resolver los problemas por falta de recursos económicos, modernización tecnológica, eficacia, transparencia, y por exceso de corrupción, lentitud frente al paso acelerado del tiempo y visión de corto plazo respecto a los asuntos que hoy debieran de ser abordados. "Muchos problemas apremiantes nacionales internos son resultado del insuficiente poder de los Estados para establecer orden, construir infraestructura y proveer de un mínimo de servicios sociales. Los actores privados podrán tomar una tajada, pero no hay substituto del Estado".[75]

De acuerdo con Slaughter,[76] el nuevo orden ideal sería aquél formado a partir del "transgubernamentalismo", es decir, de la creación de redes entre los gobiernos que contribuyan a que éstos se beneficien de la experiencia, información y políticas compartidas, así como de la tecnología y nuevas formas organizativas de cooperación. El refuerzo de los lazos bilaterales de cooperación podría, en efecto, contribuir a una mayor y mejor gobernabilidad, contrariamente a la visión que defiende la libertad del mercado y la desaparición de los gobiernos. "La gobernabilidad sin gobierno es gobernabilidad sin poder, y la gobernabilidad sin poder rara vez funciona".[77]

El fin de la historia no llegó al final de este siglo; por el contrario, el siglo XXI promete una historia cargada de desafíos. El choque de civilizaciones parece conducir hacia la creación de redes internacionales intra y transculturales, integradas a través no sólo de pastillas electrónicas (chips) sino también de búsquedas conjuntas de valores más humanos y una nueva ética. Las nuevas formas de pensamiento, de producción y de

[75] Anne-Marie Slaughter, "The Real New World Order", *Foreign Affairs*, vol. 76, núm. 5, septiembre-octubre, 1997, p. 195.

[76] *Ibid.*, pp. 183-197.

[77] *Ibid.*, p. 195.

organización conducirán a estructuras más "horizontales", donde las jerarquías y liderazgos (de Estados, empresariales e individuales) perderán peso ante el *tsunami* de presiones internas y externas hacia nuevas formas democráticas de participación.

II.9. Soberanía e interés nacional

Desde hace tiempo la soberanía, entendida como defensa de los intereses nacionales en un sistema político, económico y social cerrado, "no contaminado" por el exterior, ha perdido vigencia. No se trata de modas, sino de formas de acción política que son más o menos eficaces en la identificación y defensa del interés nacional. Así, desde hace décadas la Unión Europea optó por eliminar las tradicionales "soberanías cerradas" en aras del bien comunitario europeo y de los intereses regionales, entendidos como algo más que la suma de intereses nacionales. No se trata tampoco de adoptar, sin sopesar, políticas que eviten el diferendo a toda costa. Ya en los años cincuenta se percibía que la cercanía de los intercambios y la mayor articulación de las economías y las sociedades llevaba necesariamente a cuotas más altas de fricción en el sistema internacional.

La soberanía sigue y seguirá siendo un valor absoluto (se es o no se es soberano). Pero las formas que adquiere esa soberanía cambian a lo largo del tiempo: en este siglo resultaban más soberanos aquellos países con mayores recursos naturales que defender, o con intereses económicos o geopolíticos poderosos de los cuales derivaban una soberanía "natural". En el siglo XXI el ejercicio de la soberanía no residirá ya en estos criterios. El mundo se encuentra intrínsecamente articulado a través de la globalización económica, la red informática, las migraciones, los medios masivos de comunicación, las redes internacionales de producción y los intercambios en la información y el conocimiento. Cualquier país que interprete la defensa de su soberanía como no estar contaminado por esta articulación sólo podrá perder peso en el escenario internacional, y con ello la capacidad de incidir de manera eficaz en él y de ejercer efectivamente la soberanía. En las relaciones internacionales contemporáneas la soberanía ha sido redefinida como "la membresía... (al grupo de) regímenes que son sustantivos en la vida internacional".[78]

En el próximo siglo las "transferencias de soberanía" serán más intensivas, derivadas de la firma de tratados internacionales que formalicen una realidad existente: la globalización. En este marco, y bajo la presión

[78] *Ibid.*, p. 96.

que representa un devenir del tiempo más rápido, el ejercicio eficaz de la soberanía residirá en identificar con claridad el interés nacional de largo plazo. Los nuevos indicadores de soberanía nacional serán: el capital humano existente, la educación, la innovación y el cambio tecnológico; las inversiones en I y D y en telecomunicaciones; el desarrollo sustentable; la seguridad alimentaria y la inversión en biotecnología; el respeto a los derechos de propiedad intelectual; la cohesión social y la equidad; los indicadores nutricionales, y la transparencia, la confiabilidad y la ética en las políticas públicas y en los negocios.

II.10. Valores

El mundo del año 2030 será sin duda mucho más rico, diversificado, dinámico y con mayores intercambios de productos y, especialmente, de ideas. Los riesgos de polarización entre las economías más y menos avanzadas no debe descartarse. Uno de los primeros resultados de la globalización es precisamente la exclusión —social y económica— de amplias capas de la población, en todos los países. De continuar esta tendencia, la polarización será tal vez la única certidumbre del siglo próximo. La competitividad cibernética dejará de lado a aquellas sociedades y economías que no tomen la supercarretera del espacio a tiempo. Para países como México, en el que a fines del siglo XX grupos importantes no han visto llegar aún los beneficios tecnológicos del siglo XIX, poder dar un salto de más de un siglo en treinta años no parece fácil. Menos aún si se considera que con frecuencia se trata de sociedades sustentadas en valores tradicionales, con poco acceso a la educación y donde el incumplimiento de las promesas de un futuro mejor con frecuencia ha dejado profundas heridas en el tejido social. En otros países, como los europeos, las posibilidades de cambio tecnológico parecen alcanzables, pero la exclusión bajo formas de desempleo y envejecimiento poblacional podrían cortar de tajo sus expectativas en un mundo en que el tiempo se mide en nanosegundos. El riesgo de dirigirnos a un mundo atomizado está presente.

A fines de siglo la función de los Estados como intermediarios entre la economía y la sociedad sigue siendo válida. Pero los gobiernos poco podrán hacer si se quedan al margen del cambio tecnológico, la innovación y una mayor eficacia en su gestión. Mas aún, en las sociedades tradicionales y las economías menos desarrolladas no es el futuro de largo plazo, sino el presente inminente, el que vende votos.

El gran desafío para la tecnología en el siglo XXI será crear un mundo guiado por la ética y valores humanos profundos, como la igualdad económica, la equidad de género, la libertad y la solidaridad, no como valores reactivos al cambio, sino como pilares de éste, como guías orientadoras en el camino humano. El costo de gobernar será cada vez más alto, ya que las sociedades, organizadas en organismos no gubernamentales y nuevas comunidades constituidas en redes locales, regionales e internacionales, ejercerán presiones crecientes sobre los gobiernos, exigiendo buen gobierno, transparencia, ética en las políticas públicas y políticas de inclusión socioeconómica y tecnológica. Las ganancias económicas se desplazarán desde las organizaciones industriales de producción masiva hacia nuevas estructuras organizacionales, pequeñas o medianas, pero de alta tecnología. Ello podría bastar para que los empresarios acostumbrados a actuar en el siglo XX con prácticas de ganancias de la revolución industrial del siglo XVIII quedasen al margen y surgiesen nuevos empresarios con una mentalidad diferente, que busquen ganancias no tanto por el mero crecimiento económico, sino para la implantación de economías de "restauración"[79] capaces de recuperar el tiempo perdido. Estas economías de restauración integrarán partes cada vez mayores de la población mundial a la economía. De manera creciente empresas, sociedades y gobiernos estarán articulados en redes horizontales y el peso del liderazgo jerárquico individual será menor frente a las presiones competitivas de liderazgos de equipos y redes.

La capacidad de las sociedades para adaptarse y ser flexibles será un valor necesario e insustituible en el siglo XXI. Las sociedades que han sufrido históricamente los embates de la pobreza y la marginación, los países donde el Estado benefactor nunca llegó contarán paradójicamente con mayores instrumentos de adaptación y aprendizaje, ya que las nuevas formas organizacionales serán semejantes a las redes familiares, estrechamente articuladas a través de valores, aun cuando algunos de sus miembros estén lejos de casa. La educación deberá ser tomada seriamente como la primera prioridad por los gobiernos y las empresas.

II.11. Conclusión

La globalización no predeterminará la suerte del ser humano en el siglo XXI; existe una miríada de posibilidades en un mundo en rápida evolución e intrínsecamente articulado, donde todo es posible. En el siglo XXI la globalización no se limitará a los intercambios comerciales y financieros; requerirá de nuevos y mejores conocimientos; sociedades más

---

[79] Richard A. Slaughter, "Future Studies: From Individual to Social Capacity", *Futures*, vol. 28, núm. 8, pp. 751-762.

democráticas; gobiernos más eficaces y eficientes; redes de producción y conocimiento descentralizadas; desarrollo de nichos de mercado locales; una lucha continua contra la exclusión social y la pobreza; estructuras cada vez más internacionales y menos autoritarias; mayores inversiones en capital humano y mejores controles sobre la propiedad intelectual y el uso de las nuevas tecnologías. Todo ello estará condicionado al logro de una mayor equidad, democracia, corresponsabilidad y coparticipación entre ciudadanos, empresas y gobiernos; mayor y mejor educación; cuidado del ambiente y desarrollo de economías y sociedades sustentables sobre el largo plazo. Sería deseable que el futuro despliegue de esfuerzos estuviese encaminado al logro de un mundo guiado por economías de restauración y sociedades más igualitarias, donde la brújula apuntase en una sola dirección: los valores humanos y la ética.

III. RETOS Y OPORTUNIDADES DEMOGRÁFICAS DEL FUTURO DE LA POBLACIÓN*

José Gómez de León

III.1. Introducción

DESDE TIEMPOS REMOTOS el hombre ha buscado predecir el futuro. Sin embargo, no fue sino hasta finales del siglo XVIII cuando mediante procedimientos rigurosos —si no científicos— se establecieron las bases para anticipar escenarios futuros posibles. Llama la atención que estas bases hayan sido parte del fundamento de la *aritmética política*, que a su vez fue el origen de los abordajes disciplinarios que hoy conocemos como estadística, economía y demografía. En gran medida, estas disciplinas comparten una ascendencia común caracterizada por algunos rasgos particulares: el reconocimiento de regularidades empíricas observables, tanto en la esfera de los fenómenos naturales como de los sociales; la aplicación de "modelos" o síntesis cuantitativas que en muchos casos recurrían al cálculo de probabilidades, y el énfasis en formular comparaciones y contrastes tanto entre países como entre diferentes periodos.

Uno de los ejemplos pioneros y quizá el más ilustrativo de los orígenes de la aritmética política y su aplicación predictiva es el trabajo clásico de Marie Jean Nicolas de Caritat, marqués de Condorcet, intitulado *Bosquejo de un cuadro histórico de los progresos del espíritu humano*, escrito en 1793 y publicado póstumamente en 1796 (Condorcet [1997], *Bosquejo de un Cuadro Histórico de los Progresos del Espíritu Humano*. México, Fondo de Cultura Económica). El *Bosquejo* que describe Condorcet consiste de nueve "épocas" históricas —que van desde el origen del sedentarismo hasta la formación de la República francesa—, más una décima sobre *Los Progresos Futuros del Espíritu Humano*. Su décima época busca ser una previsión, en el sentido científico del término, en lo que da cierto margen de aproximación, según la naturaleza de los fenómenos que aborda. En su razonamiento, Condorcet aplica lo que él mismo denominó "matemática social", una de cuyas aplicaciones queda perfectamente descrita en el título de una de sus memorias sobre el cálculo de probabilidades: *Reflexiones sobre el método para determinar la probabilidad de eventos futuros a partir de la observación de eventos pasa*

* El autor agradece las valiosas aportaciones de Virgilio Partida para la realización de este trabajo.

dos (1783). En este último capítulo, que es a la vez una síntesis y una visión prospectiva, Condorcet sostiene que el hombre es un ser infinitamente perfectible (como su reconstrucción histórica lo prueba) y que, por lo tanto, presumiblemente continuará siéndolo en el futuro.

Así, a la par de su afán científico y predictivo, la *Décima época* de Condorcet es también un proyecto moral y una visión política. "Nuestras esperanzas respecto al destino futuro de la especie humana pueden reducirse a tres cuestiones: la desaparición de la desigualdad entre las naciones; los progresos de la igualdad dentro de un mismo pueblo; en fin, el perfeccionamiento real del hombre... Al responder a estas interrogantes encontraremos, en la experiencia del pasado, en la observación de los progresos que las ciencias —que es la civilización— han hecho hasta ahora, en el análisis de la marcha del espíritu humano y del desarrollo de sus facultades, los motivos más fuertes para creer que la naturaleza no ha puesto ningún término a nuestras esperanzas" (Condorcet [1997], *Bosquejo de un Cuadro Histórico de los Progresos del Espíritu Humano*. México, Fondo de Cultura Económica, pp. 186 y 187).

Paradójicamente, quizá más conocido que Condorcet lo es otro autor clásico, Thomas Robert Malthus, cuya obra principal tiene como punto de partida muchas de las observaciones y los cálculos que hizo Condorcet, pero de las que deriva una visión enteramente opuesta. El título completo del *Ensayo sobre Población*, como habitualmente se conoce la obra de Malthus, es: *Un ensayo sobre el principio de la población y cómo afecta el progreso futuro de la sociedad, con referencia a las especulaciones del señor Godwin, del señor Condorcet y de otros autores*. Éste fue publicado por primera vez (anónimamente) en 1798, a escasos dos años de la publicación del *Bosquejo*. Frente al optimismo de Condorcet, a quien cita prolijamente, Malthus concluye en términos por demás sombríos y pesimistas: "Esta natural desigualdad entre las dos fuerzas —de la población y de la producción de la tierra—, y aquella gran ley de nuestra naturaleza, en virtud la cual estas fuerzas se mantienen constantemente opuestas, constituyen la gran dificultad, a mi entender, insuperable, en el camino de la perfectibilidad de la sociedad. No veo manera por la que el hombre pueda eludir esta ley... Por consiguiente, si estas premisas son justas, el argumento contra la perfectibilidad de la humanidad es terminante." (T. R. Malthus, [1995], *Primer Ensayo sobre la Población*. Madrid, Alianza Editorial, p. 55).

El debate entre Condorcet y Malthus refleja una polémica que data de 200 años y que, bajo otras elaboraciones, continúa en la actualidad: el progreso de la humanidad en el contexto del crecimiento económico y el aumento de la población. Mientras que Condorcet confiaba en que las presiones del crecimiento demográfico se evitarían mediante la aplica-

ción de una serie de medidas racionales (el aumento de la productividad, el fomento de la conservación, la prevención del despilfarro y sobre
todo la extensión de la educación, en particular de las mujeres), Malthus
sostenía que se trata de una ley natural de efectos inevitables, ante la
cual no hay nada que hacer: "La tendencia perpetua de la raza humana
a multiplicarse, rebasando los límites impuestos por los medios de subsistencia, es una de las leyes generales de la naturaleza animada y no tenemos motivos para esperar que vaya a cambiar" (Malthus, T. R. [1995],
Primer Ensayo sobre la Población. Madrid, Alianza Editorial, p. 248).
Hirshman ve en los postulados malthusianos los argumentos de la futilidad y de la perversión en lo que es para él la simiente de la retórica re-
accionaria (A. Hirschman [1991], *Retóricas de la Intransigencia*. México,
Fondo de Cultura Económica). De la futilidad porque, no obstante lo
que se intente hacer, estamos frente a supuestas "leyes" que por su naturaleza no pueden ser afectadas por la acción humana; y de la perversi-
dad porque, cualquier intento de hacer algo —por ejemplo las medidas
racionales de Condorcet— no será más que contraproducente.[1] Algunos
autores tienden a desacreditar las tesis de Malthus aduciendo el hecho
de que, vía el aumento de la productividad, han podido superarse las
presiones del aumento de la población. Pero otros autores sostienen que
el riesgo malthusiano pende ahora de otros factores, como la destrucción de los bosques tropicales, la destrucción de la capa de ozono, el calentamiento global de la Tierra, la pérdida de biodiversidad y el aumento creciente de la contaminación, entre otros.

Lo cierto es que la población mundial ha venido creciendo en forma
sostenida en los últimos 200 años, y aún no se avizora con certeza un
punto de inflexión. El crecimiento en los últimos años fue impresionante: de acuerdo con estimaciones de las Naciones Unidas, la población
mundial era de 2 500 millones en 1950, y actualmente es de 6 000 millones. Creció, pues, 3 500 millones (más que se duplicó) en 50 años. En los
próximos 50 años, es decir hacia el año 2050, se estima que la población
mundial alcanzará 9 400 millones, es decir aumentará casi otros 3 500
millones.[2] Actualmente el incremento poblacional anual sobrepasa los
80 millones. Las proyecciones para el año 2050 señalan que la pobla-

---

[1] En el *Ensayo sobre Población*, Malthus sostiene que la ayuda a los pobres (la llamada
Acta de 1782 de la Ley de los Pobres) no hace más que hundir a los pobres en la miseria,
perpetuando en ellos el vicio, la indolencia, la pereza y la depravación, en lugar de ayudar-
les a salir de su condición. Además, propicia el crecimiento de la población, erosiona la
acumulación de riqueza y debilita la capacidad productiva de la fuerza de trabajo. Así,
para Malthus, la ayuda a los pobres desencadenaba un efecto perverso, contrario a su intención original.

[2] Esta estimación es de acuerdo con el escenario "medio" de las proyecciones de Naciones Unidas. Según un escenario "alto", para el año 2050 la población mundial podría alcanzar 11 156 millones, y en un escenario "bajo" sería de 7 662 millones.

ción de los países menos desarrollados será de 8 300 millones, es decir, más del 88% de la población mundial actual.[3] Hoy día, la proporción de la población que representan los países menos desarrollados es de 82%. Se aprecia, pues, que una proporción importante del crecimiento global corresponderá a los aumentos de población de los países menos desarrollados. A la luz del hecho de que estos países tienen un ingreso promedio per cápita considerablemente menor que el de los países desarrollados, las "esperanzas" que formulara Condorcet sobre la disminución de la desigualdad entre las naciones parecen ser aún materia pendiente, así como la marcada desigualdad interna que prevalece en muchos países, entre los cuales México no es excepción.

Ahora bien, ¿cuál es el panorama de la relación entre el crecimiento de la población y el crecimiento económico? Esta cuestión básica —que es en esencia la planteada por Condorcet y Malthus— sigue siendo objeto de debate y discusión entre los analistas. Durante los años sesenta y setenta, la mayor parte de los estudios que analizaron la relación entre el crecimiento de la población y el crecimiento económico (utilizando esencialmente datos comparativos entre países en un momento dado) no encontraron ninguna asociación significativa, de forma que la respuesta permaneció básicamente indeterminada. Esto fue particularmente frustrante en una época en la que estuvieron en boga los modelos neoclásicos de crecimiento y querían probarse varias de sus predicciones, particularmente la convergencia en las tasas de crecimiento económico entre los países pobres y los ricos (Solow [1956], "A contribution to the theory of economic growth", *Quarterly Journal of Economics* 70[1]: 65-94). La evidencia más reciente de que se dispone, que incluye series de tiempo de varios países durante un lapso de aproximadamente 30 años (entre 1960 y 1990) es más contundente que los estudios anteriores. En general, en los años 80 se aprecia una correlación negativa entre el crecimiento de la población y el económico, siendo esta asociación más marcada (estadísticamente significativa) en los países pobres que en los países desarrollados (Kelly y Schmidt [1995], "Aggregate population and economic growth correlations; the role of the components of demographic change", *Demography* 32[4]: 543-555). Estos estudios muestran también que el impacto del crecimiento de la población ha cambiado con el tiempo: el hecho de que en los años sesenta y setenta no se encontraran relaciones significativas se debe a que se contrarrestaban los efectos positivos "de escala" debidos al crecimiento poblacio-

---

[3] De la población mundial proyectada para el año 2050 (9 400 millones), aproximadamente 5 400 millones corresponderán a los países asiáticos, mientras que la población de América Latina y del Caribe será de 810 millones. El total de la población de los países desarrollados, se estima, será de 1 068 millones.

nal del pasado con los "costos" de los numerosos nacimientos del momento (Kelly y Schmidt [1995], "Aggregate population and economic growth correlations; the role of the components of demographic change", *Demography* 32[4]: 543-555). Parece que en los años ochenta las consecuencias del rápido crecimiento de la población asociado con rendimientos decrecientes del capital sobrepasaron los efectos positivos de escala. Paralelamente, en los países en desarrollo una creciente tasa de dependencia demográfica y escasos ahorros se combinaron con escasez de capitales, menor captación de ahorro interno, altas tasas de interés y la acumulación de deuda. Todo ello hizo de los años ochenta un periodo crítico un tanto extraordinario, lo cual no permite extraer conclusiones definitivas sobre el impacto del crecimiento demográfico en esta época (Bloom y Freeman [1988], "Economic development and the timing and components of population growth", *Journal of Policy Modeling* 10[1]: 57-81; Barro [1991], "Economic growth in a cross section of countries", *Quarterly Journal of Economics* 106: 407-444).

México tiene particularidades notables en cuanto a la relación entre su crecimiento demográfico y el económico. Quizá el hecho más notable es que, para el nivel de desarrollo que el país había alcanzado hacia mediados de los años cincuenta —tras un período de crecimiento económico sostenido de 20 años, desde 1935— la tasa de fecundidad se mantuvo a un nivel muy elevado y aun creció ligeramente (llegó a alcanzar 7.3 hijos por mujer en 1963). Ello contrasta con el hecho de que varios países latinoamericanos comenzaron a reducir significativamente su fecundidad tras alcanzar un nivel equiparable de crecimiento y desarrollo al de México en 1950. A este respecto Ansley Coale señalaba en 1978: "México es quizá el ejemplo más conspicuo de un país para el que la teoría de la transición demográfica ciertamente indicaría que la fecundidad debería de mostrar una reducción notable, pero aún no la tiene" (A. Coale [1978], "Population growth and economic development: the case of Mexico", *Foreign Affairs* 56[2]: 415-423). El contexto de este comentario de Coale es una revisión de su propio pronóstico —elaborado junto con Edgar Hoover 20 años antes— a partir de los argumentos teóricos que formularon en torno a la relación entre crecimiento demográfico y desarrollo económico en los países menos desarrollados (A. J. Coale, y E. M. Hoover [1958], *Population Growth and Economic Development in Low-Income Countries*. Princeton, Princeton University Press).

Varias hipótesis se han formulado para explicar la disminución "postergada" de la fecundidad en México. Alba y Potter (F. Alba y J. Potter [1986], "Population and development in Mexico", *Population and Development Review*, 12[1]: 47-75) sostienen que muchas de las políticas de desarrollo que tuvieron lugar durante la época de expansión sostenida de la economía mexicana —entre 1940 y 1970— se compaginaron idóneamente con el crecimiento de la población, y aun lo propiciaron. Tal fue el caso de la reforma agraria y de la política agrícola. Juntas, estas dos políticas propiciaron un estilo dualista de desarrollo en el campo que, por un lado, facilitó la absorción de mano de obra agrícola mediante la ampliación de la frontera agrícola y el desarrollo de empresas agrícolas, y, por el otro, liberó el excedente de mano de obra rural que tanto se necesitaba para proveer la fuerza de trabajo que demandaba la rápida expansión de los sectores industrial y urbano. La política industrial favoreció la sustitución de importaciones, que aseguró un mercado interno protegido para bienes producidos principalmente por trabajadores poco calificados. También la urbanización contribuyó a absorber el crecimiento de la población creando oportunidades de empleo temporal en el sector de la construcción y los servicios para miles de migrantes poco calificados que se desplazaban a las ciudades.

Sin embargo, hacia 1970 los distintos mecanismos que habían permitido la absorción del crecimiento de la población prácticamente se agotaron. En ese entonces comenzó también a perfilarse un notable cambio de política gubernamental en materia de población que impulsó instrumentos y acciones tendientes a regular el crecimiento demográfico. En 1975 la fecundidad mostraba ya signos de una disminución (con aproximadamente 6 hijos por mujer) pero el crecimiento demográfico seguía siendo sumamente elevado —de aproximadamente 3.0%, como resultado de la inercia del crecimiento de años anteriores—, con aumentos absolutos anuales de alrededor de 1.7 millones.

Un hecho notable es que, no obstante las fuertes presiones del crecimiento demográfico, muchos indicadores socioeconómicos no sólo han podido mantenerse, sino que continúan mejorando en forma sostenida. (Véase el cuadro III.1.) En 1950 sólo el 10% de la población contaba con primaria completa y aproximadamente la mitad de la población era analfabeta; hoy en día el 70% de la población tiene primaria completa y menos del 10% es analfabeta. En 1950 sólo el 17% de las viviendas disponían de agua entubada; hoy en día el 87% cuentan con este servicio. Mientras en 1950 la mortalidad infantil era de 127 por mil nacimientos, y la esperanza de vida era de 50 años, hoy en día la mortalidad infantil es de sólo 26 defunciones por mil nacimientos, y la esperanza de vida es ligeramente superior a 75 años. En 1950 la población económicamente activa era de sólo 8.3 millones; hoy en día es de aproximadamente 37 millones. Mientras en 1950 sólo el 13.1% de las mujeres participaban en el mercado laboral, hoy en día lo hace casi el 35%.

CUADRO III.1. *Indicadores de desarrollo económico y social, 1950-1997*

MÉXICO.

Indicadores	1950	1960	1970	1980	1990	1995	1997
Población[a]	25.8	34.9	48.2	66.8	81.8	91.6	94.7
Número de hogares[a]	5.3	6.4	8.3	12.1	16.0	19.3	20.7
Tamaño promedio del hogar	4.9	5.5	5.8	5.5	4.9	4.6	4.55
Esperanza de vida	49.6	57.8	61.7	67.0	71.4	73.6	74.3
Tasa de mortalidad infantil	126.6	94.5	79.0	53.0	36.6	30.5	28.1
Tasa global de fecundidad	6.60	7.25	6.82	4.71	3.35	2.81	2.65
Porcentaje con agua en el hogar	17.0	23.4	61.4	70.2	78.5	85.6	86.6
Porcentaje que sabe leer y escribir[b]	55.9	65.5	74.1	82.7	88.9	89.4	91.4
Porcentaje con primaria completa[b]	9.6	19.7	29.5	51.8	63.0	67.8	69.7
Población económicamente activa[a]	8.3	11.3	13.0	22.1	31.0	35.6	36.6*
Población económicamente activa (masculina)[a]	7.2	9.3	10.3	15.9	21.8	24.1	24.8*
Población económicamente activa (femenina)[a]	1.1	2.0	2.7	6.1	9.1	11.4	11.7*
Tasa de participación laboral (masculina)[a]	88.2	78.7	73.0	71.3	77.7	78.1	78.6*
Tasa de participación laboral (femenina)[a]	13.1	15.4	17.6	21.5	30.9	34.0	34.4*
Porcentaje de población económicamente activa en actividades agrícolas	58.3	54.0	39.2	25.8	24.2	24.0	22.4*
PIB per cápita[c]		6754	9149	12835	12976	13924	15992

* datos de 1996
[a] millones
[b] el denominador es la población de 15 años o más
[c] Pesos de 1993

El aspecto central que abordamos en este capítulo es la prefiguración de la composición de la población y de los parámetros demográficos de México hacia el año 2050. De este ejercicio se desprenderán algunos hechos notables, a los que denominamos los *retos* y las *oportunidades* demográficas de México. Debido al rápido y muy profundo cambio demográfico por el que atraviesa México, marcado predominantemente por la disminución de la fecundidad y por el aparejado proceso de envejecimiento de la población —al que esta disminución conduce, junto con el aumento de la sobrevivencia—, los escenarios futuros de la población ofrecen oportunidades sin precedente en la historia del país. De hecho, es prácticamente hasta hoy —y en los próximos 25 o 30 años— cuando aparecen en toda su magnitud los beneficios del cambio demográfico de los pasados 25 años. Esto es debido a lo que los demógrafos llaman la "inercia" demográfica, según la cual, no obstante que las mujeres tienen en promedio menos hijos, el crecimiento de la población sigue siendo elevado, pues el crecimiento del pasado hace que el grupo de mujeres en edad reproductiva sea muy numeroso. En otros términos, el esfuerzo social que ha significado el cambio demográfico de los pasados 25 años abre una "ventana" de oportunidad que comienza a cobrar expresión hasta hoy, y que perdurará aproximadamente otros 25 o 30 años. Como describiremos en seguida, esta ventana de oportunidad consiste esencialmente en que, por primera vez en la historia demográfica de México, por razones que podríamos llamar intrínsecamente demográficas (es decir, descontando perturbaciones poblacionales extraordinarias como fue la Revolución), los incrementos absolutos anuales de la población comenzaron a disminuir desde aproximadamente 1995. Al inicio esta disminución será mínima, pero irá profundizándose conforme avance el siglo XXI.[4]

El aspecto más sobresaliente de esta disminución es que, como veremos, encierra distintas dinámicas para los distintos grupos de la población. Al respecto destaca que la proporción de niños y jóvenes en relación con la población en edad de trabajo disminuirá progresivamente con el tiempo (habrá menos estudiantes por trabajador), lo que permitirá hacer mayores inversiones en la educación y mejorar su calidad. Por otro lado, la proporción de la población en edad avanzada respecto de la población en edad de trabajo será considerablemente baja y no comenzará a aumentar significativamente sino hasta el año 2030; es decir, las presiones de la población envejecida no serán críticas sino hasta entrado el siglo XXI, dando margen para consolidar los esquemas de capitalización para la vejez e incrementar el coeficiente de ahorro. En ello reside la "ventana" de oportunidad demográfica de la que hablamos. El

[4] Subrayamos que se trata de los aumentos absolutos anuales, no del total de la población. En las proyecciones que presentamos más adelante los aumentos absolutos anuales son positivos (aunque cada vez menores) hasta el año 2044, cuando lleguen a ser nulos; después cambian de signo y se tornan decrementos anuales. Es decir, no será sino hasta el año 2044 cuando la población de México se estabilizará y presumiblemente comenzará a disminuir paulatinamente.

reto es formular e instrumentar las medidas que permitan aprovechar más cabalmente esta oportunidad, tomando en cuenta que en ese lapso habrá un volumen considerable de población en edades de trabajo.

III.2. LAS TENDENCIAS DEL CRECIMIENTO DE LA POBLACIÓN

La población actual de México (a mediados de 1999) asciende a 98 millones de habitantes. Se estima que a lo largo de este año ocurrirán alrededor de 2.2 millones de nacimientos y cerca de 420 mil defunciones. Esto implica un crecimiento absoluto anual de 1.7 millones de mexicanos, y una tasa de crecimiento natural de 1.8 por mil. Ahora bien, debido al intercambio neto de población con otros países —predominantemente con Estados Unidos— cerca de 300 mil mexicanos dejan de residir en el país, con lo cual el crecimiento neto en números absolutos asciende a cerca de 1.5 millones, que representa una tasa de crecimiento neto de 1.5% anual.

El crecimiento actual es, sin embargo, un proceso en rápido cambio: hacia finales de los años sesenta, cuando más elevado fue, llegó a alcanzar 3.4% (en 1964), aunque desde aproximadamente 1954 era superior a 3.0%. Cualquier población que crece a una tasa anual de 3.0% duplica su tamaño en 23 años, por lo que no nos sorprende constatar que la población de México pasó de 27 millones en 1950 a 54 millones en 1972 (es decir se duplicó en 22 años).

No obstante que la tasa de crecimiento de la población comenzó a disminuir desde 1965, la población ha seguido aumentando en números absolutos. Ello se debe a que el crecimiento elevado del pasado produjo una pirámide demográfica marcadamente joven, es decir, con una elevada proporción de niños y jóvenes (en 1970 casi la mitad de la población era menor de 15 años). Cuando, el segmento femenino de estas cohortes numerosas avanza en edad y alcanza las edades reproductivas (no obstante que el número de hijos por mujer —la fecundidad— esté disminuyendo), el número absoluto de nacimientos sigue determinado por el tamaño elevado y creciente de dichas cohortes. El crecimiento del pasado conlleva una inercia de crecimiento que sigue expresándose hoy día en incrementos anuales absolutos, aunque, con el tiempo, éstos serán cada vez menores.

La conjunción de la disminución de la fecundidad y de la inercia demográfica ha dado como resultado que en los últimos 20 años (más precisamente entre 1975 y 1995) los aumentos absolutos anuales de población se hayan mantenido aproximadamente constantes, entre 1.6 y 1.7 millones anuales, en lo que representa la mayor presión demográfica de la historia de México. No fue sino hasta 1995 cuando estos aumentos comenzaron a ser gradualmente menores. Adelantándonos a resultados que describiremos con mayor detalle en la sección 4, en la gráfica III.1 presentamos una reconstrucción y una proyección de la población de México entre 1950 y 2050. La gráfica III.1 describe 100 años de dinámica demográfica centrada en el año 2000: hacia atrás se trata de una reconstrucción de la tendencia observada; hacia adelante son los resultados de un ejercicio de proyección, cuyos supuestos principales describimos más adelante, en la sección III.

El hecho más destacado de la gráfica III.1 es que, tras el aumento sostenido de la población desde 1950, hacia 1995 hay un punto de inflexión y comienza a perfilarse una tendencia de convergencia hacia el límite de población del país: el máximo se alcanzará en el año 2044, cuando la población ascienda a 132 millones. A partir de entonces, presumiblemente la población total comenzará a disminuir gradualmente. En la gráfica III.1 se indican también (en otra escala) los aumentos absolutos anuales de la población. Es notable el hecho de que, en los 25 años que median entre 1950 y 1975, los incrementos anuales pasaron de 700 mil a 1.7 millones. Después, como vimos, por otros 20 años los aumentos anuales se

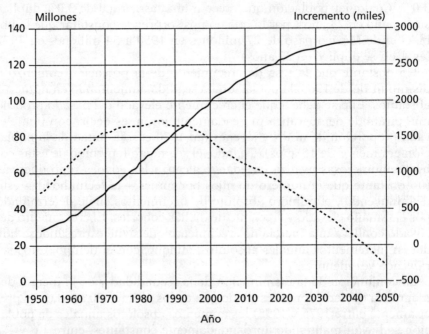

GRÁFICA III.1. *Población y crecimiento, 1950-2050*

mantuvieron en este nivel de 1.7 millones. A partir de 1995 los aumentos absolutos anuales son y serán cada vez menores, hasta que en 2044 serán nulos, y después negativos.

Es revelador contrastar el crecimiento de la gráfica III.1 en los dos segmentos de 50 años en que la hemos dividido: en el primer segmento —durante la segunda mitad del siglo xx— la población creció 72 millones; en el segundo segmento —durante la primera mitad del siglo xxi—, se estima que la población crezca 32 millones. Se aprecian, pues, los distintos órdenes de magnitud de la presión demográfica en estos dos lapsos: aunque estos aumentos cambian con el tiempo (como se indica en la gráfica III.1), en el primero los aumentos promedio de población fueron de casi 1.5 millones cada año; mientras que en el segundo serán de aproximadamente 650 mil por año, es decir, menos de la mitad. Es esta drástica reducción de la presión poblacional lo que abre una "ventana de oportunidad demográfica" sin precedente en la historia del país. En la sección III.4. detallamos las distintas temporalidades de este cambio para los distintos segmentos de edad de la población, pero antes describimos someramente los supuestos de la proyección.

III.3. LOS SUPUESTOS DE LA PROYECCIÓN

Cualquier proyección demográfica se basa en ciertas hipótesis. Las más importantes se refieren al comportamiento esperado de la mortalidad, de la fecundidad y de la migración internacional. A su vez, por lo general éstas se basan en ciertas formas de extrapolación de las tendencias pasadas. En nuestro caso retenemos el escenario llamado "medio" dentro del juego de proyecciones recientemente elaboradas por el Consejo Nacional de Población (Consejo Nacional de Población (1998), *Proyecciones de la Población de México 1996-2050*. México, Consejo Nacional de Población).[5]

La fecundidad es sin duda el principal factor del cambio demográfico de México en las últimas décadas. En 1950 la TGF (tasa bruta de fecundidad: el número medio de hijos por mujer entre las mujeres de 15 a 49 años) era de 6.6 hijos. Entre 1950 y 1963 aumentó moderada pero significativamente. Después, a partir de 1963 y hasta 1972, comienza a apreciarse una disminución, aunque sólo modesta en ese periodo. A partir de 1972 se nota una significativa y rápida reducción, hasta 1985, cuando

---

[5] Una descripción detallada de los procedimientos seguidos en la estimación de la población-base de la proyección, así como de los supuestos de mortalidad, fecundidad y migración internacional, se presenta en *Proyecciones de la Población de México, 1996-2050 (Documento Metodológico)*, CONAPO, 1998.

la fecundidad había ya disminuido a 4 hijos por mujer. Desde 1985 la TGF ha continuado disminuyendo, hasta alcanzar 2.4 hijos por mujer en 1999.

Así, desde el punto más elevado que alcanzó la fecundidad (7.3 hijos por mujer en 1963) hasta el presente, la TGF ha disminuido en casi cinco hijos en un lapso de 35 años. Se trata de una reducción muy significativa y en un lapso muy corto. Cabe recordar que la fecundidad que corresponde al mero reemplazo demográfico[6] (una TGF de 2.1 hijos por mujer) está ya próxima a ser alcanzada.[7] La proyección de la fecundidad hasta el año 2050 se indica en la gráfica III.2, junto con la reconstrucción observada entre 1950 y 1999. Se estima que la fecundidad de

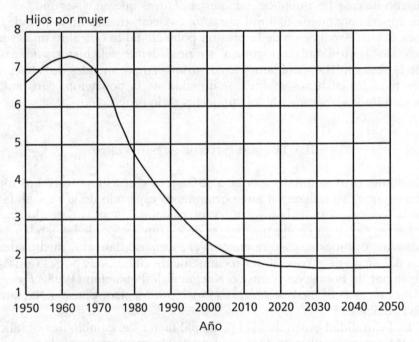

GRÁFICA III.2. *Tasa global de fecundidad, 1950-2050*

[6] "Reemplazo" en el sentido de que se requieren dos hijos para demográficamente reemplazar a dos padres —padre y madre—, más un ajuste por la mortalidad infantil.

[7] Cualquier fecundidad por debajo de 2.1 hijos por mujer implica, en el mediano plazo, una tasa negativa de crecimiento de la población. Muchos países desarrollados tienen hoy tasas de fecundidad inferiores al reemplazo demográfico y tasas negativas de crecimiento demográfico. Sin embargo, debido a la inercia demográfica que ya describimos, normalmente el crecimiento de la población sigue siendo positivo por varios años, aunque la fecundidad esté por debajo de la tasa de reemplazo. En el caso de México, aunque se espera que la fecundidad de reemplazo se alcance en el año 2005, el crecimiento de la población será positivo hasta el año 2043.

reemplazo se alcance en el año 2005, y en lo sucesivo siga disminuyendo (aunque moderadamente, como ha sido lo experiencia en varios países desarrollados), hasta alcanzar su punto más bajo en el año 2030, con una TGF de 1.68 hijos por mujer.

Por otra parte, se espera que sigan ocurriendo mejoras graduales en la sobrevivencia. Desde 1930 se viene registrando un descenso sostenido de la mortalidad, con una notable reducción a partir de1943, debido a la ampliación y la institucionalización de los servicios de salud a raíz de la creación del Instituto Mexicano del Seguro Social y posteriormente de la Secretaría de Salud. En la gráfica III.3 se ilustra la evolución que, desde 1950, ha tenido la esperanza de vida al nacimiento, para hombres y para mujeres. Para los hombres la esperanza de vida pasó de 48 años en 1950 a 73 años en la actualidad, es decir un aumento de 23 años en un lapso de 50 años; una ganancia de casi medio año suplementario de vida cada año. Para las mujeres las ganancias han sido ligeramente mayores: su esperanza de vida pasó de 51 a 77.5 años, es decir una ganancia de 26.5 años de sobrevivencia en el mismo lapso.

La mortalidad proyectada se estimó a partir de una extrapolación (mediante un modelo matemático) de la tendencia de disminución observada entre 1960 y 1995 (que corresponde a una reducción promedio de las tasas de mortalidad por edad de 59%, es decir, una tasa de dismi-

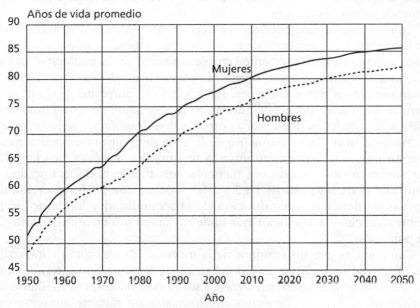

GRÁFICA III.3. *Esperanza de vida, 1950-2050*

nución de la mortalidad de aproximadamente 2% anual). Como resultado de esto se calcula que las esperanzas de vida de hombres y mujeres
en el año 2050 alcancen 82 y 85.5 años, respectivamente; es decir, una
ganancia de 9 años adicionales de sobrevivencia para los hombres, y 8
para las mujeres. Estos niveles de sobrevivencia podrían parecer a primera vista un tanto optimistas, pero en realidad son prácticamente
equivalentes a la mortalidad actual de Japón e implican una tasa de disminución de las tasas de mortalidad por edad de 55% a lo largo de toda
la proyección (un promedio anual de 1%).

Es sugerente el contraste de la sobrevivencia a lo largo de un siglo,
entre 1950 y 2050. En 1950 un mexicano promedio vivía 50 años, mientras que en 2050 vivirá 86 años. Estrictamente hablando estamos comparando a *una* persona en 1950 con *una* persona en 2050, pero en términos de sobrevivencia (en términos de años-persona vividos), la persona
en 2050 equivale a 1.72 veces la persona nacida en 1950. Es decir, en
términos de atención, consumo y servicios, una persona nacida en 2050
demandará 72% más que otra nacida un siglo antes, exclusivamente en
cuanto a la diferencia en años de vida. A ello hay que agregar el cambio
en la intensidad de consumo individual debido al cambio tecnológico, o
a factores concomitantes como la transición en las condiciones de salud
donde, si bien las personas sobreviven más años, a menudo lo hacen
estando enfermas de dolencias crónicas que requieren tratamientos pro-
longados y costosos.

Como veremos más adelante, el efecto conjunto de la disminución de
la fecundidad y el aumento de la sobrevivencia tienen como resultado lo
que se denomina un creciente "envejecimiento" de la población, es decir, una creciente proporción de personas en edad avanzada frente a
cada vez menos niños y jóvenes. Por un lado, el aumento de la sobrevivencia origina un progresivo aumento de las personas que llegan con
vida a las edades adultas; por el otro, la disminución de la fecundidad
se traduce en un estrechamiento de la base de la pirámide poblacional
puesto que, conforme disminuye la fecundidad, las cohortes anuales
de nacimientos son cada vez menores. Las hipótesis de fecundidad y
mortalidad de las gráficas III.2 y III.3 señalan una profundización de
ambas tendencias —disminución de la fecundidad y aumento de la
sobrevivencia— e implican por ende un creciente envejecimiento de
la población.

Comparados con los cambios de la mortalidad que, como vimos, tienen expresión a lo largo de todo el siglo XX, la migración internacional
ha cobrado importancia demográfica sólo desde hace aproximadamente
treinta años. A partir de entonces se registra un notable aumento del
número de mexicanos que migran para residir en otro país, predomi-

nantemente Estados Unidos. En comparación, la inmigración a México es prácticamente insignificante, con lo que el saldo neto migratorio total resulta negativo. Así, México pierde actualmente por migración internacional cerca de 300 mil personas al año, que en su mayoría migra a un número relativamente reducido de destinos en Estados Unidos.

Son muchos y muy complejos los factores que subyacen en la migración internacional, desde los diferenciales salariales entre ambas economías y la insuficiente capacidad de la economía mexicana para absorber el excedente de fuerza de trabajo, hasta factores culturales y sociales como son las redes familiares que se han venido tejiendo entre los dos países como resultado de más de treinta años de intensa migración, que han conducido a que aproximadamente 7 millones de personas nacidas en México residan hoy en día en Estados Unidos. Por su complejidad y por su carácter multicausal, es difícil contar con elementos para formular una hipótesis sobre el futuro de la migración internacional, más allá de suponer cierta permanencia y continuidad en las tendencias recientes. Por esta razón, el supuesto a este respecto es que las tasas de migración neta internacional se mantendrán constantes hasta el año 2010, y a partir de entonces se reducirán gradualmente hasta ser iguales a cero en el año 2030, presumiendo que entonces se alcance un grado avanzado de integración económica entre los dos países.

III.4. LAS OPORTUNIDADES DEMOGRÁFICAS DEL FUTURO DE LA POBLACIÓN

Ya señalamos antes que, bajo los supuestos de la proyección, la población total de México alcanzaría 132.4 millones en el año 2044, y a partir de entonces comenzaría a disminuir paulatinamente. A lo largo de ese trayecto la población alcanzará 112 millones en el año 2010, y 129 millones en el año 2030. Es útil identificar los números absolutos de la "presión" demográfica para los tres puntos en el tiempo que destacamos —2010, 2030 y 2050, separados veinte años entre sí—. Los nacimientos serán 1.9, 1.5 y 1.2 millones, respectivamente, y los aumentos absolutos anuales de la población serán, respectivamente,1.1 millones, 500 mil y –265 mil (negativo en este caso), siguiendo una tendencia gradual bastante uniforme, como se aprecia en la gráfica III.1.

Pero el hecho más relevante de la trayectoria futura de la población de México es el que resulta al descomponerla en distintos grupos de edad. Para ilustrar estas diferencias analizamos por separado las trayectorias de cuatro segmentos: la población menor de cinco años; la población entre 6 y 14 años (en edad de cursar la educación básica); la población entre 15 y 64 años (en edad de trabajar), y la población de 65 años o más (en edad avanzada).

En la gráfica III.4 se indica la trayectoria del total de población del grupo de menores de cinco años, y sus correspondientes incrementos absolutos anuales. Es notable el rápido aumento de este grupo entre 1950 y 1990, cuando pasó de 5.4 millones a casi 13.6 millones. La tasa de crecimiento de este grupo llegó a ser mayor de 4.0% anual hacia 1955, y los aumentos anuales más elevados que se registraron fueron hacia 1965 (aproximadamente 325 mil adiciones anuales). Pero lo más notable es que, justo a partir de 1990, la tendencia de crecimiento de este grupo se invierte y comienza paulatinamente a disminuir: en el año 2010 será de 11.4 millones, en el año 2030 será de 9 millones y en el año 2050 será de 7.4 millones. Así, mientras que entre 1950 y 1990 este grupo creció más de 8 millones, entre 1990 y 2050 se estima que *disminuirá* más de 6 millones. Esta disminución no tiene precedente en la historia demográfica de México; hasta 1990 ningún segmento de población había disminuido.

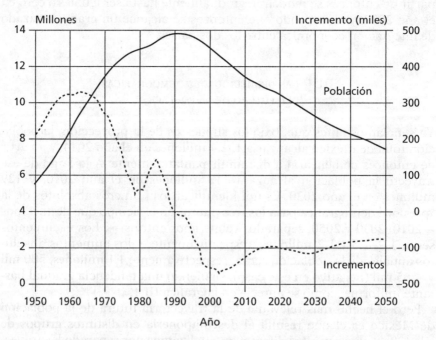

GRÁFICA III.4. *Tamaño y crecimiento de la población, por grupo de edad, 1950-2050 (0 a 5 años)*

Es, pues, un hecho histórico que el máximo total alcanzado por la población menor de cinco años en México fue de 13.6 millones en 1990. Fue entonces cuando más se elevó la presión para proporcionar servicios a los infantes y niños menores de cinco años. En lo sucesivo, debido a las disminuciones que siguen, se abre una oportunidad para lograr importantes mejoras en la calidad y cobertura de aspectos fundamentales para el bienestar de los niños: alimentación infantil, vigilancia de su adecuado crecimiento, suministro de esquemas completos de vacunación, eliminación de enfermedades infecciosas y parasitarias en esas edades, disponibilidad de educación preescolar, estimulación temprana a los niños pequeños y servicios de guarderías, entre otros. Por otro lado, puesto que esta disminución es resultado directo de la reducción de la fecundidad, otro efecto destacado es que, en el seno de las familias, disminuye considerablemente la razón entre madres (y padres) e hijos, con lo cual presumiblemente puede mejorar la atención y el tiempo que dediquen los padres al cuidado de los niños. Por otro lado, particularmente en el caso de las mujeres, esto propiciará una mayor participación en la fuerza de trabajo.

La población en edad escolar (entre 6 y 14 años) se muestra en la gráfica III.5. El patrón es un tanto similar al descrito para el grupo 0-5, pero con un punto de inflexión ligeramente posterior. En este caso se

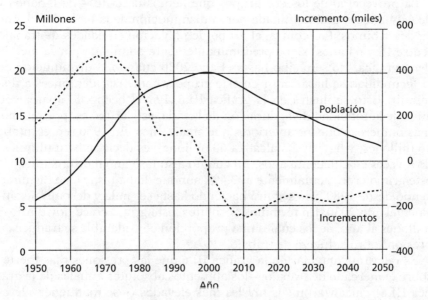

GRÁFICA III.5. *Tamaño y crecimiento de la población, por grupo de edad, 1950-2050 (6 a 14 años)*

nota un aumento considerable de la población en edad escolar entre 1950 y 1999, cuando el total del grupo pasó de 5.8 a 20 millones. Así, en un lapso de 50 años el grupo de edad que representa la demanda escolar de educación básica se multiplicó 3.5 veces. La tasa de crecimiento de este grupo fue superior a 4.0% anual durante casi 15 años —entre 1956 y 1970—. Es a la luz de esta presión demográfica que destacan los avances educativos reportados en el cuadro III.1, reflejo del tenaz esfuerzo que se ha hecho en materia educativa por décadas, sin el cual bien podrían haber ocurrido serios retrocesos, dada la enorme demanda en ese lapso.

En este caso también destaca un dato histórico: que la demanda máxima de educación básica en México nunca rebasará los 20 millones que actualmente representa. A partir del año 2000 comenzará una sostenida disminución de la población en edad de educación básica: en el año 2010 será de 18.5 millones, en el año 2030 será de 15 millones y en el año 2050 será de 11.8 millones. Así, mientras entre 1950 y 1999 este grupo creció más de 14 millones, entre 2000 y 2050 se estima que *disminuirá* aproximadamente 12 millones. Esta marcada disminución, cuyo punto de inflexión coincide justamente con el cambio de siglo, abre posibilidades sin precedente para mejorar la calidad de los servicios educativos.

La proyección de los dos grupos que hemos descrito —de 0-5 años y de 6-14 años— está dominada por la disminución de la fecundidad, que ya describimos. Por contra, el grupo de población en edades de trabajo (entre 15 y 64 años) sigue predominantemente dominado por la inercia demográfica. No será sino hasta el año 2030 cuando la disminución de la fecundidad se hará sentir en este grupo y comenzará entonces a disminuir. Esto se ilustra en la gráfica III.6. Por el hecho de abarcar 50 años de la totalidad de la duración de la vida, este grupo es, por mucho, más numeroso que los anteriores que analizamos. En 1950 representaba 15 millones, y hoy en día alcanza 60 millones; es decir se ha multiplicado 4 veces en cincuenta años. En cuanto a su tasa anual de crecimiento, este grupo crece actualmente al 2.4%, aunque dicha tasa viene disminuyendo desde 1980, y lo seguirá haciendo hasta ser nula y después negativa en el año 2030. En términos absolutos, este grupo crece hoy día 1.45 millones al año, de los cuales una proporción considerable se traduce en presión sobre la fuerza de trabajo.

Es relevante apreciar en la gráfica III.6 que las presiones más fuertes sobre el mercado de trabajo —los aumentos absolutos anuales de la gráfica III.6— alcanzaron sus niveles más elevados (y se mantienen elevados) durante los periodos más críticos recientes de contracción económica en el país (las crisis de 1982-1986, y después la de 1995-1996). Se

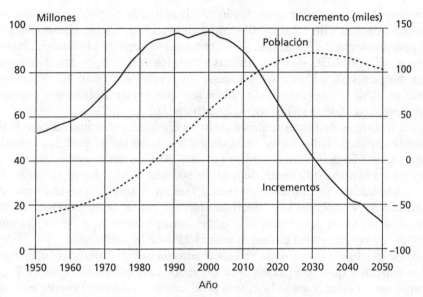

GRÁFICA III.6. *Tamaño y crecimiento de la población, por grupo de edad, 1950-2050 (15 a 64 años)*

trata de una desafortunada coincidencia que, justo cuando desde el punto de vista demográfico más se necesitaba dinamizar el poder de absorción de mano de obra en la economía, ocurrieron severos choques que contrajeron el mercado de trabajo. Sin embargo, a partir del año 2000, tras alcanzar un máximo, los incrementos anuales absolutos comenzarán a disminuir, primero moderadamente, pero después marcada y regularmente a partir del año 2007. No obstante esta reducción en los aumentos anuales absolutos, la población en edad de trabajo seguirá creciendo en forma significativa hasta llegar a 87.8 millones en el año 2030, cuando alcance su máximo histórico. Es revelador notar que este volumen equivaldrá entonces a la población total de México en 1993. Tal es la inercia de crecimiento que aún domina la dinámica demográfica de la población en edad de trabajo, y el reto que representa para la economía la demanda de empleos que esta dinámica significa.

El cuarto grupo está formado por la población en edades avanzadas (de 65 años o más). Históricamente este grupo ha sido muy reducido, tanto en términos absolutos como relativos. Ello se debe a la estructura marcadamente "joven" que ha caracterizado a la pirámide poblacional por el elevado crecimiento de la población en el pasado. En 1950 este grupo representaba sólo el 4.0% de la población (un millón de personas); en 1999 representa el 5.0% (con 4.6 millones). Sin embargo, es por mucho el segmento de más rápido crecimiento de la población, con tasas que oscilan entre 3.0 y 4.0% anual desde 1950. En la actualidad este grupo aumenta 3.75% anual, y su crecimiento seguirá elevándose hasta cerca del año 2030. Así, en contraste con los tres grupos anteriores en los que, en todos los casos, las tasas de crecimiento van en descenso, éste es el único segmento de población que presumiblemente seguirá creciendo, tal como se ilustra en la gráfica III.7.

En términos de incrementos absolutos anuales, éstos fueron prácticamente insignificantes hasta 1980, del orden de 50 mil al año. Hoy en día son ya de 175 mil al año, pero en el año 2010 serán casi de 280 mil al año, y en el año 2030 serán de más de 800 mil al año. La proyección de la población en edad avanzada indica que en el año 2050 este grupo alcanzará 32.4 millones —es decir aumentará cerca de 30 millones en 50 años, aunque los aumentos más importantes ocurrirán a partir del año 2030—, y representará entonces casi el 25% de la población.

Éste es el grupo que más refleja el envejecimiento demográfico. Hay dos aspectos que sobresalen. Por un lado, una población con 25% de personas en edad avanzada es una población considerablemente envejecida. Los países que hoy se consideran más envejecidos tienen entre 18

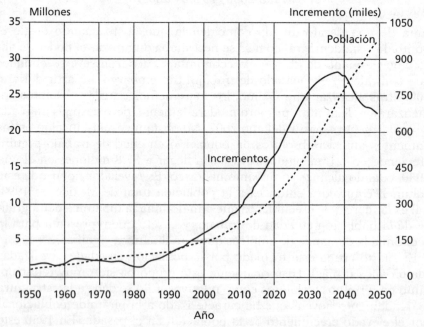

GRÁFICA III.7. *Tamaño y crecimiento de la población, por grupo de edad, 1950-2050 (65 y más años)*

y 22% de personas en edad avanzada. México tendrá un patrón de estructura demográfica similar al de estos países (como Suecia, Suiza y Japón). Por otro lado, la rapidez del envejecimiento de la población del país es aproximadamente la mitad (40 años) del tiempo que requirieron los países más envejecidos de hoy para alcanzar tal condición.

Todo ello indica que el rápido proceso de envejecimiento de la población de México encierra graves desafíos económicos y sociales. Quizá el aspecto más importante es la necesidad de profundizar la reforma de la seguridad social para asegurar pensiones suficientes para dar un sustento digno a la población de edad avanzada, al tiempo que los esquemas actuales de capitalización permitan consolidar una masa de ahorro que, invertida en la economía, aumente la capitalización y el rendimiento de la inversión para aumentar la renta nacional. A este respecto el reto es mayúsculo: actualmente más de la mitad de la población económicamente activa no cuenta con ningún esquema de seguridad social; sólo el 18% de las personas mayores de 60 años cuentan con algún tipo de pensión, y entre quienes tienen una pensión —principalmente del IMSS—, en la gran mayoría de los casos (96%) ésta equivale a un salario mínimo.

Por otro lado está el problema de la salud. En la mayor parte de los países desarrollados con poblaciones envejecidas éste es un problema aún más crítico que el de las pensiones. Se ha observado que junto con el aumento de la sobrevivencia cobran cada vez más prevalencia una serie de enfermedades y discapacidades crónicas —muchas veces progresivas e incurables— que requieren tratamientos médicos avanzados, de larga duración y por lo general muy costosos. En México ya predominan las defunciones por enfermedades crónicas y degenerativas sobre las infecciosas y parasitarias, y la tendencia general es que este predominio aumente cada vez más. Así, la confluencia del envejecimiento de la población y del cambio epidemiológico hacen imperativo plantear una reforma de los servicios de salud que incluya bases sólidas para su sano financiamiento en el mediano y largo plazos, presumiblemente ampliando los esquemas sociales de aseguramiento.

Éstos son algunos de los retos. Pero quisiéramos detenernos a revisar algunas de las oportunidades que abre el cambio demográfico en sus desdoblamientos futuros. Para empezar, a modo de síntesis de los resultados que hemos presentado, en la gráfica III.8 presentamos la forma quizá más elocuente de visualizar el cambio demográfico de México, comparando las pirámides demográficas (la distribución relativa de la población por edad y sexo) entre 1995 y el año 2050. Por un lado, se aprecia claramente un progresivo estrechamiento de la base de la pirámide, como resultado de la profundización de la reducción de la fecundidad. Por el otro, el aumento de la sobrevivencia propicia un número cada vez mayor de personas que llegan con vida hasta las edades adultas. La secuencia de los cambios en la composición por edad que se aprecia en la gráfica III.8, que ilustra el proceso de envejecimiento de la población.

Se obtiene otra perspectiva si se comparan las distintas tendencias de los cuatro grupos de población que ya analizamos, pero esta vez en términos relativos, según lo que se denomina "índices de dependencia demográfica", donde el grupo de población en edades de trabajo (P_{15-64}) siempre funge como denominador, suponiendo que se trata de la población adulta que debe generar los recursos necesarios para proveer las necesidades de los niños (P_{0-5}) y jóvenes (P_{6-14}), por un lado, y de las personas en edad avanzada (P_{65+}), por el otro. Ello se ilustra en la gráfica III.9, en la que se distinguen las distintas combinaciones de los grupos "dependientes". Es claro que entre 1950 y 1970 el índice de dependencia global ($P_{0-14}+ P_{65+}$)/ P_{15-64} se vio dominado por el aumento de los niños y jóvenes, lo que lo llevó a valores superiores a la unidad. En 1970, de cada persona adulta dependía más de una persona no adulta. A partir de entonces el índice disminuyó y disminuirá hasta alcanzar su mínimo en el año 2020, para después aumentar paulatinamente cuando comience a pesar cada vez más la proporción de personas en edad avanzada.

Es notable que el índice de dependencia de los niños (P_{0-5}/ P_{15-64}) y de los jóvenes (P_{5-14}/ P_{15-64}) disminuye sensiblemente con el tiempo después de 1970, lo cual obviamente significa que, con el tiempo, habrá una proporción cada vez menor de niños y jóvenes por adulto (o trabajador). Esta marcada disminución en el índice de dependencia de los niños y jóvenes es lo que abre la oportunidad para intensificar y mejorar la calidad de las transferencias de los adultos hacia los menores. Por otro lado, la creciente presión del envejecimiento demográfico, que comenzará a ser notable a partir de 2030, tenderá a cerrar esta oportunidad, a medida que sean cada vez mayores las presiones para atender las necesidades y requerimientos de la población en edad avanzada.

De estas tendencias parece perfilarse que la "ventana" de oportunidad demográfica a la que aludimos estaría centrada entre los años 2010 y 2030. Es en este periodo cuando más baja será históricamete la proporción de niños y jóvenes por trabajador y, por ende, cuando más se facilitará invertir significativamente en el capital humano y social de éstos. Más tarde esta tendencia se verá superada por el incremento de las personas de edad avanzada. Pero será justamente durante esta "ventana" de oportunidad cuando podrán aprovecharse los beneficios de las reformas (que la precedan) para financiar mejoras en la educación y para incrementar el coeficiente de ahorro de los trabajadores que les permita solventar su vejez. Por otro lado, en ese periodo las familias serán más pequeñas y también será más fácil aumentar la productividad del traba-

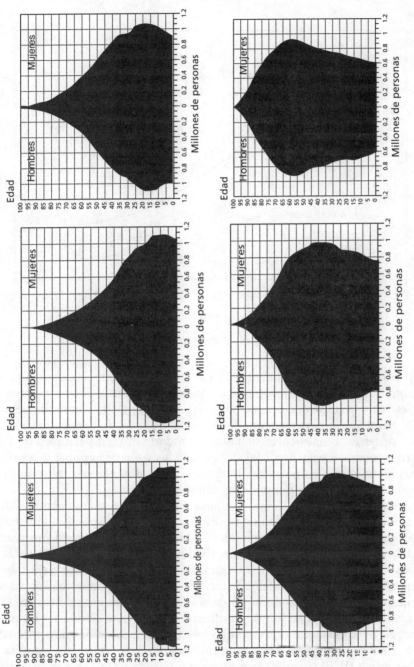

GRÁFICA III.8. *Pirámides de población, 1950-2050*

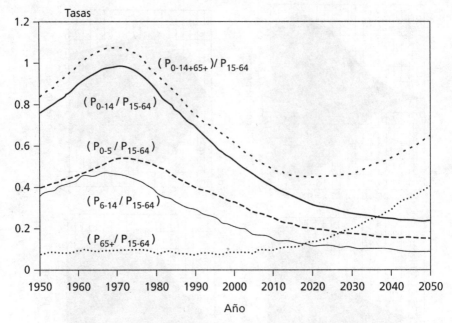

GRÁFICA III.9. *Tasas de dependencia, 1950-2050*

jo en el hogar (mejorando el acceso y la calidad de servicios como agua potable, electricidad, telecomunicaciones, así como la infraestructura doméstica y la información que permitan un uso más eficiente del tiempo) y propiciar la participación en la fuerza de trabajo, particularmente de las mujeres. Finalmente, dicha oportunidad también permitirá destinar más recursos para limar las desigualdades y abatir la pobreza, particularmente la que se perpetúa intergeneracionalmente por falta de inversión en el capital humano de los niños y jóvenes.

Sin embargo, para que esta "ventana" demográfica que acabamos de describir sea efectivamente una oportunidad, es imprescindible que haya un genuino proceso de acumulación, lo que a su vez depende en gran medida de los avances en la productividad y de mejoras en las retribuciones a la fuerza de trabajo. Es, pues, necesario revisar el reto que significará para la economía del país crear los empleos productivos que demandará el crecimiento de la población económicamente activa (PEA).

Actualmente la población económicamente activa asciende a 43.8 millones de personas, que representan el 44% de la población mayor de 12 años. De ésta, 28.5 millones son hombres y 15.3 millones son mujeres. En la gráfica III.10 se indica la evolución esperada de la PEA a lo largo de la proyección que hemos descrito. Se notan, tanto para hombres como

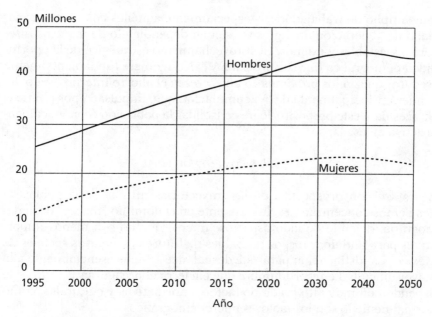

GRÁFICA III.10. *Población económicamente activa por sexo, 1995-2050*

para mujeres, aumentos importantes. La PEA masculina crecerá de su nivel actual a 35.4 millones en 2010, y a 43.9 millones en 2030, para después prácticamente estabilizarse en ese nivel hasta el año 2050. En el caso de la PEA femenina, ésta ascenderá a 19.2 millones en 2010, a 23 millones en 2030 y a 22 millones en 2050. En conjunto, para ambos sexos, las proyecciones de la PEA indican que en los próximos 10 años habrá que crear 10.8 millones de empleos adicionales (poco más de un millón anual), y otros 23 millones en los próximos 30 años —hacia el año 2030—, que representan poco más de la mitad del total de los empleos actuales. Se trata, pues, de una presión considerable, que exige que la tasa de crecimiento de la actividad económica sea como mínimo de 4% anual.

Pero lo más importante es que estos empleos sean efectivamente productivos y bien remunerados. Aquí yacen otros retos, ya que, en su gran mayoría, la actual población económicamente activa, en parte justamente por su rápido crecimiento en el pasado, no tiene el capital humano ni la capacitación suficiente para insertarse en los empleos que demandan los sectores más dinámicos de la economía, principalmente los orientados a la exportación. Paralelamente, la escasa cobertura de la seguridad social y la extensa informalidad en la economía siguen profundizando un creciente dualismo en el mercado laboral, donde un grupo muy amplio de trabajadores —especialmente aquéllos con menor capacidad de generación de ingreso— siguen dependiendo de ingresos inseguros, inestables y exiguos. El aprovechamiento estratégico de la oportunidad demográfica que se abre para México requiere fundamentalmente asegurar que en los próximos 25 años crezca el ahorro interno, y ello dependerá principalmente de la acumulación que, impulsada por políticas eficaces para este propósito, logre consolidar la población económicamente activa en ese lapso.

III.5. Un comentario final

En esta visión prospectiva de las trayectorias futuras de la población nos hemos concentrado exclusivamente en el dominio "macro" de la demografía, dejando de lado aspectos "micro" que no son menos importantes para anticipar rasgos probables de futuros escenarios sociales de México. La justificación para este desbalance se debe esencialmente a la mayor dificultad e incertidumbre que encierra el prefigurar aspectos que dependen en muy alto grado de factores normativos y culturales, como normalmente lo son los factores microdemográficos.

Sin embargo, parece conveniente una reflexión final alrededor de un tema que en el pasado, y actualmente, tiene relevancia demográfica: los procesos de formación de las familias. En muchos países desarrollados, una vez generalizada la práctica de la regulación de la fecundidad, los cambios demográficos más notables que se observan son en el terreno de la formación y disolución de las familias. A partir de la posguerra comenzaron a disminuir significativamente las tasas de nupcialidad y a elevarse la edad media al matrimonio. Paralelamente, a expensas de la nupcialidad, comenzó a aumentar la propensión a unirse consensualmente y también se elevaron considerablemente las tasas de divorcio y de separación. Ésta es la tendencia prevaleciente hasta el momento en la mayoría de estos países, y es a tal punto notable, que a estos procesos se les define como una "segunda" transición demográfica. Así, en varios países desarrollados la gran mayoría de los matrimonios se constituyen tras un periodo de convivencia consensual. Para algunas parejas esta cohabitación es una fase de prueba antes de casarse, pero para otras viene a ser una alternativa al matrimonio. Por otro lado, en otra esfera de la dinámica de las familias, ha aumentado también considerablemente la proporción de personas que viven solas (familias unipersonales).

A la luz de estos cambios en los países que fueron precursores en la transición demográfica, cabe la pregunta de si se perfilan en México algunas tendencias de la "segunda" transición demográfica. La evidencia disponible apunta a algunos paralelismos. Por un lado, desde el inicio de los años setenta ha venido aumentando paulatinamente la edad a matrimonio (de las mujeres), al tiempo que ha venido disminuyendo la tasa de nupcialidad (la proporción de mujeres solteras que se casan). Por el otro, ha venido aumentando sensiblemente la proporción de parejas que opta por establecer una primera unión como una convivencia consensual (en lugar del matrimonio). La frecuencia de la convivencia consensual, aunque sigue siendo relativamente baja, se duplicó en veinte años, entre 1975 y 1995. Las tasas de divorcio muestran una ligera tendencia al aumento, pero se ven dominadas por los efectos de las crisis económicas y ello hace difícil entrever una tendencia clara. Por otro lado, se constata también que, con el tiempo, han venido aumentando los hogares de personas que viven solas, principalmente los de mujeres, como consecuencia de la mayor sobrevivencia femenina en las edades avanzadas.

Varias de estas tendencias presumiblemente seguirán profundizándose en el futuro, principalmente por la marcada asociación que muchas de ellas tienen con la mayor educación de las mujeres y con su creciente participación económica. Es aventurado, sin embargo, prefigurar hasta qué grado podrán disminuir, por ejemplo, las tasas de nupcialidad, o aumentar las tasas de divorcio (en Europa, un tercio de los matrimonios terminan en divorcio, y en Estados Unidos, la mitad). Al mismo tiempo, es materia de intenso debate entre los expertos suponer que las tendencias en la formación y disolución de familias observadas en varios países —aunque marcadas y que apuntan a pautas sin precedente— vayan a generalizarse. Sin duda estos aspectos de tipo microdemográfico son importantes para completar un panorama de los desdoblamientos futuros de la población de México, pero desafortunadamente encontramos serias limitaciones para prefigurar con cierto grado de certeza su condición futura. Aquí nos limitamos sólo a apuntarlos para seguir inspeccionando sus tendencias.

IV. LAS NUEVAS FRONTERAS
DEL DESARROLLO INDUSTRIAL DE MÉXICO

Lorenzo Zambrano Cemex

4.1. Introducción

México cuenta con recursos naturales, capacidad empresarial, mano de obra calificada y productiva, acceso garantizado a los principales mercados del mundo y una población creciente y demandante de satisfactores de la más diversa índole. Todo esto constituye parte del conjunto de ingredientes necesario para el desarrollo de nuestro país. Desafortunadamente, también enfrenta grandes obstáculos, limitantes y desventajas que le impiden satisfacer sus necesidades y desarrollar su enorme potencial. La gran mayoría de esos obstáculos es susceptible de ser eliminada, lo que abriría las puertas a un desarrollo industrial equilibrado y generalizado. Es necesario, pues, tener la voluntad para derribar estos obstáculos; no hacerlo representaría el estancamiento en el subdesarrollo.

Los próximos dos o tres años serán cruciales para determinar la capacidad que tendrá el país para alcanzar elevados índices de crecimiento económico en general, e industrial en particular. La pregunta clave a examinar en este capítulo —desde el punto de vista del desarrollo industrial— es si aprovecharemos estos años en construir las bases que permitan afianzar el terreno para dicho desarrollo o si, por el contrario, continuaremos postergando las reformas que permitirían liberar las fuerzas y los recursos tan extraordinarios con que cuenta el país.

Durante los últimos quince años México ha realizado un cambio profundo en su sistema económico y político con el propósito de encontrar el camino más viable para su integración eficiente a las corrientes internacionales. En este lapso se redujo la dependencia del petróleo como principal fuente de divisas, se abrió la economía al comercio internacional con gran rapidez, se redujo la participación del Estado en el sector industrial, se hicieron ajustes en las finanzas públicas con el fin de lograr su equilibrio y se inició una transición hacia la apertura democrática. Sin embargo, mientras que el país ha avanzado a gran velocidad en algunos rubros, en otros ámbitos los cambios han sido insuficientes, inadecuados o simplemente inexistentes. El país se ha rezagado en el desarrollo del sector financiero, en la modernización de la legislación laboral, en la reforma fiscal, en su sistema de impartición de justicia y en la

105

calidad de la educación; esto ha creado un entorno sumamente difícil para el progreso de las empresas en su proyección hacia el futuro, sobre todo las de menor tamaño, que cuentan con limitadas opciones para su crecimiento.

Si bien es cierto que los avances logrados nos permiten identificar un México totalmente diferente del de principios de la década de los ochenta, la magnitud del cambio no es en sí misma garantía de éxito. La lección de estos últimos años ha sido clara: lo realmente importante es la velocidad a la que nos podamos ajustar o, incluso anticipar, a las tendencias mundiales, para aprovechar nuestras ventajas de ubicación y de recursos humanos y naturales para impulsar el desarrollo.

Podemos estar seguros de que en las próximas tres décadas la velocidad del cambio en el entorno internacional será aún mayor y las transformaciones serán más profundas. Por ello es necesario mirar al futuro y especular sobre el medio en que va a competir México en cada uno de sus sectores: el privado, el público y el laboral. Sólo haciéndolo podremos evaluar la capacidad que tendremos para acelerar el paso del desarrollo y elevar los niveles de vida de los mexicanos.

Este capítulo aborda, por una parte, los cambios que han ocurrido en la economía internacional a lo largo de los últimos años, los cuales constituyen obstáculos y oportunidades —tanto internos como externos— para el desarrollo de la industria nacional en el futuro; por otra, describe el ambiente en que van a operar y a competir las empresas mexicanas en las próximas décadas, a fin de destacar los retos que el país enfrentará.

4.2. TENDENCIAS INTERNACIONALES

La transformación económica a nivel mundial ha venido causando un torbellino en todos los órdenes. Todo ha cambiado en la manera de funcionar de las economías del mundo, como resultado de: *1)* la integración de los sistemas financieros a nivel internacional y la globalización de las empresas; *2)* el desarrollo de la tecnología, sobre todo en el ámbito de las comunicaciones; *3)* la conciencia ecologista y el desarrollo sustentable, y *4)* la elevación de las expectativas políticas de las poblaciones a lo largo y ancho del mundo.

Estos cambios continuarán dándose en un entorno en el que las tendencias demográficas marcarán diferencias profundas entre los países desarrollados y los que están en vías de desarrollo. Las transformaciones inherentes a cada uno de estos factores habrán de constituir el entorno dentro del cual evolucionará el mundo, por lo que conviene esbozar sus principales características.

IV.2.1. Integración económica: riesgos y oportunidades

Hasta hace algunas décadas era posible concebir al país como un espacio económico en sí mismo, poco relacionado con lo que ocurría en el resto del mundo. Ahora la realidad nada tiene que ver con el pasado. En los últimos diez años el mundo ha experimentado una serie de transformaciones que no se habían dado desde la época de la Revolución Industrial. Se trata de uno de esos procesos de cambio que ha sobrecogido al mundo y del que nadie se puede salvar, tal como ocurrió cuando se inventó la máquina de vapor. Hoy, como entonces, mucha gente y muchos gobiernos en todo el mundo pretendieron que estas transformaciones no les afectarían. Todos sabemos el enorme retraso en que cayeron las naciones que se resistieron a asumir el cambio como natural e inevitable.

Los servicios financieros fueron la primera actividad que se internacionalizó, sobre todo como resultado de la integración de las computadoras y las comunicaciones. A lo largo de las últimas dos décadas dichos servicios se han venido integrando a nivel global, rebasando toda barrera geográfica y política. Las finanzas —tanto gubernamentales como empresariales— se han convertido en el factor medular de la actividad económica, situación que ofende a muchos observadores y políticos, pero que no por ello es menos real y trascendente. Puesto en una sola oración, la competencia que hoy existe ha trastocado los puntos de referencia, de tal manera que hoy son los inversionistas, nacionales y extranjeros, quienes tienen mayor influencia en la estructuración de las regulaciones económicas. Los países compiten por la inversión y tienen que diseñar estructuras legales, regulatorias y políticas que les permitan hacerlo con éxito.

La crisis asiática, con su repercusión sobre los mercados emergentes, ha demostrado que los costos sociales de una política cambiaria y financiera mal manejada son extraordinariamente elevados. La movilidad del capital es un sello de la nueva era, por lo que los países en vías de desarrollo tendrán que tomar en cuenta la consistencia de sus decisiones de política económica y su impacto sobre la confianza en un mercado de capitales más sofisticado y globalizado. La integración al mercado global de capitales está demandando, para cualquier país que quiera participar de forma ordenada en los flujos de éstos, una consistencia intachable entre el manejo del tipo de cambio y la solidez del sistema financiero.

En el largo plazo la integración de los mercados tenderá a formar zonas monetarias, donde los países miembros cumplirán, por una parte, con reglas más claras que limitarán la discrecionalidad de los gobiernos y, por otra, con estándares internacionales que permitirán el desarrollo

de un sistema financiero más sólido. La formación de este tipo de mercados monetarios se verá impulsada por el reciente lanzamiento del euro,
así como por la necesidad de los países en vías de desarrollo de encontrar nuevos mecanismos que les permitan integrarse de mejor forma a
la globalización y que, paulatinamente, hagan disminuir la alta volatilidad del capital internacional.

Como paso intermedio, antes de lograr una integración total se podría
extender el uso de los consejos monetarios, mismos que no requieren de
compromisos bilaterales o multilaterales en el manejo de la política económica y en los que, por lo tanto, cada país puede decidir unilateralmen-
te. En este sentido, hay algunos países del exbloque socialista —Polonia,
República Checa y Hungría— que podrían avanzar más rápidamente en
sus reformas mediante la formación de un consejo monetario atado al
euro. En Latinoamérica, la experiencia de Argentina con su consejo monetario se podría extender a otros países, como Brasil, Chile y Perú. En
el caso de México, debido al Tratado de Libre Comercio con Canadá y
Estados Unidos se cuenta con una ventaja adicional para lograr una integración más completa, sin tener que pasar previamente por un consejo monetario.

La formación de consejos monetarios en Asia es menos clara, por tener un comercio internacional diversificado que dificulta la elección de
una sola moneda ancla. Una alternativa sería construir un consejo monetario tomando como referencia una canasta de monedas, aunque en
la práctica siempre haya sido más aconsejable utilizar una sola moneda.
De los 14 consejos monetarios existentes actualmente, diez utilizan el
dólar; tres, el marco alemán, y uno el dólar de Singapur. Otra alternativa, que recientemente han decidido explorar los países miembros del
ASEAN —Indonesia, Tailandia, Malasia, Singapur, Filipinas, Brunei, Vietnam, Laos, Myanmar y Camboya— es la posibilidad de crear una moneda única para la región, como parte de los objetivos de su programa
para el año 2020. Las dificultades para esta unión monetaria son enormes, dadas las diferencias en grado de desarrollo de sus miembros y los
compromisos que sería necesario acordar.

Los consejos monetarios no son, en sí mismos, la solución de los problemas, sino más bien una alternativa de disciplina económica que pueden adoptar los países emergentes para lograr la credibilidad en su política económica en un mercado global de capitales. La formación de
consejos monetarios facilitaría la integración económica mediante el
compromiso, en una etapa posterior, de uniones monetarias entre los
diferentes países participantes, donde tanto el capital como el trabajo
tendrían una mayor movilidad. La experiencia de la Comunidad Económica Europea en los últimos cuarenta años y sus nuevos esfuerzos para

integrar a los países del exbloque socialista serán especialmente valiosos para lograr la integración en otras partes del mundo. Con toda seguridad el reto será grande, al tener que integrar zonas con marcadas diferencias en su grado de desarrollo.

Al mismo tiempo que se dé esta mayor integración de zonas monetarias, sobrevendrá también un proceso más intenso en la globalización de determinadas industrias. Las empresas europeas están avanzando más aceleradamente en su consolidación como parte de la integración de Europa, lo cual les permite tener una base más amplia en su mercado "nacional" y seguir incursionando en forma activa en la consolidación a nivel mundial. Este proceso ya está en marcha tanto en la industria automotriz como en el sistema financiero.

Después de la presente crisis, el sudeste asiático seguirá siendo la zona de más alto crecimiento en el mundo, por lo que el interés de las empresas multinacionales se centrará especialmente en esta región que, en definitiva, será la nueva zona de competencia.

IV.2.2. Revolución tecnológica

Los cambios vertiginosos que experimenta día a día la tecnología están impactando al entorno en el que se desarrollan todas las actividades en el orbe. Es así como la biotecnología está favoreciendo el desarrollo de mejores cepas animales y vegetales, la producción de nuevos medicamentos y el tratamiento de residuos y energías alternativas, entre otros. La nanotecnología, por su parte, está aportando avances en física e ingeniería que permitirán manipular la materia a nivel atómico y molecular, lo cual revolucionará el desarrollo de nuevos materiales. El concepto de inteligencia artificial, cada vez más comentado, acelerará la automatización de funciones en procesos de producción y, por consiguiente, tendrá un importante efecto en el mercado laboral.

Particularmente importante es destacar el impacto del desarrollo tecnológico en la informática, movimiento que está revolucionando las condiciones en las que acostumbrábamos hacer negocios. La disminución en el costo de las computadoras y en las telecomunicaciones está propiciando una expansión acelerada de las redes de comunicación.

El Internet está creando nuevas oportunidades de negocios en un entorno competitivo y menos regulado por el gobierno, en el que las barreras de entrada son prácticamente inexistentes y las limitaciones para tener acceso a la información se han borrado. El potencial del Internet es ilimitado, por lo que representa un gran reto para las empresas saber aprovecharlo y entender los riesgos que se pueden derivar de esta nueva forma de hacer negocios. En los próximos treinta años se hará tan popular como actualmente lo es el uso de la televisión o el teléfono. Se romperán las barreras del idioma mediante traductores simultáneos, se diseñarán mecanismos que garanticen la confiabilidad en las transacciones comerciales y se protegerán los derechos de propiedad a nivel internacional.

Existen varias dimensiones de este cambio que serán especialmente relevantes: en primer lugar, la comunicación eliminará muchas de las barreras tradicionales para hacer negocios a nivel internacional; en segundo lugar, se eliminarán etapas intermedias entre los productores y los consumidores; en tercer lugar, habrá un impacto importante sobre los sistemas de educación. A nivel internacional, la mayor confiabilidad en la comunicación y la disminución en sus costos serán aprovechadas por las empresas para extender sus negocios en distintos mercados. El nivel de las economías de escala requeridas para manejar los negocios internacionales a largas distancias disminuirá en forma significativa, lo cual favorecerá a negocios de menor tamaño que tiempo atrás se habían mantenido en un entorno relativamente limitado. Así, por ejemplo, una empresa editorial de Nueva York podría mandar imprimir sus ejemplares a un país distante, en el que la mano de obra fuera más competitiva, y distribuir su producción a nivel mundial vía Internet. También se extenderán los servicios de *back-office*, como los sistemas de reservaciones, de contabilidad, de programación, etc., sin necesidad de estar presentes físicamente en un mercado determinado.

El Internet también está cambiando las diferentes etapas de la cadena productiva que se habían seguido de modo tradicional, al permitir que los productores tengan un contacto más directo con los consumidores y, así, reducir los costos de comercialización. Hoy es posible disminuir los costos de reorden ofreciendo una lista previa de los artículos comprados; también se puede ofrecer ayuda en línea, como buzones con las preguntas y repuestas más frecuentes, que facilitan al consumidor el mejor manejo del producto ofrecido. Pero Internet no es sólo una conexión más directa con los consumidores o con cualquier participante en la cadena de generación de valor; es también una plataforma para crear nuevos modelos de transacciones y servicios con costos más reducidos que los de un mercado tradicional. Uno de los mayores retos para los empresarios del futuro será combinar, de la mejor forma posible, las nuevas alternativas que ofrece el Internet con los canales tradicionales que le han servido para construir la lealtad de sus consumidores, sin destruir estos últimos.

La utilización de la tecnología de la informática en la educación es, quizá, el mayor reto que enfrentan los gobiernos, sobre todo si quieren aumentar la calidad de la educación desde los niveles más básicos. Hoy día existen escuelas privadas que utilizan las computadoras desde los primeros años de la educación, y cada vez es más frecuente que este tipo de alumnos cuente con computadoras en sus casas. En consecuencia, la brecha entre la educación privada y la educación que imparten los gobiernos en forma gratuita se ha estado ampliando aceleradamente. Cómo se salvarán en el futuro inmediato estas diferencias en la calidad de educación y cuál será su impacto en las oportunidades de trabajo y en la distribución del ingreso son interrogantes que merecen la mayor atención, tanto por parte del gobierno como por parte de la iniciativa privada. Afortunadamente el costo de las computadoras disminuye cada vez más, y muy pronto existirán opciones aún más económicas que no requieran de una computadora personal. Bastará con un teclado y un monitor para tener acceso a servidores centralizados que ofrecerán todo tipo de programas (software). Hoy día es posible tener acceso a Internet con una inversión menor al costo de una videocasetera o un videojuego. Así, en el futuro la mayor barrera no será la inversión sino la disposición y habilidad para aprovechar de la mejor manera estos nuevos medios, que sin duda alguna aumentan la calidad de la educación.

IV.2.3. Desarrollo sustentable: la amenaza del calentamiento global

La conciencia ecologista es cada vez mayor a nivel mundial, tanto en los países desarrollados como en aquellos en vías de desarrollo. Los costos de la actividad económica que impactan negativamente sobre el ambiente están siendo absorbidos por las empresas que quieren seguir progresando en un mercado cada vez más competitivo y globalizado.

Hasta ahora la reglamentación ambiental de cada país ha sido una decisión soberana; después de todo, la población mayormente afectada por la falta de ella es precisamente la del propio país. Sin embargo, esto está cambiando rápidamente como resultado del efecto que tienen las emisiones de bióxido de carbono (CO_2) sobre el calentamiento del planeta. Las repercusiones sobre el ambiente ya no se limitan a cierta área geográfica, sino que tienen un impacto global, independientemente de su zona de origen. Esto, sin duda, cambiará en forma significativa las reglas del juego en las próximas décadas. Los primeros intentos para regular las emisiones de CO_2 a nivel mundial han generado dos posiciones opuestas. Por un lado, los países desarrollados están dispuestos a comprometerse a fijar metas de reducción de CO_2 en periodos determinados e insisten en que los países en vías de desarrollo deberían incorporarse a esta tendencia, aunque sea en un horizonte de más largo plazo. Por otro lado, los países en vías de desarrollo se resisten terminantemente a comprometerse en la reducción de CO_2 en un futuro cercano, pues ello supondría limitar su desarrollo industrial; además, argumentan que, en última instancia, los actuales problemas en materia ambiental son derivados del proceso de industrialización que han tenido los países desarrollados.

La controversia está lejos de resolverse. Existe todavía incertidumbre sobre cuál será realmente el impacto del CO_2 producido por la combustión de energéticos sobre la temperatura del planeta. Más allá del aspecto científico, todavía existen complicaciones para diseñar mecanismos de control que tengan aceptación entre los países participantes. En esta controversia se pueden identificar algunas tendencias: los países europeos, incluidos los del exbloque socialista, seguirán avanzando en sus compromisos de reducción de emisiones de CO_2, utilizando impuestos sobre los combustibles de acuerdo con su contenido de CO_2; Estados Unidos, por su parte, seguirá presionando a los países en vías de desarrollo para que se incorporen a los programas de reducción de CO_2. Se propiciará, a partir del año 2008, un proceso para sustituir los combustibles de mayor contenido de bióxido de carbono por otros con menor contenido, mediante fuertes incrementos en los costos de los primeros. Se generará un mercado de derechos de emisiones a nivel internacional, en el que las empresas de los países industrializados podrán acreditar reducciones de sus emisiones por inversiones realizadas en países en vías de desarrollo, como son los programas de forestación que contribuyen a capturar CO_2. Como parte de este proceso, y debido a que los países en vías de desarrollo no se incorporarán a él fácilmente, se empezarán a generar tensiones en el comercio internacional conforme los países industrializados impongan "aranceles ecológicos" sobre las importaciones provenientes de los países en vías de desarrollo.

El aumento del precio de los combustibles en los países industrializados y la creación de barreras ecológicas al comercio internacional dibujan, evidentemente, un escenario de grandes tensiones. Las industrias intensivas en energía de los países industrializados estarán presionando a sus respectivos gobiernos para que las protejan de las importaciones de aquéllos en vías de desarrollo que no tengan estos costos. La sustitución de combustibles con menor contenido de CO_2 disminuirá la demanda sobre el carbón y el petróleo, con la consecuente generación de mayores presiones sobre los países exportadores de estos combustibles. Algunas de las empresas intensivas en energía de los países industrializados buscarán relocalizar su producción en aquellos mercados que ofrezcan mejores opciones energéticas —como el gas natural y la electricidad generada por las hidroeléctricas— siempre y cuando puedan garantizar su acceso sin penalizaciones a los países industrializados.

Las controversias que se pueden generar en el comercio internacional por el uso de barreras ecológicas pueden llegar a ser de grandes proporciones, lo que limitaría la apertura de las economías lograda con la reducción de aranceles en los últimos cuarenta años. Para evitar este riesgo será necesaria la creación de un organismo a nivel internacional, parecido a la Organización Mundial de Comercio, que regularía los "aranceles ecológicos" derivados de la emisión de CO_2 por tipo de producto y país de origen.

IV.2.4. Elevación de expectativas políticas y de bienestar

Todos los cambios que se vienen dando están generando a su vez una revolución en las expectativas de la población de todos los países. Hoy todos los habitantes del orbe saben bien que los niveles de vida de sus contrapartes son mayores o menores, y nada les va a impedir que demanden satisfactores semejantes. Además, todos los países han evolucionado hacia una economía de mercado, pues es la única manera de poder generar condiciones en las que unidades relativamente pequeñas puedan competir a través de las fronteras nacionales. Por ello el factor principal de desarrollo económico ya no consiste en avanzar en la dirección de una economía de mercado —pues prácticamente todos los países del orbe avanzan en la misma dirección—, sino más bien en la velocidad del progreso.

Todos los países compiten por la inversión con todos los demás. Más que subsidios, la clave para atraer esa inversión reside en la existencia de condiciones regulatorias, contractuales, políticas y de infraestructura que hagan propicia la inversión. Sin embargo, en la medida en que la producción y las finanzas se internacionalicen, la influencia del gobierno continuará disminuyendo y, con ello, su capacidad para decidir e imponer su voluntad.

La paradoja de todo esto es que, justo cuando los gobiernos han perdido mucha de su influencia, su función es más crítica, pues sólo ellos pueden concertar esfuerzos intersectoriales, elevar los niveles educativos, crear infraestructura, modernizar los marcos regulatorios, ejercer liderazgo y sumar esfuerzos empresariales, políticos y laborales. Éste es, quizá, el mayor reto de modernización que enfrenta nuestro país en la actualidad.

Como señalamos antes, todos estos cambios estarán ocurriendo en un entorno en el que las tendencias demográficas habrán de marcar direcciones importantes. Los países industrializados apuntan hacia el envejecimiento de su población debido al aumento relativo de los estratos mayores de 65 años y a que la tasa de natalidad se mantiene en niveles bajos. La tasa de fecundidad en estos países está por debajo de su tasa de reposición, por lo que antes del año 2030 su población tenderá a disminuir en números absolutos. Esta transición demográfica de los países industrializados podría tener efectos importantes en el nivel de ahorro, en el consumo y en las decisiones políticas, las cuales tenderían a favorecer más a la población de la tercera edad. Los riesgos de esta transición se refieren a los programas de pensiones que no se encuentran suficientemente fondeados, y cuya reestructuración se ha estado posponiendo. Esto podría aumentar la posibilidad de que los flujos de capital que han favorecido a los países emergentes se reviertan para atender las necesidades de la población más envejecida de los países industrializados. En los próximos treinta años el 98% del crecimiento de la población a nivel mundial se concentrará en los países en vías de desarrollo. Aun cuando en estos países haya disminuido la tasa de crecimiento, todavía enfrentarán grandes presiones por el incremento de personas en edad de entrar a la fuerza de trabajo y por la mayor demanda de servicios urbanos, de educación y de salud.

IV.3. Los retos de México

La realidad internacional ha creado un efecto de embudo. Dado que todos los países compiten por las mismas inversiones, la única manera de diferenciar a unos de otros es por medio de un valor adicional: calidad, productividad, eficiencia y capacidad de agregar un valor superior al de otras localidades. Todos los países compiten entre sí y tienen, en lo esencial, la misma política económica. La diferencia ya no es, como en el pasado, en términos de dirección, sino de velocidad. Lo que importa entonces es la celeridad y la credibilidad con que cada país vaya dando forma a las condiciones que permitan o impidan su desarrollo.

La industria no tiene nacionalidad. Las empresas —sean éstas mexicanas o extranjeras— localizan sus plantas en donde se encuentran las materias primas, cerca de sus mercados principales o en donde sus costos integrales son menores. La noción de que existe una industria nacional es, en sí misma, una idea obsoleta, pues los factores que llevan a una empresa a desarrollarse en un determinado lugar geográfico tienen menos que ver con la nacionalidad o el origen de sus inversionistas que con la eficacia de sus procesos productivos y de distribución. Hoy las empresas se instalan donde existen condiciones idóneas para sus objetivos de crecimiento. Este hecho indiscutible constituye la esencia del reto conceptual y práctico que enfrentamos los mexicanos para lograr nuestras propias metas de desarrollo económico.

En una época caracterizada por la movilidad de los factores, México competirá cada vez más por la inversión, tanto nacional como extranjera, con una enorme diversidad de naciones. El tema medular de los próximos años residirá en su capacidad para atraer y retener esa inversión. En la actualidad México se encuentra en una encrucijada: aunque existen ventajas competitivas excepcionales, el país no cuenta con una base propicia para garantizar el desarrollo a largo plazo. Hay un extraordinario número de fuentes de incertidumbre, desacuerdos políticos sobre el desarrollo de la economía y rezagos en factores cruciales para el desarrollo económico, como la ausencia de un sistema financiero fuerte y funcional. A sabiendas de que el futuro dependerá cada vez más de nuestra capacidad para estructurar las condiciones que hagan propicia la inversión, es imperativo enfrentar los dilemas inherentes a nuestra situación actual.

Los retos que enfrenta México, de acuerdo con las tendencias que se observan de cara al siglo XXI, estarán centrados en el nuevo papel que jugará el gobierno en la economía y su relación con las empresas, en el efecto que tendrá la consolidación de las empresas ante la globalización industrial y en la elevación de la productividad como mejor vehículo para mejorar el bienestar.

IV.4. EL PAPEL DEL GOBIERNO EN LA ECONOMÍA
Y SU RELACIÓN CON EL SECTOR PRIVADO

IV.4.1. Cambio cualitativo de la participación
del gobierno en la economía

El avance democrático es una de las principales transformaciones que ha experimentado México durante la década de los noventa. Somos una sociedad que tiende a ser "más abierta", en el sentido de que cada vez es mayor la participación de la sociedad y sus representantes en la vida política del país. Esta tendencia está acompañada por un cambio cualitativo en la participación del sector público en la economía. Esto no es exclusivo de México, ya que es inherente al avance de la globalización.

El cambio cualitativo de la participación gubernamental en la economía consiste en que los gobiernos están dejando de ser actores económicos, para convertirse en árbitros de la vida económica; es decir, otorgan incentivos para la mejor operación de los mercados y procuran preservar la competencia. En el caso de México, la modernización del marco legal de la actividad económica también está siendo una actividad gubernamental relevante, como lo demuestran las recientes reformas financieras que acaba de aprobar el Poder Legislativo. Este nuevo papel de la actividad gubernamental está influido por la creciente integración de los mercados. Las empresas, al consolidarse mediante fusiones y adquisiciones, buscan una integración más eficaz en sus mercados ante la competencia global.

El otro aspecto que está modificando el papel de los gobiernos es la tecnología. En particular, el uso de las computadoras y el Internet favorecen la adquisición de información en cualquier parte del mundo. Hoy las empresas tienen un amplio caudal de información que les permite seleccionar a los países idóneos para llevar a cabo sus operaciones. Esto ha hecho que los gobiernos sean cada vez más sensibles a la creación de incentivos para atraer la inversión privada externa.

Es indudable que la empresa privada tendrá una participación cada vez mayor en la economía, pero también es pertinente reconocer que ello impondrá nuevos retos a la actividad empresarial. Uno de los rasgos de las empresas en los inicios del próximo siglo será la atención especial que prestarán a los intereses de las comunidades a las que pertenezcan, así como una mayor participación en los aspectos sociales. En particular, la contribución empresarial a la provisión de servicios de educación, de salud y de protección del ambiente adquirirá gran relevancia en México.

En nuestro país existe una sólida tradición de participación privada en la educación, especialmente a nivel superior. Este énfasis en la educación superior no es fortuito. Uno de los factores que impulsa el crecimiento de la productividad es la inversión en educación. Además de eliminar trabas al crecimiento de la productividad, es preciso que la inversión en educación no decaiga. Al contrario, habrá que incrementarla para no sufrir rezagos futuros en el crecimiento económico y para así lograr que la oferta sea adecuada a las necesidades del país.

Por otra parte, la demanda social por tener un ambiente que garantice la salud es cada vez más marcada, tanto en los países desarrollados como en los que están en vías de desarrollo. México tendrá que afrontar con decisión la protección del ambiente, para lo cual habrá de incorporar los mecanismos de mercado que permitan la selección de las alternativas más eficientes y que, a su vez, introduzcan menos distorsiones en el sistema de precios.

IV.4.2. Calidad del gobierno

A medida que México avanza en su camino hacia la democracia, la sociedad se vuelve más exigente: demanda instituciones gubernamentales mejores, que estén más cerca de ella y que canalicen con más eficacia la atención a sus requerimientos. Esta sociedad también demanda mayor transparencia en las decisiones gubernamentales. ¿Qué acciones deben tomarse, cómo deben llevarse a cabo y cómo se repartirán los costos y los beneficios de tales acciones? Éstas son algunas de las preguntas que hace una sociedad que exige estar más informada.

En nuestro país el énfasis en la calidad de las acciones gubernamentales ha dado lugar a una mayor competencia política. Los resultados de esa competencia se han reflejado en la composición de un congreso plural, en el que están representadas las corrientes políticas más importantes. Lo que empezará a ocurrir en México es una profesionalización de las tareas legislativas que marcará la pauta de las relaciones entre empresa y gobierno en las próximas décadas. Por profesionalización de las tareas legislativas se entiende un creciente apoyo técnico a los legisladores. Es muy probable que, a semejanza de otras democracias, veamos a diputados y senadores asesorados por equipos de expertos en cuestiones económicas y sociales, que les permitan evaluar con eficacia las propuestas enviadas al Congreso. Seguramente esto redundará en mejores decisiones gubernamentales, ya que además de una mayor calidad en la evaluación de las propuestas habrá una pluralidad de opiniones que enriquecerá las decisiones adoptadas en la esfera pública. Las discusiones relativas a cuestiones tan relevantes como la Ley de Ingresos y el Presupuesto de Egresos de la Federación, al estar guiadas por criterios técnicos —entre ellos la evaluación de costos y beneficios de las medidas propuestas— contribuirán a hacer más eficiente nuestro sistema tributario y a asignar de modo cuidadoso el gasto público.

Otro asunto importante será el diseño de mecanismos que faciliten el consenso entre los legisladores y entre el Poder Legislativo y el Ejecutivo. Un aparato legislativo paralizado por posiciones irreconciliables o en permanente confrontación con el Ejecutivo no tendría capacidad para mejorar las decisiones gubernamentales. Bajo la premisa de que este riesgo de parálisis en la toma de decisiones en la esfera pública puede ser evitado, el avance democrático en nuestro país representará, en los próximos años, la más amplia garantía para impulsar el crecimiento económico.

IV.5. LA CONSOLIDACIÓN DE LAS EMPRESAS

Una de las características más relevantes de este fin de siglo ha sido la apertura de las fronteras al comercio internacional y al movimiento de capitales. El comercio global de bienes y servicios muestra un estrecho vínculo con la amplitud internacional de los mercados financieros. Ese proceso está teniendo una importancia crucial para el desarrollo de los negocios; hoy las empresas son el principal vehículo de la inversión internacional. Sin embargo, lo más destacable no es el crecimiento de la inversión internacional en sí mismo, sino el hecho de que esa inversión lleva consigo la transferencia de habilidades y de conocimientos técnicos, de tal modo que la producción internacional está reemplazando al comercio internacional como estrategia para competir en los mercados foráneos. Este reemplazo tiene importantes implicaciones para la competencia en los mercados internacionales. En particular, ahora hay mayor flexibilidad para servir a los mercados globales, sea mediante la producción local o en países vecinos a los mercados relevantes, o mediante la localización de las empresas en aquellos sitios donde los costos de producción son menores. Para un país como México —muy cercano al mercado estadounidense y que forma parte del área de libre comercio de América del Norte— estos dos aspectos han sido factores importantes para atraer la inversión extranjera directa.

Por otra parte, la globalización está eliminando las restricciones de financiamiento empresarial que tradicionalmente imponían los mercados financieros locales. Si un negocio es atractivo, atraerá capital del exterior, siempre que las leyes respectivas lo permitan. Además, si ese negocio puede ubicar sus plantas en cualquier parte del mundo, no estará limitado por posibles desventajas competitivas derivadas de tener su base de operaciones en países lejanos a los mercados relevantes.

Esto nos lleva a otra consideración: si las desventajas de la localización pueden ser superadas, el capital humano es el principal activo que poseen las grandes empresas para competir en los mercados internacionales. En pocas palabras, la calidad de las personas que trabajan para la empresa es el punto que marca la diferencia. Así, en el futuro la prioridad de las empresas estará colocada en la educación y el desarrollo de las habilidades técnicas del personal. Sin embargo, no debe pensarse que este énfasis en el mejoramiento del capital humano será una fuente permanente de ventajas competitivas. Al igual que los bienes y servicios, el capital humano también muestra una creciente movilidad entre países. Los diferenciales de remuneraciones entre mercados (aunados a los niveles de vida que ofrezca cada nación, como seguridad personal, difusión cultural, excelencia de la educación en todos sus niveles, salud pública, etc.) serán cada vez más decisivos para atraer al capital humano con alto grado de sofisticación.

En este aspecto México enfrenta serios obstáculos para retener a su capital humano. Los dos grandes retos que tiene son: invertir en la educación superior y mejorar —rápidamente— la seguridad personal en las ciudades grandes y medianas. Sin soslayar estos obstáculos, parece claro que en México las empresas seguirán la tendencia internacional de consolidación.

En 1998 y 1999 fueron numerosas las fusiones entre grandes empresas. Resaltan las financieras, como la fusión entre Travelers Group y Citicorp; la ocurrida entre grandes compañías petroleras como Exxon Corp. y Mobil Corp., y las del mercado automotor, como la realizada entre Daimler Benz y Chrysler Corp. En opinión de los expertos, las grandes compañías en todo el mundo se fusionan para consolidarse y de este modo mejorar posiciones en el mercado global. Pero las fusiones no han sido exclusivas de grandes empresas; también las empresas medianas tienden a fusionarse, y se espera que esta tendencia prevalecerá durante los próximos años. México no será la excepción.

Para participar en el mercado global, la norma será sumar fortalezas y buscar una mayor integración en los mercados relevantes. La suma de fortalezas está orientada hacia la acumulación inmediata de conocimientos técnicos y, también, hacia la utilización más eficaz de patentes y marcas en el mercado mundial. Cierto es que esta tendencia hacia la consolidación de empresas sigue la pauta de una mayor libertad de comercio y de movimientos de capitales en los mercados internacionales. La aparición de nuevas formas de proteccionismo podría representar un riesgo; sin embargo, es muy difícil que nuevas y más sofisticadas formas de proteccionismo puedan conducir a una clausura de los mercados internacionales. El hecho de que en la actualidad la producción local tienda a sustituir a las exportaciones apunta en la dirección de que el proteccionismo no tendría éxito.

IV.6. LA PRODUCTIVIDAD Y EL CRECIMIENTO DE LA ECONOMÍA

Según estudios recientes sobre el tema de la productividad en México,[1] uno de los aspectos más importantes, y al mismo tiempo más preocupantes, de la economía nacional es la incapacidad de nuestro aparato productivo para mantener tasas altas de crecimiento en las décadas re-

[1] Banco Mundial, *Mexico: Enhancing Factor Productivity Growth, (Country Economic Memorandum);* reporte número 17329-ME; agosto 31, 1998; Mexico Department; Latin America and the Caribbean Region.

cientes. Entre 1940 y 1981 México mostró una elevada tasa de crecimiento del producto interno bruto, de 6.1% promedio por año; en cambio, entre 1982 y 1997 la economía nacional sólo creció a una tasa anual
promedio de 1.8%.

El reto más importante que enfrentamos como país en el umbral del
siglo XXI es recuperar nuestra capacidad de crecimiento, para estar en
posibilidades de atender las necesidades de una población que va en aumento y requiere mejorar sus condiciones de vida.

La principal causa del menor crecimiento económico de México reside en la utilización ineficiente de los factores de la producción, lo que se
refleja en un decremento de la productividad en años recientes. Los economistas denominan "productividad total de los factores" al indicador
de la eficiencia en la utilización de la mano de obra y el capital físico y
humano en la producción. Durante los años sesenta la productividad
total de los factores tuvo un crecimiento anual promedio de 2%; en los
años setenta ese crecimiento se ubicó entre 0 y 0.5%, y entre 1981 y 1994
la productividad mostró un decrecimiento promedio anual entre –1 y –2%.

En el siguiente cuadro se explica el crecimiento del producto (por persona ocupada) en términos de la evolución del capital físico, la educación y la productividad total de los factores. Resalta el hecho de que la
disminución en el producto por persona ocupada en México se explica
por la caída de la productividad y, en menor grado, por el descenso en el
crecimiento del capital físico. En cambio, la educación (inversión en capital humano) muestra una tasa de crecimiento ascendente a lo largo de
los tres periodos analizados.

Entre las posibles explicaciones del descenso de la productividad en
México —obsolescencia del capital, impacto retardado de las reformas
económicas y reformas económicas incompletas—, el estudio del Banco
Mundial se inclina por las reformas incompletas. Las reformas llevadas
a cabo a partir de mediados de los ochenta (desregulación de mercados,
apertura de la economía, privatizaciones, etc.) han eliminado sólo parcialmente los obstáculos al crecimiento económico, por lo que aquellas
trabas que aún persisten se vuelven más restrictivas y limitan el crecimiento. Entre ellas destacan el desarrollo limitado del sector financiero,
la inversión insuficiente en infraestructura y las distorsiones en el mercado de trabajo; estas últimas, debidas al rápido crecimiento del sector
informal a partir de la crisis de 1982.

Es oportuno resaltar el aspecto del sector informal. Al extenderse éste
a expensas del sector formal de la economía ha limitado las posibilidades de impulsar el crecimiento de la productividad mediante la generación de economías de escala en los procesos productivos y mediante el
uso de nuevas tecnologías. Estos hallazgos del estudio del Banco Mun-

CUADRO IV.1. *Fuentes de crecimiento del producto
interno bruto por regiones, 1960-1994 (cambio porcentual anual)*

Región/Periodo	Producto por persona ocupada	Inversión física	Educación	Productividad total de los factores
México				
1960-1973	4.1	2.0	0.4	1.7
1973-1984	0.5	1.0	0.6	−1.1
1984-1994	−1.2	−0.2	0.9	−1.8
Latinoamérica				
1960-1973	3.4	1.3	0.3	1.8
1973-1984	0.4	1.1	0.4	−1.1
1984-1994	0.1	0.1	0.4	−0.4
Asia del este (excluye China)				
1960-1973	4.2	2.3	0.5	1.3
1973-1984	4.0	2.8	0.6	0.5
1984-1994	4.4	2.2	0.6	1.6
Estados Unidos				
1960-1973	1.9	0.5	0.6	0.8
1973-1984	0.6	0.3	0.2	0.1
1984-1994	0.9	0.3	0.0	0.7
Otros países industrializados				
1960-1973	4.8	2.3	0.4	2.2
1973-1984	1.8	1.1	0.6	0.2
1984-1994	1.7	0.8	0.2	0.7

FUENTE: Barry Bosworth y Susan M. Collins, 1996, *"Economic Growth in East Asia: Accumulation versus Assimilation"*, Brookings Papers on Economic Activity, 2.

dial indican que las reformas económicas no han limitado el crecimiento económico; por el contrario, se requiere una segunda generación de reformas para eliminar las trabas que todavía existen. Ésta es la tarea para el final de este siglo y los inicios del próximo.

IV.7. OPORTUNIDADES Y RIESGOS: ESCENARIOS CUALITATIVOS

La futura evolución de la economía mexicana dependerá de manera fundamental del alcance de sus reformas estructurales. Estas reformas consisten en acciones profundas en frentes diversos, tales como en la educación, la infraestructura, la seguridad pública, la apertura externa de los mercados, el avance hacia un Estado de derecho y la modernización de una infinidad de legislaciones y regulaciones obsoletas.

En función de esas reformas es posible plantear tres escenarios:

a) Escenario de resolución

b) Escenario de avance parcial

c) Escenario de incertidumbre

Escenario de resolución. En este caso las reformas económicas, políticas y sociales se llevan a cabo sin contratiempos. En el área económica la mayor apertura externa de los mercados y la desregulación abren espacios para la consolidación de una economía de mercado.

En el área política se avanza mediante la transparencia de los procesos de toma de decisiones en las tres esferas de la organización del Estado: ejecutiva, legislativa y judicial. Al respecto, se establecen canales institucionales de comunicación entre el Legislativo y el Ejecutivo, haciendo más expedito el proceso de elaboración de iniciativas y estableciendo mecanismos efectivos de desahogo de la agenda legislativa. En el caso de aquellos procesos que son vitales para la marcha de la economía, como la aprobación del proyecto de presupuesto de egresos y la iniciativa de ley de ingresos, se establecen opciones consensadas que evitan el riesgo de paralización de la administración pública federal en caso de que las deliberaciones del Legislativo no concluyan en una fecha límite.

En el área social se toman las medidas adecuadas para incrementar la inversión en capital humano, lo que redunda en el largo plazo en un incremento de la productividad laboral; al mismo tiempo se procede a mejorar el nivel de seguridad pública mediante la inyección de nuevos recursos y la reasignación de los ya existentes. Esto, acompañado de una modernización del marco legal para el combate a la delincuencia y la corrupción, eleva el grado de confianza en la competencia de las diferentes esferas de gobierno: federal, estatal y municipal.

Escenario de avance parcial. En este escenario las reformas en las áreas política y social se retrasan y limitan las reformas económicas. En consecuencia, en los primeros dos o tres años a partir del 2000 la política económica opera en un horizonte de corto plazo concentrada en el manejo fiscal y monetario orientado a la estabilización.

En tal sentido, cuestiones como el avance de la desregulación y las reformas de "segunda generación" en materia de apertura externa y privatización de empresas públicas se ven frenadas inicialmente, debido a que las negociaciones para el desahogo de iniciativas son inexistentes. El principal rasgo de este escenario es la escasa credibilidad en los programas de largo plazo del Ejecutivo, tales como los orientados a la inversión en capital humano y al desarrollo de la infraestructura.

En su primera etapa este escenario representaría una continuación del presente. No hay un consenso sobre el futuro, y las discusiones acerca de la política económica de corto plazo absorben la agenda legislativa. Prevalece la controversia sobre los detalles de las políticas públicas y está ausente la visión de conjunto que representaría un catalizador para la coordinación efectiva entre las acciones del Legislativo y el Ejecutivo.

Sin embargo, a medida que avanza la primera década del 2000 se dan las condiciones de rectificación. Prevalece la presión de la sociedad para reducir la incertidumbre en materia económica, dando lugar a la búsqueda de consensos mínimos entre las fuerzas políticas en las áreas económica, política y social que permitan la convergencia hacia un escenario de resolución.

Escenario de incertidumbre. Este escenario es un caso extremo que desafía la lógica de una búsqueda de consensos mínimos que permitan alianzas entre las fuerzas políticas. Se genera un círculo vicioso derivado de actitudes intransigentes que da lugar incluso a una creciente desarticulación de las reformas económicas emprendidas con anterioridad.

La política económica sólo busca el impacto político. Se descuida la aplicación prudente de los instrumentos fiscales y monetarios para preservar la estabilización macroeconómica, por lo que el país enfrenta ciclos recurrentes de crecimiento con inflación y de recesión económica. En este escenario, poco plausible, se suceden propuestas de política económica utópicas, soluciones mágicas que no atienden a la preservación de aspectos esenciales, como la generación de ahorro y la promoción de la inversión. Es un escenario de creciente incertidumbre, cuyo principal resultado sería un deterioro persistente del nivel de vida de la población.

IV.8. CONCLUSIÓN

En resumen, observando la problemática general del país, particularmente en lo que afecta al desarrollo de la actividad productiva, está claro que México ha venido construyendo el andamiaje apropiado para el desarrollo del país en el largo plazo. Sin embargo, los resultados dejan mucho qué desear. Este análisis muestra que el país enfrenta una disyuntiva muy clara: o consolida su proceso de apertura y modernización o perpetuará un proceso de intentos fallidos cada vez más costosos en términos sociales y políticos, y tendrá que sostener una estructura regulatoria, económica y productiva que no es viable.

Consolidar la apertura y modernización del país iniciada en los ochenta implicará acelerar el proceso de integración económica. La única opción para que la industria nacional se desarrolle y cree los empleos y la riqueza que el país urgentemente demanda es modernizar el marco jurídico y regulatorio y transformar, de una vez por todas, las viejas estructuras de la economía mexicana. Ello implicará actuar en diversos frentes de una manera decidida y oportuna.

Por lo que se refiere al desarrollo del sector financiero, ya están dadas las bases para que se obtengan importantes avances que lo fortalecerán en las próximas décadas:

a) Mejorar la supervisión bancaria, en particular, haciendo transparente la exposición al riesgo de las instituciones y estableciendo en concordancia sus reservas correspondientes.

b) Crear incentivos para una mayor capitalización bancaria.

c) Consolidar las instituciones bancarias mediante fusiones y adquisiciones.

d) Mantener la supervisión bancaria y los principios contables que rigen las operaciones financieras en estándares idénticos —o superiores— a los que establecen las normas internacionales.

e) Modernizar el marco legal de las operaciones bancarias, de modo que proteja con eficacia los intereses de acreedores y deudores.

En cuanto al impulso de la inversión en infraestructura, varios cursos de acción son posibles:

a) Diseñar incentivos para promover la inversión privada en infraestructura.

b) Establecer proyectos que atraigan el financiamiento internacional de grandes obras de infraestructura *(project financing)*.

c) Mejorar la calidad de la inversión pública en infraestructura.

En relación con las distorsiones en el mercado laboral, el reto fundamental es reducir la carga del sector informal sobre la economía formal. Éstas serían posibles vías para tal propósito:

a) Impulsar la educación técnica y superior para continuar mejorando el capital humano.

b) Crear un sistema de incentivos para la incorporación de los informales al sector formal. Aquí un aspecto esencial reside en contar con un sistema tributario más eficiente, que grave el consumo (impuestos indirectos) en vez de sustentarse en la carga fiscal sobre los ingresos de personas y empresas.

c) Dotar de mayor flexibilidad al mercado de trabajo.

La alternativa que enfrenta el país, y particularmente la planta productiva, es la de no acabar de consolidar el proceso de transformación que se ha venido construyendo desde los años ochenta, lo que se traduciría en inversiones insuficientes, instituciones inacabadas, mecanismos de formación de capital inadecuados y, por tanto, menos empleos de los que el país demanda. En realidad no tenemos opción: es imperativo actuar decidida y convincentemente.

El éxito del país no está asegurado. Como hemos analizado en este capítulo, los retos que enfrentamos son enormes, pero también nuestras capacidades y ventajas competitivas lo son. La realidad nacional es sumamente compleja, y el entorno internacional —componente inexorable de la actividad empresarial en esta era— no sólo va a ser sumamente cambiante, sino que la posibilidad de afectarlo será mínima. En consecuencia, nuestra capacidad para producir bienes y servicios aceptables para los consumidores, tanto en calidad como en precio, y poder competir y ser exitosos en un mundo tan cambiante dependerá íntegramente de las acciones que tomemos en los próximos años.

V. EL FUTURO DE LA ECONOMÍA MEXICANA: TRES ESCENARIOS PROSPECTIVOS, 1999-2030*

Juan Pablo Arroyo Ortiz
Óscar Guerra Ford

V.1. Introducción

Se piensa en el futuro para buscar caminos alternativos que mejoren las actuales condiciones de vida de la población. La búsqueda parte de la historia, porque en ella existen experiencias sociales e información útiles para indagar lo que vendrá. Para imaginar lo que podría ocurrir en el futuro, obligadamente nos remitimos a lo que conocemos, a nuestras experiencias pragmáticas. Ello nos permite explorar el porvenir, especulando sobre los resultados que podría producir la aplicación de diferentes conjuntos de principios y normas de operación de la política económica. En este capítulo no haremos un relato pormenorizado de la historia, aunque no nos olvidamos de ella. Nos centramos fundamentalmente en el futuro, con una perspectiva y horizonte de largo plazo, que será resultado, al menos parcialmente, de lo ocurrido previamente. Construimos así tres escenarios prospectivos que tienen como fundamento la información estadística y su procesamiento en el modelo econométrico Eudoxio,[1] pero también en la forma de pensar de quienes desarrollan la política económica y quienes la analizan.

Este trabajo se basa en la aplicación de un modelo econométrico de la teoría convencional que opera sobre los principios de una economía abierta de mercado, en la que el Estado aparece como rector de ésta y en el que se posibilita el manejo de las variables exógenas que generalmente están ligadas a decisiones de política económica, sobre todo las de gasto e ingreso fiscal, y que prevé un marco económico mundial probable. En un primer escenario, el modelo se emplea para determinar fallas estructu-

* En la redacción de este ensayo también participaron: David Colmenares Páramo, en el apartado V.6.2., relativo a las finanzas públicas; Miguel González Ibarra, en el apartado V.6.3., relativo al sector financiero; Óscar Guerra Ford, en el apartado V.6.4., relativo al sector externo; y Eduardo Loría, quien apoyó además en el desarrollo econométrico y las corridas del mismo. La responsabilidad es enteramente de los autores.

[1] Eudoxio, modelo econométrico de la economía mexicana, versión 3.0, año 1999, desarrollado por Eduardo Loría con la colaboración de Luis Brito y Leobardo de Jesús. Versión original en Castro, Loría y Mendoza, "1997 Eudoxio: Modelo macroeconométrico de la economía mexicana", Facultad de Economía, UNAM, 1997.

rales en su propia lógica; en los otros dos escenarios se plantean alternativas para superar dichas fallas, suponiendo nuevas políticas económicas bajo la hipótesis de que los términos teóricos de la economía podrán cambiar conforme avance la participación de la sociedad en el diseño de las políticas públicas. Se supone que de los procesos político electorales de fin de siglo surgirá una sociedad fortalecida, con un Congreso de la Unión con mejores condiciones de trabajo y una cultura de consensos y convergencias, porque habrá asimilado la experiencia del ejercicio legislativo en la pluralidad, y un Poder Ejecutivo que habrá de considerar lo anterior para ejercer el poder con base en consensos.

Para saber cuáles serán los retos más importantes de la sociedad mexicana en el ámbito de la economía y de la política económica para las próximas tres décadas es preciso ubicar el contexto en el que nos encontramos actualmente, para valorar las posibles propuestas de transformación viables para el futuro.

V.2. El fin de siglo en la economía

Algunos de los rasgos más relevantes de la economía mexicana de fines del siglo XX aparecieron en el transcurso de las últimas dos décadas. Durante dicho lapso cambió la relación entre el Estado y el mercado, instaurándose un nuevo liberalismo; ocurrió un proceso de integración mundial con base en nuevas tecnologías de comunicaciones y transportes; se dio impulso mundial a la apertura de fronteras para la libre circulación de mercancías, capitales e ideas, y se establecieron nuevas reglas en el sistema financiero mundial. Todo ello modificó el entorno del desarrollo económico nacional.

El papel de los organismos financieros internacionales en la difusión de las nuevas formas de participación del Estado en la sociedad ha sido primordial. El impulso de políticas de estabilidad de los precios, de ajuste presupuestal para lograr el equilibrio de las finanzas públicas y la menor presencia del Estado en la asignación de recursos han constituido las normas necesarias de la economía global para propiciar la implantación de relaciones económicas, políticas y culturales sobre la base de términos comunes que permitan a las naciones verse como iguales. Los aspectos económicos son relevantes para establecer vínculos entre naciones, pero no son los únicos; los principios políticos, jurídicos y culturales expresados en las sociedades democráticas, los derechos humanos, el cuidado del ambiente y la transmisión universal del conocimiento forman parte del acervo del próximo siglo. Uno de los retos fundamentales será alcanzar mejores niveles de calidad de vida y al mismo tiempo cuidar nuestro hábitat.

Entre 1954 y 1980 la economía mexicana vio crecer su producto por habitante a tasas ligeramente superiores al 3% anual, con incrementos de la producción del 6.84% entre 1954 y 1970 y del 6.1% entre 1970 y 1980.[2] Al comparar estas cifras con el crecimiento de la población y con el comportamiento del salario real, queda claro que las desigualdades sociales que se arrastraban desde décadas atrás no se atenuaron de manera importante. En 1975 el grado de desigualdad social (coeficiente de Gini) alcanzó el nivel más alto del periodo 1963-1996. El crecimiento económico por sí mismo no es suficiente para mejorar las condiciones de vida de la sociedad en general. La calidad de las instituciones y de la organización social es un componente fundamental que hace que los incrementos y el monto del producto se transfieran con más eficiencia y equidad para mejorar las condiciones de vida de la población. Éste es el problema central del futuro de la economía.

A partir de 1982 la economía mexicana inició una fase muy errática en su trayectoria de crecimiento; el producto por habitante comenzó a caer estrepitosamente y no fue sino hasta 1997 cuando alcanzó el nivel que tenía diecisiete años antes. El impacto social de ello fue de enormes dimensiones. Los menores ritmos de crecimiento económico magnificaron los problemas ya existentes, creando un desafío mayor, que sociedad y gobierno tendrán que enfrentar en condiciones distintas a las que prevalecían hace treinta años. En particular, la globalización, siendo una oportunidad para hacer crecer la producción, representa también limitaciones y condicionantes a la política económica. A partir de 1984 se aplicó firmemente en México una política económica adecuada para las nuevas condiciones del sistema financiero mundial. Dicha política se perfiló en los términos que exigía un nuevo marco teórico: empezó la privatización de los activos productivos que estaban en poder del Estado; se inició la reestructuración y reprivatización del sistema financiero, que había sido rescatado en 1982 a través de la nacionalización, y las finanzas públicas iniciaron un proceso de ajuste para buscar un equilibrio y reducir al máximo el déficit fiscal, con el propósito declarado de lograr la estabilidad de precios.

En estos años empezaban a vivirse las consecuencias iniciales de dos fenómenos que marcaron el último cuarto de siglo. El primero, las variaciones a la baja de los precios del petróleo, después de un periodo de auge impresionante que auspició el incremento desmesurado de la deuda pública externa. El segundo, el impacto de la influencia del nuevo sistema financiero en la política económica, consistente, por un lado, en variaciones en las tasas de interés líderes del mundo, que se elevaron de 3.5% hasta más de 6% en una década, y por otro en la aplicación de las medi-

[2] Fuente: INEGI y CONAPO, datos a pesos de 1993.

das de política económica de corto plazo sugeridas por el Fondo Monetario Internacional, que sirvieron de base para la aplicación de políticas aduanales que en un breve plazo provocaron un cambio estructural muy importante. México sufrió así un periodo de adaptación a las nuevas circunstancias, conocido en todos los países latinoamericanos como "la década perdida". La expresión clara del proceso fue la serie de crisis económicas sexenales que se vivieron en los años de 1976-77, 1980-82, 1987-88 y 1994-95. Todas estas crisis tuvieron elementos comunes: políticas económicas dirigidas al corto plazo, las cuales generaron un elevado déficit fiscal por altos gastos con poca eficiencia, atribuibles a baja rentabilidad de los proyectos, a subsidios indiscriminados y gastos por razones electorales o actos de corrupción, aunados a ingresos fiscales frágiles. Ello incrementó la deuda pública externa, lo que posteriormente condujo a un esquema de financiamiento para el desarrollo por la vía de captación de inversiones en la bolsa de valores. Se generó así una situación frágil. Los cambios de gobierno encontraron procesos de ajuste por los diferenciales entre la inflación interna y la del exterior que provocaron serias fugas de capitales que adoptaron diversas formas, desde las más obvias en maletines llenos de dólares y el retiro electrónico de capitales, hasta las colocaciones de deuda interna con altas tasas de interés y protección ante variaciones del tipo de cambio.

Aun cuando México ha avanzado en su transición demográfica y hoy tiene tasas anuales de crecimiento cada vez menores, la inercia de la población de las décadas anteriores hará que en el futuro los grupos en edad de trabajar y de retiro aumenten notablemente. Ello tendrá consecuencias cruciales en los mercados laborales y sobre las condiciones de dependencia. Por otra parte, es obvio que a las restricciones estructurales para el crecimiento por el lado del sector externo se deben sumar ahora las serias limitaciones que existen de disponibilidad de recursos naturales, tanto en cantidad como en calidad.

Al inicio del siglo XXI, además del rezago social derivado del estancamiento productivo de dos décadas, la sociedad mexicana tendrá que lograr que el de crecimiento tengan mayor impacto en el conjunto del tejido social. Es decir, se requerirá que aumente notablemente no sólo la magnitud sino también la eficiencia social del crecimiento económico, particularmente disminuyendo los índices de desigualdad social con el menor deterioro posible del ambiente. Ello implicará un crecimiento mucho más incluyente, más y mejor inducido por un gobierno que construya y desarrolle mercados e incorpore a ellos a la población en condiciones de igualdad. También requerirá un esquema de toma de decisiones con mejores condiciones de participación, con la instalación y fortalecimiento de instituciones adecuadas a las nuevas condiciones, para hacer que el reparto de los frutos económicos del crecimiento sea responsabilidad social de las instancias de representación popular.

Los ejercicios econométricos desarrollados aquí arrojan cifras que en el largo plazo pierden precisión; no obstante, generan las bases para construir posibles escenarios futuros.[3] El modelo aporta datos anuales para los primeros diez años en el caso del escenario inercial, momento a partir del cual pierde viabilidad. Para los escenarios básico y alternativo, el modelo permite obtener datos anuales sólo para los próximos 15 años. Más allá resulta demasiado atrevido emplear modelos econométricos. De ahí que para los años comprendidos entre el 2015 y el 2030 se presenten sólo tres cortes quinquenales.

Partimos de que la teoría económica es una expresión de una norma social para la producción, distribución y consumo de bienes y servicios que satisfacen las necesidades de la sociedad, sujetos a recursos limitados para afrontar los retos de una población creciente. La población es en sí el recurso más importante para generar riqueza, pues es ella la que transforma los bienes primarios en productos para la satisfacción de sus necesidades. Esto hace a la economía una ciencia esencialmente social. Partimos de que no hay teoría económica única ni pura. La teoría tiene principios, conceptos y convenciones de reconocimiento universal, pero finalmente la forma que adquiere en la práctica, al aplicarse en un contexto específico, con historia y particularidades propias de una nación, región, o incluso una localidad particular, implica formas diversas de considerar en realidades concretas diferentes.

La población es importante porque la satisfacción de sus necesidades es el objetivo fundamental; además, sin su capacidad intelectual, física y emprendedora no se puede concebir el desarrollo de la humanidad. Partimos de que todas las decisiones de asignación de recursos, públicos o privados, tienen que ver con el interés de beneficiar a la sociedad. Los propósitos sociales de las decisiones económicas politizan a la economía, y cuando éstas son decisiones del gobierno como representante social, conducen a la aplicación de políticas económicas con objetivos específicos. Generalmente el propósito de la política económica es satisfacer de la mejor forma posible las necesidades de las familias e individuos; por ello se plantea el propósito de hacer crecer la producción, cuyos beneficios se deben asignar y redistribuir para que la población tenga cada día mejores niveles de vida.

[3] Los modelos econométricos, como los de simulación, mantienen fijas las reglas de operación de la economía que pretenden modelar. Ello no presenta ningún problema cuando son usados como herramientas para explorar el corto plazo. En el muy largo plazo las propias reglas de operación de la economía podrían cambiar, haciendo que el modelo deje de representar adecuadamente los supuestos originales. Reconociendo estos límites, los modelos pueden ser útiles para conocer el comportamiento general de la economía y encontrar sus "cuellos de botella" o restricciones, como aquí se hace.

V.3. Escenario inercial (ei)

El primer escenario nos ofrece una perspectiva del futuro suponiendo que prevalecen las actuales medidas de política económica. Se mantienen los objetivos de lograr una estabilización de los precios para lograr tasas de inflación similares a las de nuestros socios comerciales. Para ello se aplica una política monetaria restrictiva y se sostiene un tipo de cambio flexible, que busca "esterilizar" los impactos inflacionarios de un posible incremento del déficit comercial. Esta política se usa como instrumento de estabilización. Se basa en un ingreso creciente de la inversión extranjera en cartera, para lo cual mantiene una tasa de interés real atractiva y, en su caso, recurre a la colocación de bonos de deuda para mantener un nivel suficiente de reservas. Como previsión frente a impactos de orden político en las finanzas, también se preparan préstamos de contingencia por adelantado. Se cuida explícitamente no hacer crecer mucho la deuda externa ni los compromisos para su servicio y amortización como proporción del producto nacional. Se aplica una política de apertura comercial, con la promoción de nuevos tratados comerciales para reducir la fuerte dependencia del mercado de Estados Unidos. La apuesta principal es que el impulso central a las exportaciones conducirá a un encadenamiento con la producción nacional.

En el ámbito de la política fiscal, la lógica es la disciplina presupuestal, para evitar que el déficit presione el incremento de los precios. Por ello se sostiene una restricción del gasto en función del ingreso disponible, cuidando no incrementar los compromisos de gasto hasta no tener la garantía de los ingresos. El equilibrio de las finanzas se ve fuertemente afectado por la presión política de los empresarios, que buscan ventajas fiscales, lo cual conduce a un estancamiento en el logro de una reforma fiscal que haría más eficiente la recaudación. Como parte de la política de estabilización de precios, también se contiene el nivel de los salarios reales, para reducir las presiones inflacionarias y sobre el tipo de cambio.

Al suponer un comportamiento inercial de estos criterios en la primera década del próximo siglo, considerando las variaciones cíclicas y las tasas de crecimiento promedio anual de todas las variables exógenas que intervienen en el modelo (las cuales se definen en la sección V.9), el comportamiento en los próximos años se define bajo los siguientes términos:

a) El producto interno bruto crece al 4.2% anual. El crecimiento sigue basándose en el sector externo de la economía, sobre todo el especializado en metalmecánica, automotriz y maquilador, con una profundización del estancamiento de la producción dedicada al consumo nacional, el cual permanece también estancado.

b) El déficit en la cuenta corriente persiste, con una alta elasticidad de las importaciones, sin el encadenamiento esperado con la producción interna.

c) El desempleo abierto se incrementa hasta llegar al 25.5% en el 2010, con el natural impacto en la consolidación de un sector informal que llega a sus límites en la absorción de la población subocupada, complicándose los problemas sociales.[4]

d) Ocurre además un continuo y drástico deterioro de los salarios medios reales, con una caída sostenida del 3% anual durante los próximos diez años. Este comportamiento se deriva del uso de la contención salarial como mecanismo contra la inflación y como instrumento de ajuste del tipo de cambio real.

En este escenario sobresale la falta de atención a la sustentabilidad del proceso; esto es, lograr mantener la viabilidad económica y social del proyecto. Ello se debe a que:

a) Mantiene por periodos muy largos una contención de los ingresos de la población por debajo de los incrementos de precios y ello conduce a la exclusión de grupos importantes de la población de los circuitos del mercado formal y genera núcleos crecientes de población en estado de pobreza e infra-subsistencia familiar, lo que propicia la reproducción del sector informal y el incremento de la población en condiciones de pobreza.

b) Mantiene al sector externo desvinculado del mercado nacional y sostiene el abasto de proveedores externos de insumos para la producción y patrones de consumo de subsistencia en núcleos de población ligados a la producción exportadora, lo que limita la vinculación con otros sectores de la producción nacional.

c) Propicia la sobreexplotación de los recursos naturales para sostener niveles de subsistencia, con un creciente agotamiento de suelos, acuíferos y mantos freáticos y bosques, por falta de integración a formas racionales de explotación. La pobreza generada provoca un mayor deterioro del ambiente y cancela los ciclos positivos de aprovechamiento racional de los recursos.

d) En el extremo, la canalización de los recursos generados por el pe-

---

[4] Consideramos desempleo abierto la proporción de la PEA que no se encuentra en la población remunerada con ingresos regulares. En este documento la tasa abierta de desempleo (TADE) se calcula de la manera siguiente.

$$TADE = [(PEA - NE)/PEA - 1] * 100$$

Donde NE = Empleos formales; PEA = Población Económicamente Activa.

Por lo que TADE no tiene nada que ver con las definiciones y los datos de desempleo del INEGI, sino que, por el contrario, refleja con mayor crudeza la desocupación en nuestro país.

tróleo hacia un gasto público que no se ocupa de inversiones productivas sustentables de largo plazo o en un gasto social que garantice la reactivación económica es una forma de no garantizar un desarrollo sustentable.

La aplicación del modelo econométrico es posible solamente hasta el 2010; los resultados no son sostenibles para un plazo mayor. Los principales problemas de agotamiento del mercado interno, con fuertes limitantes en la producción nacional, dada la deformación del sector exportador, con una mayor vinculación y dependencia de tecnología y proveedores del exterior[5] se expresarán en una estructura económica sectorial y regional deformada. Se pierde la viabilidad económica al no conseguirse una adecuada vinculación sectorial que garantice un crecimiento sostenido y equilibrado de la economía.

Por otro lado la pobreza y el persistente deterioro real de los ingresos sólo son sostenibles hasta el límite del inicio de conflictos sociales y la consolidación de una economía paralela de tráfico ilegal de bienes, narcóticos y mercancías. Al no disponer de ingresos fiscales suficientes y al crecer las necesidades de gasto en seguridad pública, se limitaría el gasto en infraestructura e inversión para el desarrollo sustentable.

La inviabilidad de la economía mexicana en estas condiciones nos parece evidente, porque no estaría logrando los propósitos propuestos; por ello presentamos algunas modificaciones a las propuestas de política económica inicialmente planteadas, generando así un segundo escenario, que denominamos "básico".

V.4. Escenario básico (eb)

A partir de los exiguos resultados en materia de empleo y salarios del "escenario inercial" (ei), se modificaron las variables determinantes de la macroeconomía; tal es el caso de los niveles de inflación, tasas de interés, gasto público (particularmente los egresos por pago de deuda interna y externa) y otras que se detallan en la sección donde se describe el comportamiento de las variables exógenas. Los ajustes aplicados para conseguir un cambio de comportamiento en el escenario inercial son los siguientes: se propone una política salarial diferente, manteniendo el nivel de los salarios reales al nivel estricto de la tasa de inflación y se supone una exitosa renegociación del pago de la deuda externa, que permite una mejor situación en las finanzas públicas al reprogramar pagos a un mayor plazo

---

[5] Pablo Ruiz Nápoles, *Liberalización, exportaciones y crecimiento en México, un análisis estructural*, mimeo, Facultad de Economía, unam. México, 1999.

CUADRO V.1. *Proyección del escenario inercial*

	1999	2000	2001	2002	2003	2004	2005	2006	2007	2008	2009	2010	TCMA 1999-2010
Producto interno bruto (Miles de millones pesos 1993)	1490.6	1547.2	1636.3	1729.2	1795.4	1870.7	1947.1	2015.8	2072.7	2170.1	2253.4	2343.6	
Variación %		3.8	5.8	5.7	3.8	4.2	4.1	3.5	2.8	4.7	3.8	4.0	4.2
Población total	96.6	98.1	100.9	102.3	103.7	105.0	106.3	107.5	108.7	109.9	111.1	112.2	
Variación %		1.6	2.9	1.4	1.4	1.3	1.2	1.1	1.1	1.1	1.1	1.0	1.4
PIB per cápita (pesos 1993)	15430.6	15771.7	16217.0	16903.2	17313.4	17816.2	18317.0	18751.6	19068.1	19746.1	20282.6	20887.7	
Variación %		2.2	2.8	4.2	2.4	2.9	2.8	2.4	1.7	3.6	2.7	3.0	2.8
PIB per cápita (dólares)*	4961.6	5071.3	5214.5	5435.1	5567.0	5728.7	5889.7	6029.5	6131.2	6349.2	6521.7	6716.3	2.8
Consumo privado	1006613.6	1039831.8	1086624.3	1145302.0	1187678.1	1231622.2	1274729.0	1318069.8	1353657.7	1409157.7	1452841.5	1509502.4	
Variación %		3.3	4.5	5.4	3.7	3.7	3.5	3.4	2.7	4.1	3.1	3.9	3.8
Inversión privada	246712.1	257320.8	258607.4	290674.7	307243.1	308472.1	331607.5	343545.4	351446.9	374642.4	392999.9	413828.9	
Variación %		4.3	0.5	12.4	5.7	0.4	7.5	3.6	2.3	6.6	4.9	5.3	4.8
Exportaciones (Miles de millones de dlls)	131.43	143.77	150.23	160.08	163.96	174.7	185.76	189.95	199.74	208.77	217.4	228.27	
Variación %		9.4	4.5	6.6	2.4	6.6	6.3	2.3	5.2	4.5	4.1	5.0	5.1
Importaciones (Miles de millones de dlls)	136.9	151.33	158.28	177.38	183.2	185.38	195.94	202.55	207.84	225.27	236.86	253.1	
Variación %		10.5	4.6	12.1	3.3	1.2	5.7	3.4	2.6	8.4	5.1	6.9	5.7
PIB sectorial (Miles de millones pesos 1993)													
Agropecuario	78.8	80.2	82.7	85.1	87.1	88.9	90.4	91.9	93.3	95.3	97.0	98.8	
Variación %		1.7	3.1	2.9	2.4	2.1	1.7	1.6	1.6	2.1	1.8	1.9	2.1
Minería	19.195	19.6	20.2	20.9	21.5	22.1	22.6	23.2	23.0	23.7	24.2	24.8	
Variación %		2.3	2.8	3.7	2.8	2.6	2.6	2.4	-0.6	2.9	2.1	2.5	2.4
Manufactura	290.7	306.8	323.5	338.1	350.8	362.4	374.2	384.6	388.7	408.1	419.1	433.0	
Variación %		5.5	5.5	4.5	3.8	3.3	3.2	2.8	1.1	5.0	2.7	3.3	3.7

CUADRO V.1. *Proyección del escenario inercial (concluye)*

	1999	2000	2001	2002	2003	2004	2005	2006	2007	2008	2009	2010	TCMA 1999-2010
Construcción	56.8	57.6	63.9	69.6	69.6	73.7	77.7	80.4	83.4	89.2	93.4	98.1	5.1
Variación %		1.3	10.9	9.0	0.0	6.0	5.4	3.4	3.8	6.9	4.7	5.0	
Electricidad	23.6	24.7	26.0	27.5	29.0	30.6	32.4	34.1	35.9	37.8	39.9	42.0	5.4
Variación %	4.6	5.2	5.7	5.6	5.6	5.6	5.5	5.2	5.4	5.4	5.4		
Servicios	939.7	973.4	1028.5	1089.7	1134.3	1184.3	1235.6	1282.6	1325.3	1385.8	1443.6	1503.9	4.4
Variación %		3.6	5.7	5.9	4.1	4.4	4.3	3.8	3.3	4.6	4.2	4.2	
Tipo de cambio controlado	10.15	10.90	11.90	12.50	13.50	14.92	15.85	16.93	18.00	18.95	20.01	21.00	6.8
Variación %		7.4	9.2	5.0	8.0	10.5	6.2	6.8	6.3	5.3	5.6	4.9	
Tipo de cambio real (1993 = 100)	1.23	1.23	1.27	1.25	1.27	1.32	1.32	1.33	1.33	1.32	1.31	1.29	0.4
Saldo de la balanza comercial (Miles de millones de dlls.)	-5.47	-7.55	-8.04	-17.3	-19.24	-10.68	-10.18	-12.6	-8.1	-16.5	-19.45	-24.83	14.7
Saldo de la cuenta corriente	-10.23	-11.77	-11.41	-19.8	-20.82	-11.29	-9.76	-11.1	-5.45	-12.64	-14.32	-18.36	5.5
Saldo de la cuenta corriente como % del PIB	-2.29	-2.4	-2.18	-3.42	-3.4	-1.78	-1.43	-1.52	-0.7	-1.49	-1.56	-1.83	-2.0**
Déficit fiscal (% PIB)	-2.1	-1.8	-0.4	-1.6	-2.6	-1.3	-1.1	-1.5	-1.7	-2.3	-1.9	-2.3	-1.7**
Población económicamente activa (PEA)	42.3	43.8	44.9	46.0	47.1	48.3	49.4	50.4	51.4	52.5	53.5	54.6	
Empleo total (millones de personas)	31.6	32.2	33.3	34.4	35.3	36.2	37.2	37.9	38.5	39.2	39.9	40.7	2.3
Tasa desempleo total	25.3	26.5	25.9	25.1	25	24.9	24.8	24.8	25.2	25.3	25.5	25.5	0.1
Salario medio real (pesos 1993)	14218.3	14600.6	14742.9	14986.6	15124.6	14964.2	14727.3	14550.8	14359.5	14136.6	13984.3	13807.8	
Variación %		2.7	1.0	1.7	0.9	-1.1	-1.6	-1.2	-1.3	-1.6	-1.1	-1.3	-0.3

* El tipo de cambio utilizado es de 3.11, que es el promedio ponderado anual para el año 1993.
** Promedio del periodo.

y a un menor monto cada año. Estas dos medidas permitirían tener cierta reactivación económica, sin perder el propósito de estabilidad de precios.

Con estos ajustes, el horizonte de aplicación del modelo econométrico se amplía hasta el 2015, construyéndose de esta manera el "Escenario básico" (EB). En él, el producto interno bruto crece con una tasa anual bruta sostenida de 5.6% durante el periodo 1999-2015, y la tasa de desempleo disminuye en relación con el escenario inercial a partir del año 2005, ubicándose en el año 2010 en 21.1% (4 puntos porcentuales menos que en el escenario inercial EI), y en el año 2015 en 15.2%.

Aun cuando este escenario propone mejores combinaciones de política económica, no logra salvar las principales restricciones estructurales de la economía, por lo que aparecen desequilibrios en las cuentas fiscal y del sector externo. Así, en el año 2010 el déficit fiscal se ubica en 4.6% del PIB, y el de la cuenta corriente sobrepasa el 6%. Las medidas adoptadas no cambian sustancialmente la lógica de la política económica aplicada hasta ahora, salvo en la política salarial, que hace a un lado la idea de restringir la demanda para reprimir el incremento de los precios. Al modificar este principio y correr el modelo para los próximos 15 años, el ajuste en los salarios al ritmo del incremento inflacionario, el aumento en la tasa de crecimiento del producto y la disminución relativa en la tasa de desempleo con un ritmo de inflación moderado dan como resultado que el modelo encuentre sus límites en los desequilibrios macroeconómicos. Por otra parte, esta nueva perspectiva nos permite ubicar con mayor precisión las restricciones estructurales que tiene la actual política económica, que magnifica el papel del mercado como asignador de recursos en términos de equilibrio y la supuesta igualdad de los agentes del mercado.

Las restricciones principales son:

a) La incapacidad para crear empleos productivos, formales y bien remunerados al ritmo del incremento de la población económicamente activa.

b) La insuficiencia de recursos presupuestales del gobierno en sus diferentes niveles para hacer frente a las necesidades de gasto. El Estado no cubre las deficiencias del mercado para asignar recursos a proyectos de inversión social de largo plazo y no cumple su papel de regulador en un contexto de amplias diferencias y condiciones heterogéneas en los ámbitos social y regional.

c) La imposibilidad de generar ahorro suficiente para promover la inversión productiva, por las deficiencias del sistema financiero, lo que conduce a una fuerte restricción de la disponibilidad de crédito accesible para el crecimiento.

d) La restricción en el sostenimiento y generalización de una estructura educativa que permita sostener niveles altos de productividad y una sana competitividad por medio de la capacidad productiva.

e) El desarrollo de una estructura productiva que reproduce una alta dependencia del exterior y no encadena su crecimiento con el mercado nacional; con ello se propicia un crecimiento de las exportaciones que genera un crecimiento desproporcionado de las importaciones.

f) Ausencia total de una concepción de desarrollo sustentable, indispensable para un crecimiento de la producción con equidad social y equilibrio con la naturaleza.

V.5. Escenario alternativo (EA)

Este escenario mantiene casi todos los supuestos del comportamiento de las variables exógenas del escenario básico (EB), modificando sólo dos de ellas como parte de los cambios estructurales fundamentales: (i) una reforma fiscal integral, aplicada en el año 2002, que eleva la recaudación, pasando los ingresos tributarios (como proporción del producto) del 10.48% en 1998 al 15.43% en el 2015 y hasta un 16.07% en el 2030, y permite modificar la elasticidad-ingreso[6] de los ingresos tributarios de 1.0098% en el año 2002 a un 1.0155% en el 2030. También se reducen los pagos de la deuda total (como proporción de PIB) de un 1.8% en 1999 a un 0.30% en el 2015. Ello genera y libera recursos para financiar una política deliberada de desarrollo agropecuario, industrial y tecnológico, lo que permite una mayor integración productiva de la industria manufacturera. Con esto se logra un segundo cambio estructural, que consiste en (ii) un cambio progresivo en la reducción de la elasticidad-ingreso de las importaciones y un incremento en la elasticidad de las exportaciones con relación a las importaciones productivas, en la magnitud que se muestra en el cuadro V.3. Con ello se atemperan el desequilibrio comercial y de cuenta corriente.

Aunque la variación en la elasticidad es pequeña, el efecto que tiene sobre el saldo de cuenta corriente es significativo, lo cual indica que el esfuerzo por mantener niveles manejables en esta cuenta no implica sacrificios sociales, como sería el caso en el escenario inercial, que exige un tipo de cambio real alto y, consecuentemente, caída de los salarios reales.

El escenario alternativo incluye cambios en los límites estructurales detectados en los dos escenarios iniciales. Propone una reforma fiscal integral que fortalezca los ingresos y una mayor transparencia en la rendición

[6] Donde la función de los ingresos tributarios es igual a LITRIB = $-0.64 + 1.00 * \text{LGDPN} - 0.73 * \text{LGDPN}(-1) + 0.73 * \text{LITRIB}(-1)$. Donde LITRIB = ingresos tributarios; LGDPN = logaritmo del PIB; LITRIB (-1) = logaritmo de ingresos tributarios rezagados un año; LGDPN (-1) = logaritmo del PIB rezagado un año.

Cuadro V.3. *México: Escenario alternativo; elasticidad-ingreso de las importaciones y exportaciones por periodos*

Periodo	EYM*	EXMP**
1999-2001	1.1860675	0.72117915
2002-2006	1.1838675	
2007-2010	1.175	
2011-2015	1.170	
2016-2025	1.16660675	
2026-2030	1.158966067	0.75187915
Variación acumulada	−2.28%	3.07%

* Elasticidad-ingreso de las importaciones.
** Elasticidad-exportaciones por periodos.
* Donde la función de importaciones es igual a LM = −12.95 + 0.27 * LX + 1.18 * LXVG93 + 0.28 * LMP (−1) + 0.56 * APEMEX (−1) −1.12 LPRC; LM = logaritmo de las importaciones; LXVG93 = logaritmo de la producción del sector manufacturero; APEMEX = grado de apertura comercial; LPRC = logaritmo de tipo de cambio real.
** Donde la función de exportaciones es igual a LX = −15.87 + 2.06 * LUSGNPR + 0.47D * (PRC [−1]) + 0.72 * LMP (−1), LX = logaritmo de las exportaciones; LUSGNPR = logaritmo del producto interno bruto de EUA; D * PRC (−1) = variación del tipo de cambio real rezagado un año; LMP = logaritmo de las importaciones productivas (importaciones de bienes intermedios + bienes de capital) rezagadas un año.

de cuentas a la ciudadanía. Prevé un cambio en la concepción del papel del gobierno y la promoción de una política de gasto que estimule el crecimiento del aparato productivo que incida en la disminución de la elasticidad de las importaciones e incremente la elasticidad de las exportaciones derivadas de las importaciones productivas. Lo anterior se acompaña con la aplicación de una política industrial de encadenamiento con el mercado interno y la reactivación de la economía agropecuaria. Para ello se requeriría instrumentar una política de ingresos que permitiese salarios reales crecientes dentro de los límites impuestos por el índice de precios. Se refuerza así el criterio de que el ataque contra la inflación debe residir en reducciones en los costos de producción con base en incrementos de la productividad, el abatimiento del costo del financiamiento a las empresas y el desarrollo de una red de proveedores del mercado nacional.

Las cifras correspondientes al escenario alternativo muestran un crecimiento anual estable del producto interno bruto de un poco más del 5% en todo el periodo, con lo que se obtendría un incremento medio del 4.17% en el producto por habitante, superándose así el ciclo de estancamiento de los años recientes. El crecimiento del producto por sectores sería más equilibrado y constante, así como el del sector exportador, evitando con ello que el déficit de la cuenta corriente sobrepase los 3 puntos porcentuales del PIB, con un crecimiento de la producción hacia el mercado interno. El escenario mantiene la política de disciplina fiscal que

CUADRO V.5. *Los retos del futuro*

	2000	2005	2010	2015	2020	2025	2030	TCMA 1999-2015	TCMA 2015-2030	TCMA 1999-2030
Producto interno bruto (variación)	3.2	5.4	6.6	6.9	5.8	6.4	6.5	5.7	6.2	6.1
PIB per cápita (variación)	-1.6	4.1	5.6	6	4.9	5.7	6	4.4	5.6	5.1
Tipo de cambio (pesos por dólar)	11.5	17	21.1	23	23	23	23	5.2	0	2.7
Saldo de la cuenta corriente como % del PIB	2.7	-1.5	-2.3	-2.7	-2.2	-2.4	-2.8	-1.4	-2.5	-1.9
Salario medio real (variación)	-0.7	0.7	0.4	1.4	1.4	1.5	1.1	2	1.4	1.8
Tasa desempleo total	27.5	25.6	21	15.2	14.2	14	11.2	-3.1	-2	-2.7
Déficit fiscal (% PIB)	-1.2	0.4	-0.5	0.8	0.2	1.1	-2	0.4*	-0.04*	0.2*

* Promedio del periodo.

permite generar un equilibrio en las finanzas públicas como resultado de mejores ingresos tributarios y una mejor y mayor cobertura del gasto público. Como resultado de la política de empleo, se abatiría paulatinamente el ritmo de desempleo abierto en 14 puntos porcentuales en el transcurso de los 30 años ubicándole en 11.2 % para el 2030 y se integraría al mercado formal a una mayor proporción de habitantes, con un crecimiento de los salarios reales de casi el 2% promedio anual, lo que permitiría reactivar la actividad económica del mercado nacional.

Con base en estos escenarios, a continuación analizamos con más detalle las posibles estrategias para afrontar las restricciones estructurales con propuestas concretas de política económica. Planteamos lo que consideramos serán los retos del futuro de la economía nacional, analizando las sugerencias de política para cada una de las restricciones estructurales detectadas.

V.6. LOS RETOS DEL FUTURO

V.6.1. Incrementar el empleo formal y mejorar el ingreso de la población y su distribución

Para explorar los futuros de la economía, la posible evolución de la población es un referente central. La población de México, que en el año 2000 será de 100 millones y que en el 2030 podría llegar a 129 millones, tendrá un comportamiento en su pirámide de edades en el que sobresalen dos componentes: la tasa de incremento anual de nacimientos se reducirá y se ampliará la esperanza de vida al nacer. La mayor parte de la población nacional estará en edades entre los 15 y 60 años, con un incremento notable de población mayor de 60 años. Más del 50% de la población tiene ahora menos de 24 años; esta proporción será menor en el 2030, cuando la población adulta con capacidad de trabajo y la población de más de 65 años habrán crecido significativamente. La necesidad de generar cada vez más empleos y preservar fuentes de trabajo para las personas de edad avanzada será creciente y, por ende, será mayor la presión sobre la seguridad social y las pensiones para atender a la población retirada.

En el año 2000 la población económicamente activa (PEA) llegará a poco más de 44 millones de personas. Desde ahora y hasta el año 2007, cada año se incorporarán a ella más de 1.5 millones de personas; a partir de entonces el incremento anual de la PEA se irá reduciendo, hasta estabilizarse en el 2030; para entonces tendremos una PEA de 67 millones, compuesta por 23 millones de mujeres y 44 millones de hombres. Tan sólo para atender a esta población que se incorporará al trabajo, en los próximos diez años habrá que crear 10.8 millones de puestos de empleo remunerado;

CUADRO V.6. *México: participación porcentual de los deciles de ingreso monetario per cápita en el ingreso monetario*

Deciles	1977	1984	1989	1992	1994	1996
I	1.0	1.4	1.1	1.0	1.0	1.1
II	2.0	2.5	2.3	2.1	2.1	2.3
III	2.9	3.6	3.3	3.1	3.0	3.2
IV	4.0	4.6	4.4	4.0	3.9	4.1
V	5.2	5.8	5.5	5.1	5.0	5.2
VI	6.6	7.3	6.7	6.3	6.2	6.5
VII	8.5	9.2	8.5	8.1	8.0	8.3
VIII	11.6	12.0	11.0	10.8	10.5	10.9
IX	17.1	16.8	15.6	15.9	15.5	15.6
X	41.2	36.8	41.6	43.6	44.7	42.8
Total	100.0	100.0	100.0	100.0	100.0	100.0
Índice de Gini	0.526	0.477	0.518	0.532	0.538	0.521

FUENTE: Fernando Cortés, *El desarrollo reciente y la evolución de la desigualdad en la distribución del ingreso de los hogares en México*, mimeo, CES, COLMEX, México, 1999.

entre los años 2000 y 2030 se requerirán 23 millones de empleos adicionales. A este reto se agrega un rezago de un 25% de la PEA que actualmente no está incorporada a la población formalmente remunerada. Si se logra que la economía cree suficientes empleos formales, el crecimiento en el número de trabajadores generará los recursos fiscales y el ahorro necesarios para lograr mejores niveles educativos, condiciones de seguridad social y más oportunidades de trabajo. El reto es hacer crecer la economía al ritmo y con los mecanismos suficientes para distribuir la riqueza que hoy se concentra de manera extrema. "La centralización y concentración de la tecnología, de los recursos financieros, del poder político y militar es tan extrema como nunca se había visto en la historia, en el contexto de una globalización desde la cumbre, con exclusión creciente de más habitantes. Los ricos requieren cada vez menos de la fuerza de trabajo de los pobres, y la exclusión parece haber sustituido a la explotación como causa de la pobreza. Veinte por ciento de la población controla el 83% del ingreso del mundo, y 20% de la población más pobre apenas dispone del 1.4% de esos mismos ingresos..."[7] Esta reflexión sobre la concentración y desigualdad en el mundo entero se aplica también a la sociedad mexicana. De acuerdo con el índice de Gini del ingreso monetario per cápita,[8] en los últi-

[7] Francisco López, *Alternativas para a América Latina às vésperas do século XXI, A Crise Dos Paradigmas em Ciências Sociais e os Desafios para o Século XXI*, Contraponto, Río de Janeiro, Brasil, 1999.

[8] Fernando Cortés, *El desarrollo reciente y la evolución de la desigualdad en la distribución del ingreso de los hogares en México*, mimeo, CES, Colmex, México, 1999.

mos 15 años el ingreso nacional se ha concentrado aún más, en perjuicio principalmente de la población de los deciles intermedios (clases medias).

Al mantenerse estable el monto de la producción, con una población cada vez mayor y con criterios de política económica de reducción real de ingresos, el ingreso por habitante se ha venido reduciendo y la concentración del ingreso se ha agudizado. En lo que toca al incremento del producto, en el fin de siglo tenemos un panorama desolador;[9] durante la década de los ochenta, la "década perdida", el producto prácticamente no creció en términos reales, mientras que la población aumentó en 15 millones de habitantes. En la década de los noventa el producto creció por debajo de la población. El hecho es que durante los últimos veinte años del siglo el ingreso per cápita se ha mantenido estable, sin recuperar su valor de 1981, de 15.48 miles de pesos de 1993 por habitante. Aunque este valor promedio es muy relativo, por no tomar en cuenta la concentración del ingreso correspondiente a un índice de Gini de 0.5, es significativo y muestra que, sin duda, uno de los retos de los próximos años será recuperar el crecimiento de manera sostenida.

La aplicación de la tecnología en la producción y la concentración en la propiedad de la misma han generado problemas a los que habrá que hacer frente en la próxima década. La creciente aplicación de la tecnología en los procesos productivos incrementa el producto con menor empleo de fuerza de trabajo; a ello se agrega que las formas de propiedad por acciones que se negocian en el mercado internacional de valores propician una mayor concentración de la riqueza y una cada vez mayor exclusión de más población de los beneficios del crecimiento. Se debe incorporar a más población a los beneficios del crecimiento sin limitar el incremento de la productividad y mejorando la distribución de la riqueza, para hacer factible el funcionamiento del mercado. De no lograrlo, el progreso estará generando una inercia entrópica que le hará perder eficiencia social al sistema económico. De ahí la iniciativa de sostener el principal indicador de ingresos de la población, para generar con ello mejores condiciones de la demanda efectiva, que permita reactivar al mercado interno.

V.6.2. La adecuación de una política fiscal que corresponda al reto del desarrollo económico

Desde 1984 se aplicó una política de venta de activos productivos, uno de los cambios estructurales más importantes de la época que vivimos. El

---

[9] A pesar de los ajustes recientes de las cuentas nacionales que INEGI hizo con base en datos de 1998, que muestran un ajuste hacia arriba de los datos del producto sin muchas explicaciones.

CUADRO V.7. *México:* PIB *per cápita y salario mínimo real;*
tasas anuales medias de crecimiento

Año	PIB por habitante	Salario mínimo real
1960-1970	3.14	
1970-1980	3.18	0.85
1970-1982	2.97	− 0.18
1980-1990	− 0.11	− 7.86
1990-1998	0.87	− 4.06

FUENTE: INEGI, CNSM; Banco de México. Encuesta nacional de ingresos y gasto de los hogares.

gobierno no debería sostener el gasto improductivo en plantas de producción ineficientes o en proyectos de servicios costosos, ni mantener fideicomisos que las más de las veces fueron instrumentos para ocultar subsidios o transferencias, con frecuencia de carácter no muy transparente. El gobierno debe elevar su nivel de eficiencia; por tanto, debe liquidar todos los proyectos ineficientes. La reducción de la estructura productiva del Estado a un mínimo, con el traslado de propiedad al sector privado y el firme propósito de lograr una modernización del Estado puede cambiar y modificar el papel del gobierno. No obstante, presiones sociales que se apoyan en la historia nacional acotan las intenciones de una reducción absoluta del papel del Estado en la economía. Éste mantiene, por consideraciones políticas, la propiedad sobre las empresas generadoras de energía en todos sus procesos (PEMEX y CFE), además de la petroquímica básica; mantiene también presencia en el sector financiero, en la banca de desarrollo y en algunos de los bancos privados que fracasaron en su más reciente privatización. La conveniencia del retiro total del Estado de las actividades económicas se ha repetido con insistencia, pero no se ha generado una estructura fiscal que le permita a éste cumplir más efectivamente su papel rector de la economía; no se ha generado aún la estructura institucional que sustituya al Estado benefactor y populista por otro que propicie el desarrollo equitativo y con crecimiento, manteniendo ingresos fiscales no tributarios suficientes para sostener el presupuesto. El crecimiento de la capacidad productiva con base en la deuda pública fue posible cuando se tuvo un esquema internacional de fomento del desarrollo, con alta disponibilidad de recursos de ahorro externo a tasas fijas, que en su momento parecieron cómodas de pagar. Al cambiar este escenario se cayó en la trampa financiera de las tasas flotantes y el refinanciamiento de intereses; la deuda pasó a ser el costo más alto para el fisco, con una estructura tributaria deficiente que todavía no se ha podido modernizar en la medida en que lo hizo el Estado.

CUADRO V.8. *México: Producto interno bruto per cápita*
(1980-1997)

Año	PIB (millones de pesos de 1993)	Población (miles)	PIB per cápita (miles de pesos de 1993)
1980	947769	64747	14.64
1981	1028743	66463	15.48
1982	1023017	68191	15.00
1983	987597	69930	14.12
1984	1021316	71608	14.26
1985	1043818	73255	14.25
1986	1011278	74903	13.50
1987	1028846	76514	13.45
1988	1042066	78120	13.34
1989	1085815	79722	13.62
1990	1140848	81250	14.04
1991	1189017	82800	14.36
1992	1232162	84400	14.60
1993	1256196	86000	14.61
1994	1312200	87634	14.97
1995	1230784	91158	13.50
1996	1294152	93182	13.89
1997	1381352	93716	14.74
1998	1447946	94736	15.28

FUENTE: INEGI, Banco de México. Encuesta nacional de ingresos y gastos de los hogares.

La política de recaudación tributaria ha sido fluctuante, haciéndose más estricta cuando se fortalece el gobierno y más flexible cuando hay dificultades de índole política o electoral. A ello se agrega que las posibilidades de recaudación se ven limitadas por el bajo nivel de crecimiento, el incremento del desempleo, el paro de empresas y, por tanto, la reducción del mercado interno.

La reforma fiscal aparece ante este panorama como una de las acciones de modernización más urgentes, con un acuerdo de integración social de todos los sectores para lograr que el Estado incremente su capacidad de recaudación y de obtención de ingresos no tributarios. Una reforma tal haría factible superar un peligroso círculo vicioso de baja actividad económica y baja recaudación, roto apenas por el incremento de compromisos financieros que se sustentan débilmente en un esquema de renegociación permanente, único camino que queda para posponer compromisos, sobre todo cuando el mercado petrolero no nos favorece.

La reforma fiscal integral reclama cambiar no sólo los términos de recaudación, sino también el papel del Estado, en apoyo a las actividades productivas y promover una descentralización en las responsabilidades de generación de ingresos públicos, para también lograr una federalización del gasto público más equitativa. El reto de la reforma fiscal integral puede afrontarse con la búsqueda de consensos y con una clara convicción de todos los sectores de que es más útil un gobierno con más ingresos y con el compromiso de una gestión más honesta. En el futuro habrá que pensar en un nuevo pacto fiscal en estos términos.

V.6.3. La disposición de ahorro para promover la inversión productiva y financiar el desarrollo con una política más proclive al desarrollo regional

En los programas de financiamiento del desarrollo de la última década del siglo se ha establecido como meta para el año 2000 que el nivel de inversión represente un 25.4% del PIB, con un 22.4% proveniente del ahorro interno y, como complemento, un 3% del ahorro externo. Alcanzar esta meta se considera difícil debido a la influencia determinante de la crisis del sistema financiero, el cual se muestra ineficiente en la captación y canalización de recursos al sector productivo. Se espera que esta situación se revierta en el año 2003 con la estrategia del Banco de México; mientras, para lograr la meta de crecimiento del producto del 5%, se tendrá una alta dependencia del ahorro externo. El ahorro forzoso a través del SAR, que espera generar en el año 2000 el 3% del producto, podría reducir la dependencia del exterior. Por otra parte, en este contexto, para permitir una transición gubernamental sin crisis en el año 2000, se ha diseñado el llamado "blindaje financiero", consistente en un cambio en el perfil de la deuda externa y la planeación de disposición de recursos externos en un horizonte de cuando menos dos años, mediante acuerdos con los principales organismos financieros.

Hasta fines del presente siglo el problema en materia de financiamiento del desarrollo y política monetaria se ha centrado en la escasez de ahorro para financiar los niveles de inversión necesarios para lograr el desarrollo planeado. En un principio, ante la falta de ahorro interno se recurrió al ahorro externo, llegando a crearse, por la vía crediticia, un problema de deuda externa que se renegoció en numerosas ocasiones para resolver las crisis recurrentes de liquidez o para mejorar su perfil con el fin de evitar presiones financieras cada vez que la situación de los compromisos de deuda apretaban. En otra etapa se recurrió a la captación de ahorro externo mediante los instrumentos financieros domésticos (tesobonos) y se mantuvo la economía sujeta a la volatilidad de los mercados financieros internacionales en la época de la globalización. Ambos esquemas provocaron agudas crisis. Las soluciones coyunturales para restablecer el equilibrio siempre condujeron a una contracción de la actividad económica, para reducir las importaciones y favorecer un incremento de las exportaciones. A fines de la última década del siglo se ha reconocido que no es factible seguir por un camino similar, por lo que se tomaron medidas decisivas para incrementar el ahorro interno de largo plazo con base en un sistema de pensiones (de ahorro para el retiro) y la participación de empresas administradoras y financieras encargadas de invertir estos recursos. Esta medida, útil en el mediano plazo, será eficiente en una economía en crecimiento con tasas de rendimiento reales al alza; en una economía con deficiencias financieras, presenta muchos riesgos.

Al final del siglo los principales problemas del sector financiero están en la intermediación. Ante la última crisis de la década de los noventa las instituciones financieras (bancos, organizaciones auxiliares de crédito y en menor medida casas de bolsa) se enfrentaron a un agudo problema de falta de capitalización, baja rentabilidad y una enorme cartera vencida que contribuyó a mermar aún más su eficiencia operativa y su capacidad de canalización de los recursos captados hacia el sector productivo. El esquema de intermediación, que entre 1992 y 1993 se basó en esquemas de refinanciamiento de intereses, tasas flotantes y una expectativa de crecimiento, se fracturó cuando se enfrentó el problema del financiamiento por la vía de los tesobonos; éste generó obligaciones financieras exageradas, a las que se tuvo que hacer frente sin una estructura productiva interna que garantizara el crecimiento sostenido, mediante una renegociación de deuda con apoyo de la Reserva Federal de Estados Unidos.

La llegada del nuevo siglo se da en un ambiente de parálisis del crédito para los sectores productivo y de la construcción. El papel del sistema bancario como fuente de financiamiento de la producción se encuentra muy limitado. Las grandes empresas han recurrido a créditos del exterior, en montos que hoy representan una amenaza potencial. Esta situación propicia que las tasas de interés se mantengan altas, con dos ingredientes que complican las cosas: "el riesgo país" y el incremento de las tasas en el mercado de Estados Unidos, las cuales encarecen aún más el financiamiento. Por otra parte, el sistema bancario no logra despegar. Se requiere una política monetaria más efectiva, porque los recursos de la banca se encuentran en su gran mayoría en distintos tipos de valores gubernamentales. La política monetaria de fines de siglo consiste en abandonar los sistemas de intervención directa sobre los intermediarios financieros, para conducir hacia una "neutralidad" de la banca central y propiciar que las operaciones de mercado sean el fundamento de la política monetaria.

Mientras ello se logra, dicha política se basa en señales del Banco de México para restringir el ritmo de crecimiento del circulante (cortos), en lugar de ampliar la base de producción para no tener que expandirlo en términos inflacionarios, y en una política de tipo de cambio de libre flotación (sucia) con cierta intervención en momentos de crisis. Estas medidas pretenden contener la inflación a un nivel muy bajo y están provocando un hecho histórico inusitado: periodos de revaluación del peso frente al dólar, con un déficit en balanza de pagos creciente. Esto puede generar un incremento de la deuda, ya previsto durante la negociación previa de un soporte de crédito de varios organismos internacionales, en el llamado blindaje financiero.

En este escenario, con un endeudamiento creciente en dólares por parte de las empresas ligadas al sector externo, una fuerte dinámica de vinculación de ramas de producción de bienes exportables y un ambiente de volatilidad en el sistema financiero que no garantiza una estabilidad duradera, se ha planteado el debate sobre la dolarización, el establecimiento de un consejo monetario, la extranjerización del sistema bancario y la vinculación de la política cambiaria con la fortaleza de los bancos con soporte en reservas internacionales de las matrices en el extranjero. El reto del financiamiento del desarrollo se debate en un ambiente de fragilidad política y expectativas de eficiencia de los bancos de capital predominantemente mexicano.

Por el lado de la política monetaria y cambiaria, la última década se ha caracterizado por un mayor control del circulante y una política restrictiva del crédito, así como por un régimen de flotación dentro de amplios límites discrecionales del Banco de México, que ha servido para frenar la especulación y propiciar una revaluación y un deslizamiento más acorde con las necesidades del mercado de divisas, esterilizando de esta manera los factores especulativos. Así, se ha logrado que la economía crezca sin desbocarse, estimulando la reinversión de utilidades y el endeudamiento externo de los grandes corporativos.

En la primera década del siglo XXI podría implantarse una política económica orientada hacia la convergencia de las principales variables macroeconómicas con su correspondencia en el ámbito de la microeconomía, y hacia la segunda mitad de la segunda década del siglo XXI podría lograrse una unión monetaria en el norte de América. En ese periodo podría consolidarse un sistema financiero nacional competitivo que se pueda insertar dentro de un esquema internacional de megabancos, con bancos nacionales y la generación de instituciones financieras especializadas de carácter regional en el interior del país. Con un sistema financiero nacional de esta naturaleza se estaría en posibilidades de atender las necesidades de inversión y crecimiento de la pequeña y mediana empresas, así como la recuperación del consumo y del mercado interno sobre bases sanas y con un nivel adecuado de riesgo crediticio. En la conformación de este nuevo sistema financiero que el país requiere, el Estado deberá reforzar y modernizar la presencia de la banca de desarrollo para apoyar una política de integración de cadenas productivas, de incremento de productividad y de generación de tecnología que al mismo tiempo atienda las diferencias regionales del país.

El sistema financiero internacional en el que se insertará el país apunta hacia una mayor complejidad en instrumentos, mercados y formas de operación, por lo que será necesario no sólo modernizar el sistema de supervisión y vigilancia del sistema financiero nacional y su marco jurídico y reglamentario, sino también contar con la flexibilidad necesaria para adecuarlos oportunamente, conforme a la evolución del sistema financiero mundial.

En los escenarios construidos en este capítulo se consideró que en el año 2030 la inversión deberá representar el 25.11% del PIB. El monto captado por el SAR contribuiría con poco más del 5%; sin embargo, se requeriría que esta inversión sea canalizada eficientemente por el sistema financiero a actividades productivas. La capacitación permanente del personal y la inversión en tecnología para el manejo de información serán algunas de las prioridades que la política económica deberá impulsar y cuidar.

V.6.4. La ruptura de la restricción externa al crecimiento de nuestra economía

Durante la segunda mitad del siglo XX la economía mexicana tuvo entre sus problemas estructurales el déficit de la cuenta corriente, que en muchas ocasiones se convirtió en un límite del propio crecimiento de la economía. Dicho déficit fue factor importante, en particular en los años 1947-48, 1953-54, 1975-76, 1980-81 y 1993-94; en estos años alcanzó proporciones superiores al 4.5% del PIB, por lo que la disponibilidad de divisas fue insuficiente para financiarlo, y la economía entró en periodos de recesión y de ajuste cambiario para estabilizar las cuentas con el exterior.

En las tres primeras décadas del siglo venidero, de no existir cambios importantes en las variables que determinan el déficit de la cuenta corriente, esta insuficiencia estructural puede continuar siendo un área crítica de nuestra economía.

Nuestra economía tiene como característica una fuerte dependencia de las compras que se realizan en el exterior para llevar a cabo su proceso productivo. En los últimos años, a raíz de la apertura comercial de nuestro país, el coeficiente de importaciones se incrementó, en particular

CUADRO V.9. *México: importaciones totales y manufactureras*
Dólares

Años	Importaciones totales	Importaciones totales/PIB porcentaje	Importaciones manufactureras	Importaciones manufactureras/ Producción manufacturera* porcentaje
1988	28 082.00	15.18	17 009.540	41.95
1989	34 766.00	15.54	21 682.331	48.19
1990	41 593.30	15.80	27 431.049	54.62
1991	49 966.60	15.86	33 921.927	57.13
1992	62 129.40	17.08	42 909.829	63.63
1993	65 366.50	16.21	44 021.975	62.25
1994	79 345.90	18.86	53 119.245	73.06
1995	72 453.10	25.32	40 960.046	74.98
1996	89 468.80	26.87	51 246.055	78.65
1997	109 807.80	27.35	64 906.396	83.48
1998	125 242.50	30.18	73 708.346	88.46

FUENTE: Base de información de INEGI y Banco de México. Tipo de cambio promedio anual.
* No incluye al sector maquila.

por lo ocurrido en el sector industrial, y específicamente en las manufacturas.

Como resultado de esto, la elasticidad-ingreso de las importaciones, medida como el cociente del crecimiento del PIB entre el crecimiento de las importaciones, se ubicó en 3.2 en 1997. De mantenerse la elasticidad en dicho valor, por cada punto que crezca nuestro producto, las importaciones lo harán en 3.2%. Ello explica en gran medida la existencia de un déficit en la cuenta corriente.

Las exportaciones totales de nuestro país han mostrado un alto crecimiento durante la última década, rebasando hoy los 100 mil millones de dólares, y su relación respecto al PIB se incrementó de forma importante. Su dinamismo se encuentra principalmente en las exportaciones del sector manufacturero, que ya representan un 90% del total.

El dinamismo exportador no ha permitido revertir el déficit de la cuenta comercial y, por ende, el de la cuenta corriente. Cuando la economía crece, el incremento en las importaciones es mayor que el de las exportaciones. Las empresas exportadoras de nuestro país son al mismo tiempo grandes importadoras, pero su saldo comercial es, en términos generales, positivo. El déficit es ocasionado principalmente por el aparato productivo orientado hacia el mercado interno.

CUADRO V.10. *México: exportaciones totales y manufactureras*
Dólares

Años	Exportaciones totales	Exportaciones totales/PIB (porcentaje)	Exportaciones manufactureras	Exportaciones manufactureras/ Producción manufacturera* (porcentaje)
1988	30 691.50	16.59	11 504.03	28.37
1989	35 171.00	15.72	12 607.47	28.02
1990	40 710.94	15.46	13 955.44	27.79
1991	42 687.52	13.55	15 768.76	26.56
1992	46 195.62	12.70	16 740.42	24.83
1993	51 885.97	12.87	19 832.08	28.04
1994	60 882.21	14.47	24 132.81	33.19
1995	79 541.55	27.79	35 454.60	64.90
1996	95 999.74	28.84	43 384.26	66.59
1997	110 431.38	27.51	49 636.58	63.84
1998	117 500.32	28.31	53 069.33	63.69

FUENTE: Base de información de INEGI y Banco de México. Tipo de cambio promedio anual.

La globalización de la economía, promovida por la liberalización de los mercados y la aplicación de la acelerada revolución tecnológica, han desarrollado la economía de manera desigual. Por un lado se incorporan al mercado regiones que disponen de ventajas de localización, acceso a materias primas y de suficiente mano de obra en condiciones flexibles de contratación y salarios. Por otra parte, se han rezagado regiones importantes, con núcleos de población que aumentan la proporción de la población en condiciones de pobreza.

La apertura comercial ha traído beneficios importantes a la economía mexicana; no obstante, ha propiciado la exclusión de sectores de la población y, en la medida en que la economía ha crecido, ha desarrollado mayor demanda de bienes para el mercado internacional que para el mercado interno. El crecimiento promedio anual del PIB en los últimos diez años, de 3.34%, se ha logrado con base en un fuerte incremento de las exportaciones, que en el mismo periodo crecieron con un promedio anual de 14.36%. A pesar del dinamismo del sector exportador, se ha mantenido un proceso recesivo en el resto de la economía, en parte porque se están generando disparidades regionales.

Ante las circunstancias descritas la meta fundamental es romper el vicio que genera el sector externo en el proceso de importaciones, al no tener un soporte tecnológico y productivo en la economía nacional complementado con un mercado interno adecuado. Por ello es fundamental la ruptura de esta restricción externa al crecimiento de nuestra economía.

V.6.5. El reto de la educación y el desarrollo tecnológico

Para lograr un crecimiento incluyente que permita mejorar la calidad de vida de todos los mexicanos se requiere de un programa cultural y educativo. Una mujer o un hombre que no tenga ideales que alcanzar no puede tener la esperanza de lograr un mejor futuro. Una población deprimida, sin un proyecto de vida, no es proclive a trabajar por su futuro. De ahí que una base importante del desarrollo consiste en promover entre la población el propósito de trabajar para mejorar las condiciones de vida de las generaciones que vienen. La educación y la cultura tienen a éste como su principal objetivo.

También, y no menos importante, es una capacitación para el trabajo que garantice que el conocimiento sea la base fundamental de la productividad de la sociedad. Así, conjuntamente, la cultura y la capacitación para el trabajo constituyen valores esenciales de la educación cuyo fin último es mejorar la calidad de vida de la sociedad. Una población con educación consistente y pertinente es el fundamento de un proyecto de desarrollo. La escuela, en cada uno de sus niveles, debe cumplir con su tarea de educar en el rigor del conocimiento, pero también debe seleccionar y canalizar a los jóvenes a los espacios de aplicación de su conocimiento. Una mejor educación permitirá contar con una base más consistente para ampliar la estructura de técnicos, profesionales, docentes y científicos que harán posible, primero la adaptación tecnológica, y luego la creación de conocimientos para el desarrollo.

Las circunstancias actuales nos llevan a pensar que una de las reformas estructurales urgentes para poder afrontar las exigencias del futuro será la reforma a la educación en todos sus niveles, incluidas las áreas de creación científica, tecnológica, social y humanística.

V.6.6. El desarrollo sustentable, objetivo convergente de toda la política económica

La coordinación de esfuerzos de la política económica debiera tener un propósito final que logre el compromiso de todos los agentes económicos en una misma dirección de desarrollo económico. El desarrollo económico carecería de sentido si no garantiza que las generaciones del porvenir disfrutarán de mejores condiciones y mejor calidad de vida, en un ambiente de estabilidad entre el hombre y la naturaleza. El propósito central del escenario alternativo es promover un proceso de desarrollo sustentable fundamentado en una mejor calidad de vida y una más racional relación con el medio ambiente. Dos capítulos posteriores de este libro se dedican al tema, por lo que aquí no nos extenderemos sobre él.

V.7. Estrategias y políticas

Entre las estrategias y políticas que deben incluirse en una visión de futuro de largo plazo para hacer viable el escenario denominado alternativo está, en primer lugar, la incorporación del sector agropecuario a una dinámica de mercado; para ello tendrán que enfrentarse tres asuntos principales: la seguridad jurídica de la propiedad, la disposición de crédito para financiar proyectos productivos y los mecanismos que harán posible diferenciar el mercado interno y el de exportación, para favorecer la posibilidad de capitalización de ahorro en el campo. El sector agropecuario es vital para afrontar en el futuro inmediato problemas de abasto de alimentos. La deficiencia nutricional de la población puede generar dificultades de largo plazo que afecten a generaciones enteras. La dinámica exportadora de las áreas de producción en el campo debiera ligarse con las áreas de abasto en el mercado nacional.

En el sector industrial deben considerarse dos acciones vitales para la economía: garantizar la disponibilidad de energéticos suficientes e integrar un mercado de bienes intermedios y finales que incorpore a la pequeña y mediana industria, con tecnología adecuada para un mercado eficiente. La dinámica de empleo requerida para el desarrollo se podrá impulsar fundamentalmente desde la industria, con la adopción de una política de promoción y fomento basada en la organización como aspecto central del desarrollo tecnológico. Podría encontrarse una solución a la actual desintegración del mercado a través de una política deliberada de integración regional de las cadenas productivas con el fomento de la inversión nacional y el apoyo de la inversión extranjera. Esto podría lograrse con el abasto de bienes intermedios y la coordinación de proyectos productivos que se apoyen en la cooperación y en la integración de los procesos. En este campo el desarrollo de la petroquímica será clave. Será preciso superar problemas de tipo ideológico que detienen la inversión decidida, privada o pública, en el sector, para mantener y desarrollar la actual capacidad instalada.

La economía tiene dos grandes retos en relación con la energía: el de su generación, creando bases suficientes de cambio tecnológico para la inexorable reducción de las reservas petroleras en el largo plazo, y el de la eficiencia en la distribución. La energía debe ser una oportunidad y una ventaja de la economía mexicana; lo será si se propicia una generación y distribución que apoyen la producción, su adecuada distribución regional y una estructura de costos estables. La estabilización de los precios de los energéticos puede ser clave en la política de fomento de la industria. Actualmente los energéticos, en manos del Estado, reditúan un importante ingreso fiscal por la venta y exportación del petróleo y apoyan el desarrollo de la nación con un sector eléctrico que está en los límites de la eficiencia. En la revisión integral de la política fiscal será crucial el tema de la inversión privada en la producción de energéticos, para enfrentar el reto de la expansión de la capacidad de distribución y la eficiencia de la misma, cuidando que el asunto no se transforme en un peligro: inestabilidad de precios y transferencia de riqueza nacional al exterior.

Históricamente el sector servicios es el que ha empleado en forma creciente a más población. En el futuro seguirá siéndolo en la medida en que evolucione hacia servicios que permitan el acceso de la población al avance tecnológico y una dotación de mejores condiciones de vida; dicho sector será en el que se apreciará más el adecuado desarrollo de la sociedad. Actualmente este sector está caracterizado por un gran peso del área informal de la economía. En su proceso de desarrollo, los servicios deberán estar siempre vinculados con los avances en el sector productivo, por lo que será central transformar la calidad de los servicios y propiciar una cada vez mayor absorción de fuerza de trabajo. En el sistema financiero "...se hace necesaria una intervención clara en los mercados y particularmente en las tasas de interés reales y absolutas. La intervención en los mercados financieros, particularmente en el otorgamiento de créditos preferenciales, podría convertirse en el principal mecanismo para orientar una política industrial endógena". [10]

Se plantea también la necesidad de aplicar una política más enérgica en materia de ciencia y tecnología y vincular ésta con el aparato productivo nacional. También se debe contar con una política industrial de carácter microeconómico que busque ampliar el establecimiento de redes de producción, fomentar esquemas de subcontratación y apoyar diversos esquemas de proveedores para las empresas maquiladoras. En resumen, una mayor integración de nuestro aparato industrial, tanto para la producción interna como para la exportación. Estas medidas no tienen que vincularse necesariamente con una nueva forma de "estatismo". La mayoría de las experiencias de crecimiento sugieren que no existen ni la "planificación perfecta" ni la "liberalización absoluta". Por el contrario, existe una gran responsabilidad por parte de las instituciones gubernamentales para,

---

[10] Enrique Dussel Peters, *La economía de la polarización*, Jus, UNAM, México, 1997, p. 297.

al menos, promover condiciones e incentivos para el crecimiento a largo plazo, particularmente en cuanto al ahorro interno e inversiones, tipo de cambio y, si fuera necesario, programas de fomento a las exportaciones y a la generación de empleo".[11]

Todo lo anterior podría traducirse en una reducción de la elasticidad-ingreso de las importaciones y en un incremento en la elasticidad de exportaciones por unidad adicional de importaciones productivas; ello podría significar en el mediano y largo plazos la generación de un núcleo productivo endógeno con efectos multiplicadores para la economía en su conjunto.

Un aspecto fundamental para lograr el crecimiento y al mismo tiempo lograr una mejor distribución del ingreso es la promoción de un creciente nivel de productividad que permita soportar una mayor equidad en la dotación de mayor capacidad a la población trabajadora para producir riqueza. Ésta es la razón por la cual la educación en todos los niveles, así como el apoyo a la investigación científica, son vitales para llegar a las metas propuestas.

Ahora bien, sin un proceso adecuado de reparto de riqueza que permita que los ingresos de la población sean iguales o mayores al incremento de precios y suficientes para enfrentar el costo del dinero, nunca tendremos estímulos para el ahorro y para la promoción emprendedora de la población. Por esto es fundamental superar la actual concepción del salario como precio de mercado y adecuar el desajuste que generan las crisis bancarias en el valor de los créditos y el soporte de las garantías, para darle viabilidad financiera al sistema económico en su conjunto.

Para lograr este conjunto de estrategias se requiere, como parte fundamental del proceso de desarrollo, un Estado que sea promotor del crecimiento, de la equidad y de la sustentabilidad del sistema en su conjunto. Por ello se propone un Estado, conjunto de los tres poderes y los tres niveles de gobierno, que sea promotor de la integración de la sociedad al mercado en igualdad de condiciones, que promueva los mercados y la integración de la población a los mismos en condiciones que le permitan participar eficientemente en una economía que tenga como propósito fundamental incrementar su bienestar y mejorar su calidad de vida. Por ello se requiere de un gobierno con suficiencia presupuestal, con criterios de manejo de recursos adecuado y transparente frente a la sociedad y comprometido con el beneficio social y la viabilidad del sistema en su conjunto.

---

[11] Enrique Dussel Peters, *op cit.*, pp. 297-298.

V.8. Los tres escenarios en tablas y gráficas

A continuación se incluye una tabla que resume los tres escenarios propuestos y algunas gráficas sobre la posible evolución de algunos de los principales indicadores empleados, comparando los resultados de los tres escenarios desarrollados. Para el escenario inercial se incluyen sólo datos hasta el año 2010, en el básico hasta el 2015, y en el alternativo hasta el 2030. Nótese que la escala de tiempo en el eje horizontal de la mayoría de las figuras no es uniforme (se incluyen datos anuales hasta 2015 y quinquenales entre 2015 y 2030).

CUADRO V.11. *Tabla comparativa de los tres escenarios económicos*

Escenario	*Inercial* (EI) 1999-2010	*Básico* (EB) 1999-2015	*Alternativo* (EA) 1999-2030
1. Contexto general	Se mantienen como objetivos principales el equilibrio de las finanzas públicas y el no generar grandes desequilibrios externos bajo una política económica que deprime el salario real y no incrementa los niveles de empleo.	Se marcan como objetivos el incrementar los niveles de empleo en la economía así como una pequeña recuperación del salario real a través de reactivar la economía lo cual genera un déficit fiscal y de cuenta corriente crecientes a lo largo del tiempo.	Se marcan como objetivos incrementar los niveles de empleo, incrementar el poder adquisitivo del salario así como mantener los equilibrios macroeconómicos tanto a nivel interno como externo, para lo cual se hace necesario realizar cambios estructurales referidos a una reforma fiscal integral y a una disminución de la dependencia del aparato productivo nacional de los bienes importados y se fortalece la estructura productiva de exportación.
2. Producto interno bruto	Existe un crecimiento moderado sin grandes oscilaciones presentando una tasa de crecimiento media del 4.2% para el periodo 1999-2010	Existe un crecimiento estable y con una tendencia creciente para todo el periodo 1999-2015 presentando una tasa de crecimiento media del 5.6%	El crecimiento es igual que en el escenario básico para el mismo periodo. Por lo que corresponde al periodo 2015-2030 el crecimiento se acelera a una tasa media anual 6.2% y para todo el horizonte del periodo es de 6.14% promedio anual.

CUADRO V.11. *Tabla comparativa de los tres escenarios económicos (continúa)*

Escenario	Inercial (EI) 1999-2010	Básico (EB) 1999-2015	Alternativo (EA) 1999-2030
3. Ingreso per cápita	Este indicador presente un crecimiento modesto de un 2.8% ubicándose con ello el ingreso per cápita en dólares se ubica en el año 2010 en 6 716 dólares	Existe un importante crecimiento en el periodo de un 4.3% con lo cual esta variable se ubica en los 7 410 dólares en el año 2010 y en 9 730 para el año 2015.	El crecimiento es similar al del escenario básico hasta en año 2015, a partir de este año y hasta el 2030 esta variable crece al 5.5% ubicándose en éste último año en 21 819 dólares.
4. Inflación	Esta es una variable exógena compatible con los resultados del modelo, se supone una inflación para el año 1999 del 14% y para los siguientes nueve años del 10% anual.	Como variable exógena se pronosticó para el primer año un incremento del 14% y de 9.5% anual hasta el año 2015.	El crecimiento es igual que en el escenario básico hasta el año 2015 y a partir de este se supone un crecimiento de los precios igual al de los Estados Unidos y alrededor del 3% anual.
5. Producción agrícola	Presenta un crecimiento de la mitad del de la producción total 2.1% promedio anual el cual es solo superior al crecimiento de la población en un 0.7%.	Se presenta un crecimiento de 3.2% promedio anual para el periodo el cual se encuentra por arriba del crecimiento de la población en 2.0%	El crecimiento para los primeros 15 años es similar al del escenario básico y para el periodo 2015-2030 se presenta una tasa de crecimiento anual de 2.9% que aumque es inferior a la del periodo anterior tiene una mayor diferencia en relación con el crecimiento de la población en estos últimos 15 años de un 2.3%.

CUADRO V.11. *Tabla comparativa de los tres escenarios económicos (continúa)*

Escenario	Inercial (EI) 1999-2010	Básico (EB) 1999-2015	Alternativo (EA) 1999-2030
6. Producción manufacturera	Esta presenta un crecimiento muy similar al de la producción total aunque un poco por debajo ubicándose en un 3.7% en promedio anual.	En este escenario el sector manufacturero crece al mismo ritmo de la producción total presentando una tasa de crecimiento del 5.5% promedio anual.	En este escenario se convierte en el sector dinámico de la economía al crecer por arriba de la producción global presentando una tasa de crecimiento del 6.06% promedio anual para el periodo de referencia.
7. Tipo de cambio	El tipo de cambio sufre una depreciación durante el periodo de estudio en este escenario del 6.8% promedio anual ubicándose con ello la relación cambiaria para el año 2010 en 21 pesos por dólar.	Hasta el año 2010 la depreciación del tipo de cambio es similar a la del escenario básico a partir del año 2010 el ritmo devaluatorio disminuye de forma importante para ubicarse en todo el horizonte del periodo en un 5.2%, con lo que el tipo de cambio se ubica para el año 2015 en casi 23 pesos por dólar.	Hasta el año 2015 este indicador se comporta de igual manera que en escenario básico para a partir del año 2015 fijar la paridad cambiaria por un proceso de convergencia monetaria y de inflación entre México y estados unidos
8. Balanza de cuenta corriente	En este escenario el déficit de la cuenta corriente se mantiene estable y a niveles aceptables en relación con el PIB ya que no rebasa nunca el 3.5% y presenta como promedio del periodo un déficit del 2%.	En este escenario a partir del 2007 el déficit de la cuenta corriente se convierte en una restricción de la economía dado que rebasa el 3.5% en proporción al PIB llegando para el año 2010 a ser −6.4% y en el 2015 de −10.84% situación insostenible e inviable para una economía.	En este escenario el saldo de la cuenta corriente como proporción del PIB presenta cifras manejables y financiables dado que el déficit más alto que e presenta corresponde al año 2030 con un −2.8% y para todo el periodo de proyección este se ubica en promedio en −1.98%.

CUADRO V.11. *Tabla comparativa de los tres escenarios económicos (concluye)*

Escenario	Inercial (EI) 1999-2010	Básico (EB) 1999-2015	Alternativo (EA) 1999-2030
9. Déficit fiscal	En razón de que uno de los objetivos de este modelo es el de mantener el equilibrio fiscal a cualquier costo, este se mantiene de manera estable durante todo el periodo con un promedio en el mismo de −1.7%.	Este modelo encuentra como una de sus limitantes el generar déficit fiscales crecientes como lo denota que para el año 2011 este se ubica en el −4.7% para después descender hasta el año 2015 a un −2.1% teniendo como promedio para tal periodo un −2.4% de déficit fiscal.	Este modelo tiene como característica tener un sano equilibrio en las finanzas públicas que permite en algunos años generar pequeños superávits fiscales y en un número menor de años también algunos déficits fiscales. En relación a todo el periodo el promedio se ubica en un superávit de 0.2%.
10. Empleo	Durante los 10 años de perspectiva de este escenario se generan solo 9.1 millones de empleos formales en total con lo que la tasa de desempleo continúa siendo de alrededor de 1/4 de la PEA.	En este modelo se generan 11.5 millones de empleos formales durante los primeros 10 años y 7 millones durante los siguientes 5 años, con lo que se disminuye la tasa de desempleo a un 21.15 en el 2010 y a un 15.2% en el 2015.	El comportamiento para los primeros 15 años de esta variable es igual a la del escenario básico. Para los próximos 15 años se continúa con una tendencia moderada en la disminución del desempleo formal la cual para el año 2030 llega a ser del 11.2%.
11. Salarios	El salario medio real disminuye en este escenario a una tasa media anual del −0.3% con lo cual este pasa de 14 218 en 1999 a 13 807 en el 2010, esto en pesos de 1993.	En este escenario el salario presenta una tasa de crecimiento medio anual para los 15 años de pronóstico de un 2.0% con lo cual se ubica en el año 2010 en 16,133 y en el 2015 18 165 pesos de 1993.	El comportamiento para los primeros 15 años del salario es muy similar al del escenario básico. Durante el periodo 2015-2030 el salario real continúa con su tendencia creciente a una tasa media anual de 1.36%, lo que le permite para el año 2030 ubicarse en 22 760 pesos de 1993.

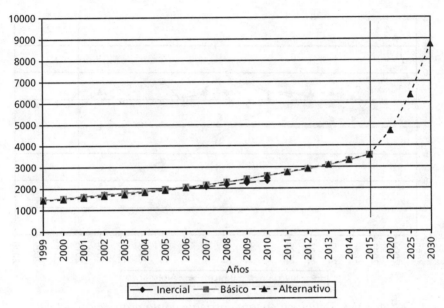

GRÁFICA V.1. *México:* PIB *real.*
Escenarios inercial, básico y alternativo 1999-2030

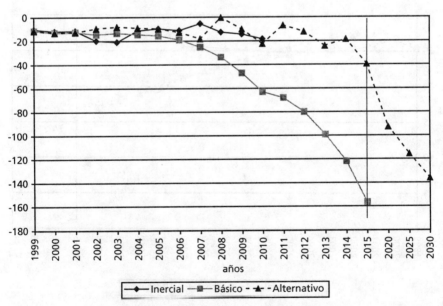

GRÁFICA V.2. *México: Cuenta corriente.*
Escenarios inercial, básico y alternativo 1999-2030

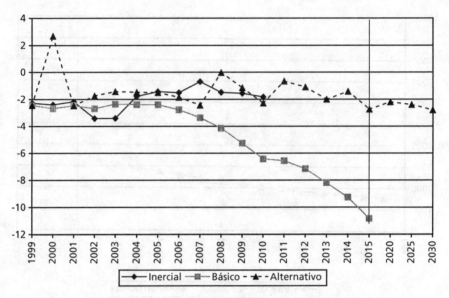

GRÁFICA V.3. *Déficit en cuenta corriente como proporción del PIB.*
Escenarios inercial, básico y alternativo 1999-2030

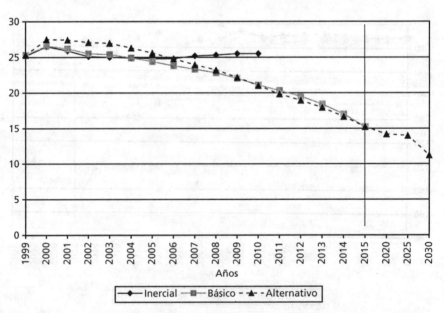

GRÁFICA V.4. *Tasa de desempleo.*
Escenarios inercial, básico y alternativo 1999-2030

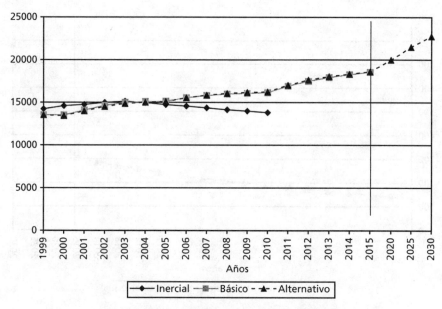

GRÁFICA V.5. *México: Salario medio real.*
Escenarios inercial, básico y alternativo 1999-2030

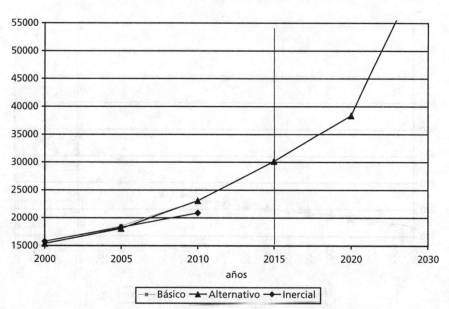

GRÁFICA V.6. *México: Ingreso percápita.*
Escenarios inercial, básico y alternativo 1999-2030

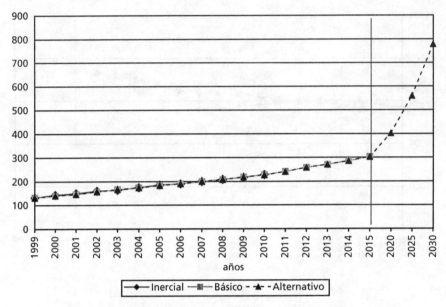

Gráfica V.7. *México: Exportaciones totales.*
Escenarios inercial, básico y alternativo 1999-2030

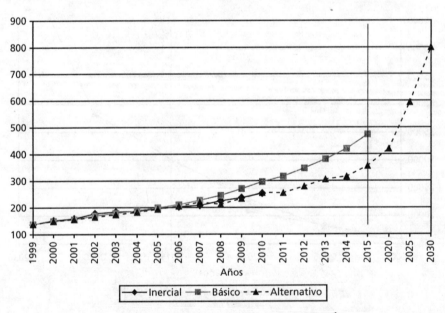

Gráfica V.8. *México: Importaciones totales.*
Escenarios inercial, básico y alternativo 1999-2030

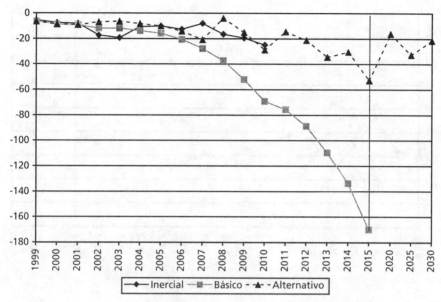

GRÁFICA V.9. *México: Saldo de la balanza comercial.*
Escenarios inercial, básico y alternativo 1999-2030

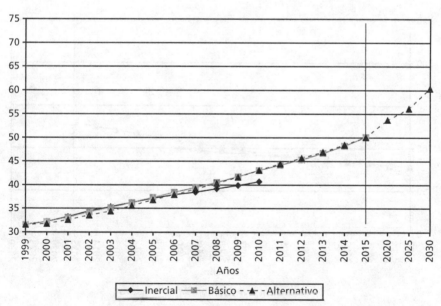

GRÁFICA V.10. *México: empleo total.*
Escenarios inercial, básico y alternativo 1999-2030

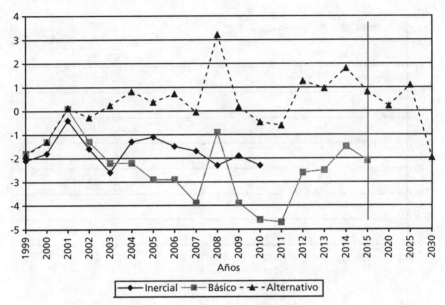

GRÁFICA V.11. *México: Déficit fiscal como proporción del* PIB.
Escenarios inercial, básico y alternativo 1999-2030

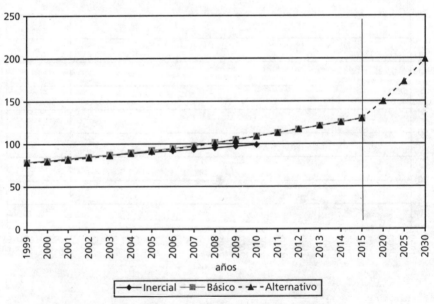

GRÁFICA V.12. *México:* PIB *agropecuario.*
Escenarios inercial, básico y alternativo 1999-2030

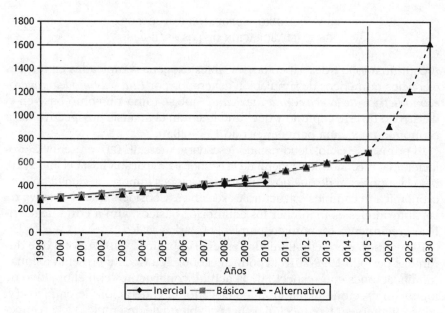

GRÁFICA V.13. *México: PIB del sector manufacturero.*
Escenarios inercial, básico y alternativo 1999-2030

V.9. ANEXO. SUPUESTOS EMPLEADOS
EN LA ELABORACIÓN DE LOS ESCENARIOS

A continuación se describen las variables exógenas empleadas en los tres ejercicios numéricos de simulación generados por *Eudoxio: modelo macro-econométrico de la economía mexicana*, que se tomaron como base en el desarrollo de este capítulo y que fundamentan el análisis prospectivo de la economía mexicana para el periodo 1999-2030.

El primer ejercicio, denominado "escenario inercial" (EI), presenta la evolución macroeconómica general de la economía mexicana hasta el año 2010, bajo la suposición de que no ocurren alteraciones importantes en la política económica ni cambios estructurales sensibles. Considera que el objetivo de las autoridades es mantener los equilibrios básicos, aun a costa de sacrificar crecimiento económico, empleo y salarios reales.

El segundo ejercicio, llamado "escenario básico" (EB), supone que durante el periodo 1999-2015 la política económica vigente presenta algunas modificaciones con respecto de la actual, congruentes con el objetivo de lograr un crecimiento económico elevado, la generación de empleos (y, consecuentemente, reducción de la tasa abierta de desempleo) y la recuperación salarial, manteniendo bajo control los principales balances macroeconómicos (el fiscal y el del sector externo), sin realizar modificaciones a las condiciones estructurales de la economía.

Por último, el "escenario alternativo" (EA), incluye supuestos y objetivos similares a los del escenario anterior para el periodo 1999-2030, pero con algunos cambios estructurales importantes, necesarios y posibles que refuerzan los alcances del escenario básico (EB): (a) se implanta una modesta reforma fiscal (exclusivamente por el aumento de los ingresos tributarios) y se reducen los pagos de deuda pública, con lo que se relaja sustancialmente la restricción presupuestal; (b) se incrementa el gasto público (principalmente de inversión), con efectos importantes sobre la producción agropecuaria y manufacturera. Específicamente, se asigna un incremento a la educación, capacitación para el trabajo y desarrollo científico y tecnológico vinculados con el aparato productivo, que logran aumentar la productividad laboral y reducir (también en grado modesto) la elasticidad-ingreso de las importaciones y aumentar la elasticidad de las exportaciones en relación con las importaciones productivas.

A continuación se presentan las características y supuestos empleados en la elaboración de cada escenario, en particular los correspondientes a las variables exógenas del modelo.

V.9.1. Política fiscal. Escenario inercial (EI)

V.9.1.1. Gasto público

Formación bruta de capital fijo del sector público (IFG). Se supone un incremento promedio anual de 5.3% en la inversión del gobierno, aun cuando la tendencia de esta variable ha sido decreciente durante la década de los noventa. Con esta tasa de crecimiento, en el año 2010 la inversión del sector público como proporción del PIB sería de 3.3%, muy similar a la observada entre 1992 y 1998 (3.5%).

Consumo de gobierno (GVCE). Se le asigna un crecimiento real de 4.8%.

Pago de deuda interna y externa. Se supone que los egresos por pago de deuda tendrán un comportamiento similar al registrado entre 1988 y 1998, representando en conjunto alrededor del 55% del gasto público total.

V.9.2. Política fiscal. Escenarios básico (EB) y alternativo (EA)

V.9.2.1. Gasto público

Formación bruta de capital fijo del sector público (IFG). Para elevar los niveles de competitividad y estimular el crecimiento, se proyecta un incremento de la inversión pública de 7.5% promedio anual para todo el horizonte de tiempo de interés. Este ritmo de crecimiento, al parecer alto, está 3.7 puntos porcentuales por debajo del registrado en la década de los setenta y tiene como sustento la reforma fiscal aludida en los escenarios, por lo que el incremento de la inversión pública no es deficitaria. En el escenario alternativo, durante el periodo 2016-2030 la inversión del sector público se eleva, con una tasa de crecimiento media anual del 10%.

Consumo de gobierno (GVCE). A diferencia de la IFG, durante los últimos 18 años ha mostrado una tendencia de crecimiento lineal de 2.04% promedio anual, con pocas variaciones, aun en periodos de crisis; sin embargo, presenta una tendencia a estabilizarse en su nivel actual, y su tasa de crecimiento ha sido casi nula en los últimos tres años (0.27%). En el horizonte de tiempo de interés se supone un crecimiento promedio anual de 4.88%, sobre la base de que los ingresos fiscales serán mayores. En el caso del escenario alternativo, para el periodo 2016-2030 se supone que la tasa de crecimiento del consumo público será del 2%.

Pago de deuda externa (GVEINTE). Con el propósito de liberar fondos fiscales para apoyar una nueva fase de crecimiento, se considera que el pago de deuda externa se mantendrá fijo (como proporción del gasto del gobierno) en 9.6% promedio, sobre la base de un nuevo esquema de pagos. Para el periodo 2016-2030, en el escenario alternativo estos egresos se suponen del 19% del gasto total del gobierno, bajo la hipótesis de que el crecimiento sostenido de la economía permite una mayor capacidad de pago.

Pago de deuda interna (GVEINTI). Al igual que con el pago de la deuda externa, se supone que los pagos por intereses internos se mantendrán en niveles bajos y constantes, en 9.6% de los egresos totales, con base en un nuevo esquema de pagos.

V.9.2.2. Ingresos públicos

Como ya se mencionó, para que la economía pueda inyectar mayores recursos a los sectores agropecuario e industrial se requiere una reforma fiscal, largamente postergada. En los escenarios se asume que en el año 2002 se realiza dicha reforma, ampliándose la captación fiscal (exclusivamente por el lado de los ingresos tributarios, ITRIB), con un modesto incremento en la elasticidad de ITRIB a PIB. Así, la proporción de los ingresos tributarios como proporción del producto pasa, de 10.48% en 1998, a un 15.43% en el 2015, y hasta un 16.07% en el 2030. Este cambio estructural, acompañado de la reducción del pago de la deuda pública total, relaja la restricción fiscal y permite el incremento del gasto.

V.9.3. Política de ingresos. Escenario inercial (EI)

Salario mínimo real (WALDM1R). Se supone que continúa la tendencia de deterioro del poder adquisitivo. Históricamente los incrementos del salario mínimo nominal se han mantenido por debajo de los incrementos en precios, dando como resultado una constante caída del salario real. Se estima un crecimiento nominal promedio anual de los salarios de 9.3%, frente a un incremento de precios de 10%; con ello la caída de los salarios reales en el año 2010 sería de 2% respecto a 1999.

Precio de las gasolinas (IPGAS). Este precio es determinante en el comportamiento del índice de precios al consumidor (IPC). Se considera que conservará la tendencia registrada en los últimos 10 años, y estará 1.5 puntos porcentuales por encima del IPC.

Periodo	Incremento anual
1999	15.5%
2000-2010	11.5%

V.9.4. Política de ingresos. Escenarios básico y alternativo

Salario mínimo real (WALDM1R). Los salarios nominales generalmente crecen por debajo de la inflación. Sin embargo, se supone que, con objetivos de mejoramiento (o de evitar al máximo el deterioro) del nivel de vida de los trabajadores, WALDM1R se mantiene constante a precios constantes a partir del 2000.

Precio de las gasolinas (IPGAS). Se considera que conservará la tendencia registrada en los últimos 10 años, y estará 1.5 puntos porcentuales por encima del IPC.

Periodo	Incremento anual
1999	15.5%
2000-2005	11%
2006-2010	9%
2011-2015	4.7%

V.9.5. Política monetaria. Escenario inercial

Tasa de interés. Se supone que, como consecuencia de las restricciones estructurales y de la política económica, la inflación se mantendrá en un promedio anual de 10%, por lo que las tasas nominales y reales de interés *(cetes* a 28 días promedio anual) serán altas.

Periodo	Inflación (%)	Tasa de interés nominal	Tasa de interés real
1999-2000	14	22.0	8.0
2001-2010	10	18.5	8.5

Agregado monetario M4 (FM4RN). Para este agregado monetario se supone un incremento promedio anual de 3% entre los años 2000 y 2010.

Tipo de cambio real (PRC). Se considera que durante el horizonte de tiempo de interés (1999-2010) se mantendrá en un nivel similar al registrado en 1990, lo que exige un promedio de devaluación nominal anual de 6.83%, muy superior al supuesto en los otros dos escenarios (4.6%) para el mismo periodo.

V.9.6. Política monetaria. Escenarios básico y alternativo

Tasa de interés nominal (TCOMBN) y real (TCOMBR). En congruencia con los consensos mundiales sobre política económica, para el horizonte de tiempo de interés se acepta una política monetaria restrictiva, por lo que la tasa nominal promedio anual de cetes a 28 días se mantiene en un nivel que permite tasas reales cercanas al 5%, 2 o 3 puntos por encima de la tasa de interés de los *federal funds* de Estados Unidos, pues se incluye un margen por *riesgo-país*. Así, las tasas promedio anual de inflación, interés nominal y real, se supone serán las siguientes:

Periodo	Inflación (%)	Tasa de interés nominal (%)	Tasa de interés real (%)
1999-2000	14.0	19.80	5.80
2001-2005	9.5	13.72	4.22
2006-2010	7.5	12.48	4.95
2011-2015	3.2	8.32	5.12

En estos escenarios, hacia el año 2015 la inflación en México habrá igualado a la de Estados Unidos. Esta convergencia permitirá pensar a partir del año 2015 en la posibilidad de una unificación monetaria, resultado de una convergencia en los indicadores reales, monetarios y financieros de las dos economías. En el caso de la economía mexicana, dicha convergencia se alcanza sin políticas de ajuste y recesión.

Agregado monetario M4 (FM4RN). Se supone que el nivel real de M4 crecerá con una tasa de 2.8% promedio anual entre 1999 y 2015, que deberá corresponder al incremento de la base monetaria de Estados Unidos.

Tipo de cambio real (PRC). Debido al supuesto de la unificación monetaria, el tipo de cambio real se mantendría durante la primera década del próximo siglo en el nivel que observó en 1997. Esto supone que se evitarán devaluaciones abruptas, manteniéndose el régimen de "flotación sucia", de tal forma que el tipo de cambio nominal (REXC) ajuste los diferenciales de inflación y absorba los choques externos. En consecuencia, la devaluación nominal promedio anual entre 1999 y 2010 será de 6.8%. Por lo menos tres años antes de que se dé la franca unificación, la economía mexicana estará obligada a disminuir sus índices inflacionarios. Por ello, se supone que entre 2011 y 2015 el promedio de devaluación nominal será de tan sólo 1.4%.

V.9.7. Sector externo. Escenarios inercial, básico y alternativo

PIB de Estados Unidos (USGNPR). Las tasas de crecimiento del producto estadounidense han sido altas en los últimos años. Se supone que éstas disminuirán en los próximos años de la siguiente manera:

Periodo	Variación %
2000	2.2
2001	1.6
2002-2003	3.1
2004-2010	2.3
2011-2015	2.7

Inflación de Estados Unidos (USPCU). Debido a que históricamente se ha observado una relación inversa entre tasas de crecimiento de la inflación y del producto, se calcula que USPCU se comportará de la siguiente forma:

Periodo	USPCU
2000-2010	2.5
2011-2015	2.0

Tasa de interés de Estados Unidos de los federal funds. Se considera que estará dos puntos porcentuales por arriba de la inflación.

Periodo	Tasa de interés
2000-2010	4.5
2011-2015	4.0

Precio promedio de la mezcla de exportación de petróleo crudo (dólares por barril) (PTEGP1). No se espera una recuperación significativa durante los siguientes 15 años, pues aún durante 1999 el precio repuntó. No se considera que la demanda mundial de este bien se incrementará en forma considerable. Así, se supone que PTEGP1 y la plataforma de exportación (TEGPV) se comportarán como sigue:

Periodo	PTEGP1	TEGPV (mdbd)
2000-2005	13.85	1.74
2006-2010	15.00	1.65
2011-2015	16.40	1.68

V.9.7.1. Cuenta corriente

Ingresos por transferencias (TETN). De acuerdo con su comportamiento histórico, se supone crecerán al 5.3%.

Egresos por transferencias (TMTNP). Presentan una tendencia muy errática; por ello se considera que su valor promedio será similar al de los últimos diez años.[12]

Ingresos por servicios factoriales (TEFN). A juzgar por su comportamiento entre 1988 y 1998, se consideró que tendrán un crecimiento de 5.22%.

Egresos por servicios factoriales (TMFNP). Se supuso que tendrán la misma tendencia de los últimos 10 años, por lo que su nivel se fijó en 16.5 mil millones de dólares.

Ingresos por servicios no factoriales (TEPSN2). Se supuso que mantendrán su comportamiento de los últimos años, por lo que las tasas promedio anual de crecimiento para los próximos 15 años se consideraron como sigue:

Periodo	Crecimiento promedio anual
2000-2010	3.9%
2010-2015	3.6%

---

[12] Por su baja significación, el valor de esta variable no es determinante para esta balanza de la cuenta corriente.

Egresos por servicios no factoriales (TMPSN). Para mantener saldos similares a los observados durante la década de los noventa en esta balanza, las tasas de crecimiento de los egresos para los próximos años se suponen como sigue:

Periodo	Crecimiento promedio anual
2000-2010	2.9%
2010-2015	3.2%

V.9.7.2. Cuenta de capital

Inversión extranjera de cartera (TFCART). Esta variable ha tenido un comportamiento muy inestable; sin embargo, debido a las facilidades que el gobierno ha establecido para fomentar la inversión extranjera de cartera, se espera un incremento constante anual de 8% entre el año 2000 y el 2010, y de 5% para los cinco años siguientes.

Inversión extranjera directa (TFLLTIN). Bajo el supuesto de una etapa de impulso al crecimiento de la economía mexicana, se considera que la inversión extranjera directa crecerá durante la primera década del próximo siglo. En años posteriores su tasa media anual de crecimiento descenderá debido a un menor diferencial en las tasas de interés reales internas y externas. Se supone así que la inversión extranjera directa crecerá con tasas promedio anuales inferiores a las observadas entre 1990-1998 (20%); ello se deberá a la caída que se espera en el producto de EU y, con ello, el aumento de sus tasas de interés, así como por una disminución en la privatización de activos del sector público. Se supone que el crecimiento de TFLLTIN será de 8% en los dos primeros años de cada sexenio, luego 10% en el 3º y 4º años, para disminuir a 8% en el quinto año y decrecer 4% en el último año de cada periodo presidencial.

Apertura comercial (APEMEX).[13] Por la dinámica de la globalización, se espera que el proceso de apertura comercial se acelerará y llegará a su máximo en los próximos 10 años. Actualmente el nivel de apertura es de 91%, por lo que se considera que para el 2010 llegará al 99%.

---

[13] Razón del valor de las importaciones no sujetas a licencia respecto al total de importaciones.

V.9.8. Variables de oferta. Escenarios inercial, básico y alternativo

Durante los próximos años sin duda será crucial elevar la producción real y potencial de la economía mexicana, sobre todo en dos de sus sectores estratégicos: agricultura y manufactura. Se supone que así gran parte del esfuerzo de la política económica (a través de la política fiscal) se abocará a este objetivo.

Superficie cosechada (SCOS). Por la dinámica del crecimiento poblacional, el cambio en el uso del suelo y el hasta hoy escaso apoyo efectivo, suponemos un paulatino decremento en la superficie cosechada durante los próximos 15 años. Este supuesto se basa en el posible futuro comportamiento de la población total, cuyas tasas promedio anual de crecimiento serán de 1.2% para la primera década y de 0.8% para la segunda.[14] Aunque se observa una reducción en la dinámica poblacional, la composición por edades se está modificando de tal forma que el grueso de la población conformará la PEA y la demanda de vivienda sin duda aumentará. Así, se suponen pérdidas en SCOS de 0.53% para 1999; 0.4% promedio anual en el periodo 2000-2010, y de 0.3% entre 2011 y 2015.

Productividad total (z). Para la primera década se suponen tasas de crecimiento promedio anual de 2.4%, y para los siguientes cinco años de 2.2%.

Productividad del sector primario (z_{91}). En el escenario básico se consideró que continuará la expulsión de campesinos, la reducción de la superficie cosechada y el escaso apoyo real al campo mexicano, por lo que z_{91} seguiría con la tendencia observada durante los últimos 10 años (con excepción de 1999, en que se pronostica una reducción de 0.18%); es decir, crecerá 0.9% en promedio anual durante los años comprendidos entre 2000 y 2010, y en 1.45% durante los siguientes cinco años. Sin embargo, la única forma en que la producción agrícola podría crecer sería a través del incremento de la productividad, ya sea por el uso de nuevas tecnologías o por el aumento en la eficiencia del trabajo, más que por el abandono del campo por los pobladores. Así, en el escenario alternativo se supone que las tasas de crecimiento en la productividad serán:

2000-2005	1.9%
2006-2010	3.0%
2011-2015	2.6%

---

[14] CONAPO, *Programa Nacional de Población 1995-2000*, México, 1995.

Productividad de la minería (z92). Se considera que preservará la misma tendencia de los últimos veinte años, y que ha mantenido constante.

Productividad del sector manufacturero (z93). En el escenario inercial se supone que esta variable tendrá un crecimiento de 0.05% para el periodo 2000-2010. En el escenario básico será de 0.72% para el 2000-2010, y de 0.49% para 2010-2015 (promedio anual). En el escenario alternativo, el incremento de la inversión pública y privada supone una dotación mayor de capital, así como un uso más intensivo del mismo, por lo que resulta razonable esperar incrementos sustanciales en la productividad para todo el horizonte de tiempo de interés. Por lo tanto, se consideran las siguientes tasas de crecimiento medias anuales: para el periodo 1999-2020, de 1.7%; para el 2003-2015, de 5.5%, y para el 2016-2030, de 5.05%.

Población total (PT) y económicamente activa (PEA). Para estas variables se emplearon los datos del capítulo 3, sobre demografía, de este mismo libro, titulado "Retos y oportunidades demográficas del futuro de la población", de José Gómez de León.

VI. EL SISTEMA FINANCIERO MEXICANO EN EL AÑO 2030: INTEGRACIÓN O INDEPENDENCIA

Fernando del Olmo*

VI.1. Introducción

El sistema financiero es el conjunto de mecanismos a disposición de una economía para cumplir la función básica de asignar y distribuir, en tiempo y espacio, los recursos de capital, los riesgos, el control y la información asociados con el proceso de transferencia del ahorro a la inversión. El papel del sistema financiero es necesario e importante, ya que los oferentes (ahorradores) y demandantes (usuarios e inversionistas) de capital no necesariamente coinciden en el tiempo o el espacio, y existen asimetrías de información que hacen muy difícil la transferencia directa. Los ahorradores quieren cierto grado de seguridad de que recuperarán sus ahorros con cierto premio, sin correr riesgos excesivos en inversiones de difícil liquidación. Los inversionistas requieren cantidades de dinero mayores y a plazos más largos que los depósitos de los ahorradores. El sistema financiero resuelve las anteriores limitaciones: aglutina ahorradores, creando la masa crítica necesaria para colocarla entre los demandantes (inversionistas); adecua los horizontes de corto plazo de los ahorradores a las necesidades de largo plazo de los demandantes; reduce los riesgos mediante la oferta de instrumentos líquidos a los ahorradores y la provisión de herramientas de cobertura, protección y diversificación a los inversionistas; reduce la selección adversa de proyectos de inversión y, finalmente, reduce los costos de transacción aprovechando economías de escala en la movilización de los recursos. La selección eficiente de proyectos de inversión por parte de los intermediarios (bancos) interesa no sólo a éstos y a los ahorradores, sino también a la sociedad en su conjunto, por los beneficios que ésta obtiene cuando los recursos escasos son canalizados de manera más rentable.

Existen dos tipos de mercados financieros: *a)* intermediados o bancarios, cuando la transferencia del ahorro a la inversión se realiza por medio de intermediarios, sean éstos bancos, corporaciones financieras, etc., y *b)* no intermediados, cuando dicha transferencia se realiza direc-

*Socio consultor, Analítica Consultores, SC.

tamente a través de instrumentos de mercado, como acciones, bonos, derivados y otros. Según la relación entre los mercados intermediados y no intermediados, pueden distinguirse dos grandes modelos financieros alternativos: uno que privilegia la intermediación, como el de Alemania y Japón, que cuenta con pocas instituciones bancarias múltiples y un mercado no intermediado de escasa profundidad y poco competitivo, en el que la banca no sólo financia las empresas, sino que participa accionariamente en ellas, y otro que privilegia el desarrollo de instrumentos de mercado directo en la financiación del desarrollo, como el de Estados Unidos e Inglaterra, donde el sistema bancario realiza básicamente operaciones de corto plazo y préstamos al consumo y a empresas medianas y pequeñas. Más allá de su eficiencia o eficacia, el segundo de estos modelos es el más difundido.

México ha adoptado el segundo de estos modelos; su mercado no intermediado es el segundo en tamaño entre los de países en desarrollo, e iguala al de su mercado intermediado. Los instrumentos de mercado han sido ampliamente utilizados en nuestro país para financiar la deuda pública y, en menor medida, la deuda privada, así como el mercado accionario y los productos derivados y futuros. El mercado intermediado sigue siendo predominante en los créditos hipotecarios y al consumo, y en los créditos a la mediana, pequeña y micro empresa. Con todo, nuestro sistema financiero muestra diferencias enormes respecto al de nuestros principales socios comerciales. Pese a la gran penetración del mercado no intermediado, la tendencia mundial y nacional es hacia una complementación de los dos modelos.

La banca y el sector financiero mexicanos han estado sujetos a un proceso radical de cambio. Hoy sus estructuras, reglas, actores y prácticas son muy diferentes de las de hace una década. El proceso de cambio que el sector financiero enfrentará en el futuro será resultado de una convergencia entre las tendencias del sistema financiero mundial y las necesidades de la economía nacional. El análisis prospectivo del sistema financiero debe partir de un marco de referencia que incluya aquellos eventos o tendencias que lo han modificado o están modificándolo. Entre dichos eventos y tendencias portadores de futuro destacan:

a) El proceso de innovación financiera, resultado de cambios radicales en la tecnología, en la teoría financiera y en la administración de riesgos, que ha modificado las formas de valuar, la integración de los sistemas financieros, el alcance de los mercados y los productos financieros y sus canales de distribución.

b) La internacionalización, que promueve el libre flujo de capitales de un país a otro, modificando radicalmente la estructura local de los sistemas financieros, para convertirlos en uno de competencia global.

c) La institucionalización del ahorro, a través de modificaciones en los sistemas de pensiones, en los esquemas voluntarios de retiro y en el manejo de los fondos mutuos, que impacta de manera radical la estructura de plazos del fondeo, transformando el corto en largo plazo y procurando una solución institucional al ahorro interno.

Estas tendencias, además de modificar en forma radical la composición y estructura del sector financiero en general y de la banca en particular, han influido de la siguiente manera sobre las condiciones de oferta y demanda de los servicios financieros: *a)* transformando al sistema, de uno centrado en la banca en otro centrado en instrumentos de mercado, abandonando el esquema de precios iguales por otro donde prevalece la asignación de precios en función del nivel de riesgos, y *b)* haciendo que la banca haya dejado de financiar al sector público para centrarse en el privado, y haya dejado de financiar a empresas corporativas para concentrarse en las medianas y pequeñas y en el crédito al consumo.

La innovación, la internacionalización del capital y la institucionalización del ahorro han tenido impactos tanto en el nivel microeconómico —provocando una caída seria del margen financiero en la banca—, como en el macroeconómico —produciendo crisis financieras con altos costos fiscales, sociales y políticos—. Algunas instituciones bancarias, luego de haber vivido durante muchos años en ambientes estables, han sido incapaces de adecuarse a entornos de alta volatilidad. Otras han instrumentado con éxito acciones para enfrentar y superar sus nuevos retos. Entre dichas acciones destacan: las fusiones y adquisiciones; la administración de costos; la administración de pasivos; nuevas formas de relación con sus clientes; el diseño y desarrollo de nuevas formas de distribución y productos de bajo costo; la administración del riesgo, y una orientación total y absoluta hacia la rentabilidad. Estas prácticas están convirtiéndose en las nuevas megatendencias ganadoras.

La impresionante dinámica del sector financiero lo ha conducido también hacia una mayor especialización, lo cual está obligando a reformular radicalmente el papel de la regulación hacia áreas más de carácter preventivo que punitivo, con el consecuente gran esfuerzo de las autoridades para adaptar sus prácticas a las internacionales y a homologar la operación de los sistemas nacionales bajo una lógica de mercado global. Los cambios en el sistema financiero han afectado significativamente las funciones de control, regulación y coordinación de la banca central y su papel en la regulación monetaria y como prestamista de última instancia.

Para analizar las tendencias recientes y las perspectivas futuras del sistema financiero debemos considerar sus funciones principales en la economía: servir como medio de pagos, articular las entidades excedentarias con las deficitarias, y asignar en forma óptima los recursos de la economía.

Para responder a la pregunta ¿cuál podría ser el futuro del sistema financiero nacional? se presentan al final del capítulo tres escenarios plausibles. El primero considera que el sistema monetario y financiero mexicano se integrará totalmente al bloque regional norteamericano. El segundo supone un sistema monetario y financiero parcialmente integrado a las principales economías regionales o internacionales, similar al actual. El tercero y último considera un sistema monetario y financiero independiente y relativamente autárquico.

VI.2. Tendencias actuales en el sistema financiero. ¿Qué está pasando?

VI.2.1. *Causas y tendencias de la innovación financiera*

La innovación financiera proviene de cinco principales fuentes:

a) El progreso tecnológico. La mayor capacidad para procesar grandes volúmenes de información con gran rapidez y bajo costo han transformado tanto las prácticas del sistema financiero como sus costos de operación.

b) Nuevos servicios financieros. La vasta expansión del comercio y de la riqueza de los países desarrollados, el reciclaje de los petrodólares en la década de los setenta y los excedentes de ahorro y capital de los países asiáticos en los ochenta provocaron un crecimiento descomunal de los fondos prestables. En paralelo, como resultado de grandes déficits comerciales y presupuestarios, los países en desarrollo se convirtieron en grandes demandantes de recursos. Todo ello ocurrió en un contexto de alta inflación y cambios en las políticas macroeconómicas, aumentando la inestabilidad de las tasas de interés y de cambio.

c) Administración de riesgos. La creación de nuevos productos vino acompañada de nuevos procedimientos para reducir los riesgos de mercado, estableciendo nuevos precios. La inestabilidad crediticia estimuló nuevos métodos para incrementar la liquidez y redistribuir el riesgo.

d) Sistemas de retiro. Varios países desarrollados consolidaron sus sistemas de ahorro de largo plazo privatizando los fondos de pensiones y otorgando beneficios fiscales para el ahorro voluntario. Con la expansión descomunal de los fondos de pensiones y de los fondos mutuos se multiplicaron y crecieron los inversionistas institucionales, transformando profunda y radicalmente el carácter de los agentes inversionistas.

e) Avances en teoría financiera. Los avances teóricos en temas como los precios de las opciones, el manejo de carteras y la indización generaron nuevas áreas de negocios. La mayor capacidad de procesamiento de la información hizo viables nuevas técnicas de análisis y el desarrollo de instrumentos financieros, permitiendo mayor certidumbre en los mercados, al discriminar más eficientemente los riesgos y establecer nuevos esquemas de precios acordes con ellos.

Estas cinco fuentes de cambio están generando nuevas tendencias generales sobre ventas de activos, integración de mercados, globalización, determinación de precios, distribución de los riesgos y las propias prácticas de operar de los mercados:

a) Los activos crediticios asumidos por los bancos[1] están siendo vendidos en las bolsas de valores vía intermediarios financieros. En los principales países de la OCDE este mercado, de impresionante dinámica, ha tenido amplia aceptación y está cambiando profundamente la estructura de operación y la composición de los activos y pasivos de la banca. El crédito bancario está siendo abandonado por los mercados de valores, disminuyendo la participación de los bancos como prestatarios en los mercados de largo plazo y como participantes en los mercados de dinero nacionales e internacionales (interbancarios). En los países emergentes las ventas de activos se iniciaron cautelosamente, ya que subsiste una salvaguarda de sustitución de cartera por parte del banco en caso de un deterioro mayor al previsto, o una tasa de descuento suficientemente grande como para cubrir posibles incumplimientos de la cartera.

b) La integración de los mercados prácticamente ha eliminado las restricciones geográficas, institucionales y regulatorias, dando paso a un mercado mundial unificado de servicios financieros, donde necesidades de fondos en un país se conjugan con excedentes de capital en otros. Este proceso ha sido irregular; en algunos países o mercados la integración está muy avanzada; en otros no. Algunos mercados, como los de metales preciosos, divisas o bonos gubernamentales, han alcanzado carácter mundial. Otros, como los de derivados, opciones, futuros, deuda privada y capital de empresas corporativas, vienen creciendo en forma espectacular, aun cuando su carácter global no es tan amplio como en los primeros.

c) La desregulación y la menor intervención gubernamental en los mercados financieros han reducido las interferencias extramercados en la determinación de las tasas de interés activas y pasivas y en la asignación del crédito. Ello no elimina el papel de las autoridades reguladoras y de los bancos centrales; por el contrario, en el proceso de globaliza-

---

[1] Se refiere a la consolidación y transformación de créditos contractuales que originalmente habían asumido los bancos en créditos vendibles en el mercado de valores y tomados por múltiples tenedores dispersos en el mercado.

ción se tiende a una convergencia internacional en los requerimientos de adecuación de capital y en todo lo referente al sano proceder de la banca. La regulación se transforma de punitiva en prudencial y se establecen principios que permitan reciprocidad en las reglas que rigen a la banca.

d) El proceso de globalización financiera da paso a una interacción internacional de ideas, información, capital, bienes, servicios y personas.[2] Los avances en teleinformática facilitan la transferencia electrónica de fondos entre países y continentes. Al globalizarse el capital, lo hacen también las empresas con inversiones directas y se internacionalizan los referentes y requisitos para atraer y retener ese capital.

e) Entre los nuevos productos y servicios financieros destacan cuatro: *1)* los derivados, desarrollados a fines de los setenta, donde destacan los futuros de tasas de interés —que en algunos países han superado a los mercados de activos—, las opciones sobre divisas, acciones y otros activos; *2)* los relacionados con ingresos fijos, incluidos los bonos cupón cero, los de tasa flotante y las garantías de acciones; *3)* nuevos valores del mercado de dinero, como pagarés, el europapel comercial y los certificados de depósito a plazo, y *4)* los instrumentos de financiamiento fuera de balance, como los intercambios de tasas de interés y de moneda extranjera, las cartas de crédito contingente, los compromisos de venta y las transferencias y garantías.

Las prácticas del mercado, tanto primario como secundario, han cambiado radicalmente. Se ha pasado del piso de remates a subastas computarizadas (mercados *over the counter)* y nuevos sistemas de compensación que dan seguridad y dinamismo a los mercados, permitiendo la entrada de nuevos operadores a distancia.

Los bancos han estado en el centro de la innovación financiera. Entre los principales cambios que ésta ha provocado en ellos están:

a) Una reducción de la función de otorgamiento de crédito de corto plazo financiado mediante la recolección de depósitos. Conforme los grandes usuarios de crédito crecieron y evolucionaron, recurrieron al financiamiento del mercado de dinero y de capitales. Los ahorradores institucionales que transfirieron sus depósitos de los bancos al mercado de capitales facilitaron esa tarea al ofrecer fondos disponibles.

b) Los términos de competencia de los nuevos intermediarios financieros no bancarios, los cuales están sujetos a menos restricciones regulatorias, lo que se traduce en menores costos de fondeo para el mercado y mayores costos para los bancos.

[2] T. Heyman, *Inversión en la globalización*, BMV, ITAM, IMEF, Milenio, México, julio de 1998.

c) Las nuevas tecnologías que hacen viables a nuevos competidores. El control del mercado a través de la presencia física de sucursales ya no es el elemento clave de competencia.

VI.3. La internacionalización y los flujos mundiales de capitales

La caída de las tasas de interés se ha convertido en importante incentivo en la promoción de flujos de capital hacia los países en desarrollo, reforzando las tendencias hacia la integración financiera global. De acuerdo con un estudio sobre los flujos mundiales de capitales del Banco Mundial,[3] el flujo de capital privado hacia los países en desarrollo se ha multiplicado por 6 desde el inicio de la década, pasando de 41 mil millones de dólares en 1990 a 246 mil millones en 1996. La inversión extranjera total (IET) pasó del 4.1% de la inversión doméstica en 1990 a 20% en 1996. La gran mayoría del capital se ha canalizado a inversiones en el sector privado, las cuales son 5 veces mayores que las públicas. También la composición por destino cambió radicalmente: en 1980 más del 80% de la inversión extranjera directa (IED) se canalizaba a créditos bancarios; durante 1996 dicha cifra no rebasó el 19%. La inversión directa llegó al 45% de la total, la inversión en bonos al 18% y la inversión en acciones a otro 18%. En resumen, el financiamiento está siendo canalizado al usuario final, abandonando el esquema de intermediarios financieros.

Durante 1990-1995 la inversión privada mundial (246 mil millones de dólares [mmd]) mostró un patrón paretiano: 17 países (22% del total) captaron el 86.5% de los flujos (212.7 mmd), mientras que los restantes 60 países (78%) recibieron el 13.5% de los capitales. México fue el segundo país receptor de inversión extranjera neta (85 mil millones de dólares) después de China (165 000 millones de dólares). La globalización del sistema financiero mexicano se inició en 1992, en paralelo con la colocación de acciones de ICA simultáneamente en México y en Nueva York, lo que marcó el inicio de múltiples colocaciones de empresas mexicanas y latinoamericanas. Actualmente el mercado financiero mexicano tiene una creciente participación extranjera, tanto en el mercado accionario como en el mercado de deuda. La inversión extranjera en el mercado accionario se multiplicó por 14 en 3 años, pasando de 4 mil millones en 1990 a 54.6 mil millones en 1993; como participación del valor del mercado, pasó del 12.2% al 27.2%. La participación extranjera en el merca-

[3] World Bank, *Private Capital Flows to Developing Countries,* World Bank Policy Research Report, Ub y Oxford University Press, Washington, DC, 1997, p. 9.

do de deuda fue ligeramente menor en monto, al pasar de 5.5 mil millones en 1991 a 21.8 mil millones en 1993; su participación en el total de la deuda creció, llegando al 52.7%.

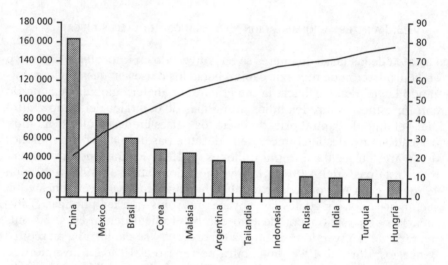

GRÁFICA VI.1. *Flujos de capital a países emergentes, 1990-1995*

La internacionalización del capital tiene su origen en dos efectos, derivados tanto de los países industriales como de los de países emergentes. Los de los países industriales se originan al combinarse tres elementos: *1)* la competencia y el incremento de los costos internos combinadas con la caída de los costos de los transportes y de las comunicaciones, que permitieron poner en práctica estrategias de producción eficiente fuera del país; *2)* la gran expansión de los inversionistas institucionales que pretenden mayores rendimientos en horizontes de mediano y largo plazos, y *3)* el deseo de los inversionistas de diversificar el riesgo de su portafolio.[4] Los de los países en desarrollo se desarrollaron por dos razones: *1)* los mercados financieros se han transformado gradualmente durante dos décadas, pasando de mercados aislados y altamente regulados a un sistema integrado globalmente, y *2)* el ambiente macroeconómico cambió radicalmente con la implantación de modificaciones estructurales orientadas a una mayor apertura económica y reglas más atractivas

[4] Las tasas de retorno de las inversiones en países emergentes muestra muy poca correlación con las de los países industrializados; de ahí los beneficios de tener inversiones diversificadas, ya que mientras unas bajan las otras suben, asegurando una mayor rentabilidad en el largo plazo y una menor volatilidad.

para la inversión. El proceso incluyó la privatización de empresas públicas, contribuyendo a fomentar flujos de capital desde el exterior.

Las ventajas del proceso de internacionalización del capital, tanto para los países receptores como para los generadores de flujos, no pueden hacerse a un lado. Los impactos de la inversión extranjera deben verse bajo tres consideraciones:

a) La integración financiera facilita el crecimiento económico, asegurando los niveles de inversión necesarios, especialmente en economías donde se cuenta con proyectos sólidos y atractivos para la inversión extranjera;

b) La integración permite a las empresas individuales asegurar la disponibilidad de fondos más allá de las condiciones internas de alta volatilidad; esto se traduce en mayor estabilidad y seguridad de sus flujos de efectivo; y

c) La inversión extranjera complementa el ahorro interno y multiplica su impacto. En muchos países la inversión extranjera ha sido muy eficiente por su efecto multiplicador o de valor agregado sobre la economía.

| | *Deuda externa total (mdd)* | | | | |
	1988	*1989*	*1990*	*1991*	*1992*
Sector público	81 003	76 059	77 700	79 988	75 755
Sector privado	14 298	13 258	22 465	30 270	34 789
Banco de México	4 786	5 126	6 508	6 759	5 957
Total	100 087	94 443	106 743	117 017	116 501
Tipo de cambio	2.28	2.64	2.95	3.07	3.12

| | *Deuda externa total (mdd)* | | | | |
	1993	*1994*	*1995*	*1996*	*1997*
Sector público	78 747	85 436	100 934	98 285	88 321
Sector privado	46 982	50 522	47 429	45 592	51 613
Banco de México	4 795	3 860	17 282	13 279	9 088
Total	130 524	139 818	165 645	157 156	149 022
Tipo de cambio	3.11	5.33	7.64	7.85	8.14

FUENTE: SHCP.

Los riesgos del proceso de internacionalización del capital son múltiples, pero podemos agruparlos en dos: los de carácter macroecónomico y los microeconómicos sobre las instituciones financieras. Desde el punto de vista macroeconómico las economías se vuelven más volátiles, por la repatriación de los capitales asociada con la inversión extranjera (IE). Ésta ha sido especialmente importante en aquellas economías con políticas fiscales y monetarias débiles, con sistemas bancarios sobreprotegidos y mercados domésticos altamente distorsionados. A nivel microeconómico la internacionalización del capital ha provocado que las instituciones financieras, especialmente las bancarias, se vean desplazadas; sus mejores clientes, normalmente empresas corporativas, se mueven hacia los mercados de capitales. La pérdida de parte de sus clientes importantes produce excedentes de fondos prestables, lo que las obliga a moverse hacia sectores y actividades menos conocidos y de mayor riesgo.

En conclusión, frente a la tendencia a la integración financiera mundial, México se verá obligado a desempeñar un papel más activo y dinámico, por lo que cobrarán mayor peso los instrumentos de mercado y aquéllos que aseguren la racionalidad económica de las decisiones financieras. La banca continuará perdiendo importancia relativa en la captación y canalización de recursos a la economía, frente a un sistema orientado a tomar plazos más largos que empaten con la estructura de la colocación.

VI.4. Institucionalización del ahorro interno

Tal vez el factor más dinámico de la internacionalización del capital sea la aceleración de los flujos de capitales provenientes de los inversionistas institucionales, entre los que destacan los fondos mutuos y de pensiones. Los primeros han tenido un crecimiento impresionante: en sólo una década sus inversiones crecieron 60 veces.[5] Los segundos han contribuido de forma importante como proveedores de fondos de mediano y largo plazos. La gran expansión de los fondos de pensiones se inició con la privatización de los sistemas de retiro, especialmente con la creación del sistema K401 en Estados Unidos, que permitió contar con grandes y crecientes contribuciones.[6] En el caso de Japón y Estados Unidos, sus volúmenes de inversión son incluso mayores que los de los fondos mutuos. Una regulación estricta limitó hasta hace poco sus inversiones en activos extranjeros.[7] Con todo, se estima que tan sólo los fondos de pensiones de Estados Unidos tienen cerca de 70 mil millones de dólares

[5] En 1986 unos cuantos fondos (28) invertían 1 900 millones de dólares en acciones de países emergentes; en 1996 más de 1 300 fondos por país o regionales tenían invertidos 132 mil millones de dólares en dichos países.
[6] El sistema impositivo americano permite deducir de impuestos las contribuciones de las empresas a los sistemas de retiro de sus empleados, lo cual hace preferible este método de inversión por ambas partes contra otras alternativas existentes en el mercado.
[7] De 24% en Gran Bretaña, 17% en Canadá y Holanda, 9% en Estados Unidos, 5 y 6% en Francia y Alemania, respectivamente, y prácticamente inexistente en España, Noruega y Suecia.

invertidos en mercados emergentes. En el futuro probablemente los fondos de pensiones serán la principal fuente de recursos de IE hacia los países emergentes.[8]

Tres acciones complementarias modificaron de manera profunda los fondos de pensiones de los países industrializados: *1)* el abandono de los sistemas tipo *"pay as you go"*, sustituyéndolos por sistemas de capitalización individual; *2)* la privatización de los sistemas de administración de los fondos, y *3)* la desregulación de la asignación de inversiones hacia los fondos.

Los sistemas públicos de pensiones de Latinoamérica tenían muchas deficiencias, derivadas de la mala distribución del ingreso y el rápido crecimiento de la población participante en ellos;[9] estaban, además, en bancarrota. La revolución de los fondos de pensiones en los países emergentes se inició hace menos de una década, en 1991, con la privatización del sistema de pensiones chileno. Su aparente éxito hizo que otros países de la región siguieran su modelo. En la mayoría de los países latinoamericanos las contribuciones de los trabajadores en sus cuentas individuales son de 10 a 11% de los salarios brutos. Para hacer los sistemas más atractivos, los gobiernos de Bolivia, México, Colombia y Perú generaron distintas contribuciones adicionales. México es el único país cuyo sistema no está ligado a un límite específico de inversión. La reforma del sistema de pensiones tendrá importantes efectos sobre el mercado laboral, las tasas de ahorro domésticas, el desarrollo de los mercados de capitales y el crecimiento del producto y la inversión.

En México el flujo de los fondos administrados por el sistema privado de pensiones alcanzará 3.7 mil millones de dólares por año durante la primera década del siglo XXI. Se estima que para fin de siglo administrará 24.2 mil millones de dólares, equivalente al 6.6% del PIB. En el año 2010 alcanzará cerca del 20% del PIB; en el 2020, alrededor del 40%, y en el 2030, cerca del 67%.

El sistema de pensiones privado reducirá la dependencia de capital extranjero. Para que la economía mexicana pueda crecer al 5% anual se requiere una tasa de inversión equivalente al 24% del PIB. Se estima que a mediano plazo un 22% provendrá del ahorro doméstico y el 2% restante de la inversión extranjera, reduciéndose así las necesidades de

---

[8] El 57% de los administradores de los fondos de pensiones piensa mantener sus actuales niveles de exposición a los mercados emergentes, mientras que el 43% va a aumentarlos en los próximos años. 60% de ellos piensa aumentar en 20% sus flujos, mientras el 40% va a aumentar sus flujos en 50%. El 40% está interesado en las altas tasas de retorno observadas en dichos mercados; otro 40% afirma que además de la rentabilidad buscará la diversificación del portafolio; un 13% busca la diversificación del portafolio solamente.

[9] Mientras que a Bélgica le tomó 100 años aumentar la población mayor de 60 años en un 10%, Venezuela tardó sólo 22 años para doblarla.

ahorro externo en 6 puntos porcentuales del PIB. La reforma del sistema de pensiones promoverá una mayor especialización financiera y la creación de nuevos instrumentos de largo plazo. El papel de los bancos será menos relevante en la captación directa y se centrará en la colocación de fondos en las unidades económicas menos especializadas, particularmente en las medianas y pequeñas, y en el crédito a profesionales independientes y al consumo. Los bancos serán grandes demandantes de fondos a través de bursatilizaciones.

Años	Saldos acumulados (A = Suma Bs)	Flujos a las cuentas individuales (B)	Costo fiscal total	Reducc. en el ahorro del sector público (D = 1/2*C)	Incremento anual en el ahorro neto (E=B-D)	Incremento neto acumulado en el ahorro (G=suma Es)
1998	3.98	2.21	0.48	0.24	1.97	3.74
2003	13.16	2.44	0.52	0.26	2.18	12.15
2013	25.95	2.72	0.72	0.36	2.36	23.66
2018	40.07	2.97	1.08	0.54	2.43	35.71
2023	55.31	3.16	1.45	0.72	2.44	47.88
2033	88.2	3.43	1.91	0.95	2.47	72.35
2043	123.75	3.74	1.87	0.94	2.81	98.57

VI.5. Cambios en la estructura de los oferentes

Durante el periodo de desarrollo estabilizador (1956-1970) existía en nuestro país un número considerable de instituciones privadas especializadas, fuertemente reguladas y altamente protegidas de la participación de la banca extranjera. Sin embargo, la configuración institucional del sistema financiero mexicano cambió de manera paralela al mercado. En las últimas 3 décadas pueden identificarse por lo menos cuatro etapas de desarrollo: *1)* una primera, desarrollista, que enfrentó un activo proceso de protección de los intermediarios, con alta inestabilidad macroeconómica, iniciándose la integración de grupos financieros; *2)* una segunda, correspondiente a la nacionalización de la banca, caracterizada por un proceso de consolidación de la banca múltiple y la apertura del mercado bursátil, con una gran expansión de las casas de bolsa; *3)* una tercera, de liberación financiera y reprivatización de la banca múltiple, en el marco de una crisis económica, y *4)* una cuarta, de reordenamiento e internacionalización de la banca.

VI.5.1. Conformación del sistema de banca múltiple

El proceso de transformación de los bancos de especialidad en instituciones de banca con servicios múltiples[10] se inició en México en 1974.
Se pretendía evitar la pulverización del sistema financiero, protegerlo
contra el riesgo de quiebras y promover que las instituciones fueran
más eficientes y aprovechasen economías de escala. Para ello se otorgaron estímulos y se dieron facultades al Banco de México para regular las
tasas de interés activas y pasivas y la canalización del crédito bancario.
Se simplificaron además los esquemas de encaje legal, para homogenei-
zarlos, y se inició la fusión departamental y la elaboración de un nuevo
catálogo de cuentas, incluyendo las especializadas; también se autorizó
un nuevo esquema de instrumentos de captación y de calidad de servicios, así como la diversificación de operaciones activas y pasivas.

Conformación del sistema financiero	1978	1982
Bancos múltiples	22	34
Bancos de depósito	50	10
Sociedades financieras	20	9
Sociedades de capitalización	5	5
Sociedades de crédito hipotecario	6	1
Sucursales de bancos extranjeros	1	1

FUENTE: Guillermo Ortiz M., *La Reforma financiera y la desincorporación bancaria*, Fondo de Cultura Económica-Siglo XXI Editores, México, 1994, p. 24.

Finalmente, para consolidar el capital nacional en la banca, se supri-
mieron los permisos para establecer sucursales de instituciones de crédito extranjeras y se reguló el establecimiento de las oficinas de representación de dichas instituciones. Como resultado del proceso, en 1980
más del 90% de los recursos bancarios ya eran manejados por la banca
múltiple.

VI.5.2. La nacionalización bancaria y sus efectos

La nacionalización bancaria de 1982 tuvo un costo de 93 mil millones
de pesos (1982) y transformó a los bancos comerciales y de desarrollo
en sociedades nacionales de crédito. Una vez nacionalizada la banca, se
emprendió un proceso de fusiones entre las 60 instituciones existentes,

[10] Operaciones de banca de depósito, financieras y de crédito hipotecario.

para conformar tres grupos de bancos: nacionales, multirregionales y regionales. Se revocaron 11 concesiones, 20 bancos se fusionaron y 17 más conservaron su denominación, con lo que el número de entidades se redujo a 29. En 1985 se fusionaron otros 10 bancos, y uno más en 1988, con lo que se estableció una nueva estructura operativa de 18 sociedades, más 2 bancos que no fueron nacionalizados: el Banco Obrero y el Citibank. Los seis bancos de cobertura nacional (Banamex, Bancomer, Serfin, Comermex, Internacional y Somex) contaban con el 84.7% de los activos totales de la banca, equivalentes a casi 78 billones de pesos de 1982. Los siete bancos multirregionales (Atlántico, Cremi, BCH, Mercantil de México, Confía, Bancrecer y Banpaís) participaban con el 10.28% de los activos totales, equivalentes a casi 9.5 billones de pesos, y los cinco bancos regionales (Mercantil del Norte, Banoro, Promex, Del Centro y De Oriente) participaban con sólo el 4.9% de los activos, con un valor de 4.5 billones de pesos.

Conformación del sistema financiero	1978	1982	1990
Bancos múltiples	22	34	18
Bancos de depósito	50	10	0
Sociedades financieras	20	9	0
Sociedades de capitalización	5	5	0
Sociedades de crédito hipotecario	6	1	0
Sucursales de bancos extranjeros	1	1	1

Fuente: Comisión Nacional Bancaria

La nacionalización de la banca produjo dos efectos colaterales. Por un lado, la captación de la banca empezó a orientarse cada vez más hacia un financiamiento insostenible del gasto público, a través de la política de encaje legal, de los cajones selectivos de crédito y del control de las tasas de interés. Así, prácticamente el 90% de la colocación bancaria se orientó a financiar al gobierno y a las empresas públicas. El déficit financiero del gasto público ascendió al 16% del PIB en 1987, situación que, entre otros, condujo a una inflación de más de 160% en ese año. La canalización de recursos bancarios al sector público dejó seca a la economía real (efecto conocido como *crowding out*). Las únicas alternativas eran los recursos externos —aunque éstos estaban cerrados a México como resultado de la nacionalización bancaria y del control de cambios— y el financiamiento a través de alternativas no bancarias. Así, aparecieron en el mercado de valores los papeles comerciales. La introducción de los certificados de la tesorería (cetes), en 1978, contribuyó también al despegue del mercado de valores y sus intermediarios. La comercialización de los cetes se dejó en manos de las casas de bolsa, excluyendo de ella a los bancos (que no podían tener acciones en las casas de bolsa).

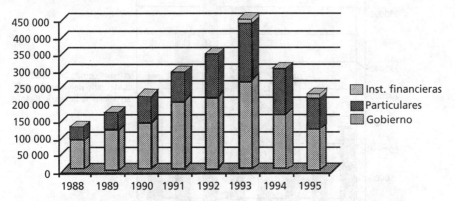

GRÁFICA VI.2. *Financiamiento por agente económico (mdd)*

FUENTE: Leopoldo Solis, *Evolución del sistema financiero hacia los umbrales del siglo XXI*, Siglo XXI Editores, México, 1997, p. 74.

Financiamiento por agente económico (mdd)							
1988	*1989*	*1990*	*1991*	*1992*	*1993*	*1994*	*1995*
Gobierno 95 746	123 388	143 577	201 559	214 592	265 209	164 751	134 155
Particulares 40 923	51 032	82 674	92 254	134 837	175 958	134 567	76 620
Inst. financieras 0	0	0	4 204	5 231	7 427	7 780	19 267
Total 136 668	174 420	226 251	298 016	354 660	448 594	307 098	230 041

Los recursos bancarios fueron insuficientes para financiar el gasto público, por lo que fue necesario recurrir a una espectacular colocación de valores gubernamentales.[11] A ello se sumó que los pagos de las indemnizaciones bancarias de 1982 se realizaron por medio de bonos para la indemnización bancaria (BIS), que también impulsaron al mercado de valores, llegando éste a ser tan grande como el bancario.

VI.5.3. *La apertura y liberalización bancaria*

El proceso de modernización, apertura y liberalización financiera se conjugó con la firma del TLC y el proceso de realineamiento de la econo-

[11] Leopoldo Solís, *Evolución del sistema financiero hacia los umbrales del siglo XXI*, Siglo XXI Editores, México, 1997, p. 179.

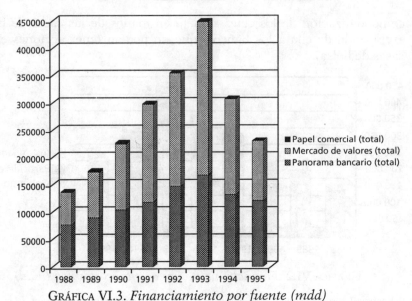

GRÁFICA VI.3. *Financiamiento por fuente (mdd)*

	Financiamiento por fuente (mdd)							
	1988	*1989*	*1990*	*1991*	*1992*	*1993*	*1994*	*1995*
Panorama bancario (total)	76 573	89 467	103 663	117 864	147 014	167 315	131 691	120 912
Mercado de valores (total)	58 887	83 198	120 275	179 139	206 798	280 132	174 618	109 129
Papel comercial (total)	1 208	1 755	2 312	1 013	848	1 147	789	0
Total	136 668	174 420	226 251	298 016	354 660	448 594	307 099	230 041

FUENTE: Banxico.

mía en su conjunto; además, se cambiaron las reglas, para contar con criterios de mercado y menos distorsiones. La reforma financiera pretendía aumentar el ahorro financiero y la disponibilidad de crédito, reducir el costo de los servicios financieros, impulsar el mercado de valores, mejorar la supervisión y capitalización del sistema bancario, apoyar el desarrollo de los intermediarios financieros no bancarios y desarrollar el sistema de ahorro para el retiro.[12]

En agosto de 1990 se inició un proceso de desincorporación y privatización bancaria que buscaba maximizar el valor de venta. Se otorgaron 144 constancias de registro a 35 grupos interesados en comprar las 18

[12] Guillermo Ortiz, *op. cit.*, p. 189.

instituciones de banca múltiple. Las subastas se llevaron a cabo en 6 paquetes. En el primero (junio 1991) se vendieron Multibanco Mercantil de México, Banpaís y Cremi; en el segundo (agosto 1991), Confía, Banco de Oriente, Bancrecer y Banamex; en el tercero, Bancomer y BCH. Un cuarto paquete incluyó a Serfin, Comermex y Somex. Las dos últimas subastas incluyeron al Banco del Atlántico, Promex, Banoro, y Banco Mercantil del Norte, Banco Internacional y Banco del Centro, en junio de 1992. Los bancos se vendieron a precios de entre 2.5 y 4.7 veces su valor en libros.

A menos de dos años de la última privatización se presentó una crisis financiera que modificaría nuevamente el proceso de reordenamiento de la banca.

VI.5.4. La reorganización después de la crisis bancaria

La crisis financiera de 1995 produjo una profunda transformación de los 18 bancos privatizados. A la fecha solamente seis continúan operando (Banamex, Bancomer, Serfin, Bital, Banorte y Bancrecer); los demás fueron fusionados (BBV, Santander, Confía, Bancen, Banorie, Banpaís y Atlántico) o desaparecieron (Cremi, Unión, etc.). De los seis bancos que están en operación, Bancrecer está a punto de fusionarse, y sólo Banamex y Banorte no tienen socio extranjero. Los intermediarios financieros no bancarios, entre los que destacan las uniones de crédito, alcanzaron a conformar 410 instituciones. Después de la crisis desaparecieron más de la mitad. Muchas de las empresas de *leasing*, arrendadoras, y de factoraje se transformaron o desaparecieron.

En este desolador panorama aparecieron nuevos jugadores triunfadores. Se permitió la operación de 21 bancos extranjeros y se autorizaron 18 nuevos bancos nacionales (6 fueron ya intervenidos, otro fusionado y 11 de ellos operan en forma regular). La estrategia de los nuevos bancos ha sido competir en nichos específicos, con pocas sucursales, operando con redes de otros negocios y servicios de alta tecnología. Los bancos extranjeros han acaparado dos quintas partes de los activos y cerca del 22.8% del capital del sistema bancario mexicano. Sus estrategias de entrada a nuestro país han sido diversas; algunos compraron títulos a Fobaproa a precios bajos, previa limpia de algunos créditos de alto riesgo, con un compromiso de capitalización e inversión tecnológica.

La liberalización financiera, junto con la crisis, aceleró el proceso de fusiones y adquisiciones entre las instituciones; Santander adquirió el Banco Mexicano; Bilbao Vizcaya adquirió Mercantil-Probursa, que a su vez absorbió a Cremi y Banorie, y Banorte adquirió a Banpaís y Bancen. A la lista se agrega Bancomer que, además de tener una participación del Banco de Montreal, tomó al Banco Promex; Banco Inverlat, que se

fusionó con el canadiense Nova Scotia; Banca Serfin, que mantiene
como socio al HSBC; Banco Bital, con capital del Banco Central Hispanoamericano y del Banco Central Portugués, adquirió al Banco del Atlántico, que a su vez había absorbido al Banco del Sureste; Citibank adquirió Banca Confía. De los bancos nuevos, GE Capital adquirió al Banco
Alianza.

Conformación del sistema financiero	1978	1982	1990	1999
Bancos múltiples	22	34	18	6
Bancos de depósito	50	10	0	0
Sociedades financieras	20	9	0	0
Sociedades de capitalización	5	5	0	0
Sociedades de crédito hipotecario	6	1	0	0
Sucursales de bancos extranjeros	1	1	1	21

De los 21 bancos extranjeros, sólo cuatro operan negocios masivos:
los españoles BBV y Santander, el estadounidense Citibank y el canadiense Banco de Nueva Escocia. En conjunto poseen el 70% de la participación de filiales extranjeras en el crédito, captación, activos y capital
en el país.

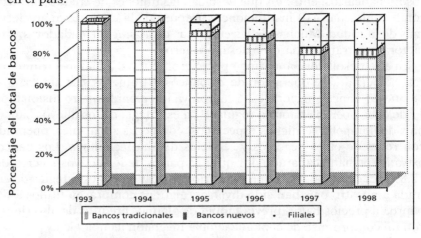

GRÁFICA VI.4. *Penetración de activos*

FUENTE: CNBV, *Boletín de Banca Múltiple.*

A partir de 1992 se han creando nuevos bancos con capital 100% nacional y algunos otros han sido intervenidos por la Comisión Nacional

Bancaria y de Valores. Dentro de los primeros se pueden mencionar: Inbursa, Interacciones, Mifel, Invex, Banregio, Del Bajío, Quadrum, IXE, Afirme, Bansi, GE Capital y Alianza (hoy absorbido por GE Capital). Dentro de los segundos están Interestatal, Sureste, Capital, Pronorte, Anáhuac, e Industrial, todos ellos intervenidos entre 1995 y 1996.

Al mismo tiempo se han creado filiales extranjeras cuya situación no ha sufrido cambios desde su creación, entre ellas: JP Morgan, Chase Manhattan, Fuji Bank, Bank of Tokio-Mitsubishi, Bank of America, ABN AMRO Bank, Republic National Bank of New York, Banco de Boston, B.N.P., Dresdner Bank, Societé Generale, ING Bank, First Chicago, American Express Bank, Nations Bank, Comerica y Boston.

VI.6. NUEVOS PATRONES EN LA ESTRUCTURA DE LA DEMANDA DE FONDOS PRESTADOS POR LA BANCA

La composición interna del financiamiento de la economía ha cambiado en forma radical en las últimas 2 décadas, pasando de un sistema centrado en el financiamiento a través del sistema bancario a otro donde prevalece el financiamiento a través de instrumentos y mecanismos de mercado (de dinero y capitales), tanto localmente como en los mercados internacionales (ADR´s y colocaciones internacionales, etc.). Asimismo, pasó de un mercado controlado por los oferentes a un mercado controlado por los demandantes.

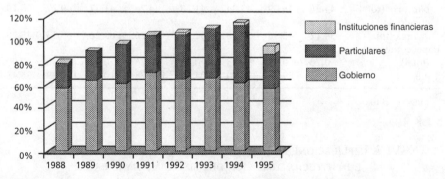

GRÁFICA VI.5. *Financiamiento por agente económico (porcentaje del PIB)*

| *Financiamiento por agente económico (porcentaje del PIB)* | | | | | | | |
	1988	*1989*	*1990*	*1991*	*1992*	*1993*	*1994*	*1995*
Gobierno	55.47	63.57	60.86	70.59	64.61	65.57	61.64	55.68
Particulares	23.71	26.29	35.04	32.31	40.60	43.50	50.34	31.80
Inst. financieras	0.00	0.00	0.00	1.47	1.58	1.84	2.91	8.00
Total	79.18	89.86	95.90	104.36	106.78	110.91	114.89	95.48

FUENTE: Banxico.

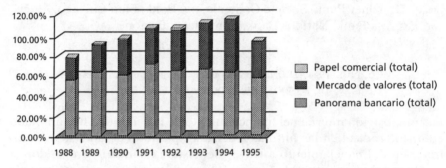

GRÁFICA VI.6. *Financiamiento por fuente (porcentaje del PIB)*

| *Financiamiento por fuente (porcentaje del PIB)* | | | | | | | |
	1988	*1989*	*1990*	*1991*	*1992*	*1993*	*1994*	*1995*
Panorama bancario (total)	44.36	46.09	43.94	41.28	44.26	41.37	49.27	50.19
Mercado de valores (total)	34.12	42.86	50.98	62.73	62.26	69.26	65.33	45.29
Papel comercial (total)	0.70	0.90	0.98	0.35	0.26	0.28	0.30	0.00
Total	79.18	89.86	95.90	104.36	106.78	110.91	114.89	95.48

FUENTE: Banxico.

VI.7. IMPLICACIONES DE LA INNOVACIÓN, INTERNACIONALIZACIÓN
E INSTITUCIONALIZACIÓN DEL SISTEMA FINANCIERO

Los avances en el combate a la inflación, menor demanda de fondos por parte de los gobiernos, excedentes de saldos de los fondos prestables en los mercados financieros internacionales y fondos crecientes de los sistemas privados de pensiones han provocado la reducción de las tasas de interés pasivas. En los países industrializados éstas bajaron 47.5% en los últimos 10 años, pasando, para los depósitos a 60 días, de 6.5% (650 puntos base) en 1986 a 3.4% en 1996. Este fenómeno afectó a todos los países industrializados, aun cuando su impacto sobre cada uno varió en magnitud. En los países emergentes, como México, la caída de las tasas de interés fue más espectacular. En nuestro país disminuyeron 80.2%, pasando del 65.5% (6 550 puntos base) en 1986 a 12.9% en 1996. La reducción de la tasa de interés pasiva de los fondos que utiliza la banca permitió reducir el costo de fondeo de la banca.

La liberalización y desregulación financiera fomentó la aparición de nuevos intermediarios no bancarios con costos más bajos y alta tecnología y aumentó significativamente las opciones de fondeo, con una reducción de las tasas de interés pasivas. Proporcionalmente, las tasas de interés activas han disminuido más que las pasivas, y ello ha producido una fuerte reducción del margen financiero. En el caso español, a modo de ejemplo, los ingresos financieros bajaron 1.81 puntos con respecto a los activos totales (reducción del 18%), mientras que los egresos financieros disminuyeron 0.36 puntos con respecto a los activos totales (reducción del 6%); ello provocó una reducción del margen financiero de 1.44 puntos con respecto a los activos totales.

| País | Margen financiero | | | |
	1986	1996	Puntos	Variación %
Francia	2.00	1.01	−0.99	−49.50
Alemania	2.39	1.89	−0.50	−20.92
Suecia	2.61	2.09	−0.52	−19.92
Canadá	2.75	1.79	−0.96	−34.91
Reino Unido	3.17	2.20	−0.97	−30.60
Estados Unidos	3.44	3.73	0.29	8.43
Italia	3.49	2.71	−0.78	−22.35
España	4.05	2.61	−1.44	−35.56
Promedio	2.99	2.25	−0.73	−24.56
México	4.21	3.28	−0.93	−22.09

FUENTE: *Bank Profitability*, World Bank, 1997.

La reducción del margen financiero afecta por igual a bancos de países industrializados y de países emergentes, aunque no ha sido homogénea; las mayores reducciones han ocurrido en Francia, España y Canadá. En Estados Unidos, como caso de excepción, el margen financiero aumentó 8.4%.

VI.8. Alternativas para compensar
la reducción del margen financiero

Las instituciones financieras habían operado bajo paradigmas relativamente estáticos, con una administración semipasiva, poco orientada hacia la eficiencia operativa y con poca capacidad para responder con rapidez ante condiciones nuevas y de mayor competencia. Muchas instituciones que no actuaron ante los cambios, desaparecieron. Otras, para compensar las caídas del margen financiero, adoptaron nuevas estrategias con nuevos instrumentos y enfoques. Las nuevas estrategias se concentran en diversas prácticas complementarias: *1)* procesos de fusión y consolidación de instituciones; *2)* prioridad a la administración de costos (costo-rentabilidad); *3)* estandarización y homogeneización de los procesos operativos; *4)* adopción de nuevos mecanismos de distribución de productos; *5)* adopción de una nueva relación con los clientes que promueva una banca de relación; *6)* instrumentación de sistemas de información operativos y gerenciales altamente eficientes; *7)* una nueva concepción en las prácticas de administración del portafolio, y *8)* uso de nuevas y eficientes metodologías para medir, controlar y administrar el riesgo. Estas prácticas, que pretenden dinamizar el estado de pérdidas y ganancias, están cambiando la estructura de rentabilidad de las organizaciones, creando un nuevo paradigma de organización, administración y forma de ser rentables.

De acuerdo con el Banco Mundial, la banca de los países emergentes, y especialmente la de América Latina, presenta seis deficiencias importantes: *1)* en materia de planeación estratégica; *2)* en la administración del crédito y del riesgo; *3)* en la administración financiera eficiente; *4)* en la administración de los recursos humanos; *5)* en los sistemas de control de los procesos de negocio bancario, y *6)* en sistemas de información gerencial y estratégica eficientes. Los bancos latinoamericanos presentan retrasos de más de 15 años frente a las mejores prácticas mundiales, lo que reduce sus posibilidades de competir en los mercados globales.

Los bancos han optado por tres estrategias para alcanzar mayores niveles de competitividad: reducir los costos de operación, aumentar el margen no financiero y reducir las provisiones.

VI.8.1. Estrategias para reducir los costos operativos

La mitad de la caída del margen financiero que enfrentaron los bancos de los países desarrollados fue compensada reduciendo los costos operativos. Los bancos de España y Reino Unido han sido los más activos en este renglón, logrando reducciones superiores al 30% en el periodo de 1986-1996. Los costos de operación pueden reducirse mediante fusiones y adquisiciones, una administración de costos y una estandarización de los procesos operativos.

VI.8.1.1. Fusiones y adquisiciones

En los últimos años la banca ha vivido un proceso dinámico de fusiones y adquisiciones que ha modificado radicalmente su conformación.[13] Este proceso no siempre ha tenido la misma motivación; en ocasiones se ha buscado como salida a las crisis bancarias, consolidando entidades, como en el caso de México; en otras, como estrategia para lograr economías de escala, reduciendo los costos unitarios; en otras más, como estrategia para entrar en nuevos mercados o para crecer. La tendencia hacia las fusiones y adquisiciones obliga y presiona a todos los bancos a consolidar su posición en un mundo cada vez mas competido. En los próximos cinco años, como resultado de la globalización, los 60 bancos más grandes de Estados Unidos probablemente se amalgamarán en seis megabancos que controlarán el 60% de los activos de la industria y 66% de los ingresos. En América Latina el proceso de fusiones y adquisiciones ha sido muy intenso. El banco español Banco Bilbao Vizcaya (BBV) expandió sus operaciones en Argentina, Brasil, Chile, Colombia, México, Perú y Venezuela, invirtiendo 3.2 mil millones de dólares. El Banco Santander invirtió en Latinoamérica 2.6 mil millones de dólares, extendiendo sus operaciones en los mismos lugares que el BBV. El banco sino-británico Hong Kong y Shangai Bank Corporation (HSBC) expandió sus operaciones en Argentina, Brasil, México y Perú, invirtiendo 1.9 mil millones de dólares. El Banco brasileño Itau expandió sus operaciones regionalmente con una inversión de casi 1.3 mil millones de dólares en Argentina y Brasil. El Bank of Montreal únicamente amplió sus horizontes en México, al adquirir el 16% de Bancomer por 456 millones de dólares. El Banco Central Hispanoamericano (BCH) invirtió en Chile y México un total de 454 millones de dólares. Por su parte, el banco mexicano Banorte absorbió a Banpaís y Bancen, ambos mexicanos, con

---

[13] En los últimos 3 años se han concretado por lo menos 15 megafusiones: *1)* Chase Manhattan y Chemical Bank; *2)* Bank of Tokio y Mitsubishi; *3)* Credit Suisse y First Boston; *4)* Lloyds y TSB Group; *5)* Hong Kong y Shangai Bank Corporation; *6)* Banco Santander y Banco Central Hispano (BCH); *7)* Bank of Montreal y Royal Bank; *8)* Nations Bank y Barnett Bank; *9)* First Bank System y US Bankcorp, *10)* Bank of America y Nations Bank; *11)* First Chicago y Bank One; *12)* Salomon Brothers y Smith Barney; *13)* Deutsche Bank AG y Bankers Trust; *14)* Swiss Bank Corporation y Union Bank of Switzerland; *15)* Paribas y Societé Gènèrale.

una inversión total de 361 millones de dólares. Bank of Nova Scotia invirtió 349 millones de dólares en la región. Citibank se enfocó únicamente a México, comprando totalmente a Confía por 250 millones de dólares. Por su parte, el Banco INFISA invirtió 260 millones de dólares en sus adquisiciones en Argentina, Chile y Venezuela. El Banco de Galicia invirtió 88 millones de dólares en sus adquisiciones en Argentina y Brasil.

VI.8.1.2. Administración de costos

La administración de costos es fundamental para adecuar el enfoque de negocios, realizar inversiones estratégicas y maximizar la rentabilidad. Dentro de esta estrategia destacan seis prácticas:

a) Reducción de costos. Es el enfoque típico de la administración de costos. Su uso presenta múltiples limitaciones; no reconoce las distintas estructuras de gastos y eficiencia operativa entre las áreas; da el mismo peso relativo a todas las áreas; parte de una definición subjetiva de gastos por recortar, cuando en ocasiones lo que se requiere es aumentar el volumen o la productividad; es difícil identificar cuáles son los gastos excesivos de determinadas áreas o actividades;

b) Benchmarking interno y externo. Establecer estándares de rendimiento y operación en distintas áreas o empresas y compararlas con las más eficientes del mercado se ha convertido en práctica común de las instituciones bancarias. Su mayor dificultad es contar con las fuentes de información y con un modelo para reorganizar los procesos. Sin embargo, la estandarización de los sistemas financieros, contables y regulatorios del sector, permiten que sea en él donde más se utilizan estas prácticas;

c) Presupuesto base cero. Cada área, sin distinguir su antigüedad, *status* o importancia, requiere justificar su presupuesto operativo como si fuera una nueva inversión. Reconsiderar las prácticas rutinarias de una institución bajo nuevos criterios presupuestales permite reevaluar tanto la existencia de áreas y actividades por su contribución al negocio, como la forma en que éstas realizan sus actividades;

d) Economías de escala. Busca que los costos unitarios bajen conforme aumenta el volumen de operación. Es especialmente importante en aquellas actividades financieras que requieren altos niveles de inversión fija, que operan con altos costos administrativos y que requieren de procesamiento intensivo. Esta práctica ha propiciado que una parte creciente de procesos masivos y de alta inversión se contraten como servicios externos. Por ejemplo, Bancomer y Serfín trasladaron la operación de sus tarjetas de crédito a las empresas externas FDR y Total System, respectivamente;

e) Economías de enfoque. Busca que varias áreas de una institución desarrollen productos financieros utilizando las mismas plataformas operativas, tecnológicas y organizacionales existentes. Permite realinear los productos y servicios con costos inferiores a los resultantes al operar por separado. El énfasis se hace en una mayor eficiencia de la operación actual, simplificando al máximo la creación y operación de los productos. Con ello se fomentan las ventajas competitivas, permitiendo márgenes operativos mayores y facilitando y flexibilizando la penetración en el mercado;

f) Reingeniería de procesos. Replantea a profundidad la estructura y forma como se realizan los procesos; reestructura totalmente los flujos de trabajo y los sistemas de apoyo. Su fin último es dar el máximo valor de servicio al cliente y reducir los costos operativos del negocio financiero.

VI.8.1.3. Estructuración y homogeneización de procesos

La industria financiera se mantuvo durante mucho tiempo sin grandes avances operativos y tecnológicos. Cuando inició su proceso de automatización, lo hizo empleando grandes equipos de cómputo y soluciones que fragmentaban los procesos por áreas o actividades de especialización (captación, crédito comercial, tarjetas de crédito, hipotecario), requiriendo un alto volumen de mano de obra en los procesos operativos *(back office).* Ello condujo a una gran complejidad operativa, gran cantidad de recursos especializados y un alto volumen de recursos logísticos. Los avances tecnológicos que privilegian la operación con sistemas más pequeños, incluso redes de computadoras personales con soluciones integradas, obligan a redefinir las formas para operar eficientemente. Lo que más contribuye a la productividad es estandarizar los procesos y homogeneizar la operación de toda la organización.

VI.8.2. Estrategias para aumentar los márgenes no financieros

La segunda posibilidad para compensar la reducción de la rentabilidad es incrementar los márgenes no financieros. Éstos han crecido como resultado de mejoras en la distribución de productos, el auge de la banca de relación y la adopción de sistemas de información gerencial (MIS) que han permitido explotar mejor los servicios a los clientes. Su crecimiento le ha permitido a la banca compensar parcialmente la caída del margen financiero.[14]

---

[14] En la banca estadounidense el margen no financiero aumentó del 1.47 al 2.2% del ac-

Para mejorar el margen no financiero se han adoptado las siguientes estrategias:

a) *Nuevos canales de distribución.* Tradicionalmente las instituciones financieras contaban con redes propias para la distribución de sus productos; de hecho, contar con una red física de sucursales constituía la base del éxito. Las tecnologías en comunicaciones y sistemas han modificado los términos de operación, reduciendo los costos operativos hasta en un 75%. Entre los cambios que están afectando a las redes de distribución de las instituciones financieras están: la disponibilidad tecnológica y la adecuación del negocio financiero al uso de transacciones electrónicas; la aceptación de la tecnología por parte de los consumidores, y la relación costo-beneficio entre las inversiones en tecnología y en sucursales físicas, con ventajas para las primeras. Así, han aparecido nuevos sistemas financieros sustentados en la banca telefónica (Banco Ixe en México), siendo este segmento el de mayor crecimiento dentro del mercado, y negocios financieros sin sucursales, que operan sobre canales de distribución de otros productos o proveedores (es el caso de Banco Inbursa, que opera sobre la red de las tiendas Sanborns), o el de intermediarios financieros no bancarios que operan sobre las redes de distribución de automóviles (GMAC), electrodomésticos, distribuidores de computadoras, centros comerciales, etc. Los nuevos mecanismos de distribución facilitan y favorecen tres elementos clave para los nuevos servicios financieros: el crecimiento de los mercados, el rápido desarrollo de nuevos productos y servicios, y los diseños de producción a bajo costo. Los mercados crecen al facilitarse la integración de áreas geográficas; el crecimiento no depende ya del mercado local o de la adquisición de más sucursales físicas. Los nuevos mecanismos de distribución permiten atender nuevos segmentos de la población, como los de menores ingresos y las nuevas generaciones. Los canales con bajo costo dan oportunidad de responder proactivamente a los requerimientos de los consumidores. El proceso de diseño de productos no requiere de inversiones complejas y permite conocer bien el negocio y las tendencias de los consumidores. La distribución de productos mediante sistemas de banca telefónica o de distribución compartida está basada en sistemas automatizados. Ello facilita tanto el desarrollo rápido y expedito de nuevos productos, como su distribución inmediata. La

tivo; este incremento de 0.73% fue 2.5 veces mayor que el aumento del margen financiero. En la banca francesa el margen no financiero aumentó 0.42%, compensando casi la mitad de la caída del margen financiero. En las bancas sueca, canadiense y española el margen no financiero aumentó, pero ello apenas compensó la caída del margen financiero en 30% en el primero de ellos y en 15% para los otros dos.

única premisa válida en mercados dinámicos es la adecuación constante a los requerimientos de los clientes.

b) *Establecimiento de una banca de relación.* Los cambios producidos por el mercado de capitales ha llevado a reorientar radicalmente el crecimiento de los bancos hacia nuevos nichos de mercado, especialmente los de las empresas micro y pequeñas, y el crédito al consumo. El financiamiento de las micro y pequeñas empresas tiene márgenes financieros más atractivos que los de las grandes firmas, pero de más riesgo. El financiamiento del crédito al consumo es un segmento de gran dinamismo, tanto por el crecimiento poblacional como por las grandes necesidades de consumo no satisfechas ni financiadas hasta ahora. En ambos segmentos la banca tradicional privilegia transacciones particulares e individuales. Como resultado de esto, tiene clientes muy volátiles, a pesar de que son el recurso más escaso y caro para el banco.[15] De ahí que muchas instituciones hayan planteado la necesidad de establecer una banca de relación con el cliente. Ésta busca satisfacer todos los requerimientos financieros del cliente en distintos momentos de su vida, establecer bases de diferenciación por lealtad y rendimiento e identificar un beneficio material sostenido. La clave para establecer una banca de relación estriba en entender el comportamiento del consumidor y diseñar productos orientados a él con distintos horizontes temporales; ello obliga a diseñar estrategias de mercadeo adecuadas para cada segmento (y no por productos) y a redefinir los esquemas de distribución de productos en función del segmento. Finalmente, implica replantear los modelos de rentabilidad de cada área de negocios y establecer una alineación de precios por niveles de riesgo, productos y por el momento de la relación con el cliente

c) *Integración de las bases de datos del negocio (MIS) y cada cliente (MCIF).* En los sesenta las operaciones bancarias se centraron en áreas o productos especializados, desarticulados entre sí, que impedían tener información integral del negocio. Hoy los intermediarios financieros exitosos han establecido una cultura y práctica de métricas que permiten controlar mejor el negocio financiero. El riesgo y el rendimiento del negocio no son ya resultantes de acciones desconocidas; por el contrario, son ahora las variables clave que orientan y disparan la acción de las instituciones financieras. Cada línea de negocios asume sus propios niveles de riesgo y rentabilidad; la maximización del portafolio depende de la suma de sus partes. Las decisiones parten de información integrada y gerencial, conocida como "sistemas de informa-

---

[15] Encuestas recientes destacan que el 80% de los usuarios de la banca tiene menos de 4 años de ser clientes de la institución; 40% tienen menos de 2 años, y sólo el 25% identificaron a su banco como proveedor primario, pero sin que existiera una relación permanente.

ción para la administración" *(management information systems, MIS)*. La otra vertiente del negocio tiene que ver con información sobre el cliente y su relación y rentabilidad. Esta estrategia de información, conocida como "archivo maestro de información del cliente" *(master client information file, MCIF)*, permite conocer mejor el mercado y diversificar y adecuar la mezcla de los productos y su relación con los clientes, administrar los portafolios por edades, patrones y productos, y establecer con claridad las condiciones de obtención de los servicios; en síntesis: determinar el grado de volatilidad de la operación y el riesgo del cliente.

VI.8.3. Estrategias para disminuir los requerimientos de provisiones y aumentar la rentabilidad del negocio

La tercera opción para compensar la reducción del margen financiero es disminuir las provisiones mediante una buena administración de portafolio y la administración y medición del riesgo. En la última década los bancos de los países desarrollados pudieron compensar el 38% de la caída del margen financiero mediante la disminución de provisiones. Los bancos de Suecia y Estados Unidos han sido los más exitosos en ello; en ambos casos la reducción de las provisiones fue mayor a la reducción del margen financiero. Los bancos de Canadá compensaron 60% de la caída del margen financiero mediante mayor eficiencia de su cartera; los de Reino Unido el 35%. En el caso de México la reducción del margen financiero no se compensó con una reducción de provisiones; por el contrario, los requerimientos de provisiones aumentaron.

Para reducir los requerimientos de provisiones, la cartera de activos financieros, especialmente la crediticia, no debe sufrir deterioros significativos y se debe comportar dentro de márgenes manejables que no afecten el estado de resultados. El manejo de provisiones puede convertirse en el elemento más crítico y dañino para una institución financiera; de ahí que su manejo sea elemento clave para el éxito. Los nuevos enfoques de administración de riesgo permiten su manejo adecuado.

VI.8.3.1. La administración del riesgo

Los bancos enfrentan la posibilidad de incumplimiento de pagos de sus acreditados; esto es, asumen riesgos que deben analizar, medir y valuar, estableciendo mecanismos de salida cuando sus clientes no cumplen. La administración del riesgo valida y replantea el objeto del financiamiento, las características financieras del usuario, su capacidad de pago y su fuente de origen, así como su posición competitiva, su fortaleza administrativa y de gestión, la innovación de sus productos, etc. Hoy se utilizan métodos estadísticos de análisis, conocidos como "de calificación" *(scoring)*, que permiten identificar, medir y evaluar el nivel de riesgo. Se basan en el portafolio de créditos de la institución financiera e identifican los elementos de riesgo y los factores endógenos y exógenos que los determinan. Identificados los factores de riesgo proyectan, a través de estimaciones, la probabilidad de incumplimiento de los nuevos clientes. Permiten conocer el nivel de riesgo *ex-ante*. Pese a que la administración de riesgo es clave para la función financiera, curiosamente es la menos conocida y manejada. El enfoque para su administración ha cambiado radicalmente:

a) En su forma tradicional el riesgo se conoce *ex-post*, esto es, una vez que se presenta el incumplimiento, y los nuevos paradigmas buscan determinarlo *ex-ante*,

b) El proceso tradicional establecía criterios de elegibilidad y de exclusión para otorgar el crédito. Actualmente la evaluación se basa en la probabilidad de incumplimiento del cliente, tanto individual como colectivamente, y el impacto que cada crédito nuevo tendrá dentro del portafolio en conjunto;

c) En el método tradicional todos los acreditados parten del mismo nivel de riesgo, lo que implica asignarles un mismo nivel de precios. Bajo los nuevos paradigmas es posible establecer precios diferentes en función del nivel de riesgo; esto es, se establece bajo qué términos y condiciones el intermediario financiero está dispuesto a asumir una operación de riesgo;

d) En el enfoque tradicional el riesgo individual se asumía bajo premisas de elegibilidad; por ende, el portafolio era resultado de la consistencia de esos criterios de aceptación o rechazo. De acuerdo con las nuevas premisas, se conocen los riesgos individuales, por lo cual, mediante métodos prospectivos, es posible inferir los efectos futuros en el portafolio.

VI.8.3.2. Administración de cartera

Una administración de cartera eficiente busca un equilibrio entre el riesgo y la rentabilidad; de hecho, requiere maximizar dicha relación. La calidad de la cartera es dinámica: mientras mayor sea la inestabilidad del contexto macroeconómico, mayor será la volatilidad de los ingresos de los acreditados y, por ende, la de la cartera de activos. Es por ello que una administración de cartera eficiente requiere abandonar el enfoque reactivo para adoptar uno proactivo. El método más eficiente para estimar los posibles impactos del contexto en los acreditados es el análisis sectorial y tipológico de las empresas. A partir de modelos econométricos se infieren las condiciones de un sector, y dentro de él las de determinadas empresas o consumidores, en función de sus condiciones financieras. Mediante este método se prevén los problemas potenciales de los acreditados. El riesgo sectorial es entendido como la sensibilidad del ciclo; mide la volatilidad de las variables económicas que afectan la estructura de ingresos de una empresa. El riesgo sectorial actúa como condición necesaria, pero no suficiente, de la viabilidad de la empresa. Su efecto es diferenciado de acuerdo con el tamaño, orientación y solidez financiera de las empresas del sector; los mismos condicionantes afectan de forma distinta a cada empresa. La calificación de riesgo por sectores, industrias o ramos es fundamental para la construcción de un portafolio equilibrado. Mientras más diversificado sea el portafolio, menor riesgo sistemático se corre; un modelo efectivo de riesgo implica compensar los portafolios por sectores y tipos de empresas. Mientras un grupo se deteriora, otro subgrupo puede mejorar su posición, lo que permite evitar deterioros masivos. Las nuevas prácticas establecen límites de exposición y compromiso y concentración de riesgo, así como rentabilidad por industrias y regiones.

Los cambios derivados de la apertura tuvieron un profundo y drástico efecto sobre los esquemas de rentabilidad. Todos los componentes del balance cambiaron: los márgenes financieros se redujeron por la liberación de precios; se desarticularon las estructuras de costos y de utilidades tradicionales; las provisiones aumentaron, pero las metodologías de medición de riesgos mejoraron; los ingresos operacionales se convirtieron en la parte dinámica; se lograron reducciones de gastos por eficiencias en los procesos operativos; se logró un importante crecimiento en las carteras y en economías a escala, resultado de las fusiones y adquisiciones y de otras prácticas; los costos de adquisición de clientes fueron más bajos y los sistemas de distribución de mayor valor agregado; los sistemas de información permitieron descomponer en partes el portafolio en áreas de negocio, productos e incluso clientes, para así realizar inversiones estratégicas y administrar los costos; también se desarrollaron nuevas estrategias para la administración del portafolio

La puesta en marcha de las alternativas anteriores dio resultados muy diversos. En la mayoría de los países se evidenciaron caídas en las utilidades de las instituciones financieras; tal fue el caso de México, donde cayeron a 1.94% de los activos, o de Italia, Francia y Alemania, donde se redujeron en 0.73%, 0.31% y 0.18%, respectivamente. Otros países, en los que las instituciones financieras pudieron articular de forma más adecuada el anterior conjunto de acciones y prácticas, tuvieron resultados muy favorables; tal fue el caso de la banca estadounidense, la sueca y la canadiense, que mejoraron sus utilidades en 1.03%, 0.29% y 0.13% en la última década. En España y en Reino Unido las impresionantes caídas del margen financiero fueron compensadas con la mezcla de las prácticas enunciadas.

VI.9. El papel de la regulación y de las autoridades

Ningún mercado en la historia de las finanzas creció tan rápido como el de los "intercambios" *(swaps)*,[16] el tipo más importante de derivados (otros son: los futuros, las opciones, los *forwards*, etc.). Su tasa de crecimiento anual fue superior al 30%, alcanzando un valor de 5 billones de dólares en menos de 3 décadas. La evolución del mercado de *swaps* en la década de los ochenta requirió de dos esfuerzos importantes: uno orientado a la forma de registrar dichas operaciones en los estados financieros y otro orientado a estandarizar y homogeneizar su documentación.

El tratamiento contable fuera del balance de los *swaps* y otras preocupaciones hicieron que la Reserva Federal de Estados Unidos trabajara en forma conjunta con los cuerpos regulatorios de los bancos y con las instancias de supervisión de un gran número de naciones. Desarrollaron así un conjunto de reglas para estandarizar y normar el capital de los bancos, conocido como el Acuerdo de Basilea de 1988. Los banqueros centrales de los países del grupo de los 10 (G-10) crearon este acuerdo para equiparar las condiciones de operación de los bancos de los países miembros, estableciendo un estándar mínimo de requerimientos de capital. El acuerdo también impone límites a una excesiva toma de riesgos; es decir, a posiciones que excedan el 10% del capital del banco. Las exposiciones mayores al 25% del capital de una empresa, cuyo total exceda el 80% del capital, están prohibidas. Este acuerdo fue un buen intento para estandarizar las prácticas bancarias. Sin embargo, tuvo ciertas deficiencias: *1)* no considera el riesgo de portafolio del banco; *2)* no considera acciones de conciliación o neteo, y cuando se equiparan los depositantes con los deudores del banco la exposición neta puede disminuir (esto sirvió de catalizador para la creación de los *swaps,* o intercambios de pagos, que se suscriben con disposiciones explícitas de compensación. En caso de incumplimiento, los bancos enfrentan sólo la exposición neta y no el monto nominal), y *3)* la contabilidad del riesgo de mercado es deficiente, ya que los activos se registran al valor en libros, y éste puede diferir de sus precios vigentes en el mercado.

---

[16] El *swap* es un acuerdo contractual en el que dos partes acuerdan mutuamente hacerse pagos periódicos entre sí.

Los intermediarios financieros no bancarios tienen una regulación análoga a la de los bancos en muchos sentidos, mientras que los fondos de pensión aún no se encuentran regulados de manera estructurada a nivel nacional o internacional. Lo mismo aplica para las compañías de seguros que, por lo menos en el caso de Estados Unidos, tienen una regulación similar a la de los bancos en cuanto a requerimientos mínimos de capital, restricciones de portafolio e intervención regulatoria en casos de violación. Sin embargo, no hay una regulación a nivel internacional más generalizada. La regulación para casas de bolsa aún está en evolución.

Luego de un proceso de casi 15 años, se estableció en Europa un mercado regional único de servicios financieros, que culminó con la creación del *euro* como moneda única de la región después de la unificación de los sistemas monetarios regionales. El proceso de integración del mercado unificado de servicios financieros se centró en tres procesos, cuyo objetivo era dar igualdad de oportunidades a las entidades financieras y países: *1)* la eliminación de restricciones al libre flujo de capitales, que generó distintas dificultades, como el control de la política monetaria, las tasas de cambio y los problemas de evasión y fraudes fiscales; *2)* la desaparición de las barreras que limitan la comercialización internacional de servicios financieros, que formó parte del mismo cuerpo del acuerdo de la comunidad europea, y *3)* la provisión de servicios y productos en la región, así como el establecimiento de reglas y estándares en materia de regulación, reglamentación y supervisión. Sobre la regulación del sistema financiero destacan cinco acciones: la inexistencia de discriminación entre nacionales y extranjeros; la coordinación y armonización de las normas y reglas de supervisión prudencial de las instituciones financieras; la coordinación de acciones para la protección de inversionistas y ahorradores; el reconocimiento mutuo de los procesos y autoridad para la supervisión, y el control nacional que implica que una institución financiera estará controlada por las autoridades del lugar donde se encuentre ubicada su oficina matriz. A fin de asegurar la competencia entre los bancos se igualaron las normas de capital de acuerdo con los Acuerdos de Basilea. A los servicios de inversión se les dio un tratamiento homólogo al de los bancos en los requerimientos de adecuación de capital; se aseguró el acceso en forma igual a las bolsas de valores, los mercados de futuros y de opciones, y se armonizaron la información y requerimientos de la inscripción para la emisión de valores y la difusión de las grandes transacciones. Para los servicios de aseguramiento, que han estado muy protegidos nacionalmente, se estableció la liberación de los seguros distintos a vida, pero sujeta a la autorización y regulación del país anfitrión.

VI.10. LA BANCA CENTRAL Y LA INTEGRACIÓN MONETARIA

La discusión sobre el papel de los bancos centrales debe incluir sus tres funciones principales: como emisores, como prestamistas de última instancia, y como reguladores de precios.

Los bancos centrales se han centrado en el precio de los servicios financieros a través de su instrumento más importante: la tasa de interés, que afecta al sector real de la economía y al sector financiero. El efecto perverso de los tipos de cambio semi administrados sobre las tasas de interés, el sector real y el sistema financiero ha quedado ampliamente demostrado en 45 experiencias internacionales.[17]

En cierta medida, la relación entre las crisis del sector externo y las bancarias deriva de conflictos entre las funciones de los bancos centrales. Por un lado son garantes del tipo de cambio; por otro, son prestamistas de última instancia. No es fácil realizar ambas funciones al mismo tiempo sin conflictos.

Algunos de los cambios en el sector financiero han puesto en entredicho el papel de la banca central y de los organismos financieros internacionales; entre ellos destacan:

a) Las políticas macroeconómicas, especialmente las que buscan mantener un tipo de cambio con sistemas de administración extramercado y las de contención de la inflación. En ambos casos el banco central ha desempeñado un papel clave;

b) Las innovaciones financieras (nuevos instrumentos, estrategias y prácticas de comercialización) han rebasado con mucho la capacidad de las autoridades para analizar los mercados, la liquidez, el riesgo y las instituciones;

c) El riesgo de suspensión del sistema general de pagos de la economía y de los sistemas de compensación, y el efecto multiplicador que éste puede provocar en el resto de la economía. Las autoridades monetarias no han profundizado lo suficiente para crear sistemas de prevención de riesgo de pagos y de compensación sistémica;

d) Las autoridades monetarias no han podido crear incentivos o desincentivos a prácticas desbalanceadas frente a situaciones anormales de sobredemanda de ciertos títulos con márgenes y rendimientos fuera de los límites de riesgo (por ejemplo, en los periodos de auge de las bolsas, donde la especulación excesiva y extrema ha provocado desajustes en los precios relativos);

e) La regulación prudencial que establece mínimos de capital es adecuada en condiciones estables de operación bancaria. Dicha regulación

[17] Graciela Kaminsky y Carmen Reinhart, *The Twin Crises: The Causes of Banking and Balance-of-Payments Problems*, World Bank Paper, Washington, DC, febrero, 1998.

no resuelve los problemas del riesgo moral ni de los incentivos perversos; por el contrario, mecanismos como el seguro de depósito, si bien protegen al ahorrador, incentivan un comportamiento inmoral; y

f) Existen enormes brechas en la supervisión que ejercen las autoridades monetarias, que se centra en funciones punitivas ex-post con grandes rezagos de tiempo y carente de estrategias e instrumentos adecuados para enfrentar mercados volátiles.

Estos elementos han llevado a replantear el papel de los bancos centrales, no sólo para buscar precios justos para la tasa de interés, sino también los valores y precios del sector financiero en su conjunto; esto es, para asegurar que se mantenga el valor de los ahorros de largo plazo de la sociedad a través de la rentabilidad de los fondos bancarios, de los fondos de pensiones, de los mercados accionarios y del valor de la propiedad inmobiliaria (que todavía constituye el principal factor de ahorro de largo plazo de la sociedad), y que no se pierda la riqueza creada.

La banca central y las autoridades financieras de México tienen que resolver un problema estructural, dado que el esquema de fondeo de la economía es eminentemente de plazo corto, mientras que su estructura de colocación y los requerimientos del crecimiento son de mediano y largo plazos. Los instrumentos existentes en el mercado para balancear flujos distan mucho de ofrecer lo que el mercado requiere. De ahí la importancia de contar con mecanismos permanentes y de amplia difusión de los fondos prestados. Si la banca central no se transforma, la banca quedará expuesta a riesgos de plazos. Las autoridades deben fomentar, también urgentemente, el paso de la banca como tomador único del riesgo a un sistema que transfiera parte del riesgo al inversionista institucional. En este proceso se deben reasignar las formas, patrones y roles de los agentes involucrados en el proceso. Los bancos deben especializarse en prestar el servicio de pagos de la economía en su conjunto, seleccionar los proyectos de inversión y asignar adecuadamente sus riesgos; las calificadoras deben validar, confirmar y monitorear esos fondos prestados. La banca administrará y dará servicio de mantenimiento, cobranza y servicio a los clientes. Los inversionistas institucionales serán los que se beneficien del margen financiero casi sin riesgo ofrecido por la banca, dispersándolo entre un gran número de inversionistas.

También debe repensarse el nuevo papel de los organismos financieros internacionales para buscar un equilibrio coordinado entre mercados altamente desarrollados y complejos y mercados segmentados, más precarios, que actúan y operan en el mismo entorno, con las mismas reglas y con las mismas premisas.

VI.11. LA CRISIS BANCARIA:
¿CAUSA O CONSECUENCIA DE LA CRISIS FINANCIERA?

Una revisión de las experiencias de los 181 miembros permanentes del Fondo Monetario Internacional desde 1980 revela que el 73.5% de sus miembros (133) han enfrentado problemas en el sector bancario. Destacan 41 crisis, entendidas éstas como problemas masivos que requirieron intervención gubernamental, en 36 países; los otros 108 casos han sido problemas severos en los sistemas bancario y financiero, pero no son considerados como crisis. Las crisis se han presentado tanto en los países industrializados como en los países menos desarrollados. En varios países se han presentado en más de una ocasión. Éstas son algunas de las crisis más importantes:

CUADRO VI.1. *Algunas de las crisis bancarias recientes más importantes*

País	Fecha	Magnitud	Costo fiscal
		Países industrializados	
España	1977-1985	51 instituciones (1/5 de los depósitos).	5.6% del PIB.
Estados Unidos	1981-1991	1400 instituciones de ahorro y préstamo y 1300 bancos quebrados.	2.4% del PIB. 315-500 mil millones de dólares.
Noruega	1985-1989	6 bancos recibieron ayuda gubernamental, 3 bancos controlados.	Aprox. 16 mil millones de coronas noruegas.
Japón	1990-	En 1992 se estimaba la cartera vencida en 120 mil millones de dólares.	30% del PIB.
		América Latina	
Argentina	1980-1989	93 instituciones intervenidas por el Banco Central, 7 rehabilitadas o vendidas.	
Colombia	1982-1987	6 bancos intervenidos, que representan 24% de los activos del sistema.	2% del PIB o aprox. 750 millones de dólares.
Chile	1982-1988	16 instituciones liquidadas, que representan el 80% de los activos del sistema.	33% del PIB.
México	1982	Devaluación de la moneda. Nacionalización de la banca.	

País	Fecha	Magnitud	Costo fiscal
México	1994-1995	14 instituciones intervenidas. 6 de las 18 instituciones privatizadas mantienen su administración original.	14.4% del PIB.
Brasil	1994-	29 bancos intervenidos.	

Asia y África

País	Fecha	Magnitud	Costo fiscal
Filipinas	1981-1987	173 bancos cerrados.	5.1 mil millones de dlls. de bancos.
Ghana	1982-1989	Recapitalización de 10 bancos propiedad del gobierno.	6% del PIB.
Malasia	1985-1988	32 cooperativas de ahorro intervenidas, 4 bancos comerciales y 4 compañías financieras.	2.6 mil millones de ringgits
Malasia	1997	Capitalización del segundo banco más grande con aprox. 200 millones de dólares.	40% del PIB.
Corea	1996-1997	21 instituciones cerradas, 2 intervenidas.	35% del PIB.
Tailandia	1997	56 instituciones cerradas.	30% del PIB.
Indonesia	1997	23 instituciones cerradas, 47 intervenidas.	50% del PIB.

Ex-bloque socialista

País	Fecha	Magnitud	Costo fiscal
Yugoslavia	1983-1990	35-40% de cartera vencida.	

FUENTES: Frederic S. Mishkin, *Understanding Financial Crises: A developing country perspective*, Annual Bank Conference on Development Economics, World Bank, Washington, 1996.
Andrew Sheng, *Bank restructuring lesson from the 1980's*, The World Bank, 1989.,

Los problemas bancarios tienen varios orígenes: unos son producto de deterioros en la estructura financiera a consecuencia de cambios estructurales del sector provocados por la apertura, la innovación tecnológica y la institucionalización del ahorro interno; otros tienen su origen en incentivos perversos de la administración que propician fraudes o abusos de poder a nivel de las instituciones. Sin embargo, las quiebras generalizadas de los sistemas bancarios son síntomas de problemas económicos mucho más profundos y especialmente de políticas macroeconómicas mal llevadas. Los cambios dramáticos en la economía internacional contribuyen a la fragilidad del ámbito macroeconómico; la volatilidad de los factores económicos externos influye en los internos, retroalimentando las quiebras bancarias.

VI.11.1. Causas

Las crisis parecen agruparse en determinados periodos, como a principios de la década de los ochenta. Esto se debe, por una parte, a que los factores externos, tales como las tasas de interés en Estados Unidos, tienen un fuerte impacto sobre los sistemas financieros locales; por otra, a un efecto de contagio o "dominó" entre países con fundamentos económicos débiles o en mal estado. La ocurrencia de crisis bancarias es más una constante que una excepción en el sistema financiero internacional. ¿Qué causa estas crisis?

El sistema financiero internacional es dinámico y, por tanto, inestable. Esto lo convierte en un elemento distorsionador que provoca inestabilidad en los sistemas bancarios nacionales. La estabilidad financiera de una economía se basa en la capacidad del gobierno de mantener una moneda estable. La globalización, desregulación y rápida liberalización aumentan la volatilidad, provocando pérdidas en el sector por cambios en los precios relativos y en los sectores productivos antes protegidos. Ante el gran proceso de cambio, los sistemas financieros nacionales no reaccionan ni en la dirección ni con la rapidez que se mueve el mercado mundial; su lentitud provoca severos problemas. El aumento en las tasas de interés baja el margen financiero y aumenta la cartera improductiva. Esta situación se agrava si no existe una adecuada supervisión bancaria.

Las causas de las crisis bancarias se encuentran en tres niveles:

a) *Asimetría en la operación de los mercados mundiales.* Las condiciones del sistema financiero internacional influyen de diferente manera sobre los sistemas bancarios de los países desarrollados y de las economías emergentes. Los primeros tienen mayor capacidad de respuesta. Los elementos de mayor impacto son: *1)* sacudidas en los mercados de productos comerciables *(commodities),* los países altamente dependientes de la exportación de algún producto básico se ven fuertemente afectados ante caídas en los precios internacionales de dicho producto; *2)* cambios adversos en los flujos mundiales de capitales, debido a que las economías dependientes de los flujos mundiales de capitales, ya sea para financiar sus déficits en el gasto público o para cubrir sus déficits en la cuenta corriente, son muy sensibles a cambios en las tasas de interés de las monedas fuertes; *3)* presiones sobre la brecha del tipo de cambio, que afectan de manera radical tanto las reservas como los montos nominales de la paridad de cambio y las tasas nominales de interés interno, lo que provoca que aquellos deudores con altos niveles de endeudamiento se vean fuertemente afectados, aumentando el índice de cartera vencida. Las instituciones financie-

ras con deudas en moneda extranjera resultan seriamente afectadas, especialmente si no colocaron los activos indexados a la divisa
extranjera o bien por el efecto que la devaluación produce en los acreditados.

b) *Características operativas y deficiencias en el nivel sectorial.* Esto, a su
vez, se debe a: *1)* Pérdidas crediticias. Como respuesta a las políticas
oficiales de canalización selectiva del crédito hacia proyectos con cierta orientación social, algunos bancos han enfrentado préstamos "problema" que provocan grandes pérdidas bancarias; *2)* Carteras hereda-
das. Sucede en los sistemas bancarios recién privatizados o en los
países del ex-bloque socialista que heredaron préstamos problema de
los bancos que previamente eran propiedad del Estado; *3)* Impuestos
regulatorios excesivos. Los bancos centrales intentan controlar la inflación a través de reservas de liquidez de bajo interés, lo cual reduce
la rentabilidad bancaria, situación que finalmente afecta a los depositantes o deudores; *4)* Brecha de tasas de interés. Es común que los
bancos tengan una brecha en el vencimiento de sus carteras. Muchas
veces se invierte a largo plazo con tasas de interés fijo, pero dependiendo de depósitos de corto plazo con tasas de interés flexibles;
5) Políticas incorrectas de liberalización. La liberalización del mercado bancario, con la entrada de nuevos bancos e instituciones receptoras de depósitos sin un capital o sin capacidades gerenciales adecuadas y con una supervisión inadecuada o insuficiente, llevan a los
bancos a otorgar préstamos excesivos y a tomar riesgos impruden-
temente.

c) *Estrategias y prácticas inconvenientes a nivel individual de bancos.*
Esto se manifiesta en: *1)* Préstamos interrelacionados. Esta situación
se presenta cuando los dueños de los bancos son grupos que también
tienen empresas y se otorgan préstamos excesivos para financiar las
actividades del mismo grupo; *2)* Gastos de administración excesivos.
Los bancos en los países en vías de desarrollo incurren en gastos excesivos de personal, sucursales, etc., y *3)* Fraude. En muchos casos de
quiebras bancarias el fraude es el detonador principal.

VI.11.2. *Relación entre crisis financieras y cambiarias*

A partir de la década de los ochenta las crisis cambiarias y financieras
han estado estrechamente relacionadas.[18] Aunque no se puede establecer una relación causal unidireccional, existe evidencia de un círculo

[18] Véase Graciela Kaminsky y Carmen Reinhart, *The Twin Crises...*, *op. cit.*

vicioso. Por lo general las crisis bancarias empiezan antes que las financieras. El círculo puede empezar con un problema bancario que limita la capacidad del banco central para usar las tasas de interés para estabilizar la moneda, comprometiendo recursos para apoyar a las instituciones bancarias en problemas. El ataque especulativo hace que las tasas de interés suban, aumentando así los problemas de los bancos; aumenta la cartera vencida del sector productivo y los bancos incurren en actividades de mayor riesgo. Por lo general, lo peor de la crisis bancaria viene después de los problemas cambiarios.

El hecho de que las crisis bancarias ocurran generalmente antes de las cambiarias no quiere decir que sean su causa. En realidad, ambas crisis tienen causas comunes: recesiones o crecimiento económico por debajo de lo normal, un tipo de cambio sobrevaluado y un aumento en el costo de crédito. En cierta medida la relación entre las crisis cambiarias y financieras se deriva de los conflictos de funciones de los bancos centrales.

Algunos indicadores identificadores de una crisis son: *1)* el nivel y comportamiento de las reservas internacionales; *2)* los balances monetarios en exceso; *3)* el diferencial de las tasas de interés internas y extranjeras; *4)* el deterioro de los términos de intercambio; *5)* los modelos de estabilización inflacionaria y liberalización financiera que acentúan ciclos de la economía (importaciones, exportaciones, producción, flujos de capital, crédito bancario, precios de activos); *6)* las corridas bancarias; *7)* el nivel y crecimiento de la cartera improductiva, y *8)* el déficit gubernamental. Las crisis se identifican también por problemas o corridas bancarias que llevan a la desaparición, fusión o adquisición de una o varias instituciones financieras por parte del sector público, o bien por la asistencia gubernamental a gran escala a una institución financiera importante. Independientemente de la evolución del sector financiero y de los procesos internos que haya venido enfrentando el sector, las crisis financieras y bancarias aceleran el proceso para que los intermediarios financieros adopten las alternativas de compensación de la caída del margen.

Dado que las crisis son prácticamente una constante del sistema financiero internacional moderno, es necesario desarrollar mecanismos de absorción de su impacto, para evitar que los problemas alcancen proporciones inmanejables. Para enfrentar adecuadamente las crisis debe contarse con instrumentos para anticiparlas y para reaccionar con prontitud. La función más importante de las empresas calificadoras de riesgo es proveer sistemas de evaluación, monitoreo y seguimiento del riesgo de la economía (riesgo soberano), de los emisores y de las empresas. Esta función es ejercida por las agencias calificadoras de riesgo que operan mundialmente, fortalecidas por el Comité de Basilea, que recientemente (junio 1999) propuso reformas para obligar a los bancos de los países signatarios a utilizar las calificaciones de crédito. Esta obligación se aplica también a la colocación, en los mercados internacionales de capitales, de bonos y de otros financiamientos. Con todo, los métodos de evaluación de dichas calificadoras no han sido útiles para prever las situaciones de crisis. De hecho, no sólo no anticiparon la crisis asiática, sino que la profundizaron, al sobrerreaccionar. Los bancos tienen un historial todavía peor, pues basan sus decisiones solamente en dicha calificación; así, prestaron miles de millones de dólares a Corea y Tailandia en condiciones favorables, para luego dirigirse hacia la salida de emergencia a la primera señal de peligro. El caso de México en 1994 fue similar, lo mismo que el de Brasil.

La calificación sirve en los mercados de préstamos y bonos para determinar y fijar los precios de una colocación en función de su riesgo. En esta función las calificadoras tampoco han funcionado adecuadamente, ya que países con calificación de mayor riesgo han colocado emisiones similares a precios inferiores que aquellos países mejor calificados. Un caso reciente fue la colocación de 600 millones de dólares de Colombia (BBB) a un precio de 280 puntos base superior a México y 170 puntos base superior a Argentina, ambos calificados como BB. Teóricamente ninguna empresa podría tener una calificación de riesgo más baja que la del país al que pertenece; ello haría que ninguna empresa mexicana tuviera grado de inversión.

Otra muestra de la incapacidad de las calificadoras para orientar el riesgo-país es que los flujos de inversión extranjera no reaccionan a la calificación; los volúmenes invertidos en los países receptores no guardan relación con su riesgo.

País	Calificación de Riesgo-país	Inversión extranjera (miles de millones de dólares)
China	BBB+	50.0
Brasil	B+	28.3
México	BB	23.6
Indonesia	CCC+	18.0
Argentina	BB	14.4
Tailandia	BBB-	13.5
Malasia	BBB-	12
Colombia	BBB	7.7
Rusia	N.D.	7.4
Chile	A-	6.8

País	Calificación de Riesgo-país	Inversión extranjera (miles de millones de dólares)
India	BB	6.4
Perú	BB	5.8
Turquía	B	5.6
Polonia	BBB	5.3
República Checa	A-	4.8
Filipinas	BB+	4.6
Venezuela	B+	4.2

FUENTE: Standard & Poor's.

VI.12. Las tendencias futuras (al año 2030) del sistema financiero mexicano ¿Qué podría pasar?

El sistema financiero mexicano ha venido enfrentando su inserción en los procesos de liberalización, globalización e institucionalización del ahorro interno. El momento de la integración, la asimetría de los mercados, la situación coyuntural, los impactos que la inserción ha tenido y las políticas monetarias podrían modificar la evolución de los mercados financieros en el futuro. Existen, sin embargo, ciertos procesos irreversibles.

Se analizan tres posibles escenarios. El primero plantea un sistema financiero mexicano con mayor profundización en las prácticas de operación modernas de los mercados mundiales, incluyendo la compatibilidad monetaria con el bloque comercial más importante para el país. El segundo plantea que, debido a los eventos y las crisis que se han presentado a partir de la apertura y globalización financiera, la sociedad podría reaccionar negativamente frente a los procesos de integración y optar por un camino independiente, relativamente autónomo, en cierto sentido autárquico y asíncrono con las tendencias internacionales. El tercer escenario explora una integración intermedia, similar a la que el país ha vivido en épocas recientes, que considera una inserción parcial en los mercados internacionales, con independencia monetaria y fiscal, compensando los efectos externos con políticas tradicionales.

VI.12.1. Escenario "A". Sistema monetario
y financiero totalmente integrado

Mucho se ha debatido recientemente si México debe o no proceder a una integración monetaria con el bloque norteamericano, ya sea a través de un consejo monetario o de una unión monetaria. En el ámbito internacional también existe un debate sobre las ventajas y desventajas de la integración monetaria regional. La mayoría de los países tienen como máxima autoridad monetaria a un banco central, una entidad autónoma con alta discrecionalidad en la toma de decisiones. Sin embargo, existen experiencias exitosas en la operación de consejos monetarios: Hong Kong (1983), Argentina (1991), Estonia (1992), Lituania (1993), Bosnia y Bulgaria (1997). Un consejo monetario es una autoridad que acuña moneda convertible a una moneda extranjera, misma que funciona como ancla, con un tipo de cambio fijo. Un consejo monetario cumple muchas de las mismas funciones de un banco central, pero no funciona como prestamista de última instancia, ni puede crear inflación o financiar el gasto gubernamental.[19] Entre las ventajas de un consejo monetario está su capacidad para fomentar la estabilidad cambiaria, la estabilidad de precios, menores tasas de interés, rigidez fiscal en cuanto al crédito al gobierno y libre movilidad de capital; entre sus desventajas están las siguientes: limita el margen de maniobra de la política monetaria, controlando la oferta monetaria en función del nivel de reservas internacionales, por lo cual los ajustes se absorben en el sector real; reduce los beneficios del señoriaje y los intereses de las reservas, y desaparece parcialmente la figura del prestamista de última instancia.[20]

Una alternativa más drástica es la unión monetaria, como la que se estipuló para la Unión Monetaria Estadounidense (1913) o para la Unión Monetaria Europea que iniciará operaciones en el año 2002 con el euro. La unión implica una mayor integración monetaria, ya que establece una misma moneda y una sola autoridad monetaria para varias regiones o países y desaparece por completo el riesgo cambiario en el interior de la unión.

Entre sus ventajas están una perfecta estabilidad cambiaria, estabilidad de precios, convergencia de las tasas de interés al nivel de las existentes en el país con mayor credibilidad, convergencia de las tasas impositivas y eventualmente del gasto público, y libre movilidad del capital y de la mano de obra. Entre sus desventajas están la pérdida total de autonomía de la política monetaria de los países integrantes, que los

---

[19] Fernando Clavijo, *Reflexiones en torno al establecimiento de un consejo monetario, o unión monetaria con Estados Unidos,* mimeo, México, 1998.

[20] Clavijo, *Reflexiones...,* op.cit.

choques asimétricos se responden con ajustes alternativos como la movilidad laboral y la reasignación de recursos fiscales compensatorios, la pérdida del señoriaje, la desaparición del prestamista de última instancia a nivel de banco central y la pérdida de soberanía sobre la política fiscal dentro de los límites acordados en la unión.

Para establecer un consejo monetario sería necesario:

a) Un sistema bancario sólido, que no requiera crédito ni apoyos transitorios del banco central. La situación actual en México difiere mucho de ésta, pero la aprobación e inicio de operaciones del IPAB (Instituto de Protección al Ahorro Bancario) y la eliminación del seguro bancario en el año 2005 son pasos que podrían acercarnos a ella. Con todo, quedaría pendiente la capitalización del sistema bancario.

b) Un nivel suficiente de reservas internacionales para cubrir por lo menos la base monetaria y las deudas de corto plazo. México cumple con este requerimiento; sin embargo, de acuerdo con algunos analistas,[21] la debilidad de los bancos haría recomendable ampliar el nivel de reservas para cubrir el agregado monetario M2, lo que requeriría multiplicarlas por 3.56.

c) Un déficit externo estructural moderado. Desde 1990 el déficit de la cuenta corriente de México se ubica en 3.8 % del PIB, cifra cercana a la que los mercados están dispuestos a financiar.

d) Un acoplamiento al ciclo económico del socio comercial con el que se establecería el consejo. La economía mexicana se encuentra ya bastante acoplada y en ritmo sincrónico con la economía norteamericana.

e) Una política más estructural de productividad en el largo plazo, pues se eliminaría la competitividad de la economía mexicana vía los precios relativos.

Para establecer una unión monetaria México-Estados Unidos, y posiblemente Canadá, donde exista libre movilidad de los factores de capital y trabajo, se requeriría compatibilizar los fundamentos de estas economías instrumentando medidas y criterios de convergencia. Algunos especialistas, como Fernando Clavijo, estiman que la unión sería más benéfica que el consejo monetario. En la unión se ganaría credibilidad total a cambio de autonomía en política monetaria y parcialmente en la fiscal.

Las negociaciones para la unión monetaria tendrían que involucrar a uno de los 12 bancos miembros de la Reserva Federal; sin embargo, parece difícil que exista la voluntad para involucrarse con México en un proyecto tal. Establecer las bases de la convergencia tomaría mucho tiempo. Una posibilidad para lograr esto en tiempos más cortos sería vender

---

[21] *Ibidem.*

el sistema bancario mexicano a bancos estadounidenses, después de capitalizarlos; al comprar el sistema de pagos mexicano, Estados Unidos estaría entrando de facto en una unión monetaria.[22]

En ambas opciones —el consejo monetario o la unión monetaria— los problemas del sistema bancario mexicano destacan como el principal asunto por resolver. Ambas requieren tener un sistema bancario sólido.[23]

La discusión sobre este tema se ha polarizado desde el inicio. Los empresarios están a favor de la unificación monetaria, ya que con ello se homologarían las condiciones financieras con nuestros socios comerciales, y se reduciría la probabilidad de una devaluación, cuya sombra siempre está presente y afecta las decisiones de inversiones; también se lograría la homologación de la estructura inflacionaria entre los dos socios comerciales, podrían reducirse los costos del financiamiento y conseguirse fondos a plazos más adecuados, eliminando las distorsiones del mercado financiero local. Las autoridades están en contra. Su argumento es que el sistema de libre flotación ha funcionado adecuadamente (desde su implantación en 1994), y que la unificación monetaria implicaría la pérdida de sus funciones regulatorias. Dejando de lado las discusiones sobre regulación, la entrada de capitales pospone o desfasa ajustes al tipo de cambio, lo cual hace perder la competitividad de las exportaciones al presionar sobre el tipo de cambio.

La probabilidad de que ocurra este escenario en cualquiera de sus formas es de un 65 a 70 %. En el contexto de un sistema financiero integrado cabría preguntarse: ¿Cómo incidirán las tendencias mundiales en los principales factores de cambio del sector financiero? Los mercados integrados requieren de la homologación de la regulación y de las prácticas del mercado; es por ello que la desregulación sería condición básica para la ocurrencia de este escenario. Los cambios derivados de la innovación tecnológica y los avances de la teoría financiera se incorporarán en forma dinámica en el sector financiero, al mismo ritmo que en los bancos de clase mundial. Asimismo, la transformación del riesgo se aplicaría de manera casi inmediata en los bancos que operen en el país, ya que el mercado lo requerirá tanto para fondearlos como para evaluar aquellos activos crediticios que se transferirán y tomará el mercado. De hecho, conllevaría a una profundización de los ahorros externos que permitiría reducir el costo de fondeo de la economía en su conjunto gracias al aumento de la oferta de fondos.

En este escenario los eventos que incidirían en la economía se asocian con una mayor profundización de los ahorros institucionales, especial-

[22] *Ibidem.*
[23] *Ibidem.*

mente de los provenientes de los fondos de pensiones en su parte voluntaria, los cuales, combinados con la disponibilidad de recursos externos, permitirían financiar los requerimientos de un alto crecimiento sostenido, siempre que existiesen proyectos rentables para invertir. Los factores monetarios asociados con este escenario de integración evitarán la aparición de las crisis bancarias derivadas de desajustes del sector externo, reduciendo el problema a uno eminentemente bancario, normalmente acotado a una cuantas instituciones. A ello contribuirían sin duda los nuevos mecanismos de protección al ahorro que acotarían el costo social de las crisis.

Las premisas de operación de la banca sin duda sufrirán un cambio radical respecto a las actuales. La desregulación y la disponibilidad de fondos afectarán tanto los ingresos como los costos financieros de los bancos, impactando a la baja el margen financiero de forma importante. Para sobrevivir, los bancos deberán moverse en tres direcciones, para lo cual necesitarán: 1) ajustar los márgenes no financieros, haciendo dinámicos los ingresos no financieros; 2) administrar los costos de operación bancaria para homologarlos con los estándares de los líderes mundiales, y 3) adoptar en forma previa, de manera más eficiente y antes que los reguladores, los modelos y prácticas de medición de riesgo por medio de su identificación, medición y administración, incluso antes de transferirla en el margen financiero al mercado. Se dará preponderancia a una administración bancaria basada en la medición de riesgo y en los recursos por áreas, productos y clientes, con la asignación de criterios de rentabilidad ajustada por riesgo (RAROC) como una práctica de amplia difusión.

Lo anterior no significa que la banca comercial desaparecerá para transformarse en banca de inversión; por el contrario, se requerirán instituciones financieras que atiendan los mercados no tan eficientes, aquéllos con menor información y aquellos segmentos pequeños que no puedan acceder a los mercados financieros. Estas instituciones, sean bancos comerciales que atiendan nichos de mercado específicos, uniones de crédito para grupos particulares o mecanismos informales para sectores no bancarizados, deberán buscar nuevos mecanismos de fondeo a través del mercado, nuevas formas de operación de menor escala y más eficientes y nuevas formas de enfrentar el riesgo, ya sea con procesos selectivos para discriminarlo adecuadamente o para compartirlo socialmente de forma más generalizada.

VI.12.2. Escenario "B". Sistema monetario
y financiero parcialmente integrado

El segundo escenario considera que el sistema financiero continuará teniendo características similares a las de la década pasada; esto es, estará caracterizado por una inserción parcial en el sistema financiero internacional, manteniendo parte de las políticas monetarias y fiscales con relativa autonomía. El sistema financiero nacional asumirá las reglas y premisas de los inversionistas internacionales y operará con ellas, pero con cierta autonomía en la forma de absorber los choques externos y asumiendo en forma independiente los incentivos de productividad y eficiencia de la economía mexicana.

La opción monetaria será parecida a la actual, con una política de libre flotación con controles de variación al extremo *(shock absorbers)* para regular fluctuaciones o presiones externas al tipo de cambio, permitiendo también al banco central definir su política de control inflacionario con cierta autonomía. Los impactos externos podrán ser absorbidos de múltiples formas, incluso con cierta independencia de la oferta monetaria.

Después de la crisis de 1994, la adopción del tipo de cambio flotante, coordinado con un sistema de subastas y cortos en caso de movimientos del tipo de cambio, ha permitido guardar ciertos equilibrios coyunturales. Dado que el país ha utilizado esta política con cierto éxito, su implantación será de bajo costo.

En este escenario de integración parcial a las corrientes financieras internacionales, en México seguirán pendientes de solución diversos asuntos, entre los que destacan:

a) La recurrencia de problemas estructurales que impiden un crecimiento permanente y con tasas superiores al crecimiento demográfico que permitan reducir los rezagos acumulados. Asunto crítico para desatar este nudo será la política con relación al tipo de cambio y el déficit estructural de la cuenta corriente. Cuando el tipo de cambio se ajusta bruscamente en una devaluación, la competitividad de la economía mexicana tiene aumentos importantes en sus exportaciones. Por otra parte, la entrada de capitales presiona a que el tipo de cambio se mantenga relativamente estable, contribuyendo a anclar la inflación. Paradójicamente, los desequilibrios provocados por los diferenciales entre la inflación de nuestro país y la de nuestros socios comerciales presionan a ajustar el tipo de cambio de acuerdo con el tamaño del diferencial. Esta contradicción de requerimientos, que por un lado propicia una devaluación y por otro que se mantenga el tipo de cambio, se conjuga con la dependencia estructural de la economía mexicana de las importaciones de materias primas e insumos intermedios para poder crecer y para mantener las exportaciones. Esta restricción es resultado del rompimiento de las cadenas productivas que, junto con el costo de los recursos financieros internos, termina afectando la competitividad de las exportaciones y provoca nuevos ajustes del tipo de cambio, lo que inicia nuevamente el círculo perverso. Una vez que el tipo de cambio sufre un ajuste mayor, esto presiona sobre la inflación y las tasas de interés. Este círculo afecta de manera significativa un elemento clave para lograr un crecimiento sostenido en el largo plazo: la confianza financiera en el país, tanto de extranjeros como de mexicanos, para dejar sus ahorros y sus inversiones en el país. La falta de confianza se traduce en que las calificadoras, por una parte, y los mercados por la otra, no le asignan el grado de inversión a México, con lo que utilizar recursos externos resulta más caro.

b) La mayor tasa de retorno que los inversionistas extranjeros, tanto directos como de portafolio, esperan de sus inversiones en el país. Ya que los posibles efectos de un ajuste del tipo de cambio se descuentan por anticipado, se exigen tasas de rentabilidad mayores, y ello encarece el costo de los proyectos y de la economía. La falta de certidumbre reduce los plazos de colocación, por lo que se requiere que los proyectos productivos tengan una recuperación de menor plazo que proyectos homólogos en otros países.

c) El esquema de fondeo de la economía mexicana es eminentemente de plazo corto, mientras que su estructura de colocación y los requerimientos del crecimiento son de mediano y largo plazos. Los instrumentos existentes en el mercado para balancear flujos distan mucho de ofrecer lo que el mercado requiere. Así, en este escenario será obligado que se introduzcan en el mercado instrumentos de financiamiento de largo plazo a tasas bajas. Mientras éstos no existan, la banca comercial tendrá que seguir asumiendo su función de transformar plazos y su función inicial de balancear y amortiguar las diferencias entre los plazos de captación y los de colocación. Ello dejará a la banca expuesta a crisis permanentes.

En este escenario las autoridades y el banco central quedarían obligados a transformar los procesos de financiamiento de la economía mexicana, creando incentivos para que la banca seleccione correcta y adecuadamente los proyectos a financiar.

d) El paso de un sistema en que la banca es el único agente que toma riesgos a otro donde parte de éstos son transferidos a los inversionistas institucionales. En este proceso de diversificación del riesgo se reasignarán las formas, patrones y roles de los agentes involucrados en el proceso. Los bancos se especializarán en prestar el servicio de pagos de la economía en su conjunto, seleccionar los proyectos de inversión y asignar adecuadamente sus riesgos; las calificadoras se dedicarán a validar, confirmar y monitorear los fondos prestados; la banca administrará y dará servicio de mantenimiento, cobranza y servicio a los clientes; los inversionistas institucionales serán los que se beneficien del margen financiero que, a bajo riesgo, les será ofrecido por la banca. Los beneficios se distribuirán entre un gran número de inversionistas.

La probabilidad de que ocurra este escenario es de un 25 a 30%. En un sistema financiero parcialmente integrado destaca la forma como éste se articula con las tendencias mundiales presentes en el sector. Los mercados parcialmente integrados operan con ciertos grados de desregulación previa; la distorsión se presenta en casos particulares y de excepción. La integración desigual se presenta cuando surgen innovaciones tecnológicas y avances en la teoría financiera, y en tales casos ocurre un desfase en tiempo y forma respecto a los mercados financieros más grandes e integrados. Las metodologías para enfrentar los riesgos sin duda avanzarán, pero se presentarán con retraso y con menor exigencia por parte de los mercados, ya que su fondeo directo, así como su transferencia con instrumentos de mercado respecto de las prácticas de los mercados más eficientes, serán menores.

Los ahorros externos estarán presentes por el exceso de demanda; seguirán prevaleciendo condiciones de identificación de riesgo como país emergente y características coyunturales de los mercados financieros, como tasas de interés y tipo de cambio, que mantendrán altamente volátil el mercado ante cambios exógenos. Si bien los fondos externos ayudarán a reducir el costo de fondeo de la economía en su conjunto, el crecimiento continuará dependiendo de la profundización de los ahorros institucionales de los fondos de pensiones en su parte obligatoria, los cuales permitirán financiar los requerimientos de un crecimiento moderado.

Las crisis financieras serán un factor que no se eliminará totalmente, ya que los aspectos monetarios que actúan como disparadores de las crisis seguirán siendo fuente de inestabilidad; los factores en el interior del sistema bancario serán los que menos contribuyan a una crisis, por estar acotado su costo fiscal con los mecanismos de protección al ahorro que transfieren el costo de una quiebra entre ahorradores, accionistas y sociedad.

Las reglas bajo las cuales operaría la banca serían similares a las actuales. Los ingresos y los costos financieros se reducirían, pero menos que los de los bancos de mercados eficientes. Como consecuencia de esto, el margen financiero se reduciría, pero no haría que todos los bancos se ajustasen en forma dinámica para compensar dicha reducción. Algunos tratarían de compensarlo con fusiones; otros ajustando los ingresos no financieros para hacer crecer los márgenes y compensar la caída del margen financiero. El énfasis en la reducción de costos de operación será resultado de las prácticas de medición y las de contabilidad de costos por actividades (ABC). En forma selectiva, algunos bancos utilizarían prácticas de rentabilidad ajustada por riesgo (RAROC) por excepción.

Los bancos estarán homologados a los estándares de riesgo mundiales de los reguladores, pero muy atrás de los bancos líderes a nivel mundial. La distinción y discriminación del riesgo ahondará las diferencias entre las entidades eficientes y las menos eficientes. La tendencia será a reducir las utilidades de los bancos, lo que generará una gran proclividad hacia las fusiones y adquisiciones entre las instituciones; las eficientes absorberán a las menos productivas.

La estructura de la banca comercial convivirá con la banca de inversión, marcando diferencias en la rentabilidad y riesgo. Entre ambas se requerirá otro tipo de instituciones financieras que atiendan a quienes no pueden acceder a los mercados bancarios, y menos a los financieros. Estas instituciones atenderán mercados específicos: uniones de crédito para grupos particulares, o mecanismos informales para sectores no bancarizados. Seguirán enfrentando problemas estructurales para disponer de mecanismos de fondeo de bajo costo y de largo plazo; iniciarán su financiamiento a través de colocaciones en el mercado. Pese a que existirán importantes diferencias entre las instituciones, habrá nuevas formas de enfrentar el riesgo, ya sea con procesos selectivos para discriminarlo adecuadamente o para compartirlo socialmente de forma más generalizada; quien sea capaz de hacerlo más eficientemente tendrá una mayor probabilidad de sobrevivir y ser exitoso.

VI.12.3. Escenario "C". Sistema monetario
y financiero independiente

El último escenario prevé una sobrerreacción a los costos e implicaciones de la apertura, de la globalización y de la desregulación. Supone que las autoridades asumen que para realizar las funciones financieras de la sociedad es mejor contar con un sistema regulado. Supone además que ciertos procesos de integración y de operación de mercado abierto se posponen con ánimo de que los agentes del sistema financiero puedan adecuarse a las futuras condiciones de competencia bajo premisas extramercado. Ello provocaría un desajuste con respecto a las tendencias internacionales y a la evolución de los mercados mundiales de capitales.

El país tiene por lo menos 12 años de experiencia con políticas financieras desincronizadas de los ritmos mundiales. En este escenario la voluntad económica se vería rebasada por las presiones políticas de ciertos partidos que quieren distanciarse de las políticas neoliberales, adoptando en su lugar políticas populistas. La adopción de dichas políticas enfrentaría conflictos importantes con los agentes económicos que toman decisiones de inversión, y obligaría a recurrir nuevamente a la inversión pública como elemento para dinamizar la economía.

La probabilidad que ocurra este escenario es de 5 a 10%. En este escenario los mercados financieros, desligados de los grandes movimientos internacionales de capitales, operarían con ciertos grados de excepción a los principios, normas y reglas de operación del sistema financiero mundial. Esta asincronía con respecto a las tendencias y formas de operación de los mercados financieros mundiales haría al nacional ajeno a los procesos de innovación tecnológica y los avances en teoría financiera; en los mercados independientes se hace evidente la ausencia de reglas de competencia, por lo que no resulta primordial la incorporación de nuevas tecnologías ni de nuevas teorías. La protección efectiva del mercado presenta un serio desfase en tiempo y forma respecto a las prácticas y técnicas de los mercados financieros integrados. Dado que los mercados independientes son relativamente ajenos a los principios de mercado, los métodos para enfrentar los riesgos no se convierten en pieza clave para su operación; tampoco lo son su dinámica y logística para transferir el riesgo a instrumentos de mercado, por lo que los bancos continuarán asumiendo el riesgo de crédito.

La asincronía de los sistemas financieros inhibe y limita el flujo de ahorros externos hacia las economías relativamente autárquicas; por ello el financiamiento del desarrollo dependerá de la profundización de los ahorros internos y de los institucionales de los fondos de pensiones, los que sólo permitirán financiar un crecimiento limitado. También influirá la inversión extranjera directa, que dependerá de proyectos específicos, de la identificación de riesgo como país emergente y de características coyunturales de los mercados financieros, tales como las tasas de interés y el tipo de cambio, que mantendrán altamente volátil el mercado ante cambios exógenos.

Las crisis financieras serán un factor que seguirá prevaleciendo, ya que los aspectos monetarios que actúan como factor disparador de las crisis seguirán estando presentes como fuente de inestabilidad característica de mercados protegidos y autárquicos. Los factores internos del sistema bancario continuarán siendo motivo de preocupación ante una crisis, por estar limitada la transferencia del riesgo hacia instrumentos de mercado y estar acotado su apoyo bajo mecanismos de protección al ahorro.

Las reglas bajo las cuales opera la banca se estancarán, al quedar ésta sujeta a las reglas de un mercado protegido, similares a las prevalecientes antes de la apertura. La protección o aplicación discrecional de normas y reglas hará que los términos de referencia sean desiguales entre los intermediarios y entre los mercados; por ello los ingresos y los costos financieros no se reducirán, como sí ocurre en los mercados eficientes. Como consecuencia de esto, el margen financiero bajará ligeramente pero no afectará a los demás elementos del balance, provocando que los bancos se ajusten en forma dinámica para compensar dicha baja. Las prácticas de reducción de costos de operación serán resultado de prácticas de contabilidad de costos, y sólo ocasionalmente como resultado de prácticas de rentabilidad.

La ausencia de condiciones de mercado no promoverá que los bancos estén homologados a los estándares de riesgo mundiales de los reguladores. La distinción y discriminación del riesgo ahondará las diferencias entre las entidades eficientes y las menos eficientes. Las fusiones y adquisiciones se harán de acuerdo con tendencias mundiales o por políticas públicas de administración, no como medidas para ajustar los ingresos no financieros, hacer crecer los márgenes no financieros y compensar la caída del margen financiero, como ocurre en los mercados eficientes.

La estructura de la banca comercial prevalecerá sobre la banca de inversión y los mecanismos de mercado, y la diferencia en la rentabilidad y riesgo entre ambas bancas será limitada, lo que inhibirá la aparición de otro tipo de instituciones financieras que atiendan los mercados bancarios. Las instituciones financieras no bancarias, como las uniones de crédito para grupos particulares o mecanismos informales para sectores no bancarizados, continuarán formando parte de una política pública para fomentar el sistema financiero. Los problemas estructurales para contar con esquemas de fondeo de bajo costo y de largo plazo no se resolverán, y su financiamiento se pospondrá a través de las colocaciones por el mercado. No habrá nuevos incentivos para fomentar la forma de enfrentar el riesgo, ya sea con procesos selectivos para discriminarlo adecuadamente o para compartirlo socialmente de forma más generalizada.

VI.13. LAS TENDENCIAS MUNDIALES DE LA BANCA Y SU ARTICULACIÓN
CON LOS ESCENARIOS DEL SISTEMA FINANCIERO MEXICANO
¿CÓMO OPERARÁ LA BANCA?

A modo de resumen, a continuación se presentan las principales características de cada uno de los escenarios considerados:

Eventos de las tendencias mundiales	Escenario I Integración	Escenario II Integración parcial	Escenario III Sistema independiente
Probabilidad de ocurrencia	65 a 70 %	25 a 30 %	5 a 10 %
Innovación tecnológica	Incorporación dinámica de los nuevos avances tecnológicos.	Incorporación parcial y desfasada de la nueva tecnología.	Incorporación limitada a ciertos avances y con rezagos importantes.
Teoría financiera	Aplicación de la teoría financiera a nuevos productos, métodos de análisis y prácticas, de manera simultánea con su aplicación a nivel mundial.	Aplicación selectiva en unos cuantos productos, métodos y prácticas, en función del grado de inserción de la banca local a los mercados mundiales.	Desarrollo parcial de la aplicación teórica y con más de una década de retraso respecto a las más avanzadas.
Transformación de riesgo	Aplicación casi inmediata de las nuevas prácticas en todo el sistema, discriminando eficientemente los riesgos.	Aplicación desigual en el sistema; de forma casi inmediata en las instituciones globales, permitiendo seleccionar los mejores riesgos, y con retrasos en el resto.	La utilización de los métodos tradicionales prevalecerá sobre las nuevas prácticas estadísticas, generando problemas de selección adversa de riesgo.
Valorización	Práctica de amplio uso que transfiere el riesgo al mercado.	La transferencia de fondeo será mixta; en las instituciones inte-	La banca seguirá asumiendo el riesgo del crédito; se colocarán

	Los bancos seleccionarán los proyectos de inversión.	gradas el fondeo será de mercado; en las no integradas será vía captación tradicional.	en el mercado sólo fondeos estructurados.
Desregulación	Completa; similar a la vigente en nuestros socios comerciales. Eficiencia de mercado.	Aplicación irregular. Total en tasas y precios de mercado. Limitada en otros factores, como reservas. Homologación de estándares entre los actores del sistema.	Limitada, procurando favorecer a los bancos locales, utilizando mecanismos distintos de los de mercado.
Internacionalización de recursos en el mercado de capitales	La integración será completa. Se dispondrá de amplios recursos a bajo costo de los fondos institucionales, lo que permitirá complementar el ahorro interno. Se modificará la estructura del fondeo, prevaleciendo el largo plazo.	La integración será parcial en un 60% de los mercados. Los recursos fluirán en forma selectiva a ciertos sectores, proyectos y empresas, generando una segmentación de precios y un horizonte de inversión de mediano plazo.	La integración será restringida a menos de 1/3 del sector financiero. Los recursos disponibles serán para proyectos rentables pero sujetos a la volatilidad de países emergentes. El costo de fondeo bajará, pero prevalecerá el corto plazo y la fuente básica serán los recursos internos.

Eventos de impacto en la economía	Escenario I Integración	Escenario II Integración parcial	Escenario III Sistema independiente
Institucionalización del ahorro interno	Los saldos de los fondos de retiro en su parte obligatoria cubrirán el 80 % del PIB. Se homologará	Los fondos obligatorios de las Afores financiarán el 80% de los requerimientos anuales de finan-	Se contará con los fondos de pensiones para financiar el 80% de los requerimientos anuales

	fiscalmente el ahorro voluntario, creciendo rápidamente para cubrir el 20% restante para financiar las necesidades anuales de crecimiento.	ciamiento para el desarrollo. Un 10% vendrá del ahorro voluntario y el restante 10% del ahorro externo.	de desarrollo. El 20% restante provendrá del ahorro externo.
Crecimiento	La disponibilidad de recursos para crecer a bajo costo y la inserción en los mercados regionales permitirán crecimientos entre el 4 y 5% anual.	La integración parcial de la economía será similar a la observada en la última década, con crecimientos cercanos al 3% anual.	La independencia del sistema hará prevalecer los recursos internos como fondeo del crecimiento económico, el cual podría ser del 2 a 3% anual.
Crisis financiera y bancaria	La integración de los sistemas implica mecanismos de compensación monetaria ágiles, que eviten encubrir desajustes en precios relativos. De ahí que este factor de crisis tiene baja probabilidad de ocurrencia.	La ocurrencia de crisis originadas por desequilibrios en las variables externas tiene una probabilidad media y de efectos limitados.	Los esquemas financieros independientes conllevan a la no alineación, a condiciones de mercado o a mecanismos de ajuste dinámicos. Se podrían presentar asincronías en las variables externas, y volatilidad en los flujos de capital, que harían factibles las crisis.
Patrones de fondeo de los agentes económicos	Las grandes empresas, el gobierno e incluso las medianas empresas se financiarán en los mercados de	La inserción financiera parcial producirá una gran diferencia en los esquemas y costos de fondeo. Los grandes	El mercado seguirá siendo atendido por intermediarios financieros con precios altos por la ausencia de

dinero y capitales a precios competitivos. Los bancos grandes tenderán a transferir los créditos al mercado (bursatilización).

Las familias, las empresas medianas y pequeñas serán atendidas por intermediarios financieros a precios más bajos.

agentes se favorecerán de los precios del fondeo de mercado. Prevalecerá el patrón de intermediación con precios tendientes a la baja.

competencia externa. Los grandes grupos, el gobierno y aquellos que tengan movilidad internacional buscarán fondeo en los mercados externos.

| Regulación y autoridades | Funciones y reglamentos similares a los prevalecientes en las principales economías. | Adecuación parcial y desfasada respecto de las mejores prácticas mundiales. | Procesos de convergencia parciales y homologación parcial. |

Eventos al interior del sistema bancario	Escenario I Integración	Escenario II Integración parcial	Escenario III Sistema independiente
Ingresos y egresos financieros	Las tasas de interés activas y pasivas tenderán a bajar. El margen financiero se reducirá respecto de la última década. Por ello se acelerará la tendencia de fondeo vía mercado, prevaleciendo una comisión por arbitraje.	El efecto será desigual en los intermediarios; los que tengan inserción y reglas mundiales abandonarán el margen financiero como su fuente de ingresos y buscarán las comisiones. Los no integrados operarán con patrones tradicionales.	Los diferenciales entre las tasas de interés activas y las pasivas tenderán a ser relativamente altos con respecto a los de mercados mundiales. El margen financiero, aunque menor, seguirá siendo la parte central de los ingresos de los intermediarios.
Ingresos y egresos no financieros	La reducción del margen financiero por la compe-	La polarización entre los intermediarios eficientes,	La distorsión del mercado permitirá que ciertos

tencia y las operaciones de mercado abierto harán obligatorio dinamizar las operaciones no financieras del estado de resultados. Los intermediarios que no actúen sobre ello se verán en riesgo de continuar sus operaciones en el mediano plazo.

que afectan los aspectos no financieros del balance, y aquellos otros que tienen su principal fuente de ingresos en la parte financiera, llevará a que estos últimos enfrenten problemas de viabilidad y subsistencia en el mediano y largo plazos.

intermediarios sigan teniendo en el margen financiero su fuente básica de ingresos. Ello hará que no existan presiones sobre los ingresos por comisiones. Se provocará un desfase en los mecanismos del estado de resultados respecto de los líderes.

Costos de operación

La administración de costos será una de las piezas claves del éxito de los intermediarios. La reducción del margen financiero será compensada mediante la disminución de los costos de operación.

El énfasis en la administración de costos será desigual entre los intermediarios. Unos tenderán a buscarlos como condición para tener utilidades; otros, como una condición necesaria para operar.

Las distorsiones en los mercados financieros que generan márgenes altos, no promoverán que los costos de operación se vuelvan dinámicos.

Provisiones

Las provisiones se reducen drásticamente, ya que el riesgo se traslada al mercado. Los requerimientos de capital se eliminarán.

En los agentes bancarios que transfieran su fondeo de créditos al mercado las provisiones serán muy bajas o nulas. En aquellos que fondeen intermediando, las provisiones serán altas.

Continuar operando a través de los intermediarios llevará a que éstos asuman las provisiones derivadas de sus operaciones de crédito, entre las que no sabrán discriminar con eficiencia.

Utilidades

Las estructura de las utilidades se

Las instituciones que reconozcan

La estructura de las utilidades

centra en el margen no financiero, en bajos costos de operación, en bajas provisiones y en mínimos requerimientos de capital. que el margen financiero no es el origen básico de sus utilidades serán exitosas. Las que se centren en él estarán sujetas a la volatilidad derivada de los márgenes financieros continuará siendo el margen financiero. La volatilidad del margen de las carteras de crédito y de las provisiones harán inestables las utilidades.

VII. FUTUROS DE MÉXICO EN LOS MERCADOS INTERNACIONALES

JULIO FAESLER*

VII.1. INTRODUCCIÓN

DESARROLLAR UN COMERCIO EXTERIOR que produzca divisas, actualización tecnológica y relaciones internacionales útiles para el desarrollo integral de México es tarea aún no cumplida. Prever la inserción de nuestro país en los mercados mundiales del futuro y delinear estrategias para lograrlo en las mejores condiciones es asunto inaplazable del que depende la prosperidad de todos los mexicanos. El desarrollo socioeconómico de un país se basa en la capacidad de su población para transformar sus recursos en productos y servicios que, después de satisfacer la demanda nacional, sustenten un comercio exterior dinámico y bien estructurado, que genere las divisas necesarias para pagar las compras y que financie el progreso general de la comunidad nacional.

En los diversos escenarios posibles de los próximos años México, según lo decida, participará en los intercambios mundiales de manera activa o pasiva. Las variables mundiales serán decisivas para el cumplimiento de las metas nacionales. Así, habrá que tomar en cuenta el crecimiento demográfico, el manejo del ambiente, la demanda de alimentos, las fuentes alternativas de energía, la recomposición de fuerzas políticas mundiales en nuevos bloques económicos, las metas individuales y nacionales y el uso que se dé a la globalización.

VII.2. ANTECEDENTES

Con las turbulencias que sucedieron a la independencia en 1821 no hubo manera de consensar y ejecutar programas de desarrollo coherentes, ni mucho menos planes de comercio exterior. El único intento sistemático de promoción económica fue la creación, en 1830, del Banco de Avío para el Fomento de la Industria Nacional, promovido por don Lucas Alamán. Sólo hasta el último cuarto del siglo XIX se perfiló, acorde con las ideas del momento, una visión de progreso. Sin embargo, al no ser inclu-

---

* Presidente de la Comisión de Relaciones Internacionales, Cámara de Diputados

yente y al descuidar las aspiraciones de las mayorías, ese proyecto provocó el violento repudio revolucionario que estalló en los albores del nuevo siglo. Después de 1910 desfilaron diversos planes de desarrollo con resultados aislados. Las ventas estratégicas durante la Segunda Guerra Mundial habrían de proveer recursos para respaldar un programa de industrialización acelerada, que incluía dinamizar la actividad agropecuaria.

Una política activa de promoción protegió la nueva etapa económica con una amplia gama de apoyos fiscales, financieros y administrativos. No participamos en las rondas de negociaciones del Acuerdo General de Aranceles Aduaneros y de Comercio (GATT). En vez del desarme tarifario multilateral, preferimos los acuerdos bilaterales, aun cuando en los años sesenta rechazamos entrar en un mercado común con Estados Unidos. El programa de fortalecimiento interno se valía de las mismas barreras arancelarias y restricciones cuantitativas que, desde las primeras etapas de su consolidación, utilizan disimuladamente los países hoy día industrializados. El esquema de sustitución de importaciones muy pronto caería presa de distorsiones que relajaron su empuje y erosionaron la capacidad de nuestros productos de competir con éxito tanto en el mercado nacional como en el exterior. Habíamos frustrado los beneficios del programa antes de cosechar sus frutos.

Sobrevinieron luego nuevos "modelos" de desarrollo que requerían la apertura completa de la economía y una reestructuración privatizadora para satisfacer las exigencias fundamentales para merecer los apoyos siempre necesarios de las instituciones financieras internacionales. Pero las estructuras agrícolas e industriales, sobreprotegidas desde tiempo atrás, se encontraban ahora impreparadas para afrontar el nuevo escenario de mercados abiertos inaugurado, sin siquiera un periodo razonable de adaptación, con la repentina decisión oficial, en 1985, de adhesión al GATT.

La visión meramente financiera del desarrollo adoptada por los gobiernos de los últimos veinte años optó por promover una vigorosa corriente de inversiones extranjeras y prever el ágil acceso a préstamos internacionales, en lugar de impulsar con suficientes apoyos oficiales el desarrollo del potencial productivo y el ahorro de la población. De ahí en adelante el comercio exterior sería visto sólo como una variable dependiente de la presión inflacionaria, la tasa de interés y la paridad del peso. Se declaró que las exportaciones fluirían mecánicamente si los escenarios macroeconómicos y monetarios fueran "favorables". Esta estrecha visión llevó a desaparecer al Instituto Mexicano de Comercio Exterior, organismo mixto creado en los años setenta para coordinar los esfuerzos de los sectores público y privado para formar la oferta exportable nacional y colocarla en el exterior.

Sin duda la paridad cambiaria es un factor decisivo para alentar o deprimir el nivel de los intercambios; no obstante, sucesivas experiencias han mostrado el efímero efecto de las devaluaciones para acicatear las exportaciones. Un peso subvaluado durante largos periodos ha sido eficaz para promover exportaciones. Tal recurso, empero, encarece el pago del servicio de la cuantiosa deuda externa acumulada. En efecto, un persistente déficit comercial neto, que en 1998 alcanzó el 4.4% del PIB, ha agravado nuestra pesada deuda externa. El desarrollo nacional ha tenido que financiarse con inversiones extranjeras directas y créditos internacionales. La deuda externa ha crecido a razón del 6.2% anual en los últimos años hasta llegar, a fines de 1998, a 161 300 millones de dólares, generando un servicio que a veces sobrepasa los 12 000 millones de dólares anuales. Cada vez es más difícil manejar el perfil de los vencimientos. El país ha tomado el camino de los refinanciamientos, que se repiten con costos siempre mayores. Entre tanto, los sectores empresariales y oficiales han sido incapaces de generar los empleos que se requieren para ocupar la fuerza de trabajo disponible, que aumenta año con año a razón de un millón de personas. Las promesas de creación de empleos son inútiles. La oferta es insuficiente. No hay estructura económica para cumplirlas.

Atenidos a capitales extranjeros para crear plantas que amplíen nuestra capacidad productiva, la progresiva reducción entre 1981 y 1997 del salario real, calculado en dólares, ha sido nuestra mejor aliada para atraer la instalación de nuevas actividades económicas, especialmente las de maquila. La economía depende cada vez más de las operaciones de ensamble para dar ocupación a nuestra mano de obra. La confianza en México como país seguro y estable para la inversión extranjera se convierte, pues, en un elemento imprescindible del crecimiento. El futuro de México depende en buena parte de su imagen en el exterior, la que a su vez encuentra en el comercio internacional uno de sus principales puntos de apoyo.

El comercio mundial en 1998 fue de 6.5 billones de dólares. Los bienes intercambiados representaron 5.2 billones, en tanto que el monto de los servicios fue de 1.3 billones. Mientras que el PIB mundial creció sólo 2%, el comercio creció en 3.5%, cifra inferior, por cierto, al aumento del 10% que tuviera el año anterior. México, con 242 743 millones de dólares, representó el 3.7% de ese comercio, o bien, el 15% del comercio de los países en vías de desarrollo los que, a su vez, participaron con el 25% de los intercambios mundiales de 1998.

VII.3. Nuestro comercio exterior actual

Las manufacturas constituyeron en 1998 el 90.6% de nuestras ventas al exterior. Además de azúcar, frutas y hortalizas, también se exportan equipos metalmecánicos, petroquímicos, vehículos automotores y sus partes, textiles, confecciones de ropa, medicinas, equipos electrónicos, mobiliario, programas de televisión y servicios técnicos de ingeniería. Los intercambios de México sumaron 243 000 millones de dólares. Las exportaciones representaron el 29% del PIB, proporción superior al 23.3% que se registró en 1980. Las exportaciones fueron en los últimos años un factor decisivo para amortiguar la caída en la producción y la demanda ocasionada por las recientes crisis financieras.

Una marcada concentración geográfica, sectorial y social caracteriza a nuestro comercio exterior. Pese a los esfuerzos desplegados a lo largo de muchos años, nuestro comercio exterior no ha logrado sustraerse de una marcada dependencia del mercado estadounidense que, sumado al de Canadá, absorbe el 89% de nuestras exportaciones, y que ahora se inserta en el marco del Tratado de Libre Comercio de Norteamérica (TLCAN).

Además de la concentración geográfica, las exportaciones exhiben una concentración en lo sectorial. Hace pocos años el petróleo crudo llegó a representar el 75% de nuestras ventas. La caída del precio del petróleo y un vigoroso aumento en las exportaciones de manufacturas hizo que los hidrocarburos pasaran a ocupar en 1998 sólo el 6%. Ello, sin dejar de mantener la plataforma de exportación promedio de 1.7 millones de barriles diarios. Las manufacturas, incluyendo productos de las maquiladoras, aportaron el 93% de las exportaciones mexicanas. Es notoria la concentración en unos cuantos productos: vehículos de transporte y carga, partes automotrices, textiles, confecciones, productos eléctricos y electrónicos, que en conjunto representan el 58% de las exportaciones. En 1998 el 85% de las divisas obtenidas por la exportación de manufacturas se destinó a importar automóviles, textiles, carnes, comestibles, joyas y otros artículos en buena medida innecesarios. Por otra parte, el 77% de nuestras compras fueron insumos y componentes destinados a la industria manufacturera; 70% de esas compras se integra de nuevo a nuestras propias exportaciones. El 32% de todas las importaciones fueron artículos de consumo doméstico o insumos para las manufacturas destinadas al mercado nacional. Un país en desarrollo, como el nuestro, debe racionalizar mejor el uso de las divisas que con tanto esfuerzo obtiene de inversiones extranjeras directas y créditos internacionales.

CUADRO VII.1. *Principales sectores de exportación;*
1998 (porcentaje de la exportación total)

Máquinas, equipos y aparatos eléctricos	24.8%
Equipos y aparatos electrónicos	15.3%
Vehículos automotores	11.3%
Extracción de petróleo y gas	5.5%
Telas y prendas de vestir	4.4%
subtotal	
Con hidrocarburos	61.3%
Sin hidrocarburos	55.8%

Los pequeños y medianos productores, pese a que constituyen el 97% de los 127 mil establecimientos manufactureros registrados en el país, participan relativamente poco en la actividad exportadora. La mayor parte de las exportaciones la realiza un grupo reducido de empresas, muchas de ellas transnacionales o de propiedad mayoritaria o totalmente extranjera. El 48% de las ventas destinadas a Estados Unidos se realiza entre filiales de una misma corporación.

La actividad maquiladora es parte importante del comercio exterior mexicano. Las 3 200 maquiladoras, instaladas principalmente a lo largo de la frontera norte, ocupan aproximadamente 1.2 millones de trabajadores, de los cuales el 56% son mujeres. Uno de los atractivos principales que México ofrece para la instalación de las maquiladoras es el bajo salario mínimo por hora, medido en dólares. La mano de obra, que representa el 9.2% del valor de los artículos terminados, es el principal insumo nacional de esa actividad. Los componentes físicos mexicanos apenas si alcanzan un poco más del 2% del valor final de la producción. Los servicios municipales, energía eléctrica, gas, comunicaciones y otros insumos representan en promedio el 5.5% del total del producto. Las maquiladoras realizaron en 1998 el 45% de nuestras ventas al exterior, y dejaron un saldo positivo de 10 mil millones de dólares. La permanencia de estas plantas en nuestro país nunca está asegurada. Muchas de ellas se encuentran instaladas provisionalmente. Cualquier cambio en la política del gobierno podría llevarlas a abandonar el país, lo que ilustra la precariedad en la que se encuentran los cientos de miles de trabajadores mexicanos que de ellas dependen. La inclusión de las cifras de importación y exportación de las maquiladoras dentro de las estadísticas de nuestro comercio distorsiona las cuentas. Si las elimináramos, emergería el verdadero saldo neto negativo en nuestros intercambios. Para cubrir este déficit ha sido necesario distraer una buena parte de los ininterrumpidos préstamos internacionales e inversiones extranjeras.

CUADRO VII.2. *Distribución sectorial de la industria maquiladora 1998 (por ciento del total)*

Eléctrico y electrónica	38.1%
Automotor	19.3%
Confecciones	14.9%
Muebles	5.7%
Servicios	4.0%
Químicos	2.5%
Otras manufacturas	15.5%

VII.4. ESCENARIOS DEL FUTURO

VII.4.1. *Escenarios mundiales y regionales*

Se perfila un nuevo orden internacional que vinculará estrechamente a los países en pactos regionales que irán entrelazándose en el curso de los próximos 20 o 30 años con miras a integrar un mercado mundial. Hacia tal escenario los próximos años verán consolidarse tres grandes regiones económicas con sus respectivas zonas monetarias. Desde ahora, sin embargo, se cuestiona la justificación de seguir manteniendo la indiscriminada apertura en los mercados nacionales que el anterior proceso supone. En los próximos años se buscará remediar los sacrificios populares que impone el libre juego de las fuerzas del mercado, en cuyas bondades todavía creen algunos. Por otra parte, mientras que en los países en desarrollo el libre mercado se paga con altos costos sociales y serios quebrantos en la actividad agropecuaria e industria mediana, en los países económicamente más avanzados los agricultores reciben subvenciones y pagos suplementarios que violan tales principios, para compensarlos por la baja de precios de sus productos que deteriora su capacidad para adquirir artículos manufacturados.

El reconocimiento de prioridades de índole social para proteger sectores rezagados que aún no puedan competir exitosamente con productores de economías desarrolladas formará parte de los acuerdos comerciales regionales y mundiales. Es previsible la reinstauración de subsidios y pagos a las actividades desprotegidas, en la medida que los presupuestos nacionales lo permitan. Lo anterior requerirá ajustes en las reglas de la Organización Mundial de Comercio (OMC). En las sucesivas negociaciones tarifarias multinacionales celebradas bajo su égida se insistirá en rescatar criterios que aseguren un trato diferenciado entre naciones de diferentes grados de desarrollo económico relativo, tal como se reconocieron en las integraciones regionales acordadas en los años cincuenta y sesenta en América Latina. Así, se tomarán en cuenta las diferencias de capacidad para competir de ciertos productos sensibles o estratégicos, como son los agrícolas y energéticos.

VII.4.2. *Escenario mexicano; algunas ideas generales*

Los intereses de los países de América Latina, Europa y Asia convergen en la privilegiada ubicación geográfica de México, vecino y socio del mercado norteamericano, que seguirá siendo el más atractivo en los próximos treinta años. A medida que se acerque el 2030 el gran mercado asiático, en el que México participa como miembro del Acuerdo Asia-Pacífico, irá equilibrando la distribución de las corrientes comerciales de nuestro país. Con políticas adecuadamente diseñadas para la preparación de la actividad gerencial y capacitación de nuestra mano de obra, el país alcanzará una diversificación racional en el comercio exterior. Con ello se superará la dependencia que, al principio del siglo XXI, representaba el predominio del TLCAN.

Para 2030 el TLCAN se habrá extendido hasta abarcar a todo el Continente Americano. Con excepción de ciertos productos agrícolas, el intercambio de mercancías circulará prácticamente libre de aranceles o requisitos administrativos. Se habrá subdividido el área en tres subregiones: la norteamericana, la sudamericana y la andina. Por su parte, la región centroamericana y algunos países del Caribe tendrán una relación especial con México; otros mantendrán su propio régimen económico vinculado con la Unión Europea.

Los propósitos que animaron a México a suscribir en 1960 el Tratado de Montevideo podrán verse cumplidos en los acuerdos firmados sucesivamente —antes del eventual perfeccionamiento continental del ALCA— con el Mercado del Cono Sur, el Andino, el Centroamericano y del Área del Caribe. Estas relaciones subregionales propiciarán la formación de mancuernas comerciales e industriales entre hombres de negocios y productores latinoamericanos, para preparar mejor el aprovechamiento de las oportunidades que ofrecerá el mercado de las Américas. La relación con Centroamérica será especialmente favorable para la creación de asociaciones que, comenzando con operaciones de ensamble y complementación industrial, evolucionen hacia esquemas transnacionales latinoamericanos que desarrollen el potencial de la región.

Estará en operación el Acuerdo Global de México con la Unión Europea suscrito en 2000, con un esquema más amplio y ambicioso que el TLCAN. Con los países europeos tendremos mecanismos que extiendan facilidades financieras, asistencia técnica a inversiones en la agricultura, la mediana y pequeña industrias y en materia de capacitación de mano de obra. Se habrán incluido cláusulas que reconozcan el diverso grado de desarrollo entre las dos partes. La mayor utilización del euro como moneda de reserva servirá para respaldar la operación del acuerdo.

En el curso de las revisiones realizadas al TLCAN durante los próximos 20 o 30 años se habrán incluido en los diversos comités de negociación a los sectores productor y laboral. Así se habrá superado el imperfecto método del "cuarto de al lado" que prevaleció en las primeras negociaciones del TLC, en el que los representantes y expertos de la industria y la agricultura sólo aportaban sus opiniones cuando se les pedía expresamente para definir el mandato de las delegaciones negociadoras.

Los próximos treinta años se aprovecharán para multiplicar vínculos comerciales, tecnológicos y académicos con países en desarrollo de todos los continentes con los que compartimos numerosas circunstancias y problemáticas, como, por ejemplo, sus experiencias en protección y desarrollo de los recursos naturales, o el rescate y aprovechamiento de zonas desérticas o de cuencas hidrológicas. El intercambio de funcionarios y estudiantes mexicanos con sus homólogos de países en desarrollo del Medio Oriente y de África podrá abrir nuevos cauces para la exploración de soluciones afines a problemas comunes a nuestras circunstancias. Los intercambios con la India y China habrán ofrecido fórmulas con frecuencia más útiles que las que se teorizan en las universidades de los países desarrollados.

VII.5. Futuros del comercio exterior mexicano

VII.5.1. *Primer Escenario. Más de lo conocido...*

Las tendencias que hasta ahora se manifiestan en el comercio exterior harán que para el 2030 se agrave nuestra ya muy debilitada economía nacional. De seguirse la aplicación estricta de los compromisos internacionales de apertura de nuestro mercado, las importaciones indiscriminadas de todo género de artículos, sean bienes de consumo o intermedios, continuarán desviando fuertes cantidades de divisas hacia objetivos que poco o nada aportan al desarrollo equilibrado del país.

El comercio exterior total de México en 2030 habrá crecido a unos 340 000 millones de dólares, sin incluir maquiladoras. Habiendo ocupado el decimotercer lugar en 1998, sin incluir maquiladoras, nuestro país se colocará entonces en el décimo lugar entre los exportadores mundiales. Fiel a la afirmación de que el aumento en las importaciones es sano reflejo de todo aumento en el PIB, los déficits reales de la balanza de comercio continuarán aumentando. La debilidad estructural del comercio exterior llevará al déficit comercial neto a cifras de 26 700 millones de dólares, sin incluir maquiladoras. Ello recargará los compromisos financieros internacionales, cuyos refinanciamientos serán ya imposibles de contratar a tasas tolerables. La deuda exterior no habrá bajado sensiblemente. La participación de las operaciones de maquila en las exportaciones llegará a ser tan predominante como años antes lo había sido la del petróleo crudo. La producción de la oferta exportable seguirá dependiendo de insumos importados y se profundizará la falta de capacidad de los artículos nacionales para competir incluso en su propio mercado nacional, redoblándose así la alta propensión marginal a importar.

Para el 2030 la economía mexicana estará sólidamente imbricada con la norteamericana. Un reflejo de esto será la circulación del dólar en nuestro país al lado del peso como moneda de curso legal. En este escenario la única posibilidad de rescatar algún grado de independencia frente a las estrategias que quieran imponernos las empresas norteamericanas será la de alentar mayores relaciones industriales y comerciales con empresas transnacionales de otros países. Aun así, sin una economía fuerte que respalde políticas de desarrollo con rumbos claros, el papel que a México le tocará jugar en el mundo será el de una potencia económica secundaria, simple operadora de programas comerciales de empresas transnacionales de cualquier origen. La función de México será abastecer la demanda internacional de ciertos productos seleccionados por las empresas internacionales donde tenga capacidad competitiva. En correspondencia, México facilitará el acceso a su mercado de artículos elaborados en otras regiones del mundo por las propias transnacionales. Al menos tres cuartas partes de nuestro comercio exterior se canalizará a través de operaciones intra-firma.

La inversión norteamericana en la industria seguirá siendo predominante. Las empresas europeas y asiáticas habrán aumentado significativamente para atender en forma más expedita la demanda conjunta del TLCAN. Estas empresas apoyarán los intereses mexicanos en tanto no peligre su prioridad principal de acceder con sus productos al mercado norteamericano. En el contexto de nuestras relaciones con Estados Unidos, la posición de México podría ser favorable. Ser su primer abastecedor deberá asegurar en ese país al menos una más atenta recepción que antes para los planteamientos que el gobierno y empresarios mexicanos deseen hacer a las autoridades estadounidenses.

A treinta y cinco años de operación, el TLCAN seguirá aplicándose sin modificación en su texto. Los acuerdos paralelos en materia laboral y ecológica se habrán interpretado fundamentalmente para inducir mayor inversión norteamericana y canadiense. La extensión del ámbito geográfico del TLCAN, para abarcar todo el continente, se habrá realizado paulatinamente a través de negociaciones bilaterales entre las autoridades del TLCAN y las del Mercado del Cono Sur, el Andino y del Caribe. Los problemas de acceso al mercado de Estados Unidos y Canadá se estarán resolviendo a través del mecanismo arbitral, que no habrá podido alterar significativamente las reglas sobre la mayor protección de los sectores productores afectados por importaciones dañinas.

Un número importante de productos agropecuarios será procesado industrialmente para incorporarle valor agregado y facilitar su distribución y comercialización internacional. Seguirá firme la demanda de las frutas y legumbres frescas mexicanas, sostenida por la experimentada capacidad competitiva en calidad y precio. La coordinación entre productores mexicanos y sus homólogos de países como Estados Unidos, Chile, Argentina e Israel regulará el abastecimiento de los mercados de acuerdo con las temporadas agrícolas de cada región. El transporte, almacenamiento y comercio en el exterior de productos agrícolas mexicanos serán realizados por empresas internacionales que desde décadas atrás ya operaban con México.

Las grandes cadenas comercializadoras europeas y norteamericanas, que en la última década del siglo XX comenzaron a instalarse en el país, sea por cuenta propia o adquiriendo tiendas y supermercados, dominarán la venta doméstica en todos sus niveles de distribución del grueso de los productos de consumo doméstico. Sus economías de escala y sus vastas redes y equipos modernos habrán desplazado a los comerciantes mexicanos, desde los mayoristas hasta las misceláneas de barrio.

Las 210 franquicias extranjeras que operaban en México en 1999 habrán crecido a 1 200 en 2030. Los comerciantes e industriales mexicanos, al firmar sus contratos de adhesión o asociación, seguirán aceptando, sin conciencia cultural alguna, promover las marcas comerciales expresadas en palabras y frases en otros idiomas. La invasión de extranjerismos en la publicidad de todo tipo, al lado de los tecnicismos en inglés de uso común en la electrónica, causarán estragos en el lenguaje cotidiano.

La industria maquiladora habrá aumentado su participación en las exportaciones hasta llegar a 65%. No se verá un aumento significativo en la incorporación de componentes nacionales en los procesos maquiladores. La utilización de partes extranjeras importadas se mantendrá como factor determinante para su instalación en el país.

Medido en dólares, el nivel de salarios de los trabajadores mexicanos seguirá siendo ostensiblemente inferior al prevaleciente en los países industrializados. Ello asegurará que la productividad laboral mexicana, medida también en dólares, continúe superando holgadamente a la de Estados Unidos y Canadá.

La insuficiencia de capital mexicano conducirá a la presencia mayoritaria de capital extranjero en el sector financiero. Se abaratará el crédito, volviendo así más competitivos los productos exportables mexicanos. Los criterios en la asignación del crédito se adecuarán a los programas de la banca internacional, por encima de los planes sectoriales de desarrollo que pudiera proponer el gobierno. Por su parte, las empresas extranjeras tendrán, como siempre, sus propias fuentes de financiamiento. La necesidad de capital extranjero habrá explicado y justificado su participación ilimitada en los sectores de transportes carretero y ferroviario, producción y distribución de electricidad y gas, la operación portuaria y la de almacenamientos que sirven al comercio exterior. El gobierno autorizará que las tarifas respectivas de estos servicios se fijen a niveles internacionales.

La oferta de puestos de trabajo seguirá siendo insuficiente en 2030, por lo que la economía subterránea abarcará una amplia área de procesos sencillos de manufacturas de apoyo, como herramientas y piezas de recambio en micro-establecimientos y pequeños talleres. El comercio informal continuará funcionando como un vigoroso canal de importaciones ilegales de artículos, principalmente de consumo.

Las principales decisiones que conformen el marco en que opere el comercio exterior de México, respecto a qué sectores desarrollar, qué productos intercambiar en los mercados internacionales, qué personal emplear y capacitar, y en qué número, se tomarán fuera de México. En 2030 el comercio exterior será banda de transmisión que ciña al país a las estrategias geoeconómicas y políticas de los centros políticos e industriales del mundo.

VII.5.2. *Segundo escenario. La revolución en el comercio exterior...*

En este escenario la conducción del comercio exterior habrá emprendido una ruta diametralmente opuesta a la que marcan las políticas vigentes a finales del siglo XX. Sustituir el "modelo" de total apertura económica habrá implicado plantear una renegociación inmediata del TLCAN o su denuncia para liberar a los productores mexicanos de la concurrencia en el mercado nacional de las importaciones de productos norteamericanos tanto terminados como intermedios. Cualquiera de estas decisiones se habrá acompañado de un programa maestro de apoyos financieros al campo y a las actividades micro, pequeñas y medianas, así como de exenciones fiscales a aquéllas que aporten a las exportaciones o sustituyan importaciones innecesarias. Una segunda medida habrá sido la revisión de los compromisos asumidos por el gobierno con el Fondo Monetario Internacional (FMI) y el Banco Mundial (BM) con objeto de suspender las severas medidas de reajuste fiscal, presupuestario, monetario y salarial a las que se atribuyeron severos daños al nivel de vida de las mayorías.

La nueva orientación económica significó nuevas directrices para la participación mexicana como miembro de la OMC. Aquí el gobierno buscó, desde la reunión de Seattle en 1999, que en las rondas de negociaciones arancelarias se reconocieran las diferencias de etapas de desarrollo en las relaciones económicas internacionales, se restablecieran los apoyos financieros a la producción agrícola y las prerrogativas comerciales del Sistema General de Preferencias (SGP) para los productos de los países en desarrollo. La presencia de México en la OCDE planteó nuevos objetivos, y no sólo el de aportar y recibir informes que faciliten la obtención de créditos internacionales, sino también la promoción de los planes de cooperación internacional de los países más industrializados en materia de capacitación para la mano de obra mexicana. Independientemente de que algunos de estos propósitos concitaron cierto apoyo en los foros internacionales y que su aplicación en nuestro país suscitara intensas reacciones contrarias en los medios empresariales y entre algunos políticos, los efectos prácticos de esta posición radical en materia de comercio exterior modificaron sustancialmente el primer escenario antes descrito.

La intención de relevar a los productos mexicanos, especialmente a los agropecuarios, de la competencia de productos norteamericanos como cereales y carnes, provocó represalias comerciales directas de los norteamericanos, canadienses, europeos y asiáticos, quienes retiraron las concesiones a los productos mexicanos estipulados en el TLCAN, en el Acuerdo con la Unión Europea y en el tratado suscrito con el área Asia-Pacífico. La denuncia del TLCAN produjo así un serio desquiciamiento en la mayoría de las exportaciones, particularmente las de las transnacionales más fuertes, muchas de las cuales inclusive dejaron el país para instalarse en Centroamérica y Sudamérica. Muchas de las plantas maquiladoras, con las exigencias de nuevas reglamentaciones que las compelían a incorporar mayores insumos mexicanos y elevar condiciones laborales, perdieron interés de permanecer en México.

A pesar de lo activa que fue la promoción de las exportaciones de manufacturas mexicanas, éstas nunca alcanzaron a compensar la baja en las ventas de nuestros productos que, al perder preferencia arancelaria, dejaban de ser competitivas en Estados Unidos y en Canadá. La diversificación del comercio se habrá logrado en alguna medida, ya que en 2030 sólo el 50% de nuestros intercambios serán con los Estados Unidos. El resto se distribuirá entre la Unión Europea, América Latina y la región Asia-Pacífico. No arraigó nunca el programa de comercio exterior que descansaba en la creación de cientos de unidades de producción que se promovieron en toda la República a lo largo de los veinte o treinta años que abarca el periodo de interés. Las micro-empresas carecieron de la suficiente organización, capacitación y financiamiento. La protección a los productores mexicanos, que fue el eje de la nueva propuesta, tuvo que ser administrada bajo reglas estrictas para no caer en los abusos y distorsiones que se conocieron en la segunda mitad del siglo XX, pero que tampoco ahora pudieron evitarse.

La capacitación y adiestramiento de la fuerza laboral no pudo realizarse en la dimensión necesaria. Las empresas privadas no estaban dispuestas a introducir este elemento más allá de sus estrictos requerimientos. No hubo los recursos para montar las escuelas y tecnológicos necesarios, salvo los que se establecieron gracias a apoyos de organismos de la ONU y organizaciones de cooperación internacional.

Por otra parte, la renegociación de la deuda exterior se tornó inmanejable. La estructura financiera internacional no ofrecía a los países en desarrollo alternativas ni instancias de apelación ante las cuales presentar reclamos. El país quedó inerme e indefenso frente a las decisiones adversas que recayeron sobre las solicitudes de indispensables prórrogas o reconversiones. Se había secado la única fuente de financiamiento. La otra, la de las inversiones extranjeras, hacía tiempo se había interrumpido. Sólo quedó emprender el largo camino, conocido años atrás por otras administraciones: reanudar las negociaciones con los expertos del FMI.

Al llegar al año 2030 el comercio exterior mexicano se hallaba en un mercado internacional altamente globalizado, tecnificado y adverso intentando colocar una corta selección de artículos de calidad competitiva. México había caído al vigésimo lugar en la lista de países exportadores. Las exportaciones, sin maquiladoras, llegarían apenas a 120 000 millones de dólares. El déficit comercial se había reducido a sólo 10 000 millones de dólares gracias a las draconianas restricciones a la importación. El mercado interno estaba constreñido a consumir productos mexicanos de discutible calidad. Los salarios reales no habrían mejorado desde el año 2000. La ocupación seguía distribuida de manera muy semejante a la de 1998 (23.5% en el sector primario, 29% en la industria y 52.6% en los servicios). En el 2030 las cifras correspondientes serían de 13%, 24% y 56%, respectivamente.

El golpe de timón, anunciado con mucha esperanza y realizado con gran coraje, no produjo ni a mediano ni a largo plazo su objetivo de rescatar la independencia del comercio de nuestro país, ni mejores condiciones de vida para los millones de compatriotas.

VII.5.3. *Tercer escenario. La renovación del comercio exterior...*

Si el primer escenario describe el resultado de seguir el camino de la evolución natural de las políticas en vigor al terminar el siglo XX, dejando que las circunstancias externas definan el camino de la estructura productiva y comercial, y el segundo se refirió a un comercio exterior orientado por propósitos directamente reivindicatorios de intereses nacionales que se estiman relegados, el tercer escenario describe el logro que se obtendría con una atención integral al comercio exterior a través de la coordinación entre autoridades y productores para el desarrollo del potencial exportador del país y la racionalización de las importaciones.

El principio rector de la estrategia seguida para alcanzar tales metas radicó en la formación, desde los niveles básicos de la economía, de la oferta de productos y servicios para abastecer simultáneamente los mercados interior y exterior. Hacer que los artículos se cultiven o elaboren en calidades-precio internacionalmente competitivos sería requisito central para el éxito de todos los programas específicos que habrían de desprenderse de este objetivo. Lo anterior requirió del diseño, concertación y realización de un programa para crear sistemáticamente centros o polos locales y regionales de promoción y producción de los productos y servicios que aprovecharan las capacidades de la población y, en su caso, los recursos naturales inmediatamente disponibles.

Se instaló un organismo que promovió la oferta exportable en toda la República, llevando a los polos de desarrollo la información, técnicas de producción y las relaciones necesarias para convertirlos en centros de exportación. Este organismo tuvo también la función de coordinar a los exportadores mexicanos con las corrientes del comercio mundial, que para el 2030 llegarían a sumar 20 billones de dólares, muy por encima de los 6 billones de dólares en 1998. El financiamiento de los centros fue inicialmente aportado por la banca de desarrollo, como Nafinsa, a través de los gobiernos municipales, estatales y, en su caso, federal. Pasadas las primeras etapas de venta de productos, los centros y programas fueron inscritos en las instituciones bancarias privadas.

Se habrá inducido una sensible reducción de la población campesina a favor de un aumento en la ocupación en agroindustrias e industrias medias. Se promovió la creación de cooperativas, sindicatos y uniones de productores y otras formas de asociaciones que absorbieron fases de comercialización antes dejadas a intermediarios.

Las estrategias a cada nivel y sector fueron elaboradas y aprobadas por comités mixtos, decisivos y consultivos, que reunían a productores, funcionarios bancarios y representantes gubernamentales. Con acuerdos internacionales que respetan y apoyan las metas económicas y sociales se propició la formación de numerosas empresas pequeñas y medianas que aprovecharon el dinámico mercado internacional de artículos elaborados mediante corridas cortas de producción en las que intervino un alto contenido de mano de obra.

Se apoyó a la producción nacional en volúmenes suficientes para el abastecimiento de los sectores populares a precios bajos de alimentos básicos como frijol, arroz y maíz. Al mantener la seguridad de tal reserva alimentaria se protegió el abasto popular de las fluctuaciones en los precios de los mercados internacionales y no se afectaron las reservas monetarias para realizarse importaciones en momentos de altas cotizaciones de estos alimentos por su escasez en los mercados.

Fue de acuerdo con las propuestas de los comités locales y regionales como se definieron las directivas para realizar las revisiones periódicas del TLCAN y de los demás acuerdos comerciales suscritos con la Unión Europea, países latinoamericanos y los del área Asia-Pacífico. Las sucesivas negociaciones tuvieron por objeto, en primer lugar, perfeccionar los instrumentos que protegieran las exportaciones mexicanas del incumplimiento por parte de Estados Unidos y Canadá de los términos del TLCAN. Se ajustaron las reglas sobre prácticas desleales como el *dumping*, se completaron los acuerdos paralelos en materia laboral y ambiental y se logró el libre tránsito de los trabajadores mexicanos dentro de la zona. Las reglamentaciones se complementaron con apoyos de cursos de capacitación por parte de nuestros socios norteamericanos para resolver las fricciones provocadas por la migración hacia Estados Unidos. De igual manera, el TLCAN incorporó elementos que contribuyeron a la reubicación de las actividades productivas de nuestros compatriotas que regresaban al país después de trabajar en Estados Unidos o Canadá. El TLCAN se amplió con mecanismos de reconversión de actividades agrícolas e industriales afectadas por importaciones ruinosas, readiestramiento de los trabajadores desplazados, ajustes de las reglas de origen y en materia de compras de gobierno. Se definieron subsidios y pagos compensatorios a los agricultores mexicanos para compensar fluctuaciones en las cotizaciones internacionales de sus productos. De igual manera, las relaciones con la Unión Europea permitieron un acceso satisfactorio a los productos agropecuarios nacionales, con especial atención a los no procesados.

Junto con otros productores latinoamericanos, y en coordinación con ellos, México se colocó como el principal abastecedor de Estados Unidos, Canadá, Japón y Europa de frutas y legumbres frescas en las temporadas más convenientes del año.

La mejor protección de los intereses de nuestro comercio exterior en los mercados regionales y mundiales del 2030 provino de la creativa participación de los productores en los comités que fijaron las directrices para cada ronda de negociación internacional.

En un comercio internacional activamente operado entre tres principales regiones —Asia, Europa y América—, en el que los países "emergentes" suman una lista ya no de quince, sino de más del doble, México se mantiene en 2030, al lado de Brasil, India, Israel e Indonesia, entre los principales actores internacionales. Su influencia es determinante en la Organización Mundial de Comercio (OMC) y en las instituciones financieras internacionales, para entonces más equilibradas en sus consejos directivos y en sus procesos de toma de decisión. Los programas de comercio exterior habrán servido para promover nuevas unidades de producción en mancuerna con productores centro y sudamericanos. La propuesta norteamericana de un Mercado Común de las Américas es ya una realidad, entre otras cosas, gracias al apoyo de México, lo que beneficia el acceso al mercado de Estados Unidos para los productos latinoamericanos. Sin embargo, se ha reservado un régimen de preferencias arancelarias para los países propiamente latinoamericanos.

Tras treinta años de sólida coordinación entre los sectores público y privado, en el 2030 el comercio exterior aumentó a un ritmo anual superior al de las metas de crecimiento del PIB, alcanzando un monto total de intercambios de 1.02 billones de dólares y un saldo favorable de 179 000 millones de dólares, llegando las exportaciones sin maquiladoras a 300 000 millones de dólares y dejando un saldo positivo neto de 83 100 millones de dólares. Las relaciones económicas con otros países generaron ocupación a un ritmo superior al aumento de la fuerza de trabajo. A esto habría que añadir la ocupación originada en actividades indirectamente relacionadas con el comercio exterior. La singular ubicación geográfica de México se utilizó para atraer tecnologías seleccionadas e inversiones de capital conforme a una estrategia trazada para el mediano y largo plazos.

Uno de los elementos del fortalecimiento del comercio exterior fue la racionalización del uso de las divisas obtenidas por la exportación. El gobierno ha establecido normas para favorecer, con márgenes prudentes, ventajas para sus proveedores nacionales. En el sector manufacturero, gracias a la integración y consolidación de las cadenas productivas, ha disminuido su anterior dependencia de los componentes de importación destinados a incorporarse a los productos terminados. Gracias a este proceso se ha expandido la industria secundaria nacional para abarcar la producción de partes y piezas. Muchas de ellas continúan ostentando marcas norteamericanas, europeas y asiáticas.

Las inversiones extranjeras complementan el ahorro interno popular, que para entonces ha llegado a representar alrededor del 20% de las operaciones financieras del país, mientras que en 1998 era de sólo el 2%. Gracias a estas medidas de fortalecimiento y diversificación, el comercio exterior está aportando superávits a las finanzas nacionales, reduciendo la necesidad de contratar nueva deuda externa, por lo que ya se ha podido reducir el servicio de la deuda que subsistía.

La respetada participación de nuestro país en las asociaciones regionales, iberoamericana, latinoamericana y Asia-Pacífico se debe a la reconocida solidez de nuestra estructura productiva, directamente engranada con su aportación a las corrientes económicas internacionales.

Escenarios

Escenarios	Exportaciones con maquiladoras	Exportaciones sin maquiladoras	Importaciones con maquiladoras	Importaciones sin maquiladoras	Saldo con maquiladoras	Saldo sin maquiladoras
Año 1998	117 500	64 637	125 243	82 686	-7 743	-18 049
Escenario I 2030	446 000	156 000	387 000	182 700	+59 000	-26 700
Escenario II 2030	288 000	120 000	249 000	130 000	+39 000	-10 000
Escenario III 2030	600 000	300 000	421 000	216 900	+179 000	+83 100

Valores calculados en millones de dólares norteamericanos.

VII.6. Observaciones finales

El comercio exterior de México debe ser reflejo de la pujanza del desarrollo interno y del nivel de vida que disfrutan sus habitantes. Lo debe ser también de las decisiones que tomemos sobre cómo enfrentar las realidades de cada coyuntura, que son los puntos de partida diariamente renovados hacia el nuevo siglo. Si bien hay circunstancias que nos restringen, ninguna de ellas impide que podamos optar entre caminos alternativos.

Los tres escenarios describen las condiciones en que llegaremos al

2030 según escojamos: *1)* continuar como en los últimos años, con una
política de apertura completa regulada sólo por las fuerzas del mercado;
2) con una protección a ultranza de los intereses considerados como na-
cionalistas, o *3)* con una ruta que equilibra las responsabilidades sociales con las presiones de la competencia internacional, que serán cada
vez más intensas en el futuro. Las políticas que se acuerde seguir serán
cada vez más convergentes y homogéneas. La influencia de México en el
rumbo que tomen tales decisiones a escala mundial dependerá del peso
e independencia de su economía, del manejo juicioso de su deuda externa y de la capacidad de sus negociadores para hacer valer los intereses
socioeconómicos nacionales de mediano y largo plazos, y para moderar
los objetivos mercantiles de las empresas transnacionales que intentan
presionar las decisiones de todos los gobiernos.

Las políticas que sigan las sucesivas administraciones en los próximos años buscarán liberar al país de la pobreza y la marginación de
grandes sectores de la población, cuyo potencial productivo se desapro-
vecha o se disipa en la migración masiva anual de trabajadores a Estados Unidos y Canadá. Otra tarea será instalar un mayor sentido de responsabilidad y ética en los cuadros del sector público y empresarial y
elementos judiciales, para abrir la posibilidad de utilizar en bien del
país y sus habitantes los recursos financieros que por cientos de miles
de millones de dólares han fluido por los canales de la economía mexicana para engrosar fortunas personales, mientras que las infraestructuras necesarias para el desarrollo del comercio exterior han quedado
truncadas y abandonadas. El tercer aspecto del que depende la capacidad de México para realizar su potencial productor y exportador es la
educación, capacitación y adiestramiento de los recursos humanos. Finalmente, la promoción y apoyo efectivo de unidades a escala individual, familiar o comunitaria en equipos de pequeña y mediana escalas
será fundamental para generar la producción de bienes y servicios que
abastezcan a los mercados nacional y externos.

De los avances que se logren en las próximas administraciones para
superar los problemas antes mencionados y de la constancia con que se
emprendan los diversos programas de desarrollo agrícola, industrial y
de servicios dependerá el grado en que nuestro comercio exterior podrá
insertarse en las corrientes de intercambios mundiales y podrá influir
tangiblemente en los marcos que se decidan. Por el contrario, de no
vencerse dichos retos, simplemente nos incorporaremos a las estrategias de utilización de nuestros recursos por parte de otros.

VII.7. ANEXO. PRODUCTOS DEL FUTURO COMERCIO EXTERIOR

Pero no basta la estimación estadística del marco en el que podrán presentarse las exportaciones mexicanas del futuro. Es interesante ensayar una lista que identifique los sectores y los productos que mejores perspectivas de colocación parecen tener en los mercados mundiales. Los productos que México continuará vendiendo en los mercados internacionales se caracterizarán por su alto contenido de mano de obra.

Los principales productos de exportación del campo serán las hortalizas, las frutas y las flores, que deben poder aprovechar la firme demanda de los mercados norteamericanos, europeos y de Japón. Los cereales y granos, con apoyos fiscales y financieros análogos a los que se otorgan a los productores de países más desarrollados, pueden tener nichos de exportación interesantes, al igual que los productos de la ganadería que a fines del siglo XX se importan. La actividad de la maquila deberá extenderse hacia las áreas rurales del país, para dar ocupación en tareas de armado, ensamblado y acabado de artículos que luego tienen su proceso de terminado en plantas industriales. Las maquiladoras continuarán siendo un elemento importante en la contratación y capacitación de una mano de obra que seguirá creciendo a lo largo del periodo aquí reseñado. El petróleo crudo seguirá figurando en las exportaciones, principalmente hacia Estados Unidos. La petroquímica, altamente dependiente de las inversiones extranjeras, estará vinculada con las economías de escala y las estrategias de las principales empresas internacionales del ramo. La industria automotriz continuará su crecimiento junto con la de equipos de construcción en general.

Algunos de los sectores que más se destacarán en los mercados internacionales son:

a) Frutas y hortalizas. La agricultura comercial de las hortalizas, legumbres, floricultura y horticultura de ornato debe seguir aprovechando los mercados cercanos de Estados Unidos y los europeos.

b) Pesca. Los mercados asiáticos, particularmente Japón y China, ofrecerán perspectivas para concertar co-inversiones para el abastecimiento de productos criados en granjas de acuacultura.

c) Forestales. La aplicación de políticas de protección, racionalización y reforestación favorecerá que los productos de maderas tropicales finas de los bosques del sur de México amplíen sus ventas en los mercados internacionales.

d) Especies en extinción. Las pieles, productos y órganos de reptiles, aves y mamíferos tienen vastas perspectivas en los mercados asiáticos, particularmente Japón y China. Hay perspectivas para co-inversiones en abastecimientos de productos pesqueros. A través de programas mixtos de coinversión se instalarían granjas para criar animales cuyos productos son comercialmente interesantes.

e) Productos industriales. Parecen particularmente interesantes los siguientes productos y artículos industriales: electrónicos, petroquímicos, textiles, confecciones, equipos automotores, químico-farmacéuticos y decorativos.

VIII. MÉXICO 2030: LAS SEÑALES DE LA VIDA POLÍTICA

FEDERICO REYES-HEROLES*

VIII.1. PRESENTACIÓN

LOS CIUDADANOS QUE EJERCERÁN su voto por primera vez en el año 2030 nacerán en un tiempo que hoy todavía nos parece remoto: alrededor del año 2010. En más de un sentido, el mundo será otro, de tal manera que es difícil predecir cómo será su cosmovisión. Simplemente el papel de las comunicaciones universalizadas nos depara sorpresas inimaginables. Sin embargo, hay ciertas condicionantes de ese ciudadano del año 2030 que difícilmente se revertirán. ¿Cuántos mexicanos seremos? ¿Dónde habitaremos? ¿De qué forma obtendremos los recursos necesarios para nuestra sobrevivencia? ¿Cómo serán nuestras familias? ¿Cómo nos vincularemos con el resto del mundo? Lo primero quizá sea plantear los linderos de lo que parece irreversible.

VIII.2. ¿EN QUÉ MUNDO ESTAMOS?

Cada tres años la población mundial aumenta en más o menos la misma proporción que el total de la población de Estados Unidos. El 98% de ese crecimiento se da en países en vías de desarrollo. Treinta países duplicarán el tamaño de su población en los próximos treinta años. El perfil planetario será totalmente otro. Según una investigación de *The National Geographic*,[1] el dramático cambio nos deparará sorpresas tales como el hecho de que Paquistán, que sólo contaba con cuarenta millones de habitantes en 1950, ocupará el tercer lugar mundial en población después de la China e India. O que Nigeria, al triplicar su población, se convierta en la quinta nación desde el punto de vista poblacional. Dentro de este espectro de cambios espectaculares, lo que ocurrirá en México pareciera de alguna forma poco sorpresivo y bastante previsible.

Según datos de Naciones Unidas, la población en México alcanzará en el año 2030 alrededor de 135 millones de habitantes.[2] Después de

* Director fundador y asesor de la revista *Este País*.
[1] "Population and Resources", *National Geographic*, octubre, 1998.
[2] Estas cifras son algo mayores que las previstas por el CONAPO y las incluidas en el capí-

Brasil, nación a la cual se le asigna una cifra de 228 millones para la misma fecha, México será la nación más poblada de América Latina. Poco a poco iremos dejando atrás a la nación de jóvenes que hoy nos caracteriza. Este cambio cualitativo afectará las expresiones políticas. Los jóvenes se caracterizan por ser mucho más participativos y en algún sentido más radicales, por lo que la calidad del voto de los futuros mexicanos será muy diferente. A las aproximadamente 20 millones y medio de familias que hoy constituyen el país habrán de sumarse para el año 2020 cuando menos otras 17 millones. Los intereses, las inquietudes, las necesidades de esos mexicanos, afectarán sus demandas políticas. Según algunos cálculos, cada año se registran alrededor de 600 mil uniones o matrimonios. Ese paso definitivo en la vida de un individuo supone la aparición de nuevas necesidades y de nuevas demandas sociales que se plasman en el mundo político. Un ejemplo: si tenemos alrededor de seiscientas mil uniones y matrimonios anuales y sólo se construyen alrededor de 300 mil viviendas, con un déficit acumulado de alrededor de siete y medio millones de unidades, no resulta descabellado pensar que la demanda de ese satisfactor será central en la vida política de las próximas décadas.

VIII.3. Lo que parece inexorable

Según datos de Naciones Unidas, en el año 2030 el 83% de la población total de América Latina, que se calcula será de alrededor de 700 millones de personas, habitará en zonas urbanas. Este subcontinente, caracterizado todavía por la fuerte presencia de sus campesinos, tendrá poco menos del 17% de su población en áreas rurales. Sin embargo, en este reacomodo México muy probablemente tendrá menos del 10% de su población abocada al sector primario, y probablemente la población rural estará sólo un poco por arriba de este porcentaje. Las tradicionales demandas de clase y la presión por la tierra tenderán a disminuir. El discurso campesinista, que tanta fuerza mostró durante décadas, pareciera estar condenado, si no a desaparecer, sí a verse fuertemente arrinconado.

La población de México tendrá una proporción mucho mayor de adultos y de personas de la tercera edad. De aquí al año 2030 viviremos dos momentos poblacionales de gran significado para la vida política. En una primera fase, al incrementarse notablemente el número de personas en edad de trabajar y al seguir disminuyendo la tasa de fecundidad,

tulo III de este libro (de José Gómez de León), que apuntan hacia 130 millones de habitantes en nuestro país en el 2030. Las diferencias entre uno y otro escenario no alteran en lo sustantivo lo que aquí se dice sobre el futuro.

se presentará una fuerte caída del número de dependientes por trabajador. Para ponerlo en términos llanos, habrá menos niños y jóvenes que alimentar, vestir, educar en proporción al número de trabajadores. A la vez, el peso del sector de la tercera edad será todavía menor: menos del 10%. Es una gran oportunidad histórica para incrementar el ahorro nacional. No se volverá a repetir.

Esta coyuntura, que algunos estudios calculan que durará alrededor de dos décadas,[3] comenzará a revertirse hacia el año 2020, cuando el número de dependientes por trabajador volverá a incrementarse. Las demandas políticas irán mutando para transmitir cabalmente esas necesidades cambiantes. Así, en las próximas dos décadas la creación de fuentes de empleo, la presión por vivienda, educación y todo el circuito de consumo que supone la instalación o fundación de nuevos hogares ocupará un lugar predominante en el debate político. Pero esos adultos con un comportamiento poblacional moderno rápidamente demandarán de los servicios asistenciales característicos de la tercera edad. ¿Tendrán las instituciones políticas la solidez y a la vez la flexibilidad para absorber y encauzar estos cambios?

VIII.4. Nuevas cosmovisiones: el centrismo

¿Puede predecirse cómo será el pensamiento, la cosmovisión de la generalidad de los mexicanos? Algunos instrumentos recientes como la Encuesta Mundial de Valores[4] o el Latinobarómetro[5] nos permiten tener un esbozo de los cambios que los mexicanos están teniendo en su forma de pensar. Algo se puede desprender de ellos. Lo primero que brinca a los ojos es que, con el proceso de urbanización y de industrialización, los nuevos ciudadanos urbanos juegan un papel cada vez más relevante. Ahora bien, el Latinobarómetro reporta un claro corrimiento hacia la derecha en toda América Latina. Sin embargo, llama la atención que, para el caso de México, 31% de la población de escasos recursos se declara a sí misma como de derecha, y sólo un 27% como de izquierda. Igual de asombroso es el hecho de que el 34% de los jóvenes se declara a sí mismo como perteneciente a esa corriente del pensamiento.

Estamos ante un efecto clarísimo de corrimiento al centro, quizá provocado por el descrédito del experimento socialista que se colapsó en

---

[3] Véase el capítulo III de este libro.

[4] R. Inglehart, Miguel Basáñez y Alejandro Moreno, *Human Values and Beliefs. A Cross-Cultural Sourcebook*, University of Michigan Press, Michigan, 1998.

[5] Latinobarómetro. Página 1 de *Espejo de las Américas*, estudio hecho por *The Wall Street Journal*/Americas. Publicado por *Reforma*, marzo 17 de 1999.

1985 y quizá también por las propias experiencias nacionales. El hecho concreto es que la visión de un país con un fuerte segmento inclinado hacia la izquierda deja de tener sentido. Otro estudio apasionante es el que efectuó *The Wall Street Journal*/Americas,[6] el cual reporta las percepciones hacia el libre mercado. Para América Latina en conjunto, el estudio reporta un 64% de personas que coinciden con la expresión "la economía de mercado es lo más conveniente", frente a un 21% que está en desacuerdo. Para el caso mexicano, las cifras son aún más asombrosas. Sesenta y siete por ciento ratifica la idea de que la economía de mercado es lo más conveniente, frente a un 22% que está en desacuerdo. Los mexicanos, casi en una proporción de dos a uno (62% frente a un 36%), se inclinan porque los precios sean regidos por la libre competencia. En la misma proporción, 66% contra 29%, se expresan a favor de fomentar la inversión extranjera. El retrato del México nacionalista que operaba en los años setenta, poblado por moradores convencidos de que en el mercado internacional México sería devorado por el "gran lobo malo" *(big bad wolf)* de Estados Unidos, pareciera ser hoy tan sólo una remembranza. Inglehart[7] tuvo la osadía de preguntar, en su célebre texto, por la percepción de las fronteras. Simplemente recuerdo al lector los resultados que, a pesar del paso del tiempo, no dejan de generar asombro. Un 25% de los canadienses y de los mexicanos se manifestaron a favor de abolir las fronteras entre sus respectivos países y Estados Unidos. Canadá y México han mantenido siempre una política internacional que destaca por sus posiciones frente al coloso norteamericano. Sin embargo, la economía, el tránsito de personas y el tráfico de mercancías han provocado un encuentro cultural que lleva a los autores a concluir que la confluencia norteamericana —México, Estados Unidos y Canadá— podría, en el largo plazo, conducir a la integración. En sus palabras, "la integración política no es un proyecto impensable para los norteamericanos". Esta integración política que para algunos es idilio y para otros tragedia, se enfrenta sin embargo al llamativo hecho de que los países se multiplican. *The Economist* recordaba recientemente cómo el mundo contaba con 62 países en 1914. El próximo corte se haría en 1946 con un incremento de poco más del 10%, es decir llegamos a los 74 países. El gran salto se produjo en la segunda mitad del siglo, periodo en el cual la cifra aumentó más del doble, hasta alcanzar los 193 países que hoy existen. Integración o nacionalismo pareciera la primera disyuntiva, que quizá no lo sea: integración y nacionalismos, más países, más pequeños, más integrados en sus economías. Las tensiones básicas

[6] Latinobarómetro, op. cit.
[7] Ronald Inglehart, *Culture Shift. In Advanced Industrial Society*. Princeton University Press. Princeton, New Jersey, 1990.

del México del próximo milenio están ya en la agenda: un norte básicamente mestizo e integrado, frente a un sur con fuerte presencia indígena y sumido en el atraso. ¿Resistirán las instituciones nacionales las
fuerzas centrípedas? El levantamiento del EZ es un aviso más.

Hay, sin embargo, todavía algunas expresiones que recuerdan la tradicional vocación nacionalista. Por ejemplo en el mismo estudio de *The
Wall Street Journal*, un 50% de la población afirma que el Estado debe
dejar la actividad productiva al sector privado, pero se enfrenta a una
oposición nada despreciable del 42%. El papel del Estado y la imagen
que los ciudadanos tienen de éste ha estado sufriendo una rápida transformación, pero sigue siendo un tema controvertido. Una pregunta crucial al respecto es la siguiente: ¿En qué deben gastar más los gobiernos?
Casi un 80% de los brasileños opina que la infraestructura es un buen
destino, mientras que en México ese porcentaje es menor, de tan sólo el
46%. ¿Será acaso que la inversión estatal brasileña en infraestructura
ha brindado resultados de mayor éxito? ¿O quizá los mexicanos no están lo suficientemente alertados sobre los requerimientos de infraestructura que el país demanda? Para el caso de las jubilaciones, asunto
muy relacionado con la estructura de la pirámide poblacional, 93% de
los chilenos opinan que su gobierno debe gastar más en ese rubro. Esta
cuestión preocupa en menor medida a los mexicanos: menos del 70% se
inclina en este sentido. El estudio ratifica lo que otros análisis ya han
mostrado: la educación es la gran llave de la esperanza de los mexicanos: 80% de la población considera que el gobierno debe gastar más en
educación. Según otro estudio,[8] el 97.6% de la población considera importante o muy importante esa actividad.

Todas las anteriores tendencias (disminución del campesinado tradicional, fuerte incremento de la población urbana, envejecimiento de la
población, cambio en la calidad de las demandas, oportunidades de ahorro y con ello modificaciones en los géneros de vida) parecieran obligar-
nos a retomar algunas de las teorías tradicionales del desarrollo, las
cuales, aunque contradictorias, encierran cierta visión de futuro. Por un
sendero camina la idea de que una fuerte conformación de clases medias genera mayor estabilidad política. Las llamadas sociedades socio-
céntricas, que gravitan pesadamente alrededor de una corriente central
que mira con resquemor los extremos, pudiera avisarnos de un nuevo
conservadurismo latinoamericano y mexicano que ya toca a la puerta.
Las mesocracias, en esta visión, tienden a atenuar las demandas políticas radicales. Sin embargo, también tienden a volverse muy severas en
otras: la seguridad pública, la vivienda, la educación, el transporte, las

---

[8] Alduncin y Asociados, octubre, 1997.

pensiones y cuestiones de calidad de vida. México no podrá estar exento de este fenómeno. ¿Hacia dónde se inclinarán sus incipientes clases medias?

Pero también existe la versión pesimista, que ve en el crecimiento de las clases medias un fuerte factor de inestabilidad.[9] Son ellas el hijo o el descendiente que traiciona. El Estado que impulsa la modernización agrícola y con ello la migración hacia las ciudades, acción que a la larga propiciará mayor bienestar, siempre llega tarde a la atención de las necesidades de esa descendencia que, en sus primeras generaciones, se encuentra incómoda porque el equipamiento urbano es escaso, porque las ciudades se construyen sobre cimientos humanos que deben sacrificarse en zonas marginadas y en condiciones degradantes para ver a sus hijos, en el mejor de los casos, acceder a una mejor educación y con suerte a un empleo. En esta perspectiva las clases medias son, en sí mismas, desestabilizadoras. México cruzará en las próximas tres décadas por un periodo de fuerte migración con rezagos en la creación de empleos y grave retraso en la inversión en infraestructura urbana. ¿Serán sus nacientes clases medias un factor de estabilidad o inestabilidad? En buena medida esto depende de la fortaleza de sus instituciones. Hablaremos de ello.

A pesar de la buena imagen del libre mercado, a pesar de que el 69% de los entrevistados en el Latinobarómetro considera que se necesita dar más tiempo para que se resuelvan los problemas económicos, la imagen de la privatización es conflictiva en México: 49% de la población considera que ha sido benéfica, frente a un 39% que la considera perjudicial. Pero todavía es más asombrosa la percepción que se tiene del gran vecino del norte. En esto las opiniones en América Latina se dividen tajantemente. Mientras que un 77% de los argentinos considera que Estados Unidos quiere conquistar al mundo, en Chile ese porcentaje sólo se acerca a la mitad de la población. En México todavía 68% de la población comparte la visión imperial.

VIII.5. ¿DEMOCRACIAS FIRMES?

Plantearse qué tan arraigada está la democracia en nuestro continente y en nuestro país es un asunto de enorme controversia. Incluso Samuel Huntington ha planteado sus dudas al respecto.[10] La tesis de Huntington pareciera refutar el optimismo generalizado de quienes cantan que

[9] Samuel Huntington, *El Orden Político de las Sociedades en Cambio*. Buenos Aires, Paidós (Colección Bibliotecas, Estado y Sociedad; 5), 1990.
[10] Samuel Huntington, "El futuro de la tercera ola", en *Este País*, abril, 1998.

la democracia llegó para quedarse en el continente. El argumento de este autor es sencillo y contundente: muchas de las nuevas democracias en el mundo pueden estar asentadas sobre cimientos muy frágiles. Lo que verdaderamente garantiza a la democracia en el largo plazo no son los sistemas electorales sino los valores éticos y ciudadanos que imperan en una sociedad determinada. Sólo en las sociedades donde los auténticos valores liberales han echado raíces se puede dormir tranquilo.

Las regresiones a sistemas autoritarios o dictatoriales no pueden estar descartadas. Perú, Ecuador, Venezuela son ejemplos de ello. Los Fujimori, Chávez o Bucarán merodean siempre. En esa perspectiva vale la pena recuperar la información de *The Wall Street Journal*, en su "Espejo de las Américas". A la pregunta concreta sobre qué régimen se prefiere, si uno de mano dura o uno democrático, sigue una cantidad de sorpresas que no debemos soslayar. En Estados Unidos un aplastante 87% se inclina por la democracia. Pero incluso en ese país 6% de la población se va por la segunda opción. Hay países en el área donde la lucha entre estas dos concepciones del mundo divide francamente a las naciones. En el Paraguay los demócratas sólo aventajan a los autoritarios por 4 puntos porcentuales, 49% contra 45%. En el Ecuador los demócratas están en desventaja con 45%, frente a un 51% de la población que se inclina por la mano dura. En México poco menos del 60% de la población se expresa a favor de la democracia, pero no deja de ser preocupante que un 28% simpatice con la mano dura. En ese sentido, tener una pirámide poblacional compuesta básicamente por jóvenes es una excelente oportunidad para inculcar auténticos valores democráticos.

VIII.6. ¿TRADICIONALISTAS O MODERNOS?

La Encuesta Mundial de Valores, organizada por la Universidad de Michigan, es un espléndido instrumento. Nos permite, por primera vez en la historia de las ciencias sociales, comparar los procesos de cambio social a partir de una base de información fáctica muy similar. Ronald Inglehart ha hecho un muy sugerente planteamiento.[11] Se trata de presentar sistemáticamente el cambio de los valores en las distintas naciones. ¿Es esto posible? Inglehart demuestra que los países en proceso de industrialización y de urbanización sufren alteraciones similares en sus valores. Conforme se enriquecen dejan atrás los valores de las sociedades donde la escasez predomina. Poco a poco los valores que Inglehart

---

[11] Ronald Inglehart, "La transformación de la relación entre desarrollo económico y cambio cultural y político", en *Este País*, mayo, 1994.

denomina postmodernos se apropian de las mentes de estos nuevos ciudadanos. Un ejemplo de gran claridad es la asignación de valores alrededor del empleo. En una sociedad con predominio de valores de escasez el individuo tiende a ponderar en el empleo los beneficios adicionales que éste le trae: seguridad social, derechos de jubilación, etc., de tal manera que el empleo, por sí mismo, es apreciado en menor medida. Pero, ¿qué ocurre en una sociedad en la cual la seguridad social, la vivienda, las pensiones, la educación y el transporte están cubiertos para la gran mayoría de la población? En esas condiciones los individuos comienzan a comparar los beneficios emotivos y de satisfacción personal que un empleo trae aparejados. Inglehart demuestra cómo los países de plena industrialización tienden a aglutinarse estadísticamente.

Lo mismo ocurre con la representación de los valores en la política. Los países con bajo nivel educativo y de ingreso, en los cuales la confrontación política está basada en valores tradicionales, tienden a personificar al poder. Conforme los niveles educativos se incrementan, la interpretación de la política se vuelve más compleja y, en algún sentido, más abstracta. Inglehart lo denomina "autoridad burocrática", y con ello quiere representar la vinculación entre gobernantes y gobernados en la cual median instancias de representación y de convicción social a las cuales sólo se accede por la vía de la abstracción. En teoría, la ruta que siguen las naciones es básicamente la misma: conforme se enriquecen tienden hacia los valores de la postmodernidad y con el avance educativo pueden introducir los mecanismos más elaborados de representación.

Sin embargo, Inglehart deja muy en claro que los ritmos de cada nación dependen de qué tan acelerado es el proceso de industrialización y de urbanización. Hay países que se liberalizan en lo que se refiere a la vida política a pesar de no tener un crecimiento alto y estable. En contraste, hay otras naciones que se enriquecen sin modernizar sus estructuras políticas. En el esbozo presentado por Inglehart, México aparece justo a la mitad del trayecto entre los valores de escasez y postmodernidad y un poco por debajo de la media entre la autoridad tradicional y la burocrática. Los valores que guiarán la vida de los ciudadanos mexicanos en el año 2030 dependerán, en buena medida, de qué tan estable sea el crecimiento económico en las próximas décadas y de si se mantiene una apertura a la exposición de valores ético-políticos internacionales.

VIII.7. Legalidad y Estado de derecho

Capítulo especial merece la aproximación de los mexicanos hacia la legalidad. Un Estado moderno y plenamente democrático sólo puede asentarse en el entendimiento de que la legalidad es la argamasa que une a los distintos componentes sociales. Enrique Alduncin efectuó un intrigante estudio sobre la cultura de la legalidad.[12] El investigador encontró que todavía buena parte de los mexicanos se vinculan con la legalidad de una manera burda y primitiva. A partir del planteamiento teórico de Laurence Kohlberg, Alduncin sitúa al 47.7% de la población en el primer nivel, denominado de moral preconvencional. Ahí la minimización del dolor y la maximización del placer rigen a los individuos. Se trata de una reacción de obediencia para evitar el castigo, pero de ninguna manera de un convencimiento sobre los beneficios de la legalidad. En el segundo nivel, el de la moral convencional, aglutina al 35.5% de la población. Se trata del nivel en el cual las reacciones individuales y sociales tienen como motivación central la imagen que los otros se puedan formar de uno. Hay sin duda un avance frente a la moral preconvencional, pues en este segundo nivel la consideración de "el otro" aparece ya como una motivación lo suficientemente fuerte como para respetar la ley.

Finalmente, Alduncin coloca al 16.8% de la población mexicana en el nivel de la moral postconvencional. Aquí el respeto a la legalidad es resultado de una introyección de los valores implícitos en la norma. El individuo respeta la legalidad por un convencimiento profundo de que ésa es la mejor forma de proteger sus intereses. El respeto a la legalidad de los mexicanos de final de siglo xx está íntimamente vinculado con una pirámide poblacional, en la cual poco más del 50% de la población se encuentra por debajo de los 25 años. Conforme la población mexicana avance en edad, muy probablemente la percepción sobre la legalidad se irá modificando. Sin embargo, se debe insistir en el hecho de que no se trata de un cambio automático. La formación de una cultura de respeto a la legalidad tampoco va de la mano del nivel educativo. Están relacionados, pero hasta allí. Se trata de una variable con autonomía que debemos observar.

Los 135 millones de mexicanos que habitarán el país en el año 2030, no por ser en su mayoría adultos serán, necesariamente, respetuosos de la legalidad. Siguiendo los porcentajes de Alduncin encontramos que más del 83% de la población se encuentra en estadios inferiores de respeto a la legalidad cuando, evidentemente, el porcentaje de jóvenes es muy inferior a esa proporción. ¿Por qué? Grave sería el hecho de que continuaran las actuales tendencias, pues ello supondría que más de 100 millones de conciudadanos seguirían percibiendo a la legalidad como un asunto de menor importancia.

[12] Federico Reyes-Heroles, *Memorial del Mañana*, Aguilar, Altea, Taurus, Alfaguara, S.A. de C.V., Cap. IV. México, 1999.

VIII.8. Instituciones

Un país de leyes es un país de instituciones. Otra forma de aproximarse a este asunto es rastrear la evolución de la credibilidad de las instituciones en México. Los estudios coinciden en lo fundamental.[13] Las escuelas y la Iglesia católica ocupan indistintamente el primer lugar en lo que a confianza ciudadana se refiere. Contra lo que muchos podrían suponer, las fuerzas armadas gozan de reconocimiento entre la población. Parte de la explicación radica en la presencia de las fuerzas armadas en las acciones de auxilio a damnificados por inundaciones, sismos, incendios forestales y demás desastres provocados por la naturaleza. Algo que llama enormemente la atención es la rápida acreditación que las comisiones estatales y la Nacional de Derechos Humanos han logrado ante la población mexicana. Lo mismo ocurre con las instituciones electorales, las cuales se aproximan a los niveles alcanzados por el Ejército.

La Encuesta Mundial de Valores de la Universidad de Michigan muestra también la lenta y trabajosa construcción del Estado de derecho. En la última década la percepción de confianza en las fuerzas armadas se incrementó en alrededor de 15 puntos, colocándose en niveles del 60%. La confianza en el Congreso evolucionó también favorablemente, aunque en términos generales está reprobado, con sólo el 43% de la confianza ciudadana; lo mismo ocurre con la burocracia, que sólo alcanzó un 41%. El sistema político mejoró también, incrementando su crédito en 12 puntos porcentuales; pero sigue estando en niveles reprobatorios. Según este estudio, la policía obtiene la aprobación de sólo un 33%; es decir, el 63% de la población le tiene desconfianza. La Encuesta Mundial de Valores registra a la Iglesia católica con un nivel muy alto de aprobación, del 76%. La variable más preocupante es la del sistema legal, que en la década que cubre el estudio retrocedió once puntos porcentuales.

De seguir las actuales tendencias, México necesitaría mínimo dos décadas para lograr una cabal acreditación de sus instituciones políticas. Así, para el 2030 podría esperarse encontrar a México en el cuadrante superior de la escala de Ronald Inglehart. En las coordenadas de su estudio, y a menos que nuestro país entrara en una etapa de alto crecimiento sostenido por un cuarto de siglo, México sería de los países que ascenderían de manera sistemática hacia la autoridad burocrática, pero difícilmente se acercará a los valores de la postmodernidad de manera generalizada. Los pronósticos de estancamiento de los niveles de miseria y pobreza, el déficit acumulado de empleos y la carencia de los recursos que el país requiere para infraestructura —que según algunos es-

---

[13] Banamex-Accival, División de Estudios Económicos y Sociales, *México Social (1996-1998)*. México, 1998.

tudios podría ser de alrededor de 200 mil millones de dólares— conducen a la conclusión de que caminaremos más rápido en lo que a valores políticos se refiere.

Debe recalcarse que todos los indicadores muestran un grave retraso en la acreditación de la legalidad. Se trata de un problema que no sólo incumbe a la relación entre gobernados y gobernantes, sino también a la relación entre los propios gobernados, es decir, se trata de un problema cultural. El retroceso mostrado por la Encuesta Mundial de Valores, sumado al dramático retrato que sobre la percepción de la legalidad nos entregó Alduncin, perfilan uno de los rasgos que más deben preocupar en la prospectiva política de nuestro país. De no haber acciones de políticas públicas y de la propia sociedad para inculcar el valor de la legalidad, no tenemos por qué esperar que éste naturalmente se inserte en la conducta cotidiana de los millones de mexicanos que habrán de hacerse ciudadanos en las próximas décadas. La carencia de una auténtica cultura de la legalidad es, quizá, el rasgo más preocupante de la anhelada modernidad política del país.

Sobra decir que es esa cultura de la legalidad, sustento último del Estado de derecho, la única fórmula certera para disminuir la corrupción generalizada en el país. Así como en el área electoral se requirieron alrededor de 25 años para lograr disminuir hasta niveles aceptables la desconfianza en el aparato electoral, la inercia de la cultura de la ilegalidad no podrá ser vencida con rapidez. Es difícil imaginar que México inicie la tercera década del siglo XXI con niveles de comportamiento ciudadano aceptables en lo que se refiere al respeto a la legalidad si no se inician ya políticas públicas de gran alcance que modifiquen las actitudes ciudadanas. El año 2030, que en muchos sentidos se avizora lejano, pareciera una fecha demasiado próxima para lograr este cambio en el curso de la cultura nacional.

VIII.9. Iniquidad

El país, que marcó su historia en la primera mitad del siglo XX con un discurso justiciero y de igualdad, llegará a la tercera década del siglo XXI con índices de iniquidad vergonzosos. Revisemos el corte de caja con datos de la Secretaría de Desarrollo Social, y simplemente hagamos la proyección de cómo sería el México del 2030 si estas tendencias no se corrigen radicalmente. Según cifras oficiales, en el México de final de siglo 26 millones de mexicanos viven en condiciones de pobreza extrema; es decir uno de cada tres mexicanos. Con 135 millones de habitantes, estaríamos hablando de 45 millones de miserables. Se trata de una nación de tamaño medio abrazada por la pobreza extrema.

El corte de caja nos arroja que un 55% de los hogares en condiciones de pobreza se concentra en diez estados: Chiapas, Guerrero, Oaxaca, Hidalgo, Guanajuato, Michoacán, Puebla, San Luis Potosí, Veracruz y Zacatecas. Salvo San Luis Potosí y Zacatecas seguirá imperando la división norte-sur en lo que se refiere a iniquidad. Uno de cada cinco niños de México padece desnutrición de moderada a severa. Imaginemos entonces el México del 2030 con alrededor de 5 millones de niños desnutridos. La desigualdad entre géneros también sigue presente, y se proyecta hacia el futuro. De seguir las actuales tendencias, el analfabetismo será 50% mayor entre las mujeres que entre los varones.

Si México no consigue un auténtico caudal de dólares para su infraestructura, que tendría que ser muy superior a los que ha recibido en el último cuarto de siglo, debemos imaginar que uno de cada cuatro hogares carecerá de drenaje; un 15% no dispondrá de agua potable, y probablemente los hogares sin energía eléctrica subirán del 5% actual. Si 10% de los mexicanos de final de siglo vive en comunidades de menos de 500 habitantes, de las cuales más del 90% se encuentran en áreas de muy alta marginación, tendremos que imaginar a alrededor de 15 millones de mexicanos en esa lacerante situación.

De seguir las cosas como van, es decir, de no haber una alteración radical en las tendencias, el Estado mexicano no tendrá los recursos necesarios para atender las necesidades de este creciente México de marginación. Insistamos en la tesis. En las versiones optimistas, la proporción entre el México marginado y el México moderno e integrado podría mantenerse más o menos como está. Sólo con un crecimiento alto y sostenido por alrededor de un cuarto de siglo México lograría paliar las tendencias de iniquidad. Pero de todas formas, donde no hay escapatoria es en los números absolutos. Incluso con una etapa de fuerte crecimiento el México del 2030 será muy probablemente un país con alrededor de 40 millones de personas en situación de pobreza. Por eso, a pesar del predominio de la corriente central de valores, las tentaciones de un discurso autoritario, ya sea de derecha o de izquierda, merodearán. Mientras una iniquidad tan grave como la presente siga siendo el alimento político cotidiano de los mexicanos, no se podrá descartar la invitación a los radicalismos.

VIII.10. Dos o más Méxicos

Si bien es cierto que hemos hablado de tendencias generales que abrazan a todo el país, uno de los rasgos más preocupantes de la evolución política de México es la segmentación en los comportamientos y de las variables socioeconómicas básicas. La apertura comercial, la firma del

Tratado de Libre Comercio y la vigorosa reacción del sector exportador han producido un impulso modernizador que se ha centrado en el norte del país. Todos los indicadores muestran que varios de los estados situados en el área norte seguirán siendo centros muy atractivos para la instalación de plantas cuyos mercados finales están en el exterior. Esto los ha convertido en auténticos imanes de mano de obra procedente del sur. Los procesos de migración internos se han constituido en verdaderos ríos humanos, que van de los estados de Michoacán, Oaxaca, Guerrero, Morelos y Veracruz, entre otros, hacia los norteños y del centro, donde el crecimiento promedio ha estado muy por encima de la media nacional. Esto ha provocado un auténtico vaciamiento de las comunidades sureñas y la polarización de las tendencias socioeconómicas.

Mientras algunos estados del centro y el norte, como es el caso de Aguascalientes, ya presentan niveles de vida que se encaminan a los de un país plenamente industrializado (90% de cobertura en vivienda, 95% en agua potable, 95% en drenaje, 98% en electricidad, 100% en educación primaria, etc.), los estados del sur de la República parecieran rezagarse cada vez más. Así, por ejemplo el consumo nacional de calorías de México se situaba en 1997 en 3 061, nivel similar al de Argentina y tan sólo un poco inferior al de Cuba, pero la Encuesta Nacional de Alimentación y Nutrición en el Medio Rural de 1996 muestra claramente una brutal concentración en los índices de desnutrición leve, moderada y severa, en los estados del sur de la República.

Son siempre los mismos cinco o seis estados los que presentan los peores índices socioeconómicos. Por ejemplo, la población ocupada que percibe menos de cinco salarios mínimos, la peor pagada, se concentra en Oaxaca, Chiapas, Hidalgo, Tlaxcala, Guerrero, Zacatecas y Yucatán. En contraste, la mejor pagada, también en orden decreciente, se encuentra en Baja California, Chihuahua, Nuevo León, Sonora, Distrito Federal y Querétaro. Otra señal preocupante, en el mismo sentido, es la concentración de la población analfabeta en los estados de Chiapas, Oaxaca, Guerrero, Hidalgo, Puebla, Veracruz y Michoacán. Otros indicadores, como deserción escolar y reprobación, no se alejan demasiado de este doloroso agrupamiento. ¿Qué consecuencias políticas traerán en las próximas tres décadas las anteriores tendencias?

La primera consiste en la división socioeconómica del territorio nacional en dos Méxicos. El primero, situado en el norte, con una población campesina abocada al sector primario en porcentajes similares a los de un país industrial (menos del 10%), con un fuerte sector industrial y de servicios vinculado al sector exportador. Se trata de un México urbanizado, con grados de mestizaje muy altos y con comportamientos reproductivos en los cuales la tasa de fecundidad se acerca al nivel de reemplazo de 2.1 hijos en promedio. En este México, la edad promedio de matrimonio se eleva, el periodo de crianza disminuye y la integración de la mujer al aparato productivo asciende, es decir, un comportamiento denominado por los especialistas como "demografía de la prosperidad". En ese México la mortalidad infantil y la materna descenderán a niveles similares a los de un país industrializado.

Pero existe el otro México, el del sur, en el cual la población campesina tiene una mayor presencia. En este México, a pesar de la emigración campo-ciudad, a pesar de la emigración a Estados Unidos, la miseria en términos absolutos crecerá. Los números no dejan escapatoria. Según algunos estudios, México cerrará el siglo xx con alrededor de 12 millones de indígenas, autoclasificados como tales a partir de la diferenciación lingüística. Los estados con mayor presencia de población indígena se encuentran básicamente en el sur, y son: Oaxaca, Veracruz, Yucatán, Puebla, Hidalgo y Guerrero. Los especialistas han señalado que en estas zonas se presenta un comportamiento denominado "demografía de la pobreza". Se trata de un fenómeno en el cual las altas tasas de fecundidad —hasta tres veces la media nacional—, la alta mortalidad infantil y materna —también varias veces la media nacional— y el bajo nivel educativo provocan un circuito, un círculo vicioso en el cual la miseria tiende a arraigarse. Ese tipo de población se vincula, por tradición, sistemáticamente al sector primario, con una agricultura de autoconsumo, en la mayoría de los casos en zonas en las cuales la vocación agrícola es muy cuestionable. Los empleos modernos que, en la tesis de Drucker,[14] buscan al hombre educado, rara vez se asientan en este tipo de áreas. Con ello agravan involuntariamente la polarización social.

De seguir las actuales tendencias, y a pesar de la expulsión económica y la fuerte emigración, la lógica de los números es implacable: el mundo indígena disminuirá proporcionalmente frente al México mestizo, pero de los 135 millones de mexicanos proyectados para el año 2030, en números absolutos la población indígena constituirá una auténtica nación. Los dos o varios Méxicos generarán demandas políticas muy diferenciadas entre sí. Mientras en el norte predominarán claramente las demandas de las clases medias emergentes y tradicionales, referidas básicamente a niveles de ingreso, consumo y bienestar típicos de una corriente central (mainstream) de valores, ubicada en el centro ideológico, en el sur las probabilidades del retorno de un discurso radical no desaparecerán en el próximo cuarto de siglo.

[14] Peter F. Drucker, *La Sociedad Post Capitalista*, Grupo Editorial Norma. Bogotá, Colombia, 1994.

VIII.11. Polarización

¿Podrá el Estado mexicano aligerar la tensión polarizadora entre el norte y el sur? De ello dependerá en muy buena medida la integración y estabilidad del país en el próximo siglo. Una política para lograrlo requeriría de una gran inversión en infraestructura, así como de alicientes al aparato productivo que permitieran activar las economías de las zonas marginadas y generar actividades con mayor futuro en el sector secundario y el terciario. Se requeriría, además, de una política pública centrada en las comunidades indígenas, la cual, respetando sus derechos culturales y sus diferentes cosmovisiones, fomentase un nuevo periodo o fase de integración nacional. Si en los últimos cincuenta años, y a pesar de la etapa de alto crecimiento económico, no se logró elevar los niveles mínimos de bienestar de las comunidades indígenas, es difícil pensar que ello vaya a ocurrir sin una acción deliberada por parte del Estado mexicano.

El peligro, desde el punto de vista de demandas políticas, es que el norte, cuyas expectativas y ambiciones se separan día a día de las de los moradores del sur, termine desconociendo esa parte de la nación mexicana, centrando su mirada exclusivamente en el otro polo. Por su lado, el sur, que difícilmente recibirá beneficios directos de la integración económica, puede también tener la tentación de generar su propio proyecto nacional. La concentración de recursos naturales, aunada al peso de las etnias que habitan esta zona, son factores atractivos que pueden invitar a algunos a reformular su proyecto de país. De ahí la importancia de que el aparato educativo fomente e inculque en las próximas décadas valores de unidad nacional. Ése será uno de los grandes retos.

VIII.12. Unidad en peligro ¿nueva unidad?

La nueva unidad nacional tendrá que tener una caracterización muy diferente de la invocada por el Estado postrevolucionario. El pacto nacional tendrá que partir de la pluralidad prototípica de las sociedades modernas: pluralidad política, pluralidad religiosa y pluralidad cultural.[15] El aparato político y el sistema electoral han mostrado, a partir de las elecciones de 1994, ser capaces de administrar las tensiones provocadas por la pluralidad creciente de perspectivas políticas. Las instituciones electorales, como lo comentamos más arriba, lentamente se han ido acreditando ante la sociedad mexicana. Sin embargo, las señales en el

[15] Kymlicka Will, *Multicultural Citizenship*, Oxford University Press, Oxford, 1995.

sentido de que habrá espacios e instituciones capaces de administrar la pluralidad cultural y religiosa no son del todo claras.

El cambio de filiación religiosa puede ser, en algunos casos, muy acelerado. Recordemos que el estado de Chiapas reportaba en 1960 al 93% de su población como perteneciente a la religión católica. Para 1997 ese porcentaje se había reducido a un 66%. En el mismo estado la población católica creció entre 1990 y 1997 a una tasa de 13.72%, mientras que la autodeclarada protestante lo hizo a un ritmo del 50.3%. La década de explosión de la diversidad religiosa fue la de los años setenta. El segmento protestante creció un 217%. El número de personas que declaró no practicar religión alguna creció en un 275%, mientras que, más asombroso, los declarantes a favor de otras religiones crecieron un 476%. Si bien la dinámica de diversificación religiosa en Chiapas fue particularmente acelerada, son Oaxaca, Tabasco y Quintana Roo los que presentan una mayor proporción de no católicos. A nivel nacional, entre 1980 y 90 el catolicismo creció 2.2% y el protestantismo 56%. La pluralización religiosa cambia, de tajo, el acuerdo implícito de unidad nacional que había reinado hasta fechas muy recientes, y que se sustentaba en el predominio de la Iglesia católica. Hasta el cierre de siglo no se tiene noticia de actividades encaminadas a fomentar la tolerancia religiosa. De lo que sí se tiene registro es de los múltiples enfrentamientos provocados por discrepancias en el interior de un mismo rito o entre ritos diferentes.

Por la extensión de este fenómeno, sería irresponsable no aludir a las tensiones políticas que el país habrá de confrontar en las próximas décadas. No es difícil imaginar un México capaz de encauzar y solucionar sus diferencias políticas a través de la vida partidaria y de los sistemas de representación tradicionales y que, a la par, vea crecer enfrentamientos violentos provocados por diferencias religiosas. La pluralidad religiosa no es un fenómeno exclusivo de México, se ha presentado en varios países de América Latina.[16] Lo que sí es una condición especial es el medio siglo en el cual las relaciones entre el Estado y las iglesias se mantuvieron fuera de la arena del debate político e intelectual. Es por ello que las diferencias religiosas todavía concitan reacciones y enconos que muestran lo inmaduro del debate. Como todo cambio cultural, la pluralización religiosa debe ser entendida con una visión de largo alcance. De seguir las actuales tendencias, uno de los focos de tensión política será la religión.

[16] David Stoll, *Is Latin America Turning Protestant?* University of California Press, Berkeley, Los Angeles, Oxford, 1990.

VIII.13. TRES REVOLUCIONES, TRES

Con frecuencia se habla de tres generaciones de revoluciones. La primera se refiere concretamente a la Revolución Francesa, a la Constitución norteamericana y, en general, a la introducción de los Derechos Universales en los sistemas de gobierno. La segunda se refiere a la introducción formal de los derechos sociales en los regímenes constitucionales, en particular los derechos agrarios y laborales. La expresión "revolución de tercera generación" es usada para aludir a las demandas de las nuevas minorías culturales, sexuales, de género y de muchas otras índoles. Para algunos autores existe una secuencia, una ruta crítica que sigue este tipo de amplias movilizaciones sociales. En algunos casos, como en la mayoría de los países europeos o en Estados Unidos, parece que hubo una secuencia en la cual la tensión política se incrementó hasta que se consolidaron los derechos políticos que trajeron aparejado un nuevo periodo de estabilidad. Después vinieron las demandas sociales, las cuales de nueva cuenta generaron demandas políticas inesperadas, para las cuales no se tuvo respuesta. Finalmente, sobre todo en la segunda mitad del siglo XX y especialmente en los países que lograron la plena industrialización, aparecieron las demandas de las nuevas minorías. Lo asombroso del caso mexicano es que, en las próximas tres décadas muy probablemente se presentarán demandas concernientes a los tres tipos de revoluciones. Sería ingenuo suponer que las reformas político-electorales, de muy reciente factura desde la perspectiva histórica, han logrado troquelar en definitiva un sistema democrático. Ya hemos mencionado las advertencias que el tejido cultural nos muestra. La democracia de principios del siglo XXI será una democracia todavía con raíces cortas.

Una muestra clara de ello es que la democratización interna de los partidos ha atravesado por periodos críticos y que la percepción pública sobre este tipo de instituciones es francamente negativa y condenatoria. No puede haber una democracia consolidada con partidos políticos débiles. También hemos señalado la fragilidad del pacto legal, cuya fisura podría poner en peligro la lenta edificación de la democracia mexicana. De tal manera que en las próximas décadas veremos aparecer nuevas demandas, muy probablemente centradas en la gobernabilidad o ingobernabilidad que la vida partidaria trae consigo. Se trata, sin duda, de un nuevo estadio de discusión. La calidad de los conflictos será diferente; de la misma manera, habrá que tomar en cuenta que la filiación a los sindicatos y la militancia en los partidos políticos han caído estrepitosamente en las últimas dos décadas. De no revertirse esta tendencia, los partidos políticos se convertirán en instancias básicamente sustentadas en su presencia ante la opinión pública.

VIII.14. Volatilidad

Debemos tomar en cuenta que, con la urbanización y modernización del aparato productivo y con el incremento en los niveles educativos, la volatilidad del voto se ha incrementado notablemente. Algunos estudios la sitúan en alrededor del 70% del total. La contraparte supone una drástica disminución del voto ideológico, del voto corporativo y del voto duro. Ello obliga a los partidos políticos a dar un seguimiento mucho más puntual de los fenómenos de opinión pública, de las simpatías o antipatías hacia los candidatos y sus plataformas. Todos ellos deben perseguir a un votante de centro. Esta tendencia no tiene por qué revertirse. Ya nos hemos referido a las dos versiones sobre el carácter estabilizador o desestabilizador de las clases medias. La oscilación entre partidos y posiciones políticas dependerá, en buena medida, del grado de satisfacción o frustración de sus necesidades. Para lo que no tenemos mayores argumentos es para sustentar el retorno del voto ideológico. De hecho, la tentación de interpretar la geografía política del país a través de asignaciones definitivas a cada partido, de territorios, ha mostrado ser una aproximación muy frágil, que no resiste su confrontación con los hechos.

Se pueden obtener resultados sorprendentes cuando se desmenuza el voto según su calidad. Recientemente un estudio de opinión inquirió a los ciudadanos sobre su autodefinición como votantes a favor del cambio radical, votantes a favor del cambio moderado o a favor de la estabilidad.[17] La asignación de los porcentajes nos brinda un retrato de las tres fuerzas políticas con presencia nacional muy lejano a los estereotipos comunes. Un 26% de simpatizantes panistas se definieron a favor del cambio radical, situándose dos puntos por arriba de los radicales priístas y cinco puntos por arriba del porcentaje alcanzado por el PRD. A favor del cambio moderado se declararon 31% de simpatizantes priístas y un 26% de panistas y sólo un 14% de simpatizantes perredistas. El voto más conservador se ubicó entre los simpatizantes priístas; alrededor del 50% de ellos respondieron estar a favor de la estabilidad. Lo interesante del caso es que el voto radical está distribuido en las tres fuerzas políticas nacionales, lo cual nos habla de diversos radicalismos, en lo económico, en lo político, etc.

De confirmarse esta tendencia, estaríamos ante un escenario en el cual el votante podrá seleccionar entre las tres principales fuerzas políticas nacionales existentes, o las que surjan, y conformar una votación adecuada a sus muy particulares intereses y visiones. El voto en bloque a favor de un partido, típica expresión de los países dominados por ideo-

[17] Calidad del voto. Encuesta realizada por los periódicos *El Norte* y *Reforma* y publicada en la revista *Este País*, No. 76, julio, 1997.

logías muy fuertes, pareciera estar seriamente amenazado por un voto no ideológico, más moderno y que actúa selectivamente, según el candidato, la plataforma, la campaña y finalmente el partido. Esta expresión política, que nos habla de una mayor complejidad del elector, ya ha tenido sus primeras expresiones en los grandes centros urbanos del país. Pareciera, en ese sentido, existir una correlación directa entre urbanización, nivel educativo y volatilidad. De ser así, en las próximas dos décadas las zonas o regiones con predominio de un partido político pudieran ir desapareciendo lentamente. Con ello la alternancia tendería a incrementarse. Otro factor que habrá de modificar radicalmente el comportamiento político es la irrupción de los medios de comunicación en la toma de decisiones políticas. Por supuesto que hay quien ve en ello la frivolidad de la actividad, puesto que la imagen sustituye en mucho al concepto. Pero el lado positivo es que millones, decenas de millones de personas, están encontrando por esta vía una nueva forma de participación. El país está prácticamente electrificado y la cobertura televisiva nacional se combina con estaciones locales cada día más poderosas. Se calcula que alrededor de 40 millones de mexicanos vieron el debate por la Presidencia en 1994. Por la extensión y la agresiva orografía del territorio, los medios jugarán cada día un papel más decisivo en las contiendas. Con bajos niveles educativos, que por desgracia seguirán predominando, el peso de la imagen será cada día mayor. Ello también juega en contra del voto ideológico o duro.

La fractura del voto ideológico y el quiebre del voto corporativo han traído consigo una descentralización efectiva de la vida política. El encadenamiento que permitía a un solo partido tener la posibilidad de controlar e imponer desde el centro a sus candidatos sin mayores consideraciones, simple y llanamente es y será disfuncional. Ello nos va a conducir a la aparición cada vez más frecuente de candidatos con presencia local o regional y sin vínculos con el centro. Todo indica que el regionalismo se acentuará vigorosamente.

VIII.15. La sociedad emergente

Un actor inesperado en la escena política del siglo XX es el que extiende su carta de presentación escudado en solamente tres letras: ONG. La proliferación de este tipo de organizaciones reconocidas en la propia Carta de Naciones Unidas, ha sido tan sorprendente que algunos estudios calculan que han rebasado las 100 mil en todo el mundo.[18] Una tipología

---

[18] Anna Pii Murugó, "Breve panorama de las Organizaciones no Gubernamentales y sus retos", *Este País*, núm. 87, junio, 1998.

básica nos indica que si bien nacieron en los países desarrollados del norte, como resultado de una conciencia solidaria alrededor de ciertos asuntos sociales, en la actualidad es en el sur, en los países sin desarrollo pleno, donde la explosión o quizá la implosión cobra una dinámica notable. Según información de la OCDE, las organizaciones sureñas podrían cerrar el siglo con una cifra tres veces superior a la de los países del norte.

Según algunos estudiosos con un ánimo ordenador, se les podría dividir en tres generaciones. La primera, surgida entre los años cincuenta y sesenta, atendía las situaciones de emergencia generadas por la posguerra con acciones humanitarias muy concretas. Una década después apareció la segunda generación de ONG's denominadas "desarrollistas", las cuales se abocaron principalmente a tratar de resolver las necesidades básicas de poblaciones pobres con mecanismos de autoayuda. La tercera generación correspondería a un fenómeno de internacionalización o globalización que daría vida a las grandes ONG's que trabajan alrededor de problemas de ecología, democracia, derechos humanos, corrupción, etc.

El poderío de este sorpresivo actor político y social no deja de asombrar. Peter Drucker calculaba, a principios de la última década del siglo, que alrededor de 8 millones de estadounidenses trabajaba como voluntarios en este tipo de organizaciones. Además, empleaban a otros 7.5 millones.[19] La suma de ambos —15 millones, entre voluntarios y contratados— era equivalente al total de empleados gubernamentales de todo ese país. Los fondos recabados, que casi en un 90% provienen de donaciones individuales, llegaron a ser superiores al 2% del producto total de la economía. Curiosamente las reformas estructurales aplicadas en muchos países en las décadas de los ochenta y noventa han sido grandes aliadas de este tipo de organizaciones. Al contraerse las actividades asistenciales del Estado se hicieron imprescindibles acciones sociales que atendieran demandas inaplazables. Así surgieron nuevas ONG's, dedicadas a actividades como el reparto de alimentos, atención a niños desvalidos, protección a la mujer, a los campesinos, a las poblaciones indígenas, etc.

México está inscrito en estas tendencias generales. A pesar de una resistencia gubernamental sistemática y de la incomprensión por parte de los partidos, las organizaciones no gubernamentales han tenido un desarrollo sorprendente. Por la incapacidad del gasto público para cubrir muchas arcas de asistencia, que estará presente en las próximas décadas, lo más probable es que veamos el surgimiento de muchísimas más

[19] Enciclopedia del futuro, George Thomas Kurian; Graham T. T., Molitor editores, Simon and Schuster Macmillan, New York, 1996.

organizaciones. Pero no sólo lo serán de tipo asistencial. Por el proceso de dolorosa urbanización que habrá de vivir el país, que desgarrará familias tanto en las zonas rurales que serán abandonadas, como en las periferias de las ciudades en formación, las organizaciones de auto-ayuda serán imprescindibles. En un escenario de bajo crecimiento y baja generación de empleos, las ONG's se convertirán en una vertiente muy atractiva de autoempleo. Las presiones hacia el gobierno provendrán, por un lado, de las necesidades sociales insatisfechas que demandan atención, y por el otro, de millones de mexicanos en busca de empleos. Además, de acentuarse las actuales tendencias, la cooperación internacional se centrará, como es lógico, en países con carencias apremiantes, lo cual supondrá un estímulo externo para la aparición de este tipo de organizaciones. En particular, serán las áreas de interés internacional las que recibirán apoyos o financiamiento: derechos humanos, medio ambiente, género, corrupción, desarrollo social, etc. Algunos países del área se nos han adelantado en el camino, como Chile, Perú, Ecuador, Brasil y otros. Lo que hoy es todavía visto en México como novedad y bajo los ojos de la sospecha, se convertirá en algo cotidiano que abrazará la vida de muchos mexicanos. Las presiones internas y externas, así como el seguimiento y monitoreo universalizado delatarán lacras sociales para las cuales el Estado mexicano difícilmente tendrá respuestas. Allí harán su aparición las tres letras: ONG.

VIII.16. NUEVA ESTABILIDAD

¿Es la volatilidad contraria a la gobernabilidad? No necesariamente. Esa propuesta sólo funciona si se interpreta la estabilidad como permanencia de un partido o una alianza de partidos en el poder. Con una creciente volatilidad, en las próximas dos décadas México tendrá que construir una nueva estabilidad política que hoy se mira remota. Uno de los ejes centrales de esta nueva estabilidad seguramente se centrará en la elaboración de políticas públicas y acciones gubernativas que, de alguna manera, pertenecen ya al pensamiento post-ideológico. Dado que muchas de ellas son el resultado de análisis técnicos bastante sofisticados, no sería extraño el surgimiento de una nueva burocracia, apoyada en un servicio civil de carrera, lo cual resultará imprescindible para dar congruencia a las acciones de largo plazo. En ese sentido, los partidos políticos serían lentamente desplazados de un área que quizá han ocupado indebidamente.

El discurso político, al tener que ir a conquistar un voto volátil, al no contar ya con el apoyo indiscriminado del voto ideológico, tenderá lentamente hacia las plataformas y las propuestas concretas. Para algunos autores este tránsito del discurso político significa un vacío de contenido ético. Sin embargo, una de las lecciones de la segunda mitad del siglo XX es lo que podríamos llamar una segunda secularización de la vida pública. Los asuntos religiosos y de moral se conservarán, en la mejor tradición liberal, exclusivamente para el ámbito privado. La plaza pública es y será el sitio para la discusión de lo público. Esta profesionalización y tecnificación de la política tendrá que pasar también por el Legislativo. Ahí, para el caso mexicano, todo está por hacerse.

La nueva estabilidad supone una serie de reformas jurídicas e institucionales que propicien nuevos anclajes. La vieja estabilidad radicaba en la permanencia en el poder de un solo partido. La nueva estabilidad estará fincada en el objetivo de que la alternancia no altere la marcha del gobierno. En la agenda están ya varios de esos anclajes. Además del servicio civil de carrera, se necesitará de la profesionalización del Legislativo o legislativos. Por ello la reelección de diputados locales, federales y de senadores es inexorable. Lo mismo deberá ocurrir con el nivel municipal, en el cual la no reelección inmediata repercute en una costosísima falta de continuidad en las obras públicas.

Otra de las discusiones centrales para obtener una nueva estabilidad se refiere al presupuesto. Será necesario establecer criterios de largo plazo en la asignación de recursos, sobre todo en cuestiones de infraestructura. El desarrollo de la cuenca hidráulica, la industria eléctrica, la petrolera, las actividades portuarias o de equipamiento urbano demandarán de una planeación multianual que pasa por el Legislativo. De esta manera los equipos de apoyo o *staffs* serán una de las modalidades necesarias. Reelección y presupuesto multianuales y equipos de apoyo van de la mano.

También habrá que revisar el mecanismo de sustitución del Ejecutivo federal y de los locales. El actual mecanismo de la Constitución General de la República y de muchas constituciones locales están pensados bajo el supuesto de la existencia de una gran mayoría perteneciente a un solo partido, lo cual en el futuro no corresponderá con la realidad. Hay otra figura tradicional que ha estado más bien ausente; me refiero al veto, que tendrá que aparecer en escena. Lo más probable es que en las próximas tres décadas ningún partido político sea capaz de mantener mayorías estables en los legislativos locales, ni en el federal. Las alianzas y coaliciones se multiplicarán. Los ejecutivos locales y el federal, mirados en la óptica tradicional como centros del gran poder, perderán muchas de sus atribuciones. Actualmente cuentan con pocas garantías para moverse en un contexto pluripartidario. El veto es la garantía mínima para que un auténtico juego democrático no degenere en ingobernabilidad.

Uno de los cambios centrales en la concepción pública mexicana radica en el hecho de que una mayoría de mexicanos, 42%,[20] considera que el mayor obstáculo para el desarrollo nacional es la corrupción. En las próximas décadas entraremos en un túnel de discusión, en el cual una y otra vez nos toparemos con los muros de ese fenómeno. Por ello es muy probable que en la agenda pública, independientemente de los partidos que gobiernen, cada día aparezcan con mayor fuerza los temas vinculados con la corrupción en sus diferentes modalidades: policiaca, burocrática, de altos funcionarios, en la licitación de obra pública y, por supuesto, en el sector privado. Dado que el problema no sólo es de estructuras jurídicas sino también cultural, con frecuencia veremos propuestas y modificaciones cuyo eje será el combate a la corrupción. Tardaremos por lo menos década y media en adaptar las estructuras jurídicas y en lograr un comportamiento apegado a la transparencia.

Las expresiones políticas son resultado de la conjunción de diversos factores. No existe un material de lo político que se sustente con independencia de lo demográfico, de las condiciones económicas, de la comunicación y del contexto religioso e histórico de un país. Incluso la geografía y la ecología son condicionantes severas. Por ejemplo, por el aumento sistemático en las temperaturas algunos estudiosos hablan ya de las migraciones ecológicas. Veremos así nuevos ríos humanos huyendo de las altas temperaturas. En el caso mexicano, a diferencia de otros países, las variables que están en juego son muchas, y la única forma de aproximarse con un mínimo de seriedad a los futuros de la política es tomando en consideración a un buen número de ellas.

---

[20] "Democracy Through Latin American Lenses", encuesta patrocinada por la Fundación *Hawlett*, julio, 1998. Publicada en *Este País*, núm. 100, julio, 1999.

IX. LA SOCIEDAD MEXICANA HACIA EL NUEVO MILENIO: COHESIÓN Y DIVERGENCIA

ROLANDO CORDERA CAMPOS
ENRIQUE GONZÁLEZ TIBURCIO

IX.1. INTRODUCCIÓN

EL SIGLO QUE TERMINA ha sido testigo de una modificación sustancial de la sociedad mexicana. Tanto las estructuras demográficas como las formas de producir y distribuir bienes y mercancías registraron cambios profundos, y las relaciones sociales y los registros culturales y valorativos de los mexicanos mutaron también en forma espectacular. Estas transformaciones recogen en grados diversos las ocurridas en el resto del mundo. Sin embargo, tanto en los años de la Revolución como en el presente, expresan también, con enorme fuerza, los diferentes proyectos políticos y las movilizaciones sociales que han estado debajo de la economía política de México.

Por muchos años la evolución social del país tuvo como referencia básica a las instituciones y la memoria colectiva de la Revolución Mexicana, que encontró en la Constitución de 1917 una primera y decisiva codificación política y jurídica, hito fundamental de la evolución política nacional, de la que emanaron proyectos políticos estatales y figuras institucionales capaces de sustentar un desarrollo de larga duración. Los mexicanos del siglo XX han tenido en el Estado surgido de la Revolución un referente de gran aliento, no sólo en el orden político sino para el conjunto de la evolución social, económica y cultural. Con todo, la construcción de una sociedad plenamente moderna, secularizada y relativamente homogénea aún no ha concluido; en muchas regiones geográficas y culturales esto será tarea del siglo XXI. Los diferentes gobiernos postrevolucionarios trataron de dar a la centralidad del Estado sentido y realidad material e institucional. El recorrido a lo largo del siglo ha sido largo, con momentos estelares, ciclos, auges y declives. Hoy enfrentamos duras pruebas y reclamos que surgen de una larga crisis donde todo se ha puesto en cuestión de nuevo: el carácter y la morfología del Estado y, de esa manera, su centralidad; el perfil de la economía y sus mecanismos distributivos y de crecimiento, a la luz de una desigualdad aguda e inconmovible y la extensión de la pobreza de masas, y los resortes y sedimentos culturales esenciales para determinar las formas de entender el lugar de México en el mundo.

Las últimas tres décadas del siglo han visto surgir una sociedad que no se conforma con la gobernabilidad corporativa y autoritaria heredada de la Revolución y reclama para sí, a través de la democracia, una nueva forma de gobernarse. Esta sociedad busca también nuevas formas de existencia y coexistencia social, una novedosa manera de hacer cultura y, por ende, de producir el orden político y de entender el Estado. Estado, economía y sociedad están buscando nuevos equilibrios y acomodos dinámicos, no sólo para hacer frente a las nuevas circunstancias domésticas, sino también a portentosos deslizamientos en el entorno mundial. La globalización de mercados y culturas ha dejado de ser, merced a la economía y las finanzas, una referencia lejana o una hipótesis de trabajo para el futuro, y se ha vuelto cada vez más una realidad móvil pero inmediata y cotidiana, aun en los más remotos parajes de la sierra y el desierto, gracias a la influencia de los medios de comunicación de masas y la migración.

La sociedad mexicana de fin de siglo está cada vez más informada, y en ella las relaciones económicas globales y los medios de comunicación juegan un papel importante y decisivo. No son sólo las decisiones financieras y el gusto o la moda en el consumo los que recogen esta nueva dimensión tempo-espacial en la que se mueve México. En política y en el conjunto de la acción social impera el recurso de la tecnología más avanzada, y los medios electrónicos se vuelven factores de enorme poder; las propuestas y los programas político-económicos, así como las imágenes de partidos y candidatos, se ven obligados a pasar por el tamiz, cuando no por la dictadura, del *rating* y la mercadotecnia. Sin embargo, al mismo tiempo lo local, lo regional y aún lo comunitario empiezan a desplegar novedosas capacidades e influencias. Las dimensiones subnacionales reclaman nuevos roles, tal vez inéditos, como formas de cohesión e identidad para individuos que se incorporan desconcertados al ejercicio de la ciudadanía democrática. El sentido de pertenencia nacional parece vincularse con gran fuerza a los ámbitos cotidianos y a las lealtades locales. A medida que este proceso descentralizador avance, la política, la organización espacial de la economía y la distribución de los recursos públicos tendrán que ajustarse a él, y la toma de decisiones tendrá que incorporar formas de expresión y reclamo local y regional.

Estos procesos de cambio se ven y se verán acosados por la máxima asignatura que el desarrollo y la modernización han dejado pendiente: la desigualdad extrema, ahora acompañada por una pobreza que afecta a millones de mexicanos y que no guarda proporción con el nivel de crecimiento alcanzado, mucho menos con los compromisos y el discurso central del Estado revolucionario.

Éste es el contexto poliédrico de nuestra reflexión sobre los perfiles futuros de nuestra sociedad. Los distintos apartados de este capítulo constituyen pequeños escalones para prefigurar las tendencias sociales de México. En el primer apartado se describen en forma sucinta algunos de los cambios registrados por la sociedad mexicana a lo largo del siglo. En el segundo se realiza un diagnóstico apretado de la situación actual, caracterizando las sociedades rural, urbana e indígena, destacando sus activos y los retos que enfrentarán. En el tercero se pone el acento en la cuestión central estratégica del futuro: la evolución y reproducción de la sociedad desigual y su pobreza masiva, en el marco de una gran transformación modernizadora que no parece dejar respiro. En el cuarto se presentan proyecciones de las principales variables económicas y sociodemográficas y se presentan escenarios posibles que permiten detectar algunos retos y potencialidades futuros. No obstante la firmeza con que los datos demográficos y económicos hablan de novedades en las tendencias de fondo, la sociedad mexicana se las ha arreglado para mantener y preservar valores y rasgos culturales y políticos que podrían conformar plataformas profundas capaces de modular las fuerzas del cambio. La capacidad política para mantener viva esta amalgama de cambio y estabilidad, de densidad local y frenesí global, será muy importante para determinar el rumbo que seguirán las lógicas emergentes que buscan ordenar la vida social del futuro. Así, en el último apartado se alude de manera específica al perfil cultural y los valores observables de la sociedad mexicana de hoy y su capacidad para definir la identidad y cohesión social futuras. Como se comprenderá, este ejercicio es apenas un asomo especulativo a un tema decisivo para la construcción del perfil de México en el próximo siglo.

IX.2. Evolución de la sociedad mexicana en el siglo XX

En junio de 1994 se levantó en México la Encuesta Nacional de Valores.[1] Algunos de sus hallazgos pueden servir de punto de partida para nuestro ejercicio. El mexicano emerge de dicha encuesta como un ciudadano estatista y presidencialista, que sin embargo cree cada día más en las elecciones y los partidos; un ciudadano que no es fanático del cumplimiento de la ley; católico en religión y laico en política; gradualista en materia de cambios y ligeramente proclive a decir adiós a las ideas de la Revolución Mexicana. Si bien no mira al pasado revolucionario como solución, tampoco mira al futuro neoliberal o global como panacea.

---

[1] Enrique Alduncin, *Encuesta Nacional de Valores*, junio, 1994.

Los cambios en el perfil valorativo de la sociedad mexicana responden en buena medida a una mudanza de tendencias básicas, algunas de orden superestructural y otras de orden estructural, civilizatorio o de larga duración.[2] Entre estas últimas se pueden señalar las siguientes:

a) El paso de un país rural a otro urbano. En los años cincuenta todavía predominaba la población rural. En el año 2000 cerca de 80 de cada 100 mexicanos vivirán en las ciudades. A pesar de ello, los habitantes rurales serán casi tantos como el total de la población de México en 1940.

b) El tránsito de un país construido hacia dentro, con polos de desarrollo claramente localizados en Monterrey, Guadalajara y la ciudad de México, con tendencias centrípetas que parecían inconmovibles, fuertemente centralizador en sus flujos de mercancías, personas y recursos, hacia la construcción de una periferia descentralizada, con tendencias centrífugas, con nuevos polos de desarrollo en fronteras y costas que han agudizado las disparidades regionales.

c) Una nueva fase de integración al mundo que ha homogeneizado patrones de consumo y culturales, pero que al mismo tiempo ha afianzado dimensiones políticas de carácter local y regional, modificando la tarea y el papel del Estado nacional.

d) La transformación de una economía con fuerte presencia estatal en una economía abierta de mercado, agudamente cruzada por nuevos dualismos sociales y productivos.

e) La (re)aparición de núcleos duros de pobreza y desigualdad, extendidos a lo largo de la geografía física y social de México, que no parecen desvanecerse por más que crezca la economía.

Las tendencias de orden superestructural, pueden ubicarse en las siguientes dos transformaciones:

a) La erosión del pacto corporativo-popular heredado de la Revolución Mexicana y la emergencia de nuevas combinatorias: de las lógicas sociales subyacentes en el mencionado pacto, a las intervenciones que podemos llamar liberal-ciudadana y familiar-comunitaria.

b) La modificación progresiva del sistema político y la aparición de presiones y reclamos por la revisión a fondo del régimen jurídico-político. De un sistema presidencialista autoritario, basado en la legitimidad histórica derivada de la Revolución, a otro de presidencialismo "acotado", no sólo por el pluralismo político, sino por la descentralización económica del mercado y una amplia exigencia ciudadana y empresarial de un Estado de derecho creíble, apegado al orden constitucional. De un partido dominante, casi único, a una pluralidad de partidos, don-

---

[2] Héctor Aguilar Camín, "México al fin del milenio, a mitad del camino", *Nexos*, noviembre, 1997.

de la mayoría está siempre por definirse. Esto es, una larga transición hacia la construcción de una gobernabilidad democrática.

Las últimas tres décadas se han visto así dominadas por dos procesos de cambio sobrepuestos, que determinan las tendencias básicas de la sociedad mexicana. Por un lado, una mutación del orden político, de apertura y transición a la democracia; por otro, la gran mudanza económica, inscrita en el proceso globalizador y orientada desde dentro por una estrategia de liberalización y privatización, de mercado, pero todavía dentro de una sociedad "Estado-céntrica" en sus impulsos y reacciones, en sus dinámicas y desempeños. La forma como estos dos procesos confluyen en tiempo y espacio propicia el debilitamiento de identidades básicas y de la forma de hacer y entender la política. Se debilitan las visiones establecidas de solidaridad, equidad y bienestar, del papel y peso de las clases sociales y sus organizaciones, de la empresa, de los patrones y los sindicatos y de la industrialización como base del progreso. Todo ello anuncia el fin de una etapa en la historia social de México, con una profunda crisis de los actores políticos y sociales que daban sentido a las formas postrevolucionarias de hacer política y ejercer el poder del Estado.[3]

Por muchos años predominó en México la cultura del proteccionismo y el subsidio, claramente asociados con la centralidad estatal: empresarios, trabajadores, campesinos, clases medias —intelectuales, periodistas, artistas y universitarios— y los frágiles partidos políticos se desarrollaron bajo esta lógica. Todo o casi todo en México estaba o se pensaba que podía ser subsidiado y protegido. La quiebra de las finanzas del gobierno fue, por ello, no sólo una crisis fiscal, sino el principio del fin de una política. Significó la crisis de un modelo de desarrollo económico, pero también la crisis de un modelo de negociación y estabilidad política.[4] A partir de la década de los setenta México ha vivido un escenario de inestabilidad y crisis recurrentes, en el que, al mismo tiempo que se abate sustancialmente el proteccionismo comercial, se reduce el subsidio hasta casi eliminarlo. En este contexto aparecieron actores políticos para los que la protección y el subsidio dejaron de ser horizontes rectores, y empezó a crecer la demanda de un cambio democrático, anunciado hace treinta años por el movimiento estudiantil de 1968, que es exigencia de una sociedad irritada por la crisis económica, pero también expresión de una sociedad moderna, aunque profundamente desigual. Estas vertientes han encontrado una desembocadura mayor en el cam-

---

[3] Marcelo Cavarozzi, *Matriz de centralidad estatal*, conferencia pronunciada en el IFE, mimeo, 1999.

[4] Héctor Aguilar Camín, "México al fin del milenio, a mitad del camino", *Nexos*, noviembre, 1997.

bio político articulado por la deliberación democrática, pero cada vez más vinculado en su devenir con una reforma estatal de implicaciones mayores.

IX.3. LA SOCIEDAD MEXICANA ACTUAL: DATOS Y CIFRAS PARA UN DIAGNÓSTICO

IX.3.1. *Población. Condiciones socioeconómicas*

En 1997 México tenía casi 94 millones de habitantes, y crecía (descontando el saldo negativo de la migración internacional) con una tasa anual de crecimiento de 1.62%. La actual magnitud de la población deriva del rápido crecimiento demográfico observado hasta los años setenta, y del descenso en la natalidad y la mortalidad y el aumento en la pérdida neta de población por migración ocurridos desde entonces.[5] Si bien la tasa de crecimiento demográfico disminuyó de 3.4% en los años setenta a 1.9% actualmente, la población más que se duplicó en ese lapso. El futuro ritmo de crecimiento poblacional será todavía menor, pero la población seguirá aumentando en términos absolutos.

En los últimos 27 años hubo marcados cambios en la composición de la población por edades. La población menor de 15 años pasó de 47.5% a 34.7% del total. La población en edad laboral (15 a 64 años) aumentó su participación de 48.8% a 61%. Los mexicanos de la tercera edad (65 años y más) pasaron del 3.7% al 4.4%. A partir de 1970 se modificaron sustancialmente las pautas de fecundidad y, como consecuencia, se redujo el crecimiento de la población infantil. La población en edad preescolar, menor de 6 años, disminuyó del 22.2% al 14.1%. Algo similar ocurrió con los mexicanos directamente vinculados con la demanda formal de educación básica (de 6 a 14 años), que pasaron del 25.4% al 20.6% de la población total. Su tasa de crecimiento anual se redujo de 3.7% a 0.1%. El cambio más importante para el presente y el futuro fue el observado en la población en edad de trabajar (entre 15 y 64 años). La "bomba demográfica" que estalló hace unos años muestra sus efectos con toda evidencia en el grupo de los mexicanos jóvenes, cada día más adultos, que forman ya la mayoría nacional. Los aumentos anuales absolutos de este grupo de edades pasaron de 767 mil en 1970 a 1.4 millones en 1988, creciendo después sólo ligeramente. Su tasa de crecimiento anual se redujo hasta llegar al 2.4% actual, pero todavía es mayor que la de la población total (1.9%). En menos de 40 años, entre 1960 y 1997,

---

[5] Consejo Nacional de Población, (CONAPO), *La situación demográfica de México*, 1998.

la fuerza de trabajo más que se triplicó en número, pasando de 18 millones a 57 millones de personas.

Los impactos del cambio económico nacional y mundial, así como la afirmación del reclamo democrático, encuentran en este nuevo perfil demográfico sus mayores retos y algunas de sus más sólidas potencialidades. En el presente todo parece desafío insuperable. La economía no ha podido crear empleos suficientes y remunerativos para buena parte de esta población, y son todavía minoría quienes pueden aprovechar a plenitud las oportunidades de la educación superior. Éste es, sin duda, el más ominoso cerco social que encara la transición mexicana.

Una población amplia y con posibilidades físicas para el trabajo productivo ha sido siempre una oportunidad para la expansión y el desarrollo sostenido. Además, el grado de dependencia, determinado por la participación de la población infantil y adolescente en el total, ha disminuido de modo importante, dando lugar a nuevas opciones de utilización del excedente producido por el crecimiento de la economía. Si a ello agregamos una mayor escolaridad, aunque ponderada por el factor calidad, es claro que México puede aspirar hoy a una evolución económica y social más promisoria. El aumento en el número de adultos amplía las posibilidades de participación social e intervención política democrática, no sólo por la mayor capacidad que ofrecen la edad y la experiencia, sino también por el cúmulo de necesidades sentidas y no satisfechas, que van de la falta de trabajo a la insuficiencia del ingreso, y que estarán detrás de futuras e inéditas rondas de agitación social y movilización política.

Los jóvenes han adquirido un enorme peso dentro del conjunto demográfico nacional. La población juvenil (de 15 a 24 años) llegó en 1997 a casi 20 millones de mexicanos, es decir, poco más del 21% del total nacional, y en los próximos veinte años probablemente se mantendrá en estos niveles. La mayor parte de esta población se ubica en las ciudades, contrariamente a lo que ocurría hace treinta y cinco años. En 1960 el 60% de los jóvenes vivía en el medio rural; hoy vive en las zonas urbanas alrededor del 74%. Con todo, entre 1960 y 1995 los jóvenes rurales aumentaron de 3.9 millones a 5.3 millones, lo que plantea a la sociedad rural, entre otros, problemas de estabilidad comunitaria y la gobernabilidad local. Los jóvenes mexicanos se concentran en unos pocos estados de la República: en sólo ocho de ellos (Estado de México, Distrito Federal, Veracruz, Jalisco, Guanajuato, Puebla, Nuevo León y Michoacán) se ubica más de la mitad. De los urbanos, casi la mitad reside en sólo cinco entidades (en el Distrito Federal y el Estado de México, 30%, y en Nuevo León, Veracruz y Jalisco, 18%). De los rurales, poco más del 40% vive en seis estados (Veracruz, 12.6%; Chiapas, 8%, y Guanajuato, Michoacán,

Oaxaca y Puebla, 6% cada uno). La migración es un fenómeno frecuente entre la población joven. Una quinta parte de los jóvenes de hoy nacieron en una entidad diferente a la de su residencia. Quintana Roo y Baja California son los que registran el mayor saldo positivo de migración y el D.F. el mayor saldo negativo. La evolución de las características educativas de los jóvenes presenta un panorama favorable. En las dos últimas décadas se elevaron significativamente las proporciones de alfabetos, de asistentes a la escuela y de jóvenes con estudios de postprimaria. En 1995 el número de jóvenes económicamente activos fue del doble del registrado en 1970, aunque las tasas de participación económica fueron similares en ambos años. Los jóvenes ya no trabajan en el campo. La mayor parte de ellos laboran en el sector terciario y una porción menor en el primario; esto se acentúa en el caso de las mujeres jóvenes (sólo el 3.0% de ellas laboran en el sector primario, en tanto que el 66.6% lo hacen en el terciario). Los jóvenes ocupados se concentran en el rango de ingresos de entre 1 y 2 salarios mínimos. En los rangos de mayores ingresos la proporción de hombres jóvenes es ligeramente mayor que la de mujeres.

En 1997 la población femenina representaba el 51% de la población total. En 1995 el promedio de hijos nacidos vivos en las mujeres de 12 años y más era de 2.8 hijos, muy inferior a los 3.6 de 1988. En el comportamiento de la fecundidad inciden el nivel de instrucción y la clase de actividad en la que participa la mujer, ya que, a mayor nivel de instrucción y mayor participación económica, el promedio de hijos decrece. En el rubro educativo, la población femenina logró avances importantes; su índice de analfabetismo pasó de 29.6% en 1970 a menos de 15% en 1997, disminuyendo principalmente en las mujeres menores de 40 años (las mayores de esta edad siguieron registrando una tasa de analfabetismo alta). La asistencia escolar de la población femenina de 5 a 24 años crece con la edad, hasta alcanzar un valor máximo a los 9 años (93.1%); después disminuye paulatinamente, de tal forma que entre los 15 y 19 años menos de la mitad de las mujeres va a la escuela, y entre los 20 y 24 la asistencia escolar es tan sólo del 13.8%. Ello se asocia, por un lado, con la temprana incorporación de las jóvenes a la actividad económica y, por otro, con la gran proporción de mujeres que se dedican a los quehaceres del hogar. No obstante que la participación económica de la mujer ha aumentado, es aún inferior a la del hombre; por cada tres hombres activos sólo se registra una mujer. La participación económica de la mujer alcanza su valor máximo entre 20 y 24 años de edad; entre los hombres éste se presenta entre los 35 y 39 años. Una alta proporción de mujeres ocupadas se concentra en el grupo de empleadas y obreras, seguida por el de trabajadoras por su cuenta. En 1990 existían en el país 2.3 millones de hogares (el 15.3% del total) donde el jefe de familia era mujer; según el DIF, en 1998 esta cifra había aumentado ya a 18.8%. El incremento de mujeres que viven solas, particularmente en las localidades urbanas, es notable.

Como resultado de estas tendencias, la familia ha cambiado su composición y perfiles, modificando las instituciones sociales, los estilos de vida y la organización de la vida social. El ingreso masivo de las mujeres al mercado de trabajo ha implicado una intensa demanda de servicios asistenciales, y con ello cambios en las funciones y roles de la familia, donde cuidado y educación de los menores se trasladan fuera del ámbito familiar.[6] El número de divorcios y de hogares uniparentales se ha elevado, y han surgidos nuevos tipos de familia (uniparentales, desintegradas y recompuestas), que no se corresponden con los perfiles de los titulares de los derechos de la seguridad social. No obstante, según la citada encuesta sobre valores,[7] para los mexicanos la familia mantiene y reproduce las estructuras y transmite los elementos para vivir y ver la vida de una manera determinada; es portadora de valores y al mismo tiempo de innovaciones, y con ello continúa siendo el núcleo de la sociedad mexicana. Con la palabra familia se asocian significados altamente positivos, como los de unión, hijos, amor, hogar, bienestar, seguridad, padres y comprensión. Al mismo tiempo constituye una importante red de seguridad económica, una unidad de producción, consumo y protección para enfrentar las situaciones críticas y los avatares económicos.

La propia evolución demográfica general, junto con los avances en la salud y la nutrición, han propiciado un envejecimiento gradual de la sociedad, el cual ha producido nuevos retos, aunque todavía alojados en un futuro un tanto lejano. La población mayor de 65 años crece hoy a un ritmo anual de 3.95%, cuando en 1960 lo hacía al 0.74%. Esto plantea a la sociedad nuevos problemas; no sólo el financiero representado por las pensiones, sino sobre todo el de la organización de la salud pública y el bienestar para una población que probablemente no dispondrá del hábitat familiar del pasado. De resolverse el nudo del empleo, cuya insuficiencia cuantitativa va hoy de la mano con su baja calidad y peor remuneración, el financiamiento del retiro podría no ser para México un problema mayor. Pero definir formas de existencia y relación social que den cabida, reconocimiento y aliento productivo a estos mexicanos, a quienes hasta hace poco ni siquiera se les imaginaba en los escenarios de la política pública, será un desafío.

[6] Mario Luis Fuentes, "La Política Social", Revista *Examen*, México, diciembre, 1998.
[7] Enrique Alduncin, *Encuesta Nacional de Valores*, junio, 1994.

En 1950 el mexicano promedio tenía una expectativa de vida al nacer de 42 años, una escolaridad promedio de 1.6 años, y un alto riesgo de morir de una enfermedad infecciosa o parasitaria; en 1997 la esperanza de vida fue 73.6 años, la escolaridad de 7.2 años, y la muerte por enfermedades infectocontagiosas disminuyó sensiblemente. Mientras que hace 5 décadas de 10 mexicanos en edad de trabajar 5 carecían de alguna instrucción escolar y sólo uno había cursado alguna educación más allá del primer año de educación media, en 1995 sólo uno de cada 10 mexicanos carecía de instrucción y 5 rebasaban el primer nivel de educación media; de estos últimos, 2 habían estudiado nivel medio superior y 1 educación superior.

CUADRO IX.1. *México. Indicadores sociodemográficos*

Concepto/año	1950	1995	2000
Población (millones)	25.7	91.1	100
Crecimiento anual medio (porcentaje)	3.1	2.1	1.8
Esperanza de vida al nacer	42.0	73.6	74.4
Tasa de mortalidad [1]	16.2	4.7	4.4
Tasa de natalidad [2]		25.1	21.9
Tasa de analfabetismo (porcentaje)	43.4	10.7	9.0
Escolaridad media	1.6	7.2	7.8

FUENTE: Elaboración a partir de *México social 1996-1998*, Banamex, México, 1998 y CONAPO.
[1] Número de defunciones por cada mil habitantes.
[2] Número de nacimientos por cada mil habitantes.

A consecuencia del proceso de urbanización e industrialización, la migración del país ha sido un fenómeno intenso. La diversificación de las actividades económicas ha propiciado la aparición de polos de atracción para la movilización territorial. Desde 1955 poco más de 1.1% de la población ha cambiado anualmente su residencia habitual de una entidad federativa a otra. Como efecto acumulado, en 1995 un 21% de los habitantes del país (una quinta parte de la población) había vivido durante los 40 años previos en una o más entidades federativas distintas a aquella donde residía entonces, y el 15.1% vivía en una entidad distinta a la de su origen. CONAPO estima que entre 1990 y 1995 el 10% de la población cambió de residencia de un municipio a otro, y la mitad fuera de los límites estatales. La migración entre estados creció significativamente, pasando de 1.8 millones de personas entre 1955–1960 a más del doble (4.49 millones) en el periodo 1990-1995. Entre 1990 y 1995 las principales entidades de destino de los migrantes fueron Baja California, Distrito Federal, Durango, Estado de México, Nuevo León, Quintana Roo, Tamaulipas y Zacatecas, y las entidades de mayor expulsión fueron Jalisco, Sinaloa, Aguascalientes, Puebla, Chiapas, Guanajuato, Guerrero, San Luis Potosí, Tamaulipas, Tlaxcala, Oaxaca y Yucatán. La migración provoca un impacto de largo plazo en la distribución espacial de la población; por ejemplo, la población del Estado de México, 11.7 millones en 1995, es de más del doble de los 4.8 millones que vivirían en la entidad sin migración interestatal,[8] en el caso contrario destacan Distrito Federal, Oaxaca, Puebla e Hidalgo, que presentan una pérdida acumulada de 9.2 millones de personas. La notable expansión del sistema carretero nacional y la mejora y rapidez de los medios de transporte, entre otros factores, han contribuido a reducir los costos de la migración y la distancia que separa a los lugares de origen y destino.

IX.3.2. *La sociedad urbana*

El México de fin de siglo vive en ciudades: 80 de cada 100 son habitantes urbanos. A partir de 1960 ocurrió un cambio definitivo en la estructura poblacional en favor de la urbanización. El desarrollo económico desde los años 40 privilegió la visión industrial urbana. El campo fue sujeto a una creciente extracción de excedente, que se canalizó a las ciudades y a favorecer el desarrollo industrial, considerado la fuente principal del progreso. Se trató sin duda de un progreso material efectivo, pero con cimientos sociales débiles. La distribución geográfica de la población muestra un panorama contrastado: por un lado, la enorme dispersión del mundo rural en miles de pequeñas localidades; por otro, la concentración de la población en unas cuantas regiones y ciudades del país. Hoy más de 10 millones de personas viven en comunidades menores de 500 habitantes, pero más de 42 millones se concentran en localidades mayores de 100 mil habitantes. Las zonas conurbadas de la ciudad de México, Monterrey, Puebla y Guadalajara alojan juntas a más de 20 millones de mexicanos. En el norte de México, Ciudad Juárez y Tijuana han registrado un crecimiento explosivo y han gestado una red urbana transnacional de grandes proporciones. En el año 2000 serán habitadas por 1.5 y 2 millones, respectivamente, pero sus perspectivas de organización política y gubernamental son inciertas. La migración interna fue el principal determinante de la fisonomía demográfica aludida. Junto con los grandes polos megalopolitanos, las ciudades de más

---

[8] CONAPO, *La situación...*, op. cit.

de 100 mil habitantes representan el principal destino de los migrantes; en ellas encuentran mejores condiciones en términos de infraestructura, servicios, calidad de vida y oportunidades de empleo.

Característico del desarrollo urbano-regional del país ha sido no sólo la desigualdad espacial, sino también la concentración de actividades económicas y la especialización de sus regiones. Durante los últimos 50 años las economías metropolitanas crecieron con ritmos mayores que las pequeñas ciudades y las zonas rurales. La influencia económica ha sido determinante para la evolución y expansión de la sociedad urbana. A finales de siglo pueden señalarse cuatro patrones de desarrollo urbano marcadamente diferenciados: *a)* Crecimiento industrial: zona metropolitana del valle de México, Jalisco, Nuevo León, Puebla y Querétaro; *b)* Explotación petrolera: Tabasco, Campeche, Veracruz y Chiapas; *c)* Industrialización transnacional y maquiladora: Aguascalientes, Baja California, Coahuila, Tamaulipas, Chihuahua, Guanajuato y San Luis Potosí, y *d)* Industrialización incipiente: Baja California Sur, Colima, Durango, Guerrero, Hidalgo, Michoacán, Morelos, Nayarit, Oaxaca, Quintana Roo, Sinaloa, Sonora, Tlaxcala, Yucatán y Zacatecas.

La expansión urbana tiene distintos pesos y características. Por ejemplo, entre las regiones que poseen una población eminentemente urbana se encuentran el noreste y el centro, donde destacan el Distrito Federal y Nuevo León, con una población urbana de 92% y 99%, respectivamente. Dado el vínculo entre urbanización e industrialización, las regiones antes señaladas son las de mayor grado de desarrollo industrial. En contraparte, en las regiones Golfo y Pacífico sur —por ejemplo, en Oaxaca, Chiapas y Campeche— existen altos niveles de población rural por los serios rezagos de industrialización.

A partir de la estrategia de desarrollo económico aplicada durante los últimos 20 años, la economía se ha vuelto más abierta y los servicios formales e informales vinculados con el turismo, el comercio y las finanzas han adquirido un peso determinante en muchas economías regionales, convirtiéndolas en sociedades urbanas que no han pasado por la industrialización. Sólo algunas regiones se han integrado a este proceso; tal es el caso del norte y noroeste del país, por su cercanía con nuestro mayor socio comercial, y las costas, en particular la del Pacífico y el Caribe peninsular, vinculadas en sus economías con los flujos nacionales e internacionales de turismo y comercio.

La sociedad urbana de fin de siglo presenta características notoriamente distintas a la del México de hace 50 años:

a) Aparición y extensión de la economía informal. El empleo formal, cuya universalidad era la "imagen objetivo" del crecimiento industrializador, ofrecía una base poderosa de integración social, a través de los sindicatos, las instituciones de seguridad social, etc. Ahora convive con formas de ocupación al margen de la reglamentación legal y de la seguridad social. En el año 2000 alrededor de 40% de la población laborará en algún tipo de actividad informal, arrinconando política y jurídicamente al trabajo organizado, pero sirviendo como válvula de escape social ante el deterioro de los salarios y el empleo. Un mayor crecimiento económico, dentro de las pautas que hoy dominan las relaciones sociales en la vida económica, no necesariamente revertirá esta tendencia. La informalización del trabajo produce formas también informales de vida social y, como tema y problema, rebasa ya los marcos de los mercados de trabajo y se afirma como una de las fuentes más potentes y disruptivas del conflicto social en el México del próximo siglo. Constituye también uno de los grandes desafíos para la política social del futuro.

b) *Creciente incorporación femenina al trabajo.* Aunque los hombres continúan teniendo mayor participación económica que las mujeres, la incorporación de éstas a la actividad económica ha crecido marcadamente durante los últimos 25 años. La participación femenina se incrementó de un nivel cercano a 17% en 1970 (respecto al total de mujeres de 12 años y más) a cerca del 37% en el año 2000.[9] Los logros educativos de la mujer y los procesos de reestructuración económica para complementar el ingreso familiar, entre otros, están propiciando su mayor incorporación a la actividad económica. Estos cambios han transformado los roles y las relaciones de género, al permitir una mayor independencia económica, autoestima y poder de negociación de las mujeres frente a sus cónyuges.

c) *Debilitamiento de identidades básicas, como las clases sociales, sindicatos e industrialización.* El avance de una economía de servicios y de la informalidad cierra una etapa en la historia social de México, provocando una profunda crisis de los actores políticos y sociales que se desarrollaron con o en contra de esas formas de hacer política. Entre 1940 y 1980 la industrialización del país creó una importante organización sindical y fortaleció la noción de clase obrera. El crecimiento económico sostenido permitió que el bienestar para estos grupos se construyera sobre el trípode empleo formal-sindicato-seguridad social. Buena parte del presupuesto público social se dirigió hacia estos grupos en una negociación político-corporativa, donde el sujeto político organizado importaba más que el ciudadano. La crisis fiscal de

[9] José Gómez de León, *Transición en México y futuro de la población*, Memorias de un oído de mesas redondas organizado por la Secretaría de Asuntos Estudiantiles de la UNAM, México, 1996, p. 294.

1982 rompió con parte de esta negociación cupular y de hacer política, donde a los intercambios de satisfactores, como salud, vivienda y educación, correspondían apoyos políticos electorales corporativos. En las últimas décadas la ausencia de una política de industrialización, mediada por políticas de ajuste y reestructuración económica, ha propiciado un debilitamiento de los sindicatos y sus formas tradicionales de negociación.

d) *Organización de la sociedad civil.* Ante la crisis de representación corporativa (estatal), la sociedad, sobre todo después de los sismos de 1985, se organizó para defender sus derechos humanos, promover proyectos sociales y productivos, así como para promover y defender sus derechos a ser diferentes (movimientos gay, lesbianas, prodefensa étnica, etc.). Las organizaciones no gubernamentales constituyen a fin de siglo un sector con cada vez mayor presencia. Muchas de ellas han vivido un acelerado proceso de politización, que a veces se expresa a través de los partidos y a veces contra el sistema político plural, con una capacidad de reacción y eficiencia que pone en evidencia los errores de la estructura gubernamental institucional y cuestiona constantemente su legitimidad y su capacidad. Las dificultades de los partidos para operar como polos omnincluyentes seguramente darán a estas organizaciones todavía más espacio que en el pasado. Sin embargo, las organizaciones no gubernamentales presentan también evidentes fragilidades, y pueden ser fáciles víctimas de la manipulación y la corrupción. Su supervivencia y autenticidad como legítimo tercer sector de manifestación y cuidado de los intereses auténticos de la sociedad serán cada vez más necesarias, pero dependerán de la voluntad de la propia sociedad y de la capacidad de los gobiernos democráticos.

e) *Aparición de una sociedad de la comunicación y mediática.* México cuenta con una red de medios de comunicación amplia y tecnológicamente moderna. Su notable expansión y creciente influencia los configuran como una de las instancias formadoras de la conciencia colectiva más importantes. En el país existen en la actualidad alrededor de 400 diarios, con tirajes reducidos pero con un impacto importante, particularmente en segmentos claves de la clase media. Sumados, representan un tiraje diario superior a 10 millones de ejemplares, uno por cada 10 habitantes. Actualmente 98% de los hogares cuenta con radio y 97% de ellos con televisión. La presencia de los medios se ha vuelto tan contundente que no sólo determina la cultura política de nuestra sociedad y modula nuestro tránsito democrático, sino que a menudo nos hace olvidar para qué existen y cómo funcionan los medios de comunicación. De ahí se derivan equívocos frecuentes, a ve ces no de manera casual, que forman parte de una enmarañada relación entre los medios, el poder y la sociedad.[10]

f) Cambios en la familia. La complejidad del entorno está colocando a la familia en un parteaguas, en tránsito hacia modelos más abiertos, diversificados y complejos de relaciones filiales, parentales y conyugales. Hoy una quinta parte de los hogares están encabezados por mujeres. A esto se agrega la recomposición de la típica familia patriarcal hacia familias recompuestas, producto de divorcios (en el año 2000 alrededor del 50% de las parejas casadas entrarán a procesos de divorcio), y una menor propensión a contraer segundas nupcias.

g) Calidad de vida y medio ambiente. Las demandas por mejores niveles de vida se asocian ahora con movilizaciones por la calidad de la existencia. Los temas ambientales adquieren cada día más importancia en la agenda ciudadana, aunque todavía no exista en México una plataforma amplia y densa que pueda recoger y dar perspectiva a estas nuevas preocupaciones.

i) Inseguridad pública. Los habitantes de las ciudades padecen y reclaman la creciente falta de seguridad. Rumbo al nuevo siglo, la inseguridad pública se ha convertido en la característica más sobresaliente de la sociedad urbana.

j) Surgimiento de la dimensión ciudadana. Junto al México corporativo propio de los años cuarenta y cincuenta y a la lógica familiar comunitaria propia del México rural más tradicional, el fin de siglo mexicano fortalece la dimensión libertario-ciudadana. La demanda de una ciudadanía completa, no reducida a negociaciones sociocorporativas, se constituye en bandera de una sociedad urbana cada vez más exigente y consciente de que a través de las opciones partidarias y de las elecciones puede sancionar y castigar a los malos gobiernos.

IX.3.3. *Sociedad rural*

En los albores del siglo xx México vivía de la tierra. Las grandes concentraciones latifundistas y la explotación a la que estaban sometidos los hombres del campo fueron una de las causas de la Revolución de 1910. El reparto de la tierra redistribuyó riqueza y poder y abrió paso a una nueva forma de vida en el campo, y por tanto a una nueva sociedad rural. El crecimiento industrial aceleró la urbanización de México, pero no abatió del todo la impronta rural del país. A fines de siglo casi una cuarta parte de la población del país vive en localidades rurales. La po-

[10] Raúl Trejo Delarbre, *Los medios en la transición mexicana*, UNAM, México, 1997, p. 100.

blación económicamente activa en el sector primario es de sólo 6 millones de personas, y de ellos alrededor de 5 millones se dedican a la producción agropecuaria. La población vinculada con la producción agropecuaria representa una cuarta parte de la población del país, pero aporta sólo 6% del PIB, lo que define y precisa la característica central del campo mexicano: la pobreza. A lo largo del siglo el ejido y la comunidad agraria se definieron como instituciones centrales de la sociedad rural, ya que son propietarios de más de la mitad de la superficie geográfica del país. Esta proporción se eleva a más del 60% si sólo se considera la propiedad rural. No obstante el significativo reparto agrario, el campo mexicano se debate en una crisis estructural con un profundo y prolongado deterioro productivo.

En 1992 se reformó el contenido del artículo 27 constitucional, enfatizando como propósito la certeza jurídica en la posesión de la propiedad. El ejido y la comunidad son concebidos como formas permanentes de la propiedad que deben fortalecerse por la voluntad de sus titulares. Los derechos a la posesión y a la libre organización y asociación fueron incluidos en la reforma para abrir el campo a las condiciones de desarrollo y productividad que exigía el nuevo entorno político y social de apertura y competencia. No obstante la seguridad en la tenencia de la tierra, la inversión privada al campo no ha fluido en los niveles que se esperaba. El avance en la constitución de empresas campesinas y sociedades mercantiles propietarias de tierra ha sido muy lento.

Las características de la sociedad rural de fin de milenio son varias y de distinta naturaleza:

a) *Concentración de la pobreza extrema en el campo.* Poco más de la mitad de los 5 millones de hogares rurales viven en pobreza extrema. 14 millones de hombres del campo (el 56% del total) son pobres, y apenas 11 millones superan la pobreza extrema.[11] En contraste, en el medio urbano menos del 15% son pobres. La pobreza se concentra en el campo.

b) *Dispersión geográfica de la población.* Hoy existen más de 175 mil localidades de menos de 2 500 habitantes; casi cinco veces más que las 40 mil registradas en 1970. La dispersión se asocia con la pobreza y con la dimensión indígena.

c) *Propiedad minifundista.* El minifundio es la unidad de producción más difundida en el campo mexicano. Tres cuartas partes de los ejidatarios tienen menos de diez hectáreas y dos terceras partes de ellos poseen menos de cinco. Ello produce migración y pobreza, en la me-

[11] Programa de Educación, Salud y Alimentación (PROGRESA), *Diario Oficial de la Federación*, 8 de agosto, 1997.

dida en que la producción no alcanza para cubrir los requerimientos nutricionales de sus propietarios.

d) *Migración interna y hacia el exterior del país.* Casi 3 millones de personas realizan anualmente periplos migratorios del sur hacia el noroeste del país; de las zonas marginadas de Guerrero, Oaxaca, Puebla y Veracruz hacia la agricultura capitalista del noroeste, vinculada con la agricultura de exportación. Los migrantes indígenas y jornaleros agrícolas viajan en muchas ocasiones acompañados de sus familias.

e) *Titulares de derechos de edad avanzada.* Cerca de la mitad de los ejidatarios superan los cincuenta años y alrededor de 20% tiene más de 65 años. Ello estimula la migración y constituye un obstáculo para procesos de cambio e innovación tecnológica y de formación de asociaciones productivas y mercantiles, lo cual puede poner en riesgo la posesión de la tierra.

f) *Deterioro de las grandes organizaciones representativas de los campesinos.* La gran mayoría de las organizaciones de la sociedad rural han vivido cambios en su relación con el gobierno. Sometidas a un proceso de apertura externa, al abandono por parte de muchas instituciones del gobierno y la reducción o desaparición de instrumentos como el crédito, la inversión y los precios de garantía, las organizaciones campesinas han tardado en definir estrategias organizativas, productivas y competitivas para enfrentar su nueva realidad.

g) *Feminización del campo.* Producto de la migración de los varones, las mujeres han adquirido mayor importancia dentro de la sociedad rural. En 1970 existían 31 459 ejidatarias; en 1999 eran ya 140 mil, un incremento de 580%.[12] De seguir la tendencia, para el año 2030 serán poco más de medio millón. Lo anterior constituye un cambio inédito en la sociedad rural mexicana.

h) *Los sin tierra.* Existe una proporción significativa de población joven sin acceso a la tierra, con posibilidades de obtenerla prácticamente canceladas. La presión por la tierra podría convertirse en rasgo fundamental de la sociedad rural. En las 175 mil localidades menores de 2 500 habitantes viven 25 millones de personas; 13 millones tienen menos de 25 años.

i) *Los mercados de tierra.* Contra los pronósticos, la reforma constitucional de 1992 no estimuló la venta de tierras. Después de la certificación de los derechos agrarios, sólo el 5% de los ejidatarios ha vendido sus tierras; un 3% fueron ventas totales. En cuatro entidades no se ha registrado venta alguna, y en otras siete entre un 10 y 16% de los eji-

---

[12] Paloma Bonfil Sánchez, "Las familias rurales ante las transformaciones socioeconómicas recientes"; *Estudios Agrarios*, Revista de la Procuraduría Agraria, número 2, enero-marzo, 1996.

datarios ha vendido parte o todas sus tierras. Los tradicionales tratos agrarios de préstamo, renta y aparcería continúan teniendo gran fuerza.

La familia y la comunidad rural también han sufrido cambios en sus principios y valores, sometidos a un proceso de fragmentación y desarraigo por efectos de la migración. Los intercambios culturales y materiales han afectado la forma tradicional de concebir la vida rural y la formación y educación de sus miembros. La migración masiva de los progenitores masculinos y de personas jóvenes, tanto hombres como mujeres, dentro y fuera del país, ha dividido los hogares y ligado la vida económica y cultural a los flujos de recursos de mercancías de los migrantes. La apertura externa y la globalización cultural han modificado los valores y las bases comunitarias de la sociedad rural mexicana.

IX.3.4. *México indígena*

La visión del México rural no estaría completa sin la dimensión indígena. En México habitan poco más de 10 millones de indígenas, la mayor población indígena, en términos absolutos, de los países de América Latina, que equivale a la población total de Honduras, Nicaragua y Costa Rica. La gran diversidad cultural de México se expresa en el uso de cuando menos 62 lenguas indígenas diferentes y un elevado número de variantes. Entre ellas existen amplios contrastes: mientras que el náhuatl es utilizado por más de un millón de personas, sólo hay 12 hablantes del ópata; 17 lenguas tienen más de 50 mil hablantes, y seis de ellas (náhuatl, maya, zapoteco, mixteco, otomí y tzeltal) son utilizadas por más de 250 mil personas, que en conjunto representan al 61% del total de hablantes de lengua indígena (HLI).

La población indígena ya no es la población aislada y aparentemente estática de los años cincuenta y sesenta. Hoy dicha población se desplaza no sólo a lo largo y ancho del país en busca de mejores oportunidades de trabajo e ingreso en las ciudades y campos agrícolas, sino también, y cada vez con mayor intensidad, hacia países como Estados Unidos y Canadá. La población indígena se concentra en el centro y sur del país: Chiapas, Oaxaca, Veracruz, Puebla, Guerrero, parte del Estado de México, Hidalgo y Tlaxcala. Continúa hacia el sureste en la península de Yucatán y hacia el norte recorre Michoacán, algunas regiones de Nayarit, Durango, Chihuahua y Sonora. De los 2 428 municipios que existen en la República Mexicana, 803 cuentan cuando menos con 30% de población indígena. En estos municipios se concentra el 78% de la población indígena nacional. El último censo registró la existencia de más de 17 mil localidades eminente y medianamente indígenas (que cuentan con 30% o más HLI). Estas localidades muestran, por su tamaño y dispersión, elevados grados de ruralidad y aislamiento, carencias de servicios públicos y escasa comunicación. El 44% de ellas están habitadas por menos de 100 personas; 17% tienen entre 100 y 449 habitantes, y 14% entre 500 y 2 500 habitantes. El 25% restante está conformado por localidades urbanas de más de 2 500 habitantes.[13]

La extrema pobreza y la alta marginalidad aún permanecen como signos estructurales de la vida de los pueblos indígenas de México. A ello habría que agregar un racismo semioculto, al que nunca le falta ocasión para volverse virulento. En prácticamente todas las zonas donde habitan los pueblos indígenas se resienten de manera grave las consecuencias de la descapitalización del campo, la falta de inversión productiva, la baja productividad, los altos niveles de erosión del suelo y las escasas posibilidades de agregar valor a sus productos. Las condiciones de desigualdad también se reflejan en la escolaridad. En 1990, en las localidades con 30% o más población indígena, el 26% de la población de 6 a 14 años no acudía a la escuela. Entre la población mayor de 15 años sólo el 59% sabía leer y escribir. El sector más afectado era el de las mujeres, ya que el 46% de ellas carecía de escolaridad, y del total de analfabetos indígenas, 70.5% eran mujeres.

La sociedad indígena emergió con fuerza en el escenario nacional en 1994, tras los acontecimientos violentos provocados por la irrupción del Ejército Zapatista de Liberación Nacional (EZLN). Las cuestiones que derivan en el bajo nivel de vida indígena únicamente podrán ser enfrentadas mediante el concurso de diversas instituciones del gobierno, con la participación de las propias comunidades indígenas y un enfoque pluricultural. Entre los retos de la sociedad mexicana del próximo siglo estará demostrar que la convivencia entre modernidad y tradición es posible, siempre y cuando existan la voluntad y los soportes de interlocución necesarios entre el mundo de la globalización y el mundo de lo local.

IX.4. POBREZA Y DESIGUALDADES

Las oleadas de progreso material que ha conocido México a lo largo de su historia permitieron imaginar de manera automática avances importantes en el bienestar y la equidad y hasta soslayar el tema, dejándolo para después de los sucesivos "despegues" económicos. Pero el basamento de injusticia social se mantiene inconmovible y, lo que es peor, se reproduce ampliamente en los momentos en que las mutaciones eco-

---

[13] INI, *Indicadores socioeconómicos de los pueblos indígenas de México*, México, 1993.

nómicas y políticas son más visibles y abarcan más. El país que cambia se ve obligado a redescubrir realidades históricas que se niegan a mutar, por lo menos en el sentido que todos considerarían deseable.

Hoy como ayer las desigualdades de México se condensan y emergen de la economía, pero no se reducen a ella. La desigualdad abarca y se reproduce en las vertientes regionales, culturales y étnicas, y se mantiene en la vida y las prácticas políticas. La magnitud de la pobreza y la desigualdad han crecido y la concentración del ingreso y la riqueza se han agudizado sin que nunca hayan dejado de ser la marca distintiva de la estructura social del país. No en balde el barón de Humboldt llamó a México "el país de la desigualdad". La pobreza se renueva y da lugar a nuevas "categorías" de pobres. Surgen nuevos mecanismos de inequidad que inciden de modo distinto sobre los diferentes grupos afectados. Tanto la pobreza como la desigualdad se dan en un contexto social, cultural, económico e institucional diferente al de sólo unas décadas atrás.[14]

IX.4.1. *La pobreza*

El nuevo contexto nacional ha generado movilidad, inseguridad y transformaciones de los factores que inciden en la pobreza; han aparecido elementos étnicos, raciales, culturales, de género, ideológicos, religiosos y políticos que la generan y refuerzan, "antes y más allá" de los mecanismos de mercado con los que ambos fenómenos se han asociado clásicamente. La pobreza se ha vuelto, como el conjunto de la sociedad, cada vez más compleja, lo que dificulta encontrar soluciones que permitan reducir sus niveles de modo significativo. Hubo una relativa mejoría en los sesenta y setenta y francos retrocesos en las últimas dos décadas. En la actualidad se acepta que uno de cada dos mexicanos vive en condiciones de pobreza. Una persona pobre no es solamente un ciudadano carente de dinero, es mucho más que eso: es un ciudadano afectado en sus condiciones materiales, sociales, políticas y hasta psicológicas.[15] La pobreza de masas persistirá en los años que vienen.

Las estimaciones de pobreza varían de acuerdo con las metodologías aplicadas para medirla. Ello dificulta la deliberación pública y, por ende, el diseño e instrumentación de políticas sociales con amplio respaldo político y ciudadano. Según las estimaciones oficiales más recientes, la pobreza afecta a 40 millones de mexicanos, 27 de los cuales sobrevi-

[14] Teresa Incháustegui R., "Pobreza y exclusión social. ¿Taparlas o superarlas?", en La Política Social, Revista *Examen*, diciembre, 1998.
[15] Mónica Gendrau, *Los rostros de la pobreza*, tomo I, Universidad Ibero Americana, ITESO, 1998, p. 12.

ven en condiciones de pobreza extrema. De acuerdo con otras fuentes,[16] el número de pobres pasó de 61.7 millones en 1994 a 72.2 millones en 1996, lo que representa 3.3 veces el crecimiento poblacional. No obstante sus diferencias, las distintas estadísticas y metodologías sobre la pobreza y la desigualdad en México coinciden en un rasgo: su extensión y profundización. Julio Boltvinik señala que entre 1994 y 1996 la población en hogares con un ingreso per cápita menor que la línea de pobreza aumentó 10.6 millones de personas. Según él, los pobres extremos (cuyo ingreso familiar per cápita es inferior al 66% de la línea de pobreza) eran en 1994 unos 36.2 millones, y en sólo dos años aumentaron a 50.9 millones. Los pobres moderados disminuyeron en el mismo lapso en 4.2 millones. La mayor parte del aumento de la pobreza extrema tuvo lugar en lo que Boltvinik llama indigentes ("que viven en la miseria indigna de un ser humano"), cuyo ingreso per cápita es menor al 50% de la línea de pobreza. En 1994 la estructura de la sociedad mexicana entre no pobres, pobres moderados y pobres extremos mostraba cierto equilibrio numérico. En 1996 la pobreza extrema se incrementó de forma alarmante, reduciéndose los no pobres y los pobres moderados.

CUADRO IX.2. *Evolución absoluta y relativa de la pobreza en México: 1994-1996*

Población (millones)	1994	1996	Increm. %
Total	89.4	92.6	3.2
Pobres	61.7	72.2	10.6
%	69.0	78.0	11.8
Pobres Moderados	25.5	21.3	–4.2
%	28.5	23.0	–4.1
Pobres Extremos	36.2	50.9	14.7
%	40.5	55.0	16.5
Indigentes	29.8	40.1	10.3
%	33.3	43.3	11.6
No pobres	27.7	20.4	–7.3
%	31.0	22.0	–8.2

FUENTE: Julio Boltvinik, "¡15 millones más de pobres extremos!", *La Jornada*, octubre 16, 1998, p. 10.

¿Qué hacen y quiénes son los grupos sociales que se encuentran dentro de cada uno de esos estratos? En la pobreza extrema y la indigencia

[16] Julio Boltvinik, "¡15 millones más de pobres extremos!", en *La Jornada*, 16 de octubre, 1998, p. 10.

predominan los hogares diseminados en el campo y en los pequeños poblados del país. Son hogares con 5 o 6 miembros, que subsisten con muy pequeñas cantidades de dinero para enfrentar los gastos cotidianos; su vínculo con la economía mercantil es relativamente escaso, y su sustento se vincula fundamentalmente con sus capacidades de producción doméstica de autosubsistencia. También se encuentran en este estrato las personas dedicadas a los servicios informales menores en las grandes ciudades, el personal doméstico y quienes se dedican a actividades comerciales de poca monta. En el campo se ubican en este grupo los jornaleros agrícolas que recorren el país durante 4 o 5 meses durante las épocas de cosecha.[17] Los hogares pobres moderados se ubican en localidades de más de 2 500 habitantes, y en promedio están constituidos por 5 personas. Cuentan con un ingreso familiar que apenas supera los 2.5 salarios mínimos, pero sin el complemento de la producción de autoconsumo, lo que los lleva a adquirir en el mercado, o a través de los servicios que presta el Estado, prácticamente todos los bienes necesarios para garantizar su reproducción biológica y social (alimentación, vivienda, vestuario, salud, educación). Encuentran empleo como asalariados no agropecuarios, trabajadores industriales, en los peldaños más bajos de la administración pública, como empleados domésticos, como operadores de equipo de transporte, en las fuerzas armadas y en la venta de bienes y servicios en calidad de ambulantes. Viven en pequeños pueblos o bien en las zonas marginadas de las principales ciudades. En el estrato de los no pobres están los habitantes de las zonas urbanas con ingresos de 5 salarios mínimos hacia arriba, el tamaño de sus hogares es de entre 3 y 4 personas, por debajo del promedio nacional. Forman parte de este estrato los oficinistas, mandos medios, comerciantes establecidos, profesionistas y técnicos que trabajan por cuenta propia o asalariados, trabajadores de la educación, artistas y trabajadores bien remunerados que operan equipo de transporte y laboran en trabajos industriales especializados. También se ubican en esta estructura los miembros directivos de las fuerzas armadas. Pobres extremos, moderados y no pobres ofrecen una estratificación que evidencia la creciente y dramática desigualdad de una sociedad ampliamente polarizada.

Existen datos que muestran que la pobreza se venía reduciendo hasta principios de los años ochenta, se incrementó durante la crisis de la deuda externa, disminuyó ligeramente entre 1989 y 1994, para nuevamente crecer sustancialmente entre 1994 y 1996.

---

[17] Fernando Cortés, "El desarrollo reciente y la evolución de la desigualdad en la distribución del ingreso de los hogares en México"; investigación en proceso, CES, COLMEX; México.

CUADRO IX.3. *Evolución de la pobreza en México*
como porcentaje de la población total

	1960	1970	1977	1981	1987
Pobreza total	76.4	61.5	54.2	45.0	50.9
Pobreza	56.7	39.2	29.7	19.2	21.3
Pobreza extrema	19.7	22.3	24.5	25.8	29.6

FUENTE: Elaboración a partir de "El combate a la pobreza", Consejo Consultivo del Programa Nacional de Solidaridad, *El Nacional*, 1990, p. 20. Se utilizó la metodología de la CEPAL, con base en un estudio realizado por Enrique Hernández Laos, *Proyecto para el tratamiento integral de la pobreza en México*, abril de 1987 y marzo de 1989.

Tomando como base un estudio de Nora Lustig sobre la pobreza en México,[18] se puede ilustrar la tendencia de mejoría en las condiciones de pobreza en el periodo 1989-1994, misma que se revierte de manera aguda entre 1994-1996 como resultado de la última crisis económica. En esos dos últimos años la población pobre, como proporción de la población total, aumentó en poco más de diez puntos porcentuales. Los datos de pobreza elaborados por Nora Lustig son considerablemente menores a los reseñados anteriormente. Para su elaboración utilizó la línea de pobreza del INEGI.

CUADRO IX.4. *Incidencia de la pobreza total en México, 1984-1996*
(porcentaje de la población total)

1984	1989	1992	1994	1996 */
28.5	32.6	31.3	31.8	42.5

*/ Considera una población total de 94 millones de personas, de las cuales, de acuerdo con datos de la SEDESOL, 40 millones estarían en condiciones de pobreza.
FUENTE: Nora Lustig, *La superación de la pobreza: diálogos nacionales*, estudio realizado para el BID en febrero de 1999, utilizando la línea de pobreza del INEGI.

CUADRO IX.5. *Pobreza: porcentaje de la población total*

1989	1994	1996
39%	36%	43%

FUENTE: CEPAL, sobre la base de tabulaciones especiales de las encuestas de hogares de esos años; *Panorama social de América Latina;* 1998, CEPAL, Santiago de Chile, 1999.

[18] Nora Lustig, *La superación de la pobreza: diálogos nacionales*, estudio realizado para el BID, febrero de 1999, mimeo, México.

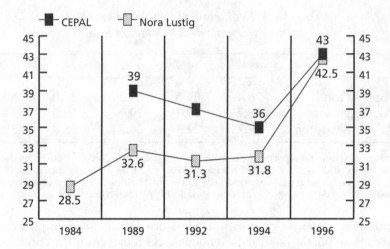

FIGURA IX.1. *Incidencia de la pobreza en México*
(porcentaje de la población total)

FUENTE: Nora Lustig y CEPAL, a partir de los cuadros anteriores.

En los años noventa 6 de cada 10 mexicanos enfrentan condiciones de pobreza, pero en el medio urbano la relación es de 1.1 por cada 10 habitantes. Según el tipo de actividad del jefe de la familia, alrededor del 70% de los hogares pobres se ubicaba en el sector primario, característico de la población eminentemente rural y en su gran mayoría indígena. Por regiones geográficas, se considera pobre el 60% de la población que vive en el sureste del país y sólo menos del 10% de la del Distrito Federal.

No obstante los datos sobre pobreza mencionados, se deben destacar las tendencias positivas de los indicadores básicos de esperanza de vida al nacer, mortalidad infantil, educación y vivienda, entre otros.

IX.4.2. *Las condiciones de desigualdad*

Las políticas para la superación de la pobreza y la búsqueda de la equidad no pueden ser independientes. El avance en la lucha contra la pobreza está ligado sobre todo con cambios en la distribución del ingreso. Entre 1933 y 1984 el país modificó su sociedad y expandió su economía. Aunque persistieron las desigualdades, se redujo la pobreza. La creación de una institucionalidad social y las políticas de crecimiento propiciaron el aumento de una clase media y tendencias positivas en los indicadores básicos de bienestar social. En cambio, en las últimas tres décadas las estadísticas confirman una tendencia convergente entre desigualdad y pobreza. El índice de Gini, que mide el grado de concentración del ingreso en el país, es ampliamente elocuente. En 1984 y 1996 se redujo la desigualdad social, a pesar de que ambos estuvieron precedidos por las mayores crisis de los últimos 50 años (crisis de la deuda y crisis de tesobonos). En ambos casos parece tratarse de un "mejoramiento de la igualdad por empobrecimiento" (de acuerdo a la terminología utilizada por Fernando Cortés).

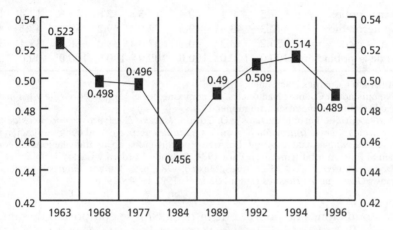

FIGURA IX.2. *México: evolución del índice de Gini*

FUENTE: Fernando Cortés, *El desarrollo reciente y la evolución de la desigualdad en la distribución del ingreso de los hogares de México*, mimeo, CES, COLMEX, 1999. A partir de: *Encuestas de Ingresos y Gastos Familiares 1963*, Banco de México; *Encuesta sobre Ingresos y Gastos de las Familias 1968*, Banco de México; *Encuesta sobre Ingresos y Gastos de los Hogares 1977*, SPP; *Encuesta Nacional de Ingresos y Gastos de los Hogares* (ENIGH) de 1984, 1989, 1992, 1994 y 1996.

Entre 1963 y 1984 el 40% de la población más pobre del país mantuvo una baja participación (alrededor del 13%) en el ingreso nacional, alcanzando su máximo en 1984, con el 14.3 %. La importante movilidad social vivida en esos años se refleja en la mayor participación de los sectores medios (deciles V, VI, VII, VIII y IX), que vieron incrementar su participación de 42.3% en 1963 a 52.9% en 1984. Este incremento de 10 puntos explica en buena medida la expansión de los sectores medios en la vida nacional y también la menor participación del último decil, el cual redujo su porcentaje (50.2% a 32.8%) en el periodo, en beneficio de los grupos bajos y medios. En la etapa subsecuente, 1984-1996, las familias de bajos ingresos mejoraron muy poco su ingreso relativo (de

12.8% a 13.2%); el cambio más significativo fue el deterioro constante
y progresivo de los sectores medios que en los últimos tres lustros perdieron lo que habían ganado en los 15 años anteriores, dándose una recon-
centración del ingreso sumamente elevada en el decil más rico del país.

CUADRO IX.6. *México: distribución del ingreso de los hogares.*
Participación en el ingreso de los hogares (%)

Concepto	1963 [1]	1968 [1]	1977 [1]	1984 [2]	1989 [2]	1992 [2]	1994 [2]	1996 [2]
40% más pobre	7.5	8.1	10.4	14.3	12.8	13.8	12.4	13.2
50% intermedio	42.3	43.6	49.5	52.9	49.2	47.7	48.5	48.9
10% más rico	50.2	48.3	40.1	32.8	38.0	38.5	39.1	37.9
Total de la población	100.0	100.0	100.0	100.0	100.0	100.0	100.0	100.0

[1] Ajustado a Cuentas Nacionales.
[2] No ajustado a Cuentas Nacionales. Se compone por el ingreso corriente y las percepciones de capital, monetarias y no monetarias.
FUENTE: Enrique Fernández Laos y O. Toledo, *México. Escenarios económicos de largo
plazo y efectos sobre la utilización de recursos naturales,* Reporte final de investigación para
el programa PNUD-SEMARNAP, 1999. Los datos no ajustados a Cuentas Nacionales corresponden al ingreso total trimestral. Para 1984, Rolando Cordera y Carlos Tello, en *La desigualdad en México,* Siglo XXI Editores, México, 1984, p. 268. INEGI, *Encuesta Nacional de
Ingresos y Gastos de los Hogares* (ENIGH) de 1989, 1992 1994 y 1996.

Las condiciones de pobreza de la población se comportan de manera
similar a la evolución de la distribución del ingreso. Entre 1963 a 1984
el porcentaje de la población en condiciones de pobreza extrema se redujo, al tiempo que el porcentaje de la población no pobre aumentó.
Entre 1984 y 1996 la pobreza extrema y la participación de la población
no pobre aumentaron.

CUADRO IX.7. *Condiciones de pobreza en México*
(Porcentaje de la población total) [3]

Concepto	1963	1968	1977	1984	1989	1996
Pobreza extrema	63.3	53.7	30.2	23.8	21.7	24.5
Pobreza no extrema	14.8	17.7	29.0	36.1	38.5	28.3
Población no pobre	21.9	28.5	40.8	40.1	39.8	47.2
Total de la población	100.0	100.0	100.0	100.0	100.0	100.0

[3] Los datos de pobreza son calculados con base en líneas de pobreza aplicadas al consumo privado nacional.
FUENTE: Cuadro anterior.

La ENIGH 1996 muestra también que de cada 100 pesos de gasto, 36 se destinaban a alimentos, 16 a transporte, 14 a educación y a esparcimiento, 7 a limpieza y enseres domésticos, 6 a vestido, 9 a vivienda, 4 a salud y 8 a otros gastos. En la zona urbana del país el 34.5% del gasto se dedicaba a alimentación y el 14.9% a educación y esparcimiento. En contraste, en la zona rural el porcentaje dedicado a alimentación aumentó a 44.2% y el asignado a educación y esparcimiento disminuyó a 7.1%. Entre 1994 y 1996 la participación del gasto en alimentos incrementó y la de educación diminuyó. En el mismo periodo el gasto en alimentos que proporcionan proteína vegetal, calorías, carbohidratos y grasas aumentó y, en contraste, el correspondiente a los que contienen proteína animal, minerales y vitaminas disminuyó. Todo ello muestra un incremento de la pobreza en este último tramo de la década (INEGI, ENIGH 1996).

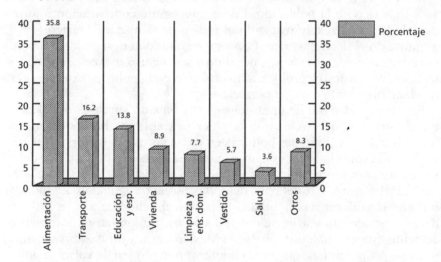

FIGURA IX.3. *México: distribución del gasto por grandes rubros en 1996*

Entre las razones que explican el grado de desigualdad en México está la varianza en la educación, aun entre las nuevas generaciones.[19] La varianza es un indicador estadístico que mide el grado de dispersión que existe con respecto al promedio (siete años de educación). Entre los jóvenes de 18 años de edad la varianza educativa es en México de 14 años, en tanto que en Estados Unidos ésta es de sólo 2 años. Esta gran varianza refleja extremos poblacionales jóvenes que no estudian o están poco

[19] Miguel Székely, *La desigualdad en México: una prospectiva internacional;* Banco Internacional de Desarrollo, mimeo, diciembre, 1998.

capacitados para incorporarse al mercado de trabajo, lo que encadena un proceso de desigualdades, bajos salarios y escasos ingresos.

Los datos sobre la educación promedio de la mujer, asociados con mejores oportunidades salariales para la familia, mayor participación laboral y menor informalidad, así como menos hijos, permiten cerrar la explicación sobre el círculo de transmisión de desigualdad.[20] En México, el mayor nivel de instrucción femenina y su creciente incorporación económica han contribuido a que la tasa de fecundidad se redujese a 2.5 hijos por mujer. Sin embargo, en los estados donde se concentra la pobreza (Chiapas, Guerrero, Hidalgo, Oaxaca, Puebla y la península de Yucatán) la fecundidad continúa como hace cincuenta años (3.5 hijos por mujer). El diferencial entre regiones del país fortalece la transmisión de la desigualdad, incluso intergeneracional.

México tiene una desproporcionada concentración del ingreso en el 10% más rico de la población. En su interesante comparación internacional, Miguel Székely recalculó el índice de Gini para México (1994) amputando el decil más rico. Con este resultado la desigualdad del país se reduce considerablemente, llegando a ser incluso menor que la de Estado Unidos. Nuestro problema no está sólo en la pobreza extrema, sino fundamentalmente en la riqueza excesiva.

En México el signo de fines del siglo xx ha sido sin duda el del cambio. La idea de que todo cambia y debe cambiar se ha apoderado de mentalidades y voluntades políticas en todas las clases y grupos que dan cuerpo a la sociedad. Sin embargo, cada vez parece más claro que debajo de este afán renovador se ha mantenido el "piso duro" de las relaciones sociales históricas del país, definidas por la desigualdad. Es indudable que las diferencias anotadas importan mucho cuando se trata de decidir estrategias y asignación de recursos. Sin embargo, también es evidente que en cualquier hipótesis México encara un desafío social de grandes proporciones, que en cualquier momento puede volverse político. Si los objetivos de reducir las desigualdades extremas y lograr una mayor equidad no se inscriben con claridad en el funcionamiento de las instituciones, las distorsiones ya existentes en la estructura de la distribución de la riqueza, el ingreso, el poder, los prestigios, las oportunidades y las decisiones no harán sino ampliar la brecha entre pobres y ricos, entre capacitados y faltos de habilidades, entre hombres y mujeres, entre indígenas y no indígenas. La corrección estructural atribuible al crecimiento económico dista mucho de estar asegurada o a la vista, por lo que el panorama futuro de un país sumido en la pobreza ha dejado de ser extremo.

[20] Miguel Székeli, *La desigualdad...*, *op. cit.*

CUADRO IX.8. *México: numeralia social*

Numeralia Social*
• Tasa de analfabetismo en México: 10.6
• Porcentaje de la población económicamente activa que trabaja "por su cuenta": 26
• Porcentaje de hogares que son sostenidos por mujeres: 18
• Localidades con más de cien mil habitantes: 108
• Porcentaje de la población mexicana que ha visitado un museo: 45
• Porcentaje de la población mexicana que ha visitado una galería de arte: 20
• Porcentaje de las mexicanas que trabajan y además realizan tareas domésticas: 93
• Porcentaje de mexicanos que viven con un dólar al día: 15
• Porcentaje de la población mexicana que vive en tan sólo tres estados del país: 30.5
• Porcentaje de jóvenes entre 15 y 24 años que viven en hogares dirigidos por uno de sus padres: 69.7
• Porcentaje de mexicanos que dicen estar muy orgullosos de su país: 74
• Millones de mexicanos que sufren desnutrición severa: 7.2
• Porcentaje de niños mexicanos que presentan falta de peso: 19
• Porcentaje de la fuerza laboral mexicana que trabaja menos de once horas a la semana: 11.1
• Porcentaje de los programas de computación utilizados en México que son piratas: 62
• Mexicanos, de cada cien mil, que tienen tendencia al suicidio: 5
• Sitio que ocupa México en América Latina como el país más endeudado: 2
• Porcentaje de las viviendas del DF; según datos de 1990, que tienen un solo cuarto: 19.1
• Mexicanos, de cada cien, que no saben operar una computadora: 95

---

* Elaboración a partir de "Numeralia", en *Nexos*, varios números.

IX.5. PROYECCIONES Y ESCENARIOS 2000-2030

La sociedad mexicana requiere construir una visión de su futuro bienestar social. El ejercicio debe formar parte de las responsabilidades tanto del gobierno como de la sociedad. La construcción de plataformas de opciones en materia social requiere ir más allá de la perspectiva sexenal. Requiere una visión de largo plazo; esto es, de la instrumentación de políticas de Estado. En las sociedades modernas los principios organizadores y articuladores de las políticas públicas son definidos, aceptados y consensuados entre los diversos actores políticos, y tienen continuidad más allá de la alternancia de las fuerzas políticas.

Las proyecciones o estimaciones sobre el futuro nos introducen al mundo de la incertidumbre, en particular cuando se aborda un lapso amplio. Sin embargo, no intentar el ejercicio es sumirnos en el corto plazo y la coyuntura y abandonar lo importante por lo urgente, quedando a merced de las sorpresas; es renunciar a construir nuestro futuro de manera activa. En épocas de cambios explosivos (cuando las vidas personales se ven transformadas, el orden social existente cambia y una nueva y fantástica forma de vida comienza a asomar por el horizonte) formular las más amplias preguntas acerca de nuestro futuro no es una simple cuestión de curiosidad. Es una cuestión de supervivencia.[21]

IX.5.1. *Escenarios de pobreza extrema: 40 o 60 años*

En febrero de 1999 se llevó a cabo, bajo los auspicios del Banco Interamericano de Desarrollo (BID), la reunión "La superación de la pobreza: diálogos nacionales". En ese foro Nora Lustig, jefa de la unidad asesora sobre pobreza y desigualdad, presentó algunas proyecciones en materia de pobreza extrema. Según sus cálculos, considerando que en 1994 el 15.6% de la población vivía en pobreza extrema, los tiempos y los requerimientos materiales para reducir ésta serían: *a)* 40 años si el PIB per cápita creciera 3% anual o *b)* 60 años si el PIB per cápita creciera 2% anual. Para reducir la pobreza extrema a la mitad (a 7.8%) en el año 2015 sería necesaria una tasa de crecimiento anual del PIB per cápita de 2.5%. En estos tres escenarios no se consideran cambios en la distribución del ingreso. No obstante, se sugiere que si hoy se quisiera erradicar la pobreza extrema habría que aplicar una redistribución del decil décimo al conjunto más pobre de la población de aproximadamente el 0.5% PIB. En los escenarios *a)* y *b)* México requeriría 40 y 60 años, respectivamente, para eliminar la pobreza extrema. Para abatir los tiempos será necesario un esfuerzo adicional en los contenidos y la calidad del crecimiento y aun en la esfera distributiva.

IX.5.2. *Escenarios de pobreza total: 10, 20, 30 años*

El mayor reto del próximo siglo será derrotar a la pobreza. Existe consenso en que aun mejorando los niveles de ingreso y manteniendo el

[21] Alvin Toffler, *La tercera ola*, Tribuna de Plaza & Janés Sociología, sexta edición, 1991.

crecimiento en el largo plazo, gran parte de la población seguirá viviendo una situación de marginación, carencias, desigualdades y falta de oportunidades. No obstante, la pregunta que surge es ¿cuánto requerimos crecer y cómo debemos distribuir la riqueza para superar la pobreza? Para responder se añaden tres escenarios elaborados por Enrique Hernández Laos, quien empieza por señalar que en los últimos 60 años México atravesó por una transformación demográfica que tomó cerca de 200 años a los países desarrollados. Este proceso se caracterizó por un incremento en el crecimiento de la población y su posterior desaceleración, tendencia que continuará a lo largo de las próximas décadas. A pesar de dicha desaceleración, de las modificaciones en la estructura por edades y del comportamiento esperado en las tasas de participación en el trabajo, la economía mexicana deberá experimentar un crecimiento sostenido por lo menos hasta el final de la primera década del próximo siglo para poder generar el número de plazas laborales que serán demandadas por los nuevos entrantes al mercado de trabajo, buena parte de los cuales ya nacieron. En materia de crecimiento económico, el país interrumpió en la década de los ochenta el acelerado crecimiento de las décadas previas. A partir de entonces el crecimiento se reorientó hacia el exterior, sin traducirse ello todavía en bienestar para la población. La fractura en el crecimiento se originó en un estancamiento en la formación de capital (alrededor de 15% del PIB en su peor momento) y en una heterogeneidad de la productividad laboral (y un deterioro global de la misma), que se han traducido en una incapacidad para generar empleos remunerados, por lo que se ha incrementado el subempleo y el empleo informal (tanto rural como urbano), se han reducido las remuneraciones salariales y se han registrado tendencias regresivas en la distribución del ingreso, acrecentándose la pobreza extrema del país.

CUADRO IX.9. *Estimaciones de pobreza de Enrique Hernández Laos*

| | 1996 | |
Población en:	Millones	%
Pobreza extrema	22.6	24.5
Pobreza no extrema	26.2	28.3
Población no pobre	43.7	47.2
Población total (%)		100.0
Población total (millones)	92.5	

El estudio de Hernández Laos señala que en los próximos años es probable que la economía mexicana vuelva a crecer. No obstante, se requerirá "que tanto los factores de demanda como los de oferta desempeñen un

papel destacado en esta nueva estrategia. Por el lado de la demanda deberá revertirse el estancamiento del mercado interno a través de aumentos en las remuneraciones reales, y esos aumentos deberán acompañarse
con incrementos en la productividad, como complemento indispensable
para el aprovechamiento del mercado externo en condiciones competitivas. Por el lado de la oferta, la falta de ahorro interno deberá dejar de ser
crítica y el ahorro externo complementará al interno para retomar la
senda del crecimiento. El desarrollo de la educación y de las habilidades
de la fuerza de trabajo jugará un papel determinante en el reinicio del
crecimiento de la productividad".[22]

Los tres escenarios que construye Hernández Laos (producto de un
modelo de prospectiva económica) coinciden en que la posibilidad de
revertir las tendencias recientes en los índices de pobreza y pobreza extrema, por medio de la creación de empleos remunerados con crecientes promedios de productividad, dependerá de la rapidez con que México reasuma el crecimiento económico. Dichos escenarios son:

Escenario 1: Parte del supuesto de que la economía mexicana crecerá
en promedio al 3% anual en el largo plazo, se mantendrá la tendencia
de reducción en la tasa de natalidad y los salarios mínimos reales se incrementarán. En otras palabras, el PIB per cápita crecería al 1.6% anual
en promedio. Supone que el ámbito internacional no sufre alteraciones
y el mercado externo mantiene una demanda elástica respecto a nuestras exportaciones, y que las reformas económicas estructurales instrumentadas en la última década comienzan a dar fruto en el contexto de
una economía más abierta y más expuesta a la competencia externa.
Supone también que el país reinicia el crecimiento del mercado interno
a través de una reactivación modesta de los salarios reales.

Escenario 2: Supone condiciones óptimas. Se inicia con una etapa extraordinariamente favorable en que el PIB crece al 4.3% anual en promedio y el PIB per cápita al 2.9%. Supone que tanto la demanda doméstica
como la externa se aceleran, bajo condiciones exógenas mucho más favorables que las registradas en las últimas décadas. Se trata de un escenario optimista, que muestra los efectos de una economía más dinámica sobre la creación de empleo, el abatimiento de la pobreza y el uso de
los recursos naturales.

Escenario 3: Supone condiciones poco favorables en el ámbito nacional e internacional, con una desaceleración económica y un crecimiento
anual medio de 1.8%, donde se agudizan los desequilibrios económicos
y sociales y el PIB per cápita se estanca, creciendo al 0.5% anual. Supone
que las desfavorables condiciones internas y externas de la última déca-

---

[22] Enrique Hernández Laos, *op. cit.*

da se acentuarán, con un rezago de los salarios reales por el mantenimiento de altas tasas reales de interés, una desaceleración de largo plazo de la economía estadounidense y el mantenimiento sostenido un margen sobrevaluatorio del tipo de cambio, que impondrían un freno al crecimiento de las exportaciones.

CUADRO IX.10. *México. Proyecciones de la población en condiciones de pobreza y pobreza extrema en el año 2010*

| | 1996 | | Escenario 1 | | Escenario2 | | Escenario 3 | |
Población en:	Millones	%	Millones	%	Millones	%	Millones	%
Pobreza extrema	22.7	24.5	17.6	15.8	15.9	14.2	19.5	17.5
Pobreza no extrema	26.2	28.3	21.9	19.6	20.2	18.1	23.8	21.3
Población no pobre	43.7	47.2	72.1	64.6	75.6	67.7	68.3	61.2
Población total (%)		100.0		100.0		100.0		100.0
Polación total (millones)	92.5		111.68		111.68		111.68	

Nota: Utiliza las líneas de pobreza y pobreza extrema planteados por Hernández Laos, 1992, valuadas a precios de 1996.
FUENTE: Enrique Hernández Laos. Cálculos propios con base en los resultados del modelo de prospectiva.

CUADRO IX.11. *México. Proyección del crecimiento de la productividad total de los factores al Año 2010. Tasa anual media de crecimiento (%)*

| | | 1996-2010 | | |
Variable	1981-1995	Escenario 1	Escenario 2	Escenario 3
PIB	1.3	2.9	4.3	1.8
Empleo remunerado	1.6	1.4	2.1	0.8
PEA	3.7	2.3	2.3	2.3
Acervo de capital	3.1	5.8	6.1	5.5
PTF*	−0.9	−0.3	0.6	−0.9
PTF**	−2.2	−0.08	0.4	−1.8

* Productividad total de los factores. Considera como insumo de mano de obra *a + A301* crecimiento del empleo remunerado.
** Productividad total de los factores. Considerando como insumos de mano de obra al crecimiento de la población económicamente activa (empleo formal e informal).
FUENTE: 1981-1995: Calculado con base en información de D. Busworth (1998). 1996-2010 Cálculos propios con base en el modelo de prospectiva de México.

En cualquiera de estos tres escenarios la pobreza seguirá presente por varias razones. Entre ellas: *1)* la economía no será capaz de absorber a la población que entrará al mercado de trabajo; *2)* el crecimiento del PIB per cápita será insuficiente para mejorar la distribución del ingreso; *3)* los salarios reales sólo podrían recuperarse si se controla la inflación en un dígito y aumenta la productividad del factor trabajo.

A continuación prolongamos los tres escenarios anotados arriba hasta el año 2030:

Escenario 1[23]

Como la pobreza es sensible al comportamiento de la economía y en este escenario se supone un crecimiento anual medio de casi 3%, en la primera década del nuevo milenio la pobreza extrema tendría una reducción de casi 9 puntos porcentuales. Si consideramos que se mantiene la misma tendencia en los dos siguientes decenios, se tendría una disminución similar, es decir, en el año 2030 la pobreza habría descendido 27 puntos porcentuales. En términos absolutos, partiendo de que en 1996 había 22.6 millones de pobres extremos, en el 2010 habría 17.6 millones, en el 2020 8.7 millones y en el 2030 habrían desaparecido. En el caso de la pobreza no extrema, pasaríamos de 26.2 millones de personas en 1996, a 21.9 en el 2010, y a 2.9 millones en el 2030.

CUADRO IX.12. *Escenario 1*

Población en:	2010 Millones	%	2020 Millones	%	2030 Millones	%
Pobreza extrema	17.6	15.8	8.7	7.1	0.0	0.0
Pobreza no extrema	21.9	19.6	13.3	10.9	2.9	2.2
Población no pobre	72.1	64.6	100.0	82.0	127.1	97.8
Población total (%)		100.0		100.0		100.0
Población total (millones)	111.68		122.00		130.00	

Escenario 2

Siguiendo una lógica similar, en este escenario la pobreza extrema y no extrema se reducirían en 10 puntos porcentuales, es decir, sólo un pun-

[23] Se tomó como base la pobreza estimada por Hernández Laos en 1992 (llevada a precios de 1996), donde la pobreza extrema es de 24.5% y la no-extrema de 28.3% de la población total de ese año.

to más que en el escenario uno. En el año 2010 los pobres extremos disminuirían a 15.9 millones y los no extremos a 20.2 millones; en el año 2020 llegarían a 4.8 millones y 9.6 millones, respectivamente, y en el 2030 se eliminarían tanto la pobreza extrema como la no extrema.

CUADRO IX.13. *Escenario 2*

Población en:	2010 Millones	%	2020 Millones	%	2030 Millones	%
Pobreza extrema	15.9	14.2	4.8	3.9	0.0	0.0
Pobreza no extrema	20.2	18.1	9.6	7.9	0.0	0.0
Población no pobre	75.6	67.7	107.6	88.2	130.0	100.0
Población total (%)		100.0		100.0		100.0
Población total (millones)	111.68		122.00		130.00	

Escenario 3

En este escenario la pobreza tendría una reducción menor, de 7 puntos porcentuales. De esta manera, en el 2010 habría 19.5 millones de pobres extremos y 23.8 millones en pobreza no extrema; en el año 2020 serían 12.8 millones pobres extremos y 17.4 no extremos; y en el 2030 los pobres extremos llegarían a 4.6 millones y los no extremos a 9.5 millones.

CUADRO IX.14. *Escenario 3*

Población	2010 Millones	%	2020 Millones	%	2030 Millones	%
Pobreza extrema	19.5	17.5	12.8	10.5	4.6	3.5
Pobreza no extrema	23.8	21.3	17.4	14.3	9.5	7.3
Población no pobre	68.3	61.2	91.7	75.2	116.0	89.2
Población total (%)		100.0		100.0		100.0
Población total (millones)	111.68		122.00		130.00	

Tanto en las estimaciones de Nora Lustig como en las de Enrique Hernández Laos sobresale una coincidencia importante: el crecimiento es una condición básica para abatir la pobreza pero, en ausencia de cambios sustantivos en la calidad del crecimiento y en las prácticas redistributivas, los tiempos para superar la pobreza son extremadamente largos.

IX.5.3. *Los satisfactores básicos*

Las proyecciones revisadas no dan cuenta de los déficits específicos en materia de salud, educación o vivienda. Existen evidentes carencias en materia de satisfactores sociales. La cascada de demandas a las que tendrán que responder los gobiernos futuros y la sociedad organizada requerirán la aplicación de políticas públicas puntuales. Dichas demandas serán inevitables: "vendrán en el futuro, pero ya se encuentran entre nosotros".

Extrapolando la situación demográfica de México en 1998 con la tasa natural de crecimiento de la población, se obtienen los siguientes escenarios de carencias sociales, salud, educación y vivienda:[24]

CUADRO IX.15. *Demandas sociales 2000-2030*

| | | | Educación | |
| | *Demografía* | *PEA* | *primaria* | *secundaria* |
Años	*Millones de Personas*	*(mill. de personas)*	*(mill. de niños)*	*(mill. de niños)*
2030	130	65.1	10.0	5.2
2020	122	59.5	10.8	5.3
2010	112	51.4	12.2	6.4
2000	100	41.8	13.1	6.5

| *Años* | *Salud* | *Vivienda* | |
	*Núm. de habitantes por médico**	*Número de viviendas*	*Ocupantes por vivienda*
2000	780	22.8	4.3
2010	790	30.2	3.7
2020	797	37.8	3.2
2030	802	44.7	2.9

* Para hacer la estimación se tomó como base la tasa de crecimiento natural.
FUENTE: Elaboración a partir de datos en *La situación demográfica de México*, Consejo Nacional de Población, 1998.

[24] Consejo Nacional de Población, *La situación demográfica de México*, 1998.

Los cambios en la estructura por edades de la población nacional tendrán implicaciones que marcarán la pauta en la evolución de los demandas sociales. De manera tendencial podemos apuntar las siguientes:
a) Gradual envejecimiento demográfico, que se expresa en el incremento de las personas de edad avanzada. Se estima que en el año 2000 tendremos cerca de 4.5 millones de personas mayores de 65 años; en el 2020, 10 millones, y para el 2030, un poco más de 15.5 millones. El proceso de envejecimiento demográfico implicará una cuantiosa reasignación de recursos para atender las necesidades de la población, en particular la demanda de servicios de salud y seguridad social. Ello sugiere la urgente necesidad de que la reforma de la seguridad social en México enfrente el desafío de ampliar la cobertura hacia el cuidado de los individuos que padecen de algún tipo de deterioro funcional. Son ellos los que conforman uno de los grupos más vulnerables de la población.[25]
b) La población mexicana joven es adulta; en efecto, en 1998 existían en el país 20 millones de personas entre 15 y 24 años, es decir, uno de cada 5 mexicanos se encontraba en una etapa de fuertes cambios en lo personal, para la adquisición de roles y responsabilidades de la vida adulta y para iniciarse en la vida productiva y reproductiva. CONAPO estima que en el año 2010 en este rango de edades habrá cerca de 21 millones de personas; a partir del 2020 su número empezará a reducirse, llegando a 18 millones en el 2030. De esta manera la edad media de la población aumentará de 26 años en el 2000, a 29 años en el 2010 y a casi 37 años en el 2030.

Uno de los grandes retos para los jóvenes mexicanos será enfrentarse a una economía que gradualmente está generando un menor número de empleos con un mayor nivel de calificación. El problema es cómo atender la incorporación creciente de jóvenes al mercado de trabajo. Por otro lado, en 1995 uno de cada 6 jóvenes mexicanos había construido su propio hogar y, por tanto, contraído la responsabilidad de encabezar y sostener una familia, por lo cual se había tenido que incorporar al mercado de trabajo. La población económicamente activa tendrá un ritmo de crecimiento mayor y, por tanto, la demanda de empleo será de un poco más de un millón de plazas por año. Para satisfacer la demanda de largo plazo la economía debe generar entre 1998 y 2030 25.7 millones de empleos. Aun suponiendo que a partir del año 2000 creciese al 7% anual en promedio, cada año quedarían sin empleo cerca de 180 mil personas.

En materia de educación, como producto del cambio demográfico la demanda de lugares en la escuela primaria mostrará una tendencia a

[25] *Ibid.*

la baja, por lo que en el año 2030 ésta será de sólo 10 millones de plazas. Esta misma tendencia se experimentará en la educación secundaria, pasando de una demanda de 6.5 millones de plazas en el año 2000 a sólo 5.2 millones en el 2030. Pero la demanda se incrementará en la educación media y profesional. De hecho, ya existe un cuello de botella para atender a una población creciente en las universidades públicas.

En cuanto a salud, tendremos un déficit en el número de médicos por persona. De acuerdo con el CONAPO, en 1998 había un médico por cada 767 habitantes. Si quisiéramos mantener esa misma relación en el año 2030, tendríamos que aumentar el número de médicos en cerca de 64 mil. Las deficiencias permanecerán, sobre todo en el ámbito rural y en aquellos lugares donde es prácticamente imposible instalar un hospital o mantener una brigada de atención permanente a la población. Este tipo de población estaría condenada a permanecer con poca o nula atención. En 1998 existían un total de 21.4 millones de viviendas, cada una con 4.5 ocupantes en promedio. Se prevé que el número de habitantes por vivienda continuará disminuyendo hasta alcanzar 3.7 y 2.9 personas en los años 2010 y 2030. Así, el requerimiento total de unidades habitacionales para esos años ascenderá a 30.2 y 44.7 millones, respectivamente; hará falta construir, por tanto, 8.8 millones de viviendas adicionales entre 1998 y 2010, o 23.3 millones entre 1998 y 2030. Para satisfacer las demandas y necesidades de la estructura familiar y el cambiante tamaño de los hogares mexicanos se tendrán que desplegar enormes esfuerzos en materia de desarrollo urbano y habitacional en el futuro próximo. Por ello, al déficit acumulado de vivienda del país debe añadirse la demanda que en el curso de los próximos años surgirá como resultado del temprano arribo de generaciones, todavía numerosas, al matrimonio o la formación de un hogar independiente.

Con base en los escenarios revisados y las proyecciones de pobreza descritas anteriormente se construyen tres escenarios tentativos sobre la posible evolución de la sociedad mexicana, a partir de las tendencias vigentes y variantes sobre ellas.

CUADRO IX.16. *Escenario I*
2010-2030

Concepto	Perspectiva
1. Economía	Crecimiento económico promedio de 3%. Las exportaciones se consolidan como el motor de la economía; el mercado interno se reactiva ligeramente y los salarios reales se recuperan. Se realizan reformas econó-

micas de segunda vuelta y el modelo de desarrollo tiene un rostro más humano.

2. Desigualdad
y pobreza

La pobreza extrema y no extrema se reducen sustancialmente, pero las condiciones de desigualdad persisten. La distribución del ingreso observaría algunas modificaciones; los grupos medios (deciles V,VI,VII, VIII, IX) tendrían una recuperación en su participación en el ingreso nacional.

3. Población

a) La población seguirá creciendo pero a ritmos cada vez menores. De los casi 100 millones que seremos en el año 2000, pasaremos a 130 millones en el 2030.

b) La población experimentará un gradual envejecimiento. Para el 2030 tendremos un poco más de 15 millones de personas en la llamada tercera edad; es decir, sus ciclos productivos estarán terminando y dependerán de los familiares más cercanos y de la cobertura institucional.

c) La población joven, que en su mayoría se encuentra dentro de la población económicamente activa, observará incrementos sustanciales, presionando la demanda de mayores y mejores empleos. Se tendrán que generar más de 25 millones en el periodo de referencia.

4. Sociedad
urbana

1. Nuestra sociedad seguirá siendo predominantemente urbana. Las ciudades medias serán el destino de la mayoría de los habitantes; es decir, se espera que los flujos migratorios se dirijan, en mayor medida, a estas ciudades, en busca de mejores oportunidades de desarrollo. Los estados donde se encuentra la industrialización transnacional y las maquiladoras serán las receptoras, ya que en éstos se ubica la mayoría de las empresas exportadoras. La industria maquiladora de exportación tendrá mayor crecimiento y se constituirá en un polo de atracción para una parte importante de la población que emigra.

2. La economía informal permanecerá en el largo plazo. La población de este sector ha creado una cultura de trabajo fuera de toda reglamentación. Incluye a familias completas y su problemática podría constituirse como transgeneracional; es decir, que los hijos de los vendedores ambulantes seguirán en esta activi-

dad. Los sindicatos se debilitarán y los informales se consolidarán en formas más activas de organización, para ser actores de negociación política.

3. La población femenina urbana desempeñará un papel importante en el complemento del ingreso familiar; por lo tanto, se observarán incrementos en la incorporación de las mujeres en el mercado de trabajo. Sin embargo, habría que apuntar algunos efectos:

a) Deserción de las mujeres en la educación media y superior, que al salir de la secundaria se incorporarán a las actividades productivas;

b) Desintegración familiar, ya que las mujeres trabajarán fuera de la casa y los tiempos para la convivencia familiar se reducirán de manera importante;

c) Incremento de divorcios;

d) Engrosamiento de la economía informal.

4. Las organizaciones no gubernamentales tendrán mayor presencia, sobre todo en aquellos espacios en que la representación corporativa deje de funcionar o no tenga intervención. En el ámbito social disminuirá su peso por la reducción de la pobreza, pero se incrementará en la representación de defensa de los derechos humanos. Su evolución y participación en otros ámbitos, como el político, dependerá del avance democrático del país.

5. La calidad de vida dependerá, entre otras cosas, de los avances en materia ambiental y del abatimiento de la delincuencia. En lo que se refiere al primero, las demandas por tener un ambiente menos contaminado serán mayores, sobre todo en las grandes ciudades; en cuanto a la delincuencia, ésta se reducirá como consecuencia de la disminución en la pobreza. Será necesario que las instituciones recobren la confianza de la población, ya que seguirán siendo asociadas con la corrupción y con la misma delincuencia.

5. Sociedad rural

La sociedad rural seguirá teniendo como característica principal la pobreza y sufrirá del rezago estructural en que se encuentra; la emigración será constante, pero sin llegar al abandono de sus tierras. Al mantenerse los flujos hacia el interior y exterior del país se correrá el riesgo de que el campo mexicano sea atendido por mujeres, ancianos y niños, por lo que la productividad será menor.

Algunos de los principales rasgos de la sociedad rural del próximo siglo serán:

a) La dispersión geográfica;

b) El deterioro de la organización campesina, porque sus agremiados no se verán representados y recurrirán a otras formas de organización y al acercamiento con organizaciones civiles;

c) La recomposición demográfica, pues estará formada principalmente por mujeres maduras, niños y ancianos.

La población indígena también mantendrá como signo estructural la pobreza. Las condiciones de desigualdad se reflejarán en los principales indicadores sociales; su dispersión será uno de los obstáculos que deberán ser superados. Los indígenas serán de los últimos grupos de población en recibir los beneficios del crecimiento económico y la reducción de la pobreza. El principal reto del próximo siglo será sacar de la marginación a este grupo de población. No obstante, los indígenas mantendrán cohesión en torno de sus culturas y tradiciones, aunque modificando su vida comunitaria por la influencia migratoria.

6. Regiones El desarrollo regional será desigual; las zonas fronterizas del norte y el centro seguirán despegándose cada vez más del sur de la República. Los patrones de desarrollo incentivarán la fragmentación territorial; las regiones con mayor potencial económico y de desarrollo social no podrán "jalar" a las zonas más rezagadas. Las regiones industrializadas, las dedicadas a la maquila de exportación, las que cuentan con petróleo y las de incipiente industrialización tendrán mayores posibilidades de desarrollarse; en contraparte, las regiones con frontera en el sur quedarán rezagadas.

7. Desarrollo democrático Se consolidará la pluralidad política, expresada en congresos plurales fortalecidos. Se consolidará la división de poderes. Los congresos locales y el federal tendrán la oportunidad de impulsar políticas de control social y políticas públicas de desarrollo social.

8. Contexto internacional En el ámbito internacional las crisis financieras serán un elemento fundamental para interrumpir el crecimiento económico y el desarrollo de nuestro país. La globalización financiera permitirá crear una nueva ingeniería financiera, con reglas claras y mayor control sobre los flujos de capital, para impedir crisis recurrentes. Con ello se reducirá la especulación, el elemento de mayor desestabilización, y se generará mayor certidumbre en los mercados financieros de los países llamados emergentes, como el nuestro.

CUADRO IX.17. *Escenario II*
2010-2030

Concepto	Perspectiva
1. Economía	Crecimiento económico de 4.3% anual promedio; las condiciones internas y externas son favorables para el desarrollo económico del país.
2. Pobreza y desigualdad	La pobreza extrema y no extrema se reducirán de forma más rápida pero, al igual que en el escenario I, la desigualdad persistirá, sobre todo porque el mayor crecimiento y la reducción de la pobreza no asegurarán que se eliminen las desigualdades. Persistirán rezagos sociales y en la igualdad de oportunidades. Se avanzará hacia una sociedad menos desigual.
3. Población	Se mantiene la misma perspectiva que en el escenario I.
4. Sociedad urbana	La sociedad urbana crecerá de manera importante por el alto crecimiento económico. Las ciudades o las poblaciones con mayor grado de urbanización recibirán los beneficios del desarrollo económico. Sin embargo, permanecerán los siguientes rasgos: *a)* Se reducirá la economía informal; *b)* La población femenina tendrá una mayor inserción en el mercado laboral, con todos los efectos negativos del escenario I; *c)* Las organizaciones sociales tendrán mayor participación en la defensa de los derechos humanos y sociales; *d)* La calidad de vida, en lo que se refiere al ambiente y la seguridad, tendrá mejores perspectivas, ya que se destinarán a ellos mayores recursos.

5. Sociedad rural	La pobreza será menor, pero los pobres seguirán emigrando a las ciudades, aunque con un ritmo menor, ya que algunos de los beneficios del crecimiento económico llegarán a las áreas rurales y eso permitirá que la población se arraigue en su comunidad por mayor tiempo. La población indígena mantendrá su signo estructural de pobreza. Se requerirá una nueva política para los pueblos indios que aproveche sus muchas fortalezas aún no explotadas.
6. Regiones	El desarrollo regional no mejorará; el mayor crecimiento no asegurará un desarrollo más equitativo de las regiones. Habrá mayores disparidades por no implantarse una política de desarrollo regional y de ordenamiento territorial que efectivamente integre a las regiones más rezagadas.
7. Desarrollo democrático	Se presentarán tendencias más favorables que en el escenario I; es decir, se fortalecerá y consolidará la pluralidad política y, por tanto, se retroalimentarán los efectos positivos que ésta podría traer: desarrollo y democracia; es decir, habrá mayor división de poderes, congresos locales y federales más plurales y mayor participación política, lo que favorecerá una mayor disminución de la desigualdad social.
8. Contexto internacional	Las condiciones externas serán favorables; la crisis financiera terminará, la economía de Estados Unidos mantendrá su comportamiento positivo y la economía mundial experimentará un largo periodo de crecimiento con estabilidad.

CUADRO IX.18. *Escenario III*
2010-2030

Concepto	Perspectiva
1. Economía	Crecimiento anual promedio de 1.8%.
2. Pobreza y desigualdad	La pobreza tiene una reducción menor que en los dos escenarios anteriores; por tanto, un número importante de la población se mantendrá en esta situación. Se agudizan las condiciones de pobreza y de desigualdad.

3. Población	Se mantendrá la misma tendencia que en los escenarios I y II.
4. Sociedad urbana	El menor ritmo en la reducción de la pobreza impulsará a la población para que se dirija a las ciudades y, por tanto, crecerá la sociedad urbana. En este escenario se agudizarán algunas tendencias:

a) La economía informal aumentará en mayor proporción que la economía formal;

b) Se incrementará la participación de la mujer en el mercado de trabajo;

c) Habrá mayor presencia de las organizaciones no gubernamentales;

d) Se mantendrán altos niveles de delincuencia.

5. Sociedad rural	Los problemas de la sociedad rural se agudizarán; crecerá el abandono de las poblaciones rurales y el aislamiento y dispersión serán mayores. Algunos de los rasgos del escenario I se agudizarán por la búsqueda de mayores y mejores oportunidades:

a) Los rezagos serán mayores;

b) Se mantendrá la dispersión;

c) Mujeres, niños y ancianos sufrirán los impactos de la pobreza;

d) La población indígena seguirá entrampada en la marginación y la pobreza.

6. Regiones	El desarrollo regional será más desigual; la región sur quedará postrada en el rezago económico y social, y sus perspectivas de mejorar se verán limitadas. El norte desarrollado fortalecerá su vínculo productivo con Estados Unidos.
7. Desarrollo democrático	Las condiciones de mayor pluralidad se verán frenadas por no lograrse la consolidación de los avances logrados debido a una ausencia de consensos en lo fundamental. El magro crecimiento económico será un incentivo para que exista una creciente demanda de mayor participación política de la sociedad mexicana.
8. Contexto internacional	El ámbito internacional será poco favorable. Se presentará una desaceleración de la economía de Estados Unidos; las tasas de interés internacionales se mantendrán altas; la crisis financiera no se detiene y, por tanto, los mercados financieros se ven presionados por la especulación; la incertidumbre permeará entre los inversionistas.

IX.6. POLÍTICA Y CULTURA FRENTE A LA SOCIEDAD DESIGUAL: EN BUSCA DEL OPTIMISMO

Nuestras conclusiones tienen que hacer un giro hacia otras variables que las que se derivan de la desigualdad imperante. De otra manera la proyección lineal de las tendencias presentadas nos lleva a una sociedad fragmentada al extremo, para la que no quedaría sino la escisión social y, en un escenario catastrófico, la secesión política. Estas tendencias, como hemos advertido, emanan de realidades profundas que se han exacerbado en los últimos lustros debido a las crisis y el cambio estructural sufridos por la economía política mexicana, los cuales han conmovido a la sociedad en su conjunto y la han llevado a preguntarse por la viabilidad de la nación. Sin embargo, tanto desde la sociedad como desde el Estado se ha mantenido una notable y alentadora capacidad de iniciativa e innovación que permite hablar de una sociedad nacional capaz de diseñar y realizar un futuro mejor. Es factible y tiene sustento racional hablar de una nación con una cultura propia. Hoy es quizá más propio que antes hablar y pensar en un Estado con crecientes capacidades endógenas de reproducción debido, entre otras cosas, a la democratización política que lo ha dotado de nuevas, aunque frágiles, fuentes de legitimidad. Una cultura nacional con raigambre popular e histórica y un Estado que puede articular de nuevo (esta vez en clave democrática) las contradicciones y los sentimientos de una sociedad dinámica y compleja aunque profundamente desigual, forman dos de los grandes activos para una construcción consciente de los futuros mexicanos.

Como sugerimos antes, tanto la evolución demográfica como algunos de los logros del cambio estructural, sobre todo los vinculados al comercio exterior, apuntan en la dirección de una salida positiva para el crecimiento económico. Tasas altas de crecimiento de la actividad económica permitirían empezar a cumplir con los requisitos elementales para abatir la pobreza extrema.

La explosiva diversidad social que caracteriza a México permite vislumbrar escenarios de mayor creatividad colectiva, sin que tenga que admitirse como fatalidad la escisión de que es portadora la desigualdad galopante de que hemos dado cuenta. El comportamiento de la migración interna y externa, junto con las conductas observadas al calor de las fracturas en el mercado de trabajo, sugieren el surgimiento de nuevos comportamientos grupales e individuales, merced a los cuales grupos e individuos desarrollan una flexibilidad que les permite adecuarse a diversos escenarios regionales, productivos y nacionales, sin que ello implique necesariamente la irrupción de fuerzas centrífugas contra las comunidades de origen o la nación misma. Esto nos refiere a conocimientos y aprendizajes vinculados con la adopción de una segunda o tercera cultura, a partir de los cuales puedan darse diferentes combinaciones de experiencias, pero donde a la vez predomine una capacidad de adaptación autónoma a otra forma productiva o cultural.

Este tipo de acción social permite pensar en un doble significado del valor de la cultura: plasticidad y fortaleza. La plasticidad se expresa como capacidad de adaptación a nuevos ámbitos sociales reconocidos como valiosos; la fortaleza se manifiesta como capacidad para conservar valores y experiencias que en un contexto de cambio acelerado pueden constituir soportes para la cohesión social y darle a la capacidad de adaptación perspectivas más consistentes con un horizonte nacional. La tolerancia y la capacidad de adaptación han sido elementos sobresalientes de la experiencia mexicana del siglo XX. Ambos han permitido conservar los valores y la unidad básica frente a los esquemas binarios de la tradición y la modernidad que se han exacerbado en los años recientes. De modo más específico, en la actividad y la creación culturales México tiene uno de sus grandes activos históricos y, en términos de lo que aquí preocupa, este activo es susceptible de movilizarse a favor de una mayor cohesión e inclusión sociales.

La experiencia de los primeros años de este siglo hace posible imaginar una fertilización cruzada entre acción social y cultura. La Revolución Mexicana, desde la perspectiva de la reivindicación nacional y social que abrió, puso al país en una situación excepcional desde el punto de vista de la competencia cultural internacional. En los años veinte y treinta México se volvió tierra de abastecimiento, de oferta renovadora para la vanguardia internacional: Eisenstein, Bretón y Trotsky son referencia obligada cuando se habla de esa experiencia. Pero también lo son Diego Rivera, Orozco o Tamayo, Reyes, Chávez, los Revueltas o Martín Luis Guzmán, Cuesta o Villaurrutia, Octavio Paz, Vasconcelos y Frida Kahlo. Son estos nombres y registros, entre muchos más, los que seguramente llevaron a Carlos Fuentes a señalar que la Revolución no fue sólo el primer movimiento social del siglo, sino además un vasto movimiento cultural. Fue este movimiento, y no sólo la guerra civil, el que puso en contacto a todas las regiones del país. Las cabalgatas de Villa, Obregón, Amaro y los contingentes yaquis desde el norte, y las de Zapata desde el sur, no fueron, dice nuestro gran novelista, solamente movimientos militares. Significaron el reconocimiento del territorio de México por los mexicanos. Más aún, revelaron las culturas ignoradas o depreciadas por el positivismo porfiriano.

La cultura es fuerza de desarrollo. Frente a la pobreza social y la dificultad económica pueden adelantarse las reservas de la cultura, no sólo como fuentes de memoria colectiva, sino como apoyos vivos para nuevas iniciativas educativas de alcance masivo y ambición histórica. Para empezar a decir no a la pobreza económica habría que redescubrir y decir sí a formas de la cultura que subyacen profundamente bajo las oportunidades de educar. En este sentido, la cultura de México, entendida como impulso universal, le ha ganado la partida una vez más a las leyes de la economía y la política, lo cual nos da, de momento, "una módica sospecha de triunfo, aunque algunos tesoros de la inteligencia puedan dedicarse al servicio de la ignorancia cuando es profunda la necesidad de una ilusión".[26] Nunca como ahora habíamos estado tan expuestos a las imágenes y mensajes del exterior, y quizá nunca como ahora los términos de la concepción de la cultura nacional se han acercado tanto a describirla, como lo planteaba Guillermo Bonfil, no como una cultural uniforme, sino "como el espacio fértil coexistente de las diversas culturas que heredamos".

Tradición y modernidad no representan polos opuestos e incompatibles; mediante el ejercicio cultural se puede aspirar a asirlos en una ecuación virtuosa. La comunidad y la familia se vuelven instituciones de conservación y defensa frente a un cambio que a veces se presenta como devastador. La existencia de lazos afectivos y lealtades de una cultura comunitaria no nos remite necesariamente a la presencia de lo no moderno.

En una sociedad heterogénea como la muestra no existen pautas culturales uniformes, sino un patrón completo de diferencias de clase, identidades étnicas y regionales, creencias y tradiciones que conviven en forma desigual, e incluso contradictoria, en diversas temporalidades y espacios, conjugando la modernidad con la tradición. Por ende, la sociedad mexicana cambia y se moderniza con diversos ritmos, en ámbitos desiguales, pero lo hace sin abandonar algunos elementos y referentes culturales presentes en ella desde hace siglos.

Una revista de los últimos 100 años de los aspectos sociales de México arroja una agenda inconclusa. A pesar de los avances alcanzados y mantenidos enmedio de las crisis recientes, y de que en el siglo XX se construyeron los derechos sociales, los datos de la polarización y ampliación de la pobreza hablan por sí solos; ni el mercado ni la democracia emergentes bastan ni prometen su pronta superación.

En 1995 la cumbre de desarrollo social concluyó que globalmente el número absoluto de personas que viven en la pobreza se está incrementando; el número de desempleados permanece alto y la desintegración social crece en muchos países.[27] Ante estas tendencias, muchas de las cuales México comparte, surgen incógnitas sobre la posibilidad de abatir la pobreza en plazos razonables y construir redes y sistemas de pro-

[26] Rafael Pérez Gay, "Cultura y globalización: valor y precio", *Transición Mexicana*, UNAM, México, 1996.
[27] Citado en Enrique Provencio, *Informe sobre el desarrollo humano* (mimeo), Seminario

tección social que permitan ampliar la expectativas de la existencia social y material de los mexicanos del próximo siglo. No obstante, sabemos también que en nuestro país se han dado circunstancias y momentos históricos que han permitido combatir la pobreza y ampliar la movilidad social. Ello fue posible gracias a la construcción de acuerdos políticos amplios que permitieron la creación de un entramado de instituciones sociales, así como a la conjunción de círculos virtuosos entre crecimiento económico, incremento del gasto social y aumento del empleo que permitieron aumentar la gama de oportunidades laborales, ampliar las clases medias y abrir una expectativa de bienestar futuro, muchas veces concretada en mejoras permanentes para muchos mexicanos. Las tendencias sociales de hoy no son alentadoras, pero están con nosotros razones morales y éticas e imperativos políticos que pueden llevar a la sociedad a responder positivamente ante el más oprobioso de nuestros rezagos, resumido en la pobreza extrema de las masas.

Hay razones estrictamente económicas para imponerle un nuevo rumbo al bienestar social. Con la mitad de la población en condiciones de pobreza no existen posibilidades para que se concrete y afirme un desarrollo abierto y competitivo como el buscado en los últimos lustros. La pobreza también impone límites a nuestras opciones democráticas y, si no la impulsa, sí justifica la irrupción de opciones antidemocráticas, aunque se presenten como justicieras. Por todo ello, la cuestión social es parte orgánica del acuerdo político que México requiere para avanzar.[28] Los acuerdos políticos podrían servir como grandes plataformas para empezar a corregir de modo sostenido los extremos de la desigualdad y la pobreza. Llevados al terreno de la asignación de los recursos públicos, esos acuerdos podrían reforzar la capacidad de cohesión nacional que se busca con la democratización de la política y del Estado.

La compleja diversidad que define a México, así como la creciente dificultad de la política estatal y de la política en general para funcionar como grandes articuladores de las demandas económicas y sociales deben ser objeto de deliberación pública, que no rompa sino ensanche la institucionalidad propia de un Estado democrático, para crear nuevos modos de cohesión social y nacional en torno a un desarrollo más denso e incluyente. La educación, dada su potencialidad como creadora de nuevos futuros de equidad, política y cultural, deberá ocupar el centro de este tipo de esfuerzos.

Amartya Sen, premio Nobel de Economía,[29] ha señalado la necesidad

"Hacia un acuerdo en lo fundamental", Instituto de Estudios sobre la Transición Democrática", México, mayo 21-22, 1999.

[28] Enrique Provencio, *op. cit.*

[29] Amartya Sen, *Nuevo examen de la desigualdad*, Alianza, Madrid, 1997.

de un nuevo pacto social a partir de una tesis muy sencilla: ninguna sociedad puede actuar (libre y democráticamente) con elevados niveles de pobreza. La pobreza es un fenómeno multidimensional que también debe analizarse en el marco de una crisis de civilización a la que habría que buscarle salidas adecuadas; pretender que los pobres del planeta tengan todo lo que tienen los ricos implicaría, de entrada, un suicidio ecológico. Aunque la problemática parece abrumadora y multifacética, la visión de Sen es alentadora: cambiar los términos en que se piensa lo social y aceptar racionalmente que puede prevalecer un pacto político y social que subordine el interés individual al colectivo.

Sabemos que los alcances efectivos del Estado son más estrechos que lo imaginado en la primera mitad del siglo y que la acción estatal no puede rebasar impunemente los linderos del Estado moderno, determinados por el criterio de la igualdad política. De optarse por vías que no consideren en serio esos límites, pueden verse conculcados el desarrollo o la equidad. Pero se trata, lo sabemos igualmente, de fronteras que pueden ampliarse y volverse más flexibles de lo que parecen, gracias a la acción política y la ampliación de la educación y la cultura. Podemos, así, adoptar y adaptar la sencillez de Sen y forjar una serie de convocatorias para retomar la naturaleza social del Estado, basada ahora en una mayor presión desde la base de la sociedad y de la nación: el reclamo social se daría la mano con el nuevo reclamo federal y de reivindicación de lo local. Todo ello permitiría establecer acuerdos específicos y dar prioridad general a los compromisos y tareas colectivas que requerirá la pronta superación de la cuestión social en el próximo siglo.

X. CULTURA, EDUCACIÓN, CIENCIA Y TECNOLOGÍA

JORGE ELIZONDO ALARCÓN*
DANIEL RESÉNDIZ NÚÑEZ**

X.1. CULTURA

ADEMÁS DEL HOMBRE, como un producto cultural en sí mismo, la cultura es todo lo resultante de la actividad humana, individual y colectiva, y de sus interacciones con objetos naturales y con sujetos y objetos culturales. Son productos culturales:

a) *Los objetos artificiales y algunos naturales* (vegetales y animales con características expresamente buscadas y logradas). Se dice que cultura es lo opuesto a natura, pero la rosa cultivada y aun el árbol silvestre que se ha decidido preservar son productos culturales.

b) *Las ideas.* Todo objeto del pensamiento humano, sea como representación de lo observado, sea como mera abstracción; por ejemplo, la cuarta dimensión del espacio o la idea del unicornio.

c) *Los objetos psíquicos.* Sentimientos y emociones que son coproducidas por el hombre y por las circunstancias que enfrenta; por ejemplo el temor, la alegría, la esperanza, la euforia y los celos pasionales.

d) *Los valores.* Atributos que el hombre asigna a los otros objetos culturales, por los cuales esos objetos son deseados (valor utilidad), creídos (valor verdad), gustados (valor belleza) o aprobados (valor bondad). Los valores suelen implicarse: la verdad es bella, lo santo es bueno y verdadero. Los valores son elementos importantes del estilo individual y social porque funcionan como normas de preferencia de las conductas o de la selección de objetos. No basta que un objeto pueda *ser;* para que forme parte del acervo cultural de una sociedad tiene que *valer.*

El objeto de la educación es la cultura: la educación es siempre transmisión de cultura; es decir, su propósito es la modificación del estado

*Director del Centro de Estudios Prospectivos, A. C., Fundación Javier Barros Sierra, A. C.
** Subsecretario de Educación Superior e Investigación Científica de la Secretaría de Educación Pública.

cultural del educando (el sujeto de la educación). Los sistemas educativos seleccionan y estructuran en conjuntos los objetos culturales a transmitir, con el fin de que los educandos alcancen un estado cultural prede-
terminado, cumpliendo así las tres funciones esenciales de la educación:[1]

a) *Socializar.* Se forma al individuo transmitiéndole los paradigmas de
conducta y el saber para la convivencia o la moralidad. Ésta tiene
un carácter uniformador y es socialmente necesaria; a ella pertenecen todas las ideas, valores y fines que, de acuerdo con el sentir colectivo, no necesitan justificación; son diferentes para sociedades
diferentes y cambian con el tiempo para una misma sociedad. La
adquisición de este saber por parte de un nuevo miembro de la co-
lectividad implica, según Scheler, formular la conciencia de "nosotros" antes que la de "sí mismo". La uniformidad es enajenante
cuando es excesiva. Cuando los márgenes que permiten el desarrollo y la peculiaridad individual se estrechan, la socialización, fenómeno de transacción entre pluralidad y uniformidad, carga el
acento sobre la segunda y deja de ser un elemento estabilizador
para convertirse en uno de desequilibrio, productor de frustracio-
nes y patologías individuales y luego sociales.

b) *Politizar.* Se forma en la persona el sentido crítico, o conciencia,
acerca del pasado histórico y el presente de su comunidad; se le
forma para vivir políticamente, para hacer juicios sobre la praxis
política; es decir, sobre los fines y medios de la acción social, y
para modificar el ambiente cultural o adaptarse a él. Según los criterios educativos que se adopten, la politización tiende a hacer
crítico o acrítico al educando.

d) *Capacitar.* Se transmite el saber especializado, el filosófico y el de
las ciencias formales y empíricas con sus aplicaciones tecnológicas; se forma al individuo tecnificándolo para ocupar una posición
productiva en la sociedad. Por cuanto dota de habilidades para el
hacer en un campo determinado, la capacitación individualiza y da
por tanto satisfacción a la necesidad intrínsecamente humana de
ser sujeto o agente cultural.

La idea del mundo, noción que sintetiza los tres saberes, es el resultado de lo que las generaciones más viejas transmiten en cada época a las
más jóvenes a través de la educación, y lo que las nuevas generaciones
transforman y crean en cada saber. Mediante la politización y la capacitación el hombre se individualiza, se forma personalidad propia.

[1] Jorge Elizondo, *Fines y problemas de la educación*, Series del Instituto de Ingeniería,
UNAM, Núm. 467, 1983.

Además de la escuela, otras importantes instituciones transmiten la cultura. La familia influye principalmente en el saber moral o para la convivencia y en el saber político, pues los juicios y prejuicios sobre la dinámica social son imbuidos en buena medida en los primeros años de la vida. En el saber especializado la familia influye en forma directa en las comunidades poco diferenciadas, cuando se transmiten los oficios de padres a hijos, y en forma indirecta para la adquisición de formas de cultura superior por las oportunidades que ofrecen las condiciones socioculturales del núcleo familiar. Los medio masivos de comunicación influyen a través del reforzamiento de los paradigmas de conducta social, en la formación de opinión, es decir de creencias aparentemente apoyadas en los hechos; potencialmente tienen gran capacidad para promover o destruir valores estéticos y morales. También influyen en la transmisión de la cultura las religiones e iglesias, los partidos políticos, las asociaciones profesionales y recreativas, las leyes, el mercado y los procesos de producción, entre otras instituciones.

Por ser la cultura un fenómeno dinámico, la idea que del mundo tiene una sociedad cambia con el tiempo. Además, por el hecho de que las sociedades no son sistemas cerrados, las modificaciones a la cultura pueden ser exógenas.

La tecnología en sí misma es uno de los más poderosos agentes en la creación y evolución de los valores sociales.[2] Esto obliga a ponderar, por una parte, la importancia cultural del desarrollo tecnológico endógeno y, por otra, los efectos inevitables, de uno y otro signo, que tiene y seguirá teniendo el origen transnacional de gran parte de la tecnología usada en México.

Modificaciones de este tipo son factores importantes de cambio en dos aspectos culturales: uno, muy generalizado por las crecientes interrelaciones económicas, es la difusión del conocimiento tecnológico y la producción material, y el segundo, que ataca raíces culturales más profundas, es la uniformación de los patrones de comportamiento y de bienestar. La creciente comunicación internacional es un vector de uniformidad de los gustos, las modas, los consumos, las aspiraciones y los derechos.

De lo anterior se desprende que el estado cultural de un individuo es el conjunto de los tres saberes (saber para la convivencia, saber político y saber especializado) que haya adquirido hasta un cierto momento. A su vez, los tres saberes están compuestos por conjuntos de creencias (que no son verdades científicas o empíricas, pero que dan confianza para actuar), conocimientos (de cuya veracidad se tiene evidencia), habilidades

[2] Daniel Reséndiz, "Tecnología y valores sociales", en *Sociedad, Ciencia y Cultura*, R. Pérez Tamago y E. Florescano (comp.), Cal y Arena, México, 1995.

(que son capacidades de obtener resultados expeditos), actitudes (disposiciones constantes o más o menos constantes hacia algo o a obrar de una manera determinada) y valores (véase su definición más arriba). Una persona educada es alguien que ha adquirido un conjunto de saberes o un conjunto de elementos culturales (creencias, conocimientos, habilidades, actitudes, valores), y de ella se espera que sea capaz de mejorar "por sí mismo" la calidad de su vida en lo individual y lo colectivo.[3]

La cultura actual del mexicano medio, como la de cualquier otra nacionalidad, es un asunto complejo que no se puede analizar en un espacio tan reducido como el que ocupa este capítulo. Se mencionarán, sin embargo, algunos de los rasgos con frecuencia considerados como parte del devenir de nuestra cultura:

a) El nivel cultural que se obtiene en la educación básica no ha sido recibido por la mayoría de la población; de acuerdo con las estimaciones para 1999 del Instituto para la Educación de los Adultos,[4] el 9.6% del total de la población de 15 y más años es analfabeta, 16.3% no terminó la primaria y 26.6% no terminó la secundaria, es decir que 52.5% están rezagados educativamente.

b) A juzgar por los resultados del Examen Nacional de Ingreso a la Educación Media Superior del CENEVAL, muchos de quienes completaron la secundaria no adquirieron la cultura prevista en los programas educativos (véase el cuadro X.1.).

c) Las costumbres y tradiciones se están perdiendo,* lo que significa un aumento de la uniformidad que traen consigo los medios masivos de comunicación.

d) El mexicano es cortés, es suave en el trato con los otros. Prefiere que lo lean entre líneas que ser directo, sobre todo cuando supone que su mensaje va a ser desagradable para quien lo recibe; el aspecto negativo de esta forma de ser es que con ella se elude la confrontación con la verdad llana. Al mexicano no le gusta enfrentar la crítica abierta; prefiere los términos medios y tiende a hacer juicios negativos de lo racionalmente radical. Como consecuencia, cuando decidimos encarar problemas colectivos, tenemos una tendencia generalizada a abordarlos sin profundizar en su análisis, como si prefiriéramos eludir tanto sus causas profundas como su solución cabal. Esta peculiaridad de nuestra manera de ser hace que cada uno de tales problemas insuficientemente solventados se vuelva re-

[3] Fernando Solana, "La política educativa del gobierno de la República", *Sepamos*, 17, separata 5, México, 1979.
[4] INEA, *Rezago educativo*, febrero de 1999.
* Véase en este libro el capítulo de Enrique Alduncin sobre las tendencias valorales.

currente. Nuestras leyes están llenas de este tipo de soluciones a medias. No se trata del resultado de una transacción basada en el reconocimiento de preferencias políticas racionalmente diferentes, sino de una elusión colectiva a encarar la naturaleza profunda de las cosas.

e) Es característico de la mayor parte de la población el sentimiento de lejanía del poder. Según este rasgo, el individuo no tiene capacidad de influir en quien ejerce el poder en el Estado, en la empresa o en la institución educativa. De ahí que el mexicano sea explosivo; su respuesta al abuso del poder es la violencia, pues no confía en los medios racionales.[5]

f) La preferencia por los términos medios y el sentimiento de lejanía del poder se combinan en una actitud hacia la permisividad de la verdad a medias, la solución *ad hoc*, la simulación, la ilegalidad, la discrecionalidad ante la norma.

h) Los empresarios y supervisores de las empresas productivas, nacionales y extranjeras, reconocen las habilidades y el ingenio del trabajador mexicano en las tareas que realiza. Pero no es difícil observar en todos los niveles ocupacionales la falta de disciplina, apego y rigor en el trabajo.

j) Los individuos y organizaciones otorgan poco o nulo valor al futuro. De ahí el poco aprecio del ahorro, el mantenimiento de las instalaciones, la conservación ecológica y los proyectos de largo plazo, por ejemplo. Tampoco hay suficiente respeto por el pasado más allá de los aspectos del folclore, posiblemente porque la historia nacional se enseña mal (cuadro X.1.) o porque se enfatizan más las derrotas militares (las invasiones) que los logros culturales. El sentido del tiempo del mexicano se estrecha hacia atrás y hacia delante, reduciendo su memoria y sus aspiraciones.

Cabe preguntarse: ¿Qué efectos tendrán estos rasgos culturales ante nuestros desafíos futuros? ¿Seguiremos acumulando problemas resueltos a medias? ¿Las consecuencias de esa acumulación harán cambiar racionalmente nuestros patrones de comportamiento o nos conducirán a una crisis de salida violenta?

X.1.1. *Estado cultural futuro*

En los próximos 30 años la demografía del país será muy diferente de la actual debido a que la tasa global de fecundidad seguirá reduciéndose

[5] Geert Hofstede, *Culture's Consequences*, Sage, Beverly Hills, 1984.

CUADRO X.1. *Ejemplos de respuestas a preguntas contenidas en el Examen Nacional de Ingreso a la Educación Media Superior del* CENEVAL*

Porcentaje de sustentantes	No sabe que:
22.78	Miguel Hidalgo fue quien inició la Guerra de Independencia.
53.76	El Golfo de México es parte del Atlántico.
22.71	El DF es la ciudad más poblada del país.
28.71	Quintana Roo se encuentra en la península de Yucatán.
58.07	México se encuentra en norteamérica.
52.36	Los tarahumaras habitan en Chihuahua.
53.07	Monterrey es el mayor centro industrial del norte.
58.78	Sonora, Sinaloa y Tamaulipas tienen costa.

* Los reactivos reportados se aplicaron en la Zona Metropolitana de la Ciudad de México en 1997 y 1998.
Fuente: Información proporcionada por la Coordinación del Examen Nacional de Ingreso a la Educación Media Superior (EXANI-I) del Centro Nacional para la Evaluación de la Educación Media Superior (CENEVAL).

en la medida que aumente la población urbana, el nivel educativo promedio y la participación de la mujer en la fuerza de trabajo; además, la esperanza de vida seguirá aumentado como resultado de las acciones de salud pública. En 2030 el perfil poblacional dejará de ser una pirámide y parecerá más un bulbo en el que el grupo de edades de 35 a 39 años será el más numeroso. La evolución demográfica y la mayor participación de la mujer en el trabajo tendrán efectos culturales. Habrá un creciente número de familias encabezadas sólo por la madre o por el padre, por lo que se modificarán los procesos de transmisión de la cultura familiar. Por sus actividades fuera del hogar, el papel de la madre como transmisora de valores tradicionales se reducirá, por lo que tendrán más peso los valores transmitidos por la escuela, las amistades y los medios de comunicación masiva, en particular la televisión.

De otro lado, debe esperarse que el producto interno bruto crezca a tasas superiores a la de la población, por lo que el producto per cápita habrá de aumentar y en 2030 se parecerá al que ahora tienen algunos países europeos. Actualmente la proporción del producto manufacturero que se exporta y la del consumo aparente que se importa superan el 40%, lo que indica el alto grado de integración de la economía nacional al comercio internacional y, con ello, a toda clase de intercambios culturales. Al aumentar el ingreso disponible, los hábitos de consumo se modificarán y proporcionalmente habrá más gasto en alimentos de mejor calidad, educación, transporte, comunicaciones, cuidados de la salud, esparcimiento y otros de carácter secundario.

Asimismo, el perfil cultural del mexicano del futuro se verá influido, por una parte, por los procesos de descentralización, en particular de la educación, que promoverá la diversificación del país por su tendencia natural al reforzamiento de las culturas regionales y locales, y por otra parte, por la intensificación de las comunicaciones, que facilitará la amalgama de las culturas regionales, redundando ambos procesos en una cultura nacional más dinámica, sin pérdida de raíces.

La educación, por su parte, habrá logrado entre 2010 y 2020 que prácticamente todos los adolescentes de 15 años terminen la educación secundaria y, como veremos en el siguiente apartado, en 2030 porcentajes importantes de la población habrán egresado de la educación media superior y superior. Por estas razones es de esperar que los mexicanos de entre 30 y 35 años de edad en 2030 tendrán en promedio unos 11 años de estudios y alrededor de 20% serán graduados de la educación superior. Esto plantea una expectativa promisoria de cambio positivo en nuestra capacidad colectiva de enfrentar y resolver nuestros problemas, a condición de que la calidad de nuestra educación general, y en especial nuestra educación superior, mejore para alcanzar los estándares internacionales.

Para este fin, algunos ponen grandes esperanzas en los efectos de la informática y las telecomunicaciones sobre la educación. Sin menospreciar esa contribución inminente, es indispensable reconocer sus límites y atender las necesidades de mejora de la educación formal y sus factores.[6]

Decir que una persona que tiene 11 o más años de estudios es una persona educada presupone que la cantidad y calidad de cultura adquirida en tales estudios satisface los criterios impuestos por la sociedad, la familia, las agrupaciones profesionales, la convivencia internacional, etc. Se tienen así dos cuestiones determinantes del estado cultural de quien recibe educación: los criterios educativos con que se formula el juicio y la eficacia con que el proceso educativo se apega a tales criterios. Trataremos enseguida el tema de los criterios.

En todas las naciones la educación es un instrumento de la política gubernamental, y ésta, a su vez, es una expresión de los deseos sociales. Asociada a cada Estado existe una ideología dominante de la que se desprenden los criterios educativos, y la educación así dirigida servirá a la sociedad según los lineamientos de tal ideología. La evolución de la edu-

---

[6] Daniel Reséndiz, "¿Hacia un mundo sin educación formal?", *Educación en el siglo XXI*, F. Solana (comp.), Noriega Editores, México, 1999.

cación, y con ella la de la sociedad, es parcialmente regida por el gobierno, el cual cumple su papel dentro del Estado promoviendo normas que a su juicio conducen hacia situaciones deseables. Teóricamente las normas que produce el Estado para la educación son producto de decisiones que toman en cuenta: : *1)* los tres saberes o la idea del mundo prevaleciente en la sociedad; *2)* la idea de sí mismos de los individuos, es decir los paradigmas prevalecientes de conducta, de participación política, de formas de producción y de relaciones con el resto del mundo; *3)* la idea prevaleciente del mundo futuro, y *4)* las metas que la sociedad se propone alcanzar. En la práctica, la formulación de criterios por el Estado resulta, por un lado, de la interacción de todas las fuerzas políticas y, por el otro, de la necesidad de hacer compatibles la educación y las formas vigentes de producción y participación social.

En México los criterios que rigen la educación están expresados en el artículo 3o. de la Constitución. En él y en la Ley General de Educación se expresan rasgos deseables de la cultura del mexicano:

a) *Saber para la convivencia.* El amor a la patria; la conciencia de la solidaridad internacional; la libertad de creencias; el aprecio por la dignidad de la persona y la integridad de la familia; la noción del interés general de la sociedad; los ideales de fraternidad e igualdad de derechos de todos los hombres; el rechazo a los privilegios de raza, religión, grupos, sexos o individuos; actitudes solidarias y positivas hacia el trabajo, el ahorro y el bienestar general.

b) *Saber político.* El nacionalismo, el apego a la democracia y la justicia, la defensa de nuestra independencia política, el aseguramiento de nuestra independencia económica.

c) *Saber especializado.* La capacidad para apoyarse en los resultados del progreso científico y de ser movido por la lucha contra la ignorancia, las servidumbres, los fanatismos y los prejuicios; la facultad para adquirir conocimientos; la capacidad de observación, análisis y reflexión críticos; una actitud favorable a la investigación y la innovación científicas y tecnológicas, a la creación artística y a la difusión de los bienes y valores de la cultura universal, incluyendo los de la nación. Además, el educando debe desarrollar la conciencia de la necesidad de un aprovechamiento racional de los recursos naturales y de la protección del ambiente.

Las instituciones de educación públicas, y las particulares con reconocimiento de validez oficial, deben establecer sus programas educativos cumpliendo los preceptos del artículo 3o. de la Constitución. Si la efectividad de tales preceptos fuese plena y los agentes educativos extraescolares también actuaran en pro de los mismos, entonces el estado cultural básico del mexicano de 2030 tendería a lo que la ley establece; estos rasgos culturales igualarían a los mexicanos, y algunos de ellos los distinguirían de un hindú o de un uruguayo.

Por otra parte, el 3o constitucional orienta la educación sin detallar los aspectos culturales que la observación de nuestros comportamientos invita a considerar. De un conjunto de entrevistas realizadas a personas ilustradas hace algunos años surgieron rasgos culturales deseables que consideramos de interés sugerir como criterios culturales adicionales a los constitucionales. Según dicha investigación,[7] el adulto mexicano debe:

a) Estimarse a sí mismo y estimar a los demás, expresando respeto por su propia persona y por las ajenas y sus modos de pensar.

b) Desarrollar relaciones interpersonales positivas, expresando con claridad sus pensamientos, sentimientos, emociones y sensaciones, y ser fuente de estímulos gratificadores para los demás.

c) Estimular en otros y en sí mismo la colaboración y la actitud de aprender de los demás. Saber dar y solicitar ayuda; sustituir, si viene al caso, la competitividad por la solidaridad, y tener sentido de superación.

d) Desarrollar confianza en sí mismo y autoimponerse normas de conducta. Tener capacidad para tomar decisiones; tener hábitos de trabajo, orden, limpieza e higiene; cuidar de su cuerpo y desarrollarlo.

e) Saber disfrutar de la vida, de la soledad, de la compañía y la comunicación; de su propia educación, de la naturaleza y el arte, de las realizaciones propias y ajenas; del trabajo y el juego. Ser observador y tener sentido tanto del humor como de lo trágico.

f) Valorar positivamente la institución familiar, pero constituyéndose en factor transformador de sus aspectos negativos (como el autoritarismo y el chantaje afectivo). Tener conciencia de los problemas demográficos del país y desarrollar actitudes y hábitos responsables en sus conductas sociales.

g) Asumir el mestizaje de su pueblo como una de las bases de la identidad nacional. Conocer críticamente el pasado y el presente de México y del resto del mundo para comprender mejor y amar el México de hoy.

h) Ejercer la crítica y la autocrítica y promover la concordancia entre la moral pública y la privada.

[7] Jorge Elizondo y Francisco Núñez, *Bases para un plan nacional de educación*, Instituto de Ingeniería, UNAM, Series Núm. 457, 1982.

i) Ser responsable en sus relaciones y tareas. Aprender por sí mismo y desarrollar su creatividad.

j) Poseer habilidades técnicas adecuadas al desarrollo productivo que haya alcanzado el país.

k) Valorar todos los trabajos, por humildes que sean.

Algunos de los anteriores atributos culturales, especialmente los relativos a nuestra autoestima, pueden contribuir mucho a la calidad de nuestra vida y a la fortaleza de México como nación. A su vez, tales atributos podrán nutrirse significativamente si, entre otras cosas, se refuerza la contribución que la creación artística puede hacer a la prolongación de nuestra larga tradición en los campos de la escultura, la pintura, la música y la danza, entre otras expresiones del arte mexicano reconocidas internacionalmente. En efecto, es necesario y previsible que haya no sólo una creciente producción artística local, que contribuya a satisfacer la también pujante demanda de satisfactores culturales de nuestra cada vez más compleja sociedad, sino que nuestra creación artística conjugue su alta calidad con su raigambre en nuestro propio sustrato y sensibilidad. En esto reside una de las oportunidades más claras de fortalecer ciertos rasgos positivos, peculiares de nuestra identidad, que son especialmente valiosos ante los intensos contactos internacionales que incrementarán las tendencias homogeneizadoras a escala global.

Para reforzar otros atributos deseables de nuestro perfil nacional también deberá revalorarse y fomentarse el cultivo de las humanidades, que nos vinculan con la tradición de la cultura occidental. Esto es importante para seguir incorporando a nuestra sustrato cultural mesoamericano, fuertemente comunitario y religioso, el aprecio y respeto a la individualidad y a la racionalidad. Esta vía nos permitirá conciliar los ámbitos de la vida social y la interioridad de cada individuo, ambos igualmente valiosos, para así arribar a la democracia como forma de vida pública y a la libertad con responsabilidad como forma de vida privada.

Esto obliga, entre otras cosas, a recapacitar sobre el lugar que ocupan las humanidades en la educación media superior, último nivel educativo común a todos los que luego entran a los diversos carriles especializados de la educación superior, y a revisar el papel de las humanidades en la formación de los profesores de educación básica. Para estos fines habrá que revitalizar las carreras humanísticas en la educación superior, única manera de mantener vivo y actuante el interés nacional en ellas y de crear y mantener los cuadros de especialistas necesarios.

X.2. EDUCACIÓN

Hacia 2030 México habrá pasado por transformaciones muy hondas. La tasa de crecimiento promedio de la población se irá reduciendo de aproximadamente 1.9% en el quinquenio 1990-1995 a 0.6 en 2025-2030. El país tendrá entre 125 y 135 millones de habitantes en 2030, pero con un perfil poblacional distinto del actual. El grupo de edades de 5 a 29 años representará entre 32 y 36% del total, en vez del 54% de 1995, lo que significa que la población que más demanda educación (de 5 a 24 años) se reducirá en términos absolutos de 42 a 32 o 36 millones. En cambio, el grupo de edades que más demanda empleo, de 25 a 64 años, casi se duplicará, por lo que la población económicamente activa llegará a ser de unos 58 millones.

De otro lado, es de esperar que el producto interno bruto se multiplique entre 3 y 4 veces (si en promedio el producto creciera entre 3.3 y 4.2% anualmente), lo que implicaría un producto per cápita entre 2 y 3 veces mayor que el actual y una tasa anual de crecimiento de la productividad del trabajador de entre 1.2 y 2.1%.

Si estos cambios se cumplieran, hacia 2030 México tendría un perfil demográfico y un ingreso per cápita semejantes al que ahora tiene una gran parte de los países de la OCDE (cuadro X.2.). Estos posibles perfiles habrán de acompañarse de una considerable expansión de la educación, principalmente en los niveles de la educación media superior y superior, sin lo cual no será posible lograr el progreso económico.

CUADRO X.2. *Comparación demográfica y económica*

	Población 5-24 años (porcentaje)	PIB/Cápita, dólares ajustados con la PPC
México 1996	54	7 776
México 2030	32-36	15 000-23 000
Alemania 1996	30	21 200
Canadá 1996	34	21 529
Dinamarca 1996	32	22 418
España 1996	36	14 954
Francia 1996	25	20 533
Italia 1996	32	19 974

FUENTES: OCDE, *Education at a glance*, 1998.
   OCDE, *Estudios económicos de la OCDE*, México, 1999.

La actual brecha educativa que nos separa de los otros países norteamericanos, los europeos e, inclusive, de algunos latinoamericanos y asiáticos, es grande. Alemania, por ejemplo, tiene 2.7 veces más producto
per cápita que México, pero el porcentaje de su fuerza de trabajo con
educación media superior y superior es 6 veces mayor que el de México.
La comparación con Canadá es de 2.8 y 5.8 veces, con Francia es de 2.6 y
4.7 y con España es de 1.9 y 2.7 (cuadros X.2. y X.3.). Esos son hechos; su
interpretación es ambigua pues, aparte de nuestro retraso en educación,
esas cifras podrían hablar bien de la productividad de los mexicanos.

X.2.1. *Los logros desde 1970*

A pesar de las comparaciones anteriores, los resultados alcanzados en
los últimos 30 años por la expansión educativa son notables. Entre 1970
y 1998 la atención a los niños de 4 y 5 años aumentó a una tasa de 7.9%
anual, mientras que la población de esas edades lo hizo con un promedio de 1%; la matrícula de primaria, que ya en 1970 implicaba una cobertura superior al 100%,[8] se incrementó al mismo ritmo que el crecimiento de la población: 1.6% anual; la matrícula de secundaria
aumentó 5.6% por año, que es una tasa casi tres veces mayor que la de
la población de 12 a 14 años: 2.0%; la de la media superior es la matrícula que más rápidamente creció, pues se incrementó 8.2% anual, 3.3
veces más alta que la tasa de incremento de las edades de 15 a 17 años,
que fue 2.5; la matrícula de educación superior se multiplicó por un factor mayor a 6, con una tasa de 6.8% anual, en tanto que la población 18
a 22 años aumentó a un ritmo anual de 2.9%, 2.3 veces menos que aqué-
lla (cuadro X.5.).

A pesar de los avances logrados, el acceso a la educación en México
todavía es reducido en comparación con el de países de igual o superior
desarrollo económico (cuadro X.4.). Mientras que en los países europeos
la media de los jóvenes de 15 a 20 años que asiste a las instituciones de
educación es de 72%, en México sólo es de 31%. No acuden a la escuela
50% de los mexicanos de 15 años, 75% de los de 18 y 91% de los de 20.

---

[8] Se refiere a la cobertura bruta, que se define como el cociente de *matriculados de
cualquier edad en un nivel educativo/población de las edades típicas del mismo nivel educativo*. Las edades típicas en primaria son de 6 a 11 años. Una cobertura mayor a 100% significa, en general, que hay matriculados de edades menores a 6 años y/o de edades superiores a 11 años. La cobertura neta se obtiene considerando la matrícula de quienes tienen
las edades típicas. En 1997, la cobertura bruta de la primaria fue de 109% y la neta de
97%, y en secundaria la bruta fue de 75% y la neta de 60%.

Cuadro X.3. *Población ocupada de 25 a 64 años según el máximo nivel educativo alcanzado (porcentaje). 1996*

	Menos que la educación media superior	Media superior	Superior de 2 o 3 años	Superior de 4 o más años
Estados Unidos	11	52	9	28
República Checa	12	76		12
Alemania	14	61	10	15
Noruega	15	56	12	17
Suiza	17	58	10	10
Canadá	18	29	33	20
Reino Unido	19	57	10	15
Polonia	21	64	4	12
Suecia	23	48	15	14
Austria	23	68	2	7
Hungría	24	59		17
Finlandia	29	48	10	14
Dinamarca	29	47	8	17
Holanda	29	43		27
Francia	34	44	11	11
Nueva Zelandia	35	38	15	13
Australia	37	35	11	17
Bélgica	37	33	16	14
Corea	38	41		21
Irlanda	43	29	14	14
Grecia	50	26	9	15
Italia	54	34		11
Malasia	62	29		9
España	62	15	6	17
Luxemburgo	63	21		16
Paraguay	64	21	3	13
Argentina	69	20	5	6
Uruguay	69	14	4	12
Brasil	72	17		11
Portugal	76	11	4	9
Turquía	78	13		9
México (1995)	86	8	1	5
Tailandia	86	3	5	7

FUENTES: OCDE, *Education at a glance*, 1998.
INEGI, *Encuesta nacional de educación, capacitación y empleo*, 1995.

CUADRO X.4. *Cobertura* de la población entre 15 y 20 años (porcentaje).*
1996

	15 años	16 años	17 años	18 años	19 años	20 años
Bélgica	102	100	98	87	73	63
Holanda	99	98	93	83	70	61
Francia	96	96	92	84	71	57
Alemania	97	97	93	85	65	46
Noruega	100	94	93	83	51	44
Australia	99	97	96	68	54	49
Finlandia	99	93	92	83	42	41
Suecia	97	97	96	93	34	32
Canadá	96	91	80	67	57	56
Dinamarca	98	93	82	74	55	41
Islandia	101	88	77	68	61	43
Corea	92	97	88	61	51	43
Suiza	93	83	76	65	55	54
España	93	83	76	65	55	54
Polonia		91	90	73	52	46
Nueva Zelanda	96	98	81	55	46	41
Austria	93	91	87	68	40	28
Estados Unidos	95	86	82	59	42	35
Reino Unido	98	82	74	55	47	40
República Checa	100	99	82	54	34	25
Hungría	100	88	74	52	37	29
Portugal	87	77	72	55	44	37
Grecia		81	64	63	57	40
Chile	86	79	70	50	19	8
Uruguay	75	65	55	48	36	21
Argentina	70	60	51	40	34	25
Brasil	45	46	46	43	36	27
Malasia	67	64	11	21	16	24
Tailandia	48	45	36	33	21	9
MÉXICO	50	40	41	25	17	13
Promedio sin México	90	40	41	25	17	13

Los países están ordenados por el promedio de la cobertura de las seis edades.
 * Cobertura: Porcentaje de la población que está matriculada en cualquier nivel educativo.
FUENTE: OCDE, *Education at a glance,* 1998.

Cuadro X.5. *Cobertura en educación básica, 1970 y 1998*

	Preescolar 4-5	Primaria	Matrícula Secundaria	Media superior	Superior
1970	400 138	9 248 190	1 102 217	313 356	271 275
1998	3 362 952	14 640 000	5 084 277	2 841 083	1 710 000
Tasa de crecimiento promedio anual	7.9	1.7	5.6	8.2	6.8

	4 y 5 años	6 a 11 años	Población 12 a 14 años	15 a 17 años	18 a 22 años
1970	3 371 127	8 673 135	3 758 745	3 152 177	4 413 639
1998	4 509 637	13 453 186	6 586 093	6 233 632	9 873 564
Tasa de crecimiento promedio anual	1.0	1.6	2.0	2.5	2.9

	4 y 5 años	6 a 11 años	Cobertura (porcentaje) 12 a 14 años	15 a 17 años	18 a 22 años
1970	11.9	106.6	29.3	9.9	6.1
1998	74.6	108.8	77.2	45.6	17.3
Tasa de crecimiento promedio anual	6.8	0.1	3.5	5.6	3.8

FUENTES: SEP, *Informe de labores 1997-1998*.
SIC, *IX Censo general de población 1970*.
CONAPO, *Proyecciones de la población de México 1996-2050*.

X.2.2. *Lo que puede esperarse en el futuro*

De gran importancia es el hecho de que por primera vez en la historia del sistema educativo mexicano la población en edades escolares (4 a 22 años) se reducirá a partir del 2002. De acuerdo con las proyecciones del CONAPO, en este año será de 41 millones, y disminuirá hasta 32 millones en 2030, cantidad semejante a la que se tuvo a principios de los ochenta (figura X.1.). Lo anterior significa que la presión demográfica hacia la educación se aliviará significativamente desde los primeros años del siglo. Esto ofrece una gran oportunidad para cambios cualitativos, pues es claro que el problema de la educación en México no sólo es demográ-

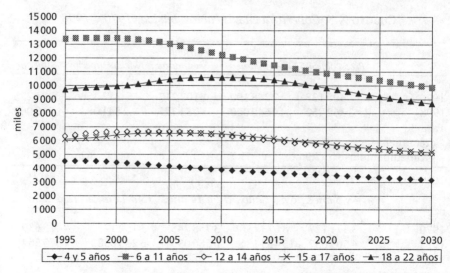

FIGURA X.1. *Población de 4 a 22 años, 1995-2030*

FUENTE: CONAPO, *Proyecciones de la población 1995-2050*

fico, ni de cobertura. Antes de plantear los problemas de otro tipo que la educación del país enfrentará en los próximos 30 años, se construirán algunas imágenes cuantitativas de la probable evolución del sistema educativo.

El indicador de la cobertura informa sobre la cantidad de alumnos matriculados, pero nada nos dice sobre ingreso y egreso. Un indicador del ingreso es la absorción, definida como el porcentaje de los egresados de un nivel que se inscribe en el siguiente, y un indicador del egreso es la eficiencia, que se define como el porcentaje de una generación de primer ingreso que termina exitosamente el nivel al que se inscribió, obteniendo el diploma correspondiente. Así, por ejemplo, el porcentaje de una generación que termina la educación media superior se calcula directamente multiplicando las absorciones y eficiencias de la primaria, la secundaria y la educación media superior. Si en el futuro se mantuvieran constantes los valores de absorción y eficiencia que actualmente tiene el sistema educativo nacional (mostrados en el cuadro X.6.), sólo 31% de cada generación completaría la media superior. De cada 100 que ingresaran a la primaria, por absorción se eliminarían 14 y por eficiencia 55, para dar el total de 69 que no terminan la media superior. Obsérvese que los márgenes más amplios de acción están en mejorar la eficiencia, pues la cobertura es total en primaria y cercana a la saturación en secundaria y media superior.

CUADRO X. 6. *Absorción y eficiencia en 1998-1999*

Nivel educativo	Absorción	Eficiencia
Primaria	1.000	0.856
Secundaria	0.907	0.761
Media superior	0.950	0.550

Fuente: SEP, *Informe de labores 1997-1998.*

Numerosos factores sociales y de organización y política educativa influyen en los indicadores de absorción y eficiencia. El análisis de esos factores daría luz sobre las diferencias de la educación de México con la de otros países y las que tienen entre sí las de los estados de la República. No es posible hacer dicho análisis aquí, pero al interpretar lo que sigue cabe recordar que esos factores existen e influyen en el futuro del sistema educativo de manera diversa.

Una forma de tratar con las incertidumbres implícitas en tales factores es construir más de un escenario del futuro, empleando hipótesis sobre las posibles trayectorias de los indicadores de absorción y eficiencia. Los escenarios se construyen con la ayuda de un modelo de la estructura formal del sistema educativo, a través del cual se simulan los flujos de estudiantes en función de las absorciones y eficiencias supuestas en cada nivel educativo (en el anexo X.1 se muestran las definiciones de absorción y eficiencia que se emplearon para adaptarse a los datos históricos). Los niveles y modalidades educativos incluidos son: primaria, secundaria, media superior (incluye bachillerato y profesional medio), técnico superior universitario y licenciatura (que incluye universitaria, tecnológica y normal).

La evolución poblacional por grupos de edad también origina incertidumbres en la construcción de los escenarios, pero aquí se considerará sólo la proyección propuesta por el CONAPO[9] a fin de facilitar la lectura de resultados.

X.2.3. *Escenarios cuantitativos de la educación*

Los fenómenos educativos no son estáticos ni de respuesta instantánea, sino de naturaleza dinámica, esto es: se dan en conglomerados sociales que tienen inercia y que muestran preferencias propias. Por tanto, toda reflexión sobre el futuro de los fenómenos educativos exige una combina-

[9] CONAPO, *Proyecciones de la población de México 1996-2050.*

ción de rigor y cautela. La inercia social en la evolución de la educación se manifiesta como tendencia, no necesariamente consciente ni racional, a mantener patrones de comportamiento del pasado, y depende tanto de la magnitud de las instituciones y de los grupos sociales involucrados como de la raigambre de sus costumbres o creencias. Las preferencias sociales en materia de educación, por su parte, son el resultado de la diversidad de deseos, propósitos y preferencias individuales, y actúan como amortiguadores de las políticas educativas cuando difieren de éstas en cualquier aspecto o grado.

Todo ello determina que ninguna política educativa sea evaluable con base en sus efectos de corto plazo, pues la inercia impone cierto tiempo de respuesta. Las políticas públicas tampoco pueden cumplir sus propósitos plenamente, ni siquiera a plazo más largo, mientras no se logre cierta armonía entre ellas y las preferencias sociales vigentes. En otras palabras, las políticas públicas son una expresión de los deseos o propósitos sociales de mediano o largo plazo, pero pueden entrar en conflicto, en el corto plazo, con otras preferencias o con costumbres sociales muy arraigadas. Se genera así una interacción dialéctica entre preferencias sociales y políticas públicas, sobre todo si se procura que estas últimas sean discutidas, y se busca de manera expresa la persuasión del público mediante evidencias y argumentos apropiados.[10]

Por ejemplo, la política educativa puede postular que es deseable que crezca en términos absolutos o relativos la matrícula en cierto tipo de programas de educación superior; pero tal propósito sólo se podrá cumplir en un plazo que dependerá de la inercia social, y en un grado que será función de la concordancia que se logre entre dicho propósito y las preferencias de quienes están en aptitud de inscribirse a partir de hoy en esos programas.

En el pasado las políticas educativas han sido determinantes en la evolución cuantitativa del sistema educativo, como puede verse en el desarrollo de la matrícula por nivel (figura X.2.). Entre 1970 y 1986 la matrícula total, desde la preescolar hasta la superior, creció a una tasa promedio anual de 10.3%; luego, de 1986 a 1992 se desaceleró a un promedio anual de 0.7%. Desde entonces su crecimiento se ha recuperado, y hoy crece a una tasa de 3.7% anual.

Los cambios futuros que pueden darse en el sistema educativo son de dos tipos: los que se originarían por acciones operativas dirigidas a mejorar el funcionamiento del sistema sin pretender modificar sus presentes características estructurales, y los que procurarían modificar algunas de

---

[10] G. Majone, *Evidencia, Argumentación y Persuasión en la Formulación de Políticas*, Fondo de Cultura Económica, México, 1997.

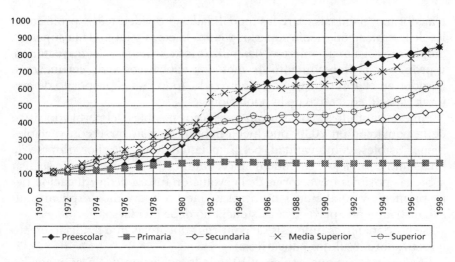

FIGURA X.2. *Crecimiento de la matrícula (1970=100)*

FUENTES: 1970-1981: SEP, *Historia de la educación pública en México*
1982-1986: INEGI, *Estadísticas históricas de México*
1987-1998: SEP, *Informe de labores 1997-1998*

las características fundamentales. Las decisiones que tienen este segundo carácter se refieren más al diseño de sistemas que a su desempeño, son innovadoras y tienden a alcanzar el estado deseado por los decisores. Por ejemplo, un cambio operativo sería una reforma que modifique los programas de estudio, mientras que un cambio estructural fue la creación del CONALEP y el decretar obligatoria la secundaria.

Desde la posguerra los cambios más significativos en los sistemas educativos de los países más desarrollados han sido, de un lado, la ampliación de la cobertura de la educación media superior y superior, con la meta de llegar a 100% en la primera y, de otro lado, el desarrollo de programas de educación superior de 2 o 3 años posteriores a la educación media superior. En varios de esos países el número de egresados de las modalidades corta y larga de la educación superior ha tendido a igualarse (véase el cuadro X.3.). Fuera de eso, la estructura educativa no ha tenido transformaciones radicales; se compone, como en México, de la educación preescolar, la básica, la media superior, la superior y el posgrado, y entre países sólo hay ciertas diferencias en las edades típicas en las que se accede y se egresa de cada uno de esos niveles.

En la actualidad el sistema educativo nacional requiere: ampliar la atención a la demanda, mejorar la eficiencia y la calidad del aprendizaje;

transformar el énfasis entre las modalidades propedéuticas y profesionales de la educación media superior y entre la corta y larga de la superior; ampliar los sistemas abiertos, flexibilizar los *curricula* y las trayectorias, y promover el florecimiento de métodos educativos y de certificación basados en el aprendizaje no escolarizado, todo con el propósito de mejorar el perfil educativo de la población.

En este capítulo se construirán escenarios posibles del perfil educativo de la población en 2030, que luego habrán de matizarse con variables menos asibles, como calidad, pertinencia, equidad, etc. Por tratarse de un asunto complejo y cargado de incertidumbres, lo que adelante se diga sobre las posibles trayectorias de la evolución futura de la educación tiene premisas y condiciones numerosas que no podríamos explicar aquí exhaustivamente, pero cuya existencia no debe olvidarse.

Se proponen tres hipótesis de políticas educativas que tendrían efecto directo sobre los flujos educativos:

Hipótesis A. Supone que en 2010 toda la población de 15 años tendrá los nueve años de estudio de la educación obligatoria. De otra parte, no se establecen políticas definidas para aumentar la absorción en la educación media superior y superior, ni para mejorar su eficiencia terminal. Como consecuencia de esto, el primer ingreso a estos niveles crece y decrece en la misma proporción que los egresados de secundaria, y la eficiencia mejora sólo marginalmente, pues no se supone la existencia de estímulos específicos para este fin. Es la hipótesis de evolución inercial.

Hipótesis B. Se hacen las mismas consideraciones en relación con la educación básica que en la hipótesis "A", pero adicionalmente se siguen las tendencias mundiales consistentes en promover la universalización de la educación media superior y la diversificación de la superior. Se fijan entonces las metas siguientes para 2030: en la educación media superior, llegar a una absorción y una eficiencia terminal de 95%; en la superior, conservar la absorción actual de 66%, pero procurando llegar en 2030 a que se distribuya en partes iguales entre los programas de dos años y las licenciaturas, buscando además alcanzar una eficiencia terminal de 80% en ambas modalidades.

Hipótesis C. Se suponen las mismas condiciones para la educación básica que en las hipótesis anteriores (en la educación media superior se mantiene la meta de 95% de absorción y eficiencia), pero, a diferencia de la hipótesis anterior, en ésta el plazo para alcanzarlas es el 2010. El objetivo en la educación superior es alcanzar las metas también en el 2010, en vez de 2030. Se repite la meta de 80% para la eficiencia terminal, pero las absorciones se reducen de 66 a 50%, conservando el propósito de que a partir de 2010 los programas cortos y los de licenciatura absorban 25% cada uno.

En el cuadro X.7. se muestran los datos de absorción y eficiencia terminal en 1997 de los cuatro niveles educativos,[11] así como tres conjuntos de metas (A, B y C) para esos parámetros en los años indicados; tales conjuntos de metas corresponden a las hipótesis antes explicadas.

A partir de los datos iniciales y las metas sugeridas, y mediante el empleo de un modelo de simulación de flujos educativos, se obtiene la evolución de matrícula y graduados de cada nivel educativo, indicadores de cobertura y escenarios del perfil educativo de la población de 25 a 34 años.

Cuadro X.7. *Escenarios de absorción y eficiencia*
de la educación 1997-2030

			A		B		C	
Nivel	*Parámetros*	*Situación inicial (1997)*	*Meta*	*Año de la meta*	*Meta*	*Año de la meta*	*Meta*	*Año de la meta*
Primaria	Absorción	1.13	1.00	2007	1.00	2007	1.00	2007
	Eficiencia	0.85	0.98	2007	0.98	2007	0.98	2007
Secundaria	Absorción	0.88	1.00	2010	1.00	2010	1.00	2010
	Eficiencia	0.74	0.98	2010	0.98	2010	0.98	2010
Media superior	Absorción	0.84	0.84	2030	0.95	2030	0.95	2010
	Eficiencia	0.45	0.60	2030	0.95	2030	0.95	2010
Profesional asociado	Absorción	0.02	0.02	2030	0.33	2030	0.25	2010
	Eficiencia	0.43	0.60	2030	0.80	2030	0.80	2010
Licenciatura	Absorción	0.63	0.63	2030	0.33	2030	0.25	2010
	Eficiencia	0.43	0.60	2030	0.80	2030	0.80	2010

X.2.3.1. *Educación básica*

Las tres hipótesis implican la reducción de la cobertura de primaria de porcentajes superiores a 100 hasta llegar casi a 100 en 2007, una vez que la absorción y la eficiencia eliminen la posibilidad de tener matrícula de niños en edades extraescolares. Con esa cobertura universal la matrícula se reduciría, de 14.6 millones en 1998, a 9.7 millones en 2030, por reducción de la población en edad escolar.

[11] El nivel superior tiene dos modalidades: los programas de licenciatura tradicional y los de técnicos superiores universitarios (TSU) o profesionales asociados. Esta última consiste en estudios superiores que tienen una duración más corta que los de licenciatura, en general dos años. En la licenciatura se incluye a la normal. En los otros niveles también hay más de una modalidad que no se distinguieron en este ejercicio. Por ejemplo, en la media superior destacan el bachillerato de dos años, el de tres años y los programas de profesional medio.

Por su parte, la matrícula de secundaria aumentaría, de 5 millones en 1998, a un máximo de 6.6 millones en 2007, y a partir de este año descendería hasta 4.8 millones en 2030. Habría un cierto número de años en los que la cobertura bruta excedería a 100% por el efecto de la participación de jóvenes en edad atípica, pero a partir de 2015 se estabilizaría en 96%. Lo anterior significa que, excepto por un pequeño porcentaje de la población, aproximadamente a partir de 2010 no habría más rezagados en las generaciones que cumplan 15 años (figura X.3.).

X.2.3.2. Educación media superior (EMS)

Con la hipótesis "A" la matrícula llegaría a un máximo de 4.4 millones en 2011, con una cobertura cercana a 0.70; de ese año en adelante se reduciría hasta llegar a 3.5 millones en 2030, con una cobertura de 0.68. Tal comportamiento se deberá, en parte, a los excedentes matriculados de grupos de alumnos con edades superiores a las típicas de la EMS, y en parte a que la población de edades 15 a 17 años disminuirá a partir de 2004, como se expuso con anterioridad (figura X.1.). Con la hipótesis "B", en la que se suponen aumentos de la absorción y la eficiencia, se llegaría a una matrícula de 5.2 millones en 2013 y la cobertura aumentaría hasta llegar en 2030 a 0.86. La mayor matrícula bajo los supuestos de "C" llegaría a 5.9 millones en 2011, y por alcanzar las metas 20 años antes que en "B" la cobertura sería superior a 0.85 desde 2008 (figura X.4.).

En el cuadro X.8. se indican las sumas de las matrículas y egresados en los 31 años que van de 2000 a 2030, así como la matrícula requerida por egresado. Se aprecia la ventaja del escenario "C" sobre el "A" al considerar que, si bien la suma de matrículas de "C" es 1.28 veces la de "A", en "C" se requieren menos años de matrícula por egresado (dos tercios aproximadamente), con lo que para la trayectoria de "C" la relación de los egresados a la matrícula en 2000-2030 equivale a 148% la de "A".

Cuadro X.8. *Escenarios 1997-2030. Totales de matrícula y graduados de* EMS

	Escenarios		
	A	B	C
Suma matrículas 2000-2030 (millones)	120.4	142.1	154.0
Suma graduados 2000-2030 (millones)	25.6	40.7	48.6
Relación graduados a matrícula	0.21	0.29	0.31

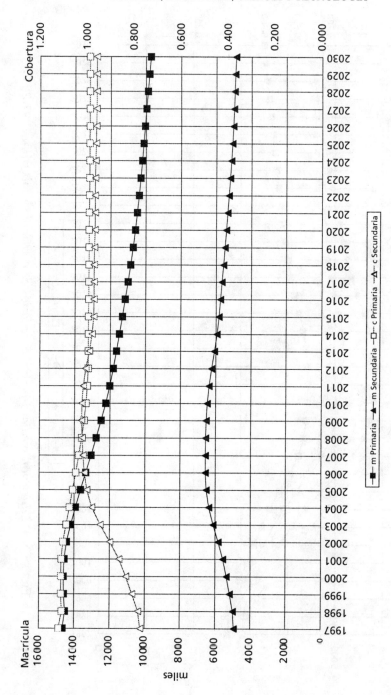

FIGURA X.3. *Primaria y secundaria. Escenarios de matrícula y cobertura: 1997-2030*

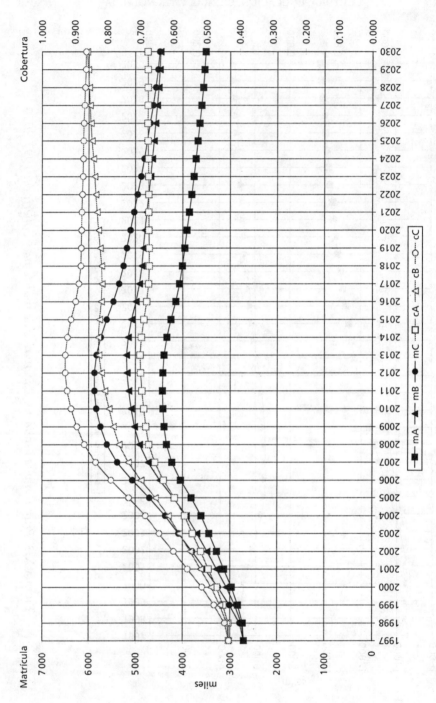

FIGURA X.4. *Educación media superior. Escenarios de matrícula y cobertura 1997-2030*

Pueden hacerse comparaciones internacionales con el porcentaje de la población de 25 a 34 años graduada de la EMS. En el cuadro X.9. se muestra cómo evolucionan esos porcentajes en los tres escenarios, y el cuadro X.10. contiene el mismo parámetro de varios países en 1996. Con el trayecto "A" en 2030 solamente se alcanzaría un porcentaje superior al que Portugal y otros países de la muestra tuvieron en 1996. Con el "B" en 2020 se habrían superado los datos de España e Italia en 1996, y en 2030 se habría alcanzado el promedio que en 1996 tuvieron los países de la OCDE. Con el escenario "C" ese mismo promedio se lograría en 2020, y en 2025 se habría alcanzado una cifra cercana al máximo posible.

Cuadro X.9. *Escenarios 1997-2030. Porcentaje de la población de 25 a 34 años graduada de la* EMS

| | Escenarios | | |
	A	B	C
1997	25.0	25.0	25.0
2010	25.5	26.6	29.8
2015	31.4	39.5	51.4
2020	39.9	57.7	78.0
2025	45.3	71.5	91.7
2030	46.5	77.7	91.4

X.2.3.3. *Educación superior (ES)*

Aún con la hipótesis "A", que supone la misma absorción que en 1997 y un crecimiento lento de la eficiencia terminal, en los próximos 20 años la matrícula crecería con una tasa promedio de 4.1% y llegaría a 3.6 millones en 2016, lo que implica una cobertura de 35% (figura X.5.). El aumento de la meta de eficiencia a 0.8 en la hipótesis "B" conduce a un aumento de la matrícula debido a la disminución de los desertores, aumento que, por otra parte, se modera por la menor permanencia en la escuela de la creciente población estudiantil en las carreras de dos años; con esta hipótesis la matrícula llegaría a 4.5 millones en 2018, con un crecimiento anual promedio de 5.1%, y una cobertura de 44%. Bajo la hipótesis "C", el fenómeno descrito se acelera, de modo que la matrícula llegaría a un máximo 3.7 millones en 2014, con una cobertura de 36%.

Menos matrícula significa menos cobertura, pero no necesariamente menos graduados. La figura X.7. muestra el efecto del mejoramiento de

Cuadro X.10. *Porcentaje de la población de 25 a 34 años que terminó al menos la educación media superior. 1996*

País	Porcentaje
República Checa	92
Noruega	91
Polonia	88
Suecia	87
Suiza	87
Reino Unido	87
Estados Unidos	87
Alemania	86
Canadá	85
Finlandia	83
Austria	82
Hungría	80
Corea	80
Dinamarca	74
Francia	74
Holanda	72
Bélgica	70
Grecia	66
Irlanda	66
Nueva Zelanda	65
Australia	62
Italia	52
España	50
Malasia	48
Paraguay	43
Argentina	36
Uruguay	36
Portugal	32
Brasil	31
Turquía	23
Tailandia	19

Fuente: *OCDE, Education at a glance 1998.*

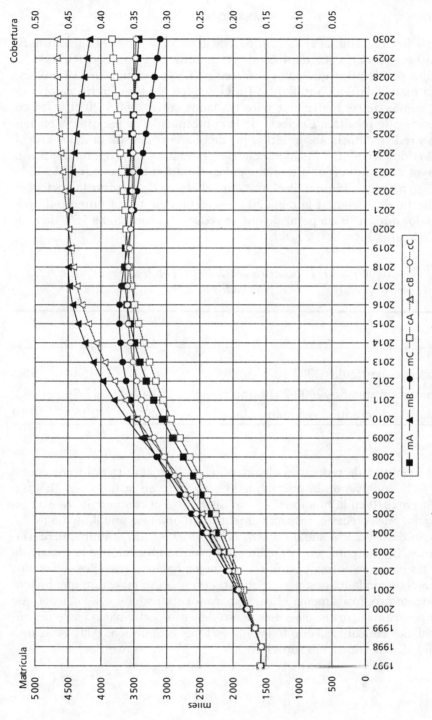

Figura X.5. Educación superior. Escenarios de matrícula y cobertura 1997-2030

la eficiencia terminal en la cantidad de graduados, de la licenciatura. En 2010 el escenario "C" da 405 mil graduados, con una matrícula de 3.4 millones, mientras que con el escenario "B" se graduarían 339 mil, con una matrícula de 3.6 millones. En el cuadro X.11. están los valores de las sumas de las matrículas y los titulados entre 2000 y 2030, y los cocientes que resultan. El efecto de la combinación de mejorar la eficiencia y redistribuir la absorción se puede observar considerando los resultados de "A" y "B"; la diferencia de graduados es proporcionalmente mayor que la diferencia de matrículas. Comparando las cifras de "B" y "C" se manifiesta aún más claramente el efecto de mejorar la eficiencia: el hecho de adelantar la meta 20 años resulta en mayor número de graduados que en "B", a pesar de que se reduce la absorción a 75% de la de "B" (figuras X.6., X.7. y X.8.).

CUADRO X.11. *Escenarios 1997-2030. Totales de matrícula y graduados de ES*

	Escenarios		
	A	B	C
Suma de matrículas 2000-2030 (millones)	96.2	115.0	98.3
Suma de graduados 2000-2030 (millones)	10.4	17.5	18.5
Relación de graduados a matrícula	0.11	0.15	0.19

La política de reducir la absorción en la licenciatura del valor actual de 63%, incluyendo la normal, a 33% en 2030 en la hipótesis "B", o a 25% en 2010 en la hipótesis "C", no disminuye el crecimiento de su matrícula, pues crecería, respectivamente, con una tasa anual media de 4.6 en un caso y 2.9% anual en otro entre 1997 y 2017. Complementariamente, incrementar en la medida indicada la absorción y la matrícula en las carreras cortas permitiría un mejor balance entre los egresados de ambas modalidades, pero requeriría un proceso laborioso que hiciera evidente progresivamente el valor, para los individuos y la sociedad, de los programas cortos; en ese esfuerzo deberán participar no sólo las autoridades educativas, sino todos los sectores económicos y las otras modalidades de educación superior.

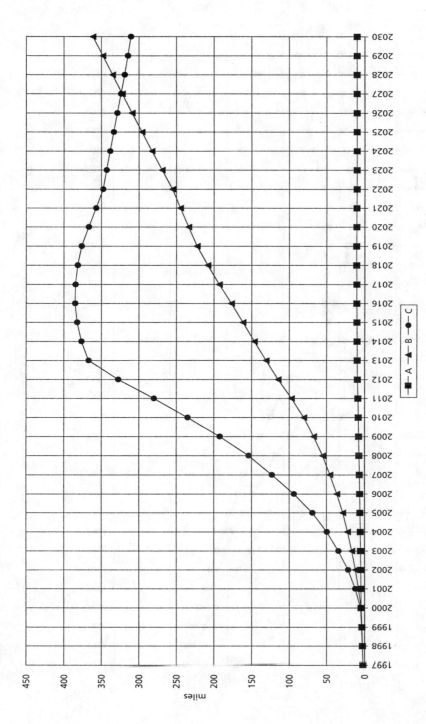

FIGURA X.6. *Educación superior. Escenarios de titulados de TSU 1997-2030*

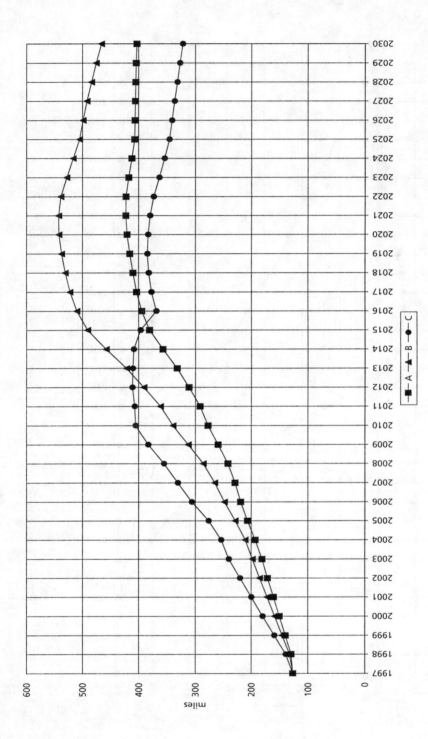

FIGURA X.7. *Educación superior. Escenarios de titulados de licenciatura 1997-2030*

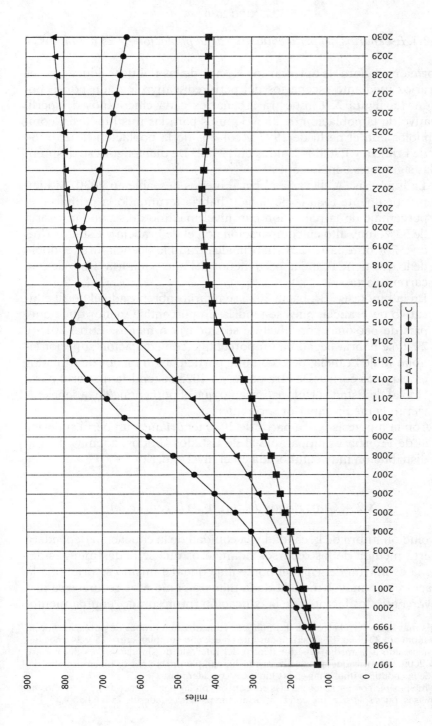

FIGURA X.8. *Educación superior. Escenarios de titulados 1997-2030.*

X.2.4. *Escenarios del perfil educativo de la población de 25 a 34 años*

La forma más clara de apreciar los efectos de las políticas educativas es ilustrarlos mediante escenarios del perfil educativo logrado por la población. La figura X.9. muestra escenarios cada cinco años del perfil educativo de la población de 25 a 34 años para las tres hipótesis, comparándolos con el perfil de 1997 y con los de la población de 25 a 64 años de Francia y Estados Unidos en 1996.[12] De dicha figura se desprenden las siguientes conclusiones:

a) La hipótesis "A" llevaría al perfil menos deseable en 2030. Si bien prácticamente toda la población habría terminado la primaria, el porcentaje de la población con nivel máximo de secundaria sería de 53%, muy alto en comparación con el de Francia y Estados Unidos. Por otra parte, 22% habría alcanzado la licenciatura, el doble de lo que tiene Francia, pero menos del uno% tendría título de una carrera corta.

b) En la hipótesis "B", hacia 2025 se habría sobrepasado el perfil educativo de Francia, pues se tendría un porcentaje menor que aquel país de personas con nivel de secundaria o menos. Entre 2015 y 2020 se habría llegado a un porcentaje con educación superior similar al de Francia, pero con una participación menor de titulados en carreras cortas. De otra parte, en 2025 se tendría un perfil parecido al de Estados Unidos, excepto que el porcentaje de quienes tuvieran la media superior sería inferior.

c) Con la hipótesis "C", a partir de 2020 tendríamos un perfil superior al de Francia y comparable al de Estados Unidos, además de una distribución muy equilibrada en el nivel superior.

X.2.4. *Otros rasgos del futuro de la educación*

La evolución futura de la calidad y la equidad de la educación dependerá en cierta medida de los recursos financieros que se le destinen, es decir de la evolución del PIB, del porcentaje que del mismo se oriente a la educación y en mayor medida de la manera como esos recursos se distribuyan entre los factores de la educación (profesorado, equipamiento,

[12] Es más claro ver el efecto de las políticas educativas en grupos de población joven. Por ejemplo, en 2019 las 10 generaciones que en ese año cumplan entre 25 y 34 años habrían ingresado a la media superior dentro del intervalo de simulación, es decir entre 2000 y 2009, mientras que quienes en esa fecha cumplan más años lo hicieron antes del inicio de las políticas implícitas en las hipótesis consideradas.

No fue posible comparar los perfiles educativos con las poblaciones de 25 a 34 años de otros países, pues sólo se contó con la información para las edades de 25 a 64 años.

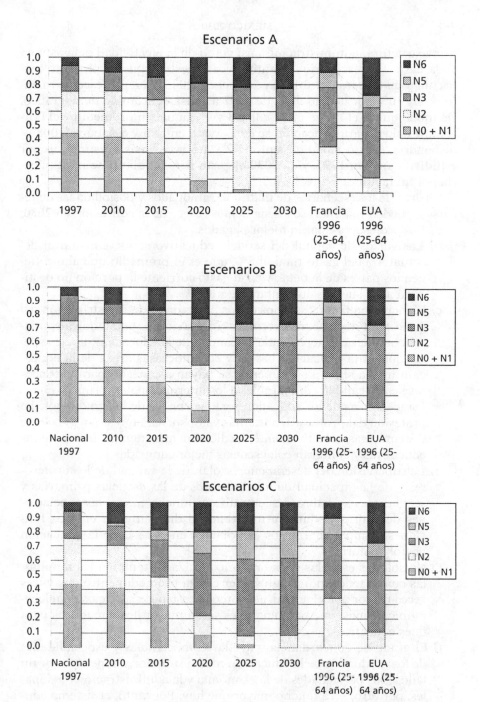

FIGURA X.9. *Nivel máximo de población de 25 a 34 años*

infraestructura, administración), así como de la efectividad del gasto en cada caso. Los escenarios cuantitativos muestran que la presente matrícula total crecerá entre 10% y 20% hacia 2008, y luego descenderá entre 2% y 10% por debajo de la de 1997 a causa del cambio demográfico. De modo que si el PIB creciera entre 3 y 4% anual en promedio y el porcentaje del PIB para educación se conservara entre 5 y 6%, hacia 2008 se dispondría, *grosso modo*, de entre 1.2 y 1.3 veces más presupuesto por estudiante que en 1997, y en 2030 el gasto por estudiante se multiplicaría por un factor de entre 3 y 3.5.

A partir de los escenarios de matrícula, graduados y posibilidades de recursos, pueden vislumbrase los siguientes rasgos de la educación en 2030:

a) Los profesores estarán mejor pagados.

b) Los gastos de capital del servicio educativo se incrementarán del actual 4% del gasto total al 8%, que es el promedio que ahora tienen los países de la OCDE, y en el gasto corriente la porción no destinada a los sueldos aumentará de 3 a 20%.

c) El incremento a los salarios de los profesores y la redistribución del gasto para dedicar más recursos a inversiones y materiales escolares conducirá a incrementar la calidad de la educación. Es de esperar que en la educación básica y en numerosas áreas de la educación media superior y superior se hayan alcanzado para entonces niveles de calidad equiparables a los internacionales, primero en las competencias de los educadores y luego en las de los graduados. La profesión del profesor tendrá más valor social, ingresarán al cuerpo docente más selectivamente, dedicarán más tiempo a sus tareas educativas y contarán con escuelas mejor equipadas.

d) La supervisión del desempeño escolar, de la calidad de los profesores y de la capacidad de los directores de las escuelas primarias y secundarias se habrá descentralizado mucho más y las asociaciones de padres de familia intervendrán directamente en esas funciones, como lo harán los estudiantes en el caso de la educación postobligatoria.

e) No sólo las escuelas se habrán modernizado; también las familias, las cuales tendrán un ingreso per cápita promedio entre dos y tres veces mayor que el actual, así como acceso a los servicios de telecomunicaciones, que para entonces serán más útiles y maduros para fines educativos.

f) El grado de concordancia entre las competencias y especialidades de los graduados de la educación media superior y superior, por un lado, y las necesidades de la economía y la administración nacionales, por otro, será mucho mayor que hoy. Por tanto, el sistema educativo en esos núcleos será mucho más diversificado que el actual, y habrá un aprecio social menos retórico y más natural y profundo de todas y cada una de las profesiones.

g) La educación a distancia mediante las telecomunicaciones traerá a los hogares una gran variedad de programas educativos nacionales y extranjeros. Será posible entonces capacitarse y actualizarse más fácil y efectivamente, y hacerlo en cualquier edad y nivel educativo en que se encuentre el interesado. Además, los sistemas de certificación de competencias laborales permitirán obtener títulos y diplomas con validez oficial, independientemente de cómo se adquirieron las respectivas competencias.

h) El subsidio federal y estatal a la educación superior seguirá modalidades diferentes de las actuales. La dominante probablemente será una en la que el subsidio público esté ligado al desempeño institucional en cuanto a número de graduados, calidad de los mismos y grado de equidad medido por la presencia de los diversos grupos socioeconómicos en la población estudiantil de cada institución. También pueden desarrollarse, aunque con menor probabilidad, mecanismos de subsidio basados en las preferencias del estudiantado por las diversas instituciones públicas, como está ocurriendo en Finlandia y otros países avanzados.

i) La inversión privada en educación contribuirá también a la diversidad de opciones de aprendizaje escolarizado y no escolarizado en la educación media superior y superior. Habrá, por otra parte, un mercado dinámico de programas educativos de actualización y sistemas numerosos, privados y públicos, de becas y crédito educativo.

j) Será común la práctica de evaluar a los egresados de las instituciones educativas de todos los niveles mediante exámenes llevados a cabo por organizaciones ajenas a las propias instituciones de educación. La publicación de los resultados será un elemento orientador del público en la selección de escuelas y universidades, de quienes empleen a sus egresados y de quienes decidan los subsidios públicos.

k) Ser estudiante, profesor o autoridad educativa en 2030 implicará asumir responsabilidades de cuyo cumplimiento estará atenta la sociedad en grado mucho mayor que hoy, con base en criterios e información más completos y de mejor calidad.

l) En 2030 la mayor parte de los mexicanos habría cursado la educación media superior y adquirido los valores culturales señalados como deseables en el apartado anterior. De cumplirse esto, la vida familiar, política y comunitaria, incluyendo la del trabajo, estará sustentada en mejores habilidades técnicas y capacidad de comunicación oral y escrita, es decir, el ambiente será más honesto, productivo y respetuoso de las diferencias de los otros. El 20 o 30% de la población que alcance los estudios superiores habrá aprendido a ser creativo y a tener la capacidad de generar empleos productivos.

No debe pensarse, sin embargo, que los aspectos positivos de este probable escenario se lograrán mecánicamente y de manera inevitable. Por el contrario, muchos de ellos exigirán actos de voluntad, ingenio, racionalidad y laboriosidad, muchos de ellos a contrapelo de nuestros rasgos culturales del presente. Las más difíciles serán las acciones en pro de la calidad, pues implican una rigurosa autoexigencia de los actores centrales del proceso educativo: los profesores de todos los niveles de la educación. Dado el poder de negociación que da la magnitud de los gremios respectivos, no es sino muy humana la tentación de tomar para sí mismo los beneficios de un nivel de desempeño más alto y reaccionar soterrada o abiertamente contra las exigencias. No faltará quien abandere esa causa. Sin embargo, también hay motivos para el optimismo, si se tiene en cuenta que el mejoramiento de la escolaridad y el bienestar en la sociedad habrán fortalecido para entonces la racionalidad y la ética de amplios sectores de mexicanos, entre los que sin duda estarán incluidos los educadores y, mediante la presión de la democracia, los gobernantes del país.

X.3. DESARROLLO TECNOLÓGICO

Los clásicos griegos llamaban *techné* al conocimiento aprendido de la experiencia. Lo distinguían de la *theoría*, que era el conocimiento obtenido por sólo el pensamiento lógico; también lo diferenciaban del derivado de la magia, desconectado tanto de la comprobación sistemática como del análisis lógico. La técnica no se califica por su verdad o falsedad, sino por su eficacia,[13] y contiene un tipo de saber que ha existido en todas las épocas de la humanidad, que se aprende y valida en la práctica, que puede tener o no origen científico y cuya generación se acelera continuamente.

La ciencia, que nace con Galileo, es a la vez *theoría* y *techné*: adopta el pensamiento lógico, pero también el criterio de la comprobación empírica. Surge entonces el interés por la lógica de la técnica, la *tecnología*, la

---

[13] Daniel Reséndiz, "La racionalidad de la tecnología", Complementos del Seminario de Problemas Científicos y Filosóficos, Nueva Época, Núm. 2, UNAM, 1987.
   Emilio Rosenblueth, Jorge Elizondo, "Una reflexión sobre los logros y avances de las ciencias de ingeniería en México", *Ciencia y tecnología en el umbral del siglo XXI*, Conacyt, 1994.

solución científica de problemas prácticos. Pero hubo que esperar siglos para que la ciencia realmente produjera productos prácticos; esto fue claramente reconocible apenas durante la segunda revolución industrial, a mediados del siglo XIX, en las incipientes empresas de la electricidad y la química. Al término de la Segunda Guerra Mundial los gobiernos de los países más desarrollados empezaron a fomentar la ciencia y la tecnología porque las reconocieron como factores de la seguridad nacional, como fuentes de solución de problemas nacionales, como agentes de superioridad económica y como símbolos de prestigio. Desde entonces en esos países la ciencia y la tecnología conviven, tanto en las políticas públicas como en los laboratorios de desarrollo.

En México ha existido técnica desde la prehistoria y se ha hecho ciencia desde el siglo XVII. El gobierno empezó a financiar la ciencia desde principios del siglo XX: al abrigo del presupuesto público los centros de investigación crecieron en número y tamaño, y los temas que en ellos se profesan se han diversificado. Los propios científicos han promovido la creación de organismos privados y públicos para el fomento de la investigación científica, como la Academia de la Investigación Científica (hoy Academia Mexicana de Ciencias), creada en 1959 y, por iniciativa de ella, el CONACYT, creado en 1970. Desde entonces, el gasto que el país destina a las actividades de ciencia y tecnología se ha movido en una franja de entre 0.26 y 0.45% del PIB, actualmente el menor porcentaje entre los países que forman la OCDE (cuadro X.12.). La parquedad de dicho gasto es más privada (empresarial) que pública, si se juzga con patrones internacionales.

X.3.1. *Sistema de investigación*

Según datos publicados por la OCDE, México cuenta con 2.1 personas con nivel de licenciatura o superior dedicadas a tareas de investigación y desarrollo (ID) por cada 10 000 habitantes; muy poco, si lo comparamos con los 37.3 que tiene Estados Unidos, los 28.3 de Alemania, los 30.5 de Suiza, los 53.6 de Japón, los 22.3 de Corea y los 12.1 de España[14] (cuadro X.13.).

Para acortar las distancias que nos separan de los otros países de la OCDE es necesario primero reconocer algunos puntos débiles del sistema de ciencia y tecnología nacional:[15]

[14] Es incierto, sin embargo, si las cifras son estrictamente comparables, pues tienen implícitos tanto diferencias de definición como de métodos de cálculo.
[15] Jorge Elizondo, *Políticas de ciencia y tecnología en México*, Consejo Consultivo de Ciencias, México, 1994.

CUADRO X.12. *Gasto en* ID *como porcentaje del* PIB *(1995)*

Suecia	3.59
Japón	2.98
Suiza (1996)	2.74
Corea	2.68
Estados Unidos (1993)	2.61
Finlandia	2.35
Francia	2.34
Alemania	2.30
Holanda	2.07
Inglaterra	2.02
Dinamarca	1.91
Noruega	1.71
Australia (1996)	1.68
Canadá	1.62
Bélgica	1.59
Islandia	1.54
Austria (1993)	1.49
Irlanda	1.39
República Checa	1.04
Italia	1.01
Nueva Zelanda	0.97
España	0.85
Hungría	0.74
Polonia	0.74
Portugal	0.58
Grecia (1993)	0.48
Turquía	0.38
México	0.31

FUENTE: OCDE, *Main science and technology indicators*, 1998 (2).

a) El gasto federal en ciencia y tecnología (CyT), que tuvo un crecimiento constante de 1971 a 1981, sufrió una serie de contracciones que lo redujeron a finales de los ochenta a menos del 60% del que se ejerció en 1981; y aunque posteriormente se ha recuperado, sólo en 1994 se logró superar el porcentaje del PIB que se alcanzó en 1981 (cuadro X.14).

b) Los programas sexenales de CyT no han contado con el respaldo presupuestal que les permita sustentar metas a mediano y largo

CUADRO X.13. *Personas* dedicadas a ID por cada 10000 habitantes (1995)*

Japón	53.6
Islandia	40.3
Suecia	38.1
Estados Unidos (1993)	37.3
Noruega	36.6
Australia (1996)	33.3
Finlandia	33.0
Suiza (1996)	30.5
Dinamarca	30.5
Alemania	28.3
Canadá	27.2
Francia	26.0
Inglaterra	24.9
Irlanda	23.3
Bélgica	22.6
Corea	22.3
Holanda	22.0
Nueva Zelanda	17.1
Austria (1993)	16.0
Italia	13.2
Polonia	13.1
España	12.1
Portugal	11.7
República Checa	11.6
Hungría	10.3
Grecia (1993)	7.7
Turquía	2.6
México	2.1

* Con estudios de licenciatura o superior.
Fuente: OCDE, *Main science and technology indicators*, 1998 (2).

plazos. El gasto federal en CyT no ha tenido suficiente inercia en relación con el gasto programable del gobierno (cuadro X.14.): en los años en que éste aumenta, el gasto en CyT crece a tasas mucho mayores (las tasas de crecimiento del gasto programable en 1984, 1991 y 1994 fueron de 3%, 3% y 11%, mientras que las del gasto en CyT fueron de 17%, 26% y 38%, respectivamente), y cuando el gasto programable disminuye, el de CyT lo hace a tasas desproporcionadas (las tasas de diminución del gasto programable en

CUADRO X.14. *Gasto federal en ciencia y tecnología 1980-1997*
(Millones de pesos)

Año	GFCyT A precios de 1993	PIB A precios de 1993	GPSPF A precios de 1993	GFCyT como % del PIB	GFCyT como % del GPSPF
1980	3 839	947 779	231 925	0.41	1.66
1981	4 676	1 028 743	300 539	0.45	1.56
1982	4 105	1 023 017	264 350	0.40	1.55
1983	2 983	987 597	223 479	0.30	1.33
1984	3 498	1 021 316	230 365	0.34	1.52
1985	3 498	1 043 818	220 260	0.34	1.59
1986	3 347	1 011 278	207 190	0.33	1.62
1987	2 697	1 028 846	196 114	0.26	1.38
1988	2 629	1 042 066	185 787	0.25	1.42
1989	2 761	1 085 815	174 626	0.25	1.58
1990	3 142	1 140 848	180 828	0.28	1.74
1991	3 953	1 189 017	186 495	0.33	2.12
1992	3 956	1 232 162	195 189	0.32	2.03
1993	4 588	1 256 196	206 987	0.37	2.22
1994	6 326	1 311 661	230 424	0.48	2.75
1995	4 343	1 230 994	194 537	0.35	2.23
1996	4 571	1 294 489	208 609	0.35	2.19
1997	5 812	1 384 824	225 590	0.42	2.58

GFCyT, gasto federal en ciencia y tecnología.
PIB, producto interno bruto.
GPSPF, gasto programable del sector público federal.
Fuente: SEP-CONACYT *Indicadores de actividades científicas y tecnológicas 1996 y 1997.*

1983, 1987 y 1995 fueron de 15%, 5% y 14%, y las del gasto en CyT fueron de 27%, 19% y 31%, respectivamente). La incertidumbre en cuanto a los recursos se transmite en cascada a las instituciones, departamentos y grupos de investigación, que bajo esas circunstancias difícilmente pueden planear sus actividades.

c) Las políticas de desarrollo científico no han evitado la concentración de los recursos humanos dedicados a la investigación científica. En 1997, 46% de los miembros del Sistema Nacional de Investigadores (SNI) pertenecían a sólo tres instituciones: la UNAM, el CINVESTAV y la UAM; el resto se distribuía entre otras 157 instituciones. Por otra parte, se observa una alta concentración de la capacidad de investigación en el DF, pues en ese año radicaban en él

52% de los investigadores nacionales del nivel I, 66% del nivel II y 76% del nivel III.[16] De la misma manera, la investigación se concentra en pocas disciplinas: en el 25% más concurrido de las 417 disciplinas registradas por el SNI se afilia 71% de los investigadores nacionales, mientras que sólo 3% de ellos se ocupa del 25% de las disciplinas menos cultivadas.[17]

d) No se ha logrado vincular suficientemente a la investigación y la educación para construir la capacidad necesaria de reproducción del sistema de investigación y, sobre todo, la capacidad de imbuir una mentalidad científica en, al menos, toda la población educada. Como puede verse en el cuadro X.15., los egresados de maestros y doctores son muy limitados en comparación con los de Canadá y Estados Unidos. Las diferencias con estos países en la producción de postgraduados per cápita son similares a las del gasto en ID per cápita, pero ambas son entre 5 y 8 veces mayores a las diferencias que se tienen en el PIB per cápita. Además, la falta de buena formación científica en los profesores de educación básica y en gran cantidad de otros gremios profesionales de México es bien sabida.

CUADRO X.15. *Egresados del posgrado en 1995*

	Canadá*	Estados Unidos	México
Maestros		397 629	10 008
Doctores		44 446	519
Maestros + doctores	27 195		
Maestros/100 000 h		151	11
Doctores/100 000 h		17	0.6
Maestros + doctores/100 000 h	93	168	11.6

* 1994
FUENTES: Debra Gerald y W. Hussar, *Projections of education statistics to 2008*, US Department of Education, 1998.
Canada Year Book 1997.
ANUIES, *Anuario estadístico 1996*, 1997.

e) Los incentivos económicos que ofrecen las universidades públicas, la beca del SNI y las consultorías que en sus tiempos libres ofrecen los propios investigadores constituyen complementos atractivos de sus sueldos, pero han complicado la vida del investigador, porque cada fracción de sus ingresos viene acompañada de requisitos y

[16] CONACYT, *Indicadores de actividades científicas y tecnológicas 1997*, México, 1998.
[17] Los datos se obtuvieron del banco de datos del SNI, actualizado a septiembre de 1999.

criterios de evaluación diferentes, creándose así un ambiente de valores no siempre compatibles con las tareas de investigación. Además, debido a que gran parte de los investigadores considera estos estímulos como complementos obligados del sueldo, les resta la cualidad de estimular.

f) Hay falta de difusión de la cultura científica en todos los estratos de la población y es insuficiente la importancia que se da a la ciencia en todos los niveles educativos. Se han realizado algunos esfuerzos meritorios, como los libros de difusión científica de la serie La Ciencia para Todos, del Fondo de Cultura Económica, y los museos de la Ciencia y del Papalote, pero la gran mayoría de nuestra población todavía no tiene ideas claras sobre qué es la ciencia y lo que de ella puede esperarse.

g) Se ha fomentado más la oferta de conocimientos tecnológicos que la demanda, por la creencia de que las instituciones académicas pueden resolver los problemas tecnológicos de las empresas, acción de la que los empresarios casi no se dan por enterados. Da la impresión de que los programas nacionales se han formulado con el modelo de que hay un adquiriente-usuario de la tecnología y un oferente, quien la produce, de ahí que se piense en la creación de centros de investigación tecnológica separados de la empresa, lo que consecuentemente lleva al problema del enlace entre ambos.

h) Las políticas tecnológicas se han formulado sin tener suficiente conocimiento sobre las actividades de la I+D industrial; se carece de diagnósticos cuantitativos y cualitativos de los factores que motivan y desalientan el desarrollo tecnológico de las empresas, del gasto en I+D intramuros, de la cultura organizacional, de las prácticas de gestión de la calidad y otras funciones que afectan la competitividad. No se tiene información sobre la capacidad de asimilación de las tecnologías adquiridas, ni sobre qué formas de organización logran mejores resultados. Tampoco se tiene información sobre el desarrollo tecnológico que se acumula con las acciones de modernización, como la compra de maquinaria y de sistemas de procesamiento de datos.

i) No ha habido una política industrial pues, de haber existido, el desarrollo tecnológico jugaría un papel esencial y recibiría la atención necesaria. Es generalmente aceptado que la CyT es un instrumento de las políticas económicas y sociales, de modo que la definición de las prioridades tecnológicas está sujeta a la definición de las prioridades de la industrialización y de los otros sectores económicos. Si éstas no son precisas, las prioridades tecnológicas no se pueden fijar.

X.3.2. Futuros del sistema de investigación

El número de profesionales (con nivel educativo de licenciatura o superior) que en el futuro se dedicará a las actividades de investigación científica y desarrollo tecnológico en México dependerá básicamente del comportamiento de los siguientes tres actores de la ID:

a) Las empresas productoras de bienes y servicios, que deben decidir si desarrollan tecnología propia, además de adquirir la generada en otros países. Esta decisión tendrá carácter económico y en ella intervendrá la percepción que tengan las empresas sobre el riesgo financiero que implica el desarrollo propio. Si éste es más favorable para su posición competitiva que la compra de tecnologías atrasadas (que son las que se obtienen en el mercado internacional), entonces el desarrollo y la innovación de tecnologías *intramuros* dará lugar a un crecimiento del personal industrial dedicado a la ID como no se ha visto antes en México. Además habrá un florecimiento de vinculación con el sector académico de la investigación, porque la demanda de conocimientos aplicados aumentará consecuentemente.

b) El gobierno, en su función de fomentar el desarrollo. En las condiciones actuales de la investigación científica y tecnológica nacional, lo que más falta hace es tener estrategias de crecimiento con compromisos de financiamiento a plazos de 10 o más años. Asimismo, es importante recuperar el valor social de la carrera de investigador científico, asignarle salarios justos y hacerla atractiva para los jóvenes más talentosos que egresan de la educación superior. Por otra parte, es necesario que las políticas tecnológicas sean de fomento, no de regulación, y deseablemente orientadas por las prioridades del desarrollo industrial; además, debe reconocerse en dichas políticas que el desarrollo tecnológico del país se dará en el seno de empresas, no en las instituciones académicas.

c) La comunidad científica, cuya misión es contribuir a la educación científica de la sociedad. Esta misión se cumple mediante tres actividades principales: *(1)* la generación de conocimiento, que permite a los investigadores estar permanentemente en la frontera de su disciplina y mostrar a la sociedad el dinamismo y el poder de la ciencia; *(2)* la participación directa de los investigadores en la educación de los profesionales de todos los campos del saber, a través de los cuales se difunde el conocimiento científico entre el resto de la sociedad y se posibilita a sus diversos sectores la comprensión de la ciencia y el fomento de la innovación. La importancia de esta función ha hecho que en el mundo entero se opte porque la investigación básica se realice principalmente en las universidades, que es donde se forman dichos profesionales, y *(3)* la capacitación y entrenamiento de nuevos investigadores, principalmente mediante la supervisión y tutelaje de estudiantes de posgrado. De las tres actividades, la primera es condición *sine qua non* para que un académico efectivamente pueda llamarse investigador, y la tercera es el medio por el cual se regenera y desarrolla la propia comunidad científica y se crea un entorno social favorable a la innovación. Sin embargo, supuesto que se cumplen las funciones primera y tercera, la actividad de mayor repercusión social de los investigadores es la segunda, pues a través de ella se establecen los vínculos más efectivos y apreciados entre ciencia y sociedad. Sólo mediante la buena educación científica de los profesionales de todos los campos se puede llevar el potencial de la ciencia a los diversos sectores sociales, y es así como la ciencia puede llegar a tener efectos sobre la calidad de vida de la gente y sobre el avance económico y social de las naciones. Por otra parte, los investigadores son insustituibles en esta función, pues son los más capacitados para enseñar el método con el que la ciencia analiza y resuelve problemas. También son ellos quienes mejor pueden transmitir la importancia y la capacidad de movilizar el uso de la ciencia en todos los ámbitos. Es por estas razones que los académicos de las instituciones de educación superior en los países avanzados se denominan "profesores", denominación tiene en tales países tienen un alto prestigio y el apoyo institucional, gubernamental y social.

Como se vio antes, la educación de posgrado es un cuello de botella que debe resolverse si se desea acelerar el crecimiento del sistema de investigación. Parece necesario estudiar más a fondo los problemas que lo afectan.

La evolución al 2030 del número de profesionales dedicados a la ID puede entonces sustentarse con dos hipótesis sobre el comportamiento de los actores:

a) Se conserva el mismo comportamiento de los tres actores mencionados, por lo que el número de personas dedicadas a la ID crece a la misma tasa observada entre 1984 y 1995.

b) Se presentan condiciones favorables para su crecimiento y se establecen estrategias nacionales con el acuerdo y compromiso de los tres actores. Bajo esta hipótesis, el crecimiento del sistema de investigación estaría limitado sólo por su propia capacidad de reproducción.

En el cuadro el X.16. se muestran tres escenarios obtenidos mediante el uso del indicador *personal profesional de ID/10 000 habitantes* y de un modelo de crecimiento logístico con el punto de saturación igual a 50 PID/10 000 h. El valor actual de este indicador es de 38.1 en Suecia, 37.3 en Estados Unidos, 27.2 en Canadá, 26.0 en Francia y 12.1 en España. El hecho de que Japón llegó a 53 en 1995 pero bajó a 49 en 1996 nos hace suponer que 50 es el valor adecuado para el punto de saturación. En México ese indicador fue 2.3 en 1984 y 2.6 en 1995[18] (cuadro X.13.).

CUADRO X.16. *Escenarios del personal profesional dedicado a ID (PID)*

PID/10 000 h	1984	1995	2010	2020	2030
A	2.3	2.6	3.1	3.4	3.8
B	2.3	2.6	6.5	14.0	25.0
C	2.3	2.6	11.9	31.3	45.0

Tasa anual promedio de crecimiento del PID	1984-1995	2000-2010	2010-2020	2020-2030
A	3.3	2.3	2.0	1.6
B	3.3	10.3	8.8	6.6
C	3.3	17.1	11.1	4.2

PID	1984	1995	2010	2020	2030
A	16 604	23 783	24 249	41 579	48 943
B	16 604	23 783	73 487	170 728	322 317
C	16 604	23 783	133 917	382 688	580 171

El escenario "A" del cuadro X.16., sustentado en la hipótesis "a", muestra un crecimiento débil del indicador considerado. De continuar con el mismo ritmo que en el último decenio, es muy probable que en 2030 México sea el país de la OCDE con menos investigadores per cápita.

Bajo la hipótesis "b" pueden sugerirse escenarios optimistas. En el "B" se propone la meta de llegar en 2030 a la cifra de 25 profesionales de ID por cada 10 000 habitantes, semejante a la que en 1995 tuvieron países como Francia y Canadá. En este escenario el número de investigadores se multiplicaría por un factor de 13 entre 1995 y 2030. Se ten-

[18] Las fuentes del PID son: CONACYT, *Estadísticas básicas del inventario de instituciones y recursos dedicados a las actividades científicas y tecnológicas 1984*, y CONACYT, *Indicadores de actividades científicas y tecnológicas 1996*.

dría que crecer con una tasa anual promedio de alrededor de 10% en el decenio de 2000 a 2010, y luego reducirla hasta 6.6 entre 2020 y 2030.

El escenario "C" supone un esfuerzo decidido por alcanzar en 2030 valores del PID per cápita semejantes a los que entonces tendrán la mayor parte de los países de la OCDE. Para ello sería necesario hacer crecer el sistema de investigación a una tasa promedio anual de 17% en el próximo decenio, lo que ofrece dificultades, pero no sería imposible si se tuviera el propósito y se dieran los supuestos de la hipótesis "b", y no sería novedoso, porque Corea ya ha sostenido esas tasas de crecimiento al inicio de su despegue industrial. Como el crecimiento sigue el patrón de una curva logística, en los decenios siguientes las tasas de crecimiento serían menores.

La figura X.10. muestra el trayecto de los tres escenarios, comparándolos con las posibles trayectorias de Estados Unidos, Canadá, Francia y España.

X.3.3. *Presente y futuro de la productividad*

Hasta la reciente apertura de los mercados, las empresas nacionales no tuvieron razones económicas para cultivar la tecnología, pues estando

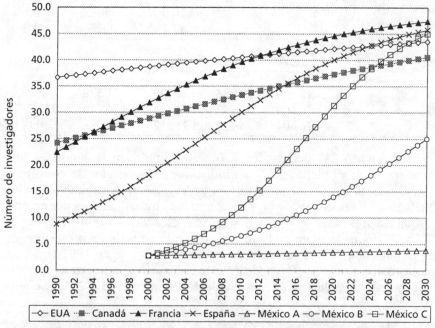

FIGURA. X.10. *Escenarios 2030 de investigadores por 10 000 h*

protegidas del comercio exterior no se sintieron presionadas para mejorar la eficiencia de sus procesos y la calidad de sus productos. El porcentaje del gasto nacional en ID financiado por las empresas no se conoce con certidumbre, pues no se llevan a cabo encuestas sistemáticas con ese fin. Sin embargo, la OCDE informa que en 1995 fue 17.6%.[19] Compárese esta cifra con las de países que se han distinguido por su competitividad industrial: Estados Unidos 58.4%, Alemania 61.1%, Suiza 67.5%, Japón 67.1% y Corea 76.3% (cuadro X.17.). Si se tiene en cuenta la magnitud del gasto total, la imagen de la participación de las empresas adquiere más precisión: 17.6% del gasto nacional en ID equivalió en 1995 a 385 millones de dólares (ajustados con la paridad del poder de compra), mientras que en España y Corea, países cuyo producto interno es comparable al de México, la participación del sector privado fue de 2 100 y 10 160 millones respectivamente, el primero cinco veces más que el mexicano, y el segundo, 26.

La manufactura es hoy el sector más dinámico de nuestra economía desde el punto de vista del comercio internacional; su participación en las exportaciones ha venido creciendo a tasas superiores a la de los bienes primarios e intermedios. El desarrollo tecnológico es la principal razón por la que se ha reducido la importancia que en el pasado tuvieron las materias primas. En México las exportaciones de bienes intermedios han pasado de 80% del total exportado en 1979 a 53% en 1997. En cambio, los bienes de consumo final aumentaron su participación de 18% a 30%, y los de capital, de 2 a 17% del total en ese mismo lapso. Cabe mencionar que a las maquiladoras corresponde 45% del total de las exportaciones de manufacturas.

En la medida en que un país exporta una proporción mayor de su producción, su vulnerabilidad al comercio mundial aumenta y se vuelve riesgosa cuando el mercado interior no es suficiente para compensar las pérdidas de ventas al exterior. Tal podría ser el caso de México en las subramas de *equipos de oficina y calculadoras* y *aparatos de radio, televisión y computadoras*, cuyas exportaciones superan 60% de la producción. También se es vulnerable al comercio mundial cuando se incrementa la participación de las importaciones en el consumo aparente, como sucede actualmente en esas mismas y en otras ramas de las manufacturas (figura X.11.). El indicador de exposición a la competencia (figura X.12.) es una medida combinada de la vulnerabilidad de las exportaciones y las importaciones, que en México se ha incrementado a valores semejan-

[19] Según el *Programa de ciencia y tecnología 1995-2000* del Ejecutivo Federal, las empresas manufactureras destinan 0.6% de su ingreso por ventas a la ID. Este dato, junto con la información del gasto del gobierno federal, las instituciones educativas y de otros, daría una participación de las empresas manufactureras de 30% en el gasto nacional en ID.

CUADRO X.17. *1995, porcentaje de participación de las empresas en el gasto en ID (%)*

Corea	76.3
Irlanda	68.5
Suiza (1996)	67.5
Japón	67.1
Suecia	65.6
Bélgica	64.2
República Checa	63.1
Alemania	61.1
Finlandia	59.5
Estados Unidos (1993)	58.4
Noruega	49.9
Austria (1993)	49.0
Francia	48.3
Inglaterra	48.0
Australia (1996)	47.0
Dinamarca	46.7
Canadá	46.2
Holanda	46.0
España	44.5
Italia	41.7
Hungría	38.4
Islandia	34.6
Nueva Zelanda	33.7
Polonia	31.5
Turquía	30.8
Grecia (1993)	20.2
Portugal	18.9
México	17.6

Fuente: OCDE, *Main science and technology indicators*, 1998 (2).

tes a los que tienen Francia, Alemania e Italia, aunque en estos países la dependencia de las importaciones es menor que la de México (el indicador de EUA está por abajo de la media de los países de la OCDE, a pesar de sus altos volúmenes de importaciones y exportaciones, debido al gran tamaño de su mercado interno, y el de Japón debido a que las importaciones sólo representan 7% de la producción).

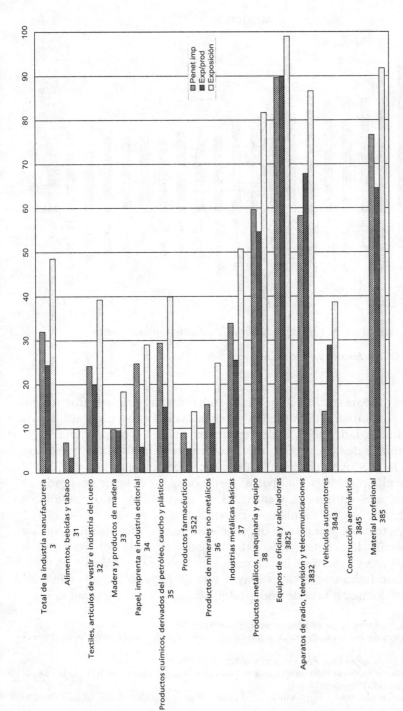

FIGURA. X.11. *México 1994, penetración de las importaciones y porcentaje de la producción exportada*

Fuente: OECD, *The OECD Stan data base for industrial analysis 1976-1995* INEGI, *Cuadernos de información oportuna*, diciembre 95 a julio 97

Porcentaje

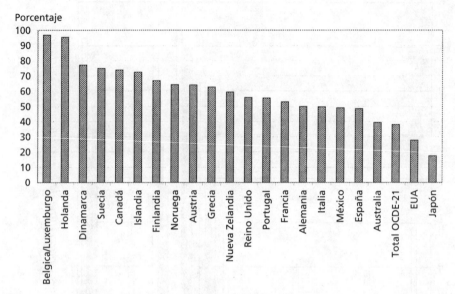

FIGURA X.12. *Exposición a la competencia externa*

FUENTE: OCDE, *Science, technology and industry*, 1997

Salvo si un país se aísla comercialmente (situación prácticamente imposible en la actualidad), su única defensa contra esas vulnerabilidades es la productividad, que es el elemento esencial de la competencia.[20]

En términos de la economía total y considerando a toda la población ocupada, la productividad[21] del trabajador mexicano está entre 1.7 y 6.2 veces por abajo de la de los países de la OCDE, si el valor agregado se mide en dólares nominales, y entre 1.3 y 2.7 veces si se mide en dólares a la paridad del poder adquisitivo (figura X.13.).

En el sector agropecuario la diferencia es mayor. Medida en dólares a tasa comercial, la productividad del trabajador agrícola de Estados Unidos es 15.9 veces superior a la del mexicano; la el de Canadá es 11.3 veces mayor; la de Italia es 8.8 veces mayor y la de España 5.2 veces mayor. Medida en dólares a tasa de poder adquisitivo, la productividad del tra-

---

[20] Los indicadores mencionados se definen como sigue:

Penetración de las importaciones = importaciones/(producción-exportaciones+importaciones)

Proporción de exportaciones = exportaciones/producción

Exposición a la competencia externa = (exportaciones/producción)+[(1- exportaciones/producción)*(penetr. imp.)]

[21] Consideramos aquí a la productividad como el simple cociente del valor agregado entre el número de trabajadores.

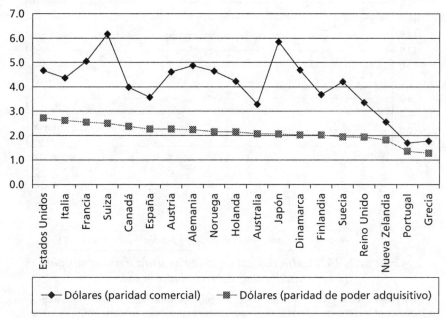

FIGURA X.13. *1993, productividad como múltiplo de la productividad del trabajador mexicano*

FUENTES: OCDE, *Education at a glance*, 1996
OCDE, *Main economic indicators*, 1997
OCDE, *Labour force statistics 1973-93*

bajador agrícola estadounidense es 9.3 mayor que la del trabajador mexicano, mientras que la del de Canadá es 6.7 veces mayor (figura X.14.).

La productividad del trabajador industrial de México es 40% menor a la del trabajador griego y 570% más baja que la del trabajador japonés, medida a tasa comercial. Si se mide en dólares a tasa del poder adquisitivo, entonces es igual a la del trabajador griego, pero es 20% menor que la del trabajador portugués y 280% más baja que la de Estados Unidos (figura X.15.).

En las figuras X.16. a X.18. se compara la productividad del trabajador mexicano en las manufacturas con las de los trabajadores de Estados Unidos, España y Corea. México es más productivo que España en las industrias de *madera y muebles* y en *industrias metálicas básicas*, y que Corea en *otras manufacturas*. En el resto, la productividad del trabajador español supera a la del mexicano entre 30 y 80%, excepto en *químicos*, en donde la productividad española es 3.5 veces mayor. Los trabajadores manufactureros coreanos son en promedio 1.6 veces más productivos, y los de Estados Unidos lo son 2.9 veces más que los de México.

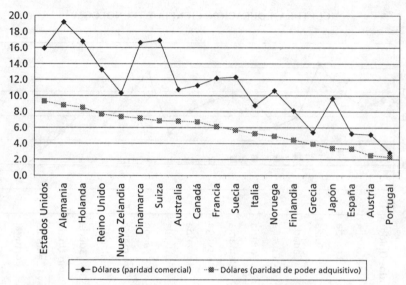

FIGURA X.14. *Productividad en la agricultura como múltiplo de la productividad del trabajador mexicano*

FUENTE: José Luis Calva, "Razones y principios de una política agrícola integral", en E. Moreno, *et al.* (comps.), *El sistema de poscosecha de granos, UNAM, 1995.*

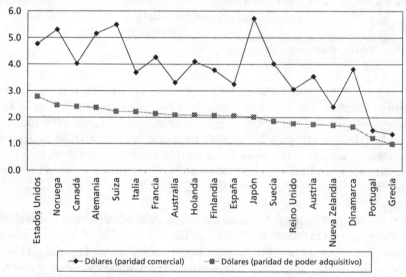

FIGURA X.15. *Productividad en la industria como múltiplo de la productividad de trabajador mexicano*

FUENTES: OCDE, *Main economic indicators,* 1997
        OCDE, *Labour force statistics 1973-1993*
        OCDE, *Education at a glance,* 1996

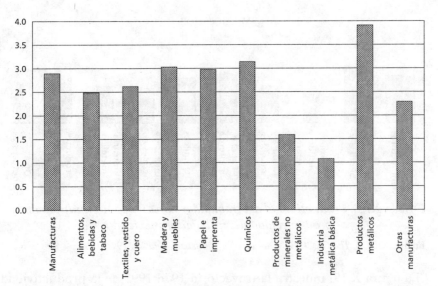

FIGURA X.16. *Productividad del trabajador estadounidense como múltiplo de la productividad del trabajador mexicano*

Fuente: OECD, *The OECD Stan databse for industrial analysis 1976-1995*

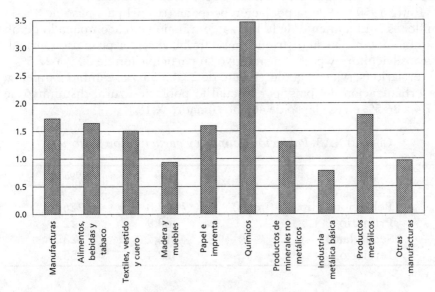

FIGURA X.17. *Productividad del trabajador español como múltiplo de la productividad del trabajador mexicano*

Fuente: OECD, *The OECD Stan databse for industrial analysis 1976-1995*

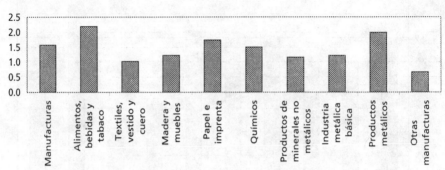

FIGURA X.18. *Productividad del trabajador coreano como múltiplo de la productividad del trabajador mexicano*

Fuente: OECD, *The OECD Stan databse for industrial analysis 1976-1995*

La figura X.19. muestra la trayectoria 1976-1995 de la productividad de las manufacturas en México y otros países. En ella se ve que la tasa a la que ha crecido la productividad mexicana es menor que la de los otros países. No sólo somos menos productivos, sino que además la diferencia tiende a empeorar, con la consecuente pérdida de competitividad en los bienes que predominan en el mercado mundial.

Entre 1950 y 1996 la población ocupada (PO) del país pasó de 8 a 35 millones.[22] El aumento de la fuerza de trabajo vino acompañado de un cambio notable en su distribución sectorial: el sector primario (agricultura, silvicultura y pesca) disminuyó su participación de 60.9 a 22.5% y el terciario (servicios) la incrementó de 22.4 a 55.5%, cambio paralelo a la urbanización del país, por lo cual lo población rural disminuyó de 57.4 a 26.5% en ese lapso de 46 años (cuadro X.18.)[23]

CUADRO X.18. *Población ocupada y participación sectorial*

	1950	*1996*
Población ocupada (miles)	7 917.0	35 226.0
Primario (%)	60.9	22.3
Secundario (%)	16.7	23.3
Terciario (%)	22.4	55.4

[22] La fuente de la primera cifra es INEGI, *Estadísticas históricas de México*, tomo I, 1994, y de la segunda es INEGI, *Encuesta nacional de empleo 1996*, 1997.
[23] Las fuentes del cuadro X.18. son: INEGI, *Estadísticas históricas de México*, tomo I, 1994, e INEGI, *Anuario estadístico de los Estados Unidos Mexicanos*, 1997.

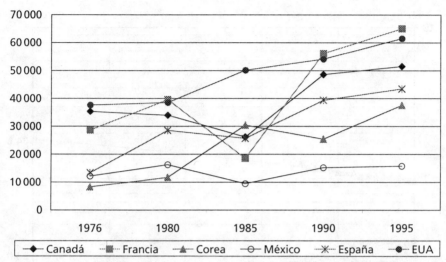

FIGURA X.19. *Productividad en las manufacturas, miles de dólares de 1990*

Fuente: OECD, T*he OECD, Stan database for industrial analysis 1976-1995*

Cabe señalar que, del total de ocupados en 1996, sólo 53% eran asalariados, 12% trabajaba sin recibir pago, principalmente en las actividades agropecuarias y en el comercio, y el resto, 35%, eran empleadores, trabajadores por su cuenta y a destajo.

El Consejo Nacional de Población estima que en 2030 la población de 15 a 64 años será de 87.8 millones, 43.5 millones de hombres y 44.3 de mujeres.[24] Si suponemos que la participación de hombres y mujeres en la población económicamente activa en esa fecha será de 80 y 50%, respectivamente, entonces la fuerza de_ trabajo llegaría a 56.9 millones de personas, 1.6 veces la de 1996.

Si las tendencias históricas se mantienen, la participación del sector primario en la fuerza de trabajo seguirá disminuyendo, y la del sector terciario aumentará. De los posibles escenarios de la distribución de la fuerza de trabajo entre los sectores productivos en 2030, considérese el que resulta de proyectar la tendencia de los datos de 1980 a 1996 (figura X.20.). El cuadro X.19. compara ese resultado con la distribución actual de Estados Unidos y Canadá.

Por otra parte, supónganse los siguientes rasgos del crecimiento económico:

a) La distribución por sectores productivos conserva la tendencia observada entre 1980 y 1996 (figura X.21.). Según dicha tendencia,

[24] CONAPO, Proyecciones de la población de México 1996-2050, México, 1998.

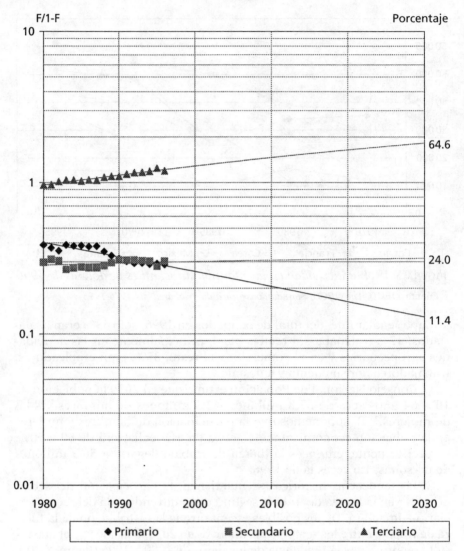

FIGURA X.20. *Distribución sectorial de la* PEA

en 2030 al sector primario le correspondería 4% del PIB, al secundario 32% y al terciario 64%.

b) Dos escenarios del crecimiento del PIB entre 1996 y 2030: el "A", con una tasa promedio anual de 3%, que nos permitiría tener en 2030 un producto per cápita como el que España tuvo en 1996, y el

CUADRO X.19. Perfiles del empleo

	Primario	Secundario	Terciario
Canadá 1993	4.4	22.2	73.4
Estados Unidos 1993	2.7	24.1	73.2
México 1996	22.3	23.3	54.4
México 2030	11.4	24.0	64.6

"B", con una tasa de 5% anual promedio, con el que se lograría en 2030 un producto per cápita como el de Estados Unidos en 1996.

Si los escenarios supuestos de la fuerza de trabajo y los del PIB y su distribución sectorial se cumplieran, entonces las productividades llegarían a las que se indican en el cuadro X.20.

Una tasa de 5% anual en el crecimiento del PIB sostenida durante los próximos 30 años puede parecer optimista, pero aún así no será suficiente para alcanzar la productividad que tienen los países de más desarrollo si, como es de suponer, éstos hacen crecer la propia a tasas de entre 1.5 y 2%. Para que en el futuro la producción mexicana pueda tener presencia en los mercados internacionales, se va a requerir que las industrias en las que se desee competir aumenten su productividad a tasas mayores al promedio de sus sectores.

CUADRO X.20. *Productividades sectoriales en 1996 y 2030 (pesos de 1996)*

			Productividad			
			Escenario A, PIB al 3%		Escenario B, PIB al 5%	
Productividad sectorial	Productividad 1966	PEA en 2030 (millones)	Productividad 2030	Crec. promedio anual %	Productividad 2030	Crec. promedio anual %
General	71 079	56.9	120 214	1.6	231 167	3.5
Productividad del sector primario	20 718	6.5	42 180	2.0	81 111	4.1
Productividad del sector secundario	84 501	13.7	160 285	1.9	308 223	3.9
Productividad del sector terciario	85 974	36.8	119 098	1.4	229 020	2.9

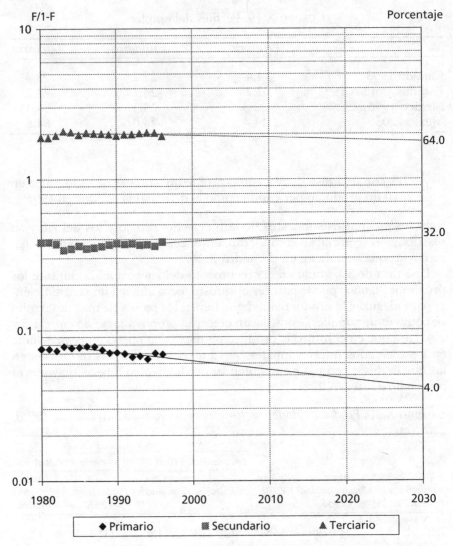

FIGURA X.21. *Distribución sectorial del PIB*

De los tres factores determinantes de la productividad (la fuerza de trabajo, la formación capital y el conocimiento), este último ha venido adquiriendo más importancia en todo el mundo durante los últimos decenios. La capacidad de innovar en productos y en procesos se ha vuelto la actividad más rentable de las empresas, principalmente en las industrias basadas en alta y media tecnología. El cuadro X.21. muestra el gasto

CUADRO X.21. *Gasto en* ID *como porcentaje del valor agregado (1995)*

	México	Promedio de 14 países de OCDE
Manufacturas	0.22	6.6
Alimentos, bebidas y tabaco	0.08	1.1
Tetiles, vestido y cuero	0.02	0.7
Madera y muebles, papel e imprenta	0.02	0.7
Químicos	0.35	8.8
Productos de minerales no metálicos	0.08	1.9
Industria metálica básica	0.24	2.6
Productos metálicos	0.26	11.1

FUENTES: CONACYT, *Indicadores de actividades científicas y tecnológicas*, 1996
OCDE, *Science, technology and industry*, 1997
OCDE, *Stan database for industrial analysis*, 1997

en investigación y desarrollo tecnológico de las ramas manufactureras en México y en una muestra de 14 países de la OCDE. En el total de las manufacturas, las empresas mexicanas dedican 30 veces menos que el resto de los países de la muestra.

Por otra parte, mientras que Alemania (1987) cuenta con 202 ingenieros ocupados en su práctica profesional por cada 10 000 personas en la fuerza de trabajo, EU (1992) tiene 149, Canadá (1986) 115 y México (1995) 62 (figura X.22.).[25]

Un resultado lógico de que las empresas mexicanas inviertan tan poco en conocimiento propio y cuenten con una cantidad relativamente baja de ingenieros es la escasa inventiva nacional, que se denota por el reducido número de solicitudes de patentes registradas por mexicanos (cuadro X.22.).

X.4. TECNOLOGÍA, CULTURA Y EDUCACIÓN

El contexto actual en que se desarrollan las empresas mexicanas difiere mucho del predominante hace muy poco tiempo. No sólo por las crisis financieras y sus consecuencias en la capacidad de ahorro, inversión y demanda de bienes y servicios de consumo final, sino porque terminó la

[25] También en estas cifras se subestima nuestra propia dotación, debido a la manera como se define a los ingenieros, pero el sentido del juicio no cambia.

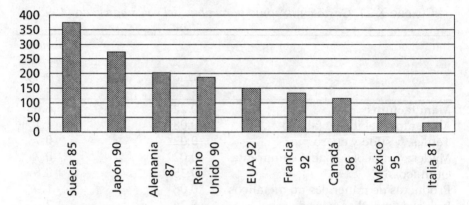

FIGURA X.22. *Ingenieros ocupados en actividades profesionales por cada 10 000 en la PEA*

FUENTE: National Science Foundation, *Science and engineering indicators,* 1993
INEGI, *Encuesta nacional de educación, capacitación y empleo,* 1995

época de inhibición de la competencia industrial. Abrir las puertas del mercado nacional a los productos elaborados en el extranjero trae como resultado que las empresas mexicanas deban sujetarse a disciplinas de productividad similares a las de las empresas internacionales. El reto es grande, pues la apertura sucede en un tiempo en que los países industrializados están seriamente empeñados en incrementar aún más su productividad.

CUADRO X.22. *1994, coeficiente de inventiva**

Japón	25.6
Alemania	4.6
Estados Unidos	4.1
Suecia	4.6
Reino Unido	3.2
Francia	2.2
Italia (1994)	1.4
Canadá	0.9
España	0.6
México	0.1

* Patentes soliciatadas por residentes por cada 10 000 habitantes
Fuente: OCDE, *Main science and technology indicators,* 1998 (2).

En este contexto las ventajas comparativas tradicionales de México, como el costo reducido de la mano de obra y la disponibilidad de ciertas materias primas, han perdido importancia competitiva, porque la apertura también permite la instalación en el país de empresas de origen extranjero, como las maquiladoras, de modo que las ventajas ya no son sólo para el productor nacional. Esto habrá de ser un acicate doloroso pero eficaz.

La globalización de la economía da nuevas pautas a la dirección y administración de las empresas. Los procesos de producción tienden a una colaboración mayor entre empresas y trabajadores, como es visible en los países asiáticos que han logrado mejor éxito económico. Éste se ha basado en desarrollo tecnológico, más capacitación del trabajador y los cuadros intermedios y más corresponsabilidad de la empresa y el trabajador. Los países occidentales han aprendido la lección y han emprendido un cambio cultural en sus relaciones industriales.

Ahora los conocimientos, valores y actitudes de los directivos y los trabajadores son vistos como factores tan importantes de la productividad como la modernización de las herramientas, los equipos y los laboratorios. El empresario mexicano sabe que para volverse competitivo ya no es suficiente contar con recursos financieros, y que ya no podrá competir por el solo camino del recorte de trabajadores, ni sólo por la renovación de los equipos, sino combinando todo con una alta dosis de asimilación y desarrollo propio de tecnología, más el cultivo del cambio cultural de la empresa. Estas tareas requieren que los empresarios tengan propósitos definidos, voluntad, claridad organizacional, ética del trabajo y conocimientos amplios sobre el entorno, así como sobre los procesos y productos propios y de la competencia. Es decir, deben tener una cultura de la que ahora carecen. Tendrán que educarse y educar a sus organizaciones y trabajadores para enfrentar situaciones que no han vivido antes.

La competencia internacional representa para las empresas mexicanas un reto de carácter idéntico al que enfrentamos todos los mexicanos: cultural y educativo. Como cualquier comunidad, las organizaciones tienen una cultura propia, con base en la cual, de forma explícita o implícita definen sus patrones de comportamiento y la forma de dar solución a los problemas, de actuar e interactuar internamente y con el entorno, de apreciar el desempeño, de premiar y penalizar, etc.

La cultura de las empresas mexicanas se ha creado y desarrollado durante un periodo muy reciente, en comparación con las europeas y estadounidenses, cuya tradición arranca desde el origen mismo de la industrialización. De ahí que, en general, nos falten todavía algunos hábitos y valores propios de las sociedades industriales, como la puntualidad, la precisión, la laboriosidad y el aprecio del conocimiento, así como de la tecnología y de la productividad. No hemos efectuado conscientemente un esfuerzo amplio de cambio cultural para asimilar esos valores, como lo hizo Japón en la revolución Meidji y en la posguerra. Si hemos de participar significativamente en el concierto mundial y sobrevivir como nación, va a ser necesario desarrollar nuestras culturas organizacionales de modo que coordinen los valores propios de nuestra forma de ser con los que introdujeron la primera, segunda y tercera revolución industriales. Es decir: necesitamos lograr una síntesis más armónica y perfecta de nuestras herencias culturales mesoamericana y occidental.

La mayor parte de las empresas que funcionarán en 2030 no existen ahora. Quienes las van a dirigir y operar, y quienes van a hacer entonces la ciencia y la tecnología nacionales, están ahora en las escuelas; ahí están adquiriendo conocimientos, habilidades, valores, actitudes que pueden ser o no los apropiados. Si ahora no se les sensibiliza sobre el valor del trabajo, la competencia, la colaboración y la importancia de la ciencia, la innovación y el desarrollo tecnológico, y si no se les imprimen los valores de veracidad, honestidad, aprecio del trabajo, competencia, colaboración y sano nacionalismo, todo nos costará más esfuerzo y el futuro no será promisorio.

Anexo X.1. *Fórmulas de absorción y eficiencia en el modelo de simulación de flujos*

	Absorción	Eficiencia
Primaria	$Abs_{Prim}^t = \dfrac{NI^t}{Pob_{6\ años}^t}$	$F_{Prim}^t = \dfrac{E^t}{NI^{t-5}}$
Secundaria	$Abs_{Sec}^t = \dfrac{NI^t}{E_{Prim}^{t-1}}$	$F_{Sec}^t = \dfrac{E^t}{NI^{t-2}}$
Bachillerato 2 años	$Abs_{B2}^t = \dfrac{NI^t}{M_{3°Sec}^{t-1}}$	$F_{B2}^t = \dfrac{E^t}{NI^{t-1}}$
Bachillerato 3 años	$Abs_{B3}^t = \dfrac{NI^t}{M_{3°Sec}^{t-1}}$	$F_{B3}^t = \dfrac{E^t}{NI^{t-2}}$
Profesional Medio	$Abs_{PM}^t = \dfrac{NI^t}{M_{3°Sec}^{t-1}}$	$F_{PM}^t = \dfrac{E^t}{NI^{t-2}}$
Prof Asociado (N5)	$Abs_{N5}^t = \dfrac{NI^t}{M_{2°B2}^{t-1} + M_{3°B3}^{t-1} + M_{3°PM}^{t-1}}$	$F_{N5}^t = \dfrac{Tit^t}{NI^{t-3}}$
Lic Univ y Tec	$Abs_{LUT}^t = \dfrac{NI^t}{M_{2°B2}^{t-1} + M_{3°B3}^{t-1} + M_{3°PM}^{t-1}}$	$F_{LUT}^t = \dfrac{Tit^t}{NI^{t-6}}$
Licenciatura Normal	$Abs_{LN}^t = \dfrac{NI^t}{M_{2°B2}^{t-1} + M_{3°B3}^{t-1} + M_{3°PM}^{t-1}}$	$F_{LN}^t = \dfrac{Tit^t}{NI^{t-5}}$

NI = Nuevo ingreso
Pob = Población

M = Matrícula de inicio de cursos
E = Aprobados del último grado (de 3° en PM, egresados en Sec)

Tit = Titulados

Anexo X.2. *Escenarios básicos*

Demografía

Escenario único
• Las proyecciones por edades del Consejo Nacional de Población. La Fig. X.1. muestra la evolución entre 1995 y 2030 de la población de edades 4 a 22 años.

Población económicamente activa

Escenario único
• En 2025 la participación en la PEA de hombres y mujeres es de 80% y 50% respectivamente. • La distribución sectorial de la PEA en 2030 es la que se obtiene de las tendencias históricas, véase la Fig. X.20.

Economía

Escenario A	Escenario B
• El PIB crece a una tasa media de 3% entre 1996 y 2030, lo que permite llegar en este año a un producto *per capita* similar al que tuvo España en 1996. • La distribución sectorial del PIB es la que se obtiene de conservar la tendencia histórica entre 1980 y 1996, véase la Fig. X.21.	• El PIB crece a una tasa media de 5% entre 1996 y 2030, con lo que se lograría en este año un producto *per capita* semejante al que tuvo Estados Unidos en 1996. • La distribución sectorial del PIB es la que se obtiene de conservar la tendencia histórica entre 1980 y 1996, véase la Fig. X.21.

Cultura

Escenario único

Los cambios que sucederán en los próximos 30 años en las esferas sociales que forman el entorno de los individuos, darán lugar a un perfil cultural del mexicano medio en 2030 diferente del actual. La familia transmitirá valores diferentes a los de ahora, de una parte por el hecho de que más mujeres trabajarán y el ingreso familiar crecerá en términos

ANEXO X.2. *Escenarios básicos* (continuación)

reales. En la economía se intensificarán las relaciones internacionales, por lo que la población estará sometida a toda clase de intercambios culturales. La escolaridad promedio aumentará porque la educación atenderá a porcentajes crecientes de la población, y la calidad del servicio educativo mejorará porque el crecimiento del PIB permitirá destinar más recursos a esta actividad. El papel cultural del Estado seguirá siendo uno de los factores más influyentes, de modo que, en buena medida, el perfil cultural de las generaciones más jóvenes dependerá de los fines educativos constitucionales. Véanse en el apartado X.1.1. otras consideraciones sobre el futuro de la cultura nacional.

Educación

Escenario A	Escenario B	Escenario C
Hipótesis	Hipótesis	Hipótesis
• En 2010 toda la población de 15 años tendrá nueve años de estudio de la educación obligatoria. En educación media superior no se establecen políticas explícitas para aumentar la absorción, ni para mejorar su eficiencia terminal, por lo que el aumento en estos indicadores es lento. Véase el cuadro X.7.	• Supuestos iguales en relación con la educación básica del escenario A. Se siguen las tendencias mundiales de promover la universalización de la educación media superior y la diversificación de la superior. Se definen metas de absorción y eficiencia en 2030 congruentes con las políticas señaladas. Véase el cuadro X.7.	• Los mismos supuestos que en el escenario B, pero con dos modificaciones: *a)* la absorción en el nivel superior se reduce de 0.66 a 0.5, y *b)* las metas de la educación media superior y de la superior se alcanzan en 2010, en vez de 2030. Véase el cuadro X.7.
Resultados	Resultados	Resultados
• De la población total de 35 a 34 años en 2030, 23.6% se gradúa de la educación media superior y otro 22.9% se gradúa del nivel supe-	• De la población total de 35 a 34 años en 2030, 36.6% se gradúa de la educación media superior y otro 41.1% se gradúa del nivel supe-	• De la población total de 35 a 34 años en 2030, 53.3% se gradúa de la educación media superior y otro 38.1% se gradúa del nivel supe-

ANEXO X.2. *Escenarios básicos* (continuación)

rior. Este porcentaje se divide en 22.3% de la licenciatura y 0.6% de la modalidad de carreras cortas. Véase la Fig. X.9.	rior. Este porcentaje se divide en 27.7% de la licenciatura y 13.4% de la modalidad de carreras cortas. Véase la Fig. X.9.	rior. Este porcentaje se divide en 19.2% de la licenciatura y 18.9% de la modalidad de carreras cortas. Véase la Fig. X.9.

Sistema de investigación

a	b
Hipótesis	Hipótesis
• Las empresas, el gobierno y la comunidad científica continúan con el comportamiento observado en los últimos decenios. Los empresarios encuentran más rentable la adquisición de tecnología generada en el extranjero. El gobierno no establece políticas de largo plazo para movilizar la ciencia y la tecnología en apoyo del desarrollo nacional con participación de las empresas. La comunidad científica no asume un papel más activo en la educación superior en todos sus diversos grados, disciplinas y profesiones.	• Se presentan condiciones favorables para el crecimiento y diversidad de la investigación científica y el desarrollo tecnológico. Las empresas desarrollan parte significativa de sus tecnologías mediante actividades *intramuros*. El gobierno establece políticas para el desarrollo científico y tecnológico bien focalizado y a plazos de 10 o más años. La comunidad científica asume un papel amplio y generoso en la educación científica de todos los estudiantes de la educación superior.

Resultados (Véase el cuadro X.16. y la Fig. X.10.)

Escenario A	Escenario B	Escenario C
• Con la hipótesis *a*, se tendría un crecimiento débil de la capacidad innovadora nacional. La tasa media anual de cre-	• Bajo la hipótesis *b*, se establece la meta de alcanzar la cifra de 25 profesionales de ID por cada 10 000 habitantes en 2030. En	• Bajo la hipótesis *b*, se establece la meta de alcanzar la cifra de 45 profesionales de ID por cada 10 000 habitantes en 2030. En

Anexo X.2. *Escenarios básicos* (concluye)

cimiento de la actividad científica y tecnológica de hoy al 2030 sería de 2.1%.	este año se habría multiplicado por 13 el número de investigadores de 1995 y se habría crecido a una tasa media anual de 7.7%. Este crecimiento sólo se lograría si las actividades de investigación y desarrollo de las empresas llegaran a representar alrededor de 50% del total nacional.	este año se habría multiplicado por 24 el número de investigadores de 1995 y se habría crecido a una tasa media anual de 9.6%. Este crecimiento se lograría si las actividades de investigación y desarrollo de las empresas llegaran a representar alrededor de 65 a 70% del total nacional.

Productividad

Escenario A	Escenario B
• Supuesto el escenario único de la PEA y bajo la hipótesis de un crecimiento medio anual del PIB de 3%, la productividad crecería 1.6% anual entre 1996 y 2030, similar a la que tienen los países desarrollados, por lo que no sería posible reducir la brecha actual (de entre 2 y 6 veces) que se tiene con los países de la OCDE. Véase el cuadro X.20.	• Supuesto el escenario único de la PEA y bajo la hipótesis de un crecimiento medio anual del PIB de 5%, la productividad crecería 3.5% anual entre 1996 y 2030. Aun con este crecimiento del PIB, en 2030 no se alcanzaría la productividad de los países desarrollados, si, como es de esperar, éstos hacen crecer la propia a tasas de entre 1.5 y 2%. Véase el cuadro X.20.

XI. SALUD: CAMINOS MEXICANOS POR ANDAR

JAIME MARTUSCELLI*
ANTONIO ALONSO C**

XI.1. INTRODUCCIÓN

EN 1978, EN UNA CONFERENCIA de la Organización de Naciones Unidas celebrada en Alma Ata, los gobiernos del mundo adoptaron el lema "Salud para todos en el año 2000". Como invitación a la acción y a un mayor esfuerzo organizado para mejorar las condiciones de salud de los seres humanos, el lema difícilmente podría haber sido mejor. Planteado como objetivo alcanzable, el lema estaba claramente derrotado desde su postulación; hace 20 años podíamos imaginar que así sería; hoy podemos comprobar que así fue. La búsqueda de un elíxir capaz de darnos vida eterna en condiciones de buena salud y plena juventud no es nueva, lo que podría ser nuevo es la certeza de que tal elíxir no existe. La salud para todos seguirá siendo siempre un sueño utópico.

Como bien saben los médicos, lo nuestro es pasar. Unos pasan haciendo camino al andar; otros deshilando lo ya hilado; otros más sin ser notados. Pasar es transitar, cambiar. Todos, y con nosotros lo nuestro, lo humano, estamos siempre en transición. En ciertas épocas, como la actual, nos parece que los cambios son mayores o más rápidos; hay incluso quienes aseguran tener evidencia de que en realidad lo son. En realidad ello no nos es particular. Prácticamente toda sociedad o generación, la nuestra incluida, tiene la sensación de que su presente es un parteaguas histórico; lo que ella vive habrá de separar para siempre el pasado del futuro, distinguiéndola como radicalmente distinta. Siempre nos parece que hoy, como nunca antes, casi todo cambia. Es cierto que el presente está siempre en tránsito; el presente es siempre más tarde el pasado del futuro y el futuro termina convirtiéndose en presente. Pero el tránsito no necesariamente es entre dos estados radicalmente diferentes. Resulta difícil distinguir si lo que cambian son las estructuras profundas, si sólo cambia la superficie de las cosas, si éstas cambian sólo para poder seguir siendo iguales, o si lo que cambia es sólo la fecha en el calendario. La sociedad nacional de fines del siglo XX no escapa a esta

* Director Adjunto de Investigación científica, Consejo Nacional de Ciencia y Tecnología, México.
** Socio Consultor, Analítica Consultores Asociados SC

399

lógica. Hoy México se percibe a sí mismo como sumergido en una profunda gran transición, compuesta por una red compleja e intrincada de transiciones específicas en los diferentes ámbitos, elementos o sectores que integran al país. Se habla así de las transiciones demográfica, epidemiológica, cultural y educativa, económica, política, etc. De cada una de ellas creemos conocer su origen y su paso por el presente; esto es, su historia. La geografía de su porvenir la imaginamos; es un invento, suma de proyectos y voluntades, de acciones sueños y miedos, de retos y posibilidades, que apenas intuimos en la lectura del pasado y el presente. Y aunque el pasado suele ser la peor guía para el futuro, creemos que a partir de la historia podremos inventar nuestros posibles pasos futuros. Repetidamente el transcurso del tiempo nos muestra que no es así. Nada está escrito de manera irrevocable. No tenemos destino fijo, sino caminos abiertos a nuestra selección. El futuro será resultado de un tejido interactuante de tendencias y de rupturas, algunas parcialmente controlables y otras fuera de nuestras manos. En todo caso, podemos estar seguros de que el futuro también será terreno de cambios. Algunos de ellos nos parecerán previsibles; otros seguramente terminarán estallándonos sorpresivamente en las narices por no haberlos anticipado.

Durante los próximos treinta años cambiará la población nacional y sus modos de vida; enfermaremos y moriremos con frecuencias distintas a las de hoy, tanto por viejas como por nuevas causas. Los tratamientos que la ciencia médica y las industrias de la salud nos ofrecerán serán diferentes y muchos de ellos más efectivos, menos intrusivos y con menores efectos secundarios que los actualmente disponibles. El peso relativo de los distintos prestadores de servicios para la salud y nuestras relaciones con ellos se irán modificando; y los modos de organizarnos para atender nuestros problemas de salud, así como los mecanismos para pagar los costos que ello genera, sufrirán cambios importantes. México y los mexicanos, y todo aquello que rodea sus condiciones de salud, son hoy otros que hace treinta años; en el lapso de los próximos treinta años volverán a ser distintos de los de hoy. Su futuro se deja leer ya en algunas semillas del presente.

Quizá sea oportuno empezar por aclarar que, mañosamente, nos las hemos arreglado para no llamar a las cosas por su nombre. No es de los futuros de la salud de lo que se trata, sino de los futuros de la falta de ella y de los sistemas para atender a quienes no la tengan y prevenir que muchos la pierdan. ¿Cómo cambiará en los próximos treinta años la falta de salud en México? ¿Cómo evolucionarán los instrumentos y herramientas para diagnosticar y tratar las enfermedades? ¿Qué y cómo cambiarán los sistemas de seguridad social para atender a quienes no tienen buena salud y para prevenir que otros la pierdan?

Cualquier reflexión estándar sobre los futuros de la salud debe, en rigor, discutir al menos: Los cambios demográficos esperables y su impacto sobre los asuntos de salud; los posibles futuros del entorno económico, tanto por las consecuencias que la situación económica puede tener en la salud de las personas (recuérdese que, por ejemplo, puede hablarse de una patología de la pobreza) como por la disponibilidad o escasez de recursos para atender las demandas de salud (o cambios en las fuentes de dichos recursos); los cambios políticos, en tanto que ellos influirán sobre los modos de organizarse para prevenir y atender los problemas de salud (por ejemplo, la estructura del sistema de salud, la legislación ambiental, el énfasis en la prevención o el tratamiento, etc.) y las exigencias legales sobre los principales actores (prestadores de servicios, proveedores de medicamentos y equipos); los cambios sociales y culturales (las redes de protección familiar, las actitudes y valores que pueden influir sobre la aplicación de medidas preventivas, como el uso del condón para protegerse contra las enfermedades trasmisibles sexualmente, o sobre asuntos como la posición social frente al aborto, y hasta patrones de consumo, especialmente el consumo alimentario o el relativo a las drogas). El mundo de la salud y de su entorno relevante son inmensos, y sólo podemos presentar una pequeña muestra de los posibles futuros de una parte minúscula pero significativa e importante de dicho mundo. Eso es lo que a continuación intentaremos. No aspiramos a la completez ni a responder cómo será el futuro. Apenas intentaremos bosquejar de manera cruda, empleando sólo un pequeño número de indicadores, cuáles podrían ser algunos de los principales rasgos de dicho futuro y eso sólo bajo un conjunto limitado de hipótesis.

XI.2. La transición demográfica: Los mexicanos del futuro

XI.2.1. *Población total*

Salvo que ocurrieran desastres mayúsculos, en los próximos treinta años el número de mexicanos seguirá creciendo, seguramente con tasas mucho menores que en el pasado. El escenario demográfico incluido por José Gómez de León en el capítulo III de este libro considera que la población de México podría llegar a 112.2 millones de habitantes en el año 2010, a 122.1 millones en el año 2020, y a 128.9 millones en el 2030. Estas cifras representan sin duda un crecimiento muy modesto de la población nacional durante los próximos treinta años. En un escenario tal, la población del país se estabilizaría en no más de 150 millones de

habitantes. Sin descartar la posibilidad de que el futuro corresponda a lo
previsto por dicho escenario, existen razones que obligan a considerar
escenarios que postulan un mayor crecimiento. La aplicación de modelos logísticos de crecimiento a los datos de los censos de población de
1940 a la fecha (con todo y posibles problemas de sub o sobrevaluación
en sus cifras) sugiere que en el muy largo plazo la población nacional
podría estabilizarse (nivel de saturación) en casi 265 millones de habitantes, alcanzando el 90% de dicho valor (unos 240 millones de habitantes) entre los años 2080 y 2090, esto es, dentro de aproximadamente un
siglo. Esta cifra parece exageradamente alta, sobre todo juzgada a la luz
del escenario de José Gómez de León señalado antes, a pesar de que dicha población representaría una densidad media de sólo 134 habitantes
por kilómetro cuadrado, muy por debajo de la que actualmente tienen
otros países como el Reino Unido (239.3); Japón (330.8); Corea del Sur
(447.6); Holanda (370.9); o Alemania (229.6). Por ello consideramos alternativas para el crecimiento de la población total nacional construidas
a partir de puntos de saturación situados entre los dos extremos (los 150
millones de Gómez de León y los 265 millones citados antes), seleccio-
nando para ello (arbitrariamente) 175, 200 y 225 millones. En estos escenarios, en el año 2030 la población nacional sería de entre 142 y 160

CUADRO XI.1. *México: tres posibles escenarios alternos
para la población total nacional (millones de habitantes)*

	PS = 175	PS = 200	PS = 225
1940*		19.65	
1950*		25.78	
1960*		34.92	
1970*		48.23	
1980*		66.85	
1990*		81.25	
1995*		91.12	
2000	99.1	100.5	101.6
2005	107.5	109.9	111.9
2010	115.6	119.2	122.1
2015	123.1	128.2	132.2
2020	130.1	136.6	141.9
2025	136.4	144.5	151.3
2030	141.2	151.8	160.0

* Datos censales
PS = Punto de saturación supuesto

millones, 55 a 75% más que en 1995, y las tasas medias anuales de crecimiento serían mucho menores que la actual (del 0.8 al 1.1% entre 2025 y 2030 para los casos extremos).

En todo caso, parece ineludible que en el año 2030 la población nacional será entre 30 y 58% mayor que en el año 2000. Ello incrementará de manera proporcional (o algo más, como explicaremos más adelante) la demanda de servicios de salud.

La posible evolución demográfica propuesta arriba podría verse alterada por los procesos migratorios, mismos que ya han tenido un impacto importante en el pasado. Se estima que actualmente radican en Estados Unidos cerca de 20 millones de personas de origen mexicano (poco más de la quinta parte de la población nacional); alrededor de un tercio de ellas nació en México. Aunque no se cuenta con cifras precisas y confiables, ni siquiera para el pasado reciente, diferentes fuentes estiman que la migración permanente de mexicanos hacia Estados Unidos podría ser de entre 100 y 400 mil habitantes por año. Si fuese cercana a 400 mil, representaría una pérdida de unos 13 millones de mexicanos en el lapso de los próximos 30 años. Si por el contrario se acercase más a 100 mil, representaría un flujo de unos 3 millones de mexicanos en el mismo lapso. Sin duda la mayor parte de la migración hacia el norte ocurre por razones económicas; por ello, que las cifras se acerquen a uno u otro extremo dependerá de la situación y expectativas que en dicho renglón se presenten tanto en la economía nacional como en la de Estados Unidos.

XI.2.2. *Tasas de natalidad y mortalidad*

El crecimiento demográfico del país será en su función de las tasas globales de natalidad y mortalidad. Ambas tuvieron un comportamiento y valores muy semejantes entre 1885 y 1910. La tasa de natalidad se incrementó de manera importante durante la década de los veinte (pasando de casi 32 por millar en 1921 a poco más de 45 por millar en 1930), para luego caer abruptamente en el primer lustro de los treinta (a un valor cercano a 42 por millar) y iniciar una tendencia de crecimiento moderado pero sostenido hasta 1960-1965 (cuando llegó a valores superiores a los 46 por millar). A partir de entonces también muestra una tendencia decreciente importante, situándose en 1995 en un valor apenas superior a 30.

La tasa de mortalidad empezó a descender de manera sostenida a partir de 1921 (pasando de casi 37 por millar en 1921 a poco menos de 5 por millar en 1995). Las reducciones más importantes ocurrieron entre los menores de 5 años y especialmente entre los menores de 1 año. La tasa de mortalidad infantil pasó de 118.7 en el periodo 1950-1955, a 33 entre

CUADRO XI.2. *Tasas de mortalidad infantil por entidad federativa,*
1950-1995

	1950-1955	1960-1965	1970-1975	1980-1985	1990-1995
Nacional	118.7	87.3	71.2	45.8	33
Aguascalientes	103	77.2	62.4	33.8	25.6
Baja California	77.2	57.5	50.2	30.1	25.1
Baja California Sur	95.6	71.5	60.6	36.7	27.7
Campeche	117.3	88.1	73.1	48.1	36.7
Coahuila	93.4	69.8	59.1	35.3	25.8
Colima	106.8	80	67.2	41.4	27
Chiapas	156.5	118	97.5	70.6	48.4
Chihuahua	96.7	72.4	61.8	38.7	27.9
Distrito Federal	59	43.6	39.7	23.3	20.7
Durango	115.8	86.9	71.8	45.2	33.1
Guanajuato	124.7	93.7	76.3	47.4	33.6
Guerrero	143	107.6	89.8	64.6	44.6
Hidalgo	142.4	107.2	88	59.4	40.1
Jalisco	100	74.9	62.8	37.9	27.8
México	111.6	83.7	64.9	31.6	27.3
Michoacán	126.2	94.8	79.8	54.4	35.8
Morelos	108.7	81.5	68.5	43.3	29.1
Nayarit	119.2	89.5	75.2	49.1	32.3
Nuevo León	77.5	57.7	50	29.4	23.4
Oaxaca	166.6	125.6	102.5	71	46.7
Puebla	137.2	103.2	84.7	55.9	38.2
Querétaro	137.7	103.6	83	49.4	32.7
Quintana Roo	128.4	96.5	78.8	48.2	30.6
San Luis Potosí	132.8	99.9	81.9	53.7	39.4
Sinaloa	109.9	82.4	70.4	47.4	31.7
Sonora	92.2	68.9	59.4	37.7	27.4
Tabasco	139.6	105	86.7	57.1	36
Tamaulipas	94.7	70.8	61.3	40.3	30
Tlaxcala	136.6	102.7	82.6	49.2	30.4
Veracruz	123.9	93	78.8	56.6	41.2
Yucatán	127.6	95.9	78.4	49.8	36
Zacatecas	135.3	101.7	84.5	56.6	36.4

FUENTE: Consejo Nacional de Población

1990 y 1995; esta reducción ha sido bastante convergente en todos los estados del país. Entre 1950 y 1955, en 24 estados de la República (y como promedio nacional) la tasa de mortalidad infantil superaba a 100 por cada mil nacidos vivos; en 1990-1995 la tasa fue ya inferior a 50 por mil en todos los estados. La probabilidad de fallecimiento antes de cumplir el primer año de vida se redujo 75.1% en las últimas cuatro décadas.[1]

[1] *La situación demográfica de México*, CONAPO, México, 1998, p. 15.

De continuar las tendencias históricas, la tasa de mortalidad, que es la de mayor interés para este capítulo, podría llegar a poco más de cuatro al millar en el año 2010, a cerca de 3.6 al millar en el 2020 y a casi 3.3 por millar en el 2030. Este escenario merece cierta reflexión. En buena parte de los países industrializados, y en algunos en desarrollo, la tasa de mortalidad, luego de largos periodos de disminución, muestra en años recientes un estancamiento, o incluso un repunte, en niveles similares o superiores a los que se reportan en México; esto es, la caída de la mortalidad en dichos países parece haber llegado ya a su límite mínimo (por lo menos temporalmente). Esto sugiere, como escenario alternativo, que en los próximos años podría presentarse en México un estancamiento o incluso un ligero aumento en la tasa de mortalidad, regresando ésta hacia el año 2030 a niveles de entre 7 y 10 por millar. Si así fuese, ello contribuiría a que los escenarios de más bajo crecimiento demográfico fuesen más probables.

XI.2.3. *Curvas de sobrevivientes*

Las curvas de sobrevivientes de hombres y mujeres muestran el efecto de una importante y progresiva reducción en la mortalidad infantil y preescolar. En 1930 sólo sobrevivía los 5 años de edad poco más del 60% de una cohorte. En 1980 lo hacía ya más del 90% y actualmente los sobrevivientes a los 5 años son alrededor del 95%. Es en este periodo de la vida (entre los 0 y 5 años de edad) donde los cambios en las tasas de supervivencia han cambiado más.

Si bien el número de sobrevivientes a los 75 o más años ha crecido, la tendencia parece ser más hacia un "cuadramiento" de las curvas de sobrevivientes (esto es, hacia un estado en el que prácticamente todos los integrantes de una cohorte sobrevivirán hasta los 70 años de edad, pero también prácticamente todos morirán entre, digamos, los 70 y los 90 años) que hacia un alargamiento importante del lapso de vida (donde el número de sobrevivientes iría siendo cada vez mayor a edades cada vez más avanzadas, alargando el lapso de vida de los más longevos). Este proceso se ha denominado "compresión de la mortalidad" (casi todos los fallecimientos se presentan y comprimen en un intervalo de edades relativamente corto hacia el final del lapso de vida). Mucho se ha especulado sobre la posibilidad de encontrar cura para los padecimientos crónico degenerativos que subyacen en la aparente imposibilidad de alargar sustantivamente el lapso de vida. Los argumentos a favor de la posibilidad de hacerlo se basan en los avances en los trasplantes de órganos vitales y en el uso de órganos artificiales. Pero aun si con ello fuese teóri-

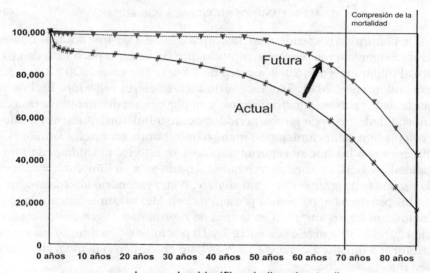

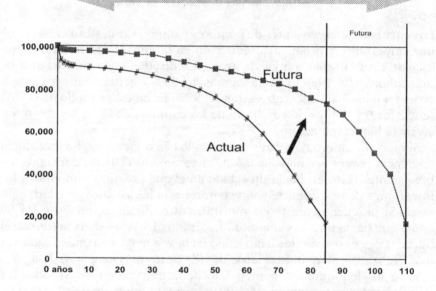

GRÁFICA XI.1. *Curvas de sobrevivientes: dos posibles alternativas de evolución*

camente posible lograrlo (sobre lo que no hay certeza), el impacto de los procedimientos correspondientes seguramente sería perceptible sólo a muy largo plazo, por su alto costo, dificultad de acceso y condiciones de aplicación. Más recientemente se ha especulado que en el largo plazo la genómica permitirá detectar y comprender el mecanismo de reloj que parecen tener las células, el cual determina su vida máxima. Si así fuese, sería posible imaginar posibles intervenciones genéticas que permitiesen modificar los tiempos que parecen fijar la mortalidad celular. Aunque esta opción no puede descartarse, su posible fecha de ocurrencia parece está más allá del plazo de interés de este estudio.

Los escenarios propuestos para la futura evolución de las curvas de sobrevivientes de hombres y mujeres apuntan a que, hacia el año 2030, más del 80% de los integrantes de una cohorte de hombres sobrevivirá más de 60 años y más del 80% de las mujeres de una cohorte sobrevivirá más de 70 años.

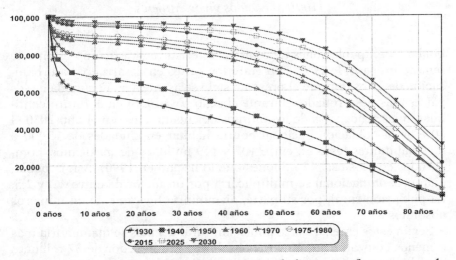

GRÁFICA XI.2. *México: Sobrevivientes a edades específicas por cada 100 000 nacidos vivos. Hombres*

XI.2.4. *Población urbana y rural*

En paralelo con el crecimiento de la población total, el país vivió desde 1930 un acelerado proceso de urbanización. En 1930 sólo el 17.5% de la población nacional habitaba en poblaciones de 15 000 o más habitantes. Sesenta años después, en 1990, casi el 60% de la población del país ha-

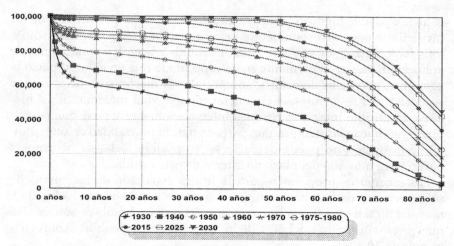

GRÁFICA XI.3. *México: Sobrevivientes a edades específicas por cada 100 000 nacidos vivos. Mujeres*

bitaba ya en poblaciones de estas características. México no es en este sentido un caso de excepción entre los países en desarrollo. La urbanización de éstos durante el presente siglo se asemeja a la ocurrida en los países más desarrollados durante el siglo pasado. Si en el futuro continuasen las tendencias de los últimos cincuenta años, en el año 2030 el 80% de la población nacional podría habitar en ciudades de 15 000 o más habitantes (esto es, entre 107 y 119 millones de mexicanos, comparados con los casi 47 millones que lo hacían en 1990). Así, la población urbana nacional se multiplicaría por un factor de entre 2.3 y 2.5. La población rural, por su parte, disminuiría ligeramente en números absolutos.

Según estos escenarios, la población rural del país se mantendría más o menos constante en números absolutos, en alrededor de 37 millones de habitantes, hasta el año 2010. A partir de entonces se reduciría de manera importante y perderá de 6 a 8 millones entre los años 2010 y 2030. Lo previsible hasta el año 2010, dado que la principal actividad económica de la población rural son las actividades agrícolas, representará un reto importante de empleo (como se verá más adelante, tanto la población económicamente activa como el producto interno bruto del sector primario perderán peso relativo en los totales nacionales correspondientes).

XI.2.5. *Población de algunos de los principales centros urbanos*

Dentro del proceso de urbanización descrito, los asentamientos humanos del país se han caracterizado por una gran dispersión geográfica en poblados muy pequeños y, en paralelo, una creciente concentración en unas cuantas grandes ciudades. Tal dispersión dificulta la prestación de servicios de salud mínimos en comunidades aisladas.

En 1950 sólo había una ciudad con más de medio millón de habitantes (la ciudad de México), y su población representaba el 11.1% de la del país. En 1990 cuatro grandes zonas metropolitanas (México, Guadalajara, Monterrey y Puebla) tenían más de un millón de habitantes, sumando entre las cuatro 21.8 millones, el 26.84% de la población nacional. En ese entonces había en el país 20 centros urbanos con más de medio millón de habitantes (los cuatro ya mencionados y otros 16), cuya población conjunta representó casi 32.5 millones de habitantes, el 39.9% de la total nacional. Por otra parte, en 1990 el 69.16% de las poco más de 156 mil localidades del país tenía menos de 100 habitantes, el 20.59% tenía más de 100 pero menos de 500 habitantes, y un 5.44% de ellas tenía más de 500 pero menos de 1000 habitantes. En conjunto, todas las localidades de 1000 o menos habitantes (casi dos terceras partes del número total de localidades censadas) contenían apenas el 19.54% de la población nacional (unos 15.87 millones de habitantes).

La participación de la población de las ciudades de más de un millón de habitantes en el total nacional se detuvo entre 1980 y 1990 (descendiendo del 27.1 al 26.8%, debido en parte a los escalones formados por las divisiones empleadas, y en parte a una posible subnumeración del censo de 1990 en la población de las grandes ciudades y a no haber incorporado a ellas algunos de sus municipios conurbados) y podría no crecer o crecer sólo muy ligeramente en el futuro. Si así fuese, en el año 2030 la población del país en ciudades de más de un millón de habitantes podría ser entre 38 y 48 millones de personas (entre 27 y 30% de la total). Estas cifras resultan mucho menores que las que se obtienen aplicando modelos logísticos de crecimiento directamente a los datos históricos de la población en ciudades de un millón o más habitantes. Según dichos modelos en el año 2030 podrían habitar en dichas ciudades entre 47 y 59 millones de personas, esto es, entre 33 y 37% de la población total esperada entonces, considerándose como más probables los valores más cercanos los de la parte alta del intervalo señalado.

En el futuro parece que el gran crecimiento urbano podría más bien concentrarse en las llamadas ciudades intermedias (de más de medio millón y menos de un millón de habitantes). En 1980 habitaban en dichas ciudades apenas 1.7 millones de personas. En 1990 la cifra había pasado a 5.5 millones. De continuar las tendencias históricas, la población conjunta de las ciudades de medio millón o más habitantes del país (incluyendo a las de un millón o más habitantes) podría llegar a entre 37.6 y 39 millones de habitantes en el año 2000, a entre 47.5 y 50.6 millones en el año 2010 y a entre 61.3 y 67.9 millones en el 2030. Así, la población de las ciudades entre medio millón y un millón de habitantes podría ser en el año 2030 de entre 9 y 14 millones de personas. Las ciudades de entre cien mil y medio millón de habitantes, por su parte, podrían llegar a albergar a unos 15 millones de personas en el año 2030.

Las características del proceso de poblamiento de los centros urbanos del país podrían tener consecuencias importantes sobre la salud y la atención a la salud de los mexicanos. Las patologías urbanas y rurales difieren entre sí de manera significativa: los habitantes de las grandes ciudades están sujetos a padecimientos consecuencia de la contaminación atmosférica; las diferencias en las dietas y en los niveles de nutrición son considerables y repercuten de manera directa sobre la morbilidad; los habitantes urbanos padecen con mayor frecuencia padecimientos derivados de las condiciones de estrés en que viven. Las patologías derivadas de los accidentes y violencia muestran también importantes diferencias entre los dos grupos. Por otra parte, entre unos y otros existen grandes diferencias en el acceso a programas de atención a la salud, médicos y farmacias, así como en los niveles educativos y en el acceso a información sobre la salud. Tradicionalmente ha sido en los centros de población pequeños, rurales, donde ha existido mayor grado de marginación y pobreza y, por ende, mayores problemas de salud. Sin embargo, en los últimos años los problemas de pobreza urbana se han agudizado de manera importante en los centros urbanos de todos los tamaños, creando nuevos problemas de atención a la salud. En tanto el modelo económico no sufra modificaciones importantes, parece probable que continuará creciendo la desigualdad en los niveles de ingresos.

XI.2.6. *Esperanza de vida al nacer y estructura de la población por grupos de edades*

La esperanza de vida al nacer pasó de 36.6 años en 1930 a 58.6 años en 1960 y a 69.7 años en 1990. Aunque se estima que en el futuro continuará creciendo, será prácticamente imposible que lo haga con tasas similares a las del pasado (más que alargar la vida humana sustantivamente, lo que se ha logrado es que una mayor proporción de los nacidos tengan probabilidad alta de llegar a viejos). Así, cabría esperar que en el año 2000 la esperanza de vida al nacer fuese de 72 y 74 años, para pasar a entre 74 y 78 en el año 2010 y a entre 76 y 84 en el 2030.

Dos elementos están alterando la estructura de la población por grupos de edades: por una parte el descenso en las tasas de natalidad y la desaceleración del crecimiento demográfico, y por otra los incrementos en la esperanza de vida al nacer (y a otras edades) ya señalados. Así, en términos generales, puede preverse que en el futuro la población nacional será en promedio más vieja que en el pasado. Ello modificará de manera muy importante los patrones globales de morbilidad y mortalidad y las necesidades y los costos de los servicios de atención a la salud.

La actual forma piramidal de la estructura de la población por grupos de edades, con una base muy ancha en los grupos de menor edad y una cúspide muy estrecha para los grupos de mayor edad, se irá transformando gradualmente en el futuro, para asemejarse cada vez más a una estructura de tipo rectangular, con un peso similar de todos los grupos de edades. Así, es probable que en el año 2030 los menores de cinco años constituyan sólo el 7 o el 9% de la población total (contra el 12.6% que representaron en 1990). El grupo de entre 20 y 40 años podría constituir entonces una especie de burbuja, correspondiéndole entre el 27% y el 29% de la población total. Por el otro extremo, la población de 65 o más años representará un porcentaje creciente de la población total conforme pase el tiempo. Aunque lo más probable es que este grupo de edades llegue a cerca del 7% de la población total hacia el año 2030, no puede descartarse que pueda llegar entonces hasta un 10% o incluso más.

Los cambios en la estructura por edades de la población nacional influirán de manera muy notable en los patrones de morbilidad y mortalidad, alterando de manera drástica las necesidades de atención a la salud. Por una parte, el envejecimiento de la población implicará un mayor peso de las enfermedades crónico-degenerativas en el perfil de morbilidad nacional. Dichas enfermedades tienen asociados mayores tiempos y costos de atención a la salud y plantean a las familias de los pacientes mayores cargas y responsabilidades.

XI.3. LA TRANSICIÓN EPIDEMIOLÓGICA: LAS ENFERMEDADES Y CAUSAS DE MUERTE DE LOS MEXICANOS

México vive una transición epidemiológica coloreada por sus características como país de ingresos medios con una alta concentración de la riqueza. Dicha transición, que ha sido caracterizada como "prolongada y polarizada",[2] tiene cuatro atributos principales:

[2] Julio Frenk, J.L. Bobadilla, J. Sepúlveda y M. López-Cervantes, "Health transition in middle-income countries: new challenges for health care", *Health Policy and Planning*, 1989; 4; pp. 29-39.

a) Traslapo de etapas, con una persistencia simultánea de niveles altos
de patología "pretransicional" y "postransicional";

b) Contratransiciones, con movimientos hacia atrás en los que resurgen
algunos padecimientos que ya habían sido controlados (como paludismo, dengue o tuberculosis);

c) Transición prolongada, con una aparente falta de resolución de la transición en un sentido definido, y

d) Polarización epidemiológica, con una agudización de las desigualdades en materia de salud, derivadas en gran medida de las desigualdades sociales que persisten en el país. Mientras la población pobre y
rural sigue padeciendo principalmente de desnutrición e infecciones
comunes, la población urbana de clases media y alta sufre niveles
crecientes de enfermedades crónicas y lesiones.

Estas características de la transición epidemiológica de México implican que en el futuro, más que sustituir los problemas de salud existentes
por nuevos problemas, a los primeros se montarán los segundos, com-
plicando las necesidades a las que debe responder el sistema nacional
de salud.[3]

Para caracterizar la transición epidemiológica de nuestro país em-
plearemos los datos de mortalidad; los de morbilidad (enfermedades)
son incompletos (excepto para las enfermedades trasmisibles de declaración obligatoria) y menos confiables. La patología de los mexicanos y
la importancia relativa de sus causas de muerte se han modificado de
manera gradual pero sostenida e importante a lo largo de nuestro siglo.
Ello se debe en parte a cambios en el entorno y el *habitat* de los mexicanos; en parte a la propia demografía, y en parte a los desiguales avances
en el conocimiento y tratamiento de las diferentes enfermedades y padecimientos

En 1930 cerca del 47% del total de las muertes ocurridas en México
tenía como causa a enfermedades infecciosas y parasitarias; menos del
1% correspondía a cánceres y tumores; casi el 16% correspondía a enfermedades del aparato circulatorio; poco menos del 2% correspondía a
enfermedades del aparato respiratorio; poco más del 4% a sucesos violentos; y 30% a otras causas. Para 1960 las muertes por enfermedades
infecciosas y parasitarias se habían reducido ya a cerca de la cuarta parte del total; los cánceres y tumores eran causa de algo más del 3% de la
mortalidad total; las enfermedades del aparato circulatorio superaban

[3] Julio Frenk, José Luis Bobadilla, "Los futuros de la salud", *Nexos* 59, enero 1991, p. 64.
En 1998 Frenk sigue refiriéndose al modelo mexicano de transición como "modelo polarizado", cuyo rasgo más característico es la inequidad (entre entidades federativas y grupos de la población).

ya el 8.5%; las del aparato respiratorio se habían elevado a más del 19% (la suma de muertes por enfermedades de los aparatos respiratorio y circulatorio superaba ya a las debidas a enfermedades infecto parasitarias, con casi 28% del total); las muertes violentas habían crecido a poco más del 6.5%; el casi 37% restante del total de las muertes habidas en el país correspondía a otras causas. Las tendencias apuntadas en la mortalidad por grupos de causas continuaron entre 1960 y 1995, de tal modo que en este último año a las enfermedades infecciosas y parasitarias les correspondió ya menos del 5% del total de las muertes habidas en el país; a los cánceres y tumores les correspondió algo menos del 12%; a las enfermedades del aparato circulatorio poco más del 22.5%; las debidas a enfermedades del aparato respiratorio perdieron importancia relativa, descendiendo al 10%; a las muertes violentas les correspondió poco más del 13%; y el casi 38% restante se debió a otras causas.

De continuar las tendencias históricas, en el año 2030 a las enfermedades infecciosas y parasitarias les corresponderá sólo poco más del 2.5%; a los cánceres y tumores, alrededor de la cuarta parte del total; a las enfermedades del aparato circulatorio, poco más del 27%; a las debidas a enfermedades del aparato respiratorio, sólo poco más del 2.5%; a las violencias, sólo poco más del 7%, y al resto de las causas de muerte, poco más del 35%.

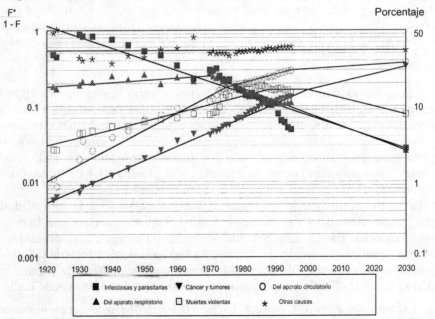

GRÁFICA XI.4. *Defunciones generales conforme causas de mortalidad*

CUADRO XI.3. *México: Defunciones generales por capítulo*
de causa de mortalidad

	Enfermedades infecciosas y parasitarias	Cáncer y tumores	Enfermedades del aparato circulatorio	Enfermedades del aparato respiratorio	Muertes violentas	Otras causas
1922	32.38	0.56	1.07	15.39	2.58	48.01
1930	46.97	0.70	1.92	15.94	4.14	30.33
1940	43.11	1.19	3.73	20.04	5.13	26.81
1950	34.61	2.00	6.20	20.72	5.89	30.58
1960	25.54	3.35	8.52	19.34	6.54	36.71
1970	23.11	3.98	10.52	21.78	7.16	33.45
1980	13.75	6.47	16.43	13.70	15.51	34.15
1990	9.70	10.08	19.83	10.47	13.93	36.00
1995	4.65	11.63	22.63	9.98	13.23	37.88
2000	6.90	14.00	22.45	7.00	14.20	35.45
2005	6.30	15.70	23.25	6.25	13.05	35.45
2010	5.20	17.90	24.05	5.50	11.90	35.45
2015	4.30	19.90	24.85	4.75	10.75	35.45
2020	3.55	21.75	25.65	4.00	9.60	35.45
2025	3.25	23.15	26.45	3.25	8.45	35.45
2030	2.65	25.00	27.20	2.50	7.20	35.45

FUENTES: *Estadísticas históricas de México*, INEGI, 1994; Anuarios de los Estados Unidos Mexicanos, varios años.

El escenario planteado muestra diferencias importantes con los elaborados por otros autores. Aunque con un horizonte de mediano plazo, a principios de los noventa un grupo de investigadores[4] calculó el número y la distribución de muertes según causas principales (nótese que los grupos de causas de muerte empleados por dichos autores difieren de los empleados por nosotros) como se aprecia en el cuadro XI.4 de la páguina siguiente.

Conviene comparar lo ocurrido en México, respecto a la mortalidad por grupos de causas y el escenario futuro propuesto arriba, con lo ocurrido en otros países. Ello permite obtener una imagen más precisa de lo que significa el modelo de "transición epidemiológica retardada" propuesto por Omran, o "de transición prolongada y polarizada" como lo denomina Julio Frenk. Empecemos por señalar que los patrones de la dis-

[4] J. L. Bobadilla, J. Frenk, T. Frejka, R. Lozano y C. Stern, "The epidemiologic transition and health priorities". En Jamison, D.T. y Mosley, W. H. (eds.) *Evolving Health Sector Priorities in Developing Countries*, Washington, DC, Banco Mundial, 1990.

CUADRO XI.4. *México: número y distribución porcentual de muertes según causas principales, 1980 y 2010*

| | 1980 | | 2010 | |
Causas de muerte	Número (miles)	%	Número (miles)	%
Enfermedades del corazón y del aparato circulatorio	78	16.9	221	33.2
Accidentes y violencias	74	16.0	181	27.2
Diabetes	17	3.7	53	8.0
Tumores malignos	31	6.7	52	7.8
Cirrosis hepática y otras enfermedades del hígado	16	3.5	29	4.4
Infecciones respiratorias agudas	38	8.2	22	3.3
Infecciones intestinales	40	8.7	16	2.4
Bronquitis crónica y otras enfermedades respiratorias crónicas	15	3.2	14	2.1
Problemas de periodo perinatal	26	5.6	11	1.6
Otras infecciones de la infancia	3	0.6	0.4	0.1
Todas las otras causas	124	26.8	66	9.9
TOTAL	462	100	665	100

FUENTE: Julio Frenk, José Luis Bobadilla, "Los futuros de la salud", *Nexos* 59, enero 1991, p. 60.

tribución de la mortalidad por grupos de causas de los países desarrollados son similares entre sí, como se muestra en las gráficas XI.5 y XI.6.

Al comparar los patrones de mortalidad de México con los de los países más ricos, se nota que el descenso en la contribución de las enfermedades infecciosas y parasitarias a la mortalidad total tiene en nuestro país un retraso de cerca de 50 años con relación a éstos últimos. El incremento en la contribución de los cánceres y tumores y de las enfermedades del aparato circulatorio a la mortalidad total también se presenta en México con un retraso (pero en este caso cercano a los 100 años). Destaca que en México la contribución de las muertes por violencia a la mortalidad total es más elevada que en los países más desarrollados, y muestra una cresta en los últimos lustros (gráficas XI.7 y XI.8).

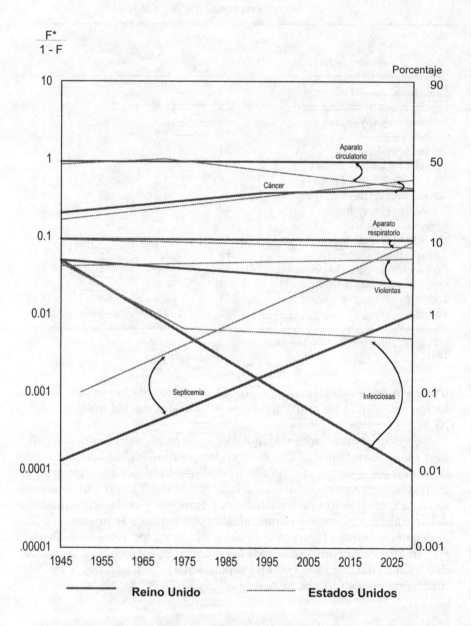

$$\frac{F^*}{1 - F}$$

Porcentaje

Aparato circulatorio

Cáncer

Aparato respiratorio

Violentas

Septicemia

Infecciosas

———— Reino Unido   .... Estados Unidos

GRÁFICA XI.5. *Defunciones generales conforme causas de mortalidad Reino Unido–Estados Unidos*

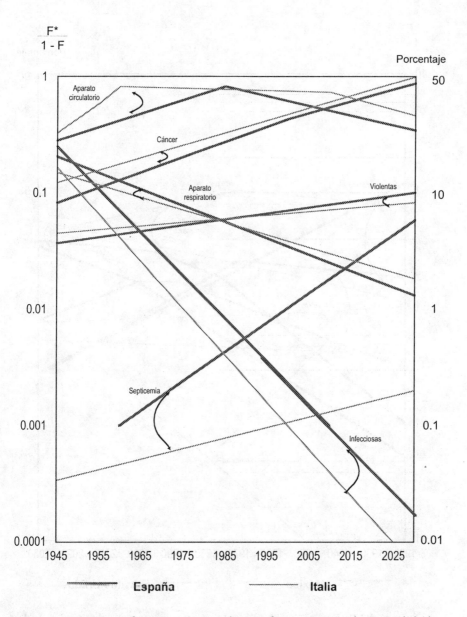

$\dfrac{F^*}{1 - F}$

Porcentaje

Aparato circulatorio

Cáncer

Aparato respiratorio

Violentas

Septicemia

Infecciosas

España   Italia

GRÁFICA XI.6. *Defunciones generales conforme causas de mortalidad*
España–Italia

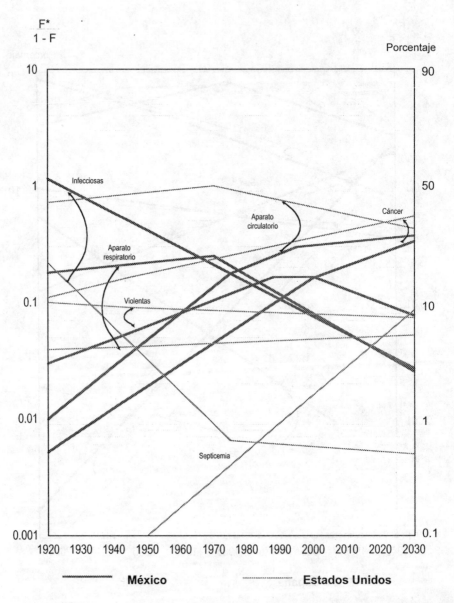

$$\frac{F*}{1-F}$$

Porcentaje

GRÁFICA XI.7. *Defunciones generales conforme causas de mortalidad*
México–Estados Unidos

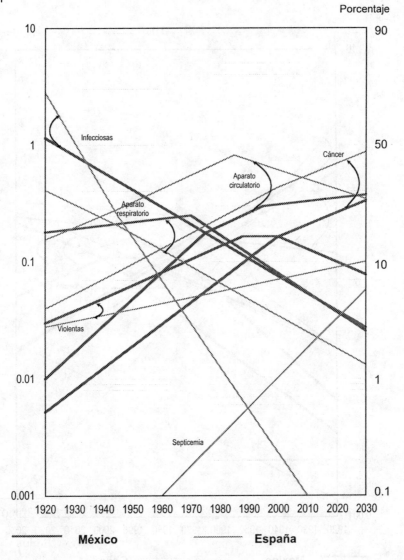

$$\frac{F^*}{1-F}$$

GRÁFICA XI.8. *Defunciones generales conforme causas de mortalidad México–España*

Los países con un nivel de desarrollo económico similar al de México tienen patrones de mortalidad por grupos de causas más similares al de nuestro país.

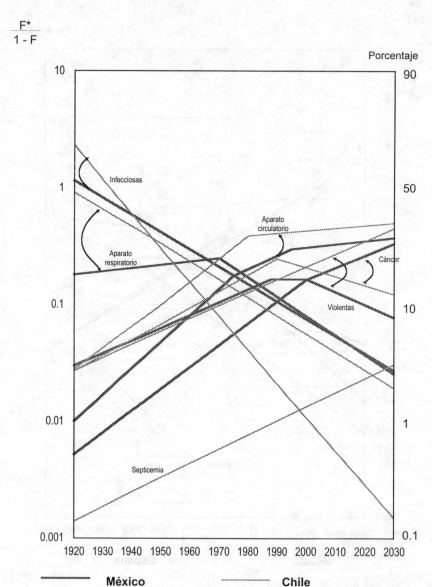

GRÁFICA XI.9. *Defunciones generales conforme causas de mortalidad*
México–Chile

Las causas de la mortalidad se han desplazado a aquellos padecimientos que afectan con mayor frecuencia a los grupos de edad más avanzada y la disminución de la mortalidad tiende a favorecer a los niños. Sin embargo, la mortalidad infantil sigue siendo alta comparada con la de otros países, y podría reducirse aún más mediante mejoras sanitarias, nutricionales y de atención médica (la mortalidad infantil de México, de 23.5 por cada mil nacidos vivos, sigue siendo elevada comparada, por ejemplo, con Costa Rica, cuya tasa es de 13.7 muertes por cada mil nacidos vivos).

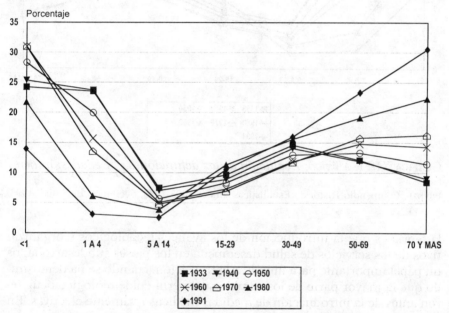

GRÁFICA XI.10. *México: Evolución de las defunciones por edades: hombres*

FUENTE: Compendio Histórico Estadísticas Vitales 1893-1993, Secretaría de Salud, 1993.

Diversos autores han apuntado varias deficiencias de la teoría de la transición epidemiológica, pues ésta no toma en cuenta la repercusión de las enfermedades sobre la respuesta social, o asume que dicha repercusión se expresa a través de la mortalidad.[5] La creencia que subyace en

[5] Véase, por ejemplo, Guillermo Soberón, Jesús Kumate y José Laguna (compiladores), *La salud en México: testimonios 1988*. Tomo II, "Problemas y programas de salud", Biblioteca de la Salud, FCE, México, 1988, pp. 47-50.

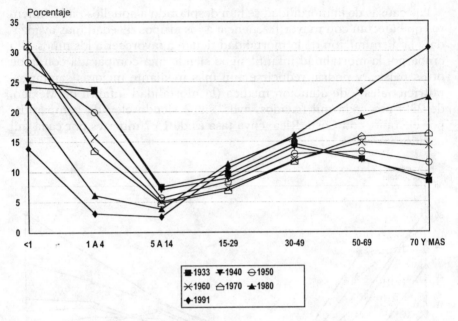

GRÁFICA **XI.**11. *México: Evolución de las defunciones por edades: mujeres*

FUENTE: Compendio Histórico Estadísticas Vitales 1893-1993, Secretaría de Salud, 1993.

la teoría es que la introducción de los avances tecnológicos y organiza-
tivos de los servicios de salud desempeña en los países subdesarrollados
un papel importante para impulsar la transición, cuando se ha demostrado que la mayor parte de los cambios del perfil epidemiológico ocurrieron antes de la introducción de medidas médicas realmente efectivas. En
los países como México todavía son frecuentes las enfermedades transmisibles que podrían controlarse con medidas de saneamiento ambiental o mediante acciones médicas de cierta eficacia. A pesar de su decli-
nación, las enfermedades infecciosas siguen produciendo incapacidad,
secuelas y muerte más frecuentemente en la población de bajo nivel socioeconómico. De esta manera, en México sigue prevaleciendo una yuxtaposición epidemiológica, con los siguientes rasgos e implicaciones:

1. A pesar de los avances ocurridos, el desempeño relativo en salud de
     México ha quedado por debajo de lo esperado en razón de su riqueza.[6]

   [6] En lo relativo a la reducción de la mortalidad infantil, México estuvo 3% por debajo de
lo esperado, dado su ingreso per cápita, y 38% por abajo en 1990. Es decir, en 1990 hubo
38% más muertes de menores de 5 años de las que debería de haber tenido si se hubiese

2. No debe suponerse que las enfermedades infecciosas desaparecerán como tales del país. Incluso con su reducción relativa, el número absoluto de personas que las padecerán y morirán por su causa seguirá siendo elevado. Las infecciones, sobre todo las respiratorias, constituyen un factor precipitador de la muerte entre los ancianos, por lo que quizá su importancia relativa se acrecentará.

3. El descenso de la mortalidad no necesariamente implicará una reducción de la morbilidad. Algunas enfermedades transmisibles, como la difteria, el tifo y la poliomielitis se encuentran en franca retirada; pero otras han re-emergido (después de su eliminación total del país), como el dengue o la tuberculosis pulmonar, y otras más, como el paludismo, han vuelto a cobrar importancia.

4. Es posible que sigan surgiendo nuevas infecciones, como el SIDA. Quizá éstas se presentarán con mayor frecuencia relativa entre los adultos, y su prevención y tratamiento serán más complejos.

5. Las muertes por enfermedades del corazón y del aparato circulatorio se incrementarán absoluta y relativamente en magnitudes muy importantes, para llegar a ocasionar quizá en el año 2010 una de cada tres muertes (cifra menor a la registrada en la actualidad en países industrializados).

6. Algunas enfermedades crónicas siguen siendo padecimientos asociados con la pobreza, no con el desarrollo, como comúnmente se cree. Entre ellas, las cardiacas de origen reumático y ciertos tumores malignos (del cuello del útero por ejemplo). Igualmente, el incremento de accidentes y violencia es resultado de procesos inadecuados de urbanización, aunque en México éstos también afectan gravemente a la población rural.

Aunados a la transición epidemiológica del país, cabe esperar ciertos cambios en la respuesta social organizada para hacer frente a los problemas de salud. Entre ellos probablemente estén los siguientes:

1. Aumento de la demanda de servicios de salud de mayor complejidad. A la transición epidemiológica se sumarán otros factores que incidirán sobre la calidad de la demanda: urbanización creciente, elevación de los niveles educativos, exposición más amplia e intensa a los medios de comunicación masiva (que además propician el consumo de tabaco, alcohol y alimentos ricos en grasas animales, todos factores determinantes de enfermedades crónico-degenerativas).

comportado como el resto de los países latinoamericanos. (Jamison D.T., Wang J., Hill K., Londoño J.L., *Income, Mortality and Fertility in Latin America: Country-Level Performance, 1960-90*. Cit. Julio Frenk, "20 años de salud en México", *Nexos* 241, enero 1998, pp. 85-91).

2. Generación de incertidumbre respecto de las prioridades de atención en el sistema de salud, dada la yuxtaposición de nuevos problemas sobre los preexistentes. Las enfermedades propias de la "vida moderna" compiten, y lo harán crecientemente, por los escasos recursos del sistema de salud.[7]

3. Cambio de paradigmas de la atención a la salud. Considerando algunas tendencias ya presentes y algunas propuestas, Frenk y Bobadilla incluían al inicio de la presente década los siguientes cambios:

CUADRO XI.5. *La transición de la atención a la salud: dimensiones del cambio de paradigmas*

Situación actual	Situación futura
1. SITIOS	
Hegemonía del hospital	Alternativas ambulatorias y comunitarias
2. FASE DE INTERVENCIÓN EN EL PROCESO SALUD-ENFERMEDAD	
Daño	Riesgo
3. DETONADOR DE LA RESPUESTA DEL SISTEMA	
Demanda	Necesidades
4. ACTIVIDADES DOMINANTES	
Curativas	Preventivas (anticipatorias)
5. ÁMBITO DE RESPONSABILIDAD	
Individual	Poblacional
6. RELACIÓN CON LA POBLACIÓN	
Paternalismo/pasividad	Corresponsabilidad

[7] Entre 1980 y 1988 la Coordinación Nacional de los Servicios de Salud, la Secretaría de Salubridad y Asistencia y la Secretaría de Salud coincidieron en adscribir la más alta prioridad a los siguientes problemas: *a)* enteritis y diarreas de etiología microbiana (causas más importantes de mortalidad general, infantil y preescolar); *b)* infecciones agudas de las vías respiratorias (causa más importante de morbilidad general, con las tasas más elevadas antes de los 5 y después de los 65 años); *c)* enfermedades prevenibles por vacunación; *d)* planificación familiar; *e)* accidentes; *f)* paludismo; *g)* cáncer cervicouterino (con máxima o cercana a la primera magnitud entre los tumores malignos); *h)* adicciones; e *i)* malnutrición (Guillermo Soberón, Jesús Kumate y José Laguna (compiladores), *La salud en México: testimonios 1988.* Tomo II, "Problemas y programas de salud", Biblioteca de la Salud, FCE, México, 1988, pp. 59-61).

CUADRO XI.5 *(concluye)*

Situación actual	Situación futura

7. DIVISIÓN DEL TRABAJO
Especialización fragmentada   Diversificación coordinada

8. PROPÓSITOS DE LA POLÍTICA DE SALUD
Cantidad   Calidad con eficiencia

9. BASE INSTITUCIONAL
Jerarquías segmentadas   Redes integradas

10. BASE FINANCIERA
Multiplicidad inequitativa   Pluralismo equitativo

11. TOMA DE DECISIONES
Centralizada   Descentralizada

12. MOTOR DEL CAMBIO
Imitación dependiente   Investigación para el desarrollo

FUENTE: Julio Frenk, José Luis Bobadilla, "Los futuros de la salud", Nexos 59, enero 1991, p. 60.

XI.4. EL ENTORNO ECONÓMICO

XI.4.1. *Ingresos y distribución de la riqueza*

México presenta una notable concentración del ingreso, sin muestras visibles claras de que la situación esté cambiando; según algunos indicadores, con muestras de marginación y pobreza crecientes. Desde 1984 al decil más rico de la población le ha correspondido más de la tercera parte de los ingresos corrientes totales. Al treinta por ciento más rico de los hogares mexicanos le corresponde más de la mitad del total de los ingresos corrientes. Al treinta por ciento más pobre de los hogares nacionales le corresponde escasamente un 9% de los ingresos corrientes totales. La razón de ingresos entre el diez por ciento más rico de los hogares y el diez por ciento más pobre es superior a veinte.

CUADRO XI.6. *México: razón de ingresos del diez por ciento más rico de los hogares y el diez por ciento más pobre.*

Año	Ingresos 10% más rico / Ingresos 10% más pobre
1950	18.71
1958	15.37
1963	24.40
1970	29.69
1975	66.32
1977	35.16
1984	19.05
1989	24.47
1992	24.62
1994	24.16
1996	20.45

FUENTE : Encuestas de ingreso gasto de los hogares, varios años

Más allá de la distribución por deciles, cabe resaltar que los ingresos corrientes totales promedio (a precios constantes) de los hogares de todos los deciles, que se habían venido incrementando sostenidamente desde al menos los sesenta, cayeron de manera importante a partir de 1992. Así, los ingresos por hogar en 1996 en todos los deciles fueron inferiores a los de 1984.

Los datos sobre los gastos corrientes totales tienen características similares a las arriba señaladas para los ingresos corrientes totales, aunque con una concentración ligeramente menor que en estos últimos. Llama la atención que de manera sostenida durante el periodo 1984-1996 los gastos corrientes totales de la mitad más pobre de los hogares mexicanos son mayores que sus ingresos corrientes totales; esto es, la mitad más pobre del país ha estado endeudándose de manera sostenida durante los últimos tres lustros. En 1996 sólo el 40% más rico de los hogares mexicanos tuvo ingresos corrientes mayores que sus gastos corrientes y sólo en el caso del diez por ciento más rico de los hogares los excedentes son sustantivos (más del 20% de los ingresos corrientes).

La distribución de los gastos corrientes monetarios de los hogares es, en números gruesos, cerca de un treinta por ciento menor que los gastos corrientes totales (algo más para los deciles más pobres y algo menos para los más ricos). Durante el lapso entre 1984 y 1996 al treinta por ciento más pobre de los hogares le correspondió apenas algo más del 10% de los gastos corrientes monetarios totales; en el otro extremo, al 10% más rico de los hogares le correspondió cerca de la tercera parte del total de dichos gastos, y el 20% más rico de los hogares obtuvo entre el 45 y 50% del total de los mismos durante todo el lapso señalado.

Si bien las cifras de pobreza dependen de la forma en que ésta se mida, parece haber consenso en que el número de pobres está aumentando y que actualmente cerca de 40 millones de mexicanos caen en esta categoría, incluyendo en ellos a cerca de 15 millones que puede considerarse viven en condiciones de pobreza extrema. Las condiciones de pobreza y marginación sin duda tienen repercusiones importantes sobre la salud. Una parte importante de ellas tienen que ver con problemas de desnutrición en los primeros años de vida.

En los próximos años, si las condiciones internacionales fuesen relativamente benignas, la economía nacional, en crisis cíclicas desde comienzos de los ochenta, podría lograr una recuperación importante. En esas condiciones no parece descabellado plantear escenarios en los que la tasa anual media de crecimiento del PIB pudiera llegar al 5% o incluso algo más. Sin embargo, aun en este caso el ingreso per cápita de los mexicanos en el año 2030 sería similar al que hoy tienen los países de desarrollo medio. En las condiciones descritas, la morbi-mortalidad del país seguiría mostrando la yuxtaposición ya señalada de características claramente identificables con la pobreza y rasgos que pertenecen a poblaciones urbanas con niveles de consumo mayores. Los problemas de salud del país, como los ingresos, podrían polarizarse por grupos de población.

XI.4.2. *Los gastos en atención a la salud*

Los importantes avances habidos en materia de salud pública en México han sido propiciados por la intervención directa del Estado a través de los programas de desarrollo social y del gasto público en salud. Dicho gasto tuvo un incremento medio anual de 11.96% durante la década de los cincuenta y de 38.96 % en los sesenta. Entre 1970 y 1982 disminuyó su ritmo de crecimiento a 10.74% promedio anual, y durante la etapa de austeridad económica del sexenio de Miguel de la Madrid (1982-1988) registró un decremento real (de 8.19% anual), para volver a recuperar gradualmente su nivel en los años posteriores. En 1993 ya había alcanzado los niveles de 1982, y en 1997, año en que se asignaron 121 281.6 millones de pesos corrientes al sector salud, obtuvo su máximo histórico.

La mayor parte del presupuesto ejercido en salud (alrededor del 60% del total) se ha dedicado a la atención curativa; en los últimos años esta proporción ha aumentado aún más, para alcanzar casi 65% en 1995. A la atención preventiva se ha dedicado sólo de 4 a 6% del presupuesto total. El gasto en atención preventiva es mayor en los servicios para población abierta (entre 10 y 15% del gasto total), que en las instituciones que atienden a grupos de derechohabientes específicos.

México es uno de los países que menor proporción del producto interno bruto destina a la salud; dicha proporción es pequeña incluso en comparación con países de desarrollo similar. Mientras que en 1992 el gasto público en salud representó alrededor de 2.6% del producto interno bruto, el gasto realizado por los agentes privados en el mismo rubro concentró casi otro 2%. En 1996 el gasto público en el sector salud como proporción del PIB se redujo, pasando a 2.2%, mientras que el gasto privado fue del 1.8%. Después de haber alcanzar un valor máximo de 209 dólares por persona, el gasto total en salud (público más privado) cayó a unos 160 dólares en 1996. Esta reducción se debió a la doble contracción del gasto público (que pasó de 112 a 88 dólares por persona entre 1992 y 1996) y del gasto privado (que pasó de 84 a 72 dólares por persona en el mismo periodo).

Según datos de las cuentas nacionales, en la última década los gastos en salud de los hogares mexicanos (y las instituciones privadas sin fines de lucro) han representado una fracción muy pequeña de su gasto total (entre 3.6 y 4.6%), con apenas una muy ligera tendencia al alza.

El componente más importante del gasto total en salud de los hogares (y las instituciones privadas sin fines de lucro) corresponde a los servicios médicos y paramédicos no hospitalarios (con entre 50 y 59% del total en el lapso comprendido entre 1988 y 1996). Poco menos de una tercera parte corresponde a gastos en productos medicinales y farmacéuticos. La participación de éstos en el gasto total en salud descendió entre 1988 y 1992 (pasando del 32.8 al 25.9%), pero volvió a recuperarse entre 1992 y 1996 (llegando en este último año al 32.74%). El resto de los gastos en salud de los hogares (entre 13 y 17% del total) ha correspondido a gastos en servicios hospitalarios.

Otra fuente de información sobre el gasto de los hogares en salud son las encuestas de ingresos y gastos de los hogares. Las cifras obtenidas de éstas no son comparables con las de las Cuentas Nacionales (los datos de gasto total en salud de las encuestas representan entre 30 y 35% de los correspondientes a las Cuentas Nacionales). Aun cuando las encuestas de ingreso gasto de los hogares no son compatibles con las cifras de las Cuentas Nacionales, proporcionan información de otra índole y complementaria, como es la distribución de los gastos en salud y medicamentos por deciles de la población.

Entre 1984 y 1999 los gastos totales en cuidados médicos y atención de la salud de los hogares mexicanos se mantuvieron entre el 3.5 y 3.9% del total de sus gastos corrientes monetarios (cifra similar, aunque ligeramente menor, de la que arrojan los datos de las Cuentas Nacionales presentadas antes). En todos los deciles los gastos en salud representan un porcentaje similar de sus gastos monetarios corrientes totales. Ello hace que la distribución del gasto total en salud por deciles de hogares sea similar a la de los gastos monetarios corrientes totales. Esto es, al decil más rico le correspondió entre 1984 y 1996 la tercera parte o algo más de los gastos totales en cuidados médicos y atención de la salud, y al 20% más rico de los hogares alrededor de la mitad o algo más de dichos gastos. En el otro extremo, al treinta por ciento más pobre de los hogares le ha correspondido entre 10 y 12% de los gastos totales en el rubro de salud. Las cifras no muestran cambios sustantivos a lo largo de la última década. En 1994-1996 los hogares del decil más rico gastaron en promedio entre 16 y 18 veces más en salud que los del decil más pobre. Es notable también que, a precios constantes, los gastos totales promedio en salud por hogar cayeron de manera importante (un 40%) entre 1994 y 1996.

En las encuestas de ingreso gasto de los hogares los gastos en cuidados médicos y atención de la salud están subdivididos en seis rubros de gastos : (1) gastos en atención primaria o ambulatoria; (2) gastos en servicios hospitalarios; (3) gastos en servicios médicos y medicamentos durante el embarazo y el parto; (4) gastos en medicamentos sin receta; (5) gastos en aparatos ortopédicos y terapéuticos; y (6) gastos en seguros médicos. Para el total de los hogares poco más del 50% del total de los gastos en salud corresponde a atención primaria o ambulatoria; alrededor de un 20% adicional corresponde a gastos en servicios hospitalarios; un 10% más corresponde a gastos médicos y medicamentos durante el embarazo y parto; un 4 a 7% adicional, dependiendo del año, corresponde a medicamentos sin receta; 5 a 8% más a aparatos ortopédicos y terapéuticos; y el restante 1 a 6% a seguros médicos. (Véase la gráfica XI.12 en las páginas siguientes.)

XI.5. Los sistemas de atención a la salud y la seguridad social

La respuesta social organizada para la atención de los problemas de salud de los mexicanos (recursos, servicios, instituciones, políticas y factores como acceso, equidad, calidad, productividad, tecnología, etc), esto es, nuestro sistema de atención a la salud, tuvo transformaciones importantes a lo largo de nuestro siglo. Derivado de cambios en el paradigma sociopolítico prevaleciente en México, reflejo en mucho de cambios habidos a nivel internacional, y por razones de eficacia económica y de costos, el sistema de atención a la salud de nuestro país está hoy en en-

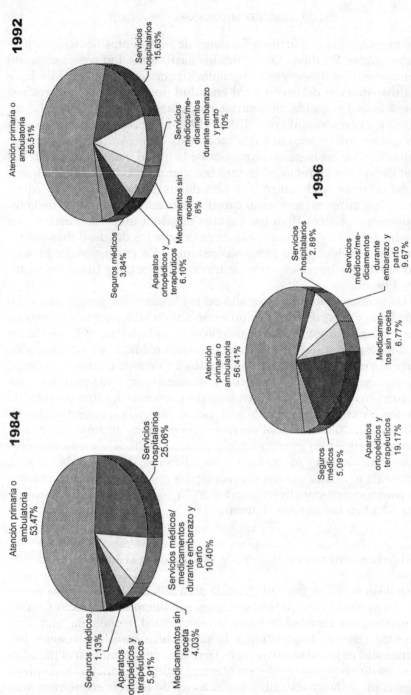

1992

Atención primaria o ambulatoria
56.51%

Servicios hospitalarios
15.63%

Servicios médicos/medicamentos durante embarazo y parto
10%

Medicamentos sin receta
8%

Aparatos ortopédicos y terapéuticos
6.10%

Seguros médicos
3.84%

1996

Servicios hospitalarios
2.89%

Servicios médicos/medicamentos durante embarazo y parto
9.67%

Medicamentos sin receta
6.77%

Aparatos ortopédicos y terapéuticos
19.17%

Seguros médicos
5.09%

Atención primaria o ambulatoria
56.41%

1984

Servicios hospitalarios
25.06%

Servicios médicos/medicamentos durante embarazo y parto
10.40%

Medicamentos sin receta
4.03%

Aparatos ortopédicos y terapéuticos
5.91%

Seguros médicos
1.13%

Atención primaria o ambulatoria
53.47%

GRÁFICA XI.12. *Distribución de los gastos en cuidados médicos y atención de la salud por grandes divisiones (cifras como por ciento del total)* tredicho. El viejo sistema parece resquebrajarse frente a tensiones crecientes en múltiples frentes. La caída de los llamados estados socialistas desprestigió al paradigma del "estado benefactor". La retirada del Estado de la prestación de diversos servicios, eufemísticamente denominada "adelgazamiento" del Estado, y la llamada a la privatización, así como la libre operación de los mercados y la eliminación de subsidios, golpean desde hace algunos años al sistema nacional de salud tradicional, reclamando que éste cambie profundamente.

La columna vertebral del sistema de seguridad social de México está constituida por el Instituto Mexicano del Seguro Social (IMSS, para trabajadores empleados por un patrón), establecido en 1943, y el Instituto de Seguridad Social al Servicio de los Trabajadores del Estado (ISSSTE, para trabajadores de dependencias gubernamentales), fundado en 1959. Petróleos Mexicanos (PEMEX). La Secretaría de la Defensa Nacional y la Secretaría de Marina también ofrecen a sus empleados servicios de seguridad social y médicos. Todas las instituciones mencionadas atienden también a las familias de su población objetivo. Al conjunto cubierto se le denomina población derechohabiente, e incluye también a los pensionados y a sus familias. El resto de la población es la abierta, que puede tener acceso a ciertos servicios de salud a través de instituciones como la Secretaría de Salud, el IMSS-Solidaridad e instituciones estatales y del gobierno del Distrito Federal. En 1995 el Sistema Nacional de Salud cubrió formalmente al 68.8% de la población, con serias diferencias en la cobertura entre estados de la República (según datos oficiales, mientras que en el DF el 100% de la población está cubierta, en Jalisco, Guerrero, Tlaxcala y Guanajuato lo está apenas alrededor de la mitad de la población).

El IMSS es un organismo descentralizado, con personalidad jurídica y patrimonio propios, sostenido por el Estado, los patrones y los trabajadores, cuyo sustento legal se encuentra en el apartado "A" del artículo 123 constitucional, que lo establece como un servicio nacional obligatorio. Los servicios que otorga el IMSS en el régimen obligatorio están comprendidos en cinco ramos: seguro de enfermedades y maternidad, seguro de invalidez y vida, seguro de retiro, cesantía en edad avanzada y vejez, seguro de riesgos de trabajo y seguro de guarderías y prestaciones sociales. Durante las últimas cuatro décadas el número de asegurados del IMSS tuvo un crecimiento espectacular, pasando de 1.2 millones en 1960 a cerca de 13 millones en los años más recientes. De igual manera, la cobertura del Seguro Social (derechohabientes) pasó de 9.7 millones de personas en 1970 a 39.4 millones de personas en 1997. Actualmente otorga servicios a más del 40% de los mexicanos (asegurados permanentes y eventuales, pensionados y familias). De continuar las tendencias históricas, en el año 2010 el número de asegurados del IMSS podría llegar a 18 o 20 millones, con una población derechohabiente de 50 a 60 millones de personas, mientras que en el año 2030 sus asegurados podrían llegar a entre 23 y 28 millones de personas, con entre 58 y 76 millones de derechohabientes. Estas cifras podrían resultar conservadoras si la economía mexicana recuperase sus altas tasas de crecimiento y pudiese generar el millón de empleos por año que será requerido para dar cabida a los nuevos demandantes de empleo. Por otra parte, podrían dejar de tener referente real en caso de que una parte importante de los servicios de seguridad social pasasen a manos de instituciones del sector privado

La Ley del Seguro Social se ha modificado en dos ocasiones:

a) En 1973, cuando se establecieron los servicios médicos por seguridad social, que beneficiaron principalmente a la población rural y se concretaron con la puesta en marcha del programa IMSS-COPLAMAR en 1979.[8] Con esta reforma se introdujo el enfoque de medicina integral, por el cual el Instituto empezó a otorgar prestaciones sociales, deportivas, artísticas y culturales, incluso a la población no derechohabiente. Se creó, además, el seguro de guarderías, con el objeto de proporcionar apoyo a las madres trabajadoras; y

b) En 1995, para mejorar la calidad y, sobre todo, la viabilidad financiera de los servicios y prestaciones, en un entorno en el que, por factores económicos y demográficos, los antiguos esquemas de operación habían dejado de ser funcionales. Entre los cambios más importantes destaca la reforma al sistema de pensiones con la introducción de un sistema de cuentas individuales por trabajador, cuyo principal objetivo es eliminar las distorsiones en el mercado laboral y fomentar la acumulación de capital. Los recursos del Sistema de Ahorro para el Retiro son manejados por administradoras de fondos para el retiro (AFORES); los trabajadores eligen en cuál de ellas desean tener su cuenta. La creación de éstas marcó una nueva etapa en la historia de la seguridad social en México, por la apertura a la iniciativa privada en el manejo de este tipo de recursos.

---

[8] El 20 de abril de 1983 el Ejecutivo federal reintegró al IMSS la responsabilidad total del programa IMSS-Coplamar, eliminando la coordinación de este último. El programa estuvo vigente hasta 1989, cuando fue sustituido por el programa IMSS Solidaridad. Los pacientes atendidos no pagaban el servicio, pero retribuían el mismo mediante trabajo comunitario e incorporándose a las actividades de fomento a la salud, prevención de enfermedades o mejoramiento del ambiente. El gobierno federal cubrió la totalidad del presupuesto del programa, mientras la operación corrió a cargo del IMSS (capacidad administrativa, gestión, abasto, capacitación, evaluación y supervisión).

El ISSSTE es un organismo descentralizado que fue fundado en 1959 con la función principal de preservar la salud y el bienestar de los trabajadores al servicio del Gobierno federal y sus familias. Opera a través de una sola institución, que presta los servicios médicos por seguros de enfermedades no profesionales, accidentes de trabajo y enfermedades profesionales, jubilaciones, invalidez, vejez y muerte; además, ofrece servicios de rehabilitación y reeducación de inválidos y préstamos a corto plazo e hipotecarios. El ISSSTE vivió una gran transformación en 1983. Su nueva Ley (aún vigente) estableció entonces que las prestaciones en otorgamiento diferido (pensiones, seguridad e higiene en el trabajo, indemnizaciones globales, devolución de depósitos y pagos, etc.) debían contar con los recursos para garantizar 100% de su cobertura; el resto de las prestaciones, tanto económicas como en especie, se otorgan con base en un sistema de depósito anual, sujetándolas a los recursos presupuestales de cada año. La reforma jurídica implicó, además, una redistribución de los recursos y cuotas que recibe el ISSSTE, dando mayor prioridad a las prestaciones en especie (protección a la salud, protección al salario y otras diversas) sobre las económicas (pensiones, indemnizaciones globales, seguridad e higiene en el trabajo, etc.), pues se consideró que las primeras tenían mayor incidencia sobre las condiciones de vida de las familias.

En 1997 el ISSSTE tenía 9.4 millones de derechohabientes; no obstante, la reducción del sector público le ha significado un menor crecimiento en la cobertura, la cual creció 4.2% promedio anual en la década de los ochenta y apenas 1.6% en los noventa. La reducción del sector público y su presupuesto a partir de los ochenta han puesto en situación crítica a este organismo, el cual requerirá nuevos mecanismos de operación y financiamiento para seguir cumpliendo con sus objetivos. De continuar las tendencias hacia el adelgazamiento del Estado, parece probable que el número de asegurados del ISSSTE prácticamente dejará de crecer, pudiendo estancarse en alrededor de 2.4 millones de personas de ahora en adelante. Si así ocurriese, el número de derechohabientes de esta institución podría llegar a 10.1 millones en el año 2010 y a 10.3 millones en el 2030.

El Instituto de Seguridad Social de las Fuerzas Armadas (ISSFAM), organismo público federal y descentralizado creado en 1976 con el objeto de proporcionar servicios clínicos, asistenciales y culturales a los miembros en activo y jubilados de las fuerzas armadas, así como a sus dependientes, tiene actualmente una cobertura de 550 mil derechohabientes. Petróleos Mexicanos (PEMEX) cuenta también con una infraestructura propia para otorgar servicios de seguridad social a sus trabajadores sindicalizados y familiares, quienes gozan, entre otros, de servicios médicos para enfermedades profesionales, no profesionales y accidentes de trabajo. Como parte del proceso de reestructuración de las actividades de Pemex, entre 1988 y 1997 su número de trabajadores se redujo en más de 20%. A pesar de ello, la seguridad social de Pemex cubre a unos 500 mil derechohabientes.

Desde su fundación, en 1943, la Secretaría de Salud ha estado facultada para organizar, administrar y controlar la prestación de los servicios de salud, asistencia y beneficencia pública, así como la administración del patrimonio de la beneficencia. La Secretaría recibe aproximadamente el 12% del presupuesto asignado al sector salud; su participación en el gasto del sector es mucho menor que la del IMSS, que asciende a casi 70% del total. La Secretaría de Salud atiende a una gran parte de la población mediante el servicio de consulta externa. Sus clínicas proporcionan dado alrededor del 25% de las consultas externas del Sistema Nacional de Salud, ofreciendo cobertura médica a alrededor de 31 millones de personas.

La salud se encuentra interconectada con procesos económicos, políticos, culturales, demográficos, científicos y tecnológicos que exigen que hoy, como nunca antes, se lleve a cabo un proceso profundo de reformas en la manera como se imparten los servicios de salud, de tal suerte que nos anticipemos a los problemas y no sólo reaccionemos ante las realidades o las crisis, como hasta ahora. Esto permitirá eliminar los rezagos acumulados por décadas y enfrentar los nuevos retos, entre los que destacan la aparición de nuevas enfermedades, la reemergencia de otras y el envejecimiento de nuestra población. Esto llevará a un cambio de paradigma sobre la manera como se ofrecen los servicios. El nuevo paradigma podría acercarse al modelo que estos autores proponen y que denominan "pluralismo estructurado".

En el futuro todo parece apuntar hacia una mayor participación del sector privado en los servicios de atención a la salud. Los prestadores públicos de servicios enfrentan presiones financieras cada vez más severas, mientras que, en paralelo, su credibilidad ante sus derechohabientes está disminuyendo. Hoy una parte importante y creciente de las empresas ofrece a sus empleados (a todos o a sus altos ejecutivos) servicios privados de atención a la salud mediante el pago de seguros de gastos médicos mayores, o incluso de servicios de atención integral. Existe además la posibilidad de que se apruebe que las instituciones públicas de salud permitan de manera generalizada la reversión de cuotas o la subrogación de los servicios. Esto sin duda sería un detonador para la ampliación de los servicios de salud privados.

En la medida en que el pago de los servicios de atención a la salud corresponda a empresas que representan a números crecientes de usuarios (por ejemplo, grandes empresas, como los bancos, que contratan servicios colectivos para sus empleados, o empresas aseguradoras) la presión para obtener servicios de mayor calidad a menores costos aumentará. Las prestadoras de los servicios y los profesionales tendrán incentivos para optar por intervenciones de menor costo. Como parte de esta tendencia sería natural, por ejemplo, ver una disminución en el número de días que los pacientes pasan en las instituciones hospitalarias.

Por otra parte, en nuestro país, como en otros, todo parece apuntar a que en el futuro cobrarán mayor importancia las "organizaciones para el mantenimiento de la salud" (las llamadas *health management organizations* en Estados Unidos) o de "atención administrada o gerenciada", que se encargan de supervisar todas los ámbitos y acciones de salud relativas a un individuo, desde la revisión de sus hábitos de vida y medidas de prevención de enfermedades, hasta las intervenciones quirúrgicas cuando éstas son necesarias; todo esto no sólo para mantener un mejor control sobre los problemas de salud, sino pensando también, de manera explícita, en controlar la calidad y los costos de la atención a la salud a lo largo de la vida de los individuos.

En la medida en que los servicios médicos privados se expandan, seguramente aparecerán cadenas de prestadores de servicios; por ejemplo, cadenas de instituciones hospitalarias. Habrá, además, mayores posibilidades de que surjan unidades novedosas que compitan con las existentes, tales como unidades de atención de primer nivel o de cirugía ambulatoria, o sistemas de franquicias (ya incipiente en nuestro país). Adicionalmente, el mercado de prestadores de servicios de atención a la salud podría ver una creciente participación de organizaciones extranjeras (en particular las de atención administrada o gerenciada), probablemente en alianzas con empresas mexicanas.

Esta mayor competencia entre prestadores de servicios de atención a la salud podrá tener consecuencias muy negativas si ocurriese de manera desrregulada. Si bien en México existen cimientos de derecho constitucional para la protección a la salud, la regulación de los prestadores privados de dichos servicios ha sido laxa, sin mecanismos de certificación de los servicios ofrecidos por éstos. La situación empieza a cambiar, y en el futuro seguramente crecerá la presión para que se establezcan estándares que aseguren servicios de calidad, de acuerdo con los precios cobrados. El Estado habrá de trabajar intensamente para establecer los lineamientos regulatorios, hoy ausentes para este tipo de organizaciones.

La calidad del servicio se irá imponiendo paulatinamente como valor importante en la organización de la atención médica. Y la exigencia de mayor calidad se dará de manera inevitable asociada con una exigencia de mayor eficiencia, lo mismo para el sistema de salud en conjunto que para organizaciones específicas y profesionales individuales. A ello también contribuirá de manera significativa la mayor educación e información tanto de los usuarios de los servicios de salud como de los llamados terceros pagadores (aseguradoras, grandes empresas, organizaciones de atención administrada, etcétera).

Se observa también una clara tendencia a modificar el papel de los grandes hospitales, privilegiando el de hospitales más flexibles, más pequeños, más eficientes, con áreas de especialización claramente definidas, que les permitan aprovechar ventajas competitivas. De la misma manera, cabría esperar que fuesen creándose coaliciones o redes de proveedores de servicios para la salud que puedan tener mayor capacidad de respuesta, de cobertura geográfica, de negociación y de competencia.

La creciente complejidad que se vislumbra en la prestación de los servicios de salud apunta también a una creciente necesidad de profesionalización de los directivos de las organizaciones de atención médica

XI.6. LOS FUTUROS CIENTÍFICOS Y TECNOLÓGICOS

La salud ha sido preocupación permanente para el Hombre, y lo ha acompañado en la odisea de su ascenso como *homo sapiens* a lo largo de su historia. El mismo concepto de salud ha evolucionado de manera importante con el paso del tiempo y el creciente entendimiento del funcionamiento de nuestro cuerpo. Hoy pocos sostendrían que la salud es la mera ausencia de enfermedad. Se trata más de un estado que permita el máximo aprovechamiento del potencial integral de los seres humanos para su desarrollo. Durante muchos siglos la atención de la salud fue asunto de mitos, ritos y magia y, como excepción, de sentido común. La medicina científica, con respuestas basadas en una observación rigurosa y en un conocimiento serio del cuerpo humano y su funcionamiento, data de apenas poco más de cien años. No fue sino hasta fines del siglo XIX, con el nacimiento de la bacteriología, cuando empezaron a conocerse con certeza las causas de algunos de los padecimientos y a desarrollarse intervenciones efectivas para su tratamiento (ello no niega los avances que en anatomía se hicieron desde el Renacimiento, ni la existencia anterior de remedios específicos de carácter natural, desarrollados con base en evidencia empírica, capaces de aliviar algunos males). Hasta mediados del siglo XIX las intervenciones curativas y el dolor en los pacientes eran hermanos siameses inseparables (la aparición de los anestésicos empezó a cambiar el panorama). El desarrollo de la industria farmacéutica y de los medicamentos sintéticos son básicamente asunto del siglo XXX. Otro tanto puede decirse de los procedimientos quirúrgicos, en particular los de tórax y abdomen.

Los paradigmas de observación y comprensión del funcionamiento del cuerpo humano y sus alteraciones han ido de lo macro a lo micro. Del cuerpo como un todo (y el balance de sus "humores") a los sistemas y órganos, luego a los tejidos, hasta llegar a las células, y más recientemente a la biología molecular y a la genética. En paralelo, la medicina fue sufriendo un proceso de especialización que parecía no tener límite. Los médicos generales quedaron casi se convirtieron en una especie en extinción.

Las intervenciones en atención a la salud han cambiado de énfasis en otro sentido. Originalmente su acento estuvo en la eliminación de los males una vez que éstos estaban manifiestos; esto es, en la curación. El desarrollo de las vacunas (desde fines del siglo pasado) empezó a poner el peso en los aspectos preventivos. Factores de costos, entre otros, hicieron que más recientemente, desde mediados de nuestro siglo, la tendencia hacia lo preventivo cobrase aún mayor importancia. Hoy están de moda los sistemas de atención administrada de la salud, en los que se da seguimiento personalizado a los pacientes, combinando recomendaciones de carácter preventivo con análisis de alternativas de manejo de las intervenciones de carácter curativo.

Hay además una clara tendencia hacia alternativas de intervención cada vez más orientadas a blancos específicos y cada vez menos intrusivas, y por tanto con menores efectos secundarios.

Las intervenciones en la atención a la salud cambiarán de énfasis en las próximas décadas. Por un lado se percibe que los pacientes tendrán una paarticipación cada vez más activa en el cuidado de su salud. Esto se deberá no sólo al uso de medios electrónicos, cuando éstos se encuentren asequibles, sino a que además estaremos ante una sociedad que tendrá cada vez mejores niveles de educación. El papel del equipo de salud se verá ampliado y, a cambio, seguramente traspasará al propio paciente tareas que actualmente realiza.

Con los avances de la genética, a través de los cuales se podrá evaluar el riesgo a sufrir ciertas enfermedades, será posible que el sujeto en riesgo se adelante a su padecimiento y pueda, a través de tratamientos "suaves", como dieta y ejercicio, aminorar, o de plano prevenir, la aparición de la enfermedad. Es por ésta y otras razones que la prevención de las enfermedades avanzará más que la terapéutica.

Con la colaboración estrecha entre médicos, físicos e ingenieros, en el futuro también se prevé la aparición cada vez más frecuente de procedimientos que sean menos invasivos del paciente. La cirugía endoscópica, la angioplastía, los procedimientos con ultrasonido o emisión de positrones, o los "gamma bisturíes" son ejemplos de tecnologías recientes que avanzan en esta dirección.

La morbi-mortalidad por enfermedades del corazón es de aparición relativamente reciente en el escenario de los países en desarrollo, pero seguramente se convertirá en la principal causa de muerte antes del año 2020. Habrá para entonces cambios importantes en la atención de la salud de los enfermos del corazón. Contarán seguramente con un diagnóstico genético que valore su riesgo y, modificando su estilo de vida (dieta, ejercicio, evitar tabaquismo), podrán incidir en el desarrollo de su enfermedad. Pero, además, contarán con recursos terapéuticos y diagnósticos poderosos que le permitirán destruir exitosamente la placa ateromatosa. Aun los ya enfermos podrán tener acceso a tecnologías que ya hoy se visualizan como altamente posibles, como el corazón mecánico y el corazón obtenido de animales (xenotransplantes) una vez que se descubran mecanismos para evitar el rechazo inmunológico.

El cáncer cobra cada año mayor importancia en la mortalidad de México, no sólo por un mejoramiento en su diagnóstico, sino porque al elevarse la esperanza de vida de la población un mayor número de personas estarán en riesgo de sufrir cánceres que se presentan en edades avanzadas. Existen diferentes estrategias para avanzar en la terapia del cáncer: desarrollo de un número creciente de medicamentos innovadores y nuevos usos de algunos ya existentes; desarrollo de fármacos con selectividad exclusiva sobre células cancerosas; desarrollo de agentes que bloquean la información genética de las células cancerosas y desarrollo de vacunas específicas que permitirán al organismo enfermo prevenir o aun curar el cáncer.

En los siguientes 30 años habrá cambios muy importantes en el campo de las vacunas. Sabemos que, como lo apunta Vandersmissen, en los inicios del año 2000 "continua siendo más difícil vender la prevención que la curación. La vacunación es un acto poco espectacular porque es una intervención médica en gente sana". De acuerdo con dicho autor, habrá nuevas tecnologías en vacunas, entre las que destacan: nuevas formas de administración; patógenos modificados genéticamente que pierden la virulencia pero no la inmunogenicidad; mejoría en los adyuvantes, que permite una más efectiva respuesta inmunológica; vacunas de ácidos nucleicos, y, finalmente, el uso terapéutico de vacunas (teracinas).

Las técnicas de la ingeniería genética y la biotecnología aplicadas a seres humanos será una nueva etapa en la medicina, anticipándose resultados más espectaculares de los que ya hemos visto en los finales del siglo XX. Pero debemos ser extremadamente cautos y no exigir a las técnicas genómicas más de lo que pueden dar, y lo que es todavía más importante no exigírselo antes de tiempo. Con esto último nos referimos a la necesidad de analizar con mucha profundidad sus impactos éticos, sociales, económicos legales y políticos.

Se anticipa que la genómica afectará la práctica médica a través de, por lo menos: su uso como instrumento para descubrir medicamentos novedosos (en unos años probablemente más de la mitad de los nuevos medicamentos habrán sido descubiertos a partir de conocimientos ganados con la genética); como instrumento para nuevas y más precisas técnicas diagnósticas; su uso para elaborar los perfiles de riesgo de ciertas enfermedades y, finalmente, la posibilidad de una reestructuración genética que elimine el riesgo a sufrir determinadas enfermedades.

Con el perfeccionamiento de cada vez más sofisticados dispositivos médicos y de la propia genética, se espera que en las dos o tres siguientes décadas ocurra un desarrollo muy significativo en nuestro conocimiento del sistema nervioso central, en particular sobre su funcionamiento y el origen genético de varias enfermedades.

Algunas de las preocupaciones señaladas hacen ver la necesidad de que nuestro país cuente con estructuras que realicen la evaluación de las tecnologías para la salud, que evalúen no sólo la eficacia y seguridad de las nuevas y viejas tecnologías, sino también que alerten sobre los impactos económicos, éticos, sociales y culturales que pudiesen resultar de su introducción a la práctica médica.

En todo caso, a más de 20 años de la declaración de Alma Ata, debemos seguir luchando por acercarnos cada vez más a la meta "Salud para todos", con ánimos renovados de que se alcancen mejores niveles de salud para nuestra población, con un sentido de equidad y solidaridad que permitan un desarrollo sustentable de nuestro país.

XII. TELECOMUNICACIONES EN MÉXICO: 2030*

FEDERICO KUHLMANN**

XII.1. INTRODUCCIÓN

EL MUNDO VIVE UNA REVOLUCIÓN en las comunicaciones y el manejo de información, en paralelo con un crecimiento explosivo en los conocimientos. La información se ha convertido en un factor *sui generis* para el desarrollo económico y social;[1] hoy constituye la fuerza motriz de las tendencias de globalización, y su dominio será estratégico en la conformación de la futura constelación global de poderes. En el campo de las telecomunicaciones existe un círculo virtuoso: los nuevos conceptos son difundidos masivamente mediante la aplicación de ellos mismos (y otros relacionados con el propio campo). Así, en tiempos extremadamente cortos, grandes sectores de la población hacen uso de las innovaciones.

Muchos de los conceptos que hoy caracterizan a la sociedad moderna tienen su origen en las telecomunicaciones y tecnologías relacionadas con ellas. Algunos de los principales rasgos de la sociedad de los últimos años del presente siglo están asociados con términos como globalización y aldea global, sociedad y tecnologías de la información, ciberespacio, redes y comercio electrónico. Durante los próximos años seguirá siendo necesario acuñar términos que hoy aún no existen para describir a las tecnologías y aplicaciones que seguirán apareciendo.

Entre los desarrollos que nos han conducido al estado actual están sin duda los avances en computación y en las tecnologías digitales para la transmisión de información, y la convergencia de ambos campos. Dicha convergencia (frecuentemente denominada "telemática", combinación de "*tele*comunicaciones" e "infor*mática*"), ha generado sinergias que constituyen el cimiento de la "sociedad de la información", permitiendo

* El autor agradece de manera muy especial a Carlos Slim su generosidad por haber revisado dos versiones preliminares del presente capítulo, aportando ideas y sugerencias muy valiosas y rectificando algunos errores e interpretaciones incorrectas contenidas en ellas; sin sus aportaciones críticas y cuidadosas este capítulo sería sin duda más pobre. Agradece también la gentileza de Arturo Elías por haber proporcionado información actualizada de gran valía sobre el sector.

** Instituto Tecnológico Autónomo de México, Departamento de Sistemas Digitales.

[1] Basado en un Administrative Committee on Coordination, *Acc statement on Universal Access to Basic Communication and Information Services,* abril 1997, que también está disponible en www.itu.int/acc/rtc/acc-rep.htm

la introducción y uso de un solo lenguaje universal en la computación y en las telecomunicaciones: el "lenguaje digital". Hace algunos años un canal de comunicaciones sólo podía transmitir audio, pero no video o datos; o video, pero no audio y datos; o datos, pero no audio y video, etc. En cambio, los sistemas modernos transmiten unidades de información (bits), independientemente del significado que éstas puedan tener y de los servicios a los que estén asociados. La operación de dichos sistemas sería poco menos que imposible si no estuvieran basados en el uso intensivo de sistemas de cómputo (desde pequeños microprocesadores hasta enormes computadoras distribuidas en todo el planeta).

En sus orígenes, hace unos cien años, se dudaba que la transmisión de voz a través de conductores metálicos llegase a tener mucha relevancia. Conforme la infraestructura instalada fue creciendo y expandiéndose, quedó claro que el sistema telefónico podía ser la plataforma ideal para proyectos de telecomunicación mucho más ambiciosos. Las tecnologías en las que basa su operación han tenido avances importantes: sistemas de conmutación automática, equipos de transmisión y sistemas de señalización, así como sistemas de transporte y distribución de señales, como fibras ópticas y sistemas satelitales. Propuesta originalmente para transmitir voz entre dos puntos geográficamente separados, la telefonía proporciona hoy múltiples mecanismos para comunicarse, realizar operaciones comerciales, trabajar, estudiar, diagnosticar enfermedades, viajar, entretenerse, investigar y transmitir y recibir información proveniente de un sinnúmero de fuentes. Durante la segunda mitad de este siglo el sistema telefónico dejó de ser un servicio de lujo, sin gran trascendencia aparente, para convertirse en una necesidad. Las redes telefónicas son hoy simultáneamente condición para y consecuencia del desarrollo de las naciones.

Hasta hace poco las redes telefónicas de cada país ofrecían sus servicios como monopolios (generalmente estatales, pero en algunos casos privados), generados y sustentados en buena medida por la barrera que representaba el costo del tendido de las redes alámbricas sobre las que descansaban. A mediados de la década de los ochenta, a la luz de su evolución, del crecimiento del tráfico internacional y del desarrollo de nuevas tecnologías (entre otras, la telefonía inalámbrica), se cuestionó el esquema en el cual operaban dichas empresas, llegándose a la conclusión de que los monopolios no eran más eficientes ni desde el punto de vista económico ni para proporcionar mejor acceso a los servicios básicos de telecomunicaciones a gran parte de la población. Así, en prácticamente todos los países se inició una migración de empresas telefónicas monopólicas hacia empresas que operan en diferentes esquemas de competencia.

Hoy el avance en las telecomunicaciones difícilmente podrá ser frenado, no sólo porque las necesidades de comunicación son crecientes y su satisfacción es condición necesaria para mejorar la competitividad y eficiencia económicas de los países, sino porque a su alrededor existen poderosos intereses globales de carácter económico y político. Buen número de empresas del sector han consolidado alianzas multinacionales que les permiten ofrecer servicios en una enorme cantidad de países, y muchas de ellas están representadas en prácticamente todo el orbe. Los posibles beneficios o riesgos que ello podría tener para cada país particular deben ser evaluados cuidadosamente, en función de, entre otros, su demografía, su situación económica, política y cultural, y sus limitaciones financieras.

El mundo es un mundo desigual. No sólo en los niveles de ingresos entre países y en el interior de cada uno de ellos, sino también en el acceso a la información y la capacidad para aprovecharla.[2] Pekka Tarjanne (ex secretario general de la Unión Internacional de Telecomunicaciones; ITU) ha enfatizado que una condición necesaria para que todos los habitantes del planeta tengan y compartan los mismos derechos es que tengan acceso a servicios básicos de información y de telecomunicaciones:[3] "Si no se realiza alguna acción por parte de la comunidad mundial, existe el gran peligro de que la sociedad global de la información no tenga nada de global, excepto el nombre; que el mundo esté dividido entre ricos y pobres en información; que la distancia entre países desarrollados y países en desarrollo se convierta en algo infranqueable". Para alcanzar cierta equidad de acceso a las telecomunicaciones será necesario actuar con determinación y rapidez.

En lo que sigue se analizará la posible evolución de las telecomunicaciones en México entre hoy y el año 2030. A pesar de que las telecomunicaciones incluyen todo tipo de sistemas basados en radiocomunicación (entre los cuales se encuentran, desde luego, la radiodifusión y la televisión en todas sus modalidades), las redes telefónicas (o aquéllas hacia las que éstas evolucionarán) seguramente seguirán siendo la plataforma sobre la cual se ofrecerán la mayoría de los servicios en el futuro y las que mayor impacto tendrán sobre la sociedad en general. Por tanto, el análisis se concentra en ellas. Se construyen escenarios factibles sobre su posible desarrollo, que a la vez parecen deseables. Se toman en cuenta elementos tecnológicos, legales y económicos, tanto para el caso de México como desde un punto de vista global. Los futu-

---

[2] Hacia fines de la segunda década de este siglo ya había en Estados Unidos una densidad telefónica (líneas telefónicas por cada 100 habitantes) superior al 12%. Hoy, 80 años después, hay más de 110 naciones que aún no alcanzan esta cifra.

[3] Traducido libremente de *ITU World Telecommunication Development Report 1998, Universal Access, International Telecommunications Union*, Ginebra, Suiza, 1998.

ros de las telecomunicaciones, por la extensión de sus posibles servicios y por sus múltiples y complejas interacciones con muchos otros sectores, merecen varios libros. Las limitaciones que impone un capítulo impiden tratarlos con detalle. Por tanto, recurrimos a aproximaciones y agregados que permiten, al menos, bosquejos gruesos sobre el porvenir del campo.

XII.2. El entorno de las telecomunicaciones

Para imaginar los futuros de las telecomunicaciones en un país cualquiera se requiere explorar cómo serán sus características demográficas y económicas y cuáles serán las condiciones de mercado que podrían prevalecer en él, considerando variables cuantitativas y cualitativas, tanto por el lado de la demanda como por el de la oferta de servicios, incluyendo posibles cambios en el entorno regulatorio. Además de las variables demográficas y económicas obvias, conviene incorporar, por ejemplo: elementos subjetivos, como el grado de aceptación de los servicios y la medida en que éstos corresponden a las expectativas del mercado al que están dirigidos; elementos difícilmente cuantificables, como el entorno político y regulatorio en el cual han de ofrecerse los servicios, y elementos cuantitativos, como las tarifas asociadas a cada uno de los servicios y la fracción de los ingresos familiares que representa su utilización.

Por otra parte, el análisis de las interacciones entre variables debe incorporar a los principales agentes del sector: el conjunto de usuarios y suscriptores de los servicios (el mercado de los servicios); los empresarios e inversionistas nacionales y extranjeros (las empresas de telecomunicaciones) que emplean sus recursos financieros para introducir un servicio; los proveedores de equipos y tecnologías que se requieren para la oferta de un servicio (que, junto con las empresas que ofrecen los servicios, integran la industria de las telecomunicaciones), y los organismos nacionales, extranjeros e internacionales encargados de legislar, reglamentar y normar la operación de las redes y su interacción (los organismos reguladores y normalizadores).

El desarrollo de la telemática ha dado origen a alianzas entre diversas empresas relacionadas, directa o indirectamente, con las distintas etapas del manejo de la información: generación, procesamiento, administración, comercialización, distribución y utilización. Los lazos e intereses comunes entre las empresas de telecomunicaciones, las productoras y propietarias de los contenidos de información y las fabricantes de equipo de cómputo, de programas y de equipo de oficina, así como los medios de comunicación, seguramente seguirán fortaleciéndose, propiciando su integración para constituir la mayor industria mundial de las primeras décadas del próximo siglo. Los ingresos anuales de las mega-empresas resultantes podrían sobrepasar pronto la cantidad de 3.5 billones de dólares.[4] Dichos ingresos se distribuirán en tres partes aproximadamente iguales: los servicios de telecomunicaciones, los contenidos y los equipos. La conformación de la nueva industria de las telecomunicaciones tendrá importantes repercusiones en prácticamente todos los actores sociales, de la siguiente manera:

a) Los usuarios y suscriptores de redes y servicios de telecomunicaciones tendrán a su alcance una mayor gama de servicios y maneras de comunicarse con personas y máquinas, y para utilizar información proveniente de muchas fuentes, con modos de acceso más fáciles y a menor costo. Los servicios explotarán cabalmente el concepto de "multimedia". Las interfaces entre los usuarios y la información permitirán comunicación escrita y no escrita (como la voz).

b) Habrá nuevos oferentes de servicios de telecomunicaciones operando en competencia. Seguramente se introducirán servicios que aumentarán la eficiencia de las organizaciones industriales y comerciales. El reto para ellas consistirá en lograr mejores resultados explotando los beneficios ofrecidos por las nuevas tecnologías. Estos servicios revolucionarán los modos de comercializar productos y servicios, reduciendo el papel de los intermediarios. Habrá un gran impacto en el mundo de la publicidad y la mercadotecnia, por lo cual éste será reformulado por completo.

c) La tecnología ofrecerá esquemas para el trabajo diferentes de los que se conocen en la actualidad, en los cuales la presencia física de los trabajadores en el lugar de trabajo perderá importancia. Seguramente tenderá a mejorar el desempeño de la fuerza laboral dentro de las organizaciones debido a posibilidades de comunicación que hoy aún no han sido explotadas.

En el futuro la industria de las telecomunicaciones tenderá a reforzar la globalización. Todos los países, al menos potencialmente, podrían ser candidatos para disfrutar de los beneficios de los nuevos servicios, lo cual seguramente se verá reflejado en sus indicadores económicos y sociales.

Para aprovechar las posibles repercusiones positivas derivadas de la conformación de la nueva industria de telecomunicaciones es de fundamental importancia que los agentes líderes, aquéllos que establecen las metas deseables para un país y los mecanismos para alcanzarlas, tengan

---

[4] *World Communications: A Wholly New World*, ITU, Ginebra, 1995, p. 68.

claramente definida la dirección hacia la que deben orientar la política nacional.

XII.3. LA DISTRIBUCIÓN DE LA INFRAESTRUCTURA TELEFÓNICA A NIVEL MUNDIAL

Para explorar los futuros de las telecomunicaciones es necesario primero seleccionar algunas de las principales variables del sector (internas y externas) y entender su evolución histórica, para, a la luz de posibles cambios en sus tendencias y la ocurrencia de eventos inéditos, explorar cómo podrían evolucionar en el porvenir. Entre los elementos a considerar para construir los escenarios futuros cabe distinguir entre los cualitativos y los cuantitativos. Los primeros (por ejemplo, el entorno político, los valores de la sociedad, etc.) sirven para dar forma, al menos de manera burda, al entorno general dentro del cual evolucionará el sector de telecomunicaciones. Los segundos (por ejemplo, líneas en operación, tarifas de los servicios, ingresos familiares, etc.), sirven para presentar imágenes más específicas sobre la posible evolución del sector en el contexto de su entorno.

Como ayuda para construir los futuros de las telecomunicaciones en México puede recurrirse a analogías geográficas; esto es, a información referente a otros países con un estado de desarrollo más avanzado que el nuestro y que ya presentan características deseables para el futuro de México. Lo ocurrido en dichos países puede servir de guía de lo que podría ocurrir en el nuestro.

A nivel mundial, la teledensidad de los países (número de líneas telefónicas fijas por cada cien habitantes) fluctúa entre 0.07 (Camboya) a 99 (Mónaco). Según datos de la ONU y de la ITU, las poblaciones y las teledensidades en cada uno de los continentes del planeta son las que se presentan en el cuadro XII.1.

La teledensidad promedio de Europa es 18.7 veces mayor que la de África, por lo que los problemas de telecomunicaciones de la primera son forzosamente diferentes de los de la segunda. A lo anterior debe agregarse que también en la telefonía móvil la situación es mucho más favorable en los países económicamente más avanzados. Esta situación podría convertirse en irreversible si no se aplican medidas correctivas en el muy corto plazo.

Los datos de la última columna del cuadro XII.1. se complementan con los de la figura XII.1, donde se muestra el número de hogares con y sin servicio telefónico en el mundo, señalando, en su caso, la razón por la cual no lo tienen.

CUADRO XII.1. *Datos de población, líneas telefónicas*
y teledensidades por continente

	Habitantes (millones)	Líneas telefónicas fijas (millones)	Teledensidad (líneas fijas por cada cien habs.)	Líneas fijas por cada cien hogares
América	781	237	30.38	71
Europa	792	274.3	34.6	69
Asia	3 431	206.7	6.02	20
África	743	13.7	1.85	6
Oceanía	28.8	11.6	40.39	90

FUENTE: *ITU World Telecommunication Development Report 1998*, Universal Access, International Telecommunications Union, Ginebra, Suiza, 1998.

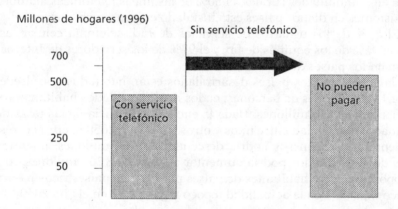

FIGURA XII.1. *Mundo: Hogares con y sin servicio telefónico*

FUENTE: *ITU World Telecommunication Development Report 1998, Universal Access*, International Telecommunications Union, Ginebra, Suiza, 1998.

Actualmente la brecha entre países está creciendo. El desarrollo económico de la postguerra ha acentuado las diferencias entre e intra países:

a) Para un porcentaje grande de la humanidad el principal problema sigue siendo la supervivencia; no tiene techo, no puede alimentarse tres veces al día y no tiene acceso a los servicios mínimos de educación o atención a la salud. La pobreza y la marginación son sus rasgos característicos.

b) El porcentaje de personas pobres es cada vez mayor, mientras que el de personas ricas cada vez es menor. Los ricos concentran un porcentaje cada vez mayor de la riqueza mundial, mientras que a los pobres les corresponde un porcentaje cada vez menor.[5] Algo similar ocurre con respecto a la información.

Lo anterior se refleja con claridad en el estado actual de las comunicaciones en el mundo, que puede resumirse de la siguiente manera:[6]

a) A pesar de que en los 23 países con mayor grado de desarrollo habita únicamente el 15% de la población mundial, en ellos están instaladas 62% del total de las líneas telefónicas alámbricas del mundo.

b) En los países más desarrollados el 90% de los hogares cuenta con una línea telefónica alámbrica, mientras que en los países pobres únicamente 16% de los hogares cuenta con ella.

c) Unos 950 millones de hogares del planeta (el 65% del total) no cuentan con servicio telefónico.

d) A pesar de que el 60% de la población de los países en desarrollo habita en comunidades rurales, el 80% de las líneas telefónicas alámbricas existentes en dichos países está instalado en zonas urbanas.

e) El 84% de los usuarios de servicios de radiotelefonía celular, así como el 91% de los equipos de fax y el 97% de los servidores de Internet operan en los países desarrollados.

En la actualidad los países desarrollados están habitados por alrededor de 1 180 millones de personas; en los no desarrollados habitan aproximadamente 4 750 millones. Dada la enorme diferencia de las tasas de natalidad y mortandad entre unos y otros, en el año 2050 la cifra correspondiente a los primeros podría descender a 1 160 millones, mientras que la de los segundos podría aumentar a cerca de 8 200 millones. Así, la proporción entre habitantes de países pobres y de países ricos pasará de poco más de 4 en la actualidad a poco menos de 7 en el año 2050.[7]

XII.4. LA INFRAESTRUCTURA TELEFÓNICA EN MÉXICO

En México, como en otros países, el sector de telecomunicaciones ha vivido un proceso de apertura a la competencia que ha roto el monopolio

---

[5] El concepto de personas "ricas" o "pobres" depende del país de que se trate.

[6] Datos tomados de *ITU World Telecommunication Development Report 1998, Universal Access*, International Telecommunications Union, Ginebra, Suiza, 1998. Los 206 países considerados se agrupan de la siguiente manera, de acuerdo con su producto interno bruto per cápita (PIBPC) en dólares de 1995: 63 países son considerados pobres (PIBPC < $765); otros 65 de nivel medio bajo ($766 < PIBPC < $3035); 28 de nivel medio alto ($3036 < PIBPC < $9385), y 50 de nivel alto (PIBPC > $9386). En la fuente de referencia México estaba ubicado en 1995 en el grupo de países de nivel medio alto, con un PIBPC de $3145.

[7] "Proyecciones de la ONU", citadas de *National Geographic*, octubre 1998.

telefónico de Telmex. Dicho proceso se inició con servicios de telefonía celular (en 1990), continuó con los de larga distancia y va a extenderse próximamente a los servicios de telefonía local. La actual Ley Federal de Telecomunicaciones de México entró en vigor en 1996. Entre sus objetivos está lograr una operación eficiente de las redes públicas de telecomunicaciones, vigilando que éstas tengan arquitecturas abiertas que permitan su interconexión e interoperabilidad. Ello tendrá como consecuencia el desarrollo de una gran red nacional de telecomunicaciones que beneficie a todos los mexicanos, independientemente de su localización geográfica o su situación socioeconómica. Con base en ella, a la fecha se han otorgado 17 concesiones para la operación y explotación de redes de larga distancia y 4 para servicios locales.[8]

Aunque las diferencias en la dotación de infraestructura telefónica entre distintas regiones de los países suelen ser también importantes, normalmente son menores que las existentes entre países. Tal es el caso de México. En el cuadro XII.2. se presentan algunos datos de interés, por entidades federativas. En ella se resaltan los 12 estados cuyas densidades telefónicas (sin incluir los servicios inalámbricos) eran mayores que el promedio nacional; a dichos estados corresponde cerca del 58% de las líneas telefónicas fijas[9] del país, a pesar de que su población conjunta representa menos de un 36% de la nacional, y sus hogares son en número poco más de 38% del total nacional. Por contraste, en los 12 estados con las menores densidades telefónicas habita más del 37% de la población nacional y se encuentra el 35% del total de los hogares, pero en cambio les corresponde tan sólo el 19% de las líneas telefónicas fijas del país. A la tercera parte más rica de los estados del país le corresponde el 58% de las líneas telefónicas, y a la tercera parte de los más pobres un 19% de las líneas. Asimismo, es interesante resaltar que 10 de las 12 entidades con las mayores teledensidades tienen también las mejores coberturas en los hogares (con más de 40%), y que 9 de las 12 entidades cuyas teledensidades son las más bajas tienen cobertura en los hogares que es menor del 25%.

De manera similar a como se señaló para las regiones del mundo, es claro que los problemas de comunicación del DF son distintos de los de Chiapas (la relación entre las teledensidades del Distrito Federal y de Chiapas es superior a nueve). Cabe señalar que la infraestructura fija está siendo complementada y/o sustituida de manera importante con accesos inalámbricos (en todas sus modalidades). Hacia fines de 1998 había en el país casi 3.5 millones de suscriptores de estos servicios. La tasa de

---

[8] Estas cifras se mencionan únicamente como referencia, ya que seguramente cambiarán dentro de poco tiempo.

[9] Los términos línea fija y línea alámbrica se usan de manera equivalente.

CUADRO XII.2. *México: Población, líneas telefónicas (alámbricas) y teledensidad por entidad federativa (1998)*

Estado	Población	Hogares	Líneas residenciales	Líneas no residenciales	Total de líneas	Densidad	Líneas (%)	Población (%)	Hogares (%)	Cobertura en hogares (%)
Aguascalientes	904	186 999	67 933	24 445	92 378	10.2	0.93	0.95	0.89	39.29
Baja California	2 213	546 742	282 143	97 331	379 474	17.1	3.82	2.32	2.60	55.82
Baja California Sur	393	95 690	38 162	16 200	54 362	13.8	0.55	0.41	0.46	43.09
Campeche	673	148 876	28 668	10 501	39 169	5.8	0.39	0.70	0.71	20.83
Coahuila	2 277	527 299	198 251	60 558	258 809	11.4	2.61	2.38	2.51	40.67
Colima	511	119 572	45 395	14 604	59 999	11.7	0.60	0.54	0.57	41.05
Chiapas	3 756	750 197	83 501	29 171	112 672	3.0	1.14	3.93	3.57	12.04
Chihuahua	2 927	718 519	266 458	77 475	343 933	11.8	3.46	3.06	3.42	40.12
Distrito Federal	8 893	2 176 256	1 588 804	768 691	2 357 495	26.5	23.75	9.31	10.36	78.99
Durango	1 500	324 699	90 212	21 790	112 002	7.5	1.13	1.57	1.55	30.05
Guanajuato	4 616	901 634	245 828	84 081	329 909	7.1	3.32	4.83	4.29	29.5
Guerrero	3 055	638 114	134 901	35 374	170 275	5.6	1.72	3.20	3.04	22.87
Hidalgo	2 213	463 568	90 388	23 474	113 862	5.1	1.15	2.32	2.21	21.1
Jalisco	6 277	1 342 091	630 114	203 040	833 154	13.3	8.39	6.57	6.39	50.78
México	12 266	2 644 464	1 012 790	176 248	1 189 038	9.7	11.98	12.84	12.59	41.44
Michoacán	4 055	845 419	216 141	56 793	272 934	6.7	2.75	4.25	4.03	27.65
Morelos	1 511	347 963	138 656	31 550	170 206	11.3	1.71	1.58	1.66	43.11
Nayarit	939	215 758	53 245	14 095	67 340	7.2	0.68	0.98	1.03	26.66
Nuevo León	3 719	856 871	487 658	184 826	672 484	18.1	6.77	3.89	4.08	61.58
Oaxaca	3 383	706 113	83 115	29 343	112 458	3.3	1.13	3.54	3.36	12.73

Puebla	4 845	997 008	252 121	76 335	328 456	6.8	3.31	5.07	4.75	27.63
Querétaro	1 310	271 672	84 906	35 963	120 869	9.2	1.22	1.37	1.29	33.8
Quintana Roo	737	177 215	46 011	30 467	76 478	10.4	0.77	0.77	0.84	28.07
San Luis Potosí	2 306	478 630	111 812	35 482	147 294	6.4	1.48	2.41	2.28	25.27
Sinaloa	2 541	551 964	162 009	53 136	215 145	8.5	2.17	2.66	2.63	31.75
Sonora	2 185	513 693	175 138	63 517	238 655	10.9	2.40	2.29	2.45	36.88
Tabasco	1 832	384 666	64 680	23 416	88 096	4.8	0.89	1.92	1.83	18.19
Tamaulipas	2 648	644 867	237 155	71 807	308 962	11.7	3.11	2.77	3.07	39.79
Tlaxcala	926	185 959	41 631	9 585	51 216	5.5	0.52	0.97	0.89	24.22
Veracruz	7 058	1 584 614	317 977	88 570	406 547	5.8	4.10	7.39	7.55	21.71
Yucatán	1 631	357 321	101 556	35 660	137 216	8.4	1.38	1.71	1.70	30.75
Zacatecas	1 400	295 548	50 452	15 540	65 992	4.7	0.66	1.47	1.41	18.47
NACIONAL	95 500	21 000 000	2 499 068	7 427 811	9 926 879	10.39	100.00	100.00	100	38.26

NOTA: *Densidad* = densidad telefónica sin incluir líneas celulares; *Líneas* (%) = porcentaje de líneas en la entidad; *Población* (%) = porcentaje de la población nacional en la entidad; *Hogares* (%) = porcentaje de hogares en la entidad; *Cobertura de hogares* = porcentaje de hogares de la entidad que cuentan con servicio telefónico.

FUENTE: Estimaciones basadas en datos de Banamex-Accival, "México Social, 1996-1998" Estadísticas Seleccionadas. División de Estudios Económicos y Sociales, Grupo Financiero Banamex-Accival, así como en datos proporcionados por la dirección de Telmex.

crecimiento de éstos es extremadamente alta (para abril de 1999 los sus-criptores de telefonía celular llegaban ya a 4.25 millones, con una tasa anualizada de crecimiento de casi 103% durante los primeros cuatro meses de 1999. Hay quienes estiman que la implantación del esquema "el que llama paga" hará que el crecimiento sea todavía mayor; progra-mas como el de Telcel —en el que en las poblaciones pequeñas aún no conectadas a la red de telefonía alámbrica se proporciona servicio de te-lefonía celular a través de promotores del servicio entre la comunidad, otorgándoseles un equipo celular— también podrían tener un impacto importante en la penetración de este servicio). Si se consideran conjun-tamente los accesos alámbricos y los celulares, la densidad de accesos aumenta a poco más de 13.5%.

La distribución de la población nacional en urbana y rural, o con ma-yor precisión, de acuerdo con el tamaño de las localidades, incide de manera directa sobre el desarrollo de las redes telefónicas. En tanto que en la década de los años treinta tan sólo el 17.5% de la población vivía en localidades con más de 15 000 habitantes, en 1990 lo hacía ya más del 40%. Por otra parte, en 1995 había en el país más de 201 000 localida-des, y más de 10.5 millones de personas vivían en las casi 185 000 loca-lidades cuyas poblaciones eran menores de 500 habitantes.

Del total de localidades en el país, a fines de 1998 cerca de 25 000 (poco más del 10% del total nacional) contaban con servicio telefónico alám-brico. Si se incluyen las localidades servidas con tecnología celular, el número de localidades con acceso a servicios telefónicos es cercano a 75 000 (o casi un 35% del total de las localidades de México), en las que habita el 90.6% de los habitantes del país.[10]

La infraestructura correspondiente a las redes de telecomunicaciones caracteriza los puntos en los cuales los usuarios pueden tener acceso a dichas redes, pero no describe la forma en que dichos usuarios hacen uso de los servicios ofrecidos por las redes. Por ello conviene estudiar los tráficos generados por los usuarios que son cursados por las redes. En el cuadro XII.3 se presenta el crecimiento de los tráficos telefónicos de larga distancia (en millones de minutos) para México. Como puede observarse, durante la década de los noventa el tráfico telefónico de lar-ga distancia se ha incrementado de manera notable. Estimamos que en el año 2000 el tráfico total de larga distancia (nacional e internacional y de todos los operadores) será de entre 17 y 18 mil millones de minutos por año, de los cuales entre 11 y 12 mil millones corresponderán a larga distancia nacional y el resto a larga distancia internacional. Ello equi-valdría a un promedio de entre 110 y 120 minutos de larga distancia na-

---

[10] Fuente: Dirección de Telmex.

CUADRO XII.3. *México: Líneas telefónicas fijas, tráfico de larga distancia (nacional e internacional) y tráfico por línea fija*

	1991	1992	1993	1994	1995	1996	1997*	1998*
Líneas fijas (miles)	6 025	6 754	7 621	8 493	8 801	8 826	9 254	9 927
Larga distancia total (millones de minutos por año)	6 314	7 371	8 144	9 368	10 318	11 425	12 000	12 363
Larga distancia nacional (millones de minutos por año)	4 722	5 370	5 923	6 746	7 294	7 867	8 232	9 077
Larga distancia nacional como porcentaje de larga distancia total	74.79	72.85	72.73	72.01	70.69	68.86	68.60	73.42
Larga distancia internacional; entrada y salida (millones de minutos por año)	1 592	2 001	2 221	2 622	3 024	3 558	3 768	3 286
Larga distancia internacional como porcentaje de larga distancia total	25.21	27.15	27.27	27.99	29.31	31.14	31.40	26.58
Larga distancia nacional por línea fija (minutos por año por línea fija)	783.7	795.1	777.2	794.3	828.8	891.3	889.6	914.4
Larga distancia internacional por línea fija; entrada y salida (minutos por año por línea fija)	264.2	296.3	291.4	308.7	343.6	403.1	407.2	331.0

FUENTE: Informes anuales de Telmex, 1991-1998.

* NOTA: Para 1997 y 1998 los datos se refieren sólo a Telmex. En esos años existían ya otros operadores de servicios de larga distancia, pero éstos no han publicado aún sus datos. Telmex estima que a fines de 1998 le correspondía el 79.2% del tráfico de larga distancia internacional, comparado con un 74.8% a fines de 1997. Adicionalmente, durante los dos últimos años parte del tráfico de larga distancia no se ha registrado debidamente, debido a mecanismos ilegales usados por algunos operadores en el enrutamiento o terminación de llamadas de larga distancia internacional.

CUADRO XII.4. *Comparaciones sobre tráfico anual*
de larga distancia internacional de salida, 1996

País	Minutos/habitante	Minutos/línea fija
India	0.4	26.4
Perú	3.0	49.5
Venezuela	6.2	52.8
Argentina	5.1	29.6
Brasil	2.3	23.8
Chile	11.2	71.9
México	11.5	121.3
Canadá	125.5	208.3
EU	71.9	112.4

FUENTE: *ITU World Telecommunications Development Report 1998*, ITU.

cional por habitante por año y alrededor de 50 minutos de larga distancia internacional por habitante por año.

Como referencia adicional, en el cuadro XII.4. se compara, para 1996, el tráfico anual de larga distancia internacional de salida[11] por línea fija y por habitante para países menos desarrollados, comparables a México y más desarrollados que México (estimamos que en el año 2000 el tráfico de larga distancia internacional de salida de México llegará a entre 16 y 18 minutos por habitante y a entre 135 y 145 minutos por línea fija). El tráfico por habitante en México es superior que el de países con grados menores o similares de desarrollo; sin embargo, debido a la aún baja teledensidad, dichos tráficos son mucho menores que los de los países más desarrollados. Con todo, este tráfico por línea fija de nuestro país es comparable con el de Estados Unidos.

XII.5. ESTADO ACTUAL DE LA INDUSTRIA DE LAS TELECOMUNICACIONES

Sobre la futura evolución de las telecomunicaciones influirán múltiples factores, desde las tradiciones culturales y la preservación de los valores nacionales, la preocupación por asuntos ambientales, la política interna y externa y la seguridad nacional, hasta la evolución de los mercados financieros internacionales. Sin embargo, los tres asuntos que probablemente están ejerciendo y ejercerán mayor influencia directa sobre el

[11] El tráfico de salida representa el tráfico originado en líneas del país y destinado a líneas de algún otro país.

sector son los cambios tecnológicos, la reestructuración sectorial y la globalización.

Los avances tecnológicos permiten generar nuevas aplicaciones y servicios. Entre ellos pueden identificarse tres vertientes de gran intensidad de cambio: la digitalización, la movilidad y el aumento en los anchos de banda disponibles y requeridos para los servicios.[12] Lo que ocurra en estas áreas marcará el rumbo futuro de evolución de las telecomunicaciones. La digitalización ha roto las barreras entre la información que se procesa y se transmite y los servicios basados en información digital; no sólo permite agregar valor a la telefonía tradicional, sino que además permite incrementar el número de llamadas que se completan adecuadamente. Las comunicaciones móviles, por otra parte, han permitido generar servicios adicionales basados en un acceso más fácil y cercano de los usuarios a los servicios. Los cambios han sido tales, que los servicios tradicionalmente basados en sistemas radioeléctricos (televisión, por ejemplo) se transmiten de manera creciente por sistemas basados en comunicación alámbrica o con fibras ópticas (televisión por cable) y viceversa (por ejemplo, la telefonía, que se basaba en una infraestructura alámbrica y que ahora opera cada vez más con base en sistemas de radiocomunicación, como los de telefonía celular). El mejor manejo de los anchos de banda, la ampliación de la capacidad de los canales derivada del empleo de fibras ópticas o comunicaciones satelitales y los avances en técnicas de compresión de ancho de banda de las señales están permitiendo explotar la infraestructura disponible de manera más eficiente, modificando de paso los esquemas de comercialización de los servicios tradicionales.

Por otra parte, en años recientes los sectores de las telecomunicaciones de muchos países han vivido procesos de reestructuración que los hicieron transitar de esquemas monopólicos, frecuentemente estatales, a esquemas en los que diversas empresas ofrecen sus servicios en el mercado en un régimen de competencia, propiciando un entorno de multiproveedores, multiservicios y multimedios. Los gobiernos han dejado de ser proveedores de servicios y operadores de sistemas, para convertirse en entidades promotoras y reguladoras que buscan fomentar y fortalecer el desarrollo de la industria en un ambiente de equidad de oportunidades para los agentes privados. Tan sólo durante 1997 las privatizaciones de empresas estatales de telecomunicaciones a nivel mundial llegaron a cerca de 50 000 millones de dólares.[13]

La infraestructura de telecomunicaciones con la cual se ofrecen los

---

[12] *World Communications: A Wholly New World*, ITU, Ginebra, 1995, pp. 68.

[13] *ITU World Telecommunication Development Report 1998*, Universal Access, International Telecommunications Union, Ginebra, Suiza, 1998.

servicios telemáticos y de telecomunicaciones está basada en los siguientes elementos (o subconjuntos de ellos):

a) Redes públicas fijas de telefonía, para ofrecer tanto servicios locales como servicios de larga distancia;

b) Redes públicas móviles, basadas en reutilización de frecuencias (redes celulares);

c) Redes de distribución de señales de televisión por cable;

d) Sistemas inalámbricos de distribución de señales de entretenimiento;

e) Sistemas y servicios de radiolocalización, y

f) Redes privadas (corporativas).

En la mayoría de los países existen marcos regulatorios de reciente entrada en vigor que establecen como obligación para los operadores interconectar todas las redes, para que los servicios a usuarios y suscriptores no estén atados a un solo proveedor o un solo operador. La interconexión entre redes de diferentes países permitirá integrar una red global para todo tipo de servicios telemáticos, a la que se podrá tener acceso por medio de canales de radio (incluyendo satelitales o de microondas) o alámbricos en alguna de sus modalidades. Esta tendencia se acentuará en los próximos años.

Los cambios tecnológicos, la reestructuración del sector y la globalización están interactuando entre sí, promoviendo el desarrollo de las telecomunicaciones (véase la figura XII.2.). Los cambios tecnológicos abren nuevas oportunidades en el país en que se originan. Una vez demostrada la factibilidad y las ventajas de la innovación, éstos trascienden las fronteras del país de origen, fomentan las alianzas globales, explotan economías de escala y de alcance, y promueven el desarrollo de ideas novedosas. Las innovaciones obligan a buscar estructuras de operación y modelos de regulación que, a su vez, abran oportunidades adicionales para la innovación tecnológica.

XII.6. LAS TELECOMUNICACIONES Y SU FUTURO DE CORTO PLAZO

Para imaginar el futuro debe conocerse el pasado y el presente. La evolución de los sistemas a lo largo del tiempo nos permite determinar algunas tendencias. A partir de ellas y de eventos recién ocurridos o que imaginamos podrían ocurrir en el futuro —lo mismo en los campos científicos y tecnológicos que en demografía, economía o política y regulación sectorial— podemos inventar futuros razonables. No se trata de predecir o pronosticar el futuro (ello es imposible; si fuese posible significaría que tendríamos un destino fijo, sobre el cual nuestros actos posibles no tendrían ningún impacto). Especulamos sobre el futuro

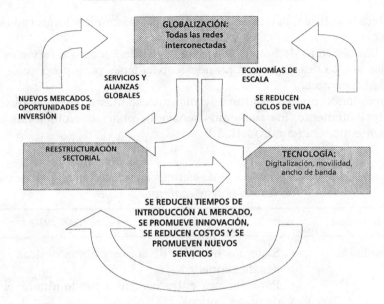

FIGURA XII.2. *Interacciones entre los tres elementos motrices de las telecomunicaciones*

para anticipar el posible impacto de nuestras decisiones presentes y el peso de las inercias construidas en el pasado. Exploramos el futuro para entender mejor el presente y contribuir a tomar mejores decisiones hoy. Construimos así, no un futuro único, sino una gama de alternativas que consideramos posibles. Corresponde al lector decidir si éstas son optimistas o pesimistas, y si son deseables o indeseables. Así, ninguno de los escenarios incluidos tiene la pretensión de anticipar cómo será el futuro; se trata sólo de imaginar cómo podría ser.

Las telecomunicaciones del futuro estarán basadas en la infraestructura proporcionada por las tecnologías relacionadas. Por tanto, para imaginarse el futuro debe tomarse en consideración la evolución de dichas tecnologías. Entre los componentes de los sistemas de telecomunicaciones que seguramente tendrán un impacto importante en el futuro del sector, pueden mencionarse los siguientes:

a) Los sistemas de transmisión, que incluyen aquellos elementos y medios físicos que permiten la propagación de señales.

b) Los sistemas de conmutación, constituidos por los equipos donde se realiza el enrutamiento de las señales que son transmitidas.

c) La movilidad de los equipos de comunicaciones y sus usuarios que permite al usuario tener acceso a los servicios, independientemente de su ubicación física, la cual está basada en las comunicaciones radioeléctricas.

d) Los sistemas de banda ancha que permiten acceso a servicios modernos, los cuales requieren grandes capacidades para proporcionar la calidad esperada.

Suponiendo que en el futuro se mantuviesen las tendencias observadas recientemente, los elementos señalados podrían evolucionar de la siguiente manera (cuadro XII. 5.):

CUADRO XII.5. *Posible evolución de algunos elementos tecnológicos claves de las redes de telecomunicaciones*

Tecnología	Tendencia a mediano plazo (2005-2010)
Transmisión	• Sistemas híbridos de cobre y fibras ópticas en redes de abonado. • Para enlaces entre centrales predominará el uso de fibras ópticas. • Uso limitado pero creciente de fibra óptica en redes de abonado. • Redes de distribución de TV para ofrecer otros servicios, como telefonía. • Aumento en el uso de accesos vía radio en redes de abonado.
Conmutación	• Dominará el uso de sistemas digitales. • Oferta limitada pero creciente de ISDN. • Uso de ATM entre centrales. • Centrales de conmutación con mucho mayor capacidad que las actuales. • Inteligencia en las redes descentralizadas.
Movilidad	• Sustitución de sistemas de radiotelefonía celular analógica por sistemas digitales y PCS. • Movilidad apoyada en sistemas satelitales
Sistemas de banda ancha	• Aumentará la disponibilidad de líneas digitales de alta capacidad, inclusive de más de 155 mbps. • Instalación y aplicación de fibras ópticas para servicios que requieren gran ancho de banda (por ejemplo, video bajo demanda). • Oferta comercial de una gran variedad de servicios.

FUENTE: Basada en *World Communications: A Wholly New World*, ITU, Ginebra, 1995, p. 206.

XII.7. Hacia el acceso universal y el crecimiento basado en las telecomunicaciones

Entre los retos presentes y futuros de México en materia de telecomunicaciones está sin duda lograr mayor equidad en el acceso a los servicios; esto es, reducir la diferencia que hoy existe entre sectores ricos y pobres del país en materia de comunicaciones. Ello requeriría, entre otras cosas, mejorar la cobertura, para llevar los servicios a precios accesibles a quienes carecen de ellos,[14] y también será necesario atender paralelamente los requerimientos de servicios adicionales de los segmentos más modernos de la economía y la sociedad. Las estrategias para atacar estos dos frentes (sectores rezagados y sectores modernos) deben diseñarse de manera coordinada, pues cuando los recursos económicos son limitados, las condiciones de mercado podrían favorecer a la segunda de ellas. La definición detallada de las metas por alcanzar y de las acciones que deben ser instrumentadas tendrán que tomar en cuenta las oportunidades que podrían ofrecer los cambios tecnológicos esperados.

Parece deseable y factible que en un lapso de tres décadas pudiese lograrse lo siguiente:

a) Satisfacer las necesidades mínimas de comunicación de los sectores menos favorecidos de la sociedad. Por necesidades mínimas entendemos aquí un acceso razonable a telefonía de voz, con la posibilidad de poder usar en el futuro fax y transmisión de datos, lo que denominaremos "acceso y servicio universales" (ASU). Para alcanzar esta meta se requieren políticas que promuevan inversiones en regiones a las que proporcionarles acceso a una red de telecomunicaciones puede ser poco atractivo para las empresas (recientemente han entrado en vigor políticas de este tipo en Argentina y Brasil; en Estados Unidos se promueve esto desde 1984 —a través de los programas denominados Lifeline y Link up—, y en la Unión Europea —por medio de la Voice Telephony Directive—, desde 1996). Ello podría necesitar financiamientos atractivos o inclusive subsidios. Posiblemente deban ser diseñados además mecanismos de subsidios (quizá mensuales) que compensen la diferencia entre las tarifas y los pagos mensuales que puedan realizar las familias con ingresos escasamente suficientes para cubrir sus necesidades básicas.[15]

---

[14] Telmex ha lanzado recientemente diversas iniciativas interesantes en esta dirección, como la de líneas compartidas o telefonía celular para pequeñas localidades rurales.

[15] Aun un operador eficiente podría tener pérdidas netas al ofrecer acceso y servicio universales si incorporara a usuarios no rentables, a quienes, en caso de no existir obligación para ello y con base exclusivamente en principios comerciales, no proporcionaría servicios. Véase *Costing and Financing Universal Service Obligations in a Competitive Telecommunications Environment in the European Union, Study for DG XIII of the European Commission*, WIK, Bad Honnef, October 1997, p. 3. En países donde prácticamente existe acceso

b) Satisfacer de manera progresiva necesidades cada vez más elaboradas de los sectores más favorecidos de la sociedad, partiendo de la base que éstos tienen cubiertas sus necesidades básicas de telecomunicaciones. A esta meta la denominaremos "oferta de servicios elaborados" (OSE). Debido a las características de este mercado, cabría esperar que las inversiones requeridas serán mucho más rentables que las dirigidas a satisfacer las necesidades básicas. Así, quizá parte de las utilidades generadas por estos servicios podrían canalizarse para apoyar o subsidiar el crecimiento necesario de las redes para alcanzar la meta ASU.

Muchas naciones ya han alcanzado metas del tipo ASU interpretando de diferentes maneras el concepto de accesibilidad. Se dice que un país (o una región) tiene acceso universal si todos sus habitantes, en sus hogares o trabajos, están a una distancia razonable de un teléfono.[16] El concepto de cercanía a un teléfono puede responder a diferentes criterios, en función de, entre otros, la geografía del lugar o la estructura social.

Cuadro XII.6. *Criterios asociados al servicio universal*

Criterio	Uso del criterio
Población	Un teléfono en cada localidad de al menos x habitantes
Distancia	Un teléfono a menos de x km
Tiempo	Un teléfono a menos de x minutos

Diferentes países han adoptado distintas interpretaciones del concepto de acceso universal. En el cuadro XII.7. se dan algunos ejemplos para países no desarrollados.

En el cuadro XII.8. se dan algunos ejemplos para países con mayor grado de desarrollo.

En México no existe aún una definición clara sobre el significado de servicio universal. Sin embargo, al adherirse a la recomendación al respecto de la Organización Mundial de Comercio (OMC), nuestro país ha aceptado compromisos para alcanzarlo. Sólo queda por definir lo que debe ser entendido por este concepto, ya que, de acuerdo con la OMC,[17] una nación suscrita a sus acuerdos puede "definir el tipo de obligacio-

---

universal, los servicios incluyen costos asociados con la atención a sectores especiales de la población, tales como centros de llamadas de emergencia o adaptaciones a las redes para ofrecer servicios a grupos con discapacidades o necesidades especiales.

[16] *ITU World Telecommunication Development Report 1998*, Universal Access, International Telecommunications Union, Ginebra, Suiza, 1998.

[17] World Trade Organization, *Reference Paper, Negotiating Group on Basic Telecommunications*, April 1996. También disponible en *http://www.wto.org/ press/refpap-e.htm.*

CUADRO XII.7. *Interpretación del concepto de acceso universal*
en diferentes países en desarrollo

País	Interpretación de acceso universal
Chile	Desde 1997, que toda comunidad con 50 o más habitantes tenga servicio de telefonía pública.
Kenya	Un teléfono a una distancia que pueda ser recorrida caminando.
Perú	Al menos un teléfono público en cada una de las 70 000 comunidades rurales.
Rumania	Un teléfono en cada hogar y un teléfono público en cada localidad.
Sudáfrica	En áreas rurales, 1 teléfono en cada escuela o clínica a 5 km o 2 horas de caminata; en asentamientos urbanos, teléfonos comunitarios.

FUENTE: *ITU World Telecommunication Development Report 1998*, Universal Access, International Telecommunications Union, Ginebra, Suiza, 1998.

CUADRO XII.8. *Interpretación del concepto de acceso universal*
en diferentes países desarrollados

Categoría	Estados Unidos	Australia	Unión Europea
Línea y acceso: capacidad de cursar tráfico de voz...	...pudiendo iniciar y recibir llamadas.	...para poder comunicarse con otro usuario en cualquier otra parte.	...mediante una línea fija.
Servicios de operadora, directorio y emergencia	Acceso a todos estos servicios.	Acceso a estos servicios 24 horas al día; servicio de emergencia, sin costo.	Acceso a todos estos servicios.
Otros	Señalización multifrecuencial (de tonos).	Número telefónico único, listado en directorio, facturación detallada, identificador de llamadas.	La línea fija debe permitir uso de módem y fax.

FUENTE: *ITU World Telecommunication Development Report 1998*, Universal Access, International Telecommunications Union, Ginebra, Suiza, 1998.

nes de servicio universal que desee establecer. Dichas obligaciones no serán consideradas anticompetitivas, siempre y cuando sean administradas de manera transparente, no discriminatoria y competitivamente neutra...".

En el documento intitulado *Modificación del título de concesión de Telmex*[18] se implica que por "servicio universal" debe entenderse que "cualquier persona pueda tener acceso al servicio telefónico básico en su modalidad de caseta telefónica pública o de servicio domiciliario".[19]

Asimismo, se establece la obligación de instalar y mantener operando casetas telefónicas públicas de acuerdo con un programa de expansión concertado cada 4 años con la Secretaría de Comunicaciones y Transportes, conforme a la densidad establecida a partir de enero de 1999. Cabe señalar que a fines de 1998 había en operación 311 077 teléfonos públicos (lo cual corresponde a una densidad cercana a 3.25 por cada mil habitantes).

Por otra parte, en el *Programa de trabajo 1999 para el Sector Comunicaciones y Transportes*[20] se establece que:

a) En materia de telefonía básica deberá lograrse una mayor cobertura y penetración del servicio telefónico para aumentar la productividad de la economía y brindar más oportunidades de desarrollo en el país, así como elevar la calidad e incrementar la diversidad de los servicios, con precios accesibles en beneficio de un mayor número de usuarios.

b) En materia de telefonía rural deberá incrementarse la cobertura y penetración, para llevarla a todas las localidades del país con entre 100 y 500 habitantes que aún no la tienen, para abatir su aislamiento y contribuir a igualar sus oportunidades de desarrollo con las del resto del país.[21]

Resulta indispensable que junto con los compromisos de cobertura se incorporen los mecanismos de financiamiento del acceso y del servicio

[18] *Modificación del Título de Concesión de Telmex, Secretaría de Comunicaciones y Transportes,* agosto de 1990.
[19] No está claro si la afirmación se refiere a telefonía alámbrica, ni si la existencia de un teléfono celular vivo en una comunidad pequeña cubre los requerimientos. El número de localidades del país con 100 o más habitantes podría llegar en el año 2000 a cerca de 60 000; Telmex probablemente dará entonces servicio de telefonía alámbrica a poco más de 25 000 localidades. Sin embargo, nótese que tan sólo el Plan de Telmex 20/20 al año 2000 establece que la cobertura de su servicio telefónico, alámbrico o inalámbrico, se incrementará a cien mil localidades del país, con lo que cubrirá al 98.6% de sus habitantes, acercándose a una cobertura telefónica prácticamente universal.
[20] *Programa de Trabajo 1999 para el Sector Comunicaciones y Transportes, Secretaría de Comunicaciones y Transportes,* febrero 16, 1999.
[21] Este objetivo actualiza el contenido en World Trade Organization, *Reference Paper, Negotiating Group on Basic Telecommunications,* April 1996, también disponible en *http://www.wto.org/ press/refpap-e.htm.;* ahí se establecía que a fines de 1994 todas las localidades con 500 o más habitantes debían contar con servicio telefónico.

universal que ya han sido mencionados. Éstos pueden incluir, por ejemplo, el establecimiento de fondos con recursos provenientes de mercados más rentables, como el de larga distancia, el de telefonía celular y el de servicios de valor agregado. Las empresas que proporcionan estos últimos servicios también se verán beneficiadas directamente por el crecimiento de la infraestructura de acceso, ya que a mayor número de accesos, mayores serán los mercados para ellas. Los mecanismos de financiamiento podrían marcar la diferencia entre el éxito y el fracaso de los compromisos de cobertura, por lo que es importante definir aspectos tales como: quiénes, y en qué medida, deben proporcionar recursos financieros, cómo deben ser distribuidos los recursos, y quién debe administrarlos.

XII.8. FUTUROS POSIBLES

En tanto que las líneas telefónicas residenciales pueden vincularse de manera directa con la meta de acceso universal, la meta de servicios elaborados y el fomento del crecimiento económico está más directamente relacionado con las líneas comerciales y con otros indicadores tales como los accesos a redes de datos, el número de servidores de Internet y sus números de usuarios.

CUADRO XII.9. *Infraestructura telefónica disponible en México*
(miles)

	Líneas fijas	Líneas residenciales	Líneas no residenciales	Líneas celulares	Total de líneas
1998	10 070	7 498	2 571	3 350	13 420
Porcentaje del total	75%	55.8%	19.2%	25%	100%

FUENTE: COFETEL.

A fines de 1998 (o principios de 1999) la infraestructura telefónica disponible en México era la que se muestra en el cuadro XII.9.[22]

Adicionalmente, a fines de 1998 había en México poco más de 310 000

---

[22] La clasificación de las líneas fijas entre residenciales y no residenciales puede verse distorsionada por razones asociadas con las tarifas aplicables en cada caso. Parte de las líneas registradas como residenciales corresponde en realidad a líneas comerciales de micro empresas, a las que les resulta más económico registrarlas como residenciales, ya que éstas tienen incluidas, a diferencia de las comerciales, llamadas locales sin costo en la renta mensual.

teléfonos públicos[23] (aproximadamente 3.1% del total de líneas fijas), 3.25 por cada mil habitantes. Si bien los teléfonos públicos pueden contribuir a lograr la meta de acceso universal, no existe una correlación positiva entre su densidad y el grado de desarrollo de un país; por ejemplo Alemania, dada su alta densidad telefónica, no tiene necesidad de contar con muchos teléfonos públicos (su densidad es de 2 teléfonos públicos por cada mil habitantes, inferior a la de México).

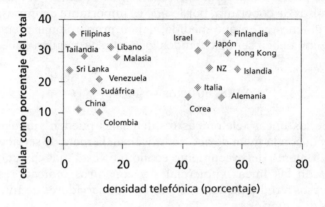

FIGURA XII.3. *Telefonía celular y densidad telefónica fija*
para diversos países

FUENTE: *ITU World Telecommunication Development Report 1998*, Universal Access, International Telecommunications Union, Ginebra, Suiza, 1998.

La telefonía basada en sistemas inalámbricos puede sustituir o complementar los servicios basados en telefonía con accesos alámbricos. Cuando la densidad telefónica fija es baja (menos de 20 líneas fijas por cada cien habitantes) los accesos inalámbricos tienden a sustituir a los alámbricos, mientras que en países con altas densidades (más de 40 líneas fijas por cada cien habitantes), tienden a ser complementarios. En México, cuya densidad de líneas fijas es ligeramente superior a 10.5 por cada cien habitantes, podría suponerse que la mayor parte de los accesos inalámbricos (incluyendo los celulares) serían sustituto de los accesos fijos; sin embargo, las diferencias en densidad de líneas fijas entre entidades de la República no permiten una generalización, observándose simultáneamente casos de sustitución y complementariedad.

A nivel mundial una parte creciente (mayoritaria desde 1996) del nú-

[23] Información proporcionada por Telmex.

mero de nuevos suscriptores a los servicios telefónicos corresponde a accesos inalámbricos. Un estudio de 15 países de la Unión Europea corrobora este hecho.[24]

CUADRO XII.10. *Nuevos accesos fijos e inalámbricos,*
en millones de suscriptores

Nuevos suscriptores	1990	1991	1992	1993	1994	1995	1996
Inalámbricos	4	5	7	11	21	35	54
Fijos	25	26	28	32	41	46	50

FUENTE: *ITU World Telecommunication Development Report 1998*, Universal Access, International Telecommunications Union, Ginebra, Suiza, 1998, p. 49.

En el año 2030 México podría tener una población total de 130 millones de habitantes, de la cual cerca del 90% podría ser urbana (habitando en localidades de 2 500 o más habitantes). De continuar las tendencias, el número promedio de habitantes por hogar, que en 1970 llegó a un valor máximo de 5.7 y que desde entonces se ha reducido (a 4.7 en 1995), podría ser en el año 2030 ligeramente mayor de 3, lo cual colocaría al número de hogares entre 40 y 43 millones (casi el doble del número de hogares registrados a fines del siglo).

En el cuadro XII.11. se presentan tres escenarios sobre la futura evolución del número de accesos al sistema telefónico de México entre los años 2000 y 2030, construidos con base en modelos logísticos de crecimiento (curvas "S") ajustados a los datos históricos.

En todos estos escenarios se supone que las líneas no residenciales representarán el 30% del total [entre 1994 y 1996 las líneas no residenciales representaron en México, con la subnumeración ya comentada, entre 25 y 27% de las totales fijas; en el grupo de países más desarrollados (los 50 más ricos) las líneas no residenciales representan en promedio un 28.6% de las totales fijas].[25]

---

[24] El estudio, reportado en D. Lewin, J. Matthews, *Access Networks and Regulatory Measures, An interim Report for DGXIII of the Commission of the European Union*, December 1998, estima que en los 15 países de la Unión Europea incluidos en el análisis se pasará de 52 millones de suscriptores móviles y 192 millones de fijos en el año 1997 a 251 y 211 millones, respectivamente, en el año 2004. Ello implica que en los próximos 4 o 5 años más del 90% de los nuevos suscriptores corresponderá a accesos inalámbricos.

[25] De acuerdo con *ITU World Telecommunication Development Report 1998*, Universal Access, International Telecommunications Union, Ginebra, Suiza, 1998, en los países pobres 74% de las líneas son residenciales, en los del nivel medio bajo lo son 75.9%, y en los de nivel medio alto el 72.1%. Dentro de los países ricos este indicador va de 54.3% (Emiratos Árabes Unidos) a 88% (Andorra).

Cuadro XII.11. *Escenarios sobre el número de accesos al servicio*
telefónico (incluye telefonía fija y móvil).
Accesos en miles y densidad en accesos por cada cien habitantes

	Accesos 2010	Accesos 2020	Accesos 2030	Densidad 2030
Escenario 1	31 500	46 000	54 000	41.5
Escenario 2	25 000	35 000	43 000	33.2
Escenario 3	35 000	52 000	65 000	50.0
Escenario 4	40 000	60 000	78 000	60.0

El escenario 1 supone que en el año 2030 se llegaría a una cobertura con accesos equivalentes[26] a 100% de los hogares. El escenario 2 correspondería a una cobertura equivalente al 80% de los hogares en el año 2030, más del doble que en la actualidad. El escenario 3 se construyó fijando como meta alcanzar 65 millones de accesos en el año 2030 y supone un muy rápido crecimiento en la penetración de la telefonía inalámbrica en los próximos años, con un fenómeno de saturación que empieza a manifestarse ya en la década 2020-30. El escenario 4 supone que la penetración en la telefonía celular será aún más agresiva que en el escenario 3, gracias a una recuperación económica importante y una mejor distribución de la riqueza; de hecho, en este escenario los accesos de telefonía inalámbrica superarían a los fijos en los primeros años del próximo lustro.

Estos escenarios tendrían, entre otros, las siguientes implicaciones:

Los cuatro escenarios postulan un crecimiento sostenido de la infraestructura de acceso a las redes de telecomunicaciones, aunque con ritmos diferentes. En los cuatro los crecimientos previstos en el número de accesos exceden ampliamente el posible incremento de la población nacional, por lo que la teledensidad aumentaría en cualquiera de ellos. Esta será la única forma de disminuir el rezago que existe al respecto. Salvo por situaciones de verdadera excepción, resulta difícil imaginar escenarios en los que la densidad de accesos telefónicos pudiera disminuir. Si ocurriera una disminución, esto tendría graves consecuencias económicas y sociales.

Debido a que el país se encuentra en el inicio de la competencia en servicios locales, las empresas nuevas tienen ambiciosos planes de in-

---

[26] Por accesos equivalentes a un porcentaje de hogares se entiende un número de accesos residenciales igual al número de hogares que corresponde a dicho porcentaje. Ello no significa que todos estos hogares tendrán acceso, ya que algunos hogares podrían contar con más de un acceso.

versión, lo cual permite suponer que efectivamente habrá crecimientos importantes en los próximos años. Llegar a las cifras señaladas por el escenario más pesimista (escenario 2) parece una tarea fácil: se requerirían unos 25 millones de accesos adicionales en los próximos 30 años (y bastante menos de 10 millones adicionales en la próxima década). No suena descabellado pensar que incluso Telmex solo, sin considerar al resto de los concesionarios, pudiese llegar a las cifras correspondientes a dicho escenario.

El escenario 1 plantea un crecimiento de 11 a 14 millones de nuevos accesos en la primera década del próximo siglo (dependiendo del número de accesos con los que finalmente cierre el año 2000), y de entre 35 y 39 millones de nuevos accesos entre los años 2000 y 2030. Plantear que de ahora en adelante se pondrá en operación de manera sostenida algo más de 1 millón de accesos anuales puede parecer ambicioso, en particular tomando en cuenta la creciente marginación y pobreza que prevalecen en el país. Sin embargo, si mejorasen moderadamente las condiciones de crecimiento de la economía del país y la distribución del ingreso, alcanzar las cifras señaladas resultaría perfectamente factible. Con ello la teledensidad aumentaría a cerca de 41.5 accesos por cada cien habitantes en el año 2030. Aunque esta cifra sería aún menor que las actuales de los países más desarrollados, implicaría una cobertura equivalente de la totalidad de los hogares mexicanos (meta ASU).

En el escenario 3, que propone un incremento de 40 millones de nuevos accesos durante los próximos 30 años, de los que entre 15 y 19 millones corresponderían a la primera década del siglo XXI, la teledensidad para el año 2030 sería de 50 accesos por cada cien habitantes, lo que permitiría apoyar el desarrollo económico del país. Un porcentaje importante de los hogares mexicanos podrían tener más de un acceso a los servicios de telefonía, lo que sería importante para la utilización de servicios modernos de transmisión de datos.

El escenario 4, el más ambicioso, supondría un crecimiento vertiginoso de la telefonía celular que superaría en número de accesos a la alámbrica en los primeros años del próximo lustro, sin visos de reducir de manera significativa sus tasas de crecimiento antes del año 2020. Ello sería factible sólo si la economía nacional recuperase un ritmo de crecimiento dinámico y tal crecimiento significase una mejora importante en los ingresos de las clases medias. En dicho escenario, en el año 2030 la teledensidad del país alcanzaría niveles cercanos o mayores a los actuales de los países más desarrollados (60 accesos por cada cien habitantes).

Alcanzar la meta ASU, interpretada como "tantos accesos residenciales como hogares", supone que los ingresos familiares de los sectores más marginados serían suficientes para cubrir las tarifas de los servicios. Adicionalmente, a pesar de que en promedio habría un acceso por hogar, esto no implicaría contar con "un teléfono en cada hogar". En los sectores más ricos de la población frecuentemente se cuenta con más de un acceso por hogar. En comunidades rurales seguramente se tendrán accesos comunitarios para varios hogares. Con nuevas necesidades de servicios modernos (accesos a redes tipo Internet) esta tendencia será más marcada. Están en desarrollo tecnologías que permitirán tener acceso al servicio básico de telefonía y al de transmisión de datos utilizando una sola línea de acceso.

Para acercar al país a la meta OSE se requerirían, además de accesos residenciales, accesos de uso comercial (fijos e inalámbricos), complementados con equipos para transmitir datos. Mantener la relación entre líneas residenciales y no residenciales en 70%-30% permitiría alcanzar simultáneamente las metas ASU y OSE. Entre los servicios modernos está el que hoy se conoce como Internet. Esta "red de redes" ofrece hoy una enorme cantidad de servicios, y cada día tiene una mayor presencia en la vida cotidiana de importantes sectores de la sociedad moderna.

Estadísticas de la Comisión Federal de Telecomunicaciones señalan que a fines de 1998 había en el país 11 entidades federativas con más de 30 servidores de Internet (ISP), encabezando la lista el DF (con 93), seguido por Jalisco, Nuevo León y México (cada uno con 45). Por otra parte, el número de usuarios de Internet ha crecido de manera explosiva en los últimos dos años, pasando en la actualidad de 1.35 millones, de los cuales el mayor número son comercios y empresas.

Los servicios modernos de telecomunicaciones necesarios para alcan-

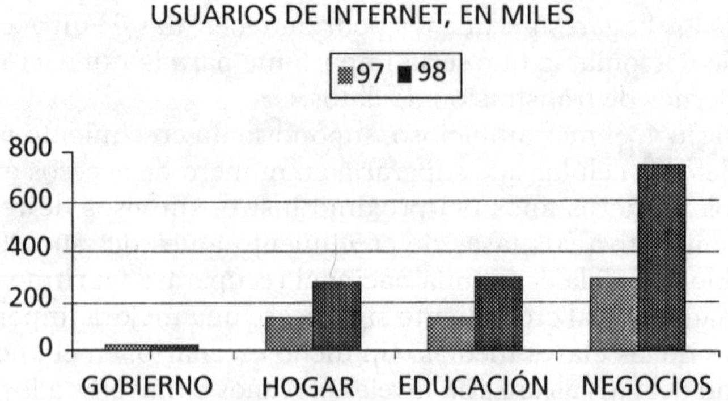

USUARIOS DE INTERNET, EN MILES

FIGURA XII.4. *Usuarios de Internet en México*

FUENTE: COFETEL.

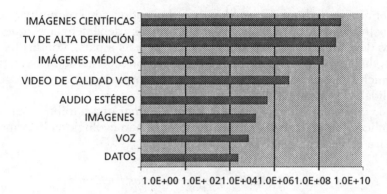

FIGURA XII.5. *Tasas de bits/seg necesarias para diversas aplicaciones*

FUENTE: *ITU World Communications: A Wholly New World*, 1995.

zar la meta OSE requieren anchos de banda mucho mayores que los ofrecidos por las actuales redes de acceso,[27] si en ellas no se realizan modificaciones sustanciales. En la figura XII.5. se comparan las tasas de transmisión requeridas para diversas aplicaciones.[28] Sin embargo, diversas tecnologías que se encuentran en desarrollo, o en pruebas para analizar su viabilidad técnica y económica, permiten suponer que en un futuro cercano habrá otras alternativas. Resulta difícil pronosticar cuál o cuáles de ellas se consolidarán en el mercado, pero conviene mencionarlas como posibilidades: accesos inalámbricos diferentes de los actuales (incluyendo celulares), líneas híbridas de fibra óptica y cable coaxial, canales de radio de banda ancha o angosta, accesos satelitales, accesos digitales asimétricos basados en pares de cobre y accesos basados en redes de distribución de señales (usados actualmente para señales de televisión). A medida que estas tecnologías reemplacen a las actuales redes de acceso (fijas o inalámbricas) se estimulará la oferta de servicios más modernos a grandes sectores de la población.

Parece cuestionable que con los precios actuales, en una situación económica similar a la que prevalece en México, todos los hogares puedan pagar al menos los servicios básicos de telefonía. A pesar de que los cos-

[27] Por red de acceso se entiende el conjunto de canales que permiten establecer comunicación entre un abonado y una red de telecomunicaciones que, a su vez, proporciona funcionalidades de conmutación. La red de acceso y la red de telecomunicaciones conjuntamente ofrecen la conectividad necesaria para proporcionar servicios de telecomunicaciones.
[28] Aun sin necesidad de conocer dichas tasas, y con los usos "limitados" que hoy tiene Internet, es frecuente que el tamaño de algunos archivos impida su transmisión a través de líneas telefónicas en tiempos razonables (cientos o miles de megabits).

tos por acceso inalámbrico se han ido reduciendo y son competitivos con los costos asociados a los accesos alámbricos (debe señalarse que los costos dependen de la densidad, y varían de país a país), con las tecnologías disponibles los operadores no pueden ofrecer sus servicios a tarifas mucho más bajas que las que aplican ahora, sin poner en riesgo la viabilidad de sus negocios.

¿Qué porcentaje de sus ingresos puede destinar una familia al servicio telefónico? En México las tarifas telefónicas han evolucionado como se muestra en el cuadro XII.12.

CUADRO XII.12. *Tarifas por servicios telefónicos, en pesos constantes de 1998*

Concepto		1993	1994	1996	1998*
Renta básica mensual	Residencial**	54.72	64.93	46.73	128
	Comercial	131.18	140.24	88.51	176
Costo por llamada		1.126	1.134	0.719	1.207
Costo minuto en teléfono público		0.377	0.378	0.239	0.44
Instalación	Residencial	4 318	4 328	2 400.97	977
	Comercial	7 483	7 500	4 160	3 500

FUENTE: Informes anuales de Telmex. Cifras convertidas a precios de 1998 empleando el deflactor del PIB.
* Tarifas vigentes a partir del 1.5. 1998 *http://www.cft.gob.mx*, citando la fuente Select-IDC, noviembre de 1998.
** Corresponden al primer anillo, e incluyen 100 llamadas mensuales sin costo.

Aproximadamente 50% de los hogares del país disponen de ingresos menores de 2 salarios mínimos mensuales.[29] En el cuadro XII.13. se ilustra la evolución de las tarifas como porcentaje de los salarios mínimos, considerando una canasta de costos que incluye 1/10 de la tarifa de suscripción y 12 tarifas mensuales por servicio residencial, pero no los costos adicionales por llamadas locales (incluidas en la renta mensual) ni por llamadas de larga distancia, ni impuestos aplicables. Como puede apreciarse, el precio relativo de los servicios telefónicos se ha incrementado. Ello obliga a diferenciar entre demanda potencial (todos los hogares que no tienen servicio) y demanda real (aquellos hogares que efectivamente pueden pagar por el servicio). La comparación con los salarios

[29] Estimados basados en INEGI, *Censo Nacional de Ingresos y Egresos por Hogares*, 1994.

CUADRO XII.13. *Relación entre tarifas mensuales*
y salarios mínimos mensuales

Año	Tarifa por la canasta señalada, como % del salario mínimo anual*
1993	7.98
1994	9.01
1996	7.35
1998	14.65
1999	12.99

FUENTE: Comisión Nacional de Salarios Mínimos y Libros de Tarifas de Telmex, varios años.
*Los salarios mínimos diarios se elevan al año, considerando 365 días.

mínimos no retrata toda la historia ni necesariamente refleja la capacidad de pago real, ya que no incorpora información relativa a la economía informal, que hoy y en el futuro próximo seguramente seguirá siendo muy importante en nuestro país.

Dado que los salarios mínimos pueden no ser el mejor punto de referencia, el asunto se abordó con ópticas complementarias. Según las encuestas de ingreso-gasto de los hogares, el gasto en comunicaciones se incrementó de manera importante entre 1984 y 1996, pasando de poco menos de 1% del gasto corriente monetario total en el primero de los años a 2.9% en el segundo. Estas cifras son ligeramente mayores que las correspondientes al consumo de los hogares en las cuentas nacionales (0.83% en 1988, 1.68% en 1994 y 1.54% en 1996). Con todo, también en estas últimas puede apreciarse una tendencia al alza en la importancia relativa de los gastos en comunicaciones.

La concentración del ingreso en México es sin duda muy importante. Los gastos en telefonía no escapan a la lógica que ello impone sobre los

CUADRO XII.14. *Gasto en comunicaciones como porcentaje del gasto*
corriente monetario

	1984	1989	1992	1994	1996
Encuestas de ingreso-gasto	0.98	1.44	2.02	2.47	2.90
Cuentas nacionales		0.95	1.48	1.68	1.54

FUENTE: Encuestas de Ingreso-Gasto de los Hogares, Varios años, INEGI.
Sistema de Cuentas Nacionales de México, Cuentas de Bienes y servicios 1988-1996, tomo I, INEGI, 1997.

egresos familiares. Según las encuestas de ingreso-gasto de los hogares de México, entre 1984 y 1996 correspondió a los dos deciles más ricos de los hogares entre 64 y 68% del gasto total en telefonía particular, y a los tres deciles más ricos alrededor del 78% del mismo. En esos mismos años, del gasto total en telefonía pública, entre 38 y 50 % correspondió a los dos deciles de hogares más ricos (excepto en 1994, cuando les correspondió sólo un 25% del total); en el mismo lapso, a los tres deciles

CUADRO XII.15. *Gasto en telefonía*
(distribución por deciles como porcentaje del total)

Deciles	1984	1989	1992	1994	1996
TELEFONÍA PARTICULAR					
I	0.28	0.30	0.20	0.38	0.31
II	0.23	1.08	0.69	1.05	1.87
III	0.97	0.96	1.20	1.46	1.45
IV	1.92	2.32	3.41	1.73	2.69
V	3.81	4.72	4.08	3.65	3.26
VI	4.28	5.60	4.39	5.37	5.24
VII	9.15	8.16	7.27	7.28	8.08
VIII	15.37	11.64	11.73	11.88	12.93
IX	32.66	21.19	16.00	19.57	22.72
X	31.32	44.02	51.03	47.62	41.46
TOTAL	100.00	100.00	100.00	100.00	100.00
TELEFONÍA PÚBLICA					
I	3.35	2.07	2.20	3.34	2.27
II	3.50	2.46	3.53	4.49	3.77
III	1.88	2.40	5.68	5.83	4.60
IV	2.64	2.70	7.69	11.16	6.09
V	6.34	9.68	9.40	9.99	6.30
VI	8.98	15.59	7.14	12.37	10.99
VII	6.24	10.12	9.06	12.32	11.59
VIII	16.18	12.29	17.93	15.02	14.04
IX	20.49	15.65	22.81	16.37	15.74
X	30.43	27.05	14.56	9.12	24.61
TOTAL	100.00	100.00	100.00	100.00	100.00

FUENTE: ENIGH varios años, INEGI.

más ricos les correspondió entre el 54 y el 66% del gasto total en dicho rubro (excepto en 1994, cuando sólo les correspondió el 40%). La concentración del gasto en telefonía es ligeramente menor en los hogares de localidades de 2 500 o más habitantes, y algo mayor en los de localidades de menos de 2 500 habitantes; en estos últimos, entre 1984 y 1996 correspondió a los dos deciles más ricos entre 87 y 97% del gasto total en telefonía particular y entre 46 y 60% del gasto total en telefonía pública. Las cifras correspondientes para los tres deciles más ricos fueron entre 90 y 98% para la telefonía particular y entre 59 y 72% para la telefonía pública. En el otro extremo, a la mitad más pobre del total de los hogares les correspondió en esos mismos años siempre menos del 10% del gasto total en telefonía particular.

Entre 1984 y 1996 un porcentaje creciente de los hogares de todos los deciles reportó gastos en telefonía. En 1984 apenas cerca del 15% del total de los hogares del país informaron haber gastado en telefonía particular, y menos del 10% en telefonía pública; en 1996 casi 26% de los hogares del país gastaban en telefonía particular y poco más del 22% en telefonía pública. Estas cifras presentan grandes variaciones cuando se desagregan por deciles. Entre 1984 y 1996 el porcentaje de los hogares del decil más pobre con gastos en telefonía particular pasó de 0.9% a 1.9%. Los de los hogares del segundo y tercer deciles más pobres, a pesar de haber crecido, no llegaron al 10% en 1996. En el otro extremo, entre 1992 y 1996 de 72 a 82% de los hogares del decil más rico reporta-

CUADRO XII.16. *Porcentaje de hogares, por deciles, que reportaron gastos en telefonía particular*

Deciles	1984	1989	1992	1994	1996
I	0.92	1.67	1.67	1.94	1.88
II	0.70	4.14	3.68	6.12	8.43
III	2.94	6.14	7.46	7.65	6.67
IV	3.81	8.83	7.41	8.55	11.57
V	9.74	12.67	12.58	12.97	14.72
VI	8.69	15.67	15.33	20.19	20.09
VII	19.70	21.16	20.78	25.47	28.35
VIII	18.18	24.56	30.01	36.56	38.23
IX	37.33	37.86	41.34	54.56	55.87
X	45.70	59.47	76.92	81.89	71.79
TOTAL	14.77	19.22	21.72	25.59	25.76

FUENTE: ENIGH varios años, INEGI.

ron haber gastado en telefonía particular, y entre 41 y 46% de los hogares del segundo decil más rico también lo hicieron. En resumen, mientras que un porcentaje importante de los hogares de los deciles más ricos reportó gastos en telefonía particular, sólo una fracción muy pequeña de los de los deciles más pobres reportó gastos en dicho rubro.

CUADRO XII.17. *Porcentaje de hogares, por deciles, que reportaron gastos en telefonía pública*

Deciles	1984	1989	1992	1994	1996
I	2.67	2.55	5.00	7.38	8.46
II	2.94	3.65	6.44	10.14	14.21
III	4.22	5.18	9.75	15.24	17.03
IV	6.96	5.61	10.46	13.46	18.70
V	9.15	10.13	13.70	18.45	20.91
VI	12.56	9.41	13.95	18.35	26.56
VII	9.96	12.90	12.36	17.34	28.14
VIII	18.60	10.36	18.76	20.39	28.55
IX	14.04	10.22	20.74	18.76	30.23
X	15.52	11.20	10.88	11.48	30.90
TOTAL	9.66	8.12	12.20	15.10	22.37

FUENTE: ENIGH varios años, INEGI.
* Hogares que declararon gastos en este rubro.

CUADRO XII.18. *Gasto en telefonía particular como porcentaje del gasto en comunicaciones, por deciles*

Deciles	1984	1989	1992	1994	1996
I	38.40	42.83	40.27	51.11	46.68
II	30.95	63.48	61.14	69.44	76.30
III	70.64	64.03	64.43	71.53	66.27
IV	82.29	79.39	77.40	60.08	71.45
V	78.32	75.43	78.83	77.21	76.48
VI	77.43	70.39	82.90	80.85	73.94
VII	89.50	81.89	85.62	84.20	81.31
VIII	85.76	84.51	84.79	88.39	85.10
IX	91.94	86.85	81.43	91.45	89.22
X	84.92	89.28	94.03	96.81	90.70
TOTAL	86.11	84.39	87.25	89.90	85.68

FUENTE: ENIGH varios años, INEGI.

CUADRO XII.19. *Gasto en telefonía pública como porcentaje del gasto en comunicaciones, por deciles*

Deciles	1984	1989	1992	1994	1996
I	52.80	35.83	45.77	40.65	49.71
II	54.76	17.47	32.43	26.86	22.19
III	15.74	19.34	31.75	26.06	30.44
IV	12.97	11.16	18.22	35.25	23.40
V	14.97	18.74	18.94	19.23	21.40
VI	18.67	23.77	14.08	16.91	22.43
VII	7.02	12.32	11.14	12.96	16.87
VIII	10.37	10.82	13.52	10.16	13.36
IX	6.63	7.78	12.11	6.96	8.94
X	9.48	6.65	2.80	1.69	7.78
TOTAL	9.90	10.23	9.10	8.17	12.39

FUENTE: ENIGH varios años, INEGI.

Mientras que en los hogares de los cuatro deciles más ricos los gastos en telefonía particular representan más del 80% de sus gastos totales en comunicaciones, en el decil más pobre éstos no llegan al 50%. Por contraste, en los dos deciles más ricos los gastos en telefonía pública están por debajo del 10% de sus gastos totales en comunicaciones, mientras que en el decil más pobre alcanzan entre 40 y 50% de ellos.

Entre los hogares que reportan haber tenido gastos en telefonía particular, los del decil más rico gastan en dicho rubro alrededor de tres veces más que los del decil más pobre. En el caso de la telefonía pública la razón entre unos y otros hogares oscila entre dos y tres. Las diferencias en dichos gastos entre los hogares del decil más rico y el más pobre son ligeramente menores en el medio urbano y bastante mayores en el rural.

En el futuro, a no ser que ocurran cambios de gran magnitud en el modelo económico del país, se considera poco probable que haya grandes avances en la distribución de la riqueza. Si bien entre los años 2000 y 2030 el producto interno per cápita del país podría multiplicarse por tres a precios constantes (suponiendo una tasa anual media de crecimiento de 5% durante dicho lapso y una continuación de las tendencias demográficas ya apuntadas), ello difícilmente significará un incremento sustantivo en los ingresos de los deciles más pobres de la población y seguramente continuará limitada su capacidad de gasto, por lo que no parece probable que el porcentaje de los hogares de dichos deciles con gastos en telefonía particular pueda incrementarse de manera significativa. Es precisamente en este rubro donde se hace indispensable diseñar políticas adecuadas, tendientes a "subsidiar" a los usuarios potenciales que no pueden pagar por el servicio telefónico, pero que es indispensable que dispongan del servicio para aumentar su calidad de vida e integrarse a la sociedad moderna.

CUADRO XII.20. *Gasto mensual en telefonía por hogar*
(cifras en pesos constantes de 1998)

	1984	1989	1992	1994	1996
		TELEFONÍA PARTICULAR			
I	100.12	88.06	88.83	180.96	133.96
II	107.61	128.63	138.45	158.34	182.07
III	108.31	77.14	118.25	175.02	177.87
IV	166.13	129.47	337.34	186.00	190.57
V	128.82	183.28	237.93	258.52	181.47
VI	162.07	175.59	209.92	244.80	213.81
VII	152.87	189.54	256.46	262.73	233.74
VIII	278.42	232.94	286.63	298.79	277.32
IX	288.05	275.11	283.95	329.84	333.34
X	225.64	363.92	486.63	534.71	473.46
Total	222.87	255.82	337.74	359.29	318.27
		TELEFONÍA PÚBLICA			
I	47.42	48.25	33.66	37.86	31.74
II	45.02	40.16	42.00	36.99	31.42
III	16.83	27.60	44.57	32.00	31.99
IV	14.34	28.63	56.25	69.35	38.62
V	26.23	56.94	52.51	45.26	35.74
VI	27.05	98.69	39.20	56.33	49.06
VII	23.70	46.75	56.09	59.39	48.85
VIII	32.92	70.67	73.15	61.57	58.29
IX	55.24	91.28	84.17	72.96	61.73
X	74.19	144.01	102.44	66.39	94.41
TOTAL	39.17	73.38	62.71	55.37	52.99

FUENTE: ENIGH varios años, INEGI.
* Hogares que declararon gastos en este rubro.

Número de países con porcentaje de hogares con teléfono, en
función de cargo por servicio como función del ingreso familiar

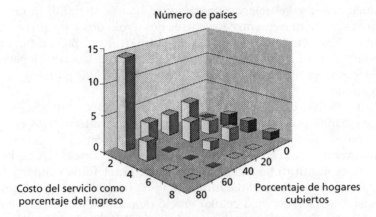

FIGURA XII.6. *Países con porcentaje de hogares servidos,*
en función de gastos familiares

FUENTE: *ITU World Telecommunications Development Report 1998.*

A continuación se presenta información publicada por UIT,[30] que ratifica, a nivel mundial, la correlación que existe entre las tarifas por el servicio telefónico básico y los gastos familiares, así como la penetración del servicio, expresado como porcentaje de hogares con servicio telefónico.[31] Cuanto menor es el porcentaje del gasto familiar dedicado a este servicio, mayor es el porcentaje de hogares con servicio.

Del cuadro XII.14, y con base en las experiencias internacionales se concluye que, para lograr una mayor penetración del servicio telefónico en los hogares de México, se requiere que las tarifas se reduzcan de manera importante con respecto a los ingresos familiares. Considerando los costos y las inversiones en que actualmente incurren los concesionarios para poner en operación nuevos accesos, parece ineludible la necesidad de idear y poner en operación mecanismos de financiamiento que permitan a los concesionarios ofrecer sus servicios con tarifas menores con relación a los ingresos personales y familiares, para poder aspirar a proporcionar servicios a la mayoría de los hogares del país.

[30] *ITU World Telecommunication Development Report 1998,* Universal Access, International Telecommunications Union, Ginebra, Suiza, 1998.
[31] El gasto anual en el servicio está basado en la misma canasta mencionada anteriormente: 1/10 del costo de la instalación, renta mensual anualizada, 700 llamadas locales y 130 de larga distancia, incluyendo impuestos aplicables.

XII.9. Conclusión

La información y las telecomunicaciones han contribuido a crear un abismo cada vez mayor entre los países desarrollados y los menos desarrollados. Algo similar ha ocurrido en el interior del país, donde algunos estados están mucho mejor dotados de infraestructura y servicios de telecomunicaciones que otros. Existen rutas que podrían revertir esta realidad.

La exploración de la futura evolución de las telecomunicaciones en México permite imaginar una amplísima gama de alternativas posibles. Si bien parece probable que la infraestructura telefónica fija (alámbrica) continuará creciendo en el futuro de manera relativamente lenta, la gran incógnita es la futura tasa de crecimiento de la telefonía celular y la penetración de los servicios inalámbricos fijos. De 1995 a 1998 el número de suscriptores del servicio celular creció de manera explosiva y con tasas crecientes (hasta llegar éstas a poco más de 90% durante 1998). En la actualidad hay países como España en los que la telefonía celular ha rebasado ya a la tradicional. Sin duda algo similar podría ocurrir muy pronto en México (antes del año 2005), siempre que las condiciones de mercado lo permitiesen. Ello no será fácil por las condiciones económicas del país y la distribución del ingreso que prevalece en él, ni siquiera suponiendo que la importante reducción en los minutos facturados por usuario, que se redujo a la mitad entre enero de 1995 y abril de 1999, continuase en el futuro (ello haría menos atractivo el negocio para los operadores). Sin duda la futura evolución de las telecomunicaciones no puede explorarse de manera aislada de lo que ocurrirá en su entorno; su futuro estará en función de las decisiones políticas y económicas que se tomen de ahora en adelante (el futuro empieza a construirse hoy). Aquí se presentaron sólo algunas alternativas, guiadas por dos metas deseables: por una parte, aumentar la cobertura y la penetración de los servicios telefónicos básicos y, por otra, incrementar la oferta de servicios que fomenten de manera más directa el crecimiento y el desarrollo del país.

Resulta casi imposible imaginar que en el futuro próximo pueda frenarse el desarrollo tecnológico en el campo de la teleinformática. Si bien tiene poco sentido pronosticar cuáles serán los servicios específicos que serán ofrecidos en el futuro, sí pueden enumerarse algunas de sus características, apoyándose en innovaciones tecnológicas que seguramente habrán de darse. Entre ellas están:

a) Acceso inmediato (pocos segundos) a entornos particulares y personalizados de comunicaciones, con la posibilidad de filtrar toda la información que esté disponible, conforme a selecciones y conveniencias individuales;

b) Servicios telefónicos avanzados (con criptografía, compresión y valores agregados de diversos tipos);

c) Interfaces a las redes adecuadas a conveniencia individual, así como a caprichos marcados por la comodidad;

d) Acceso a redes tipo Internet (tanto alámbrico como inalámbrico), con la posibilidad de trabajar "con presencia virtual" en casi cualquier parte del planeta;

e) Comunicación multimedios de banda ancha a través de redes de abonados (alámbricas o inalámbricas), con acceso a enormes variedades de servicios de información;

f) Servicios telemáticos orientados a la comunidad, tales como tele-expedición de licencias de conducir o pasaportes, incluyendo fotografías y exámenes de manejo (en ambientes de realidad virtual);

g) Proliferación inusitada de nuevas maneras de interactuar: comercio electrónico (compra de bienes y servicios, transacciones financieras), educación electrónica y a distancia (en general, pero principalmente en zonas rurales y marginadas), medicina (por ejemplo, diagnóstico remoto);

h) Enorme afluencia de información de todos tipos y para casi todas las aplicaciones imaginables.

Dados los procesos de globalización, es posible imaginar un mundo en el cual un pequeño número de corporaciones multinacionales dominarán las telecomunicaciones y la información. Cabe preguntar si el mundo está preparado para esta nueva forma de "colonialismo o imperialismo" telemático y es válida una reflexión profunda sobre el papel que cada nación, y en particular México, desearía o podrá desempeñar. Conviene reflexionar además sobre la nueva estructura sectorial, caracterizada por una variedad de empresas (multinacionales) compitiendo por mercados. ¿Hay cabida para todos los participantes o habrá que idear esquemas novedosos de operación? ¿Qué papel tendrá cada uno de los participantes si se pretende alcanzar alguna de las metas propuestas? El rumbo que tomen las respuestas a las interrogantes planteadas marcará el futuro de las telecomunicaciones y, si quienes toman las decisiones se equivocan, éste podría ser sustancialmente diferente de las imágenes que han sido descritas en este capítulo.

XIII. TRANSPORTE

Daniel Díaz Díaz*

XIII.1. Presentación

Difícil, siempre difícil ha sido la tarea de establecer diferentes perspectivas sobre la evolución de México en los años por venir, así como las diferentes adecuaciones que habría que ir planteando a los distintos sistemas que lo integran, incluido el del transporte. Planteamiento tan ambicioso sólo puede ser abordado con cierta generalidad, limitándose a esbozar las envolventes de algunos de los componentes del tema en estudio, tal como pueden presentarse en veinte o treinta años, apoyándose en el razonamiento de que asomarse al futuro es una primera forma de ir conformándolo. Pero el futuro se inicia en el pasado y se construye en el presente, razón por la cual inicio este capítulo con la presentación de los antecedentes.

XIII.2. Antecedentes

Al concluir el primer cuarto del siglo XX, a medida que concluía la fase armada de la Revolución Mexicana se robustecía en el ánimo de los hombres comprometidos en el gran movimiento social la decisión de conformar las instituciones que dotarían al país de las bases para su desarrollo pleno. El inicio del gran cambio se puede ubicar en el momento en el que se promulgó la nueva Constitución de 1917 que, en términos de derecho constitucional, destaca por una aportación trascendente, cuando a las garantías individuales presentes desde la reforma liberal de 1857 se incorporaron nuevas garantías, ahora sociales, dedicadas a asegurar el desarrollo de los grupos sociales que participaron en la Revolución: campesinos, obreros y contingentes populares.

Por otra parte, a nivel constitucional destacan instituciones creadas para impulsar la educación y la cultura con un sentido tanto nacional como popular y, asimismo, aquéllas creadas para asegurar el mejoramiento de la salud pública.

Para la transformación del país se creó la Comisión Nacional de Caminos, la Comisión Nacional de Irrigación y, finalmente, la Comisión

---

* Diputado, Presidente de la Comisión de Transporte de la Cámara de Diputados

Federal de Electricidad, cuya acción fue fundamental para el desarrollo de un país moderno. Todo esto se combinó con la constitución del Banco de México que, como banca central, dio solidez al crédito y posibilidad de desarrollo al mercado. Estas instituciones hicieron posibles décadas de intensa transformación que definieron la situación que el país, en general, ha alcanzado en la actualidad.

Para entender las características esenciales, los conceptos y los aspectos prácticos del sector transporte en este fin del siglo xx conviene analizar la evolución de los diferentes factores que influyen sobre él y los elementos que lo constituyen. Por lo tanto abordaremos, en términos muy sucintos, los temas de la población, la economía, los intercambios con el exterior y la infraestructura y operación del equipo de transporte, así como la normatividad y el financiamiento. Ello permitirá establecer la situación actual del sector, para después tratar el nuevo papel del mismo y su posible evolución en el futuro.

XIII.3. La evolución del entorno

XIII.3.1. La población

A principios del siglo xx la población mostraba un crecimiento relativamente moderado, consecuencia de índices de natalidad y de mortalidad elevados pero muy parecidos, lo que hacía que el incremento en el número de habitantes no se configurara como parte de un proceso de progreso social y cultural.

En 1900 la población era de 13.61 millones de habitantes; en 1910 llegaría apenas a 15.16 millones y en la siguiente década experimentaría un descenso, para llegar en 1920 a 14.32 millones, como resultado de las acciones militares, malas condiciones de salud pública y la emigración. Sin embargo, al principiar el segundo cuarto del siglo xx el movimiento demográfico empezó a estar asociado con el progreso social y cultural.

En 1950 la población ascendía a 26 millones, y en los años setenta, como resultado de una notable reducción en la tasa de mortalidad, sobre todo infantil, y del sostenimiento de la elevada tasa de natalidad ya existente, el crecimiento llegó a ser del 3.5% anual, cifra entre las más elevadas del mundo. Durante esta época el movimiento demográfico interior se caracterizó por la migración de la población rural hacia la periferia urbana, lo que dio lugar a un crecimiento exagerado de un reducido número de ciudades, al mismo tiempo que grandes masas de la población total permanecían dispersas en pequeñas localidades.

Los censos mostraron un crecimiento considerable de la población, que en 1970 llegó a 50 millones, con el máximo crecimiento en la década de los setenta, cuando el incremento registrado fue del orden de 17 millones, para alcanzar casi 67 millones de habitantes en 1980.

Este crecimiento demográfico tan acentuado condujo entonces a considerar la conveniencia de reducir las tasas de crecimiento natural de la población, mediante una política consciente de desarrollo demográfico deseable. Esta política, perfilada y vigente desde 1974, condujo a una reducción importante en el crecimiento de la población a partir de 1980. Así, la población alcanza hoy 98 millones de habitantes, en lugar de los 142 millones que corresponderían si se hubiese mantenido el crecimiento anterior a la implantación de dicha política poblacional. No haber implantado una política tal habría significado que en la actualidad la población nacional aumentara anualmente alrededor de 5 millones de habitantes, frente a los 2.2 millones que hoy se registran.

XIII.3.2. La economía

Los esquemas de producción se ajustaron, en su tiempo, a las condiciones planteadas por la Segunda Guerra Mundial. Por una parte el estado de guerra propició una demanda creciente de los productos de exportación mexicanos, y por otra, la falta de producción, en los países de origen, de artículos de consumo que hasta entonces importaba nuestro país. Esto condujo a implantar una política de sustitución de importaciones por artículos producidos en el país, aunque no se contase aún con la correspondiente base tecnológica.

Al final de la guerra, poco antes de la creación de la Organización de las Naciones Unidas, tuvieron lugar las conversaciones de Bretton Woods, Nueva York, sobre comercio internacional, para que los países que habían sufrido más profundamente los efectos de la guerra recuperaran la normalidad perdida y los países emergentes pudiesen iniciar su propio desarrollo. Con la participación de algunos de los más connotados especialistas en el campo de la economía, estas conversaciones concluyeron en convenios que dieron lugar a la creación de importantes organismos internacionales de crédito, como el Banco de Exportaciones e Importaciones, el Banco Internacional de Reconstrucción y Fomento, o Banco Mundial y, poco después, el Banco Interamericano, todos ellos basados en la aceptación del dólar como moneda internacional por parte de los países signatarios.

La estructura económica y comercial internacional resultante estimuló el desarrollo económico de México. En parte ello fue posible gracias a la visión de futuro que tuvieron las instituciones básicas creadas en nuestro país para la satisfacción de las demandas económicas nacionales, que permitieron establecer niveles de producción nacional suficientes para cubrir las nuevas y grandes demandas populares. Entre dichas instituciones figuró en primer lugar Petróleos Mexicanos (Pemex), empresa propiedad del Estado que tomó a su cargo el suministro de combustibles para apoyar el proceso de industrialización y el desarrollo del transporte. Muchas otras instituciones fueron importantes para el desarrollo de los sectores básicos de la economía nacional vinculados con la industrialización. Entre otras, se crearon instituciones para estimular la industria siderúrgica, para consolidar y nacionalizar la generación de energía eléctrica, para desarrollar la industria química, la del aluminio y la fabricación de tubos de acero sin costura para el desarrollo de la actividad petrolera.

Éstas y otras acciones vinculadas con la industrialización, debidamente implantadas, hicieron posible que durante más de 30 años la economía creciese a una tasa media del 6%, mientras que la inflación se mantuvo reducida al mínimo.

En lo que concierne al desarrollo económico, el periodo que se inició en 1973 se vio afectado por graves perturbaciones financieras en el plano internacional. Hasta entonces se cumplía con los procedimientos convenidos en Bretton Woods, que estipulaban que el carácter de moneda internacional otorgado al dólar de Estados Unidos tendría como contrapartida la obligación del gobierno de ese país de entregar una onza de oro ante la devolución de 34 dólares adquiridos por otros países a través del comercio internacional. Ante la magnitud de la acumulación de dólares, especialmente en Europa, motivada por exportaciones a Estados Unidos, este país denunció la obligación de rescatar esos dólares mediante la transferencia de oro. Los efectos de esta decisión sobre el comercio y el financiamiento internacionales desencadenaron una grave crisis inflacionaria de carácter mundial, puesto que para todos los actores se alteraron las condiciones que permitían un intercambio satisfactorio de bienes y servicios.

En México el proceso inflacionario externo tuvo consecuencias tan rápidas como severas, que se manifestaron de muy diversas formas, lo mismo mediante la cancelación de los programas de inversión en curso que a través de la necesaria organización de programas que implicaban una rápida ocupación de mano de obra para disminuir los efectos sociales negativos que representaba limitar los grandes programas de inversiones en obras a largo plazo.

Estos problemas de inversión y financiamiento alcanzaron a todos los países organizados dentro de la economía de mercado, afectando gravemente sus posibilidades de desarrollo; sin embargo, en nuestro país estos efectos se vieron compensados por otro fenómeno económico comercial de carácter internacional: el súbito incremento en los precios del petróleo por problemas generados en el Medio Oriente y la formación del cártel de países productores (la OPEP).

El desarrollo de la industria petrolera propiciado por el aprovechamiento de grandes yacimientos descubiertos en el golfo de México significó un incremento de gran importancia en los ingresos del Estado, al mismo tiempo que facilitó tanto el desarrollo de la industria petrolera en sí como del sector transporte vinculado con esa actividad.

XIII.3.3. Los intercambios con otras economías

El esquema de intercambios que nuestro país realiza con otras economías del mundo tuvo grandes cambios en las últimas décadas. Las instituciones creadas y las políticas establecidas en el país para aumentar la producción nacional y para sustituir con productos nacionales las importaciones de bienes de consumo que se venían realizando establecieron una situación esencialmente diferente, dentro de la cual la producción de energía, combustibles, materias primas y la prestación de servicios —como el turismo— hicieron posible la realización de importaciones significativas de bienes de capital, indispensables para apoyar la producción nacional.

Por otra parte, la actividad industrial de ciertas regiones del país, en particular las regiones fronterizas del norte, se vio estimulada por el desarrollo de industrias maquiladoras que, mediante convenios apoyados en legislación desarrollada al efecto, importaban con carácter de ingreso temporal grandes lotes de mercancía en la fase inicial de producción masiva para que recibieran el valor agregado de la mano de obra mexicana en tareas de ensamblado y acabado. Hoy, en algunos ramos, la maquila representa un porcentaje elevado del producto interno y esta actividad constituye un importante renglón de las exportaciones de carácter industrial del país; con el tiempo, su contribución económica y social podría no limitarse al empleo de mano de obra. El sistema de maquiladoras ha mostrado un crecimiento constante, incorporando a nuevas regiones no fronterizas, como Zacatecas y Yucatán, entre otras.

Los nuevos desarrollos en la actividad industrial ejercen una demanda creciente en materia de transporte. En la actualidad se observa un crecimiento, tanto de la red de carreteras federales como de las carreteras estatales, vecinales y rurales de todo el territorio nacional. La evolución económica plantea la conveniencia de promover el desarrollo de ciertas vías de alta capacidad, justamente para estimular la localización de maquiladoras en regiones hasta ahora limitadas a las actividades primarias. Esto indudablemente sería benéfico para una población creciente y con antecedentes artesanales que favorecen la calidad general de la mano de obra.

El desarrollo de la industria maquiladora se planteó varias décadas antes de que se presentara, al inicio de la década de los noventa, el fenómeno de la globalización, consistente en la estructuración a escala internacional de grandes mercados susceptibles de englobar a numerosas naciones, por encima de la noción de Estados nacionales, para aprovechar las ventajas de economía de escala, experiencia y complementación profesional y laboral.

A este respecto, los tres países que configuran América del Norte (Canadá, Estados Unidos y México), después de amplias negociaciones decidieron suscribir el Tratado de Libre Comercio de Norteamérica. Éste, ratificado por las respectivas instancias legislativas para iniciar en la última década de este siglo, permite estructurar uno de los grandes mercados del mundo, constituido por cerca de 400 millones de consumidores. Este tratado establece una reducción progresiva de aranceles que beneficia a los países signatarios al estimular el comercio entre ellos, proporcionar economías de escala en la producción industrial y aprovechar los valores relativos de la mano de obra.

Por otra parte, los convenios de libre comercio han tenido un desarrollo continuado con otros países de América Latina, y se encuentran ya funcionando el Tratado de Libre Comercio entre México y Chile y el correspondiente entre México y Costa Rica. Están en fase de negociación los tratados con Guatemala, Honduras y El Salvador, con Colombia y Venezuela, con Panamá y, en cierta medida, con el Mercosur. Asimismo, México es un miembro connotado en el grupo denominado Asia-Pacífico en el que, a los aspectos comerciales de importaciones y exportaciones, se agregan transferencias de capital, inversiones y asociaciones diversas.

El proceso que se sigue para alcanzar un tratado político y de libre comercio entre México y la Unión Europea es de especial significación y altamente promisorio por la diversidad de actividades a que puede dar lugar y por la magnitud del mercado que representan los quince países europeos que hasta ahora la conforman.

XIII.4. La evolución del sector transporte

XIII.4.1. La infraestructura

El desarrollo de la infraestructura en general, y en forma muy especial la del transporte, contribuyó notablemente a sostener el proceso de transformación del país.

En lo que concierne a la infraestructura ferroviaria, después de la reconstrucción de los daños derivados de la etapa armada del movimiento social de 1910 se uniformó el ancho de vía en todo el país y se integraron las diferentes empresas existentes en los Ferrocarriles Nacionales de México. Se integró así una verdadera red ferroviaria que incorporó los ferrocarriles de las penínsulas de Yucatán y de Baja California, la primera por la construcción del ferrocarril del sureste y la segunda por la construcción del ferrocarril Sonora-Baja California. Se realizaron obras de diversa magnitud y se impulsó particularmente la consolidación de las conexiones con el sistema de puertos del país, integrando ambos modos de transporte. Entre las nuevas obras realizadas figura el ferrocarril Chihuahua-Pacífico, el cual, después de la construcción del puerto de Topolobampo, se integró a éste, y el ferrocarril Coróndiro-Las Truchas.

Se construyeron también los grandes puertos de Lázaro Cárdenas y de Altamira, y otras obras portuarias de escala relativamente menor, pero capaces de contribuir al progreso generalizado de ciertas regiones, como la de Progreso, en Yucatán.

Por lo que toca a la infraestructura carretera, desde el principio de la fase creativa de la Revolución se inició vigorosamente la construcción de lo que sería después la red de carreteras federales, destinada a enlazar de manera eficiente la totalidad de las regiones del territorio nacional. Dicha red daría un contenido físico al pacto federal de unión de todos los mexicanos; algunos de sus componentes se constituirían más tarde en vías principales para integrar las redes de carreteras estatales correspondientes. El desarrollo de la red de carreteras en todas sus categorías (federales, estatales, vecinales y aun rurales) fue uno de los eventos transformadores de mayor importancia para asegurar el progreso del país.

Paralelamente se realizaron inversiones para construir dentro del territorio nacional un eficiente sistema de aeropuertos, desarrollando servicios eficaces y rápidos para estimular la interrelación industrial y favorecer, entre otras, las actividades del sector turismo.

En la actualidad el desarrollo de la infraestructura del transporte, sea portuaria, ferroviaria, carretera o aeroportuaria, se encamina hacia un sistema único, integrado a través de comunicaciones computarizadas

que incorporan subsistemas y aun tramos llamados inteligentes, con señalización modificable e información en tiempo real.

XIII.4.2. La operación y el equipo

La operación del transporte ha cambiado de manera importante. Los
cambios afectaron en primer lugar al transporte ferroviario, en el que,
mediante concesiones, ya se han establecido empresas operadoras. Entre las primeras acciones de modernización del sistema ferroviario figuró la sustitución de las locomotoras de vapor por locomotoras diesel y
eléctricas.

Se promovió también la fabricación de equipo más adecuado para las
condiciones y características de la infraestructura nacional, tanto en lo
que concierne al transporte ferroviario como al autotransporte. En el
primer caso se estableció una industria constructora de carros de ferrocarril y se desarrollaron talleres de mantenimiento y reconstrucción de
locomotoras diesel-eléctricas; en el segundo, para asegurar la fabricación nacional de autobuses para el transporte interurbano de pasajeros,
se creó la empresa Diesel Nacional.

En lo que concierne al transporte marítimo, en la década de los sesenta se inició en la costa del Pacífico la operación de transbordadores que
interconectaron las carreteras de la península de Baja California con el
continente, y en el golfo de México y el Caribe los que conectaron a las
carreteras continentales con las islas más importantes (Cozumel y del
Carmen). Estos servicios, junto con las principales empresas de aviación, fueron operados directamente por el Estado mexicano.

Hay evidencia de que los mejores frutos de los procesos de privatización se obtienen cuando lo que se traspasa al sector privado es la operación de los servicios, sean portuarios, aeroportuarios, ferroviarios o
carreteros. La operación del transporte con criterios de economía de
mercado parece más conveniente, independientemente de que la privatización se dé sobre infraestructuras existentes, que en su momento fueron planeadas y realizadas con otros criterios, como los de la economía
patrimonial.

XIII.4.3. La normatividad

La operación de los transportes terrestres requirió definir ordenamien-
tos y establecer una normatividad coherente con el proyecto nacional
expresado en la propia Constitución política y, en general, con las instituciones de la República emanadas de ella.

La consolidación de una empresa importante y única para el transporte ferroviario permitió estructurar de manera coherente las características de las vías y de los equipos y vincular a dicho transporte con los esfuerzos nacionales en el campo de la industrialización, y aprovechar la energía disponible y el financiamiento nacional e internacional.

En la naciente red de carreteras la normatividad se orientó a establecer categorías para los caminos, en función del territorio en el que se construían, los intereses atendidos o beneficiados por ellos y la procedencia de los recursos aplicados para su construcción. De esta manera, la primera categoría correspondió a las carreteras federales, cuyo funcionamiento vinculaba los intereses de dos o más entidades federativas, las conectaba con la capital federal y permitía enlazar los intereses nacionales con los extranjeros mediante el contacto con puertos marítimos o fronterizos. La segunda correspondió a las carreteras estatales que, conectadas a la red federal, vinculaban al interés estatal asentado en la capital de la entidad con regiones o poblaciones particularmente importantes de esa entidad. En tercer lugar, la categoría de caminos vecinales hizo intervenir la iniciativa de los productores agropecuarios, principalmente los ubicados dentro de los nuevos distritos de riego, para que dentro de programas de carácter tripartita —federación, estado y productores— los vecinos expresaran su opinión sobre las necesidades de infraestructura de transporte terrestre. Finalmente, en la base del sistema vial de la nación, se ubicaron los caminos rurales, cuya razón de ser es eminentemente social, dado que, por una parte, hacen llegar la ley, el orden y los bienes de la cultura a las pequeñas comunidades rurales y, por otra, facilitan el acceso de sus pobladores a oportunidades más diversificadas de trabajo que pueden permitirles cambiar de actividad sin necesidad de cambiar de localidad o de desplazar a la familia fuera del marco de su cultura regional.

La correcta operación de las carreteras es altamente dependiente de la normatividad establecida para el funcionamiento de las mismas. El sistema de concesiones para la explotación de servicios de transporte de pasajeros dentro del territorio nacional ha cubierto un papel de extrema importancia para asegurar el rápido y cabal aprovechamiento del sistema de vías terrestres a medida que éste se ha construido.

XIII.4.4. El financiamiento de las inversiones

Con la decisión de cambiar la estructura tradicional y abrir el camino hacia una nueva manera de enfrentar el destino, se planteó la necesidad de realizar inversiones importantes, dedicando parte sustancial de la riqueza creada a transformar la capacidad productiva de la nación y reduciendo el consumo al mínimo indispensable para sostener las necesidades básicas de la población.

La construcción de las líneas ferroviarias fue emprendida desde fines del siglo XIX por empresas extranjeras a las que se concesionaron las líneas, las cuales emprendieron también numerosas obras para construir los puertos que se requerían en las costas del país. Sin embargo, después de la Revolución resultó evidente la conveniencia de orientar las inversiones hacia el desarrollo de nuevas vías terrestres capaces de aprovechar las ventajas de una nueva invención, el automotor, cuya flexibilidad de uso y facilidad de operación presentaba ventajas para impulsar el desarrollo nacional.

México enfrentó problemas de financiamiento para las inversiones en el desarrollo de la infraestructura carretera, que se inició desde las primeras décadas del siglo XX. Los contingentes que formaron parte de las fuerzas armadas participantes en la Revolución se desplazaron hacia actividades de paz, entre ellas la construcción de carreteras. Por su naturaleza, esta fase no requirió de grandes financiamientos, puesto que las obras, principalmente caminos, prácticamente dependían sólo de esfuerzos de pico y pala y de albañilería simple, que se cubrirían con salarios muy semejantes a la paga usual a los contingentes militares, dentro de una organización que, de hecho, correspondía a la estructura militar familiar a dichos contingentes (ello explica el traslado de la terminología propiamente militar al lenguaje usual de los camineros). En esta fase se construyeron las primeras carreteras del país, diseñadas ya con pendientes y curvaturas para la operación de vehículos dotados con motores de combustión interna. La infraestructura de vías terrestres experimentó entonces un proceso de construcción acelerada, parte del cual se financió con fondos internacionales contratados en forma directa por el Estado mexicano. Las obras eran realizadas por empresas mexicanas supervisadas por la autoridad técnica nacional, para atender las principales categorías de la red de carreteras, incluidas las vías de altas especificaciones con un número de carriles susceptibles de separar en calzadas diferentes los dos sentidos de circulación, proyectadas incluso con controles de acceso, de tal suerte que pudiesen funcionar como autopistas de peaje.

Tanto la construcción de las carreteras modernas como de la infraestructura ferroviaria fueron objeto de estudios cuidadosos sobre la capacidad de endeudamiento del país, para no excederse en la concertación de créditos del extranjero. La Secretaría de Hacienda, el Banco de México y Nacional Financiera, como instituciones reguladoras del crédito en nuestro país, fueron las encargadas de realizar dichos estudios.

Cada una de las inversiones en la infraestructura del transporte fue debidamente evaluada por la Secretaría de Obras Públicas; en el caso de autopistas, mediante métodos de rentabilidad, en función de los ahorros que generarían; en el de las carreteras alimentadoras, mediante métodos de productividad, en función de su capacidad para incorporar producción agropecuaria a los mercados. Las fuentes de financiamiento para las diferentes categorías de caminos variaron: las carreteras federales se financiaron con recursos fiscales de la Federación; las estatales, mediante un régimen bipartita (50% de recursos fiscales de la Federación y 50% de la entidad federativa correspondiente); los caminos vecinales, mediante un régimen tripartita (34% de recursos fiscales de la Federación, 33% de la entidad federativa correspondiente y 33% con recursos de los comités pro-camino vecinal organizados para promover cada camino particular por los productores agropecuarios). Los caminos rurales se construyeron íntegramente con recursos fiscales federales.

Las obras correspondientes a otros modos de transporte (ferroviario, portuario o aeroportuario) se financiaron a través de inversión pública directa de recursos fiscales federales.

XIII.5. El transporte en el momento actual

En la actualidad, al final del siglo xx, el sector transporte ya incorpora profundos cambios y anuncia otros que lo orientarán hacia una nueva conformación que responderá a modificaciones en los principales factores del entorno que lo determina (en lo social, lo económico y lo político). Los cambios a que se hace referencia no significan que la infraestructura y los servicios de transporte dejarán de ser el pilar básico del desarrollo nacional, pues son fundamentales para la evolución adecuada de los sectores económicos y fuente de empleos productivos, y continuarán permitiendo la integración nacional y estableciendo vínculos indispensables con el resto del mundo.

Los cambios en cuestión se han dado por las adecuaciones sustanciales en la estructura económica y en el entramado jurídico que rige la operación y funcionamiento del sector, cambios que se han acentuado en los últimos años, pero que ya rebasan la década en su aplicación y efectos. Algunos de ellos, de carácter general, son la desregulación, la creciente participación del sector privado en el sector, no sólo en la operación sino también en el financiamiento de la infraestructura, y otros de carácter más particular que se han dado en el marco jurídico del sector.

A este efecto cabe señalar, a título enumerativo, no exhaustivo, los siguientes eventos portadores de futuro que ya ocurrieron (al menos de manera parcial) y que han empezado a dejar sentir su efecto, pero que intensificarán su vocación transformadora en los años por venir:

— Aplicación del sistema de concesión en la construcción de la infraestructura carretera.
— Desregulación del autotransporte de carga y pasajeros.
— Apertura del transporte mutimodal.
— Firma del TLC y acuerdos en materia de transporte.
— Privatización de puertos.
— Privatización de líneas aéreas.
— Reestructuración y reconfiguración del subsector transporte aéreo.
— Privatización de ferrocarriles.
— Creación y consolidación del Instituto Mexicano del Transporte.
— Expedición de las leyes y reglamentos sobre:
   — Caminos, puentes y autotransporte federal
   — Servicios ferroviarios
   — Puertos, aeropuertos y aviación civil
   — Adquisición y obra pública.

Estos elementos han producido un sector más abierto a la competencia, un transporte con una proyección más amplia hacia el exterior, una mayor presencia privada en la prestación de servicios y en la infraestructura y una participación más selectiva del Estado en el sector, con mayor y mejor posibilidad de rectoría.

Los retos del presente y del futuro inmediato se pueden sintetizar en: la conservación y ampliación de la infraestructura, tanto básica como complementaria, lo que requiere diseñar esquemas de financiamiento que aseguren la disponibilidad y aplicación oportuna de recursos; la modernización de equipos y tecnologías utilizadas en el sector; el impulso decidido al transporte multimodal, aprovechando las posibilidades creadas por el contenedor; la búsqueda y aplicación de criterios y parámetros internacionales de seguridad; la formación de cuadros bien preparados y permanentemente capacitados, y el pulimento y consolidación de los nuevos acuerdos o esquemas institucionales y regulatorios.

El reto será constituir un sistema de transporte cada vez más robusto y flexible, más eficiente y competitivo, más confiable y seguro, para satisfacer necesidades crecientes y más exigentes; en suma, un sistema que no sólo apoye el desarrollo de la economía, sino que se convierta en motor y avanzada del progreso del país y de grandes logros económicos y sociales.

En un horizonte de reflexión que abarque las tres primeras décadas del próximo siglo, resulta aceptable considerar que los nuevos cambios derivados de los avances que ya se manifiestan en la tecnología del sector, en los recursos de registro y procesamiento de información y en la creación de nuevas especialidades para el quehacer del sector podrán reunirse en torno a un concepto rector: la eficiencia. De este concepto rector habrán de derivarse nuevos criterios para enfrentar los planteamientos del sector transporte en términos de la satisfacción de los requerimientos sociales, económicos y políticos. A los nuevos criterios corresponderán, a su vez, nuevos métodos y nuevos mecanismos de operación práctica para lograr plenamente los objetivos del sector en el próximo siglo.

Hay que insistir: en el enfoque actual del transporte el pensamiento, los criterios, los métodos y las acciones prácticas giran en torno a la preocupación por la eficiencia. Se exige al transporte de personas eficiencia como factor de bienestar; se exige al transporte de bienes eficiencia como factor de productividad, de rentabilidad y, en suma, de satisfacción económica; se exige a ambos eficiencia en función del reclamo social. Es ahora cuando debe plantearse y resolverse la nueva configuración del sector transporte, abandonando algunos de los enfoques que hasta ahora facilitaron su desarrollo, pero que han agotado sus posibilidades justamente porque ya tuvieron el efecto que se propusieron. Habrá que generar e implantar nuevos conceptos y nuevas definiciones que correspondan a las nuevas circunstancias, actuales y futuras.

XIII.6. LAS NUEVAS DEFINICIONES EN EL SECTOR

Los grandes cambios que se han señalado han afectado al transporte desde su definición misma. Tradicionalmente, en el caso de la carga, el transporte se definía como el desplazamiento de los bienes desde el lugar donde eran producidos hasta el lugar donde serían consumidos. El transporte se entendía así como una actividad situada entre las funciones económicas de producción y de consumo que, en muchos casos, se enlazaban con una actividad común: el almacenamiento.

Se podía pensar que la disponibilidad de bienes idénticos en lugares o tiempos diferentes correspondía a bienes económicos distintos. Transporte y almacenamiento eran entendidos como actividades cuya función era transformar la disponibilidad en el espacio y en el tiempo, respectivamente; ambos se consideraban independientes de las funciones de producción y de las de consumo.

Hoy asistimos a una nueva revolución industrial que afecta, como la primera, a la organización de todo el proceso productivo. En la primera revolución industrial los nuevos procesos productivos fueron resultado de una modificación en la división del trabajo. Se abandonaron los procesos artesanales que permitían que una sola persona cubriese todos los pasos de fabricación de un bien. El trabajo se fragmentó, para ser realizado por diferentes personas que se fueron especializando en diversas tareas, con un notable incremento en la productividad. El desarrollo de la industria dependió entonces de la especialización laboral y de la posibilidad de aplicar métodos rigurosos, máquinas y energía para lograr incrementos de producción.

La nueva revolución, la actual, también se basa en una fragmentación del proceso productivo, pero ya no en términos de especialización laboral, sino de la rentabilidad regional; es decir, la fabricación de los diferentes artículos podrá organizarse ventajosamente si las diferentes fases del proceso productivo se realizan en aquellos sitios del planeta donde pueden ser más rentables, sea por disponibilidad local de materias primas, características climatológicas, condiciones de estabilidad política o social, o por el valor relativo de la mano de obra, al combinar en forma eficaz la buena calidad de la misma con su bajo costo.

Mientras que antes se localizaban y caracterizaban los diferentes procesos productivos dentro de una misma planta industrial mediante la realización de estudios de tiempos y movimientos, para fragmentarlo de manera óptima, en este nuevo enfoque de la industria el proceso de producción debe estudiarse en términos de rentabilidad, en diferentes plantas y regiones del planeta. El nuevo encadenamiento de los procesos productivos dependerá, en gran medida, de la organización de sistemas de transporte eficientes que aseguren un flujo rentable de la producción.

El transporte se convierte así en parte integrante del proceso productivo mismo. La producción moderna ya exige, y en el futuro lo hará aún más, la implantación del transporte de "puerta a puerta" y "justo a tiempo", para que las piezas o partes de un determinado producto se encuentren oportunamente disponibles, sin requerir grandes inventarios. Ello requiere gran coordinación y la integración de los diferentes modos de transporte en una economía globalizada.

La integración intermodal del transporte ha podido realizarse con plena eficiencia mediante el uso del "contenedor", dispositivo que, más allá de ser muy simple, aporta al transporte una enorme flexibilidad, toda vez que los movimientos de carga y descarga, aun si deben realizarse en varias ocasiones entre origen y destino, pueden efectuarse fácilmente. En el transporte intermodal los elementos que conforman la carga no se manejan por separado, sino de manera consolidada, en cajas selladas que los contienen y que han sido diseñadas para ser fácilmente transportables e intercambiables entre los diferentes modos de transporte: el autotransporte, el ferrocarril y las diversas embarcaciones. El transporte, por el uso del contenedor, se ha convertido en multimodal por necesidad.

Los cambios en los conceptos relativos al transporte y almacenamiento están modificando radicalmente las instalaciones que antes se denominaban terminales. La nueva concepción del transporte reduce la función de dichas instalaciones al simple y a la vez profundamente complejo papel de coordinadoras de transporte, en las que se organizan movimientos que sólo concluyen cuando la mercancía alcanza su destino final, lo que debe ocurrir dentro del tiempo programado, para no afectar otros aspectos del proceso productivo.

XIII.7. Mirada hacia el futuro

El futuro se presenta siempre como una aventura que invita a todos a desarrollar su plena creatividad, imaginando nuevas maneras de aplicar los recursos disponibles, dando contenido y forma a nuestro tiempo. El transporte no es una excepción de este postulado.

El crecimiento demográfico del mundo, el desarrollo científico y tecnológico en todos los campos y la generalización de las aspiraciones en cuanto a satisfactores deben observarse en su doble papel: como oportunidad para alcanzar progreso y satisfacer necesidades de bienes económicos y culturales, pero también como amenaza al ambiente y al entorno que la humanidad debe crear para satisfacer plenamente sus requerimientos como especie pensante.

El transporte tendrá que verse ahora plenamente asociado con los esfuerzos en pro de la habitabilidad duradera de nuestro planeta. Efectivamente, el crecimiento de la población mundial y sus aspiraciones generalizadas hacia el consumo de bienes y servicios, que antes se limitaban a pequeños grupos de la humanidad, plantean problemas que ensombrecen el futuro deseable. Por una parte actúan como amenaza, presionando al alza la demanda de recursos naturales: agua dulce, productos agropecuarios, forestales y minerales; por otra, producen efectos nocivos para el medio físico y alteran lo que hace posible la vida.

Las emisiones que produce la combustión de hidrocarburos están afectando severamente la atmósfera. El transporte requiere todavía de la combustión para aprovechar la energía contenida en diferentes sustancias (los combustibles). Consecuentemente, los medios de transporte emiten contaminantes atmosféricos y, dados los grandes volúmenes de bienes y personas transportados, constituyen una de las principales causas de alteración ecológica. Es por ello que, por ejemplo, se busca que la transportación de las grandes masas de población urbana se realice, masiva o individualmente, cada vez más mediante vehículos de tracción eléctrica.

Para especular sobre la posible evolución del transporte de personas conviene desagregar el análisis en urbano, suburbano e interurbano. Posibles arreglos de transporte en cada caso serían:

— Transporte masivo urbano: vehículos de tracción eléctrica.

— Transporte colectivo urbano: vehículos híbridos, combustión-eléctricos, o bien movidos por gas.

— Transporte colectivo suburbano: vehículos híbridos, combustión-eléctricos.

— Transporte privado urbano: vehículos equipados con dispositivos anticontaminantes o vehículos eléctricos.

— Transporte interurbano: vehículos de combustión interna con combustibles limpios.

XIII.8. LOS RETOS Y EL FUTURO DESEABLE

Los cambios que se anuncian en la estructura misma de la sociedad y en su capacidad para generar los satisfactores deseables, en términos compatibles con el crecimiento numérico conveniente para el propio conjunto social, conducen a considerar que la eficiencia, la flexibilidad y el cambio, serán los signos que distingan al sector transporte en el próximo siglo, y que esos cambios deberán quedar finalmente implantados en los próximos treinta años. Los parámetros que condicionarán al sector transporte en el futuro próximo derivan de los grandes cambios experimentados en las estructuras políticas, económicas y sociales, así como de las posibilidades que se abren ante los notables avances tecnológicos y las aspiraciones generalizadas.

Por tanto, sería deseable que desde los primeros años del próximo siglo México contase con carreteras bien conservadas y señalizadas, con la capacidad requerida por la intensidad de la circulación, tanto en la red federal como en las redes de los estados, y que los caminos vecinales y rurales sean transitables y seguros en todo tiempo. Asimismo, deberá asegurarse el buen estado de conservación de las vías férreas, para permitir incrementos adecuados en la velocidad comercial, independientemente de quiénes sean los responsables de la operación. De la misma manera, los puertos deben alcanzar el nivel adecuado en materia de capacidad, conservación y mantenimiento, y tener las estructuras necesarias para su correcta operación. Con relación al transporte aéreo, la más reciente invención en el transporte actualmente en servicio, los aeropuertos deberán corresponder a los requerimientos de la sociedad.

En los primeros treinta años del nuevo siglo deberá consolidarse la utilización de los contenedores por todos los modos de transporte, aprovechando la doble estiba, siempre que ello sea posible (la altura requerida obligará a modificar algunas estructuras que tienen elementos horizontales con menor altura que la requerida por dos contenedores superpuestos sobre la plataforma). Generalizar el uso del contenedor con estiba sencilla o doble en la totalidad de la actual red ferroviaria, donde con frecuencia los grados de curvatura en las vías no permiten el uso de plataformas para el transporte de cuatro contenedores por plataforma, requerirá de la adaptación del equipo a la infraestructura existente; es decir, el diseño de plataformas articuladas al centro, que faciliten el recorrido aun en trayectos con curvaturas muy cerradas.

Al uso de los contenedores deberá agregarse el progreso tecnológico en la operación de los sistemas de carga, mediante el eficiente manejo de las telecomunicaciones, la identificación electrónica de cada contenedor en movimiento dentro del sistema y el uso generalizado de plataformas de carga o "puertos secos", que permiten la coordinación de los modos de transporte terrestres, y aún fluviales y marítimos, para consolidar los ejes básicos del transporte nacional.

Con el mismo propósito debe extenderse la intervención de agentes de carga y de consolidadores de carga, lo que puede facilitar la operación intermodal del transporte con mayor y mejor relación entre los diferentes modos, para asegurar la distribución "puerta a puerta" y "justo a tiempo".

Por otra parte, en el transporte de pasajeros resultará importante considerar al transporte ferroviario interurbano a escala de región metropolitana, de tal suerte que las grandes áreas metropolitanas del país, como el valle de México, Monterrey, Guadalajara, Puebla, el Bajío y otras cuenten con un transporte masivo rápido y sin contaminación, mediante un sistema cuya diferencia con el *metro* de carácter urbano radicará en una mayor longitud del recorrido de cada usuario y una escasa revolvencia del pasaje en cada corrida del tren lo cual, desde el punto de vista de la rentabilidad, podrá compensarse mediante tarifas diferenciales, en función de la distancia recorrida y, sobre todo, con una mayor seguridad y comodidad.

Dentro de esos primeros años del siglo próximo deberá definirse la nueva infraestructura carretera y ferroviaria básica, integrada por ejes principales que caractericen el movimiento intermodal.

Será necesario también distribuir la carga terrestre de manera más racional y eficiente. El transporte ferroviario deberá incrementar su muy reducida participación porcentual actual en el total (de sólo 12 a 15%). El mejoramiento en las condiciones de operación debe permitirle acercarse a transportar cerca del 40% de la carga terrestre total, como lo hace en los países más industrializados, dejando el 60% restante para el autotransporte.

En el próximo siglo el transporte de pasajeros por ferrocarril requerirá del aprovechamiento del potencial de los sistemas suburbanos y de la construcción de una infraestructura que permita ofrecer una circulación totalmente libre de cruces a nivel y de fricción lateral de todo tipo, dotada de instalaciones de coordinación de transporte donde el tren suburbano se integre al transporte urbano. Mejoras en la velocidad de las líneas suburbanas, y otras ventajas operativas, tendrán gran significación en la implantación de servicios interurbanos de alta calidad en el gran triángulo formado por las ciudades de México, Guadalajara y Monterrey, incluyendo, entre otras, las líneas de pasajeros Querétaro-León-Aguascalientes; Tampico-Monterrey-Nuevo Laredo y Querétaro-San Luis Potosí.

El proceso de modernización de los puertos deberá dotarlos con el equipamiento adecuado y amplias áreas de maniobra, especialmente para el manejo de contenedores, con un estudio cuidadoso para resolver los casos en que se perciben dificultades para hacer crecer los puertos actuales.

El actual aeropuerto internacional de la ciudad de México deberá ser aprovechado. Sería deseable que los servicios de recepción y atención a los pasajeros se mantuviesen en su sitio actual, que los relaciona adecuadamente con el resto de la ciudad, mientras que las áreas y servicios dedicadas a resolver los requerimientos planteados por el equipo de vuelo y sus servicios de operación se desplazasen hacia un área más apropiada, situada a una distancia conveniente para la operación aeroportuaria que redujese el número de operaciones sobre el área central de la ciudad. Ambos elementos del sistema deberán estar enlazados mediante un tren rápido que traslade al personal responsable de los vuelos, a los pasajeros y sus equipajes. Este planteamiento es ya objeto de un profundo estudio de evaluación frente a la alternativa de desplazar más lejos de la ciudad de México tanto la estación de pasajeros como las áreas destinadas específicamente al equipo de vuelo; ello indudablemente representaría un alto costo, por el recorrido adicional que habrían de hacer todo el tiempo los pasajeros, y por el traslado, a muchos kilómetros de distancia, del actual centro de trabajo de la gran masa de personal que labora en el aeropuerto.

Finalmente, a lo largo de las próximas dos décadas, ya bien entrado el siglo XXI, el sector transporte deberá ofrecer a la sociedad mexicana un servicio intermodal totalmente confiable, seguro en el amplio sentido del término (en cuanto a accidentes, en tiempo y frente a eventuales daños), generador de baja contaminación de cualquier naturaleza y rápido y cómodo para los usuarios, quienes habrán elevado su nivel de exigencia en el próximo siglo. Para lograr todo ello, la operación del transporte deberá ser totalmente computarizada y emplear las tecnologías más avanzadas.

El sector transporte deberá hacer frente en las tres primeras décadas del siglo XXI a las necesidades derivadas de una población del orden de 130 millones de habitantes y cualitativamente muy diferente de la actual. La población estará constituida por grupos de niños y jóvenes con una importancia porcentual mucho menor que la de años precedentes; en cambio, los jóvenes adultos, que nacieron cuando los índices de natalidad eran todavía muy elevados, requerirán de infraestructura y servicios apropiados para ellos en las ciudades medias de todo el país. Por otra parte, lentamente se registrará un incremento de adultos en edad madura, grupos que demandarán fuertes incrementos de servicios, entre ellos los de transporte.

La planeación del sector debe estimular la aplicación de métodos de evaluación de proyectos, de tal suerte que las inversiones en materia de infraestructura de transporte se realicen sólo si la rentabilidad, desde el punto de vista del interés colectivo, es positiva como resultado de ahorros en costos, tiempo y riesgos para los usuarios. Ello será independiente del monto de las cuotas que se establezcan para los servicios de transporte, que en ocasiones representarán sólo una recuperación parcial de los costos, para evitar que sean demasiado elevadas para los usuarios e inhiban el uso de una infraestructura costosa.

Aun con una perspectiva general, se pueden identificar aspectos fundamentales y muy concretos sobre los que deberá actuarse con prontitud y eficiencia para asegurar una evolución del sistema de transporte en los mejores términos posibles. Entre esos aspectos destacan:

— Aumentar la cobertura y accesibilidad del transporte para diferentes grupos y regiones. El transporte debe ser, cada vez más, un servicio universal.
— Definir e implantar una estrategia de financiamiento de inversiones en la infraestructura carretera. Debe explorarse la posibilidad de establecer un sobreprecio a los combustibles que usan los vehículos, destinando la totalidad de los recursos así captados a la conservación y construcción de la red carretera.
— Reducir y mitigar los efectos indeseables de la actividad del transporte. Tres son las principales externalidades del transporte: accidentes, contaminación y utilización de espacios cada vez más demandados para otros usos y por ello cada vez más valiosos. Una verdadera cultura de la seguridad y una cultura bien enraizada orientada al equilibrio ecológico son temas en los que hay que insistir y profundizar. Una mejor relación de la autoridad con la sociedad aliviaría la presión sobre los espacios a utilizar.
— Pensar, dialogar y, sobre todo, actuar en la búsqueda permanente de la integración del sistema del transporte. En ello se ha avanzado, pero es mucho lo que falta por hacer.

— Fomentar la innovación y la transferencia tecnológica en el transporte. El sector debe desarrollar redes informativas y aumentar su acceso a bancos de datos; debe establecer programas de intercambios con organizaciones internacionales y promover centros de transferencia en universidades y tecnológicos.

— Definir con claridad y flexibilidad el papel de los sectores público y privado para lograr su plena complementariedad, implantando las políticas públicas más adecuadas y fomentando una mayor participación privada.

— Mantener un programa de capacitación permanente en todas las áreas del sector.

XIII.9. ALGUNOS ESCENARIOS CUANTITATIVOS

A partir de la información disponible sobre la evolución pasada pueden construirse algunos escenarios cuantitativos sobre lo que podría ocurrir en el futuro con relación a ciertos elementos básicos del sector transporte. Los escenarios que se incluyen a continuación son producto de la aplicación de modelos logísticos de crecimiento a series estadísticas históricas de algunos indicadores del sector. No se proponen como un pronóstico de lo que ocurrirá en el futuro, sino como mera exploración de lo que podría ser; esto es, como posibles escenarios que conforman apenas un marco de referencia a partir del cual podrá reflexionarse con mayor profundidad.

Los escenarios parten de una imagen de la evolución de la población nacional que podría transformar los cerca de 100 millones de mexicanos de fines del siglo XX en cerca de 142 millones en el año 2030 (o si se prefiere, entre 130 y 150 millones) y de una evolución de la economía nacional con un crecimiento moderado, del 3 al 4% anual, durante los primeros años del siglo XXI y un crecimiento sostenido mayor, del orden del 6% o más, a partir del año 2005.

Con base en estos escenarios, la posible evolución futura de algunos indicadores relevantes para el sector transporte podría ser como se señala a continuación.

Número de vehículos de motor registrados en el país

1920	43 000
1940	146 000
1960	803 000
1980	5 838 000
1995	12 523 000

2000	18 166 000
2010	28 798 000
2020	38 187 000
2030	44 249 000

Variaciones sobre este escenario base permiten vislumbrar la posibilidad de que en el año 2030 el número de vehículos de motor del país llegase a ser incluso mayor, entre 58 y 70 millones. En todo caso, cabe esperar que el parque vehicular siga teniendo un crecimiento espectacular.

Longitud total de carreteras, en kilómetros

1940	27 450
1960	45 090
1980	212 630
1995	252 720
2000	299 895
2010	342 960
2020	369 390
2030	384 140

Longitud total de carreteras pavimentadas, en kilómetros

1940	5 750
1960	32 370
1980	66 920
1990	83 920
1996	98 870
2000	104 000
2010	126 328
2020	138 040
2030	146 020

Longitud total de carreteras de cuatro o más carriles (autopistas)

1960	290
1980	1 000
1990	5 520
1998	9 450
2000	9 900
2010	16 200
2020	22 000
2030	29 000

Longitud total de vías férreas, en kilómetros

1940	23 650
1980	25 510
1994	26 725
2000	27 295
2010	28 120
2020	28 880
2030	29 560

Pasajeros transportados por ferrocarril

1940	27 955 000
1980	23 685 000
1994	7 189 000
2000	6 792 000
2010	2 520 000
2020	865 000
2030	290 000

Con base en la posibilidad que dan los corredores de transporte a los que se hace referencia más adelante, puede esperarse un cambio en la tendencia decreciente en el número de pasajeros que atiende el ferrocarril; pero aun así éste difícilmente llegaría a las cifras de los años ochenta. Sobre la base de un servicio seguro, eficiente y rentable, en el año 2030 podría esperarse, a lo más, una cifra de diez millones de pasajeros por año.

Carga total transportada por ferrocarril (tonelada)

1930	7 180 000
1940	9 700 000
1960	44 500 000
1980	55 110 000
1994	52 050 000
2000	54 600 000
2010	60 510 000
2020	66 050 000
2030	71 100 000

A partir de la privatización de las operaciones ferroviarias se ha dejado ver un significativo repunte del tonelaje movido por ferrocarril, por lo que no se puede descartar un crecimiento futuro mayor que el señalado, pudiendo llegar la carga transportada por ferrocarril en el año 2030 a una cifra entre 110 y 120 millones de toneladas.

Pasajeros movidos por la aviación en el país

1967	5 025 000
1970	6 500 000
1980	29 650 000
1990	38 036 000
2000	44 460 000
2010	80 320 000
2020	92 300 000
2030	98 370 000

PIB del transporte como porcentaje del PIB total

1950	3.96
1970	4.18
1990	7.89
1996	8.64
2000	9.35
2010	11.04
2020	12.43
2030	13.50

En términos de acciones regionales dentro de las redes básicas del transporte terrestre y en torno a los principales nodos de articulación del transporte multimodal pueden definirse corredores de interés para la actividad económica, apoyados en transporte de alta calidad, que en las primeras décadas del siglo XXI darán otra fisonomía al país. Las principales proposiciones al respecto serían las siguientes:

1. *Istmo de Tehuantepec, entre Coatzacoalcos y Salina Cruz.* El primero en iniciar su funcionamiento debería ser este corredor industrial, que se tiene actualmente en estudio, para el istmo de Tehuantepec, donde el conjunto de instalaciones industriales rematado con modernos puertos para contenedores en ambos océanos ofrece óptimas condiciones para enlazar mediante todos los modos de transporte a esta nueva región industrial del país con el mundo entero.

2. *Manzanillo-mesa central, entre Manzanillo-Guadalajara-Aguascalientes.* Mediante la construcción y mejoramiento del tramo ferroviario Guadalajara-Encarnación de Díaz, este corredor puede atender muchas otras poblaciones con vocación industrial, y constituir un tema de interés

para la planeación del sector en el próximo siglo, vinculado al desarrollo de la industria automotriz, tanto en Guadalajara como en Aguascalientes.

3. *Tampico-altiplano, entre Tampico-Cd. Valles-San Luis Potosí y Aguascalientes*. Enlazado con el anterior, este corredor puede ser objeto de interés en la planeación de acciones para el futuro próximo.

4. *México-Pacífico, entre Huehuetoca-Atlacomulco-Maravatío-Acámbaro-Morelia-Uruapan, Lázaro Cárdenas*. Mediante la construcción del tramo ferroviario Huehuetoca-Atlacomulco, este corredor industrial permitiría dar sentido pleno a la industria que ya se manifiesta en muchas ciudades, ahora no convenientemente ligadas, entre el valle de México y el puerto de Lázaro Cárdenas.

5. *Sureste, entre Coatzacoalcos-Villahermosa-Escárcega-Campeche-Mérida-Progreso*. El concepto de corredor industrial como sistema de ciudades con esa vocación, entre los puertos de Coatzacoalcos y de Progreso, puede significar un apoyo sinérgico al ferrocarril del sureste y a las carreteras que enlazan al territorio continental del país con la península de Yucatán.

6. *Circuito maya, entre Palenque-Escárcega-Kohunlich-Chetumal-Tulum-Koba-Chichen Itza*. Este circuito, cuya finalidad es principalmente de carácter turístico, puede tener una parte de corredor industrial entre Escárcega y Chetumal, mediante un tramo ferroviario, para un puerto que desarrolle Xcalak, mediante el procedimiento de excavación de roca caliza exportable en un programa a largo plazo.

Como escenarios alternativos a lo que se ha expuesto en las páginas anteriores, podrían plantearse, entre otras, las siguientes posibilidades:

— Un crecimiento demográfico más alto del previsto, que aumentaría la demanda de servicios de transporte, con una oferta sin la flexibilidad suficiente como para satisfacerla o, en todo caso, no con servicios de la calidad adecuada.

— Un crecimiento de la economía menor al previsto y, como consecuencia, insuficiencia de recursos para las inversiones que se requieren para la expansión y el mejoramiento de los servicios de transporte.

— Complicaciones en el problema que existe en materia de transporte dentro del Tratado de Libre Comercio de América del Norte, convirtiéndose ello en una limitante para el sano desarrollo del transporte del país.

— Trabas en el financiamiento de nuevas carreteras de altas especificaciones o el que se requiere para la transformación de las carreteras actuales en autopistas, con lo cual el crecimiento y mejoramiento de la red carretera se detiene y los problemas de congestionamiento, accidentes y altos costos del transporte carretero se agudizan.

— Se deteriora, por falta de renovación, el parque vehicular, y ello se traduce en una baja en la calidad del servicio que presta.

— Se agudiza la escasez de recursos destinados a la conservación de la infraestructura del transporte, principalmente carretero, con los problemas que ello puede acarrear.

— Se desprestigia, se distorsiona, el modelo de participación del sector privado en la creación de infraestructura para el transporte y en la operación del mismo, y ello se convierte en un freno a su desarrollo.

— Se degrada la calidad y experiencia del personal técnico, operativo y administrativo que actúa en el sector, con las consecuencias del caso.

Estos puntos parecen constituir la agenda básica del sector transporte para el presente y los años por venir. El objetivo final será que en el año 2030 el transporte sea un instrumento eficaz, adecuado y sólido para el desarrollo de un México que avanzará con paso firme en la búsqueda de un presente y futuro cada día mejores.

XIV. POLÍTICA PÚBLICA, ARREGLOS INSTITUCIONALES Y PRESIONES AMBIENTALES EN MÉXICO: UNA VISIÓN PROSPECTIVA

Olga Ojeda Cárdenas
Víctor Lichtinger

XIV.1. Introducción

La sociedad entra al siglo XXI en un torbellino de descubrimientos y cambios que han transformado al ambiente de maneras insospechadas hace tan sólo cincuenta años. Tanto a nivel mundial como en el ámbito nacional, es clara la creciente degradación de los recursos naturales y del medio ambiente. El crecimiento económico, la explosión demográfica y la creciente desigualdad, marginación y pobreza en una buena parte de la Tierra están en el centro de los procesos de explotación sin freno del capital natural de nuestro planeta.

Desde los años setenta se comenzó a discutir la idea de que existen "límites al crecimiento".[1] Como resultado de esto se generó una discusión muy intensa en torno a la capacidad de los ecosistemas para sostener escalas crecientes de producción. Hoy pocos sostienen seriamente que existan límites fijos e inamovibles para el crecimiento, o que vivimos en un mundo de recursos infinitos e ilimitados.[2] La base de recursos no renovables no es "fija"; sus reservas varían de acuerdo con las condiciones económicas (precios relativos) y los avances tecnológicos para su descubrimiento, recuperación y explotación, lo que dificulta estimar sus límites físicos y su tasa óptima de aprovechamiento.

Está claro desde entonces que las innovaciones tecnológicas son fundamentales para entender hacia dónde vamos. En la contaminación y depredación asociadas con el uso y transformación del ambiente, el cambio tecnológico es determinante. En las próximas tres décadas el impacto del hombre sobre el ambiente podría variar sus tendencias aparente-

---

[1] Denis Meadows y D. Meadows, *Los límites del crecimiento*, FCE, México, 1972.

[2] Meadows y Randers explican que el límite del crecimiento económico estará en el agotamiento del sistema económico, al ir enfrentando los diversos límites con las inversiones requeridas para superarlos, con base en adaptaciones económicas y técnicas. Los autores demuestran, con base en su modelo World 3, que la "habilidad de enfrentar" (ability to cope) múltiples problemas y cuellos de botella mina finalmente la posibilidad de seguir con el crecimiento mismo, al desviar recursos y al disminuirse la producción industrial. Véase D. Meadows, D. Meadows y J. Randers, *Beyond the Limits*, Earthscan, Londres, 1992.

mente estables, a raíz de innovaciones tecnológicas que orienten a la producción hacia una mayor eficiencia y, por ende, hacia un uso menos intensivo de los recursos naturales y de la energía. Sin embargo, treinta años pueden resultar poco para que dichas innovaciones se difundan lo suficiente como para transformar los patrones dominantes de consumo de recursos. La aplicación generalizada de los cambios tecnológicos requiere condiciones económicas especiales para convertirse en realidad, y normalmente de tiempos más largos.[3]

Adicionalmente, la disposición de una sociedad para "pagar" mejoras tecnológicas que impliquen menor contaminación y riesgo ambiental depende de su grado de bienestar general.

Los países desarrollados han logrado niveles de vida superiores, por lo que pueden dedicar recursos importantes a la protección del ambiente. En algunos sectores industriales las empresas líderes están cerca de alcanzar metas cercanas a "cero emisiones". Asimismo, la protección ambiental en esas naciones ha logrado recuperar varios hábitats y especies consideradas ya perdidas para siempre.

Pero la experiencia de las naciones avanzadas no ha podido ser replicada en la mayoría de los países en desarrollo. Las características básicas de estos últimos son la inequidad económica y social, la dependencia en bienes de capital y la concentración del ingreso. En ellos, la creciente pobreza, tanto en términos relativos como absolutos, está conduciendo a una situación social insostenible en el largo plazo. Su crecimiento económico errático ha venido acompañado de una pérdida acelerada del capital ambiental, generándose un círculo vicioso de subdesarrollo, inequidad y deterioro ambiental. Aun si los países en desarrollo lograsen altos niveles de crecimiento económico, ¿solucionaría ello automáticamente los problemas ambientales? Diversos factores sugieren que es simplista y erróneo pensar que el crecimiento económico, por sí solo, resolverá la problemática ambiental.

En el desarrollo de este capítulo intentamos ver hacia el futuro. Después de un breve repaso del papel del mercado y de los gobiernos en la protección ambiental, y de una visión resumida del caso de México durante los últimas décadas, exploramos las principales presiones al medio ambiente y a los recursos naturales en el país. Sabemos que no podemos incluir todos los factores de presión ambiental. Hemos dejado fuera factores de suma importancia como el transporte y las actividades pesqueras, y no hemos profundizado lo suficiente sobre varios de los fe-

---

[3] La máquina de vapor se conocía ya en Alejandría diez siglos antes que fuera "descubierta" para fines industriales y de transporte en la Europa de la Revolución Industrial. El precursor del reloj existió desde el siglo X en China, pero era utilizado por la corte del emperador chino para juegos frívolos.

nómenos que serán importantes en las próximas décadas (como la problemática ambiental de las megaciudades).

El deterioro ambiental y la degradación de los recursos afectan en forma no lineal e impredecible a los ecosistemas y al hombre mismo. Son atribuibles en mucho a la falta de previsión y al uso irracional de los recursos. La metáfora más utilizada para ejemplificar esto es la denominada "tragedia de los comunes", donde la falta de definición de reglas de uso y de acceso a los bienes de uso común, esto es, de los derechos de propiedad, proveen a los individuos incentivos para maximizar su uso sin considerar las consecuencias colectivas de sus acciones.[4] Como reglas de acceso y de uso de los recursos, los derechos de propiedad forman parte de las instituciones sociales, es decir, del conjunto de reglas del juego y códigos de conducta que definen las prácticas sociales, y asignan roles a los individuos en estas prácticas y guían sus interacciones.[5] Este conjunto de reglas y códigos de conducta conforma el entorno institucional para la toma de decisiones individuales con respecto a los otros miembros de la comunidad y el medio ambiente.[6]

En las economías modernas, las imperfecciones en los mercados o "fallas de mercado" y las políticas gubernamentales inadecuadas o "fallas de política" frecuentemente han dado lugar al sobreuso de los servicios ambientales y han convertido a algunos recursos renovables en no renovables, en detrimento de la viabilidad económica y social de áreas productivas enteras y de los asentamientos humanos que dependen de ellas. Al igual que los sistemas legales, de gobierno y de autoridad, los mercados constituyen mecanismos de elección social. Cuando funcionan adecuadamente son capaces de coordinar y regular las actividades de un vasto número de productores en direcciones favorables para todos y de proporcionar incentivos continuos para la innovación. Sin embargo, cuando los derechos de propiedad no están bien definidos o están en juego bienes públicos, los precios de los bienes y servicios no reflejan el valor real de los recursos naturales, su escasez o los impactos ambientales negativos asociados a la producción de éstos.

Por ello, la degradación ambiental se entiende en economía como un problema de "externalidades". Si estas externalidades no se internalizan

---

[4] G. Hardin, "The Tragedy of Commons", *Science*, p. 162, 1968.

[5] T. Eggertsson, "Economic Behavior and Institutions", *Cambridge Surveys of Economic Literature*, Cambridge University Press, 1990; D. North, "Institutions, Transaction Costs and Economic Growth", *Economic Inquiry*, p. 25, 1987; O. Young, *Natural Resources and the State*, University of California Press, Los Angeles, 1981.

[6] En este sentido, cabría distinguir entre las instituciones y las organizaciones, cuyo comportamiento es influenciado por la definición de las reglas que se originan en las primeras. Sin embargo, las instituciones y las organizaciones interactúan de manera compleja, y en este trabajo en muchas ocasiones no se distinguen de manera rigurosa.

en las decisiones de mercado, tampoco influyen en las decisiones de los actores económicos, ni existen los incentivos adecuados para que éstos transformen sus procesos. A los problemas ambientales atribuibles a imperfecciones en el mercado se añaden los derivados de las políticas gubernamentales (por ejemplo subsidios, tarifas, derechos e impuestos) que distorsionan los mercados y contribuyen a promover el desarrollo de actividades que degradan los recursos y el medio.

XIV. 2. MÉXICO: CAMBIO ESTRUCTURAL, CRECIMIENTO ERRÁTICO Y AMBIENTE

En la segunda mitad de la década de los ochenta se realizaron reformas estructurales de gran magnitud en la economía mexicana, que dieron soporte a la liberalización comercial. La estrategia adoptada aún no ha rendido los frutos esperados. Después de la crisis de 1995 comenzaron a tenerse resultados satisfactorios en las variables macroeconómicas. La economía mexicana ganó en estabilidad y el sector exportador se convirtió en motor fundamental de la economía. Sin embargo, el dinamismo exportador, concentrado en pocas ramas productivas y ubicado en zonas geográficas limitadas, no ha sido suficientemente amplio como para generar mayores oportunidades de empleo y mejoras en los niveles de ingreso para la mayoría de los mexicanos.

Las recurrentes crisis y depresiones económicas en las últimas dos décadas han dado como resultado una transición larga hacia el cambio estructural y un alto costo social. El ritmo del crecimiento económico de 1981 a la fecha no ha logrado contrarrestar el aún rápido crecimiento de la población.[7] En términos de ingreso per cápita, la economía mexicana no ha crecido por casi dos décadas. Aún más, la incapacidad para distribuir equitativamente el ingreso entre la población creció entre 1981 y 1996, y hay preocupación sobre ciertas tendencias observadas en los sectores productivos manufactureros (descapitalización de empresas, descomposición en la integración de las cadenas productivas de la economía, etc.), el sector financiero, los niveles de marginación y el desmoronamiento de las instituciones y de la cohesión social.

Paradójicamente, fue en estas últimas dos décadas cuando la preocupación ambiental se insertó en la sociedad mexicana como tema impor-

[7] A pesar de la transición demográfica en México, se estima una expansión de la fuerza de trabajo del orden de 3% anual en los próximos años. Las tasas de crecimiento "socialmente necesario" para absorber esta expansión deberán ser mayores que en el pasado. Ver: J. Ros, J. Draisma, N. Lustig, A. Ten Kate, "Prospects for Growth and the Environment in Mexico in the 1990s", en *World Development*, pp. 24 ss., 1996.

tante. Desde fines de los ochenta se establecieron esquemas institucionales y regímenes regulatorios básicos en materia de protección ambiental: la Ley General de Equilibrio Ecológico y Protección al Ambiente (LGEEPA), los reglamentos para su instrumentación y una infraestructura mínima para dar seguimiento a la nueva normatividad en materia ambiental. A ello se unieron una mayor conciencia social y la importancia que en la arena internacional adquirió la problemática ambiental con la Cumbre de Río y varias otras reuniones internacionales. En 1994 se creó la Secretaría de Medio Ambiente y Recursos Naturales para fortalecer y ampliar la estructura institucional y orientar el futuro desarrollo del país por la vía de la sustentabilidad.[8] En la segunda mitad de la década de los noventa se hizo evidente la disparidad entre las necesidades y los recursos existentes para incorporar las disposiciones legales ambientales a la realidad productiva del país, así como la incapacidad financiera de buena parte de las empresas productivas y de los municipios para cumplir con estos requerimientos. En 1996 se reformó la LGEEPA para simplificar el marco regulatorio y adaptarlo a las condiciones del país, y a partir de entonces se han revisado las regulaciones y normas en el mismo sentido.

A pesar del desarrollo institucional observado en los últimos años, la dimensión ambiental continúa al margen de la toma de decisiones de política económica y de los principales sectores productivos. Así, si bien se ha avanzado en áreas importantes, la política ambiental en México ha actuado en un ámbito sumamente limitado y con instrumentos de política de dudosa efectividad para modificar las principales tendencias de degradación del ambiente y los recursos naturales. Instrumentos de política como el ordenamiento ecológico territorial carecen de un vínculo claro con la toma de decisiones. El Sistema de Áreas Naturales Protegidas no ha logrado modificar las tendencias de expansión de la frontera agrícola ni frenar la deforestación. Las manifestaciones de impacto ambiental han dado oportunidad a las comunidades y al público en general de discutir y tratar de frenar proyectos de inversión negativos para el ambiente, pero en general se han convertido en trabas burocráticas a la inversión, son vistas por el sector privado como meros trámites administrativos y son irrelevantes para influenciar planes y programas estatales (lo que se ha demostrado como la faceta más efectiva de este mecanismo en muchos países avanzados).

La falta de importancia que el gobierno, y la sociedad, han dado a las cuestiones ambientales se refleja en la evolución del presupuesto am-

---

[8] Parte de este esfuerzo surgió en respuesta a las presiones internacionales ejercidas sobre México durante la negociación del Tratado de Libre Comercio con Estados Unidos y Canadá.

CUADRO XIV.1. *México. Gasto en protección ambiental 1985-1995*
(cifras en miles de pesos)

| Año | A precios corrientes | | A precios de 1985 | | Participación del GPA en el GT (a precios corrientes) | Participación del GPA en el PIB (a precios corrientes) |
	Gasto ambiental (GPA)	Gasto total (GT)	Gasto ambiental (GPA)	Gasto total (GT)		
1985	215 306	10 211 285	215 306	10 211 285	2.11%	0.454%
1986	327 907	13 133 887	208 897	8 318 433	2.50%	0.414%
1987	508 449	17 123 855	134 770	4 267 967	2.97%	0.263%
1988	826 031	33 788 108	116 294	4 731 242	2.44%	0.212%
1989	1 509 243	32 013 595	161 133	3 431 244	4.71%	0.297%
1990	2 535 596	42 495 588	199 588	3 250 719	5.97%	0.369%
1991	3 248 394	61 174 959	211 641	4 270 335	5.31%	0.375%
1992	4 413 659	71 188 293	228 306	4 411 595	6.20%	0.433%
1993	5 493 994	88 802 818	261 891	5 194 810	6.19%	0.487%
1994	6 189 904	98 574 700	207 612	3 306 230	6.28%	0.494%
1995	5 761 894	79 347 800	123 250	1 697 292	7.26%	0.365%

FUENTE: Unidad Económica de Análisis Económico y Social (SEMARNAP) e Instituto Nacional de Estadística, Geografía e Informática (INEGI): *Resultados Generales de los Estudios de Gasto en Protección Ambiental*, 1995. Elaborada con datos de: INEGI, *Sistema de Cuentas Económicas y Ecológicas de México*, (SCEEM) 1985-1992. INEGI: *Gasto en Protección Ambiental 1992-1995* (cifras preliminares). SHCP: *Cuenta de Hacienda Pública Federal*.

biental. Éste, si bien ha aumentado como proporción del gasto total, es insuficiente, y en los últimos años se ha reducido en términos relativos como proporción del PIB (véase el cuadro XIV.1). El comportamiento presupuestal no se puede justificar fácilmente, dado que los acontecimientos recientes apuntan a la necesidad de aumentarlo en forma importante.[9]

Si los cambios económicos y el ajuste estructural de las últimas dos décadas significasen una transición hacia una economía eficiente y hubieran establecido las bases mínimas para disminuir la inequidad, corregir las deficiencias institucionales existentes y conducir al país hacia un futuro sustentable y equitativo, cabría esperar que México comenzase el siglo con un crecimiento rápido, sólido y sostenido. En este escena-

[9] En 1985, tres años antes de que entrara en vigor la LGEEPA, el gasto gubernamental dedicado a las cuestiones ambientales fue incluso superior al de 1995, cuando ya existía la Secretaría de Recursos Naturales y Medio Ambiente y México tenía 2.1 millones de habitantes más y nuevos compromisos a nivel internacional (TLCAN, OCDE, Convención Marco de Cambio Climático, Convención de Diversidad Biológica, etc.).

rio se podrían generar los suficientes excedentes para dedicar recursos importantes a combatir la pobreza y proteger el patrimonio natural. Si, por el contrario, dichos cambios no han modificado positivamente las condiciones del crecimiento futuro de la economía y sí han exacerbado las contradicciones económicas y sociales en detrimento de las bases para la convivencia armónica y pacífica y el progreso económico, entonces el panorama ambiental no será halagador.

Una protección ambiental eficaz requerirá de decisiones difíciles encaminadas a modificar los patrones de un crecimiento que continúa siendo netamente degradante de los recursos naturales. A fines del siglo XX la magnitud del impacto ambiental alcanzó en promedio el 11% del PIB; es decir, el PIB ecológico (PIBE) fue de cerca del 90% del PIB económico. Si las condiciones observadas durante los últimos 10 años se mantienen, en el año 2030 el PIB y el PIBE presentarán una diferencia significativa, pues mientras que el PIB (a precios corrientes) podría ser casi 14.6 veces mayor que el del 2000, los costos de agotamiento y degradación serían 37.4 veces más elevados, de tal forma que el PIBE resultaría ser 74.4% del PIB tradicional: el ajuste por costos ambientales alcanzaría un 25.6% del mismo, y entre los años 2000 y 2030 cada 2 años se estaría sumando un punto porcentual del PIB en deterioro ecológico.[10]

XIV.3. PRESIONES SOBRE LOS RECURSOS NATURALES Y EL AMBIENTE

XIV.3.1. El factor demográfico

La población de México ha crecido con una tasa tremendamente alta. En tan sólo 30 años se ha más que duplicado, pasando de 42.1 millones en 1965 a 91millones en 1995. Aunque con tasas menores que en el pasado, la población seguirá creciendo, pudiendo estabilizarse alrededor del año 2040 en unos 132 millones de habitantes.[11] Un mayor número de mexicanos implicará mayores presiones sobre el ambiente y los recursos naturales, aunque no en forma lineal y directa, porque éstas dependen también del lugar y la manera en que se relacionan con su medio. Existen al menos dos cuestiones que califican al crecimiento demográfico como factor de presión y modificación del entorno natural: la diferencia entre la presión rural y la urbana, y la distribución territorial de la población.

[10] Carlos Jarque, "Recursos Naturales y Territorio": Capítulo XV, en este libro.
[11] CONAPO, *La situación demográfica en México*, México, 1998, p. 20.

En México la población rural pasó de 14.8 millones en 1950 a 28.6 millones en 1995, con una tasa de crecimiento anual de alrededor de 0.7%,[12] aunque en términos relativos mostró una tendencia decreciente, pasando de cerca del 50% de la población total del país en 1970 a 29.4% en 1995. El crecimiento demográfico ha estado acompañado de una progresiva dispersión y una creciente marginación de la población rural. Entre 1970 y 1995 el número de localidades menores de 5 mil habitantes se incrementó de 96 mil a 197 mil. De las casi 114 mil localidades consideradas fuera de influencia urbana, el 56% se consideran aisladas y el 37% restante presenta una muy alta marginación. En lo productivo también se nota esta misma tendencia: entre 1970 y 1995 las unidades de producción rural aumentaron de 3.0 millones a 4.9 millones; el número de ejidos y comunidades se incrementó en 30%, y los ejidatarios y comuneros en 75%.[13] Los patrones de crecimiento y migración en el ámbito rural se han combinado para provocar cambios en el uso del suelo y la expansión de la frontera agropecuaria, y para reproducir patrones de marginación y pobreza.[14] La frontera agrícola ha sobrepasado sus límites: de los cerca de 35 millones de hectáreas cultivadas a lo largo del territorio, 14 millones no son aptas para la producción agrícola.[15] La densificación del territorio implica mayores perturbaciones potenciales, más extremas y de mayor envergadura. La creciente marginación de localidades y de habitantes en el ámbito rural impone serias dificultades a la capacidad del Estado para instrumentar intervenciones eficientes para promover mejoras a la infraestructura, educación y salud.

La población urbana, por su parte, ejerce presiones distintas que la rural sobre el ambiente y los recursos naturales, aunque no por ello menos importantes. Las ciudades consumen recursos de fuentes cercanas y distantes, y generan residuos que se depositan dentro y fuera del área urbana. En México el crecimiento de la población urbana en los últimos 20 años ha sido muy elevado. En 1970 el 44.6% de la población nacional era urbana; en 1990 lo fue el 57.4% y para el 2010 se estima que lo será el 71.5%. Este incremento de población en las ciudades ha propiciado una "expansión de la mancha urbana", con efectos directos sobre el uso y la calidad del suelo.

[12] CONAPO, *La situación... op. cit.*, 1998. Se considera rural a la población que habita en localidades de menos de 2 500 habitantes.

[13] CONAPO, *ibid*, 1998, p. 94.

[14] Alrededor del 25% del territorio en México tiene potencial forestal, el 54% es apto para la ganadería, el 13% para la actividad agrícola, y el resto corresponde a suelo improductivo, cuerpos de agua y suelo urbano. Aproximadamente 64% del terreno agrícola es considerado de mal temporal por sus condiciones de humedad, pendiente y tipo de terreno, y 20% de buen temporal.

[15] CONAPO, *Población y Medio Ambiente en el Ámbito Rural*, México, 1998, p. 99.

En las ciudades pobres y en las zonas marginadas de las grandes metrópolis los problemas ambientales más severos se localizan cerca de los lugares de vivienda. Los desechos acumulados en las vecindades provocan daños a la salud de magnitudes mayores que los depositados en los vertederos; los excrementos humanos y las condiciones de insalubridad frecuentemente representan una mayor amenaza para la salud que la contaminación industrial. Algunos de los problemas ambientales típicos de las ciudades pobres tienden a disminuir de forma proporcional al incremento del ingreso o cuando éste alcanza un cierto nivel; algunos otros, como el de los residuos sólidos municipales y los peligrosos y las emisiones de bióxido de carbono, aumentan en importancia.

Posiblemente los mayores impactos económicos y ambientales del crecimiento urbano desmesurado se relacionen con la incorporación de grandes cantidades de personas a un patrón de consumo intensivo en energía y a todas las manifestaciones de la vida moderna (refrigerador, televisión, automóviles, centros comerciales, entre otros). En las grandes metrópolis del país esto se refleja, por ejemplo, en costos más elevados para la salud derivados de la contaminación del agua, aire y suelos (tratamiento, pérdida de salarios, muerte prematura)[16] y en los subsidios con los que operan las megalópolis como la ciudad de México (transporte de agua y energía de otras áreas, subsidios mayores que en otras regiones en la provisión de servicios como tratamiento de agua, electricidad, gas, recolección de basura, transporte, entre otros).[17] Las ciudades pequeñas y medianas podrían proveer en el futuro escalas óptimas para un balance más equilibrado entre las ventajas que ofrece la vida urbana y la modificación del entorno.

En el futuro se vislumbran posibilidades de cambio positivo.[18] Las nuevas tecnologías y mejores vías de comunicación probablemente permitirán una mayor migración hacia ciudades de tamaño medio, que en el próximo siglo se irán integrando a un modo de vida más cosmopolita

[16] Para la ciudad de México, se estima que los costos a la salud de la población por la contaminación ascienden en 1 100 millones de dólares al año. Ver Ezequiel Ezcurra y Marisa Mazahari-Hiriart, *Are Megacities Viable?*, Canadá, 1996.

[17] Por ejemplo, el gobierno gasta aproximadamente 450 millones de pesos anualmente en la provisión de agua a la ciudad de México. El ingreso obtenido por el servicio es de 42 millones, menos del 10% del costo total.

[18] En México el mayor dinamismo económico encontrado en diversas regiones, aparte de las tres grandes ciudades del país (las zonas metropolitanas de la ciudad de México, de Guadalajara y de Monterrey), ha permitido el florecimiento de otras ciudades, algunas de ellas medianas y otras pequeñas. Al mismo tiempo, sobre todo en la ciudad de México, se ve una clara disminución de su crecimiento como resultado de diversos factores económicos y demográficos, y se prevé que su tasa de crecimiento poblacional pase de 1.6% en la actualidad a 1.0% en el año 2010, con una tendencia clara de estabilización en la siguiente década. CONAPO, *Escenarios demográficos y urbanos de la Zona Metropolitana del Valle de México 1990-2010*, México, 1998.

y atraerán la inversión y el desarrollo económico.[19] Sin embargo, para utilizar su potencial serán necesarias grandes inversiones y una estrategia de desarrollo regional basada en la corrección espacial de los precios relativos, en el fortalecimiento de las capacidades recaudatorias de los estados y municipios y en la revitalización de las democracia en el contexto de un nuevo federalismo.

En México la disparidad del desarrollo económico a nivel regional y sub-regional, el progresivo empobrecimiento del campo y la carencia de una estrategia regional integral y balanceada han generado tendencias muy claras de migración y de concentración de la población en áreas específicas del territorio. Las grandes corrientes migratorias internas se han modificado en las últimas décadas, y ahora ya no se dirigen principalmente hacia la ciudad de México y sus alrededores, sino que se orientan con mayor intensidad hacia la zona de la frontera con los Estados Unidos y hacia algunas áreas de desarrollo económico dinámico, como Quintana Roo (probablemente debido al crecimiento de la actividad turística). Buena parte de la zona fronteriza de México con Estados Unidos presenta problemas crónicos de disponibilidad de agua. Las tendencias poblacionales tenderán a hacer esta problemática aún más aguda.

Por otro lado, el crecimiento de la población en México se ha distribuido a lo largo del territorio nacional en forma irregular y no planificada. La mencionada dispersión de la población rural y el crecimiento de las ciudades hacia laderas y montañas destruye las áreas arboladas que eran determinantes para mantener funciones ecológicas vitales en la captación de agua y en la protección de la tierra frente a factores erosionantes como el viento y el agua y en la regulación del clima local. Asimismo, los expertos han asegurado que estos asentamientos irregulares y la deforestación crítica que trae consigo han contribuido a acentuar la gravedad de los impactos de los desastres naturales de los últimos años, como las inundaciones, ya que la falta de cubierta vegetal y la tierra erosionada son factores clave que contribuyen a formar caudales de agua que se llevan consigo pueblos enteros.

XIV.3.2. *La pobreza y su impacto en el ambiente*

Los niveles de pobreza dependen de la relación entre desempeño económico y crecimiento de la población, la oferta y el tipo de empleo disponibles, la distribución del ingreso y las oportunidades de movilidad social,

---

[19] Los pobres en las ciudades medias tienen un mejor nivel de vida que en las megaciudades y probablemente que en el mismo ámbito rural, de donde muchos provienen.

así como con la protección social y los gastos sociales gubernamentales. Existen además aspectos "endógenos" de la pobreza que con el tiempo derivan en procesos acumulativos y multiplicadores cada vez más difíciles de romper. Las familias pobres "transmiten" su situación a sus hijos, generándose lo que se ha denominado la "transmisión intergeneracional de la pobreza".

Los problemas en la definición de los derechos de propiedad en el ámbito rural, la congelación de productos agrícolas con el fin de subsidiar a las clases medias urbanas y controlar presiones inflacionarias en la canasta básica y el sesgo urbano en la asignación de servicios básicos de salud, alimentación, infraestructura y educación en zonas marginadas y con densidades poblacionales bajas son factores que explican la alta concentración de la pobreza extrema en las zonas rurales. Los pobres rurales, para garantizar su subsistencia, se ven obligados a explotar su entorno inmediato. Al aumentar sus necesidades, intensifican el uso de los recursos naturales[20] o, alternativamente, abandonan la tierra y se trasladan a regiones urbanas, modificando su tipo de pobreza. Aunque su pobreza no es tanto causa sino mecanismo a partir del cual otros factores se transforman en acciones que degradan el ambiente, existe una estrecha relación entre la pobreza y la deforestación, el sobreuso de la tierra agrícola y la consecuente erosión y pérdida de fertilidad del suelo.[21] La propia vulnerabilidad de la población pobre a los daños ambientales forma parte del denominado "círculo vicioso" entre pobreza y medio ambiente.[22]

En las últimas décadas los países en desarrollo han experimentado una fuerte expansión de la pobreza urbana. En términos absolutos, el número de pobres en América Latina ha crecido más en las zonas urbanas que en el campo.[23] En las zonas urbanas la polarización y las desigual-

[20] P. Dasgupta, *An inquiry into well being and destitution*, Clarendon Press, Oxford, 1995, pp 293-294

[21] Ver: D. Pearce y J. Warford, *El mundo sin fin: Economía, medio ambiente y desarrollo sostenible*, 1994; y J. Wimpeny, *Development Research: The environmental challenge*, London, 1991. Las altas tasas de descuento entre los campesinos pobres y la inadecuada definición en los derechos de propiedad propician el uso intensivo de los recursos naturales, en donde los incentivos no son los de asegurar su aprovechamiento óptimo en el largo plazo, sino lograr la supervivencia en lo inmediato, en el muy corto plazo. Aunadas a los incentivos provenientes de programas de apoyo gubernamentales para la producción agropecuaria, estas condiciones han desembocado en el acortamiento de los periodos de descanso de la tierra y en la introducción de actividades no compatibles con la vocación ecológica del territorio.

[22] La capacidad de defensa de los pobres frente al daño ambiental es menor que la que poseen otros grupos de la población. Mientras que la pérdida de fertilidad de los suelos merma los activos disponibles para los pobres, la nutrición y salud deficientes limitan la capacidad productiva y de respuesta frente a factores exógenos. Ver: A. Guevara y C. Muñoz, "Pobreza y medio ambiente", en Gabriel Martínez (comp.), *Pobreza y Política Social*, FCE-ITAM, México, 1997.

[23] Entre 1970 y 1990 el número absoluto de pobres urbanos se incrementó en América

dades son más evidentes y extremas, adquiriendo expresiones más destructoras y peligrosas. Sin embargo, debido a sus características intrínsecas, la pobreza urbana es más sensible frente al desempeño económico y los cambios en las variables macroeconómicas.[24] La pobreza rural, en cambio, influida por factores como la marginación y su aislamiento de los mercados, la calidad de la tierra y la disponibilidad de agua, presenta una mayor inercia propia.

En México la pobreza existe desde su origen como Estado-nación. En épocas más recientes su evolución ha estado estrechamente vinculada con las estrategias de desarrollo y el desempeño de la economía. Durante la época de crecimiento económico sostenido, entre 1935 y 1980, la pobreza disminuyó, pero de 1981 a la fecha aumentó con gran rapidez.[25] De acuerdo con el PRONASOL, entre 1981 y 1987 el porcentaje de la población en situación de pobreza pasó de 45% a 50.9%. Entre el 19% y el 25% del total de la población nacional vive en condiciones de pobreza extrema (que impide a los individuos cubrir una o varias necesidades básicas), y un 35% a 40% en condiciones de pobreza moderada (falta de acceso a bienes comúnmente obtenidos por la mayoría).[26] Entre el 25% y el 53% de los habitantes del campo se clasifican como pobres extremos, mientras que en el ámbito urbano representan entre 9.9% y 20%.[27] Los efectos negativos de las políticas de ajuste estructural tendieron a recaer, inevitablemente, en los grupos de población más pobre.

El gobierno de México ha desarrollado recientemente diversos programas para el combate a la pobreza (en este sexenio el principal programa, aunque no el único, es el PROGRESA). Las tendencias muestran claramente que sus alcances han sido limitados.[28] Varias son las razones que explican que así haya sido. El presupuesto para los programas de com-

---

Latina de 44 a 115 millones, mientras que el número de pobres en las zonas rurales lo hizo de 75 a 80 millones. WRI, UNEP, UNDP, WB, *World Resources, a Guide to the Global Environment; The Urban Environment*, Oxford University Press, New York,1996.

[24] Santiago Levy, "La pobreza en México", en Félix Vélez (comp.), *La pobreza en México: causas y políticas para combatirla*, ITAM-FCE, México, 1994.

[25] Si bien existe controversia entre los expertos sobre cómo medir la pobreza y, por ende, las cifras sobre ésta presentan diferencias importantes, existe coincidencia entre los autores en torno a las tendencias.

[26] Según Hernández Laos, en 1989 el 28.2% de la población nacional eran pobres extremos y 30.8% no extremos. Ver Enrique Hernández Laos, *Crecimiento económico y pobreza en México*. Según Julio Boltvitnik, el 44.7% son pobres extremos y otro 25.9% pobres moderados. Julio Bottvitnik, 1997.

[27] Santiago Levy, (1991), *op. cit.*, pp. 22 y 47.

[28] Los estados beneficiarios de los recursos del PRONASOL que a finales de los ochenta presentaban mayores niveles de pobreza continúan a la fecha ubicados entre los 10 primeros, de acuerdo con el índice general de pobreza. A ellos se agregaron el Estado de México, Michoacán, Guanajuato y Jalisco, que en los índices reflejan la pobreza existente en el medio urbano. A. Zicardi, (1999).

CUADRO XIV.2. *Evolución del gasto social en México; 1988-1997* [a]

Año	Partipación del gasto social (% del PIB) [a]	Tasa de crecimiento del gasto social [b]
1970	4.8	n.d
1975	7.3	n.d
1980	8.1	n.d
1981	9.2	30.3
1982	9.1	−4.7
1983	6.7	−30.0
1984	6.7	5.1
1985	6.9	4.2
1986	6.6	−5.1
1987	6.2	−6.4
1988	6.0	−2.3
1989	6.1	4.3
1990	6.4	10.5
1991	7.6	22.0
1992	8.5	15.3
1993	8.5	11.0
1994	9.0	11.0
1995	8.3	−14.2
1996	8.4	6.3
1997	8.5	9.3
1998	8.8	n.d
1999	8.9	n.d

Todos los cálculos están hechos con base 1993 = 100.

[a] 1970-1999 Cálculos propios con datos de Banco de México y Cuenta de Hacienda Pública Federal, 1970-1997.

[b] Cálculos propios con datos de: Carlos Salinas de Gortari, Sexto Informe de Gobierno, 1994; Cuenta de Hacienda Pública Federal 1990-1997; Instituto Nacional de Geografía e Informática, Cuentas Nacionales, series históricas 1980-1997 base 1993 = 100.

[c] INEGI y CONAPO.

bate a la pobreza ha sido insuficiente frente a la magnitud del problema. El gasto social se ha comportado con altibajos cíclicos y se ha mantenido en niveles relativamente bajos,[29] y el desarrollo y bienestar rural han sido sacrificados históricamente a favor del crecimiento industrial y urbano. Los programas para el combate a la pobreza serán exitosos únicamente en la medida en que corrijan las fallas mencionadas y adopten

[29] Mientras que en México el gasto social como porcentaje del PIB se encuentra alrededor del 9%, la media de un grupo de países representativos es del 17% del PIB.

estrategias nacionales de desarrollo en las que los pobres dejen de ser participantes menores para convertirse en el objetivo central.[30]

En el ámbito rural la eliminación de los subsidios a los insumos para la agricultura y su reemplazo por un sistema de pagos directos a los campesinos, sin sesgo hacia algún cultivo en particular y sin restricciones al descanso de las tierras, corrigen algunas de las fallas gubernamentales que han actuado simultáneamente contra de la disminución de la pobreza y de la protección ambiental.[31] Las reformas al artículo 27 constitucional y la instrumentación del Programa de Certificación de Derechos Ejidales y Titulación de Solares Urbanos significan una mayor seguridad en la tenencia de la tierra, lo que alentará inversiones en el sector rural y una mayor protección de los recursos naturales. Sin embargo, dichas reformas podrían beneficiar en mayor medida a las capas de la población rural en mejores condiciones y no a las que se encuentran en situaciones de extrema pobreza. Subsisten, además, otras inercias y fallas de política pública que actúan en sentido opuesto a las tendencias señaladas, y que pueden incluso compensar los aparentes avances en esta materia.[32]

En última instancia, las políticas más importantes consistirán en invertir en el capital humano y en revertir la marginación de los pobres, restableciendo sus capacidades mínimas para ser productivos e integrarse al sistema educativo: generar polos y puentes de desarrollo y suficientes oportunidades de empleo fuera de las tierras marginales, restaurando las ventajas comparativas de la agroindustria y la industria intensiva en mano de obra en las ciudades pequeñas y medias. Sólo esto podrá convertirse en una alternativa a la invasión de tierras y al uso intensivo y depredador de los recursos naturales.

XIV.3.3. *La actividad agropecuaria y forestal*

Como resultado de la actividad agropecuaria, en muchas regiones del país los índices de erosión son más elevados que los índices de forma-

---

[30] Santiago Levy, 1994, *op.cit.*

[31] Los pagos de PROCAMPO no están ligados a la producción de un bien específico ni al nivel de la producción. Desde 1996 los agricultores elegibles para los pagos de PROCAMPO pueden desarrollar actividades forestales o dejar sus tierras fuera de cultivo durante un año para restaurar su fertilidad. Ver: A. Guevara, C. Muñoz, 1997, *op. cit.*, y OCDE, *Examen de las políticas agrícolas de México*, OCDE, Francia, 1997.

[32] Al otorgar la legislación agraria mayores extensiones a los predios ganaderos o con ciertos cultivos, desalienta las actividades forestales. Ver: A. Zacarías, tesis de licenciatura, ITAM, y V. Toledo, "Las consecuencias ecológicas de la Ley Agraria", en *Estudios Agrarios*, México, 1992. Los mayores beneficiarios de los subsidios al agua y la electricidad han sido los agricultores de más altos ingresos en zonas de riego desarrolladas del norte del país.

ción de suelos. Cerca del 80% de las tierras cultivables están afectadas por la erosión causada por el agua y el viento, y de éstas 20% están gravemente erosionadas. Gran parte de la agricultura ocurre en laderas no propicias para la conservación de los suelos o la prevención de la erosión. Se estima que la deforestación en México ocurre con una tasa promedio de entre 700 y 900 mil hectáreas al año, variando de acuerdo con el tipo de bosque. A comienzos del siglo XX casi 33% del territorio de México correspondía a tierras forestales; éstas se han reducido a un 25%. Entre 1985 y 1992 la superficie ocupada por selvas se redujo en 17%, y las selvas del sur del país decrecieron 1.5% anualmente. En el mismo periodo las áreas forestales perturbadas aumentaron en un 21%.[33] Los problemas de deforestación y pérdida de cubierta vegetal y de biodiversidad serán algunos de los grandes retos de México en el próximo siglo.

A lo largo del presente siglo el sector agrícola de México se desarrolló por la vía de la extensión de la frontera agrícola y una expansión importante de la infraestructura de riego. La creciente presión de la población sobre la tierra agrícola y las leyes agrarias que obstaculizaban la asociación entre pequeños productores favorecieron el desarrollo de minifundios y desalentaron el flujo del capital privado hacia el campo, traduciéndose en un uso más intensivo de la tierra. Desde finales de los ochenta el sector agrícola experimentó cambios estructurales, que se iniciaron con la privatización de las empresas públicas de comercialización de productos agrícolas y continuaron con el abandono de apoyos ligados a la producción y la eliminación de subsidios generalizados, sustituidos por pagos directos a los agricultores a través de PROCAMPO. En la década de los noventa los organismos públicos involucrados en la ejecución de la política agrícola se redujeron considerablemente. Las reformas en el sector fueron estimuladas por la liberalización comercial y una disminución importante en el gasto público. Estas reformas apenas se han traducido en mejoras modestas en el sector. Problemas de acceso al crédito, altas tasas de interés, capacitación y falta de información, así como dificultades para la creación de organizaciones eficaces que permitan reducir los costos de transacción y negociación de precios, frenan la capacidad de los pequeños propietarios para comercializar sus productos.[34]

---

[33] De acuerdo con estadísticas del INEGI, los incendios son responsables del 50% de la superficie afectada por la deforestación, la ganadería del 28% y la agricultura del 17%. Ver Céspedes, *Incendios forestales y de deforestación en México: una perspectiva analítica*, México, 1999.

[34] Aunque hay casos exitosos, éstos han dependido de acuerdos institucionales concretos que ofrecen soluciones en casos de fallas de mercado, restricciones efectivas y altos ni-

Es difícil estimar el impacto que la apertura a la competencia internacional tendrá sobre el bienestar de los habitantes del campo mexicano.[35] Los beneficios se están manifestando en algunos sectores, en especial los de riego y con posibilidades de utilizar tecnologías más modernas, pero no entre los campesinos más pobres. Es previsible que éstos no tendrán capacidad para utilizar tecnologías más productivas o para reorientar sus tierras hacia cultivos alternativos, básicamente por las características de sus tierras y la ausencia de apoyos institucionales adecuados. Los organismos oficiales que desempeñaban funciones de financiamiento, entrega de insumos, prestación de asistencia técnica e investigación y administración de la comercialización se han cerrado, privatizado o reducido. Actualmente existe un vacío, llenado apenas parcialmente por las instituciones privadas, que limita la posibilidad de que los pequeños propietarios se modernicen. Además, el sector agrícola carece de objetivos bien definidos de protección ambiental que garanticen una reconversión con viabilidad ecológica.[36] En el sector moderno de la agricultura mexicana las perspectivas que se vislumbran son poco alentadoras, sobre todo si se considera la disponibilidad y utilización del agua de riego como factor primordial en la producción agrícola de los bienes en los que México presenta ventajas competitivas.

La disponibilidad de agua en México es sumamente dispar. El 50% del agua disponible se encuentra concentrada en el 10% del territorio del país. El otro 90% es seco. Las cifras promedio de precipitación pueden conducir a la conclusión errónea de que México cuenta con grandes recursos de agua. Por el contrario, más de la mitad del territorio (el norte y el altiplano) recibe sólo el 9% de la precipitación media anual, pero concentra el 75% de la población del país, el 70% del PIB industrial y el 40% de las tierras agrícolas de temporal. En contraste, casi el 70% de la precipitación anual se da en el sureste de México, donde vive tan sólo el 24% de la población y donde se ubica un porcentaje pequeño de la in-

veles de riesgo. Ver: A. Dejamvry y E. Sadouet, "El TLC y la agricultura: evaluación inicial", en *Investigación Económica*, UNAM, México, 1997.

[35] Según Alejandro Nadal la apertura a la competencia internacional de granos más rápidamente de lo previsto y la reducción de apoyos importantes en la comercialización (CONASUPO), financiamiento y otros, está perjudicando a los pequeños productores rurales. Alejandro Nadal, *Assesing Environmental Effects of the NAFTA*, CCA, Canada, 1998. Según Dejamury y Sadouet, se ha exagerado el desplazamiento de la mano de obra producido por la liberalización del comercio entre los productores de maíz. Dejamury y E. Sadouet, 1997, *ibid*.

[36] Excepto por la eliminación de subsidios a los insumos agrícolas y la declaración de toxicidad de los pesticidas, no se ha desarrollado un marco regulatorio para que las explotaciones se realicen de forma compatible con la protección ambiental. Para un análisis de los instrumentos aplicados en otros países de la OCDE, ver: OECD, *Environmental Policy: How to Apply Economic Instruments*, 1991; I. Hodge, *Environmental Economics: Individual Incentives and Public Choices*, MacMillan, 1995.

dustria. Adicionalmente, en la mayoría del territorio las lluvias se concentran en un periodo de tres meses, de junio a septiembre. El mayor número de acuíferos se encuentra en el noroeste del país, pero los que reciben mayor recarga y tienen una mayor disponibilidad relativa de agua se encuentran en el sureste. Las regiones donde la situación es más severa son el norte y el valle de México, donde el balance en la disponibilidad de agua subterránea es negativo. La mayor extracción de agua se realiza en las regiones Lerma-Balsas, noroeste y norte, donde también se ubica la mayor cantidad de acuíferos con explotación excesiva.

Los datos de la Comisión Nacional del Agua indican que de un total de 294 zonas hidrológicas, 197 (esto es, el 67%) están sobreexplotadas. Las regiones sobreexplotadas son en buena parte las grandes productoras de bienes agrícolas y las más productivas y competitivas en la producción de mercancías para exportación directa o indirecta. La agricultura es por mucho el sector económico que más utiliza el agua, correspondiéndole el 83% del uso total. El 30% de la superficie cultivada del país utiliza irrigación, y la mayor parte de ésta se nutre de mantos subterráneos. Actualmente los sistemas de riego generan el 55% de la producción agrícola nacional y el 70% de los productos agrícolas de exportación. Del área que cuenta con infraestructura de riego, 92% utiliza el método por gravedad, el que consume mayores volúmenes de agua por unidad de producto y de tierra, con mayores riesgos para la intrusión salina, mayores costos en la preparación de la tierra y, en general, proyectos agrícolas de irrigación menos rentables. Actualmente se desperdicia alrededor del 50% del agua de riego. La Comisión Nacional del Agua estima que el desperdicio de agua en los grandes proyectos de irrigación en el noroeste de México varía entre 66 y 76% (40% en la red de distribución principal, 12% en la red secundaria y entre 14 y 24% en las unidades de producción).

La sobreexplotación de los mantos subterráneos ha provocado problemas graves de intrusión salina (marina) en varios acuíferos en Baja California, Baja California Sur, Sonora y Veracruz, y un aumento en la concentración de sales en Durango, Aguascalientes y Coahuila. Se estima que cuando menos 560 mil hectáreas, el 10% de las tierras de riego del país, están afectadas por la salinización. La producción agrícola para la exportación corresponde básicamente al rubro de perennes y hortalizas, cultivos que en buena parte son intensivos en el uso del agua.

México ocupa el segundo lugar a nivel mundial en la utilización de aguas residuales no tratadas para riego, sólo después de China. Esta fuente de agua para el riego será cada vez más importante, ya que expresa la competencia por los usos urbanos y productivos del agua que existe en el país.

Si bien no se dispone de información suficientemente detallada para hacer una evaluación dinámica del balance hídrico por acuífero, la tendencia es clara. En México predomina una situación no sustentable en una actividad sumamente importante para la economía. La disponibilidad de agua se está convirtiendo en un obstáculo al crecimiento económico. Las zonas planas, adecuadas para la aplicación de tecnologías altamente mecanizadas con alta productividad, no cuentan con suficiente agua. Así, la agricultura de riego, basada en mantos freáticos con bajas recargas anuales, se ha desarrollado en áreas semiáridas.

El gobierno federal ha carecido de planeación y criterios adecuados en la asignación de recursos para las inversiones en infraestructura de riego y su mantenimiento. Las fallas de mercado y de gobierno han distorsionado por décadas las señales del mercado del agua para el uso agrícola, por ejemplo: el uso gratuito de la infraestructura de riego en tierras y municipios que nunca han pagado por este servicio; precios y derechos del agua que no han cubierto ni en una mínima parte el costo de la depreciación, operación y mantenimiento de los sistemas de riego; cuotas de pago de agua que no capturan las externalidades y el costo real del agua, y el subsidio a la energía utilizada para extraer el agua de los mantos subterráneos y para surtir los canales de riego.

Sólo recientemente la Comisión Nacional del Agua comenzó a descentralizar el manejo del agua, asignando mayores responsabilidades a los municipios. Asimismo, ha establecido zonas donde los derechos de uso del agua dependen de su disponibilidad, instrumentando programas para la administración racional del agua mediante la creación de comités de cuenca —donde las decisiones son tomadas por los usuarios del agua— y establecido fondos para financiar la reforestación de laderas, barrancas y zonas estratégicas para lograr una mayor captación del agua de lluvia y recarga de los acuíferos.[37] Resulta difícil determinar si estos programas lograrán detener y revertir tendencias gestadas por más de medio siglo.

Las cosas podrían complicarse aún más como resultado de los efectos de un posible cambio climático global sobre el territorio nacional. Los estudios científicos sitúan al norte de México como una de las zonas de mayor vulnerabilidad frente a la posibilidad del cambio climático, sugiriendo que la modificación del clima podría agravar aún más la situación de sequía en esta región. La situación también sería crítica, aunque no en el mismo grado, en la parte suroeste de Estados Unidos. Esto podría aumentar la fricción diplomática entre ambos países y la tendencia a incumplir los acuerdos bilaterales existentes en materia de distribu-

[37] Comisión Nacional del Agua, Ley Federal de Derechos en Materia de Agua, 1999.

ción de aguas transfronterizas. Si se considera que, con excepción de un acuerdo de principios de siglo, prácticamente no existen tratados bilaterales sobre el uso de los mantos subterráneos transfronterizos, la creciente presión sobre éstos en ambos lados de la frontera desembocará en nuevos temas de difícil negociación en las primeras décadas del siglo XXI.

En síntesis, la disponibilidad de agua en México es hoy un problema económico, social y político, y el ajuste hacia un uso sustentable del agua en la agricultura será difícil y costoso. Encarecer el uso del agua conlleva un costo político que los partidos políticos difícilmente querrán afrontar. Aun cuando existen desarrollos tecnológicos en el área de la biotecnología que prometen posibilidades amplias (mayor eficiencia en el uso del agua, semillas resistentes a sequías o a la salinidad, etc.), se requerirá una reasignación de recursos y nuevas inversiones.

Otro de los sectores afectados por las fallas de gobierno de las pasadas décadas es el forestal. La importancia económica de las áreas forestales de México ha estado históricamente subvaluada. Tan sólo en la última década México perdió 17.8 millones de hectáreas de zonas potencialmente productivas de bosques. El sesgo agrícola de las políticas gubernamentales sectoriales, la indefinición en los derechos de propiedad y la consolidación de una estructura institucional burocrática, clientelista y poco funcional dieron como resultado el desarrollo de prácticas que degradan los recursos forestales y que colocaron al sector en una situación de debilidad en términos de competitividad frente a la globalización económica y la reciente apertura comercial del país. Ni el sector social ni el privado han desarrollado la forestería en forma eficiente, económica y sustentable.

Actualmente el 80% de las áreas forestales en México pertenece a 9 mil ejidos y propiedades comunales; las restantes 7 a 10 millones de hectáreas son de propiedad privada. Frente a la oferta de créditos y subsidios para la agricultura, las áreas con vocación forestal han tendido a convertirse en tierras agrícolas. Con pocas excepciones, las áreas forestales comunales han carecido de sistemas efectivos de gestión, control y límite de acceso a los recursos, lo que ha desembocado en altas tasas de descuento por parte de la población que habita las zonas forestales (usar los recursos lo más rápido posible antes de que alguien más lo haga) y la consecuente degradación de enormes áreas de bosques y selvas. Los incentivos para las explotaciones forestales privadas han promovido talas sin control, una desmedida corrupción y un desinterés por la sustentabilidad.

Después de varios años de estancamiento, la producción maderable se ha recuperado en los últimos tres años. Sin embargo, aún no se vislumbra una revitalización económica generalizada y sostenible del sector, ni tendencias claras hacia un uso más sustentable de los recursos forestales. Por el contrario, las importaciones de productos maderables han aumentado y la balanza comercial del sector es crecientemente deficitaria. Para el sector resultará sumamente difícil enfrentar la competencia internacional en el marco del Tratado de Libre Comercio de América del Norte. Las reformas al artículo 27 de la Constitución Política de México, las recientes modificaciones a la Ley Forestal, los programas de reconversión de bosques, así como nuevos programas de subsidio para las actividades forestales (los de Desarrollo Forestal y de Plantaciones Forestales Comerciales),[38] si bien podrían tener resultados positivos, probablemente no serán suficientes para revertir las tendencias que produjo el abandono del sector durante buena parte del presente siglo.

Sería erróneo concluir que la falta de viabilidad económica del sector forestal en México tendrá implicaciones positivas para la conservación de bosques y selvas. Por el contrario, el abandono de las áreas forestales sólo agravará la pérdida de éstas frente a otras actividades, en especial la agricultura y la ganadería, las cuales siguen recibiendo mayores subsidios y atención del sector público. El futuro del sector forestal en México presenta incertidumbres importantes. El decremento en los precios reales de los productos maderables provocado por la apertura del sector a la competencia internacional y la falta de competitividad de regiones hasta ahora netamente forestales (sobre todo en áreas templadas, como en Durango y Chihuahua), podría significar el abandono de la explotación forestal y el consecuente incremento en los cambios del uso del suelo. Por otro lado, aunque pudiera ser una opción limitada en su alcance, una mayor promoción del uso y la comercialización de productos no maderables (sobre todo en áreas del trópico húmedo) y perspectivas favorables para el turismo ecológico podrían conducir a una mayor valoración y conservación de áreas forestales y contribuir a frenar el fenómeno de expansión de la frontera agropecuaria.

El valor económico total de las áreas forestales incluye bienes y servicios que actualmente no son captados por los precios y el mercado. Se estima que el valor de los servicios ambientales de los bosques mexicanos es de 13 mil millones de dólares anuales, o 244 dólares por hectárea. Esto representa 8.5 veces el de la producción maderera actual. Para

[38] Según el Programa de Desarrollo Forestal (PRODEFOR), de los 21.6 millones de hectáreas forestales con potencial comercial que existen en el país, únicamente se aprovechan 7.1 millones (el 33% de la superficie forestal). El programa espera incrementar la producción maderable anual en 8%. El Programa para el Desarrollo de Plantaciones Forestales Comerciales (PRODEPLAN) incluye apoyos fiscales para impulsar la creación y mantenimiento de plantaciones forestales y ha identificado 12 millones de hectáreas con vocación productiva para esta actividad.

revitalizar al sector forestal, aparte de dedicar mayores recursos presupuestales, sería conveniente eliminar restricciones a los derechos de propiedad en predios forestales, desarrollar instituciones comunitarias que
convengan la conservación de los bosques y tengan mecanismos eficientes de control de acceso a los recursos, fortalecer el cumplimiento del
orden jurídico en el campo y modificar la legislación forestal para eliminar incentivos contradictorios al aprovechamiento sustentable de los recursos forestales.

XIV.3.4. *La actividad industrial*

La industria contribuye al consumo de recursos y a la emisión de sustancias contaminantes mediante la emisión de descargas al agua y la atmósfera y, en algunos casos, a través del empleo de sustancias químicas
y la generación de residuos peligrosos. Aunque no se dispone de un inventario adecuado de los contaminantes totales generados por la industria, especialmente por las pequeñas y medianas empresas, se ha estimado que, sin incluir a la industria extractiva, los giros que más afectan
al ambiente son la petroquímica básica, la química y las industrias metálicas, que representan más de la mitad de la contaminación generada
por el sector en su conjunto.[39]

La actividad industrial experimentó en México ritmos de expansión
notorios desde la década de los cincuenta hasta el inicio de los ochenta.
La interrupción del crecimiento de las tasas de productividad redundó
en un menor dinamismo del valor agregado manufacturero, que entre
1988 y 1996 prácticamente se mantuvo estancado. En los últimos dos
años, a raíz de las tasas de crecimiento en las exportaciones manufactureras, ha ocurrido una recuperación.

Los contaminantes atmosféricos emitidos por la industria (entre otros,
partículas suspendidas totales, bióxido de azufre, monóxido de carbono,
óxidos de nitrógeno e hidrocarburos) se derivan en su mayoría de los
procesos de combustión de energéticos fósiles y de los procesos productivos en las grandes empresas. Las zonas con mayor número de emisiones corresponden a los grandes corredores industriales y a las grandes
metrópolis. Además de la zona metropolitana de la ciudad de México
(ZMCM) se han identificado como zonas críticas Monterrey y Guadalajara; los centros de población de Coatzacoalcos-Minatitlán, Irapuato-Ce-
laya-Salamanca; Tula-Vito-Apasco; el corredor industrial de Tampico-
Madero-Altamira, y los municipios de Tijuana y Ciudad Juárez.

---

[39] A. Mercado y F. Constantino, *La contaminación industrial y las empresas pequeñas en
México*, Seminario sobre la participación del sector privado en la protección ambiental en
América del Norte, ITAM, México, 1997.

Los impactos ambientales de las aguas residuales industriales son importantes por la composición de sus descargas.[40] Estas descargas incluyen metales pesados, grasas y aceites, sales, ácidos y residuos tóxicos en proporciones elevadas. La industria nacional, conformada por cerca de 172 mil 599 unidades industriales, genera diariamente 450 mil toneladas de residuos industriales, de las cuales 14,500 son consideradas peligrosas, concentradas en su mayoría en el Distrito Federal, Estado de México y Nuevo León.

La política industrial que prevaleció en México hasta la década de los ochenta se centró en la sustitución de importaciones de bienes de consumo y, posteriormente, en la producción de bienes de capital. Esta política se vio favorecida por un contexto internacional que facilitó el flujo de inversiones directas hacia países en desarrollo. Sin embargo, la estrategia de desarrollo industrial aisló a la industria nacional de la competencia internacional y congeló los precios de los principales insumos industriales. La política de bajos precios de la energía trajo como consecuencia un desarrollo industrial intensivo en su uso y poco eficiente desde el punto de vista ambiental. Entre 1950 y 1973 la intensidad de contaminación[41] de la producción eléctrica, minera y manufacturera creció en 50%, y un 25% adicional entre 1970 y 1989. El crecimiento de la demanda de energía industrial fue más acelerado que el del valor y el volumen producidos. Para 1990 el sector industrial de México, junto con el de Brasil, se ubicaba como el mayor consumidor de energía y el mayor emisor de gases de invernadero en América Latina.

Los lineamientos de política ambiental industrial provenientes del sector público se orientaron hacia el establecimiento de un sistema de normas coactivas que careció de flexibilidad suficiente para adaptarse a un mercado dinámico y de la efectividad necesaria expresada en su cumplimiento. Durante las negociaciones del Tratado de Libre Comercio con Estados Unidos y Canadá se realizaron esfuerzos importantes para fortalecer el régimen de cumplimiento de la normatividad.[42] Según

---

[40] Cadmio, mercurio y otros metales, cianuro de sodio, materiales reactivos, aceites lubricantes, amoníaco, sales de cromo, materia orgánica, grasas y petróleo. Ver: SEDESOL-INE, *Informe de la Situación General en Materia de Equilibrio Ecológico y Protección al Ambiente* 1993-1994, México, 1994.

[41] Medida como volumen anual de emisiones en kilogramos por millón de dólares de producto.

[42] Entre 1993 y 1996 el número de las visitas de inspección por parte de la PROFEPA a establecimientos industriales multiplicó por casi seis las de 1992. En el mismo periodo, la probabilidad de que una planta fuese sujeta a inspección ambiental en un año se incrementó de 2.4% a 11%. Aun cuando estas tasas podrían encontrarse entre las más altas del mundo, se desconoce la relación costo-beneficio del aumento en las visitas de inspección. J. Canela, en *Trade environment negotiations in the EU, NAFTA, and WTO: Regional Trajectories of Rule Development*, 1997.

la PROFEPA, el porcentaje de fuentes de contaminación que presentan infracciones graves muestra una clara tendencia decreciente (de 19% en 1992 a 1.8% en 1996). Con todo, se desconoce si se está transitando de tecnologías ambientalmente sucias a otras más "limpias".

Quizá la experiencia más exitosa de política ambiental industrial es la relacionada con el Programa de Auditorías Ambientales. Este programa voluntario ha resultado en un número importante de revisiones de cumplimiento de la legislación ambiental en las principales empresas del país, muchas de ellas en ramas de alto impacto ambiental. Estas auditorías han generado compromisos y programas de mejoras ambientales e inversiones concretas hacia procesos más limpios. Asimismo, el 52% de las empresas que han realizado auditorías en sus instalaciones considera que ello fue importante para lograr una mayor eficiencia y competitividad.

En 1996 era claro que algunas de las normas oficiales ambientales mexicanas de importancia (por ejemplo, en relación con el agua) difícilmente podrían adecuarse a la problemática económica del país. Las autoridades ajustaron algunos de los requerimientos de impacto ambiental modificando algunas disposiciones de control de descargas de agua.

Asimismo, la LGEEPA fue reformada, permitiendo nuevos lineamientos de política basados en instrumentos económicos, autorregulación y participación social.[43] Aunque los impactos potenciales de dichos cambios podrían ser positivos, ello dependerá de la eficacia con la que se aplique la legislación y de la conformación de un diseño institucional que evite que el proceso regulatorio sea "capturado" por los grupos de interés —ambientalistas o industriales— con mayores posibilidades de movilizar recursos para concentrar beneficios en detrimento del resto de la sociedad.[44]

El panorama es todavía ambiguo. La experiencia con los instrumentos económicos y de mercado es incipiente y se ha avanzado muy poco en su implantación. Con todo y que desde 1992 las inversiones en pro-

[43] Las reformas buscan asegurar la viabilidad de las normas ambientales, incorporar instrumentos económicos de gestión y figuras jurídicas de cumplimiento voluntario de la ley y dar congruencia a la ley con las normas, procedimientos administrativos y organización de la Administración Pública Federal.

[44] La "captura regulatoria" se observa frecuentemente en situaciones donde los beneficios de una política son difusos y los costos se concentran en grupos bien definidos. Ello puede resultar en un exceso de protección ambiental, cuando los grupos de interés ambientalistas poseen amplias capacidades de cabildeo o, alternativamente, en un "déficit" de regulación, cuando los grupos industriales afectados por la regulación logran "capturar" el proceso. Véase B. Hoekman y M. Leidy, "Environmental policy formation in a trading economy: a public choice perspective", en K. Anderson y T. Blackhurst (ed.), *The Greening of World Trade Issues*, The University of Michigan Press, 1992; M. Rauscher, *International Trade, Factor Movements, and the Environment*, Clarendon Press, Oxford, 1997.

CUADRO XIV.3. *Ausencia de una integración regional y sectorial*

Zonas industriales	Ubicación espacial	Política de desarrollo	Principales vinculaciones
Región central/occidente	ZMCM-Querétaro-Bajío-Guadalajara, ZMCM-Toluca, ZMCM-Puebla-Veracruz	Sustitución de importaciones (1950-1980)	Mercados locales y mercados de Estados Unidos (EUA)
Enclave turístico de Quintana Roo	Cancún y corredor Cancún-Tulum Tulum-Chetumal	Polos de desarrollo, 1970	Mercado turístico del este de EUA y Europa
Enclaves energéticos	Tabasco/Campeche, Coatzacoalcos/Mina-titlán.	Desarrollo de PEMEX 1978-1982 1990-1997	Exportación de crudo a EUA y otros países
Enclaves maquiladores	Tijuana,* Mexicali; Nogales, Cd. Juárez, Piedras Negras, N. Laredo, Reynosa, Matamoros, Chihuahua.	Impulso industrial maquila, 1950-1993 TLC, 1994	Con mercados de EUA

* El proceso de industrialización, en su expresión espacial, no ha logrado su integración.
FUENTE: Secretaría de Desarrollo Social, *México 2020 un enfoque territorial*, 1999.

yectos ambientales del sector industrial se han incrementado,[45] la brecha entre las necesidades financieras y los niveles de inversión en estos rubros es enorme. En 1996 en la zona metropolitana del valle de México sólo el 13.6% de las 4 623 industrias inventariadas tenía equipos de control en sus procesos. En 1999 se estima que tan sólo el 15% de los residuos peligrosos del país se controlan adecuadamente.[46]

[45] Entre 1992 y 1996 las inversiones se incrementaron en un 16% anual promedio. Ver: Tornel y España, *El sector industrial mexicano en la evolución del régimen de cooperación ambiental de América del Norte.*
[46] INEGI, *Estadísticas del Medio Ambiente, 1997.* Aunque el padrón de empresas autorizado por el Instituto Nacional de Ecología para manejar residuos peligrosos se ha ampliado, la mayor parte de éstas se encuentra en las zonas industriales del Distrito Federal, Nuevo León y Sonora, a gran distancia de los parques industriales de la frontera norte. R. Franco, *La participación del sector privado en la protección ambiental de América del Norte*, ITAM, México, 1996. Sin embargo, se prevé que para el año 2000 se podrá contar con infraestructura adecuada para manejar adecuadamente el 50% del volumen de los residuos generados. Las inversiones para infraestructura enfrentan obstáculos por el rechazo de las comunidades locales a estos proyectos.

La distribución desigual de la industria en el territorio nacional ha dado como resultado diferencias importantes tanto en la producción regional de contaminantes como en la proporción que guardan con el valor de la producción en cada región. Destaca el caso de la frontera norte, una de las regiones con mayor crecimiento en las últimas décadas a raíz de la expansión de la industria maquiladora. Aunque no se han evaluado los costos económicos del deterioro ambiental en esta región, probablemente sean equiparables o incluso mayores que los beneficios económicos de su expansión acelerada.

El 98% de las empresas de México son micro, pequeñas y medianas. La enorme proporción de empleos que generan y su amplia representación en la composición del sector productivo las convierten en un factor crítico para la estabilidad económica y social del país. En las últimas décadas han tenido que enfrentar diversos problemas para subsistir, por lo que la mejora ambiental de sus procesos productivos ha quedado relegada a un lugar marginal dentro de sus prioridades. En la zona metropolitana de la ciudad de México, una proporción elevada de estas empresas tiene poca conciencia ambiental y no prevé adoptar procesos alternativos menos contaminantes ni incorporar nuevas tecnologías.[47] En las doce ramas industriales clasificadas por el INEGI como más contaminantes participan un sin fin de empresas micro y pequeñas, que constituyen cerca del 84% de los establecimientos de dichas ramas. [48]

La contribución de las pequeñas empresas a las descargas totales no es despreciable.[49] Una estrategia eficiente para el impulso de mejoras en el desempeño ambiental de las pequeñas empresas deberá incluir la promoción de medidas de control y de prevención de bajo costo en el interior de éstas. Ello requerirá la ampliación y optimización de los programas de entrenamiento y asistencia técnica y un marco regulatorio y de cumplimiento consistente y capaz de proveer los incentivos apropiados. Los mayores desafíos para el futuro probablemente radican en la conformación de un conjunto de estructuras y reglas públicas, privadas, asociativas y laborales favorables, esto es, en el entorno institucional y social donde operan las pequeñas empresas, así como integrar a las pequeñas y medianas empresas a la industria moderna. A este desafío se

[47] Alfonso Mercado y Óscar Fernández, *La contaminación industrial y las pequeñas empresas en México*,

[48] Clemente Ruiz y Mújica, "Perspectivas para la micro, pequeña y mediana empresa en el marco de la protección ambiental de América del Norte", ponencia presentada en el seminario "La participación del sector privado en la Protección Ambiental de América del Norte", ITAM, México, 1996.

[49] Existe información insuficiente sobre la intensidad y volumen de contaminación de dichas empresas. Por ejemplo, no se conoce con precisión en qué tramos del proceso químico o petroquímico participan, y existe poca información sobre la tecnología que usan.

CUADRO XIV.4. *Algunas características de las ramas potencialmente más contaminantes, 1994*

Por número de unidades	Empresa				Total
	Micro	Pequeña	Mediana	Grande	
1 Celulosa y papel	987	334	111	59	1 491
2 Cemento	7 611	775	87	36	8 509
3 Textil	39 314	3 699	734	379	44 126
4 Industria química	4 091	2 234	467	299	7 091
5 Vidrio	483	140	106	56	785
6 Alimentos y bebidas	88 012	2 925	524	471	91 932
7 Cerámica y otros minerales no metálicos	5 889	67	6	9	5 971
8 Metálica ferrosa	70	71	19	28	188
9 Maquinaria y equipo	680	367	129	232	1 408
10 Hule	477	252	38	25	792
11 Metálica no ferrosa	2 121	465	42	7	188
12 Otras industrias	4 306	305	55	29	4 695
TOTAL	154 041	11 634	2 318	1 630	169 623
Porcentaje del total	90.8	6.8	1.3	0.96	100.0

FUENTE: C. Ruiz (1996). Seminario ITAM, estimado con base en los censos económicos de 1994.

añade el de promover que los sistemas bancarios, educativos y de innovación coadyuven a su operación más favorable y competitiva.[50]

XIV.3.5. *La producción y el consumo de energéticos*

La producción y consumo de energía serán posiblemente el mayor reto ambiental y tecnológico del siglo XXI para la comunidad internacional.[51] Estas actividades generan impactos ambientales en los niveles local, regional y global, pues contribuyen a la formación del ozono urbano y producen emisiones a cuya acción acumulativa en la atmósfera se atribuye la posible modificación del clima de nuestro planeta. El consumo de energía también es precursor de la lluvia ácida, de la eutroficación de

[50] Mauricio De Maria y Campos, *Necesidad de una nueva política industrial para el México del siglo XXI*, Centro Lindavista, México, 1999.

[51] World Resources Institute, *op. cit.*, 1997, y United Nations, *Energy after Rio*, UNDP, 1997.

grandes cuerpos de agua y de descargas de mercurio en el medio ambiente (principalmente por las plantas carboníferas). Los impactos ambientales mencionados y la creciente preocupación internacional por las posibles repercusiones económicas y sociales del denominado "calentamiento global" son algunas de las restricciones más importantes a la continua expansión del consumo energético en México, particularmente si se considera que, en un escenario de crecimiento económico con tasas anuales del 5%, la demanda energética del país podría duplicarse en los próximos 10 años. A las restricciones anteriores se añade el déficit en capital de inversión para ampliar la infraestructura energética que comenzó a presentarse desde inicios de los ochenta. Superar estas restricciones requerirá mejorar la eficiencia de la producción y consumo energéticos, mayor uso del gas natural, impulsar energías renovables con viabilidad económica e incrementar los flujos de capital privado al sector.

El consumo energético de México se incrementó en forma constante durante los años setenta y ochenta. Entre 1980 y 1995 éste aumentó 15%. Las razones que explican este incremento están relacionadas con la dotación de recursos en el país, en donde destaca la alta proporción de hidrocarburos (petróleo y gas natural), y con el crecimiento y la participación en el PIB nacional de las industrias de alta intensidad en el consumo de energía. Sin embargo, las distorsiones en los precios inducidas por la política de sustitución de importaciones, que dio impulso al crecimiento económico del país hasta el inicio de los ochenta, propició el uso intensivo y poco eficiente de los energéticos. Posteriormente, con las reformas estructurales de los ochenta, al ajustarse los precios a los niveles internacionales se modificaron las políticas que más propiciaban el uso intensivo, aunque las bajas tasas de crecimiento de la economía dieron lugar a una sustitución lenta del *stock* de capital en las plantas de generación de electricidad y en el sector industrial.

La política energética ha sufrido transformaciones importantes en años recientes. La nueva política incluye la desregulación y la privatización parcial de los monopolios estatales, la eliminación acelerada de subsidios, la transición de un sistema de precios administrados hacia una diferenciación regional y la incorporación de consideraciones de tipo ambiental. Entre estas últimas, las más importantes son el mejoramiento en las especificaciones de los combustibles y la sustitución del combustóleo por gas natural. Además, se han instrumentado acciones para el ahorro y uso eficiente en la generación, transporte y consumo energéticos. Por el lado de la oferta destaca el impulso a los sistemas de cogeneración de energía eléctrica y térmica, los cuales implican un incremento en la eficiencia global del uso de combustibles de entre 35 y 70%.

Asimismo, México cuenta con un potencial de bienes energéticos susceptibles de mayor explotación, particularmente la energía eólica y solar, por lo que el desarrollo de fuentes renovables de energía, tanto convencionales como de relevo energético, ha comenzado a formar parte de las estrategias del sector —aunque se estima que la participación de éstas en la generación de energía eléctrica no será mayor del 30.9% del total de la capacidad instalada para el año 2005.

Por el lado de la demanda se han instrumentado actividades de normalización, programas de incentivos para la inserción en el mercado de equipos de alta eficiencia y de apoyo técnico y crediticio a los gobiernos estatales y municipales, así como programas voluntarios de ahorro energético a través de la Comisión Nacional para el Ahorro de la Energía (CONAE).

Las políticas instrumentadas en el sector energético han comenzado a mostrar algunos cambios positivos. En los últimos años el consumo adicional de energía en el país se diversificó hacia fuentes menos contaminantes. Entre 1990 y 1996 el consumo de gas natural aumentó 40.3 %, mientras que el de combustóleo disminuyó en 7.3 %. Se prevé un incremento en la utilización del gas natural en la generación de electricidad, esperándose que a partir de principios del próximo siglo sustituya al combustóleo como principal combustible en la generación de energía eléctrica. La participación del combustóleo descenderá de 67.7% a 27% en el año 2007, mientras que el uso del gas natural se incrementará de 17.1% a 58.1% en el mismo periodo.[52]

El proceso de diversificación ha significado una disminución de la intensidad de las emisiones de gases de efecto invernadero provenientes del sector. Mientras que entre 1990 y 1996 el consumo de energía aumentó 16.4 %, las emisiones de CO_2 lo hicieron en 15.9%.

Existen múltiples oportunidades para mejorar la eficiencia energética en el país a partir del fomento a la competencia en el sector y un sistema de regulación ambiental que oriente el desarrollo del mercado energético en una dirección congruente con la sustentabilidad. Existe una estrecha relación entre el crecimiento de las economías y el incremento de la demanda de energía eléctrica. Suponiendo un crecimiento económico de alrededor del 5% anual, la Secretaría de Energía estima que la demanda de electricidad en México crecerá a un ritmo promedio anual de 5.8%.[53] El crecimiento futuro del sector requerirá inversiones sustantivas de capital para la ampliación de la capacidad de generación y las

[52] Comisión Federal de Electricidad, *Prospectiva del sector eléctrico 1998-2000*, México, 1998.
[53] Secretaría de Energía, Ejecutivo Federal, *Programa de Acción Climática*, México, 1999, p. 4.

CUADRO XIV.5. *Emisiones totales de CO_2, 1990-1996*
(millones de toneladas de CO_2)

	1990		1996	
	CO_2 (mill. ton.)	%	CO_2 (mill. ton.)	%
Carbón	8.017	2.6	19.165	5.3
Coque	7.493	2.4	9.885	2.7
Gas licuado	25.771	8.3	33.521	9.3
Gasolinas	66.412	21.3	70.723	19.5
Kerosinas	8.133	2.6	9.009	2.5
Diesel	37.895	12.1	43.733	12.1
Combustóleo	97.684	31.3	90.714	25.1
Gas natural	60.831	19.5	85.345	23.6
Total	312.236	100.0	362.096	100.0

FUENTE: Elaboración propia con base en el Balance Nacional de 1996.

redes de distribución, y esfuerzos adicionales para mitigar el impacto del sector en el ambiente, principalmente en zonas críticas. La posible reestructuración del sector eléctrico puede contribuir de forma importante al logro de estos objetivos propagando nuevos incentivos para la modernización del sector y para una mayor inserción en el mercado de tecnologías de generación flexibles y más eficientes, que por estas razones resultarían avanzadas. Si bien es de esperarse que el costo privado de los generadores no se corresponda con el costo social de cada tipo de generación, los costos sociales y los privados pueden igualarse mediante la aplicación de una regulación ambiental adecuada,[54] lo que proporcionaría incentivos adicionales a la introducción de mejoras en la eficiencia y para la reconversión tecnológica del sector.

XIV.4. LOS ESCENARIOS DEL FUTURO

Antes de ver hacia el futuro, es importante aceptar humildemente que conocerlo con precisión es imposible. Lo importante del ejercicio de

[54] El experimento de política pública ambiental con los permisos comerciables de dióxido de azufre en Estados Unidos ha demostrado la complementariedad entre una creciente competencia en la generación y la regulación ambiental basada en instrumentos de mercado. D. Dudek, R. Stewart, J. Weiner, "Technology-based approaches versus market-based approaches", en P. Sands (ed.), *Greening International Law*, The New Press, New York, 1994.; R. Tovar y O. Ojeda, *La dimensión ambiental de la reestructuración del sector eléctrico*, mimeo, 1999.

construcción de escenarios sobre el porvenir no es predecir con certeza lo que sucederá, sino entender y subrayar las fuerzas principales que determinan y empujan al futuro en diferentes direcciones. Reconocer estas fuerzas nos permitirá tomar mejores decisiones hoy. Los determinantes detrás de los posibles futuros serán los pivotes principales sobre los que habrá que actuar en el presente.

El pasado y el presente son relevantes para entender lo que viene; de ahí el análisis que hemos hecho sobre las principales presiones ambientales en las secciones anteriores de este capítulo. El estudio de los futuros posibles nos ayudará a su vez a comprender mejor el presente y, sobre todo, nos proporcionará elementos clave sobre cómo actuar para lograr un futuro deseable o qué hacer para evitar futuros indeseables.

Con base en el análisis realizado podemos construir un escenario que prolongue las tendencias detectadas *(business as usual)*, un escenario pesimista y, finalmente, uno optimista o deseable. Dentro del mundo de lo posible en lo ambiental, los parámetros centrales son, por un lado, el ritmo de crecimiento económico y, por el otro, las modificaciones institucionales y de política que se realicen para obtener mejoras en la equidad, para internalizar los costos ambientales y para asegurar que se tomen en cuenta las cuestiones ambientales en las decisiones de política económica y sectorial.

En los tres escenarios que hemos construido se reflejan estos parámetros centrales. El primer escenario *(business as usual)* presupone un crecimiento económico débil y errático, sin cambios institucionales profundos, y la relegación a segundo término de las consideraciones ambientales. En este escenario continuarían vigentes las tendencias de las últimas décadas. El segundo escenario (el más pesimista) implica un crecimiento económico dinámico, a ritmos sustantivamente por encima del crecimiento de la población (tasas del 6 o 7 %), pero donde los temas ambientales no adquieren importancia y se continúa con una política ambiental limitada y sectorial y, por ende, con una creciente degradación ambiental. El tercer y último escenario (el optimista) se centra en un crecimiento económico moderado, pero suficiente para cubrir el incremento poblacional e instrumentar una estrategia de desarrollo integral, donde los aspectos sociales de equidad y los ambientales son considerados como objetivos explícitos primordiales de política (véase cuadro xiv.6).

Si bien estos escenarios representan tendencias importantes, ninguno de ellos es realmente posible. El futuro será más bien una combinación de los tres, con caminos encontrados y con cambios de dirección y redefiniciones de fuerzas, acciones y papeles en el tiempo.

CUADRO XIV.6. *Tres escenarios alternativos básicos*

Presión/escenario	Escenario I	Escenario II	Escenario III
Crecimiento económico	Lento, al ritmo del crecimiento de la población (2 a 3%).	Dinámico, del orden del 6%.	Modesto, por encima del crecimiento de la población (4 a 5%).
Característica genérica de la política ambiental	Disminuye el gasto ambiental. Política ambiental con influencia mínima en las decisiones económicas y sectoriales. No se modifican los subsidios ni las fallas de mercado y de política existentes.	Las prioridades ambientales continúan estando en segundo término. El gasto ambiental se incrementa ligeramente, aunque a niveles menores de los requeridos. La política ambiental continúa siendo sectorial, con influencia mínima en las decisiones económicas y sectoriales. Aunque se observa una incipiente aplicación de los instrumentos económicos y de mercado en la gestión ambiental, prevalecen las fallas de mercado y de política.	La sustentabilidad ambiental y la equidad social se convierten en prioridades de primer nivel. Se incrementa sustantivamente el gasto ambiental. Se modifican los arreglos institucionales de tal forma que se asegure que las consideraciones ambientales formen parte de toma de decisiones económicas y sectoriales. Se atacan las fallas de mercado y disminuyen los subsidios negativos y otras fallas de política. Se internalizan los costos ambientales en las decisiones de producción y consumo. La definición de los derechos de propiedad, las nuevas reformas legales y fiscales y la consolidación del nuevo federalismo fiscal y político crean condiciones propicias para un mejor ordenamiento ecológico del territorio.
Población	Avanza la dispersión de la población y la marginación en un número cada vez mayor de regiones.	Se liberan recursos para las inversiones en infraestructura básica. La migración hacia las zonas	Se liberan modestos recursos para inversiones en infraestructura básica. La marginación con-

CUADRO XIV.6. *Tres escenarios alternativos básicos (continúa)*

Presión/escenario	Escenario I	Escenario II	Escenario III
	La inversión en infraestructura básica es deficitaria. La mayor parte de la población continúa concentrada en unos cuantos centros urbanos y en los nuevos polos de desarrollo. Se incrementa la migración hacia EUA.	críticas de concentración continúa, aunque con tasas menores, a raíz de mayores oportunidades económicas en el ámbito rural.	tinúa siendo un problema de importancia, pero en proporción menor que en el pasado.
Pobreza e impacto sobre el medio ambiente	La pobreza extrema rural sigue aumentando, así como la presión sobre los recursos naturales. La intensidad de la pobreza en las zonas urbanas se incrementa. Los programas para el combate a la pobreza siguen teniendo un impacto marginal. El "sesgo" urbano en la asignación de recursos federales para los servicios básicos de infraestructura, vivienda, educación y salud no se corrige sustantivamente, aunque comienzan a dirigirse mayores recursos a los estados y municipios.	La pobreza en general disminuye. Debido a una asignación inequitativa de los recursos que tiende a favorecer a las grandes urbes, la pobreza extrema continúa concentrándose en el ámbito rural, con sus efectos sobre recursos.	Los recursos federales se asignan de manera más equitativa hacia los estados y los municipios que, paralelamente, incrementan de forma sustancial su capacidad recaudatoria. La pobreza extrema disminuye a partir de un mayor gasto social y una política efectiva para disminuir inequidad.
Deforestación	Aunque se avanza en la definición de los derechos de propiedad, continúa el sesgo en la legislación contra la actividad forestal. Los recursos forestales siguen estan-	Continúa el sesgo contra la actividad forestal. Se expande aún más la frontera agrícola y la pérdida de la cubierta vegetal. La creciente demanda se cubre con	Se valoriza la actividad forestal y se generan los apoyos requeridos para revigorizar dicha actividad. Se avanza sustantivamente en la definición de los derechos de

	do subvaluados. Se expande aún más la frontera agrícola y la pérdida de la cubierta vegetal.	importaciones de Canadá y EUA. Sin embargo, se incrementa el monto de recursos para apoyar la producción sustentable forestal en plantaciones comerciales. Se crea un mercado incipiente de producción de bienes compatibles con la vocación de los bosques y de venta de su capacidad de captura de carbono atmosférico.	propiedad en las áreas forestales. Se detiene la expansión de la frontera agrícola.
Agricultura/agua	La agricultura moderna de riego sigue sobreexplotando el agua en el norte y noroeste del país. Se pierden tierras con vocación agrícola. Continúan las sequías año con año.	La agricultura moderna de riego sigue sobreexplotando el agua en el norte y noroeste del país, aun cuando se incrementan las inversiones en tecnologías de riego más eficientes. Se pierden tierras con vocación agrícola. Continúan las sequías año con año.	Se profundizan los programas de descentralización y se internalizan costos ambientales, eliminando subsidios al agua y a la energía. Se establecen programas para uso eficiente del agua, inversiones en riego eficiente y se promueve la reconversión hacia productos menos intensivos en el uso de agua.
Industria	La contaminación industrial sigue creciendo. Los niveles de concentración de contaminantes en los mantos acuíferos, los suelos y la atmósfera se agravan. Los regímenes de regulación privada tienen un impacto marginal, limitado a las grandes empresas. La infraestructura para el manejo y la disposición de los residuos peligrosos es notablemente deficitaria. Los nuevos corredores in-	La contaminación industrial crece más rápidamente. El problema de contaminación del agua, la atmósfera y de suelos se agrava. Los regímenes de regulación privados tienen un impacto creciente, aunque en menor proporción que el crecimiento de la contaminación. La micro y pequeña empresa continúan con serios problemas de sobrevivencia financiera y de cumplimiento de la legislación	La contaminación industrial comienza a disminuir, sobre todo en las grandes y medianas empresas, gracias a la sustitución de los procesos productivos actuales por otros más limpios. Las pequeñas y medianas empresas logran una articulación incipiente en las cadenas productivas de exportación.

CUADRO XIV.6. *Tres escenarios alternativos básicos (concluye)*

Presión/escenario	Escenario I	Escenario II	Escenario III
	dustriales se convierten en áreas críticas de concentración de residuos y mala calidad del ambiente.	ambiental. La infraestructura para el manejo y la disposición de residuos industriales es insuficiente, aunque más amplia que en el pasado. Los nuevos corredores industriales se convierten en áreas críticas en concentración de residuos y mala calidad del ambiente.	
Ciudades/calidad del agua y aire	La calidad de vida en las ciudades continúa deteriorándose.	La calidad de vida en las ciudades se deteriora con rapidez.	Se dirige un mayor flujo de inversiones a las ciudades medias y pequeñas. Se desconcentra la población ubicada en las megaciudades y se generan nuevos polos y puentes regionales de desarrollo más sustentables que en el pasado.
Energía	La intensidad energética de la economía crece. Las plantas generadoras de electricidad continúan haciéndose obsoletas y se avanza en la emisión de contaminantes, tanto de efecto local como global.	La intensidad energética de la economía permanece estable, aunque la intensidad de las emisiones de contaminantes locales y globales decrece. La reestructuración del sector eléctrico promueve inversiones en nuevas plantas para cubrir la creciente demanda con base en turbinas de ciclo combinado. Sin embargo, los niveles de emisión continúan estando por arriba del óptimo deseable.	Disminuye la intensidad energética de la economía. Se logra reestructurar al sector con base en tecnologías de mayor eficiencia y más limpias. La flexibilidad que ofrecen las nuevas tecnologías para la generación eléctrica permiten que se atiendan las necesidades del país con impactos mínimos en la calidad ambiental.

XIV.4.1. *Un cuarto escenario*

A continuación construimos un cuarto escenario posible sobre el futuro, que reúne tanto elementos optimistas como pesimistas, y que toma del pasado reciente y del presente características clave para sentar tendencias y relaciones. En este sentido, para entender los posibles caminos que podrá tomar México en los inicios del siglo XXI es importante rescatar las discusiones que hemos desarrollado a lo largo de este ensayo y que enfatizan la importancia central del crecimiento económico en la transformación de las tendencias marcadas hacia la inequidad, el deterioro ambiental y la degradación de los recursos naturales. El crecimiento económico se contempla como una condición necesaria pero no suficiente para que se modifiquen los patrones existentes. Comenzamos la construcción de un nuevo escenario utilizando como pivote central el crecimiento económico y la probabilidad de que reúna las características básicas de la sustentabilidad ambiental.

XIV.4.1.1. *Los primeros años: crecimiento lento y errático.*
Agravamiento de las condiciones sociales y ambientales (2000-2003).

En los primeros tres años del siglo la economía mexicana continuará con un pobre desempeño económico. Si bien desde la década de los ochenta se comenzaron a establecer las condiciones de crecimiento y estabilidad con un ajuste estructural de importancia y estas condiciones se han consolidado en los últimos años del siglo XX, Estados Unidos, el principal socio comercial y el más grande mercado de exportación de nuestro país, experimenta una desaceleración económica importante después de un largo periodo de auge y crecimiento sostenido.

Este factor exógeno a la dinámica de la economía mexicana es determinante, ya que su dinamismo es sumamente dependiente de las exportaciones y de la demanda de ese país. Las exportaciones, el principal motor de la economía mexicana en los últimos años, disminuyen sensiblemente, y nuevas presiones y acciones proteccionistas de parte de Estados Unidos afectan su potencial en el corto plazo. La inversión extranjera también disminuye, dado que un buen porcentaje de la proveniente de otras regiones del mundo tiene como objetivo principal acceder al mercado estadounidense. La economía mexicana comienza, sin embargo, a diversificarse hacia los mercados de Europa, región con la cual ya tiene un acuerdo de libre comercio, así como al mercado de América Latina.

Frente a esta situación, la política gubernamental sigue teniendo como principal objetivo mantener control sobre la inflación. Se sostiene un control estricto de la política monetaria. La situación de holgura relativa, en términos de las reservas internacionales con las que la economía comienza el siglo, permite una relativa estabilidad cambiaria. Los costos sociales y ambientales de las políticas de ajuste continúan. La escasez de recursos y de nuevas oportunidades económicas siguen relegando a la dimensión ambiental a un segundo término y, por consecuencia, el gobierno y el sector privado otorgan poca importancia a las inversiones ambientales y en infraestructura requeridas. Los inversionistas se dedican a sobrevivir financieramente en los mercados deprimidos, lo que dificulta el cumplimiento de las regulaciones ambientales. El gobierno mantiene una política ambiental tímida frente a la preeminencia de las consideraciones económicas y la situación complicada de las empresas.

La falta de crecimiento económico y de ingresos fiscales reduce las capacidades del gobierno para enfrentar el problema de la pobreza y la marginación. El gasto social permanece al mismo nivel que en la actualidad o decrece ligeramente, frente al crecimiento de la población y de las desigualdades. La acumulación de una creciente deuda social, expresada en el déficit de la infraestructura básica requerida, repercute sobre las posibilidades de las autoridades federales y locales para enfrentar las necesidades del crecimiento de las ciudades y la creciente dispersión de la población en el ámbito rural. El tratamiento de aguas residuales y el acceso de la población al agua potable no avanza durante este periodo.

Ante la falta de oportunidades de empleo, la migración hacia Estados Unidos se incrementa de manera importante, lo que provoca reacciones agresivas y violentas de sectores de la opinión pública de ese país. La pobreza en el ámbito rural continúa siendo un factor de importancia sobre el uso intensivo e ineficiente de los recursos naturales en el campo.

La deforestación y la erosión del territorio continúan ante el crecimiento desordenado de la mancha urbana. La expansión de la frontera agrícola incorpora tierras marginales para sustentar al creciente número de campesinos indigentes sin tierras y a la escasa oferta de empleo resultante de la disminución de las inversiones. Asimismo, el sector forestal sigue desvalorizándose, al continuar los sesgos institucionales y en la asignación de recursos en favor de la producción agrícola y la ganadería, así como por la falta de dinamismo y de reconocimiento en el mercado del valor comercial y ambiental de las áreas forestales.

Si bien la contaminación industrial crece a un ritmo menor, como resultado de la desaceleración de la producción, sobre todo en industrias pesadas importantes en el sector exportador de la economía (acero, cemento, vidrio, etc.), la estructura industrial y su distribución geográfica siguen polarizándose en un marco de estancamiento económico. La escasez de recursos y la carencia de programas eficaces dirigidos a la micro, la pequeña y, en general, la mediana empresa significan mejoras mínimas en la eficiencia de sus operaciones y en su desempeño ambiental.

A pesar de la reestructuración del sector eléctrico recientemnte lograda, la ausencia de crecimiento económico pospone las condiciones de dinamismo que permitirían al sector introducir tecnologías más limpias, como las de ciclo combinado, o expander la capacidad de generación con base en fuentes alternas. Un mayor número de plantas generadoras van quedando obsoletas, aunque las pocas inversiones en el sector se realizan en condiciones de mayor eficiencia que en el pasado.

La explotación petrolera se intensifica frente a la necesidad de captar mayores divisas. Esta expansión se realiza en el marco de un cumplimiento deficiente de los requerimientos de protección ambiental, debido a que éstos encarecen los procesos extractivos y de producción. Ecosistemas importantes del sureste del país continúan en proceso de degradación, en algunos casos en forma irreversible.

El incremento de la pobreza urbana y sus implicaciones sobre la estabilidad social se constituye como un motivo ulterior para que las megaciudades continúen siendo subsidiadas. La problemática ambiental en ellas continúa siendo crítica. La ciudad de Guadalajara tiene problemas ambientales, sobre todo de calidad de aire, cada vez más serios.

En el ámbito organizacional, se modifica la estructura actual de la SEMARNAP para optimizar sus funciones, reduciéndola a una instancia normativa orientada específicamente al control de la contaminación y las emisiones, los residuos, las áreas protegidas y la preservación de la biodiversidad. El proceso de descentralización de sus funciones a los estados y municipios continúa, pero la carencia de recursos a nivel local y de mecanismos de coordinación en los distintos niveles de gobierno hacen estas acciones inefectivas y sin beneficios tangibles inmediatos. El ordenamiento ecológico del territorio sigue estando presente en el discurso, pero carece de instrumentos eficaces de aplicación.

El marco institucional y el débil peso político de la problemática ambiental relegan aún más a la política ambiental a un papel secundario, lo que limita su capacidad de influir en las decisiones económicas sectoriales. Continúa el acotamiento y la sectorización de las consideraciones ambientales y de sustentabilidad.

XIV.4.1.2. *Hacia el rápido crecimiento económico,*
soslayando lo ambiental (2004-2012)

A partir del cuarto año del nuevo siglo, que coincide con el cuarto año del primer sexenio del nuevo siglo en México, la situación comienza a modificarse. Frente a las dificultades para exportar, la política gubernamental se orienta a un mayor desarrollo del mercado interno, a partir del diseño de nuevos apoyos de fomento industrial estratégicos, con el objetivo de integrar cadenas productivas, generar empleos y activar la demanda agregada. Con una política menos depresiva, el gobierno federal incrementa ligeramente el gasto público. La economía comienza a responder.

El crecimiento económico se inicia de forma rápida y vigorosa, después de cerca de 25 años de estancamiento relativo. Toda la atención se centra en reforzar la capacidad de este crecimiento para generar riqueza mediante la promoción de nuevas inversiones y del empleo productivo, sobre todo en la industria. La economía mexicana se diversifica geográficamente en sus exportaciones, a pesar de la recuperación de la economía estadounidense, y comienza a generarse un importante efecto multiplicador. La inversión extranjera fluye hacia México nuevamente.

A partir del año 2006 el nuevo gobierno de México recupera su credibilidad y su capacidad de liderazgo, lo que repercute favorablemente en la economía del país. Sin embargo, la cuestión ambiental continúa en un segundo término. El principal interés de los votantes y el objetivo de política es introducir a México nuevamente en la ruta del crecimiento y el progreso económico, e intentar recuperar el camino perdido en el nivel de vida.

En este periodo de crecimiento prácticamente ininterrumpido las oportunidades económicas permean todos los sectores de la vida nacional. El crecimiento poblacional, ya a un nivel cercano al 1% de incremento anual, es muy inferior al de la economía. El PIB per cápita se incrementa en forma acelerada y las migraciones comienzan a disminuir.

El crecimiento libera recursos para el incremento de la producción en el campo y, con el incremento de las inversiones en infraestructura y un mayor apoyo a la comercialización externa e interna, el sector agrícola y comercial de riego vuelve a recuperar dinamismo, esta vez con exportaciones hacia Estados Unidos y Europa, y con mayores ventas en un mercado interno en expansión. El problema del agua en el riego continúa empeorando. Sin embargo, si bien continúan perdiéndose tierras con vocación agrícola, este fenómeno no se considera prioritario ya que el aumento en la productividad en el agro moderno, a raíz de la introducción de algunas innovaciones tecnológicas, compensa dichas pérdidas. El agua sigue utilizándose con importantes subsidios en el riego, y las sequías continúan agravándose en el norte del país y parte del altiplano.

Los salarios rurales se incrementan y producen un impacto importante sobre la pobreza rural, la cual disminuye en sus estratos menos marginados. Este fenómeno compensa las pérdidas de ingreso que pequeños propietarios y ejidatarios de zonas de temporal experimentan a raíz de la apertura total a las importaciones de maíz y frijol de Estados Unidos y Canadá dentro del marco del Tratado de Libre Comercio. Sin embargo, continúa la pobreza extrema, ya que muchos de sus habitantes sobreviven en la misma situación precaria y rodeados de las condiciones que los han mantenido a lo largo del tiempo en ese estado. Los resultados de los programas de combate a la pobreza extrema son aún limitados. Las presiones sobre los recursos naturales continúan.

La demanda interna forestal es cubierta crecientemente por productores de Estados Unidos y Canadá. La valoración de las áreas forestales en México sigue pendiente y es cada vez más difícil de lograr. La producción de productos maderables sigue estancada. La ganadería, por su parte, comienza a recuperarse y continúa especializándose en la venta de ganado en pie a Estados Unidos para su engorda en ese país. La ganadería sigue siendo extensiva y una amenaza para el cambio de uso de suelo de tierras marginales agrícolas y áreas forestales desvaloradas. La deforestación continúa a ritmos acelerados.

La industria es la principal ganadora en este periodo de expansión. Al recuperarse los mercados externos, la industria exportadora, con importante experiencia sobre cómo hacerlo, vuelve a retomar el camino de la exportación. El gobierno, en un intento por fomentar la generación de empleo y la integración de cadenas productivas, amplía sus programas para el fomento a la inversión y la productividad en áreas clave.

La exigencia del cumplimiento con las leyes y reglamentos ambientales continúa siendo laxa. Nuevos corredores industriales en el centro del país y en el bajío se convierten en importantes focos de contaminación industrial, tanto del agua como de la atmósfera. La generación de residuos peligrosos industriales se incrementa frente a una mayor pero aún precaria infraestructura de manejo, reciclaje y disposición. Las pocas inversiones en la infraestructura ambiental requerida para estos fines no son rentables, dado que continúa existiendo un amplio margen para el incumplimiento de las disposiciones en esta materia.

Las ciudades siguen siendo focos de problemas ambientales y de salud pública. Con la nueva dinámica del mercado interno se revitaliza la zona metropolitana del valle de México, sobre todo las áreas conurbadas del Estado de México y de la zona centro del país. Los problemas ambientales de agua y calidad del aire vuelven a crecer en forma rápida. Contando con un parque vehicular de más de cinco millones, de los cuales más del 40% son automóviles de más de 8 años de uso, y una industria en expansión, la calidad del aire, sobre todo en lo referente a ozono, vuelve a constituirse en un problema grave, afectando la salud de los habitantes de esta ciudad. Ante esta situación y un mayor dinamismo económico, comienza a ampliarse el uso de instrumentos económicos y de mercado para la gestión ambiental, que poseen mayor flexibilidad para ajustarse a las nuevas condiciones. Comienza a considerarse seriamente la necesidad de realizar una reforma fiscal con criterios ecológicos, aunque la idea todavía tiene poca aceptación entre las autoridades encargadas de la política económica.

La inversión para ampliar la capacidad de generación eléctrica se revitaliza. Se comienza a sustituir rápidamente la capacidad de generación con plantas que utilizan tecnologías eficientes y menos contaminantes. El gas natural como combustible principal en la generación eléctrica es ya una realidad. Las emisiones que producen tanto la contaminación de efecto local (azufre, óxidos de nitrógeno, hidrocarburos, etc.), como las emisiones de gases de efecto invernadero disminuyen sustantivamente en términos unitarios, aun cuando la generación aumenta en forma consecuente con el ritmo del crecimiento económico. Las tecnologías renovables para la generación de electricidad adquieren una mayor presencia en el mercado, aunque con importancia marginal en términos relativos.

En el contexto internacional, la adopción de regulaciones más rigurosas para el control de las emisiones de gases de efecto invernadero por parte de los países desarrollados provoca en Estados Unidos crecientes preocupaciones en torno a la competitividad, particularmente entre los sectores industriales de alta intensidad energética, los cuales se movilizan para obtener medidas compensatorias, que se expresan en barreras de entrada a los productos mexicanos provenientes de los sectores industriales que no han logrado ajustar su eficiencia a niveles suficientemente altos. En los países europeos y algunos asiáticos, como Japón, los procesos de mercado generados a partir de la introducción de los estándares ISO también causan dificultades a los productos de exportación mexicanos. La reducción de la demanda de petróleo a nivel mundial, como resultado de las acciones para enfrentar al cambio climático, afecta ligeramente la cuenta corriente del gobierno mexicano, que ha diversificado sus fuentes de divisas a través de una enérgica promoción del turismo.

La inequidad en la distribución del ingreso y en las oportunidades de movilidad social sigue caracterizando a la economía nacional y comienza a expresarse en nuevos movimientos sociales de carácter urbano y en huelgas en las diversas ramas productivas y de servicios. El país se vuelve económicamente vulnerable a estos movimientos laborales. En el campo, la marginación de la población en pobreza extrema sigue teniendo fuertes impactos sociales. Continúa la existencia de grupos armados, aunque en menor magnitud que en el pasado, a lo largo de las zonas de más difícil acceso, principalmente en el sur y sureste del país.

Para finales de este periodo el norte del país comienza a resentir el agudo problema de la falta de agua. La cantidad de tierra agrícola y de riego que enfrenta condiciones de escasez se incrementa a una tasa cada vez mayor. Se estima que desde los inicios del nuevo siglo se ha perdido un diez por ciento más de las tierras productivas. Las sequías afectan gravemente a la ganadería, la cual experimenta constantes y cuantiosas pérdidas en cabezas de ganado.

La cantidad de agua residual utilizada para el riego comienza a crecer ante la escasez de agua en pozos y mantos freáticos. Ante casos aislados de enfermedades gastrointestinales en Estados Unidos, la reacción de los mecanismos de protección a la salud y las barreras fitosanitarias al comercio contra los productos agrícolas mexicanos es rápida, certera e incluyente. Para el año 2011 buena parte de los productos agrícolas para la exportación se descomponen en el campo al ser prohibida su venta en Estados Unidos. El agua y las barreras fitosanitarias al comercio se convierten en un foco importante de problemas fronterizos y se adopta en la agenda presidencial para una reunión binacional entre los dos países en el año 2012.

Los grupos ambientalistas crecen en número y en militancia. Se crea una federación de grupos ambientalistas independiente, con una base amplia de participación, financiada por fundaciones norteamericanas y europeas. Estos grupos critican constantemente las limitaciones de la política ambiental y la timidez de las autoridades mexicanas. En el año 2012 se lleva a cabo una reunión de las Naciones Unidas sobre eficiencia, equidad y medio ambiente en Shanghai, China. Esta reunión da un nuevo empuje a los temas ambientales y de equidad. Se logra establecer una agenda específica de compromisos y de cooperación internacional.

XIV.4.1.3. *Crecimiento económico moderado con avances en equidad y protección ambiental (2013-2030)*

El nuevo gobierno de México intenta modificar los patrones existentes de crecimiento económico, tomando en cuenta en mayor medida los factores asociados a la distribución del ingreso y a la sustentabilidad, los cuales adquieren un primer término de importancia. El resultado de estas políticas es un crecimiento más moderado, pero con políticas que sustentan el progreso económico en el cuidado del capital humano y ambiental.

Se crea el Consejo Nacional de Medio Ambiente y Sustentabilidad del Desarrollo, que opera bajo el liderazgo directo del presidente de la República. Este Consejo comienza a vincular y coordinar políticas sectoriales con el fin de que se tome en cuenta la protección ambiental en las decisiones de política económica. Se establece un proceso a partir del cual las políticas económicas y sectoriales se someten a una evaluación de impacto ambiental, supervisada por una comisión especializada del Congreso de la Unión, con el fin de asegurar su congruencia y coherencia con los objetivos de protección ambiental y conservación de los recursos naturales. Se instrumenta una reforma fiscal ecológica que comienza a influir gradualmente en las decisiones de producción y consumo en todos los sectores. Los avances en la definición de los derechos de propiedad en el campo, la eliminación de los sesgos desfavorables para la producción forestal en la legislación agraria, las nuevas reformas fiscales, el incremento de la capacidad recaudadora de los estados y municipios y el establecimiento de criterios óptimos para la asignación de recursos a nivel regional permiten un mejor ordenamiento ecológico del territorio.

Los grupos ambientalistas presionan al gobierno para crear una comisión de derechos ambientales que funcione como un *ombudsman* independiente del Ejecutivo para que reciba quejas de la sociedad y de las comunidades sobre la falta de cumplimiento de las regulaciones ambientales y sobre abusos de autoridad, y que arbitre en casos de controversia ambiental y de protección de recursos naturales.

Se dedican mayores recursos a los programas de nutrición, salud y educación dirigidos a los sectores más pobres del país, específicamente en el ámbito rural. A partir de una coordinación interinstitucional adecuada, se establecen sinergias entre éstos y los proyectos para el desarrollo regional sustentable en zonas marginadas. El gasto social se incrementa por encima del ritmo de crecimiento de la economía y se implantan nuevos proyectos, con una incorporación amplia de las universidades y las organizaciones no gubernamentales en los programas para el combate a la pobreza. Las nuevas tecnologías de telecomunicación disminuyen los costos de los servicios públicos de salud y educación y facilitan integrar y dar oportunidad de desarrollo a poblaciones marginadas y distantes. El efecto combinado de estos factores y la inversión creciente en infraestructura facilitan la migración hacia las ciudades medias y pequeñas, las cuales comienzan a adquirir dinamismo.

Se instaura asimismo un programa de gran envergadura en apoyo a productores en áreas productivas de temporal, haciendo hincapié en la utilización de nuevas semillas mejoradas que logran elevar la productividad. Se incentiva la inversión en la agroindustria y su articulación con los pequeños productores, lo que permite utilizar la estratégica posición de México como puente entre los mercados de Europa y norteamérica, y se incrementa sustancialmente la oferta de empleos en el sector rural. La ganadería comienza a perder terreno, y en su lugar empieza a cobrar importancia la producción de productos animales especializados con alta demanda en el mercado norteamericano por su bajo contenido de grasa (la cría del avestruz se convierte en una importante actividad económica en el norte de México). Los requerimientos nacionales de carne se satisfacen con importaciones de Estados Unidos y crecientemente de Uruguay y Argentina, países con los cuales se ha acordado una rápida desgravación arancelaria.

El gobierno diseña un ambicioso programa de largo plazo para el uso eficiente del agua en el altiplano, el norte y noroeste del país. Se invierten fuertes sumas de recursos públicos para modernizar la infraestructura de riego, utilizando principalmente las tecnologías de goteo y de aspersión, lo que permite el ahorro de hasta un 35% en el uso del agua en el agro. Paralelamente, los consejos de cuenca, que hasta entonces no habían funcionado permanente y eficazmente, se organizan en forma eficiente para establecer precios reales por el uso del agua, creando mercados regionales de agua e internalizando costos ambientales y de escasez por cuenca. La responsabilidad de dotar de agua potable a la población continúa siendo responsabilidad única del gobierno, aunque este servicio se comienza a pagar en forma más estricta y generalizada, de acuerdo con el nivel económico de las áreas. Además, con recursos provenientes de fondos internacionales se establece un ambicioso programa para frenar la erosión de las tierras y recuperar tierras agrícolas. Como respuesta, los productores comienzan a modificar prácticas y a buscar eficiencias en el uso del agua. Comienzan a utilizarse productos y semillas poco intensivos en el uso de agua, generándose nuevos mercados de exportación.

A pesar de los programas existentes de recuperación forestal, del incremento de la producción de bienes no perecederos compatibles con la conservación de los bosques, de la comercialización en los mercados internacionales y nacionales, de la capacidad de captura de carbono y del incremento de los flujos de ecoturismo en el país, las áreas forestales continúan con un dinamismo proporcionalmente menor al que experimenta el sector agrícola. Sin embargo, se logran importantes avances en la definición de los derechos de propiedad, y los logros de los programas para el combate a la pobreza extrema tienen un impacto positivo sobre las tasas de deforestación, que disminuyen significativamente. La mayor parte de la madera sigue importándose de Canadá. Con todo, comienzan a observarse los resultados de los programas masivos de plantaciones instrumentados en la primera década del siglo en el sureste del país, utilizando especies obtenidas por medio de la investigación genética. Los programas comienzan a poblar áreas ya deforestadas con especies comerciales de gran demanda en los mercados de América del norte y Europa. La perspectiva del sector forestal comienza a cambiar.

El sector industrial experimenta un desarrollo vigoroso, influido por los mercados internacionales y las decisiones corporativas de las principales empresas transnacionales. El salario real se recupera entre los segmentos de los trabajadores incorporados a la industria. La participación del sector privado en la provisión de bienes públicos se incrementa gracias a la difusión más extensa de los beneficios financieros asociados con un mejor desempeño ambiental de las empresas. Las técnicas de reciclaje se amplían, junto con la introducción de tecnologías más eficientes. La contaminación industrial por unidad de producto disminuye ostensiblemente. El régimen de cumplimiento mejora y se extiende el uso de instrumentos económicos y de mercado para el control de la contaminación y las emisiones. Las pequeñas y medianas empresas siguen subsistiendo en un marco industrial que tiende hacia una estructura oligopólica, y cada vez significan un mayor porcentaje en el impacto del sector sobre el medio ambiente. Sin embargo, un creciente número de micro y pequeñas empresas competitivas comienzan a dirigirse hacia los servicios y el comercio, utilizando nuevas tecnologías y el potencial cibernético.

Se consolida un nuevo federalismo político y fiscal, que empieza a rendir frutos. Gracias a la recuperación económica y al fortalecimiento del sistema tributario, el Estado realiza inversiones estratégicas en el desarrollo de infraestructura urbana en ciudades pequeñas y medianas, con el fin de fortalecerlas como polos regionales de desarrollo y de atracción de la migración rural. Las escalas óptimas de estas ciudades las convierten en ejemplo de convivencia ciudadana y de civilidad. A finales de la tercera década, con una población en el país cercana a los 130 millones, más de una tercera parte de la población vive en dichas ciudades, que disponen de servicios integrales de transporte y ofrecen una alta calidad de vida.

Las megaciudades continúan siendo un problema por sus impactos ambientales y problemas de salud. Las oficinas matrices de grandes empresas, buena parte de los profesionistas y sus familias, así como gente acomodada y empresarios se mudan a las ciudades pequeñas y medianas, buscando una mejor calidad de vida y aprovechando los avances en telecomunicaciones, las cuales les permiten realizar sus trabajos y dirigir sus empresas desde sitios lejanos. Sin embargo, se mantienen subsidios importantes en los servicios públicos de las megaciudades (agua, transporte público, etc.) ya que, como gigantescas concentraciones de gente, representan un potencial de votos sumamente codiciados por los partidos políticos.

Las reformas institucionales, que habían ocurrido de forma lenta y desigual en el pasado, convergen en una dirección favorable para el crecimiento económico sostenido y sustentable. A pesar de que todavía subsisten algunas distorsiones de política y se observan condiciones muy desiguales en la calidad ambiental de las distintas regiones del país, se han establecido las condiciones para comenzar a revertir las pérdidas en el capital natural de la nación. Los costos de la transición para la sociedad mexicana han sido grandes, pero se ha logrado evitar las peores catástrofes.

XIV.5. Conclusiones

México cuenta con una gran dotación de recursos que forman parte de su capital natural. Sin embargo, los últimos cincuenta años de crecimiento económico se han dado a la par de la destrucción sistemática de los recursos naturales y de una creciente degradación de la calidad ambiental, tanto en las zonas rurales como en las urbanas, afectando la salud y el nivel de vida de la población y los recursos naturales estratégicos para el desarrollo del país.

Las estimaciones del Banco Mundial sugieren que del 11 al 14% del PIB se pierde por degradación de los recursos y costos derivados de la contaminación. Los costos económicos de la degradación del ambiente y los recursos naturales en el país ascienden actualmente a las siguientes cifras de pérdida económica anual: 1 160 millones de dólares por agotamiento de los mantos freáticos; 1 200 millones por la erosión del suelo; 3 630 millones por los daños en la salud derivados de la contaminación del agua y de la generada por residuos sólidos, y 1 070 millones por los daños a la salud provocados por la contaminación en la ciudad de México. Estas cifras anuales son equivalentes, e incluso superiores si consideramos su periodicidad anual, a otros costos que la sociedad viene arrastrando y que han generado una mucho mayor atención en la opinión pública, como son los pagos de la deuda externa, los costos que se derivarán del FOBAPROA y las cuantiosas inyecciones de capital que requiere la banca nacional en crisis. Si no se ejercen acciones decisivas para revertir las tendencias observadas en los últimos años, el país seguirá acumulando una deuda ambiental que —además de representar cantidades crecientes en términos del gasto público y privado— continuará afectando de forma negativa el bienestar social y cancelará las posibilidades de crecimiento de importantes sectores productivos.

En las próximas décadas los factores demográficos, económicos y sociales analizados en este capítulo seguirán ejerciendo presiones sobre el ambiente y la calidad de vida de la población, por lo que las estrategias de desarrollo económico y regional tendrán que atender en mayor medida las restricciones derivadas de la disponibilidad de recursos y de una compleja y dispar problemática ambiental a lo largo del territorio nacional. El reto será establecer un balance óptimo entre las políticas orientadas a promover el crecimiento económico necesario para elevar las condiciones de vida de los mexicanos en un marco de mayor equidad y protección ambiental, ambos requisitos indispensables para el futuro de México. El logro de este objetivo requerirá de la instrumentación de una estrategia que reconozca el carácter intersectorial de la problemática ambiental, en la que desafortunadamente se ha avanzado poco en el pasado. Lejos de una interpretación estrecha sobre la política ambiental, la dimensión de la sustentabilidad involucra un marco amplio de políticas que incorpora los niveles macroeconómico, regional, sectorial y microeconómico, de cuya articulación dependen los impactos agregados en el ambiente de la actividad económica. Adicionalmente, las fallas de política que han actuado históricamente en contra del desarrollo económico y social en el país (asignación ineficiente e inequitativa del gasto público, fallas en los mercados de capital, distorsiones en los precios, indefinición de derechos de propiedad, etc.), también han estado en el origen de los desequilibrios regionales y del deterioro ambiental y de los recursos naturales.

Si bien las reformas estructurales, que con distinto nivel de avance se han dado en México desde el inicio de los ochenta, han permitido la corrección de algunos de estos factores, la dimensión ambiental aún ocupa un lugar marginal en las políticas económicas y sectoriales. La política ambiental ha actuado en un ámbito sumamente limitado, que no ha logrado modificar las principales tendencias de degradación del ambiente y de los recursos naturales.

Las crisis económicas recurrentes, los problemas existentes en el sistema fiscal recaudatorio y la falta de importancia que el Estado ha dado a las principales cuestiones ambientales han provocado que los recursos destinados al gasto ambiental resulten insuficientes para atender las prioridades ambientales a lo largo del territorio nacional. Además de la limitada capacidad técnica, administrativa y financiera que se observa en los estados y municipios del país, los cuales han asumido en forma limitada y errática mayores funciones en su competencia como resultado de la descentralización, la autoridad ambiental presenta actualmente un marco jurídico y organizacional complejo e ineficiente, caracterizado por la mezcla de una serie de funciones reguladoras y operativas que no han permitido optimizar sus escasos recursos para atender en forma eficaz los problemas prioritarios a lo largo del territorio.

El marco regulatorio ambiental y los principales instrumentos de política han tenido un horizonte de actuación restringido. El Sistema de Áreas Protegidas y los programas sectoriales en materia forestal y de restauración de suelo han sido incapaces de modificar las tendencias de expansión de la frontera agrícola, la deforestación, la erosión del suelo y la pérdida de diversidad biológica en el país. Estas tendencias tienen su origen en una serie de procesos de orden social, económico e institucional que requieren por definición de una actuación intersectorial. En materia de aprovechamiento y uso eficiente del agua, con el establecimiento de zonas de disponibilidad y de los consejos de cuenca se han comenzado a desarrollar criterios para la administración racional de este recurso, pero se requerirán mayores ajustes (particularmente políticas de precios y derechos) y cuantiosas inversiones en materia de infraestructura hidráulica. El ordenamiento ecológico territorial no posee un vínculo claro con las decisiones a nivel regional y local en materia de inversión, expansión industrial y desarrollo de infraestructura. La evaluación de impacto ambiental no se ha utilizado como instrumento de evaluación de las políticas y programas de gobierno con mayores impactos sobre el ambiente. Por último, la aplicación de los instrumentos económicos y de mercado que permitan corregir las fallas en el sistema de precios y enviar las señales adecuadas a los productores y a los consumidores con respecto al costo ambiental de sus actividades ha sido mínima. La definición de los derechos de propiedad en favor del uso eficiente de los recursos naturales, así como la implantación de un sistema de precios que refleje el valor real de los recursos y los servicios ambientales constituyen condiciones necesarias para mejorar la eficiencia económica y ambiental de la economía mexicana.

Por otro lado, la creciente desigualdad, marginación y pobreza entre la población rural y urbana a lo largo y ancho del país son factores determinantes en el uso racional y eficiente de los recursos naturales y en el nivel de vulnerabilidad de grandes sectores de la población a la problemática de la contaminación. La solución y rompimiento del vínculo de retroalimentación negativa que existe entre pobreza, degradación ambiental e ineficiencia económica debe estar en el combate a la pobreza en sí misma y en la superación de las condicionantes que la generan y la multiplican.

En síntesis, además de un sistema regulatorio ambiental eficiente y eficaz y del diseño organizacional adecuado, el desarrollo sustentable del país requerirá de un marco amplio de políticas basado en cuatro ejes fundamentales: a) la corrección de las distorsiones de política y de las fallas en los mercados que han actuado en contra de la equidad, el medio ambiente y de la calidad de vida de la población; b) el desarrollo regional integral; c) el decidido combate a la pobreza, la desigualdad y la marginación, y d) el fortalecimiento de la capacidad de respuesta de las autoridades locales y de la sociedad. Para ello será necesario diseñar mecanismos que garanticen la articulación del sector ambiental con los programas sectoriales, las estrategias de desarrollo regional y las grandes prioridades nacionales de generación de empleos, impulso a la productividad y competitividad, y de combate a la pobreza.

En todos los escenarios desarrollados en esta prospectiva se observa el desempeño económico como una de las variables centrales en el futuro ambiental del México del nuevo siglo. Sólo el camino del crecimiento económico permitirá crear las condiciones para continuar con los aciertos, remontar las inercias y corregir las fallas existentes. Sin embargo, una protección ambiental eficaz requerirá cambios institucionales fundamentales orientados a modificar los patrones de un crecimiento inequitativo y degradante de los recursos naturales. Tanto el crecimiento económico como la protección al ambiente constituyen condiciones necesarias para el logro de un futuro sustentable para el país.

Las transformaciones planteadas requieren decisiones que sólo serán posibles si cuentan con un amplio apoyo de la sociedad. El reto más importante para las primeras décadas del nuevo siglo y milenio consistirá en crear condiciones sociales y culturales que permitan emprender el cambio. La mayor incertidumbre que prevalece es si la sociedad mexicana estará dispuesta a asumir, en el corto plazo, los costos implícitos en ello.

John Maynard Keynes aseveró en su famosa frase que "en el largo plazo todos estaremos muertos". Pero poco a poco el largo plazo se ha convertido en el presente. La falta de agua limpia es ya un problema grave y recurrente en una buena parte del territorio nacional, con costos en la salud y el bienestar de millones de personas. La contaminación atmosférica se agrava y afecta nuestra calidad de vida en las ciudades y la productividad del trabajo. La destrucción de los bosques y la erosión disminuyen la cantidad de suelo disponible para la agricultura y afectan negativamente su calidad y los nutrientes de éste. Todos éstos son fenómenos del presente que amenazan convertirse en pesadillas del futuro.

Keynes nos engañó. El corto plazo de ahora fue el largo plazo del pasado. Está claro que en el nuevo milenio habremos alcanzado al futuro, o éste nos habrá alcanzado a nosotros, a nuestros errores, y sus resultados serán devastadores. Más temprano que tarde tendremos que comenzar a enfrentar, de manera más inteligente y eficaz, la difícil realidad del futuro y de nuestras condicionantes del presente.

XV. RECURSOS NATURALES Y TERRITORIO EN MÉXICO EN EL SIGLO XXI

CARLOS M. JARQUE*

"A largo plazo, el hombre sólo podrá sobrevivir en la Tierra
en la medida en que sepa respetar los límites
fisicoquímicos y biológicos que aseguran
su supervivencia como especie".

Louisse Lassonde

XV.1. INTRODUCCIÓN

A LO LARGO DEL SIGLO XX la humanidad presenció grandes avances en diversos campos de la ciencia y la tecnología. También hubo incrementos en el ingreso per cápita y en la disponibilidad de bienes y servicios. No obstante, de acuerdo con el informe *Global Environment Outlook* (1997) del Programa de Naciones Unidas para el Medio Ambiente, "el medio ambiente mundial continúa deteriorándose y los problemas ambientales importantes siguen todavía profundamente arraigados en el sistema socioeconómico de las naciones, en todas las regiones". Hasta ahora —señala el informe— "nacional e internacionalmente los recursos financieros y la voluntad política continúan siendo insuficientes para detener la degradación del medio ambiente y para atender los problemas ambientales más apremiantes..."

Durante el siglo XXI la preservación de los recursos naturales y el mejor aprovechamiento del territorio seguirán siendo una demanda social de primera importancia. Los países tratarán de mejorar el bienestar y la calidad de vida de la población, y para ello tendrán que vincular con mayor énfasis sus estrategias de desarrollo con la disponibilidad de los recursos naturales, al mismo tiempo que tendrán que atender una compleja problemática ambiental.

* Secretario de Desarrollo Social,
Poder Ejecutivo,
Gobierno Federal de los Estados Unidos Mexicanos

XV.2. MÉXICO AL INICIO DEL SIGLO XXI

Las formas de crecimiento y distribución de la población, así como los patrones de producción, consumo e inversión, han incidido en los recursos naturales. De los 1 600 millones de personas que habitaban el planeta a inicios del siglo XX, se ha llegado a 6 000 millones de habitantes al inicio del nuevo milenio. En los próximos 15 años se sumará una población adicional equivalente a lo acumulado desde el origen del hombre hasta los inicios del siglo XX. La urbanización y la industrialización, entre otros múltiples factores, han impactado y seguirán impactando sobre el ambiente.

XV.2.1. *La población y su distribución geográfica*

México iniciará el siglo XXI con una población de alrededor de 100 millones de habitantes —la decimoprimera a nivel mundial—, misma que se ha incrementado cada año cerca de 1.5 millones, y que continuarán haciéndolo de manera descendente y paulatina hasta alcanzar los 750 mil anuales hacia el año 2030, cuando la población alcanzará 130 millones de residentes. Así, la densidad poblacional ha cambiado, de 7 habitantes por km^2 en 1900, a 51 en el año 2000, y seguirá aumentando hasta llegar a 66 habitantes por km^2 en el año 2030, con lo cual México estará entre los países de densidad poblacional media, similar a la que actualmente tiene España.

Después de haber registrado durante la mayor parte del siglo XX una población mayoritariamente rural, el país ha sido testigo de lo que se ha denominado una "explosión urbana", motivada por una intensa migración entre el campo y las ciudades, así como la multiplicación de éstas. La población urbana constituye ya el 74% de la población total. En el arranque del tercer milenio habrá en el país alrededor de 87 ciudades de más de 100 mil habitantes, 27 ciudades que superarán los 500 mil residentes y 8 que rebasarán el millón de habitantes. El fenómeno de urbanización también habrá propiciado que al inicio del siglo XXI una cuarta parte de los habitantes del país esté ubicada en las tres principales áreas metropolitanas del territorio nacional.

A pesar de la creciente urbanización descrita se tiene, en el otro extremo, que uno de cada cuatro residentes se encuentra en alguna de las casi 200 mil localidades pequeñas, dispersas a lo largo y ancho del país, generalmente en áreas de difícil acceso. Dicha cifra es muy significativa, ya que esta población rural es equivalente a la población total que tenía el país a mediados del siglo XX.

México tiene, simultáneamente, una elevada concentración poblacional en muy pocas ciudades y una dramática dispersión de los habitantes en un territorio de cerca de 2 millones de kilómetros cuadrados. Ello se traduce en retos formidables para atender problemas de diversa índole, tanto los que se generan en las grandes concentraciones urbanas como los derivados de las dificultades para atender a una significativa población dispersa en el territorio nacional. Este binomio de concentración/dispersión implica altos costos ambientales y en el uso de los recursos naturales disponibles en nuestra nación.

Otra característica que distingue a la mayor parte de los asentamientos humanos en México es su inadecuada localización dentro del territorio. Por ejemplo, 12 de las 87 ciudades de más de 100 000 habitantes se encuentran ubicadas por encima de los 2 000 m sobre el nivel del mar; en ellas radica 36% de la población total y están en zonas que implican elevados costos para el abasto, por ejemplo, de agua potable.

Para facilitar la comunicación y el intercambio comercial y cultural entre los habitantes de las diversas regiones del país, México cuenta con una red de carreteras de más de 300 mil km. De ellas, 100 000 km están pavimentados y 6 500 km son de cuota; el resto son carreteras revestidas, terracerías y brechas. Así, México dispone de 159 km de caminos por cada 1 000 km²; por comparación, este indicador es de 77 km en Argentina, 106 en Chile, 665 en España, 675 en Estados Unidos y 2 748 en Francia. En cuanto a caminos pavimentados, en México existen 53 km por cada 1 000 km², en Chile 14, en Argentina 21, en Estados Unidos 387, en España 658 y en Francia 1 474.

La red ferroviaria nacional es de 26 000 km: 10.6 km de vías por cada 1 000 km²; en comparación, Chile tiene 10.4, Argentina 12.5, Estados Unidos 26.4, España 28 y Francia 61 km, lo que nuevamente ilustra las diferencias de infraestructura entre países al inicio del siglo XXI. México cuenta además con un total de 87 puertos marítimos en sus litorales, los cuales están enlazados con puertos de 108 países. Dispone también de 53 aeropuertos internacionales y 30 nacionales. En Estados Unidos existen 681 aeropuertos, en Francia 63, en Argentina 49, en España 23 y en Chile 18.

La infraestructura para el transporte terrestre, aéreo y marítimo en México presenta condiciones similares a las de países de América Latina, pero inferiores a las de países desarrollados, como América del Norte y Europa. Esta infraestructura, por supuesto, también influye y en algunos casos determina el patrón de los asentamientos humanos en el país.

MAPA XV.1. *México distribución de la población. Principales localidades*

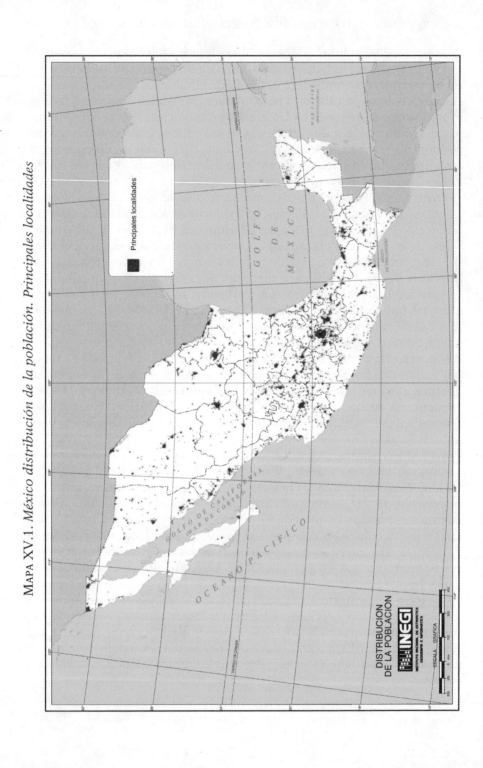

Principales localidades

GOLFO DE MEXICO

OCEANO PACIFICO

GOLFO DE CALIFORNIA (MAR DE CORTES)

DISTRIBUCION
DE LA POBLACION

INEGI
INSTITUTO NACIONAL DE ESTADISTICA
GEOGRAFIA E INFORMATICA

ESCALA GRAFICA

RECURSOS NATURALES Y TERRITORIO EN MÉXICO EN EL SIGLO XXI 559

XV.2.2. *La economía y su expresión territorial*

En lo que respecta al ámbito económico, México también ha experimentado profundos cambios en el tamaño de su economía y en la composición de su estructura productiva y ocupacional.

Durante el siglo XX el valor total de los bienes y servicios producidos (medidos vía el producto interno bruto, PIB) reflejó una dinámica importante. A inicios del siglo, en el año de 1900, el PIB generado por los distintos sectores económicos ascendió a 37 425 millones de pesos constantes (cifras expresadas a precios constantes de 1993); a fines del siglo XX, el valor del PIB fue del orden de 1.5 billones de pesos constantes. Así, mientras que la población se multiplicó por 7, la economía lo hizo por 40. El número de establecimientos industriales pasó de cerca de 7 000 a principios de siglo, a un total de 340 000 unidades a finales del mismo, multiplicándose por un factor cercano a 50. Actualmente la infraestructura económica (secundaria y terciaria) del país está integrada por 3 654 952 establecimientos económicos (51% corresponden al sector comercio, 36% al sector servicios y el 13% restante corresponde al sector industrial).

La composición sectorial del PIB también refleja cambios significativos, al pasar de una economía agrícola a otra orientada a la industria y a los servicios. A mediados del siglo XX la mitad de la fuerza laboral se encontraba en el campo; así, la pirámide ocupacional del país tenía la mayor proporción en el sector primario, seguida de los sectores secundario y terciario; a inicios del siglo XXI dicha pirámide se ha invertido, ya que cerca del 20% de la fuerza laboral se encuentra en el sector primario, 30% en el secundario y más del 50% en el terciario.

Otro rasgo distintivo de la estructura económica de México en el inicio del siglo XXI es la concentración espacial de las actividades. Las áreas metropolitanas de la ciudad de México, Guadalajara, Monterrey y Puebla aportan, en conjunto, casi el 50% del PIB total del país; ello tiene, entre otros, impactos en el uso de recursos y consecuencias ambientales importantes.

Durante el presente siglo las unidades de producción del sector agropecuario se han multiplicado por 5, pasando de 858 209 a 4 407 880; la proliferación de unidades de producción se acentuó particularmente después de los sesenta, y sus superficies se hicieron cada vez más reducidas.

El sector primario ha venido disminuyendo su participación en el PIB (pasando de 20 a 6% del PIB, entre inicios y fin del siglo). También ha venido disminuyendo su productividad relativa (participación del PIB agropecuario a participación PEA agropecuaria), lo cual impacta el nivel de vida en las zonas rurales y trae consecuencias en el uso de los recursos naturales.

En síntesis, ésta es la fisonomía —desarrollada a lo largo del siglo XX— con la que México inicia el Tercer Milenio. Por razones muy diversas, en México coexisten regiones y zonas con diferencias notables de desarrollo. Por supuesto, el crecimiento de la población, su distribución en el territorio y el desarrollo diferenciado de las actividades económicas han tenido impactos importantes sobre los recursos naturales del país.

XV.3. RECURSOS NATURALES DE MÉXICO: PRESENTE Y FUTURO

México, con su gran diversidad de medios o espacios ambientales, ha heredado recursos naturales muy variados, de riqueza particularmente sobresaliente, llámense bosques, selvas, humedales, desiertos, flora y fauna marinas, combustibles fósiles, minerales; todos ellos, recursos indispensables para el desarrollo de la nación. El desarrollo de México estará íntimamente relacionado con la disponibilidad, acceso y administración de sus recursos naturales. Éstos sufrirán un deterioro importante si no se aplican políticas de desarrollo sustentable y criterios de racionalidad en su aprovechamiento, si se mantienen los patrones de consumo e inversión actuales y si no se impulsa el crecimiento de la población con visión de ordenamiento territorial.

Las tendencias de comportamiento de los recursos naturales se obtuvieron a partir de algunos datos comparativos, registros históricos y proyecciones de crecimiento con diversas variables. La alteración de los diferentes ciclos de vida y el agotamiento de los recursos incidirán sobre el bienestar de los mexicanos. En algunos casos se estimó el estado al que podría llegarse en el año 2030, usando un cálculo simple de interés compuesto (aplicando en el futuro las tasas de crecimiento recientes de la variable en cuestión); en otros casos se utilizaron proyecciones que toman en cuenta la evolución factible de componentes que inciden en el recurso. No se utilizaron ejercicios integrales de modelado multivariado con indicadores demográficos, económicos y ambientales.

XV.3.1. *Suelo*

El suelo, como parte exterior de la corteza terrestre, es el elemento del ambiente que sirve de sostén para el crecimiento y desarrollo de la flora y fauna, así como para las actividades del hombre. Su complejidad y características propias han producido diversos sistemas de clasificación que facilitan su entendimiento, estudio y manejo. En México se han identificado 25 de los 28 tipos de suelos que el sistema de clasificación FAO/UNESCO distingue a nivel mundial.

De los casi 200 millones de hectáreas del territorio nacional, 76 millones están ocupadas por arbustos y matorrales de zonas áridas y semiáridas; 41 millones por bosques y selvas; 16 millones por pastizales; 4 millones por vegetación asociada con suelos inundables y 20 millones por superficie agrícola. El resto corresponde a áreas sin vegetación aparente, obras de infraestructura y uso urbano.

El aprovechamiento y sobreexplotación de los recursos naturales, así como los cambios del uso del suelo por el hombre, han dado lugar a niveles de degradación de los suelos que van desde condiciones casi imperceptibles de deterioro en la superficie hasta la desaparición completa de las capas de suelos, quedando expuesta la roca basal.

De acuerdo con información cartográfica del INEGI, estimaciones de la SEMARNAP e información del sector académico, el 81% de la superficie del territorio nacional presenta terrenos degradados con diversa intensidad y por diferentes causas, como erosión causada por las corrientes de agua de lluvia (erosión hídrica) sobre terrenos desmontados, sobrepastoreados o agrícolas, o erosión producida por el viento (erosión eólica), que actúa principalmente en terrenos abiertos, siendo más notoria en las zonas áridas y semiáridas. Donde la vegetación natural es eliminada, la superficie del suelo sufre cambios, transformando su composición química; sucede lo mismo por el uso excesivo de fertilizantes químicos y pesticidas (degradación química). Los incendios forestales, así como el pisoteo del ganado, entre otros, provocan cambios en la estructura de los suelos (degradación física).

Los procesos naturales que degradan los suelos casi siempre tienen efectos magnificados por la actividad humana. En general, se estima que la erosión hídrica es la causante del 74% de la degradación de los suelos de México, que equivale a casi 120 millones de hectáreas; le siguen en importancia los cambios químicos, con un 11% (18 millones de ha); los cambios físicos, con 8% (13 millones de ha), y la erosión eólica, con 7% (11 millones de ha).

En el mapa XV.2. se esquematiza la distribución de las regiones afectadas por erosión hídrica, a partir de una evaluación hecha por la SEMARNAP y el Colegio de Posgraduados de Montecillos, Estado de México, empleando la metodología GLASOD.

La afectación del recurso suelo puede observarse mediante la evaluación del proceso de erosión hídrica, por cuyos efectos naturales y motivados por el hombre se pierden cada año entre 150 000 y 200 000 hectáreas de suelos.

MAPA XV.2. *México: erosión hídrica*

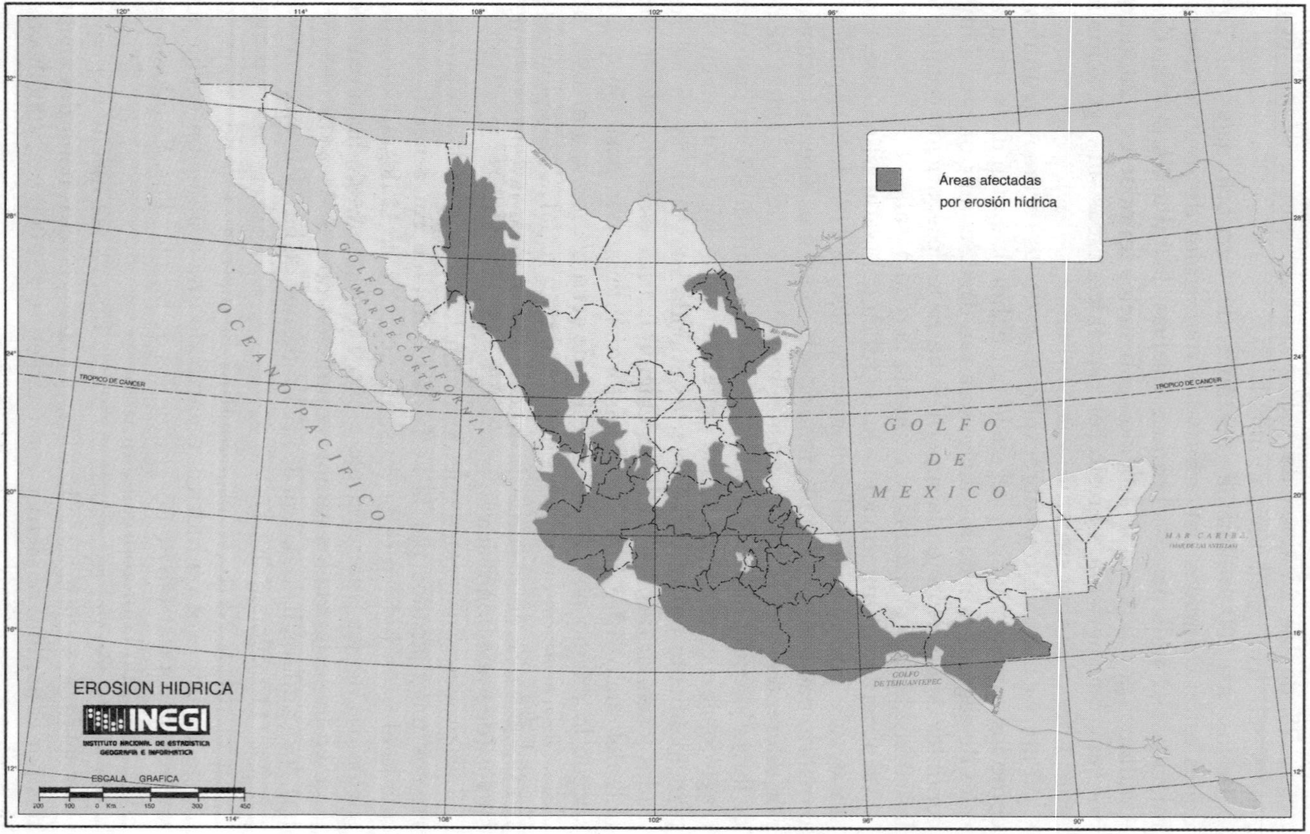

Por su significativo impacto en la pérdida de suelos, se realizó una evaluación de las tendencias de la erosión hídrica para las siguientes tres décadas (la cual, como se mencionó, representa el 74% de la degradación total); particularmente se evaluaron los grados severo y muy severo. En los resultados obtenidos puede observarse que, de prevalecer las tendencias históricas recientes, durante los primeros 30 años del próximo siglo los suelos degradados en grados severo y muy severo por erosión hídrica sumarán casi 3 millones de hectáreas (pasando de 58.40 a 61.06 millones de hectáreas la superficie erosionada severamente), o sea el 1.5% del territorio nacional, una superficie equivalente al estado de Guanajuato.

A la erosión hídrica se suman otras causas de degradación que, en conjunto, incrementarán los suelos degradados del actual 81% de la superficie total nacional (162 millones de hectáreas) a 83% del total en el año 2030. Estas cifras deben motivar una profunda reflexión y una adecuada toma de decisiones para detener el fenómeno de erosión, tomando en cuenta que la restauración de suelos es un proceso que toma siglos y quizá miles de años.

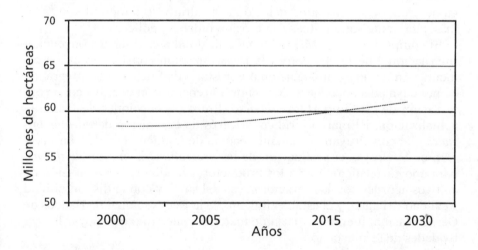

Fuente: Estimaciones del INEGI (S/F).

FIGURA XV.1. *Suelos afectados por erosión hídrica. Tendencias 2000-2030*

Por otra parte, el 14% del territorio nacional (aproximadamente 28 millones de hectáreas), es apto para la agricultura. Esta superficie agrí-

cola es superior a la existente, por ejemplo, en países como Francia y
Alemania, por citar sólo algunos, donde las áreas agrícolas alcanzan 19
y 12 millones de hectáreas, respectivamente. Las principales áreas agrícolas del país se localizan en el noreste (Tamaulipas), en el centro (Bajío y
eje neovolcánico), en el altiplano (comarca lagunera y Chihuahua), en el
sur-sureste (planicies de Veracruz y Chiapas y parte de la península de
Yucatán) y regiones del noroeste (planicies costeras de Sinaloa y Sonora).

Con base en un muestreo, puede decirse que los suelos agrícolas nacionales promedio presentan fertilidad media y tienen problemas de salinidad. Once entidades federativas presentan suelos con fertilidad alta
(Sinaloa, Campeche, Guanajuato, Hidalgo, Michoacán, Morelos, Nuevo
León, Querétaro, San Luis Potosí, Sonora y Yucatán); 16 estados tienen
suelos con fertilidad media (Baja California, Baja California Sur, Coahuila, Colima, Chiapas, Distrito Federal, Durango, Guerrero, Jalisco,
México, Nayarit, Oaxaca, Quintana Roo, Tamaulipas, Veracruz y Zacatecas) y cinco estados cuentan con suelos de baja fertilidad (Aguascalientes, Chihuahua, Puebla, Tabasco y Tlaxcala). Las áreas destinadas a
la agricultura están expuestas a diversos tipos de degradación, que se
traducen en cambios químicos y físicos de los suelos, sobre todo en regiones con riego. Las superficies de agricultura de temporal son, además, altamente susceptibles a la erosión hídrica y eólica.

El compromiso que México ha adquirido al suscribir la Convención
Internacional de Lucha contra la Desertificación consiste en la instrumentación del Programa Nacional Forestal y de Suelos, que integra acciones cuya adecuada ejecución tendrían repercusión positiva en la conservación de este importante recurso. Entre esas acciones destacan: la
actualización del marco jurídico, a través de la emisión de *normas oficiales* que constituyan el sustento técnico de la nueva Ley de Conservación de Suelos; la consolidación de los *programas de manejo de tierras*,
para apoyar técnicamente a los productores mediante la adaptación de
cultivos acordes con las características del suelo y con la disponibilidad
y calidad del agua, y el establecimiento de la Red Nacional de Bancos de
Germoplasma, fuente primaria de material genético para apoyar las actividades de reforestación.

Del mismo modo se deberá favorecer el manejo integral de las cuencas, con el apoyo al establecimiento formal de los *consejos de cuenca*, entidades rectoras de la gestión de los recursos y la promoción de acciones
de restauración de la vegetación, suelos y aguas, que servirá como requisito para autorizar cambios de uso del suelo.

Otros sectores de la población deben involucrarse mediante la participación de instituciones académicas, en la reorientación de los planes

de estudio y la dirección de la investigación, así como a través de los *consejos estatales para la restauración y conservación de suelos*. Finalmente, se debe avanzar en la consolidación de los programas de regulación de la tenencia de la tierra, para privilegiar el adecuado manejo de este recurso.

XV.3.2. *Vegetación*

La situación geográfica de México, tanto por su forma como por sus climas, geología y suelos, ha permitido una vasta diversidad florística. En el territorio mexicano se encuentran casi todas las formas vegetales descritas en la totalidad del planeta. El país posee, por un lado, desiertos en donde se registran escasos 50 mm de lluvia anual; por el otro, exuberantes selvas que alcanzan los 40 m de altura, con precipitaciones mayores a 4 000 mm anuales. Entre los extremos se desarrollan extensas regiones de matorrales y pastizales variados, bosques de coníferas y de encinos, palmares, manglares y otras comunidades vegetales importantes.

La vegetación natural (formada por arbustos y matorrales de las zonas áridas y semiáridas, por zonas arboladas de bosques y selvas, por pastizales, por vegetación asociada a suelos inundables y por superficies agrícolas) resume las condiciones ecológicas de la región en que se desarrolla y constituye un excelente indicador de la actividad humana que presiona al ambiente. Dicha presión puede observarse analizando los cambios ocurridos en las superficies vegetales a lo largo del tiempo, considerando la pérdida de la vegetación natural y la deforestación. Así, se ha perdido ya el 90% de la extensión original de selvas húmedas; aproximadamente el 60% de la de selvas subhúmedas y casi la mitad de la superficie original de bosques.

Para ilustrar la situación actual de la cobertura vegetal se presenta un mosaico nacional de imágenes de satélite Landsat, donde las áreas con vegetación (natural e inducida) aparecen en color verde, mientras que las regiones en tonalidades claras corresponden a áreas deterioradas, suelos desnudos, áreas erosionadas y zonas salinas.

Toledo[1] ha calculado que anualmente ocurre una pérdida total de cobertura natural equivalente a 1.5 millones de hectáreas. Considerando que actualmente la superficie con vegetación sin disturbio es de 50 millones de hectáreas, la tasa de cambio anterior permite especular lo que podría ocurrir en el año 2030. En la gráfica se observan las tendencias decrecientes de la superficie de vegetación natural sin disturbio durante

---

[1] Víctor Manuel Toledo, Antony Challenger, *Utilización y conservación de los ecosistemas terrestres de México*, Instituto de Biología, UNAM, México, 1988.

MAPA XV.3. *México: cobertura vegetal*

los próximos 30 años, evaluadas de dos formas distintas: aplicando la tasa de pérdidas de manera lineal y mediante cálculos de cambio ponderado.

En el primero de los casos los resultados arrojan cifras impactantes, puesto que al perderse 45 millones de hectáreas durante los próximos treinta años (1.5 millones de hectáreas cada año por 30 años), sólo quedarían en el país 5 millones de hectáreas con vegetación sin disturbio. En el segundo supuesto, la pérdida de vegetación natural en condiciones sanas (que incluye fracciones de bosques, selvas, matorrales y otros tipos de vegetación no degradados) sería menor, pues su superficie pasaría de 50 millones de hectáreas en el año 2000 a 31 millones de hectáreas para el año 2030.

Aun así, la superficie perdida (19 millones de hectáreas) representaría un área similar a la que ocupan los estados de Oaxaca, Chiapas, Tabasco, Campeche, Yucatán y Quintana Roo, juntos. En el caso del cambio ponderado, la superficie con vegetación natural sin disturbio per cápita se reduciría a la mitad entre el año 2000 y el 2030, pasando de 0.50 a 0.25 ha/habitante. Si la pérdida de cobertura vegetal se mantuviese constante en sus niveles actuales, la vegetación sin disturbio por habitante disminuiría drásticamente en esas tres décadas, pasando de 0.50 a 0.035 ha/habitante.

El *Plan Nacional de Desarrollo 1995-2000* marca como objetivo frenar las tendencias del deterioro ecológico y sentar las bases para transitar a un desarrollo sustentable, induciendo un ordenamiento ambiental, reorientando los actuales patrones de consumo, incrementando la eficiencia en el procesamiento de los recursos naturales, consolidando la capacidad de respuesta de los organismos relacionados con el ambiente y privilegiando la educación ambiental.

Como parte de la cubierta vegetal, los bosques y las selvas integran en conjunto lo que se denomina superficie forestal; en estos ecosistemas se reflejan las peores consecuencias del deterioro ambiental, por el impacto que produce la deforestación en la biodiversidad, en el ciclo del agua y en la conservación del suelo. La tasa de deforestación nacional (exclusivamente bosques y selvas) ha sido estimada por diversos autores en cifras que están entre 460 mil y 746 mil hectáreas por año.[2] Los hábitats más amenazados son el bosque de montaña y la selva alta, con la pérdida de sus faunas respectivas.

Para observar el comportamiento de este fenómeno en los próximos 30 años, se han tomado como base las experiencias de actualización

---

[2] Repetto (1988): 460 000 hectáreas anuales; FAO (1995): 678 000 hectáreas anuales; Castillo y otros (1989): 746 000 hectáreas anuales, en cuadro III.5.1.11, p. 214, INEGI-SEMARNAP (1997), *Estadísticas del medio ambiente*, México, 1997.

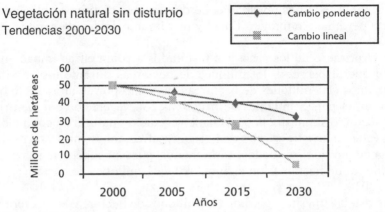

Fuente: V. M. Toledo y Antony Challenger, *Utilización y conservación de los ecosistemas terrestres de México*, Instituto de Biología, UNAM, 1988, World Resources Institute (s/f), World Resources, ediciones 1994-1995, 1996-1997 y 1998-1999, WRI UNDP, Oxford University Press, Washington, y estimaciones del INEGI.

FIGURA XV.2. *México: escenarios sobre superficie vegetal sin disturbios*

cartográfica del INEGI y el análisis de cuál podría ser la pérdida de superficie forestal, utilizando una tasa de deforestación de 700 000 hectáreas anuales (superficie equivalente al territorio del estado de Morelos y el Distrito Federal juntos), aplicada de manera lineal y ponderada.

En la figura XV.3. se muestran de manera comparativa los resultados obtenidos. Con una tasa ponderada, durante los próximos 30 años se perderían 8 millones de hectáreas de superficie forestal. Aplicando la tasa de cambio (700 000 hectáreas/año) de forma aritmética se perderían 21 millones de hectáreas en el mismo lapso. Entre los años 2000 y 2030 la superficie forestal per cápita pasaría de 0.37 a 0.26 ha/habitante en el escenario que resulta de aplicar una tasa ponderada, y de 0.37 a 0.14 ha/habitante en el escenario que resulta de aplicar la tasa lineal. Así, en el año 2030 a cada habitante del país podría corresponderle un cuadrángulo de superficie forestal de 50 metros por lado en el primer caso, y de tan sólo 12 metros por lado en el segundo.

Es importante aclarar que varias medidas ayudarán a abatir la tendencia actual, entre ellas: la reforestación planeada, empleando especies vegetales de alto rendimiento, mayor resistencia y adaptables a las condiciones de cada región; el control y actualización de las prácticas de explotación silvícola; el uso de gravámenes fiscales que desalienten el uso de materiales forestales; el desarrollo tecnológico para elevar la productividad de las materias primas utilizadas en los procesos de producción; la prevención de incendios; la promoción de políticas de autorregulación

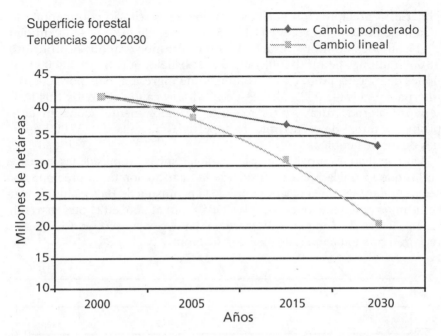

Fuente: Víctor Manuel Toledo, Antony Challenger, *Utilización y conservación de los ecosistemas terrestres en México*, Instituto de Biología, UNAM, 1988, World Resources Institute, (s/f), *World Resources*, ediciones 1994-1995, 1996-1997 y 1998-1999, WRI UNDP, Oxford University Press, Washington, y estimaciones del INEGI.

FIGURA XV.3. *México: escenarios sobre superficie forestal perdida*

en la explotación de recursos naturales, y programas de carácter nacional sobre educación forestal.

XV.3.3. *Agua*

El agua es un elemento esencial para los seres vivos y para el desarrollo de los asentamientos humanos y las actividades económicas. Su disponibilidad en las distintas fases del ciclo hidrológico (en la atmósfera, en cuerpos de agua y en el subsuelo) sirve de base para la planeación estratégica de su uso en las zonas agrícolas e industriales, en los asentamientos urbanos y para la generación de energía eléctrica. Además de la cantidad total de agua disponible, es necesario conocer su distribución en el territorio durante el año y su relación con la población.

La precipitación en nuestro país se registra principalmente en el verano y en promedio caen 777 mm por metro cuadrado al año; al multiplicar esta precipitación por la superficie del territorio continental mexicano se obtiene un volumen de 1.56 billones de m³; de esta cantidad, 1.123 billones de m³ regresan a la atmósfera por evapotranspiración y 48 000 millones de m³ se infiltran en el subsuelo, quedando 389 000 millones de m³ que, junto con el volumen que ingresa al país por acuerdos internacionales (48 000 millones de m³ de los caudales de los ríos fronterizos Colorado, Bravo y Usumacinta, principalmente), constituyen el promedio anual de escurrimiento superficial de agua de 437 000 millones de metros cúbicos.

Las condiciones orográficas y las características propias de las latitudes en las que se ubica México hacen que la distribución de la precipitación sea irregular. Así, en la parte central de la península de Baja California encontramos precipitaciones menores de 50 mm al año; en el otro extremo, en las sierras de Zongolica, Veracruz, y en el Soconusco, en Chiapas, se registran precipitaciones de más de 5 000 mm.

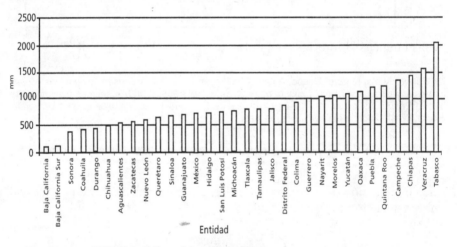

Fuente: INEGI, 1997. *Estadísticas del medio ambiente.*

FIGURA XV.4. *México: promedio de precipitación total anual por entidad federativa en el periodo 1986-1995*

Del volumen anual de escurrimiento en el país (437 000 millones de m³), se consumen 47 000 millones de m³; de esta cantidad, el 85% se utiliza en la agricultura, 5% en la industria, 5% en usos domésticos y 5% en otros usos. En muchos casos el agua que se utiliza para la agricultura se aprovecha previamente para la generación de energía eléctrica.

Con el total de agua disponible en nuestro país (485 000 millones de m³) le corresponderían a cada mexicano aproximadamente 5 mil m³ (5 millones de litros) de agua al año, equivalentes a 14 tinacos diarios por persona. Esta cifra es un vigésimo de la que dispone un canadiense, casi la mitad de la que tiene disponible un estadounidense, pero el doble de la que dispone un europeo y más de 170 veces la de un egipcio.

La heterogeneidad de la precipitación a lo largo y ancho del territorio nacional, la configuración del relieve y la posición geográfica producen una gran diversidad de condiciones climáticas. En el 31% del territorio se presentan climas secos, en el 36% semisecos y en el 33% predominan los húmedos y subhúmedos. Por ello, al considerar la irregular distribución pluvial y la población de cada entidad, resulta que, aunque a cada mexicano le corresponderían 5 millones de litros de agua al año en promedio, a un bajacaliforniano le corresponden solamente 436 000 litros de agua por año, mientras que a un colimense le corresponden un poco más de 8 millones de litros anuales.

Además de la desigual disponibilidad del agua, la demanda del líquido vital se encuentra en áreas donde es difícil su aprovisionamiento y aprovechamiento, como en el valle de México, la cuenca del río Lerma y las cuencas fronterizas del norte del país. De hecho, una tercera parte de la población nacional está asentada en zonas superiores a los 2 000 metros sobre el nivel del mar, donde sólo se genera el 4% del escurrimiento anual y de los vasos de almacenamiento.

En contraste, menos del 25% de la población se ubica en el sureste, donde escurre el 67% del total nacional de aguas superficiales y se concentra el 80% de los vasos de almacenamiento. Este desequilibrio entre la ubicación de la población y la disponibilidad de agua ha provocado la sobreexplotación de un gran número de mantos acuíferos, así como la contaminación de cuerpos de agua por descargas urbano-industriales, haciéndolos prácticamente inútiles para uso doméstico, para uso agrícola y para la vida acuática.

Parte del agua que se precipita se infiltra en el subsuelo para constituir los mantos acuíferos, de los cuales se extraen en promedio anual 24 000 millones de m³. Cerca de dos terceras partes se extrae en las zonas áridas del país, provocando su sobreexplotación, lo cual ha producido hundimientos en el suelo, disminución en la calidad del agua y aumento en el costo de perforación y bombeo para buscar este recurso en el subsuelo, así como el fenómeno de intrusión salina (penetración de agua de mar a mantos acuíferos sobreexplotados en zonas costeras).

En los siguientes mapas se señalan las zonas de explotación con un punto de color, para mostrar su condición de operación —subexplotación, equilibrio y sobreexplotación—, así como las áreas en donde la extracción de agua subterránea está regulada con veda.

En la gráfica XV.5 se muestran las tendencias en la transición de las zonas de explotación de aguas subterráneas de regímenes subexplotados y en equilibrio a sobreexplotados. Como resultado del aumento de la demanda, principalmente donde no existen almacenamientos superficiales, se realiza la apertura de nuevas zonas de extracción de agua, lo cual abatirá aún más el nivel de los mantos acuíferos. De esta forma, en el año 2030 el número de zonas sobreexplotadas podría triplicar el de finales del siglo xx.

Tendencias 2000-2030

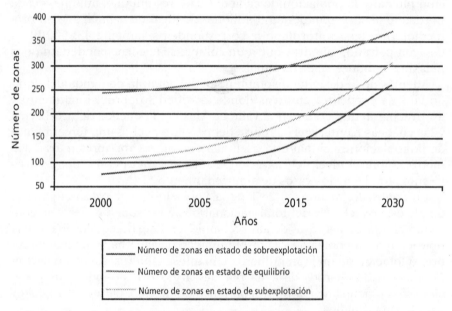

Fuente: INEGI. Carta hidrográfica de aguas subterráneas, 1981 y 1996.

FIGURA XV.5. *México: evolución de las zonas de aprovechamiento de aguas subterráneas*

El agua se renueva mediante un ciclo hidrológico afectado por la actividad del hombre. Éste debe ser el punto de partida para la preservación de su calidad y cantidad dentro de un manejo integral del recurso.

La República Mexicana cuenta con 1 264 presas con capacidad de almacenamiento superior a 0.5 millones de m³ que, en conjunto, acumulan 125 000 millones de m³; es decir, casi una tercera parte del agua que escurre anualmente. Este volumen es comparable a 20 veces el del lago de Chapala, o al consumo de casi cuatro tinacos diarios por cada mexi-

MAPA XV.4. *México: zonas de explotación del agua*

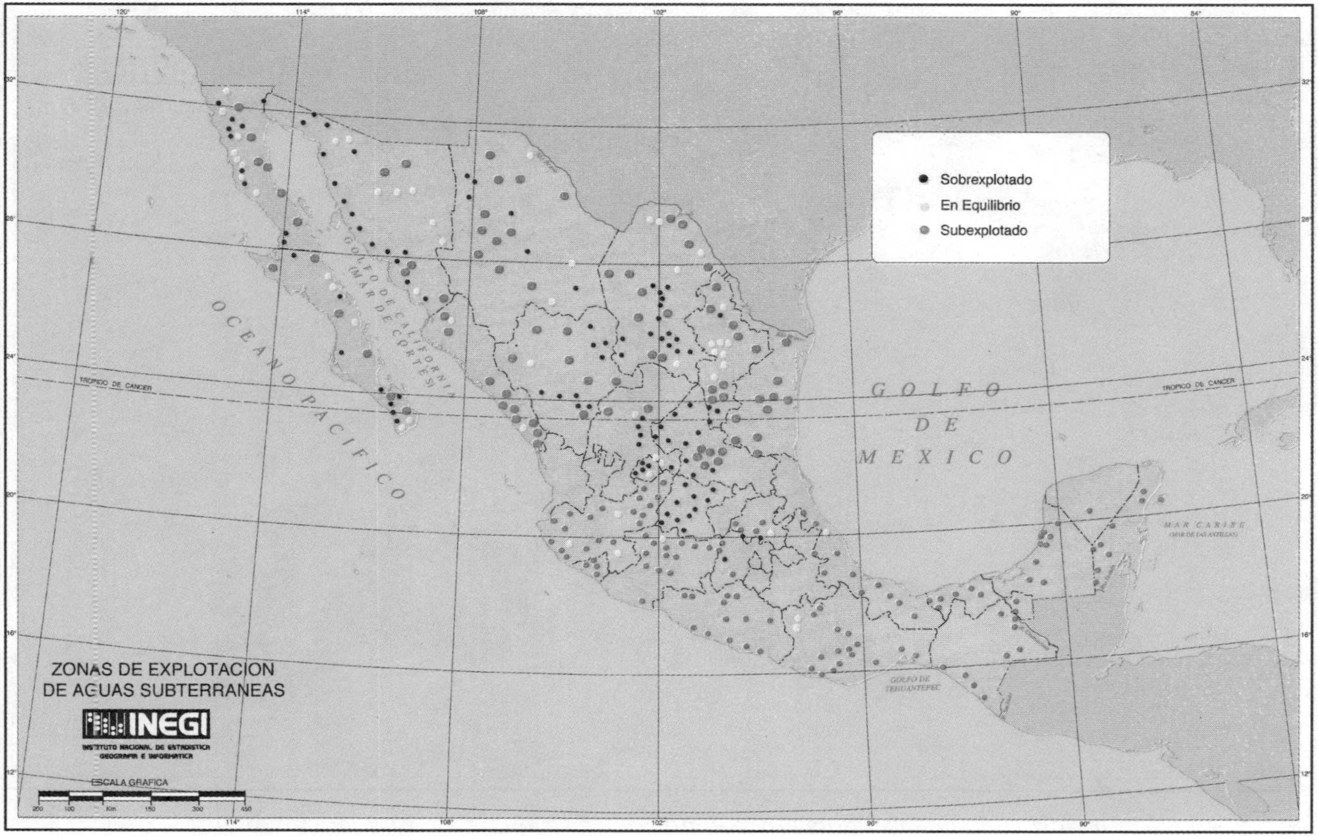
Sobrexplotado
En Equilibrio
Subexplotado
GOLFO DE MEXICO
OCEANO PACIFICO
GOLFO DE CALIFORNIA (MAR DE CORTES)
MAR CARIBE
TROPICO DE CANCER
ZONAS DE EXPLOTACION DE AGUAS SUBTERRANEAS
INEGI
INSTITUTO NACIONAL DE ESTADISTICA GEOGRAFIA E INFORMATICA
ESCALA GRAFICA

Mapa XV.5. *México: zonas de veda para la extracción de agua subterránea*

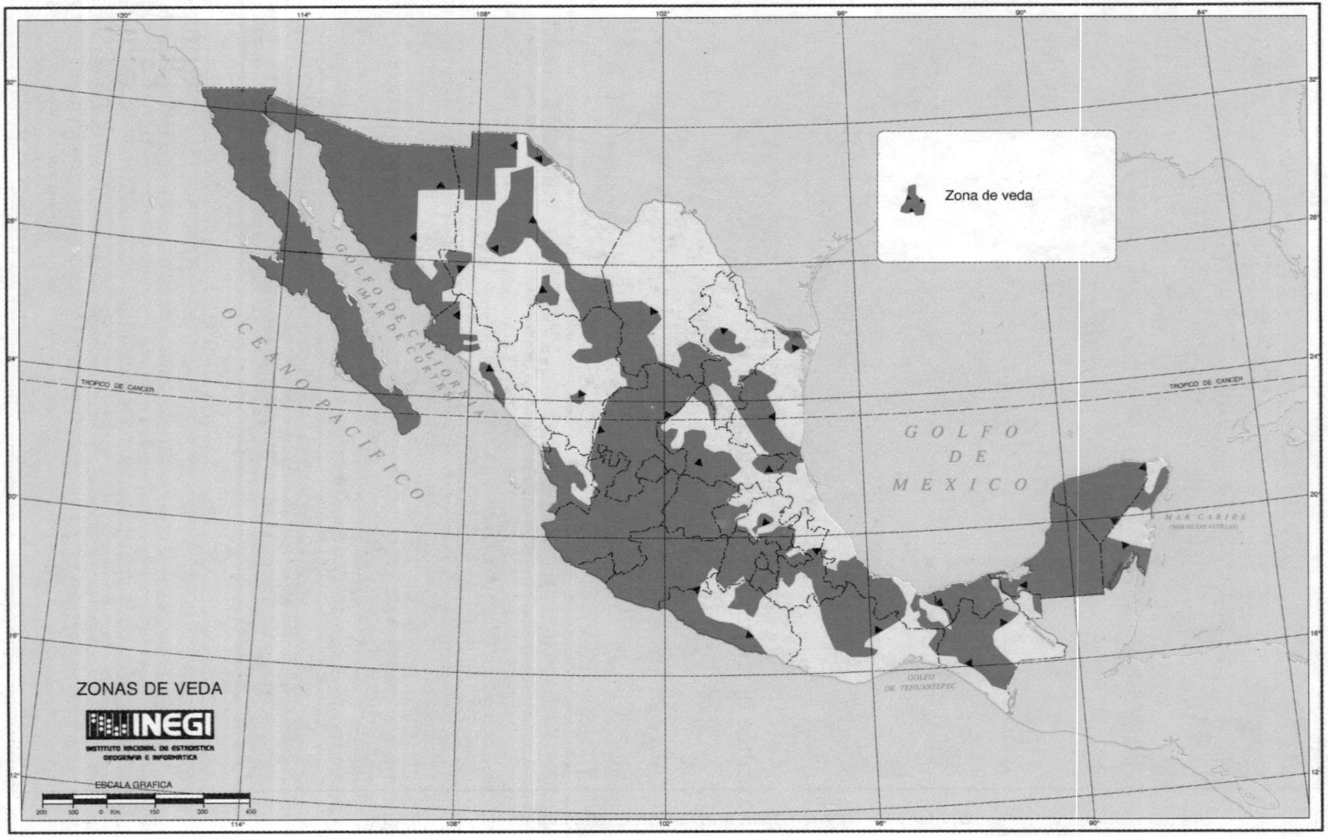
Zona de veda
GOLFO DE CALIFORNIA (MAR DE CORTES)
OCEANO PACIFICO
TROPICO DE CANCER
GOLFO DE MEXICO
MAR CARIBE
GOLFO DE TEHUANTEPEC
ZONAS DE VEDA
INEGI
INSTITUTO NACIONAL DE ESTADISTICA GEOGRAFIA E INFORMATICA
ESCALA GRAFICA
200 100 0 Km. 150 300 450

cano durante un año. La infraestructura hidráulica debe considerarse estratégica, por lo que debemos dirigir los recursos hacia la eficiencia de los sistemas operadores, el saneamiento y rehabilitación de cuencas, la investigación hidrológica y el fomento de una cultura del agua que conserve y reutilice este vital recurso.

Administrar eficientemente el agua requiere de una planificación estratégica y vigorosa de conservación, ahorro y uso eficiente, así como del fomento al tratamiento de aguas residuales para combatir la contaminación hídrica, la cual tiene una fuerte incidencia sobre la salud de la población. Los efectos de un mal uso de los recursos hídricos, que durante años han afectado no sólo la cantidad sino también la calidad del agua, deben ser atendidos, buscando frenar y revertir las tendencias de deterioro para transitar hacia un desarrollo sustentable.

XV.3.4. Biodiversidad

La biodiversidad se refiere al número de especies existentes en una zona geográfica determinada, y está ligada íntimamente con la riqueza de los seres vivos y con la conservación biológica y el aprovechamiento de su potencial genético. México es uno de los 12 países con mayor diversidad biológica del mundo. En el país existen aproximadamente 23 700 especies conocidas de plantas; 19 mil de insectos, 1 060 especies de aves, 700 de reptiles y 490 de mamíferos, así como 6 mil especies de hongos y 2 600 de arácnidos, entre otras.

La República Mexicana ocupa el cuarto lugar en el mundo por sus especies de plantas y anfibios, el segundo en mamíferos y el primero en reptiles.[3] Dentro de sus ecosistemas terrestres destacan los bosques de encino, pino y abeto, así como los bosques de montaña, que albergan casi 7 mil especies de plantas con flores, entre ellas, 55 especies de pinos y 138 de encinos. En México también se encuentra la mayor variedad de cactáceas del mundo, con al menos 800 especies, representantes del 42.5% del inventario mundial. Oaxaca y Chiapas, en particular, forman una de las 15 áreas más ricas en biodiversidad en el mundo; en dichos estados existe entre el 30 y el 40% del total de las especies conocidas de nuestro planeta.

La megadiversidad de México significa diversidad de hábitats, producto, a su vez, de la alta variedad de climas y orografía, así como de la interacción de flora y fauna de diferentes orígenes biogeográficos, y de

---

[3] R. Mittermeier, y C. Goettsch, "La importancia de la diversidad biológica de México", en José Sarukhán y R. Dirzo (comps.), *México ante los retos de la biodiversidad*, CONABIO, México, 1992.

su vecindad con océanos e islas que tienen condiciones biológicas y de riqueza muy particulares. La vegetación natural de México se ha desarrollado en casi todas sus posibilidades, desde las grandes selvas del sur del país, hasta los matorrales en el noroeste.

Los hábitats acuáticos y costeros se añaden a la riqueza ecológica del país; lagunas, pantanos y manglares se integran a complicados sistemas ribereños, los cuales constituyen los ambientes biológicamente más productivos. Los hábitats acuáticos poseen un inventario de alrededor de 2 700 especies de algas (1 600 de ellas marinas), 152 especies de corales, al menos 1 100 de gusanos marinos y 1 410 especies de camarones, cangrejos y langostas; también existen 600 especies de ostras marinas, 500 de estrellas y pepinos de mar y 2 600 de peces, de las cuales 500 son de agua dulce. Los mamíferos más grandes y voluminosos se encuentran en este medio.

La reducción de la vegetación natural está íntimamente relacionada con la disminución de especies de flora y fauna del país. Si bien la extinción forma parte del proceso de evolución en el que surgen nuevas especies que sustituyen o reemplazan a las ya existentes, la preocupación radica en que la tasa actual de desaparición de especies sobrepasa la tasa de extinción promedio anterior a la aparición del hombre, según el registro fósil. De acuerdo con una estimación conservadora, se calcula que hubo una pérdida del 3 al 9 % anual de especies en el planeta durante la década final del siglo XX. Si se mantiene ese ritmo de extinción, en menos de cincuenta y cinco años veremos reducido a la mitad el número de especies en el planeta.[4]

Con base en el total de especies vegetales y animales de la lista de la Norma Oficial Mexicana,[5] se estimó también que desde 1990 podría estar perdiéndose cada año el 6% de las especies actualmente existentes en nuestro país. En las figuras XV.6. y XV.7. se muestran las tendencias sobre la pérdida de diversidad biológica en México. De acuerdo con lo anterior, hacia el año 2030 sería alarmante el número de especies vegetales y animales que hoy existen en el territorio nacional que estaría en peligro de extinción, si los esfuerzos de conservación son insuficientes.

En casi todos los grupos taxonómicos al menos una de cada cinco especies muestra en México cierto riesgo de extinción. Se calcula que aproximadamente 1 000 especies de plantas, 129 de mamíferos, 272 de aves, 218 de reptiles y anfibios y 126 de peces de agua dulce se encuentran en peligro de desaparecer; es decir, más del 50% de las especies de

[4] A. H. Ehrlich y P. R. Ehrlich, "Causes and consequences of the disappearance of biodiversity", en José Sarukhán y R. Dirzo (comps.), *México ante los retos de la biodiversidad*, CONABIO, México, 1992.
[5] *Diario Oficial*, mayo de 1994.

Mapa XV.6 *México: regiones ecológicas*

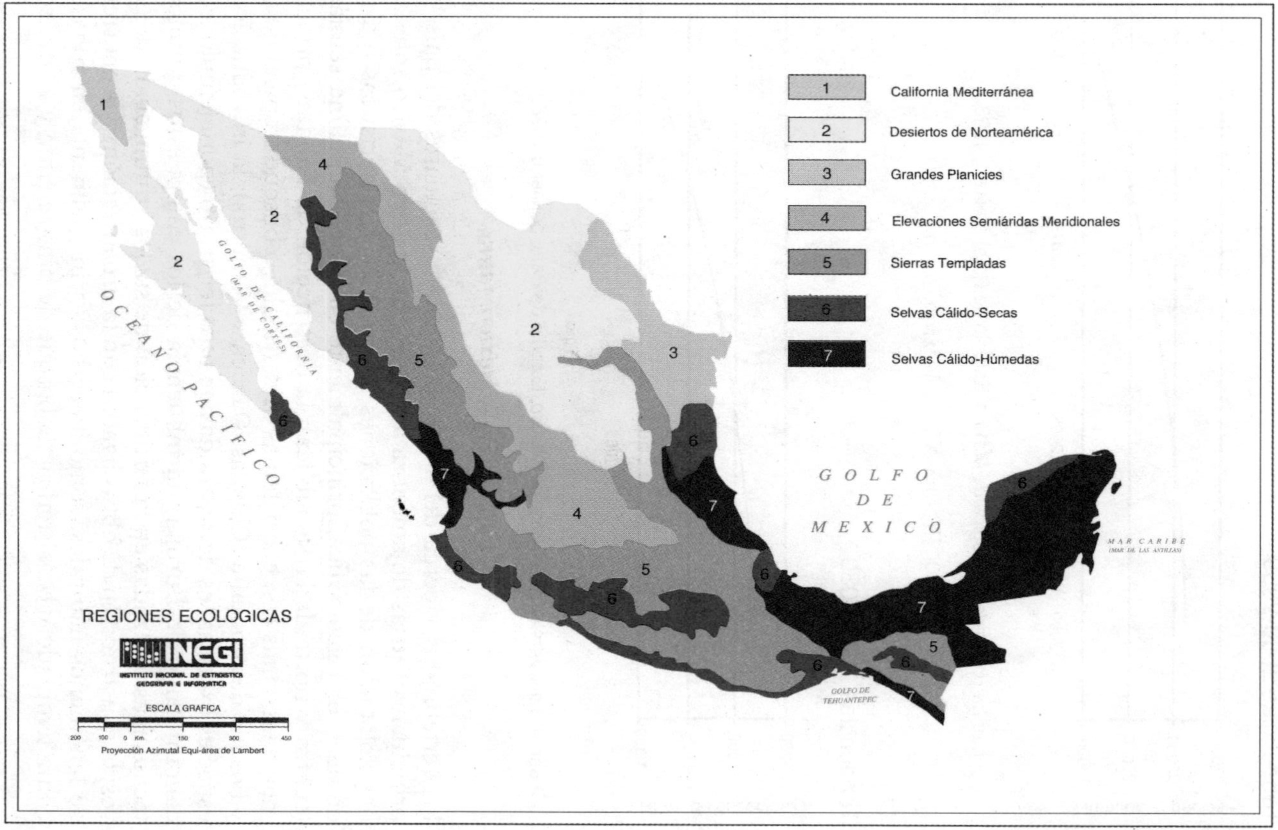

REGIONES ECOLOGICAS

INEGI
INSTITUTO NACIONAL DE ESTADISTICA
GEOGRAFIA E INFORMATICA

ESCALA GRAFICA
Proyección Azimutal Equi-área de Lambert

1	California Mediterránea
2	Desiertos de Norteamérica
3	Grandes Planicies
4	Elevaciones Semiáridas Meridionales
5	Sierras Templadas
6	Selvas Cálido-Secas
7	Selvas Cálido-Húmedas

OCEANO PACIFICO

GOLFO DE CALIFORNIA
(MAR DE CORTES)

GOLFO DE MEXICO

MAR CARIBE
(MAR DE LAS ANTILLAS)

GOLFO DE
TEHUANTEPEC

Tendencias 2000-2030

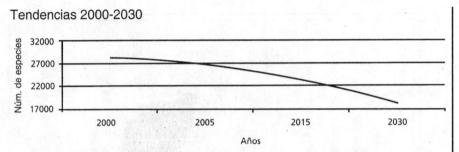

Fuente: *La diversidad biológica de México*, Estudio de País, CONABIO, 1998.

FIGURA XV.6. *México: flora*

Tendencias 2000-2030

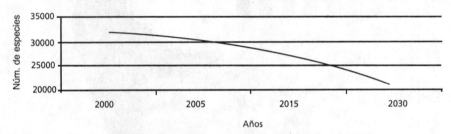

Fuente: *La diversidad biológica de México*, Estudio de País, CONABIO, 1998.

FIGURA XV.7. *México: fauna*

los vertebrados y cerca del 4% de las plantas vasculares del país.[6] Las principales causas de amenaza a la biodiversidad en México son: la sobreexplotación de las poblaciones de especies características o únicas de una zona geográfica, principalmente en zonas con clima semiárido (centro y norte de la República); la destrucción de hábitats, principalmente en zonas con ecosistemas de selva alta o bosque tropical lluvioso y bosque de montaña (Chiapas, Oaxaca y Veracruz); la introducción de especies exóticas, es decir, traídas de otro territorio (por ejemplo, el eucalipto traído de Europa); la influencia de los compuestos químicos y tecnologías utilizadas en la fertilización de suelos y fumigación de cultivos; la construcción de obras ligadas con la urbanización; y la ocurrencia de fenómenos naturales, como incendios (principalmente en zonas con clima templado y ecosistemas de bosque de pino, encino y abeto, como

[6] G. Ceballos, "Especies en peligro de extinción", en O. Flores y A. Navarro (comps.), *Biología y problemática de los vertebrados en México. Ciencias* (Número especial 7) 5-10, México, 1993.

en Chihuahua, Durango, Jalisco, Michoacán, Estado de México y Puebla), erupciones volcánicas, inundaciones y terremotos.[7]

Las alternativas para disminuir la pérdida de especies, además del control de la distribución de la población humana, suponen el cumplimiento de las normas de protección al ambiente por parte de los habitantes y el establecimiento y consolidación de programas de ordenamiento que garanticen la conservación de los hábitats de las especies, mediante acciones concertadas entre los diferentes niveles de gobierno, así como con la iniciativa privada.

XV.3.5. *Hidrocarburos y electricidad*

De acuerdo con el Instituto de Recursos Mundiales, el uso global de recursos energéticos aumentará considerablemente en las décadas por venir. Los incrementos se concentrarán fundamentalmente en Asia y en América Latina y se enfocarán fundamentalmente en la producción de petróleo, gas natural y carbón.

Los hidrocarburos (petróleo crudo, líquidos del gas y gas seco) han constituido desde las primeras décadas del presente siglo un recurso estratégico y un factor de progreso para los países. México también ha apoyado el desarrollo de su economía en la estructura de la producción energética, la cual está configurada de la siguiente forma: hidrocarburos, 89%; electricidad, 5%; biomasa, 4%, y carbón, 2%.

La posición de nuestro país en el mercado internacional de los hidrocarburos es destacada, ya que ocupa el séptimo lugar en reservas de petróleo y el decimocuarto lugar en reservas de gas. En relación con la producción de petróleo y gas, en ambos casos ocupa el octavo sitio mundial. Las reservas de hidrocarburos en nuestro país, a principios de 1999, ascendían a 57 741 millones de barriles de petróleo crudo equivalente (incluye aceite, condensados, líquidos de plantas y gas seco), lo que, al ritmo de explotación actual de aproximadamente tres millones de barriles diarios, garantiza el abasto de este tipo de productos para los próximos cincuenta años.

En el caso de las gasolinas se tiene previsto que su demanda seguirá aumentando, pasando de casi 550 000 barriles diarios en el año 2000, hasta más de 600 000 barriles diarios al concluir la primera década del siglo XXI. En contraste, su producción oscilará alrededor de los 450 000 barriles diarios durante el mismo periodo. Para satisfacer el mercado se recurrirá a la importación de este energético.

---

[7] R. Dirzo, en José Sarukhán y R. Dirzo (comps.), *México ante los retos de la biodiversidad*. CONABIO, México, 1992.

Algunas acciones que podrían significar reducciones en el consumo de hidrocarburos y en consecuencia en su impacto sobre el ambiente, son la búsqueda de mayor eficiencia en la combustión de gasolinas, el incremento en el uso de gas natural, la reducción en el uso de automóviles y el uso de energías y tecnologías alternativas.

La capacidad instalada actual del sector eléctrico nacional es de 38 384 megawatts. Sin embargo, el país debe prepararse para satisfacer una demanda cercana a los 50 000 megawatts para el año 2006. La capacidad de producción eléctrica del sector paraestatal, por tipo de fuente, se distribuye de la siguiente manera: termoeléctrica, 58%; hidroeléctrica, 28%; carboeléctrica, 7%; geotérmica, 2 %. En los últimos años del siglo xx la demanda de energía eléctrica ha superado la capacidad de producción, propiciando importaciones de electricidad para la región norte del país. En 1998 se importaron 1 370 gigawatts-hora (Gwh), 453 para el sistema Baja California, 912 para el sistema Norte y 5 para pequeños sistemas ubicados a lo largo de la frontera norte.

La expansión y modernización de la red eléctrica enfrenta dificultades, por lo que se requiere la inyección de recursos que permitan lograr una producción más eficiente, con un menor impacto ambiental y que satisfaga la demanda de este energético. Esta demanda se ha visto incrementada por el crecimiento demográfico, la continua industrialización y urbanización del país y por la expansión de las zonas de riego, principalmente.

Actualmente el consumo per cápita de energía en México asciende a 1 426 kilowatts-hora. Esta cantidad representa casi la décima parte del consumo per cápita estadounidense y la onceava del canadiense, y está 17% abajo del consumo per cápita de Argentina y Brasil. Esto implica que, en un escenario de crecimiento económico sostenido, la demanda de energía eléctrica por parte de la población mexicana podría incrementarse sustantivamente, generando presiones adicionales sobre la capacidad instalada del sector. Aunque la producción y el consumo de energía son fieles indicadores del desarrollo de una sociedad, constituyen procesos que afectan al ambiente. Por esta razón es indispensable revisar y adecuar las políticas que regulan la explotación de estos recursos.

XV.3.6. *Minerales*

La explotación y beneficio de las riquezas minerales del subsuelo representan uno de los sustentos importantes de la industria nacional. Los minerales y los metales constituyen las materias primas para un amplio número de actividades industriales tanto del sector de bienes intermedios y de capital (químico, fertilizantes, maquinaria y equipo, equipo y material de transporte), como de las industrias que producen bienes de consumo final (aparatos electrodomésticos, vehículos, artículos de plástico, etc.). Nuestra privilegiada geología ha sido fuente proveedora de la diversidad mineral en la que se ha apoyado la vocación minera mexicana. Esta tradición minera se manifiesta en la posición de nuestro país en el mercado mundial de minerales: ocupa el primer lugar en la producción de plata, bismuto y celestita, el segundo lugar en fluorita, el tercero en grafito, el cuarto en barita y el sexto en plomo. En las exportaciones de nuestro país, la participación de la industria minera ha variado entre el 1.7 y el 5.5% en la última década.

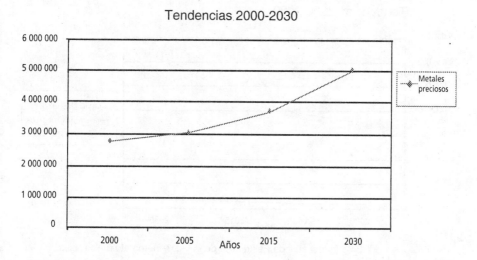

Fuentes: SECOFI, Boletín mensual de Estadística de la Ind. Minerometalúrgica; INEGI, La Minería en México, 1997.

FIGURA XV. 8. *Volumen de producción minerometalúrgica (kilogramos)*

La industria minera mexicana se concentra fundamentalmente en el noroeste (Sonora), norte (Coahuila y Zacatecas) y centro (San Luis Potosí, Guanajuato y Estado de México); sin embargo, se considera que la exploración en la búsqueda de yacimientos puede extenderse a casi la mitad del territorio nacional. El desarrollo de la minería en el país ha tenido costos ecológicos, entre los que destacan la destrucción de la vegetación, la contaminación de los suelos y la degradación de ríos y lagos por las descargas de aguas residuales.

Utilizando los mismos procedimientos empleados para construir posibles escenarios sobre la disponibilidad de recursos como suelo, vegetación, agua y fauna se analizó el caso de los volúmenes de producción
minerometalúrgica por producto para el periodo 2000-2030. Para ello
los productos mineros se agruparon en metales preciosos (oro y plata),
metales no ferrosos (plomo, cobre, zinc, antimonio, arsénico, bismuto,
estaño, cadmio, selenio, tungsteno y molibdeno), minerales siderúrgicos
(carbón mineral, coque, hierro y manganeso) y minerales no metálicos
(azufre, grafito, barita, dolomita, fluorita, caolín, sílice, feldespato, yeso,
fosforita, sal, wollastonita y celestita).

Tendencias 2000-2030

Fuentes: SECOFI, Boletín mensual de Estadística de la Ind. Minerometalúrgica; INEGI, La Minería en México, 1997.

FIGURA XV. 9. *Volumen de producción minerometalúrgica (toneladas)*

En las figuras anteriores pueden observarse las tendencias de incremento en los volúmenes de producción hasta la tercera década del siglo XXI.
La producción de minerales no metálicos y minerales siderúrgicos podría alcanzar valores superiores a los 30 millones de toneladas; la producción de metales ferrosos y metales preciosos podría ser del orden de
1.7 millones de toneladas y 5 mil toneladas, respectivamente. La producción de cada uno de los metales presentará grandes fluctuaciones
debido, entre otras cosas, a las variantes en sus cotizaciones mundiales
y a la disponibilidad de reservas. Sin embargo, la producción minerometalúrgica podría ser de casi el doble de la actual y representar una
proporción cada vez mayor del total de las exportaciones del país.

Actualmente, en busca de competitividad internacional, la modernización de la minería tiene como objetivos el incremento de rendimientos, la reducción de costos de producción y la adopción de acciones de protección ambiental, que resulten en la constitución de "industrias limpias", con volúmenes de producción cada vez mayores.

Al igual que los hidrocarburos, parte de la importancia de los recursos minerales radica en su carácter de no renovables, por lo que su explotación debe ser manejada utilizando métodos modernos de extracción y beneficio que no contaminen los suelos y las aguas superficiales y subterráneas.

XV.4. Retos y oportunidades

México posee un territorio cuyas características y recursos constituyen grandes fortalezas; no obstante, existen regiones en las que, por sus condiciones intrínsecas, por su ocupación inadecuada y/o por el aprovechamiento desmedido de sus recursos, se han provocado impactos severos a los recursos naturales y al ambiente. Entre las causas más importantes destacan: las demográficas (crecimiento poblacional; el binomio aguda concentración y excesiva dispersión de la población); las económicas (baja productividad del campo y concentración espacial de la actividad económica); las ecológicas (cambio del uso del suelo, sobreexplotación del recurso biótico, erosión, contaminación atmosférica, de suelos y aguas); las culturales (patrones de consumo, sistemas de producción agropecuaria y forestal y sobreexplotación de los recursos marinos), y las territoriales (inadecuada ubicación de los asentamientos humanos).

Estos factores continuarán presionando de manera importante a los recursos naturales, generándose fenómenos que seguirán afectando el nivel de vida de la población y a la naturaleza misma. México afrontará en el siglo XXI importantes retos ambientales. Para hacerlo con éxito, su tarea deberá ser particularmente intensa en las primeras décadas del nuevo milenio, arraigando el concepto de desarrollo sustentable y actuando decididamente en favor de éste. Dado que el desarrollo sustentable implica una sana relación del hombre con el medio físico y biótico, es necesario cambiar la concepción actual de la economía y conceptualizarla como un subsistema de un sistema más amplio, a diferencia de la percepción actual en la que la naturaleza es considerada como recurso infinito, como un insumo del sistema económico.

XV.4.1. *El PIB ecológico y el desarrollo sustentable*

Las tendencias que se han dibujado en las secciones anteriores (algunas de ellas muy preocupantes) deben reflejarse en las medidas que tomará el país para su desarrollo económico y social. México, a través del INEGI, ha venido aplicando los criterios de la contabilidad ambiental, que permiten vincular los recursos naturales y el ambiente con los hechos económicos. Esto se logra mediante la cuantificación y deducción de los costos por agotamiento de los recursos naturales y los costos por la degradación ambiental al producto interno bruto tradicional, dando origen al producto interno bruto ecológico o PIB ecológico.

Las cuentas ecológicas se suman al sistema tradicional de cuentas nacionales de México mediante la ampliación del concepto de *activo*, al incorporar no sólo los "activos producidos", como las instalaciones y la maquinaria y equipo, sino también considerando como "activos" a los recursos naturales y al ambiente. Los cambios que sufren estos nuevos activos cada año permiten tener en cuenta (como se hace en la depreciación de las instalaciones, maquinaria y equipo) los costos por agotamiento y degradación de los recursos naturales, los cuales afectan a la naturaleza y representan los gastos que se tendrían que realizar para evitar dichos efectos.

Estos costos disminuyen el producto interno bruto tradicional y a la vez permiten obtener una nueva medida del *progreso económico*, el PIB ecológico, con una perspectiva de desarrollo sustentable. Antes, la contaminación de las aguas, la tala de bosques y la erosión de los suelos no afectaba la medida del PIB y del *desempeño económico*. Con el PIB ecológico se miden las repercusiones que tiene el proceso económico sobre los recursos naturales y el ambiente.

La cuantificación de los costos ambientales por el uso de recursos como petróleo y gas natural, forestales maderables, suelo y agua subterránea se realiza mediante balances físicos anuales que muestran la disponibilidad de ellos al inicio de cada año, los cambios ocurridos (ya sean positivos o negativos) durante este periodo como consecuencia de la actividad económica y su disponibilidad al final del mismo. A su vez, para medir los costos que se derivan de la contaminación del aire, del agua y del suelo, o de cualquier otra alteración de la calidad del ambiente, se toman en cuenta las sumas de dinero que costaría recuperar sus características originales. De esta manera se obtienen los costos por agotamiento de los recursos naturales y por el deterioro del medio ambiente. Al integrar el Sistema de Cuentas Económicas y Ecológicas de México, nuestro país consolida su lugar de vanguardia a nivel mundial en la elaboración y actualización de las cuentas "satélite" del ambiente.

A fines del siglo XX la magnitud del impacto ambiental alcanzó en México en promedio el 11% del producto interno bruto; es decir, el PIB ecológico fue de cerca de 90% del PIB económico. Así, al PIB tradicional habría que restarle un 10% por impactos ambientales. Esta es una cantidad ya considerable en sí misma; sin embargo, si las condiciones observadas durante los últimos 10 años se mantienen, el PIB y el PIBE presentarán una diferencia aún más significativa en el año 2030, pues mientras que el PIB (a precios corrientes) podría resultar casi 14.6 veces mayor que el del año 2000, los costos por agotamiento y degradación serían 37.4 veces más elevados, de tal forma que el PIBE equivaldrá al 74.4% del PIB tradicional; es decir, el ajuste por costos ambientales alcanzaría el 25.6% del mismo. Por lo tanto, entre hoy y el año 2030 cada dos años se estaría restando un punto porcentual del PIB por deterioro ecológico.

En el año 2000 el producto interno bruto ecológico per cápita (libre del costo ecológico) será de 41 214 pesos; mientras que en el año 2030 podría ser de 381 736 pesos corrientes. En comparación, el PIB per cápita tradicional será de 45 789 y 512 949 pesos para los años señalados, respectivamente.

CUADRO XV.1. *México: PIB, costos ambientales y PIB ecológico*

Concepto	2000		2030		Aumento en número de veces respecto a 2000
	Millones de pesos corrientes	Estructura %	Millones de pesos corrientes	Estructura %	
PIB	4 533 083	100.0	66 170 477	100.0	14.6
Menos:					
Costos ambientales	452 870	10.0	16 926 489	25.6	37.4
PIB ecológico	4 080 213	90.0	49 243 988	74.4	12.0

Resulta difícil pronosticar el PIB tradicional a 30 años de distancia y todavía es más difícil calcular el PIB ecológico. Sin embargo, las estimaciones del cuadro XV.1. establecen órdenes de magnitud que deben tomarse en cuenta. Si la distribución espacial de la población y la conducta económica de producción, consumo e inversión continúan con las tendencias hasta ahora observadas, no es previsible que el país pueda conducirse en el marco del desarrollo sustentable, con lo que no sólo sería posible una notable pérdida del poder adquisitivo, sino también un mayor riesgo de que las disminuciones de nuestros recursos naturales y la alteración de la calidad del ambiente se convirtiesen en factores limitativos para alcanzar mejores condiciones económicas y de nivel de vida para futuras generaciones de mexicanos en el siglo XXI.

A fines del siglo XX la sociedad sigue con atención la evolución de indicadores macroeconómicos tales como el producto interno bruto, la inflación, el déficit fiscal, el déficit comercial y la deuda externa, porque identifica en ellos elementos que influirán en su vida cotidiana individual y en la del país. Nuestra aspiración deberá ser que en el inicio del siglo XXI nociones tales como déficit ambiental, deuda ecológica o producto interno bruto ecológico llamen la atención respecto de la calidad de vida, la salud y la perspectiva económica de nuestra sociedad.

Ciertamente este escenario para el año 2030 puede ser denominado fatalista. Sin embargo, está claro que, de materializarse, se cancelaría la posibilidad (por su magnitud) de restitución de muchos de los costos que la actual generación heredaría a las generaciones de mexicanos del siglo XXI. La cifra del PIB ecológico para el año 2030 ha sido proyectada para el país en su conjunto. Sin embargo, este agregado tendría una representación sectorial específica y una manifestación territorial diversa a lo largo y ancho del país.

XV.4.2. *El ordenamiento territorial*

Como se mencionó en la introducción de este capítulo, México inicia el siglo XXI con una población cercana a los 100 millones de habitantes, distribuidos de manera muy irregular sobre el territorio nacional. Las actividades económicas de la población, sumadas a las causas naturales, han deteriorado los suelos, el agua, la flora y la fauna, y ponen en riesgo el objetivo del desarrollo sustentable. Como se expuso, en la actualidad los costos ecológicos ya representan el 11% del PIB, por lo que es necesario, primero, frenar el crecimiento de este deterioro y, después, revertirlo. Para ello se hacen indispensables políticas pertinentes a nivel macro, micro y a nivel regional.

Nuestro país requiere concertar las acciones del gobierno y de la sociedad mediante una estrategia de desarrollo sustentable con eficiencia y equidad. Aspecto central de esta estrategia es el *ordenamiento territorial*, que exige que las relaciones entre población, recursos, ambiente y desarrollo se reconozcan plenamente y se manejen de manera integral. El ordenamiento territorial requiere aprovechar sistemas de información, ya disponibles en México, que apoyen los diagnósticos, la planeación y ejecución de programas y proyectos, y el seguimiento y evaluación de los resultados.

El ordenamiento territorial tiene como propósito orientar la organización de los espacios geográficos, de tal manera que exista una convivencia armónica entre la sociedad y la naturaleza, identificando además las zonas de amenaza natural y los asentamientos en riesgo, de acuerdo con la integridad y potencialidad de los recursos naturales; todo ello, para evitar el deterioro ecológico, preservar los recursos naturales y conseguir mejores condiciones de vida. Con este enfoque se identifican las potencialidades y conflictos de los componentes económico, social y ecológico del territorio. El INEGI ha desarrollado un esquema preliminar de ordenamiento territorial,[8] y lo ha aplicado en los estados de Colima y Puebla. Su evaluación integral permitió determinar las fortalezas y oportunidades, así como las debilidades y amenazas territoriales de esos estados, tomando en cuenta las dimensiones espacial y temporal. Los resultados obtenidos se integraron en sistemas de información para el ordenamiento territorial de tales entidades federativas; dichos sistemas están constituidos por un amplio conjunto de datos, disponibles en documentos y cartografía.

XV. 4.2.1. *El estado de Colima*

El estado de Colima tiene una superficie de 5 433 km² y una población cercana al medio millón de habitantes. Con base en el método desarrollado, se determinó que sólo el 7% de su superficie tiene características de alta habitabilidad; es decir, posee aspectos favorables por la productividad de los suelos y la disponibilidad de agua y no está expuesta a ningún tipo de riesgo por fenómenos naturales. En dicha superficie reside el 38% de la población. El 40% de la superficie estatal es de habitabilidad media, sin exposición a ningún tipo de amenazas naturales, aunque ecológicamente frágil; ahí se localiza el 1.6% de la población. El 30% de la superficie estatal es de habitabilidad baja; en ella se debe controlar y limitar el crecimiento urbano e industrial, ya que se encuentra expuesta a efectos de baja intensidad, por ciclones e inundaciones por avenidas extraordinarias de agua; actualmente radica en esas zonas el 39% de la población. El 23% de la superficie estatal se considera de habitabilidad nula, porque incluye áreas naturales por proteger (sistemas ecológicos ubicados en bosques y selvas en la zona montañosa y hábitats acuáticos en la franja costera); la línea costera, expuesta a alto riesgo por impacto ciclónico; áreas de influencia de algunos ríos que provocan inundaciones, y las zonas aledañas al cráter del Volcán del Fuego o

---

[8] INEGI, *Ordenamiento Territorial*, Aplicación metodológica (s/f).

CUADRO XV.2. *Colima: habitabilidad del territorio*

Habitabilidad	Territorio %	Población % año 2000	Población[a] (miles) año 2000	Población (miles) año 2030
Alta	7	38.0	201	329
Media	40	1.6	8	13
Baja	30	39.0	207	337
Nula	11	18.0	95	158
Áreas naturales	12	0.8	4	7
Total	100	97.4[b]	515	844

[a] Se refiere a localidades con 100 habitantes y más.
[b] La diferencia (para 100%) corresponde a localidades con menos de 100 habitantes.

de Colima, expuestas a riesgo volcánico. Actualmente, la población que está expuesta a riesgo alto es de 90 000 personas.

Si las tendencias continúan como hasta ahora, en el año 2030 el estado de Colima tendría una población cercana a los 850 mil habitantes (y cerca de 185 000 viviendas), concentrada principalmente en los municipios de Colima, Villa de Álvarez, Tecomán y Manzanillo, que expandirán su superficie urbana en casi 100 km²; en esos municipios se concentraría también la actividad económica. La población en zonas de alto riesgo llegaría a ser superior a 156 mil habitantes. De continuar el aprovechamiento inadecuado de las aguas superficiales, a partir del año 2010 se registrarían crisis en el suministro de agua potable en Manzanillo, Colima y Villa de Álvarez, por lo que se requeriría llevar agua de lugares más lejanos o extraerla a mayor profundidad. Principalmente por la actividad agrícola, se presentaría una pérdida del 23% de la superficie boscosa.

Para modificar estas tendencias se requiere lograr una distribución más equilibrada de la población y desarrollar centros urbanos alternativos, por supuesto en las zonas de alta habitabilidad; ello requeriría la construcción de cerca de 2 200 viviendas en promedio por año. También se necesitaría construir infraestructura para aprovechar los excedentes de aguas superficiales de los ríos Marabasco, Armería y Coahuayana, con los cuales se podría aumentar la dotación a los principales centros urbanos. Asimismo, debiera promoverse el uso del suelo conforme a su aptitud, con prácticas de conservación tendientes a evitar la erosión; sería indispensable establecer explotaciones forestales enmarcadas en proyectos silvícolas integrales, ofreciendo asistencia técnica y programas de educación ambiental.

Se requeriría también evitar la concentración industrial, promovien-

MAPA XV. 7. *Habitabilidad en Colima*

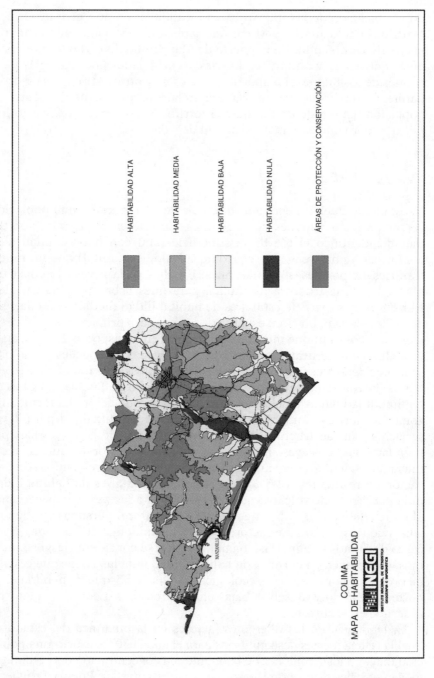

HABITABILIDAD ALTA

HABITABILIDAD MEDIA

HABITABILIDAD BAJA

HABITABILIDAD NULA

ÁREAS DE PROTECCIÓN Y CONSERVACIÓN

COLIMA
MAPA DE HABITABILIDAD

INEGI
INSTITUTO NACIONAL DE ESTADÍSTICA
GEOGRAFÍA E INFORMÁTICA

do la ubicación de las industrias en localidades como Cerro de Ortega, Madrid, Pueblo Juárez y Minatitlán, aplicando estrictamente el marco normativo ambiental. En el puerto de Manzanillo debieran tomarse medidas que eviten y minimicen los riesgos originados por descargas y derrames de los buques. La aplicación de éstas y otras estrategias de ordenamiento territorial permitiría una relación más armónica entre la población del estado de Colima, su territorio y sus recursos, y esto implicaría, por supuesto, mayor calidad de vida.

XV.4.2.2. *El estado de Puebla*

El estado de Puebla tiene una superficie de 34 155 km² y una población cercana a los 5 millones de habitantes. En este caso, la aplicación del método identificó el 6% de la superficie total con habitabilidad alta, conformada por áreas (por cierto alejadas de su capital) que no muestran riesgos por desastres naturales. En ellas sería necesario construir obras de infraestructura hidráulica para fines urbanos e industriales. El 52% de la superficie estatal es de habitabilidad media, y en ella reside el 30% de la población; está formada por áreas propicias para el desarrollo agrícola, aunque muestran problemas en la disponibilidad de agua y en ella se encuentran también áreas con riesgos potenciales por la presencia de depósitos y ductos de materiales explosivos o inflamables.

Casi la cuarta parte de la superficie del estado de Puebla (23%) es de habitabilidad baja y en ella reside el 63% de la población. La forman las zonas de sierras y lomeríos de difícil acceso, con dificultad para llevar servicios e infraestructura. En ellas se presentan riesgos naturales por inundaciones, deslaves, incendios y volcanismo, por lo que se recomienda desalentar el crecimiento e, inclusive, inducir el cambio de ubicación de residentes. El 5% de la superficie estatal es de habitabilidad nula por riesgo de volcanismo, y corresponde a las zonas más cercanas al cráter del volcán Popocatépetl. Más de 100 mil personas residen en zonas de riesgo por este factor; más de 1.4 millones de personas viven cerca de ductos y refinerías, lo cual también se considera riesgoso. Además, se incluyen en el rubro de habitabilidad nula las zonas que conviene preservar como reservas ecológicas (áreas de bosque de neblina en el norte del estado y de selvas bajas en el suroeste, así como de matorral desértico en el sureste).

La tendencia de los diferentes factores en la dinámica del estado de Puebla refleja fuertes desequilibrios para el año 2030; se espera una población mayor a los 7 millones de habitantes; la concentración del crecimiento demográfico y económico se daría en el corredor Puebla-Tehuacán,

MAPA XV.8 *Habitabilidad en Puebla*

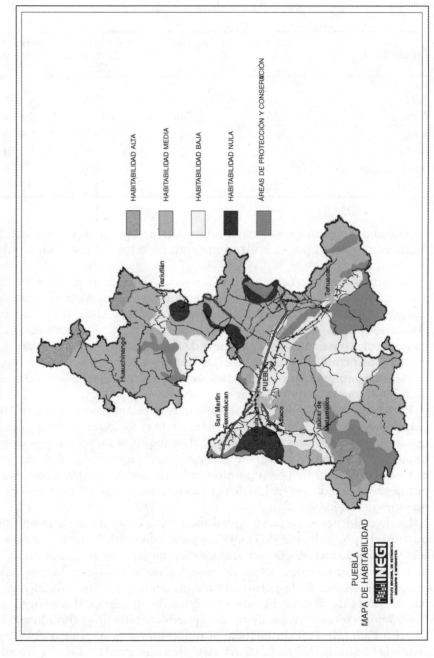

HABITABILIDAD ALTA

HABITABILIDAD MEDIA

HABITABILIDAD BAJA

HABITABILIDAD NULA

ÁREAS DE PROTECCIÓN Y CONSERVACIÓN

Teziutlán

Tehuacán

Huauchinango

San Martín
Texmelucan

PUEBLA

Cholula

Atlixco

Izúcar de
Matamoros

PUEBLA
MAPA DE HABITABILIDAD

INEGI
INSTITUTO NACIONAL DE ESTADÍSTICA
GEOGRAFÍA E INFORMÁTICA

CUADRO XV.3. *Puebla: habitabilidad del territorio*

Habitabilidad	Territorio %	Población %	Población (miles) 2000	Población (miles) 2030
Alta	6	2	109	185
Media	52	30	1 552	1 894
Baja	23	63	3 236	5 032
Nula	5	3	129	170
Áreas naturales	14	2	90	118
Total	100	100	5 116	7 399

ocasionando crecimiento urbano sobre tierras agrícolas y provocando fuerte competencia por la utilización de agua de los mantos freáticos del altiplano.

Se estima que el crecimiento de las zonas urbanas para el año 2030 abarcará más de 1 300 km². Esa reducción de las zonas agrícolas, más el cultivo de grandes extensiones con semillas criollas de bajo rendimiento, el deterioro de los suelos y la competencia de la ganadería por tierras de uso agrícola, muestran una tendencia de contracción en el sector primario. La erosión afectará la totalidad de los suelos con pendientes mayores al 6%. De continuar estas tendencias, la población en riesgo llegaría a ser de 2.7 millones de habitantes en el año 2030.

Para revertir las tendencias mencionadas se requiere seguir el enfoque del aprovechamiento eficiente del potencial de recursos en un marco adecuado de política económica regional. Las regiones norte y sur podrían tomar acciones inmediatas para integrarse más plenamente al desarrollo económico del estado; por supuesto que se requerirá de inversiones para promover la desconcentración de actividades industriales a esas regiones, que son de alta habitabilidad.

La diversificación de la actividad industrial, el fomento de la agroindustria, el aprovechamiento eficaz del suelo con cultivos agrícolas rentables y el uso de tecnología son acciones fundamentales para disminuir la dependencia económica actual de la industria automotriz. La posición geográfica del estado le permitiría ser un centro de exportación regional, a través de la creación de una estación multimodal de carga en Huejotzingo (donde ya existe un aeropuerto planteado como alterno al Distrito Federal), con un ferrocarril moderno hasta el puerto de Veracruz y la continuación de la vía transístmica hasta Salina Cruz. Para ello se requeriría también la construcción de autopistas que comuniquen con Querétaro y Cuernavaca, anulando el hasta hoy inevitable paso por el Distrito Federal.

Estos dos ejemplos estatales que se presentan a nivel preliminar e ilustrativo señalan que la importancia de los proyectos de ordenamiento territorial radica en que se realizan con una óptica de racionalidad territorial. Para desarrollarlos se requiere encauzar la acción coordinada de diferentes dependencias, así como la participación concertada de las dependencias del gobierno federal con los gobiernos estatales. El ordenamiento territorial es un asunto que debe considerarse entre las prioridades de la acción institucional.

El proyecto territorial de nación ha de apoyarse en la renovación del federalismo, convirtiendo a esta política en un cauce oficial para fomentar la cohesión, la equidad y la visión estratégica nacional de la actuación sectorial y regional, así como la participación activa de la sociedad en su conjunto en la aplicación de las políticas de diagnóstico, recuperación, conservación y aprovechamiento de los recursos.

Debido a las tendencias que se perfilan para las primeras décadas del siglo XXI, es de la mayor importancia para el país que se impulse el ordenamiento territorial, con un programa de trabajo específico y un calendario de actividades detallado en el cual se identifiquen con claridad las responsabilidades para cada uno de los participantes, induciendo la participación concertada con los gobiernos estatales y con los distintos sectores de la sociedad. Sin el ordenamiento territorial difícilmente se tendrá un desarrollo sustentable.

XV.4.3. *Los derechos de propiedad*

En nuestro país se ha puesto en operación el Programa de Certificación de Derechos Ejidales y Titulación de Solares Urbanos (PROCEDE), mediante el cual se brinda seguridad jurídica en la tenencia de la tierra a los núcleos ejidales, lo que significa una inversión en paz social y en el cuidado y conservación de los recursos naturales. El PROCEDE implica titular en propiedad 102 millones de hectáreas y 4 millones de viviendas, beneficiando con esto al 30% de la población del país. Se están otorgando certificados parcelarios, de zonas de uso común y títulos de viviendas. Al cierre del año 2000 se habrán titulado casi todos los ejidos que desearon incorporarse y se dispondrá de un catastro moderno con cédulas individuales de uso del suelo para casi la mitad del territorio nacional.

Dado que el Programa de Titulación ha atendido exclusivamente a los núcleos ejidales y comunidades agrarias, es necesario avanzar también en la conformación del catastro de la parte no ejidal del territorio,

Mapa XV.9. México: distribución de los ejidos (Mapa Ejidos)

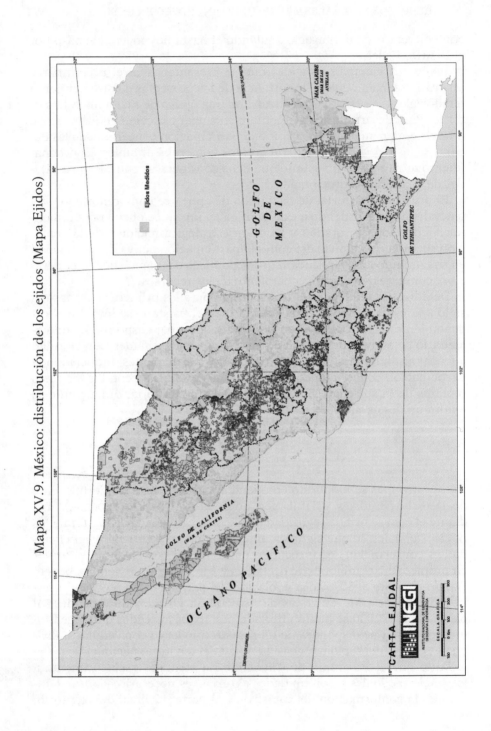

que constituye casi el 50% de la superficie del país. De esta manera se dispondría de un catastro único, que podría ser usado para la eficiente administración del territorio y para la planeación urbana y regional.

La seguridad formal de los bienes patrimoniales deberá traer consigo un cambio de actitud en los propietarios de tierras, desarrollando en ellos una conciencia ecológica. La seguridad en la tenencia de la tierra alienta la protección de terrenos, aguas y bosques, contribuyendo a la protección de los recursos naturales. La experiencia histórica ha demostrado que la propiedad informal es un factor determinante en la explotación irracional de las tierras y en la degradación del medio ambiente. En suma, la definición clara de los derechos de propiedad establece condiciones básicas para la convivencia armónica entre los individuos y su entorno y promueve el desarrollo económico. Éste es otro instrumento valioso para ser aprovechado en favor del desarrollo sustentable en el siglo XXI.

XV.4.4. *Otras políticas pertinentes*

Por supuesto, muchas son y deberán ser las políticas macroeconómicas, sectoriales, regionales y microeconómicas que deberán instrumentarse para frenar y luego revertir el deterioro de los recursos naturales. Algunas de estas acciones específicas ya se han comentado en la sección XV.3. en torno a recursos naturales particulares. En esta sección, el propósito ha sido delinear algunas estrategias más integrales y de enfoque más global (contabilidad ambiental, ordenamiento territorial, derechos de propiedad) que, entre otras muchas, pueden significar un reto y, a la vez, una oportunidad en favor del desarrollo sustentable.

XV.5. CONCLUSIONES

Al inicio del siglo XXI existe una conciencia creciente entre la ciudadanía, el gobierno, las organizaciones no gubernamentales y las empresas, de la importancia de la conservación de los recursos naturales; es de esperar que esa conciencia ecológica se fortalezca con el paso del tiempo. También es de esperar que la tecnología avance y que su aplicación permita lograr procesos productivos, en el campo y en las industrias, que tengan menores impactos sobre los recursos naturales y sobre el medio ambiente.

Asimismo, es de esperar que el marco legal se perfeccione y favorezca una adecuada relación entre los procesos productivos, la población y el medio ambiente. Todo esto permitiría que las tendencias de deterioro de los recursos naturales que se han delineado en las secciones anteriores, las cuales pudieran parecer fatalistas, se reviertan. Sin embargo, es necesario actuar.

Por ello, es indispensable que gobierno y sociedad impulsen un conjunto de acciones para la ocupación y el aprovechamiento equilibrados del territorio y de sus recursos naturales. Si logramos avanzar en una clara conciencia social sobre la importancia del desarrollo sustentable, si logramos aprovechar y enriquecer los instrumentos que nos permiten diagnosticar y evaluar con precisión las acciones, si logramos concretar las estrategias del ordenamiento territorial, si logramos aprovechar los nuevos derechos de propiedad definidos en las zonas rurales del país y, sobre todo, si actuamos con responsabilidad en favor del medio ambiente y los recursos naturales, haremos que el siglo XXI sea —en contraste con el siglo XX— el siglo del desarrollo sustentable. Este compromiso debe ser colectivo y asumirse con respeto a las actuales y a las futuras generaciones.

XVI. MACROTENDENCIAS Y ESCENARIOS VALORALES DE LAS PRIMERAS TRES DÉCADAS DEL SIGLO XXI

ENRIQUE ALDUNCIN ABITIA

XVI.1. INTRODUCCIÓN

TRATAR DE ESTABLECER LAS PRINCIPALES CORRIENTES axiológicas de México con un horizonte de largo plazo, equivalente a cinco sexenios, resulta muy ambicioso en un país donde normalmente no se ve más allá del ciclo político presente o del siguiente. Empero, los valores cambian lentamente, casi con el devenir de las generaciones. En términos sociológicos, se consideran aquí dos generaciones, de acuerdo con la definición de Ortega y Gasset.[1] Para este filósofo español los cambios históricos profundos son resultado en todo momento del juego de tres generaciones que conviven, cada una de quince años: la que está en preparación (gestación), de 30 a 45 años; la que ejerce el poder (gestión), de 46 a 60 años, y la que asesora, de 61 a 75 años.

Los marcos valorales son un sistema de reglas internalizadas sobre preferencias, que se aprenden por medio de procesos de ideosocialización; entre éstos, los más importantes son la familia, la escuela, las iglesias, los medios de comunicación masivos y el gobierno. Toda nueva percepción, idea o elección pasa por los valores del individuo, quien primero filtra los estímulos del exterior y concentra la atención, la cual es selectiva en relación con los valores: en gran medida vemos lo que queremos ver. En segundo término, en el proceso de pensar el individuo evalúa los costos y los beneficios de las consecuencias o efectos de una acción; esto es, valora los cursos de acción alternativos. La toma de decisiones busca optimizar una función de utilidad. Los valores, que operan como normas y aspiraciones, guían, auxilian y determinan estos procesos. El futuro depende de los valores, en tanto que es el resultado de procesos volitivos orientados por metas y objetivos deseados, y éstos son un reflejo de los valores sociales o de los consensos.

En toda cultura los valores se comparten y forman los consensos básicos que permiten la convivencia. Establecen las expectativas y los modos

---

[1] José Ortega y Gasset, *En Torno a Galileo. Esquema de las crisis.* Espasa-Calpe, Colección Austral, 1965. Los periodos propuestos por Ortega y Gasset se adecuan a las circunstancias del México de fin del siglo XX.

de conducta esperados y aceptados. Cuando en una sociedad los valores más importantes son los mismos entre amplios segmentos y grupos, se aprecia cohesión, unidad y armonía. Cuando difieren, la trama social y la propia comunidad peligran, los disensos tienden a polarizarse, y si no existen mecanismos para dirimir conflictos o conciliar valores opuestos pueden producirse fracturas y situaciones violentas. Los valores, costumbres e instituciones compartidas proporcionan a los integrantes de una comunidad sentido de pertenencia e identidad; esta empatía es la base de la confianza, la cual es un factor importante del progreso y desarrollo económico y humano.[2]

XVI.2. Retos de la humanidad y de México

En el despertar del siglo XXI la humanidad cobra conciencia de que es una y de que los problemas y retos que enfrenta son mundiales en dos sentidos: primero, porque no son propios de una o varias naciones, sino de todas, y segundo, porque las soluciones trascienden a las naciones-Estado y requieren la cooperación de muchos o todos los países, como en los casos de los desequilibrios ecológicos que amenazan a la humanidad con fenómenos como El Niño; el calentamiento terrestre y la pérdida de la capa de ozono, la guerra y la violencia, incluyendo el creciente poder de las mafias del narcotráfico y organizaciones criminales transnacionales, y el de la marginación y pobreza extremas.

En muchos aspectos las fronteras se desdibujan y aumenta la interdependencia entre los países, empresas y organizaciones. Este fenómeno se ha denominado "globalización", y en lo económico pasa por bloques o regiones que tratan de establecer y compartir bases y reglas —esto es, valores comunes— en áreas como el comercio, las finanzas e incluso en la política exterior y la defensa. Se ha pensado que esta nueva etapa histórica requiere de un marco axiológico mínimo; así, la UNESCO, busca establecer en un ambicioso proyecto este código ético mínimo que respondería a las características fundamentales de la humanidad y que compartirían todos los hombres y mujeres de la Tierra.[3]

Durante el siglo XX la humanidad padeció los males de los cuatro jinetes del *Apocalipsis:* hambre, guerra, peste y enfermedad. Por otro lado, la ciencia y la tecnología avanzaron espectacularmente y adquirieron especial relevancia. Gracias a ellas el hombre logró metas inimaginadas, conquistó la Luna y transformó la materia en energía. Duplicó o

[2] Francis Fukuyama, *Confianza*, Editorial Atlántida, Buenos Aires, 1996.
[3] Javier Pérez de Cuellar, *Our Creative Diversity. Report of the Commission on Culture and Development*, UNESCO, 1995.

triplicó la esperanza de vida al desterrar o controlar enfermedades y al reducir las tasas de mortalidad, con lo que provocó una explosión demográfica. La humanidad se multiplicó por cinco y pasó de 1 500 millones de seres humanos a más de 6 000 millones. México multiplicó por diez su población. Los niveles de bienestar material se multiplicaron varias veces desde principios de siglo, y hoy se vive mejor que nunca. Se descubrió el código genético y la estructura de la materia que determina la herencia. Los transportes acortaron las distancias y los costos por factores de cien, con lo cual se volvió irrelevante la geografía de la producción o distribución, dando lugar a las empresas transnacionales basadas en todos los sitios de la Tierra y en ninguno. Finalmente, las telecomunicaciones, la computadora y el Internet empezaron a crear un mundo virtual, donde todos pueden comunicarse a donde deseen y tener acceso a la información más actualizada. En el siglo XXI la humanidad deberá absorber todos estos cambios y ajustar sus valores y estilos de vida a las nuevas tecnologías. A la vez se producirán nuevos inventos y descubrimientos, cada vez a un ritmo más acelerado, que obligarán cambios valorales más frecuentes.

Los valores también son funcionales. Contribuyen a que las comunidades o sociedades enfrenten sus retos y problemas, actuando a favor de la supervivencia del grupo y de la especie. En este carácter, los valores orientan las acciones y la toma de decisiones, individuales y colectivas, en términos de las opciones que coadyuvan con este fin en mayor medida.

Los grandes retos que enfrenta la humanidad en los albores del tercer milenio son: *1)* guerra y violencia, falta de respeto a los derechos humanos básicos; *2)* pobreza, hambre y creciente marginación de amplias capas de la población de cada país y de países enteros; *3)* injusticia social, derivada de la desigualdad de oportunidades e ingresos tanto entre países como entre las familias de cada país; *4)* desequilibrio y deterioro ecológico, y *5)* enajenación y pérdida de valores tradicionales.

Además de los cinco graves retos que enfrentará la humanidad en su conjunto en las primeras décadas del próximo siglo, nuestro país, al igual que otros de Latinoamérica, requiere resolver asignaturas pendientes. Entre ellas destacan: *1)* la moral y la educación, entendida ésta como una cultura cívica y ética de respeto y observancia de las leyes y de las normas y valores básicos de convivencia; *2)* la democratización, que incluye las normas y consensos para elegir gobernantes y garantizar la gobernabilidad en los casos de gobiernos minoritarios o formados por coaliciones, así como los procedimientos para conciliar, negociar y lograr acuerdos, y *3)* la globalización, que se refiere a la modernización del país y su inserción eficiente y exitosa en los procesos de creciente interdependencia en todos los órdenes entre los países del mundo (y en el caso de México, con Estados Unidos y Canadá, y en los años por venir con Europa y con los países asiáticos y de la cuenca del Pacífico).

XVI.3. MACROTENDENCIAS VALORALES DE FIN Y PRINCIPIO DE MILENIO

El futuro es una semilla del presente. En este sentido los escenarios posibles no son sino evaluaciones de las diferentes tendencias y de las probabilidades que les asignamos. En el futuro México enfrentará retos derivados de una larga cauda de problemas no resueltos, que ahora sabemos que son más complejos y difíciles de lo que se imaginó o supuso a mediados del siglo XX. Quizá el optimismo del siglo que concluye fue excesivo; quizá se hizo mucho énfasis en los aspectos económicos y poco en los culturales, sin reparar que tasas altas de ahorro, inversión y productividad dependen de actitudes y valores compartidos por una comunidad.

Las semillas del futuro en el campo de la axiología, que en gran medida constituirán la materia del debate y de las guerras culturales de las primeras décadas del próximo siglo, se pueden clasificar en cinco macrotendencias relacionadas con la no-violencia, la moral, la democracia, la equidad y la globalizacion. Éstas pueden recibir otras denominaciones, como: seguridad o cultura del respeto, moralidad o cultura ética, democratización o cultura cívica, igualdad o cultura de la equidad y desarrollo, y globalización o cultura de la mundialización. Las tendencias observadas por los mexicanos en estos aspectos ya tienen con nosotros varios años. A continuación se evalúan estas macrotendencias, empleando para cada una de ellas los valores promedio de un conjunto de indicadores relevantes, obtenidos en una encuesta nacional sobre valores.[4]

XVI.4. VIOLENCIA Y SEGURIDAD; CULTURA DEL RESPETO

La guerra no es un problema que afecte seriamente a México. Las guerrillas son benignas y están controladas. Sin embargo, la violencia y la delincuencia se han vuelto en los últimos años el principal problema del país. Existe falta de respeto por el ser humano, sus derechos y sus propiedades. El sistema ha sido incapaz de resolver las graves carencias de grandes grupos sociales. Se habla de que uno de cada cinco mexicanos

---

[4] Enrique Alduncin Abitia, *Tercera Encuesta Nacional sobre los Valores de los Mexicanos, Tabulaciones Básicas*, Banamex-Accival-Alduncin y Asociados, agosto de 1995.

vive en pobreza extrema y que más de la mitad son marginados. Son los indígenas quienes sufren más carencias de todo tipo; de ahí la rebelión de las cañadas de Chiapas. Este problema ancestral es un poliedro de muchas caras, sumamente complejo. De nueva cuenta no bastan las recetas económicas, y no se resolverá con sólo inyectar grandes inversiones en las zonas marginadas para construir carreteras, escuelas, viviendas y hospitales.

La violencia en las ciudades también es reflejo de la pobreza y de la falta de oportunidades y empleo, pero no solamente de ellas; influyen también la contracultura de la corrupción pública y privada, la impunidad, la drogadicción y el imperio del narcotrafico, así como la desmoralización en todos los órdenes de la ciudadanía y la falta de respeto a los derechos humanos. Este entramado se ha gestado en muchos años y ahora constituye un nudo que desafía a toda la sociedad y no sólo al gobierno, que ya ha sido rebasado. El México de fin de siglo no es un país seguro, y las tendencias observadas permiten asumir que en los primeros años del siglo XXI tampoco lo será. El costo social, económico, político e internacional es enorme: se pierden vidas, inversiones, propiedades y la confianza de los ciudadanos. Está amenazada la base misma de la convivencia humana civilizada.

Varios indicadores asociados con esta macrotendencia señalan que existe clara conciencia y preocupación sobre el problema, así como un gran consenso al respecto. A la pregunta ¿observa usted aumento o disminución en las tendencias de violencia y delincuencia? casi nueve de cada diez (88%) mexicanos respondieron que éstas aumentaron, uno de cada once (9%) dijeron que disminuyeron, y el 3% no respondieron; la diferencia entre aumento y disminución es de 79% y la relación del aumento respecto a la disminución es de diez a uno (9.8 a uno). Se aprecia alto consenso en la valuación de la tendencia, ya que la gran mayoría (93%) considera que es mala. Otras formas de violencia, como la intrafamiliar, también requieren ser desterradas. Hasta ahora sólo se han dado los primeros pasos para descubrir su existencia y proteger a las víctimas; en las próximas décadas se conocerá la magnitud de estos indeseables fenómenos, y la sociedad se organizará para atacar este mal.

Para casi todos los mexicanos es claro y perceptible el aumento en otras tendencias asociadas con la violencia y la delincuencia. Así, casi nueve de cada diez (86%) perciben un aumento de la drogadicción en nuestro país, mientras que uno de cada once (9%) piensa que ésta ha disminuido, y 5% no responden; la diferencia aumento-disminución es de 77% y la relación aumento respecto a disminución es de diez a uno (9.6 a uno). El 95% considera que el aumento es malo, lo que significa un consenso casi total. México ya no sólo es un puente entre los países productores de drogas y el principal consumidor del mundo. En los últimos tres lustros se multiplicó por cuatro el consumo de cocaína entre los estudiantes del Distrito Federal (pasando de 1% a 4.1% del total quienes la consumían), y en 1997 el 3.2% de los jóvenes de 18 a 25 años del país consumieron drogas. Si bien esta última cifra es ocho veces menor que la correspondiente a Estados Unidos, con las tasas actuales de crecimiento, en el año 2015 uno de cada ocho mexicanos será consumidor y en el año 2030 lo será uno de cada cuatro, con lo que igualaríamos a Estados Unidos.[5] El combate a la drogadicción y al narcotráfico tendrá que darse en concierto con otras naciones, en forma multilateral, ya que se enfrenta al poder de las mafias internacionales, superior al de muchos gobiernos, a nuevas drogas químicas y a una mayor demanda estimulada por una sociedad con mejores niveles de bienestar. En este ámbito se presentará una guerra cultural y de mercado, tanto en la visión y percepción sobre el uso de las drogas como en su combate y legalización.

CUADRO XVI.1. *Nuestra sociedad está cambiando, ¿observa usted aumento o disminución en las siguientes tendencias?*

Tendencia	A	D	NR	A-D	A/D	AB	AM	DB	DM
Violencia y delincuencia	88	9	3	79	9.8	93	7	39	61
Drogadicción	86	9	5	77	9.6	6	94	42	58
Corrupción pública	80	13	7	67	6.2	6	94	55	45
Desmoralización	68	22	10	46	3.1	11	89	21	78
Respeto de los derechos humanos	47	44	9	3	1.1	77	33	8	92
Promedio	73.8	19.4	6.8	54.4	6.0	38.6	63.4	33	66.8

A= aumento, D= disminución, NR= no respondió, B=bueno, M=malo

La corrupción pública, especialmente en las policías y el Poder Judicial, frenan nuestro desarrollo y contribuyen en gran medida a las tendencias ascendentes del crimen en el país. Los policías son en muchos casos los que asaltan y secuestran, o colaboran y protegen a los delincuentes. A los ojos de los ciudadanos, el Poder Judicial vende la justicia al mejor postor y reina la impunidad; se puede delinquir sin temor a ser castigado. Ocho de cada diez (80%) considera que la corrupción pública ha aumentado en los últimos años, uno de cada siete (13%) piensa que ha declinado y siete por ciento no respondió. La diferencia entre el aumento y la disminución es de dos tercios (67%), y la relación aumento-dis-

[5] SSA/CONADIC, *El consumo de drogas en México: Diagnóstico, tendencias y acciones*, México, 1999. Citado en *Este país*, número 100, julio de 1999.

minución es de 6.2 a uno. La evaluación muestra un consenso casi total en la reprobación de dichas prácticas por parte de los ciudadanos, quienes en un 94% consideraron malo su incremento. El futuro de México requiere una lucha frontal contra la corrupción pública y privada. La viabilidad misma del país está en entredicho si no se encuentran soluciones para acotar la corrupción. Éste es uno de los grandes retos del próximo siglo. En su centro se ubican los valores de nuestra sociedad y, por ello, para enfrentarlo se requerirá una transformación axiológica y moral profunda. Como lo expresa Magdalena Noriega de Bastién:

> El problema de la corrupción es estructural y requiere una solución de la misma naturaleza, lo cual no quiere decir que dependa únicamente de la organización sino también del quehacer humano en un grupo social. En el fondo, el problema es replantear la filosofía de vida, y para ello se requiere un enorme esfuerzo de voluntad y una actitud visionaria, lo que significaría una verdadera revolución en lo profundo.[6]

Más de dos tercios (68%) de los mexicanos perciben una tendencia hacia una creciente desmoralización; para más de un quinto (22%) de ellos ésta ha disminuido; no respondió el 7%. La diferencia entre quienes perciben una tendencia hacia la alza y quienes la perciben hacia la baja es de 67 puntos porcentuales, y la relación aumento-disminución es de tres a uno. Entre quienes juzgan que la desmoralización ha aumentado, casi nueve de cada diez (89%) consideran que esta tendencia es mala, y entre quienes piensan que ha disminuido, casi ocho de cada diez (78%) consideran que ello es bueno. La desmoralización es la pérdida de ánimo y de esperanza por el estado de las cosas. Cuando triunfa, el ciudadano termina por considerar que es imposible revertir las tendencias y que no hay nada que puedan hacer las autoridades o las organizaciones civiles. Ello incide en la productividad, las expectativas de vida e incluso en las tasas de migración, pues hay personas que "votan con los pies" y toman la opción de buscar oportunidades al norte del río Bravo.

El quinto y último indicador sobre la violencia y la cultura del respeto se refiere a los derechos humanos. Éstos se malentienden y existe tanto confusión como polarización. Poco más de la mitad (52%) de los mexicanos opina que en los últimos años el respeto a los derechos humanos ha aumentado; de ellos, más de tres cuartas partes (77%) considera que esto es bueno y casi un cuarto (23%) que es malo. Estos últimos estiman que los derechos humanos sólo sirven para proteger a los delincuentes y

---

[6] Magdalena Noriega de Bastién, "Un Problema Viejo y Nuevo", en *Ensayos sobre Corrupción*, División de Estudios Económicos y Sociales, Banco Nacional de México, 1999.

ven su mayor respeto como un indeseable freno a las ineficientes policías. Casi la mitad (48%) de los mexicanos opina que el respeto a los derechos humanos ha declinado en los últimos años. Estas personas piensan que, si bien hay más declaraciones y existen más organismos, los
abusos, sobre todo de las autoridades, han aumentado, especialmente
contra marginados e indígenas, que son quienes menos se pueden defender. Más de nueve de cada diez (92%) de quienes estiman que el respeto de los derechos humanos se ha deteriorado califican dicho deterioro
como malo. Existe así un consenso importante (84%) entre la población
adulta sobre el valor y la necesidad de respetar los derechos humanos.
En los años por venir será necesario reforzar su respeto y cancelar la interpretación de los derechos humanos como derechos de impunidad de
los delincuentes.

Por otro lado, los derechos humanos se diversificarán y aumentarán.
Mayor individualismo, cultura y conocimientos, así como mejores niveles de bienestar material, conducirán a una revalorización de lo que implica ser humano, de la dignidad y respeto intrínsecos a este ser, así
como sobre las responsabilidades y obligaciones inherentes a su condición en el contexto histórico. Ello abrirá en las primeras décadas del
tercer milenio otro frente en las guerras culturales, enfrentando los derechos del individuo con sus obligaciones y los derechos sociales o comunitarios. La añeja relación individuo-sociedad continuará redefiniéndose, con crecientes niveles de complejidad.

XVI.5. Moralidad y religiosidad; cultura ética

Los sistemas éticos se derivan en gran medida de la religión; en nuestro
caso, de la moral cristiana en su vertiente del catolicismo español. Si
bien los Estados modernos tienden a ser laicos y tolerantes de todo tipo
de creencias, el mexicano conserva y valora en alto grado su singular catolicismo sincrético, cuyo desarrollo le ha tomado 500 años. La Revolución Mexicana de 1910 trató de apropiarse de los contenidos valorativos
de nuestra sociedad. Unos años más tarde la guerra cristera escindió
aún más la psique del mexicano, haciendo competir dos normatividades
diferentes para guiar su moral: la oficial y la de la religión tradicional.[7]
No fue sino hasta la administración del presidente Carlos Salinas (1988-
1994) cuando las relaciones entre la Iglesia Católica y el Gobierno de la
República se normalizaron. Durante los cinco siglos de desarrollo del

[7] Francisco González Pineda, *El Mexicano: su Dinámica Psicosocial*. Editorial Pax-Mé-
xico, noviembre de 1961.

catolicismo mexicano se ha mantenido una mentalidad mágica; han avanzado los aspectos folclóricos y simbólicos de la religión, pero poco los éticos. Así, una investigación en la ciudad de México sobre fe y superstición, realizada por el sacerdote Juan Auping, concluye que la penetración de los valores del Evangelio es de sólo 11%, mientras que la mentalidad mágica tiene un índice de 96%, casi diez veces superior a la de los primeros. Entre ambos se ubican: la experiencia de Dios, con 32%; la participación de la Iglesia, con 30%, y las creencias cristianas, con 66%.[8]

La moral de los mexicanos del siglo XX muestra dos divisiones que producen cuatro tipos de comportamientos diferenciados. Esto es, la moral no es una y de cumplimiento obligado para todos. Por ejemplo, existe una moral para los hombres y otra para las mujeres; en otras palabras, el sexismo o machismo permite más libertades al varón y exige pudor y castidad a la mujer. También existe una moral pública y otra privada; la primera para exige una imagen honorable y digna, mientras que la segunda permite desviaciones para el provecho personal. Estas hipocresías serán desterradas lentamente. Por otro lado, los medios masivos de comunicación, especialmente la televisión y el cine, ofrecen modelos internacionales que son admirados y tienden a ser emulados. Ésta es la más poderosa influencia secularizadora de la sociedad. Los medios enfatizan la violencia y la sexualidad sin freno ni compromiso. Los valores que inculcan son los del dinero y el hedonismo.

Dos terceras partes (67%) de los mexicanos de fines del siglo XX perciben una tendencia hacia mayores facilidades para abortar; sólo uno de cada siete (16%) estima que éstas se han reducido, y uno de cada seis (17%) no desea opinar sobre este asunto. La diferencia entre los que consideran que las facilidades han aumentado y los que piensan que han disminuido es de más de la mitad (51%); los primeros suman cuatro veces más que los segundos (relación de 4.2 a uno). Entre quienes piensan que la tendencia ha sido hacia mayores facilidades para abortar, uno en cada cinco (20%) considera que ello es bueno; mientras que la gran mayoría, ocho de cada diez (80%), estima que ello es malo. Entre quienes piensan que la tendencia ha sido hacia una reducción de las facilidades, poco más de la mitad (56%) estima que ello es bueno y casi la mitad (44%) considera que es malo.

El tema del aborto es uno de los más delicados de las guerras culturales, no sólo en nuestro país sino en el mundo, entre conservadores y progresistas. En el próximo siglo la sociedad civil de México se dividirá

---

[8] Juan Auping Birch, "Dios, la suerte y la libertad humana", en *Jóvenes Construyen su Matrimonio*, segunda edición aumentada, Promexa, México, 1996.

entre estos dos grupos, y el activismo alcanzará nuevos niveles. La Iglesia Católica proporcionará liderazgo y guía al primer grupo, y las asociaciones de homosexuales y lesbianas, así como los defensores del feminismo, encabezarán al segundo. Las alianzas internacionales con organizaciones afines serán más que fuentes de financiamiento, y su influencia se dejará sentir con fuerza. El gobierno y los políticos tratarán de adoptar posturas no comprometidas y de evadir el tema, ya que cualquier lado que respalden les costará popularidad y votos en el otro. Es probable que surjan divisiones dentro de los mismos grupos; la sofisticación y complejidad de nuestra sociedad permitirá más pluralidad y diversidad. Así, podrían surgir organizaciones no gubernamentales de católicos que defiendan los derechos de las mujeres respecto a la natalidad y que promuevan su igualdad en asuntos eclesiásticos, para que puedan ocupar cargos hasta ahora reservados sólo a los varones, como el sacerdocio.

CUADRO XVI.2. *Nuestra sociedad está cambiando, ¿observa usted aumento o disminución en las siguientes tendencias?*

Tendencia	A	D	NR	A-D	A/D	AB	AM	DB	DM
Facilidades para abortar	67	16	17	51	4.2	20	80	56	44
Tolerancia/ relajamiento sexual	65	14	22	51	4.6	29	71	49	51
Calidad de la educación	54	40	6	14	1.4	95	5	5	95
Educación religiosa niños/ adolescentes	49	41	10	8	1.2	84	16	16	84
Religiosidad	46	46	8	0	1	84	19	15	85
Promedio	56.2	31.4	12.6	24.8	2.48	62.4	38.2	28.2	71.8

A= aumento, D= disminución, NR= no respondió, B=bueno, M=malo.

Un segundo aspecto de la moral se refiere al aumento o disminución en la tolerancia y el relajamiento de las costumbres sexuales. Una mayoría calificada, dos terceras partes (65%), consideran que la tolerancia en estos asuntos ha aumentado; uno de cada siete (14%) estima que ha disminuido, y más de un quinto (22%) no opinó. Los índices de las diferencias aumento-disminución y su relación son similares a los de la tendencia respecto a las facilidades para abortar. Ello podría significar que, a los ojos de la opinión pública, ambas tendencias están relacionadas y podrían ser vistas como causa y efecto. Mayor tolerancia y relajamiento sexual incidirían en mayores facilidades para abortar e, inversamente, mientras más fácil sea abortar, más se relajarán las costumbres sexuales. Con todo, los juicios de valor sobre la tolerancia y el relajamiento sexuales son menos severos que con el aborto. Entre quienes piensan que la tolerancia y el relajamiento sexual han aumentado, tres de cada diez (29%) mexicanos estiman que ello es bueno, pero la mayoría, siete de cada diez (71%), opina que es malo. Quienes piensan que el relajamiento sexual ha disminuido se dividen por mitades entre quienes opinan que ello es bueno (51%) y quienes estiman que es malo (49%).

La moral y la determinación de las reglas sobre lo bueno y lo malo de las acciones no sólo es responsabilidad de las religiones. La escuela y el sistema educativo tienen la encomienda de formar integralmente hombres y mujeres útiles y adaptados a la sociedad; esto es, ideosocializados en los valores funcionales aceptados y reforzados por medio de premios y castigos. La educación no se refiere sólo a la adquisición de conocimientos; su papel socializador puede ser tan o incluso más importante que el de la enseñanza formal. Hasta muy recientemente los valores del sistema educativo nacional eran los del nacionalismo revolucionario y de una incipiente cultura cívica. En las próximas décadas la formación ética y valoral y la enseñanza del respeto a los derechos humanos tendrán cada vez mayor importancia; ello responderá a mayores exigencias de los padres y madres, así como de los empleadores, quienes desearán contratar no sólo mano o cerebro de obra, sino a seres humanos integrales y honestos.

En esta encomienda el sistema educativo debe responder con calidad. Hoy existe una polarización de opiniones sobre cuál es la tendencia al respecto. Poco más de la mitad (54%) de los mexicanos considera que la calidad educativa ha aumentado; cuatro de cada diez (40%) estiman que ha declinado. Seis por ciento no respondió. A pesar de las diferencias de percepción sobre si la calidad educativa está creciendo o disminuyendo, existe un consenso casi total (95%) en el sentido de que sería benéfico que aumentase. La educación continua y de calidad será una prioridad nacional en las próximas décadas. La sociedad y la economía del conocimiento del siglo XXI, basadas en el aprendizaje continuo, requerirán universalmente hombres y mujeres con una escolaridad media no de doce años (como sería el caso en el año 2020, de continuar las tendencias actuales), sino de 18 o 20 años. Estas nuevas metas requerirán que se destinen a la educación el doble o el triple de los recursos que hoy se destinan a ella como proporción del producto interno bruto. En este aspecto, igual que en muchos otros, la sociedad civil y el sector privado tomarán el liderazgo y un mayor peso de la responsabilidad y el financiamiento.

En las respuestas sobre si la educación religiosa de los niños y adolescentes ha aumentado o disminuido también se aprecia una polarización; casi la mitad (49%) de los mexicanos afirma lo primero y cuatro de cada diez (41%) lo segundo; no respondió uno de cada diez. Entre quienes ven un incremento, la mayoría, más de ocho de cada diez (84%) consideró que ello es positivo, mientras que el resto, uno de cada siete (16%), consideró que es malo. Entre quienes perciben que la educación religiosa ha declinado, uno de cada siete (16%) lo considera bueno, mientras que la gran mayoría cree que es malo (84%). En las primeras décadas del próximo milenio aumentará la educación religiosa de niños y adolescentes, ya que ello responde a una demanda social de amplio consenso. Será importante que ésta sea no sólo un adoctrinamiento, sino que responda a la más profunda razón de la demanda: inculcar valores éticos y de moral cristiana, que son los de nuestra cultura.

La tendencia observada en el fin de siglo sobre la religiosidad de los mexicanos es de total polarización. La mitad (46%) considera que ésta ha aumentado y la otra mitad (46%) que ha disminuido. La relación es de uno a uno. Sin embargo, existe alto grado de consenso en que la religiosidad es un valor positivo; la gran mayoría (84%) de quienes piensan que ha aumentado dicen que ello es bueno, y el mismo porcentaje de quienes aprecian un descenso opinan que ello es malo. Aquí se presenta la lucha convencional entre tradición y modernidad; la primera se piensa religiosa; la segunda, secular. La gran mayoría de los mexicanos considera que la religiosidad es buena y deseable; por ello parece probable que la modernidad de México será secular en lo civil y religiosa en lo particular. La misma sociedad sabe que son dos ámbitos distintos y que no necesariamente se deben contraponer uno al otro, ya que operan en dimensiones diferentes.

De acuerdo con las opiniones vertidas, la religiosidad de los mexicanos podría lo mismo aumentar que declinar. Si bien la dirección de las tendencias no está clara, no hay duda de que los mexicanos consideran que los valores religiosos deben tener mayor peso, para lograr una mejor moral privada y pública. Las convicciones religiosas son un freno internalizado contra las conductas y acciones inmorales y antisociales. Asimismo, iglesias de otras creencias, escuelas, universidades, organizaciones sociales, empresas y gobierno enfatizarán en el futuro los códigos éticos y su cumplimiento. La moral del mexicano es laxa porque ha faltado mayor rigor en la aplicación del sistema ético. Lo mismo sucede en el sistema legal, contraparte secular de la moral religiosa. Es evidente que ha faltado aplicar las leyes en forma imparcial y con rigor; nuestras cárceles no castigan el delito sino la pobreza. La cultura ética no sólo abreva de las grandes corrientes religiosas y morales de la humanidad; se alimenta también de la cultura de la legalidad, situación que Federico Reyes Heroles expresa con toda claridad: ...el México del siglo XXI "...no podrá construirse con los débiles cimientos de las reglas; tendrá que utilizar la misma argamasa que les ha permitido a otras naciones florecer en libertad. Se llama legalidad".[9]

XVI.6. DEMOCRATIZACIÓN; CULTURA CÍVICA

La transición democrática de México no es como la española; no venimos de una dictadura ni se percibe un puerto de arribo. Las múltiples reformas políticas, en promedio más de una por sexenio en los últimos treinta años, mucho han acercado a nuestro país a una democracia representativa. Hoy gozamos de elecciones limpias y competidas; la alternancia en el poder es posible, y si el PRI permanece en él es por decisión de los ciudadanos. Sin embargo, aún falta mucho camino por andar, no sólo en los arreglos jurídicos sino en la cultura cívica. Las próximas tres décadas serán de consolidación y de arraigo de las prácticas democráticas.

Nuestra herencia es el autoritarismo, visión de la política y de las relaciones humanas que permea a la familia, la escuela, la fábrica, la empresa, los partidos y el gobierno. Bajo esta óptica nadie es igual; todos estamos sometidos a una jerarquía. El respeto no es un trato justo y de reciprocidad entre iguales; es la deferencia e incluso el miedo de un subordinado a su superior jerárquico, sea el padre o el jefe, que se atempera con la expectativa de la protección y el paternalismo. En todo caso, induce relaciones de corporativismo y clientelismo. Su efecto económico es negativo: inhibe la innovación; contribuye a evitar tomar riesgos, ya que se pagan más caros los errores de comisión que los de omisión, y favorece al *status quo* y no a la iniciativa. Por supuesto que la crítica, la libre expresión y la opinión pública no tienen cabida en tal sistema o son mal vistos.

¿Cómo califican los mexicanos de fin de siglo las tendencias hacia la democratización y cómo aprecian su evolución? A continuación se presentan seis indicadores. El primero inquiere sobre un hecho cotidiano: las demostraciones, marchas y plantones organizados por partidos, asociaciones, sindicatos, estudiantes y todos aquellos que desean presionar al gobierno y hacer oír sus demandas y peticiones. En la capital de la República hay en promedio de tres a cinco manifestaciones diarias, más de mil al año; también son comunes en la provincia. De manera consistente con estas cifras, la gran mayoría (83%) de los ciudadanos piensan que las manifestaciones han aumentado; sólo uno de cada once (9%) considera que han declinado y uno de cada doce (8%) no respondió. La

---

[9] Federico Reyes Heroles, *Memorial del Mañana*, Editorial Taurus, México, abril de 1999.

relación entre quienes estiman que se han incrementado respecto de quienes creen que han disminuido es de nueve a uno. Sólo un tercio (34%) de quienes perciben que han aumentado considera que ello es bueno; entre quienes estiman que han disminuido, casi la mitad (48%) considera que ello es malo. El juicio que hace la ciudadanía de las manifestaciones es negativo; dos tercios las consideran malas. El nuevo derecho a protestar, que amplía la vida democrática, interfiere con el derecho de los demás a transitar libremente y sin estorbos. En este caso los mexicanos valoran más la conveniencia personal y que no se afecte la marcha cotidiana de los asuntos particulares, que el derecho de expresar inconformidades de diversos grupos sociales. Nuestra democracia y las nuevas libertades cívicas no cuentan con una cultura de respeto y tolerancia; falta normar hasta qué punto los grupos disidentes o de manifestantes pueden apoderarse u obstruir los espacios públicos y privados. Sin este límite a la libertad de expresión, las minorías vulneran usualmente el derecho, la libertad y los intereses de las grandes mayorías.

La segunda tendencia más clara para los mexicanos es la creciente participación política de la Iglesia Católica. Ésta ha aumentado para tres de cada cuatro (74%) y ha disminuido para uno de cada siete (16%); uno de cada diez no respondió. Casi son cinco quienes consideran que ha aumentado por cada uno de quienes perciben que ha disminuido. En efecto, después de muchos años de vivir en la ilegalidad y en la sombra, la Iglesia Católica logró el reconocimiento del gobierno y actualmente goza de un nuevo estatuto jurídico. El Papa cuenta con un nuncio y la República con un embajador en el Estado Vaticano. Los obispos y los sacerdotes opinan sobre política, economía o problemas sociales. La tendencia hacia una mayor participación política de la Iglesia Católica es vista como mala por seis de cada diez (59%) y buena por cuatro de cada diez. Quienes estiman que dicha participación ha declinado evalúan la tendencia en forma asimétrica: cuatro de cada diez (39%) opinan que es buena y seis de cada diez (61%) que es mala. La sociedad secular del mundo moderno es deseable para la mayoría, pero un porcentaje importante de mexicanos desearía mayor injerencia política de la Iglesia Católica. Ésta no es una cuestión definida, y será otro de los campos de batalla de las guerras culturales del siglo XXI. En él serán claves los objetivos y las estrategias que determine la dirigencia católica y el Vaticano, ya que el gobierno y la sociedad civil difícilmente determinarán la agenda y la intensidad de la lucha, limitándose más bien a reaccionar ante las propuestas de los religiosos.

Casi dos terceras partes (64%) de los mexicanos consideran que la participación política de las diversas corrientes ha aumentado; uno de cada seis (17%) piensa que ha declinado, y un quinto no respondió

(19%). El incremento en la participación política es visto como bueno por ocho de cada diez (80%), y el decremento es considerado malo por un porcentaje similar (78%). Entre quienes perciben un aumento, una quinta parte (20%) opina que es malo; entre quienes estiman que ha disminuido, también un quinto (22%) piensa que ello es bueno. Independientemente de la percepción sobre si la participación ha crecido o disminuido, hay un alto consenso en que una mayor pluralidad política es positiva. Al disminuir el autoritarismo surgen nuevos actores políticos con distintas tendencias; la democracia representativa les da cabida, voz y voto. Esta tendencia continuará en los próximos años, ya que es bien vista; ello aliviará presiones y favorecerá un debate más amplio de ideas y propuestas. Esta diversidad nos enriquecerá. Por otro lado, mayor pluralidad implica menor consenso y unidad; la toma de decisiones será más difícil y la gobernabilidad más complicada de alcanzar, existiendo riesgo de rupturas, de falta de acuerdo y de posposición de problemas graves en los que no se compartan diagnósticos o visiones de solución.

Relacionado con la tendencia anterior, para seis de cada diez (62%) mexicanos la organización y participación ciudadana es cada día mayor; para otro tercio (33%) ha declinado. Quienes consideran que ha aumentado casi duplican a quienes creen que ha disminuido (1.8 a uno). La tendencia es similar a la previa. Sin embargo, el consenso de que una mayor participación ciudadana es positiva es casi total; más de nueve de cada diez (93%) de quienes piensan que ha aumentado afirman que ello es bueno; entre quienes estiman que ha declinado, un porcentaje igual considera que ello es malo. Una nueva cultura democrática, basada en la participación y mayor organización ciudadana, está tomando carta de naturalización y no sólo con propósitos políticos o electorales. La sociedad civil está tomando conciencia de que no debe esperar soluciones a sus problemas por parte del gobierno o de otros agentes, y que el único camino abierto es el de una mayor participación y organización de los ciudadanos con fines específicos.

Sobre la vida democrática y el respeto al voto, más de la mitad (53%) de los mexicanos perciben una tendencia ascendente, casi cuatro de cada diez (47%) consideran que han disminuido y uno de cada diez no respondió. Hay amplio consenso en la evaluación de las tendencias: entre quienes aprecian un aumento en la democracia y el respeto al voto casi nueve de cada diez (86%) consideran que ello es bueno; entre quienes creen que han disminuido un porcentaje similar (90%) piensa que es malo que así haya sido. En otras palabras, la ampliación de nuestra vida democrática y del respeto al sufragio es evaluada de manera casi universal como positiva. Asimismo, aunque la tendencia es patente para la mayoría, aún existe incredulidad y desconfianza en casi cuatro de cada diez mexicanos. En las primeras décadas del siglo XXI probablemente se ampliarán y consolidarán las prácticas democráticas. La alternancia en el poder de los diferentes partidos podría aumentar la confianza y credibilidad de los ciudadanos en las instituciones electorales autónomas. El costo de la democracia probablemente disminuirá y se instalará una cultura democrática entre nosotros que permeará todos los ámbitos.

CUADRO XVI.3. *Nuestra sociedad está cambiando, ¿observa usted aumento o disminución en las siguientes tendencias?*

Tendencia	A	D	NR	A-D	A/D	AB	AM	DB	DM
Demostraciones, marchas y protestas	83	9	8	74	9.2	34	66	52	48
Participación de la Iglesia Católica en política	74	16	10	58	4.6	41	59	39	61
Participación política de corrientes diversas	64	17	19	47	3.8	80	20	22	78
Organización y participación ciudadana	61	33	6	28	1.8	93	7	7	93
Vida democrática y respeto al voto	53	37	10	16	1.4	86	14	10	90
Respeto y confianza en las autoridades	19	77	4	58	4.1	80	20	9	91
Promedio	70.8	37.8	11.4	56.2	4.98	82.8	37.2	27.6	92.2

A= aumento, D= disminución, NR= no respondió, B=bueno, M=malo.

La única tendencia que en la percepción de los mexicanos va a la baja es el respeto y la confianza en las autoridades; así opinan casi ocho de cada diez (77%). Sólo uno de cada seis (19%) estima que éstos han aumentado, de estos últimos, ocho de cada diez creen que el incremento es bueno. Entre quienes piensan que la confianza ha declinado, nueve de cada diez (91%) consideran que ello es malo. Existe así un alto consenso en que debería existir mayor respeto y confianza en las autoridades. Este consenso y el valor tan bajo que hoy tiene el aprecio por las autoridades hacen prever una inflexión de la tendencia en el futuro cercano. Por otro lado, las prácticas democráticas proporcionarán mayor legitimidad a las autoridades; así que es muy probable que los gobernantes y dirigentes de las tres primeras décadas del próximo siglo cuenten con mayor respeto y confianza que los de fin de milenio, y que esta tendencia vaya en aumento.

XVI.7. Igualdad y justicia; cultura de la equidad

La igualdad como valor ha perdido terreno frente a la libertad. El fracaso del comunismo y el triunfo del liberalismo y de la economía de mercado muestran que esta última ideología es efectivamente más eficiente y eficaz. Empero, el mundo del capitalismo deja de lado grandes capas de la población e incluso a naciones enteras. Los países ricos comercian entre ellos y prosperan sin necesidad de explotar a nadie; las teorías del imperialismo y del centro-periferia han perdido todo sustento, pero el libre mercado no ha resuelto el problema de las masas de pobres y marginados. Éste es uno de los grandes retos del siglo XXI, especialmente para países como México.

El tema de la igualdad se transforma; ahora se habla de equidad y de eliminar las causas de la discriminación y la desigualdad de oportunidades, especialmente de género, así como de respetar las preferencias sexuales y étnicas y los derechos de los indígenas. Las macrotendencias en nuestro país sobre estas cuestiones y la valoración de las mismas señalan situaciones de honda preocupación.

Los nacionales perciben un gran incremento en el número de madres y mujeres que trabajan. Nueve de cada diez (90%) ciudadanos responden que éste ha ascendido; sólo 6% creen que ha disminuido. La relación aumento-disminución es de quince a uno. Entre quienes ven un incremento, dos tercios (66%) consideran que esto es bueno y un tercio que es malo (33%). Entre quienes creen que ha disminuido, más de un tercio (35%) dice que es bueno y dos tercios (65%) que es malo. La relación es simétrica y muestra consistencia entre las valoraciones de las visiones opuestas. Una mayoría calificada de los ciudadanos evalúa como positivo el que madres y mujeres en general trabajen; empero, un tercio todavía cree que el ámbito de la mujer es exclusivamente el hogar y los hijos. Esta tendencia y su valoración permiten prever para las próximas décadas una mayor equidad de género y mayor independencia e importancia de la mujer. Por otro lado, la incorporación de la mujer al mundo laboral, independientemente de su estado civil y de si es madre o no, se incrementará más aceleradamente.

Tres cuartas partes (76%) de los mexicanos consideran que las diferencias de ingreso y bienestar entre ricos y pobres han aumentado; para un 16% han disminuido, y uno de cada once (9%) no respondió. La relación aumento-disminución es de casi cinco a uno (4.8 a uno). La gran mayoría, más de ocho de cada diez (85%), de quienes estiman que las diferencias han aumentado consideran que esta tendencia es negativa; entre quienes consideran que las diferencias han disminuido, dos tercios piensan que ello es bueno. Existe, pues, consenso en que la brecha de ingresos entre las familias se abre y que ello es malo. Efectivamente, una sociedad con grandes disparidades pierde confianza entre sus integrantes; con la desigualdad baja la identificación y la desconfianza aumenta. Una democracia difícilmente prospera donde existe un abismo entre los ingresos y niveles de bienestar de los ciudadanos; asimismo, los conflictos se incrementan y el resentimiento y la frustración aumentan, sobre todo cuando se piensa que la riqueza no es legítima. Por otro lado, la desigualdad de ingresos refleja la desigualdad de oportunidades de alimentación, salud, educación y empleo.

En los últimos años de este siglo los esfuerzos del gobierno están bien encaminados y orientados; tanto Solidaridad como Progresa son ejemplares y están bien diseñados; sin embargo, su cobertura es insuficiente. Ante la magnitud del problema, cuando se habla de decenas de millones de marginados, los recursos públicos no alcanzan. La reforma fiscal integral se ha pospuesto año tras año y padecemos un sistema impositivo ineficiente e injusto, que recauda poco y tampoco contribuye a disminuir las disparidades sociales. Cabe destacar la creciente participación y solidaridad de la sociedad civil en organizaciones filantrópicas, hasta hace poco ajenas a nuestra cultura, en la que la asistencia social era considerada responsabilidad exclusiva del gobierno y de la Iglesia.

Dentro de los cambios de fin de siglo de nuestra sociedad, tres cuartas partes (74%) de los ciudadanos estiman que la independencia e igualdad en los derechos de las mujeres han aumentado; uno de cada siete (16%) estima que han disminuido, y uno de cada diez no respondió. Entre los primeros, casi nueve de cada diez (86%) opinan que el incremento es bueno y uno de cada siete (14%) que es malo. Entre quienes piensan que han disminuido, la mitad dicen que ello es bueno (50%) y la mitad que es malo (50%). Así, si bien existe un amplio consenso en que la independencia e igualdad de derechos de las mujeres están aumentando y en que ello es positivo, una cuarta parte de los mexicanos cree que éstas han disminuido y uno de cada ocho considera que ello es bueno. Los resultados nos muestran que aún hay resabios de sexismo. Esta tendencia proseguirá su curso el próximo milenio; un amplio consenso social al respecto garantiza la profundización de la tendencia hacia una mayor equidad de género; empero, en la concepción de la familia se presentará una lucha cultural. La familia dejará de ser lo que ha sido; muchas de las nuevas familias estarán integradas sólo por la madre y un hijo, por el padre y un hijo, o por parejas que han procreado hijos con otras parejas. El matrimonio podrá seguir siendo la base de la familia, pero las nuevas concepciones de género, individuo y proyecto de vida darán lugar a varios matrimonios en la vida de muchas personas, y éstas tendrán que resolver los problemas de adaptación y defenderán su derecho a sus propios arreglos. Las personas, hombres o mujeres, con preferencias sexuales de su propio género también se enfrentarán a los valores operantes y tenderán a modificarlos; ello incidirá a su vez en la concepción de la familia. A continuación se presentan las tendencias observadas respecto a estos dos aspectos y su evaluación.

La tolerancia de la sociedad respecto a los homosexuales ha aumentado en los últimos años para siete de cada diez (71%) mexicanos, y ha disminuido para uno de cada siete (14%); no respondió un porcentaje similar (15%). La relación aumento-disminución es de cinco a uno. La mayoría (71%) de quienes consideran que la tolerancia ha aumentado estiman que ello es malo; sólo uno de cada tres (29%) piensan que ello es bueno. Quienes aprecian una disminución en la tolerancia se dividen al evaluar la tendencia por mitades: la juzgan buena casi la mitad (47%) y mala más de la mitad (53%). La tolerancia es un importante valor de convivencia, sobre todo en una sociedad que se diversifica a la vez que se vuelve más compleja y plural. El aumento en la tolerancia es signo importante para cualquier grupo heterodoxo; que éste se juzgue negativo es una muestra de que avanza contra los valores y las creencias establecidos. Por ello se produce un choque o guerra cultural; unos grupos tratarán de modificar los valores y percepciones de otros, lucharán porque sus ideas y estilos de vida sean aceptados por el resto de la sociedad. Otros se organizarán para combatir estas tendencias y tratarán de prohibir prácticas y usos que van contra las "buenas costumbres" y que estiman ofrecen un mal ejemplo para sus hijos. En las primeras décadas del próximo siglo lo más probable es que aumente la tolerancia hacia los homosexuales por parte de la gran mayoría, pero con una resistencia importante por parte de una minoría cada vez más fuerte y organizada. Ello podría derivar en que el asunto se convierta en tema importante del debate político.

Según siete de cada diez (79%) mexicanos, las familias con un solo padre o madre han aumentado en los últimos años del siglo XX; uno de cada seis (18%) opina que han disminuido. Entre quienes consideran que se han incremento, sólo uno de cada siete (14%) estima que ello es positivo; la gran mayoría (86%) piensa que es malo. Entre quienes consideran que las familias de un solo padre o madre están disminuyendo, siete de cada diez (72%) lo consideran bueno y casi tres de cada diez (28%) piensa que es malo. De nueva cuenta la tendencia hacia un mayor número de dichas familias se produce a contracorriente de valores muy arraigados en nuestra sociedad. Ello explica su evaluación negativa casi por consenso total. El escenario más probable es que esta tendencia de incremento de las familias uniparentales o "unimarentales" continúe. Si

CUADRO XVI.4. *Nuestra sociedad está cambiando, ¿observa usted aumento o disminución en las siguientes tendencias?*

Tendencia	A	D	NR	A-D	A/D	AB	AM	DB	DM
Madres y mujeres que trabajan	90	6	4	84	15.0	66	33	35	65
Diferencia de ingresos entre ricos y pobres	76	16	9	60	4.8	15	85	67	33
Independencia e igualdad de las mujeres	74	16	10	58	4.6	86	14	50	50
Tolerancia a los homosexuales	71	14	15	57	5.1	29	71	47	53
Familias con un solo padre/madre	70	18	12	52	3.9	14	86	72	28
Combatividad de los indígenas/ minorías	61	23	16	38	2.7	41	59	40	60
Promedio	88.4	18.6	13.2	69.8	7.2	50.2	70.4	46.6	73.4

A= aumento, D= disminución, NR= no respondió, B=bueno, M=malo

a fines del siglo XX suman una de cada seis, en los primeros tres lustros del próximo siglo podrían llegar a un cuarto del total y para el año 2030, a un tercio. Esta tendencia afecta al objeto central o eje de la sociedad, que en la actualidad en nuestro país es la familia, pero que en el futuro podría tender a que fuese el individuo. La mayoría de los países industrializados con altos niveles de desarrollo han pasado ya por este cambio, que en gran medida ha sido obligado por los arreglos económicos y el imperativo de mayor eficiencia. En el proceso de modernización, la mujer se revalora y toma conciencia de su individualidad y de sus derechos. La mujer que trabaja, independiente, con poder adquisitivo, conocimientos y cultura tiene horizontes y metas que van más allá de la familia, al menos como tradicionalmente la hemos concebido. De ahí el debate cultural que podría ocurrir en las próximas décadas con objeto de redefinir y reconceptualizar a la familia y su papel en la sociedad y en la vida de los individuos.

Según seis de cada diez (61%) mexicanos, en los últimos años la combatividad de los indígenas y de las minorías étnicas ha aumentado; 41% de quienes así piensan considera que ello es bueno, mientras que la mayoría (59%) estima que es malo. Por otra parte, uno de cada cuatro (23%) aprecia una disminución en esta tendencia; el 40% de ellos creen que es bueno que los indígenas sean menos combativos y 60% piensan que es malo. El 16% de los mexicanos no quiso opinar sobre el tema. El reflejo más patente de la nueva combatividad indígena es la insurrección de las cañadas de Chiapas, cuyo motivo manifiesto es la reivindicación de los derechos de los pueblos indígenas chiapanecos. En este caso la tendencia de cambio choca con el *status quo* o el "estado de cosas" con el que se conforma la mayoría. La pobreza y la marginación extremas se asocian en gran medida con los grupos indígenas de la República, los cuales constituyen minorías que sufren discriminación y desigualdad de acceso en las oportunidades de alimentación, vivienda, salud, educación y empleo. Lo más probable es que en el futuro la combatividad de los indígenas aumente conforme éstos tomen más conciencia de su situación y reciban más apoyo nacional e internacional. La evaluación de la tendencia es incierta, con dos grupos sólidos, uno que ve favorable el despertar indígena y otro que lo percibe como algo negativo. Probablemente, conforme el número de quienes consideran buena esta tendencia de emancipación se incremente, este asunto tenderá a polarizar a los mexicanos. Ello augura otro tema de debate, que ya está en curso, pero cuyos puntos álgidos probablemente se alcanzarán en las primeras décadas del próximo milenio.

El éxito de las minorías o de grupos que sufren actualmente iniquidades o discriminación, sean mujeres, madres solteras, indígenas u homosexuales, será ejemplo y aliciente para otros grupos minoritarios o que se identifican por alguna característica o causa compartida. Organizarse y luchar por los intereses del grupo tendrá cada vez mayor sentido. Una politización y participación crecientes obligarán a contar con mecanismos, prácticas y esquemas para dirimir conflictos y negociar; asimismo, el proceso de toma de decisiones de la sociedad deberá satisfacer tanto a los intereses de la mayoría como los de las minorías. El proceso de gobernar será cada vez más difícil y complicado.

XVI.8. GLOBALIZACIÓN Y DESARROLLO; CULTURA DE LA MUNDIALIZACIÓN

La ciencia y la tecnología descubiertas y desarrolladas hasta el día de hoy tardarán muchos años en ser asimiladas. En gran medida los acontecimientos de las tres primeras décadas del próximo siglo estarán condicionados por nuestra adaptación a ellas. Un reto para todo ser humano será la proximidad de los otros seres humanos; se tratará ahora no sólo del vecino o del compatriota, sino de los más de seis mil millones de hombres y mujeres que pueblan el planeta en una profusa diversidad de costumbres y tradiciones. El otro, el extraño, el diferente, estará en contacto con nosotros, ya sea virtualmente, por medio de algún sistema de telecomunicación como el Internet, o en contacto real, gracias al aumento de la velocidad y a la reducción del costo de los sistemas de transporte. El mundo se achicó; hoy día todo está más cercano, y en el próximo siglo lo estará aún más. Ello obligará a desarrollar nuevas formas cognoscitivas y de convivencia, a plantear nuevos valores y a revalorar otros que serán funcionales en un mundo más interdependiente y conectado, que tenderá a reordenarse e integrarse de maneras diferentes. Este conjunto de asuntos puede denominarse cultura de la mundialización.

Es conveniente distinguir, como lo hace Carlos Castillo Peraza, entre "globalización" y "mundialización". La primera corresponde a un "fenómeno económico, que se da hoy en el marco de tres revoluciones: la de la internacionalización acelerada de los grupos industriales; la del desarrollo tecnológico, cuya velocidad sólo tiene como límite la obsolescencia programada de las nuevas máquinas y, finalmente, la del ascenso, en términos del poder, de la esfera financiera que tiende cada vez más a autonomizarse en relación con los otros componentes económicos".[10] La segunda se deriva de "mundo", entendido como el "globo terrestre cuando éste es pensado y tratado como lugar de lo humano, como realidad humanizada, como domicilio o morada de los hombres".[11] Es precisamente en la esfera de la mundialización donde se presentan los aspectos valorales y axiológicos, ya que corresponden a los usos y costumbres de los pueblos y sus cambios por efecto de la globalización.

En la últimas décadas del siglo XX la brecha entre las naciones prósperas y las pobres se ha ensanchado; el envejecimiento de los ciudadanos de los países ricos y la aún alta fecundidad de los países pobres, aunada a la disminución de sus tasas de mortalidad, incluida la infantil, provocan excedentes de grandes masas de humanos en los segundos y demanda de empleos relativamente muy bien remunerados en los primeros. Esta dinámica crea los polos de atracción y repulsión de las grandes corrientes migratorias de la humanidad. En México se aprecia un movimiento de sur a norte; no sólo emigran los mexicanos del campo a las urbes, sino en mayores proporciones a Estados Unidos. Hay también una corriente migratoria del Caribe y Centroamérica hacia el norte; muchos sólo desean usar a México como puente, pero finalmente se asientan aquí.

La gran corriente migratoria de mexicanos a Estados Unidos es uno de los fenómenos demográficos más importantes a nivel mundial de fines del siglo XX y principios del XXI. De acuerdo con el demógrafo Bouvier,[12] la población de Estados Unidos pasará de 279 millones en el año 2000, a 397 millones en el 2050, y la participación de los "hispánicos" aumentará

[10] Carlos Castillo Peraza, *De la Globalización a la Mundialización*, conferencia magistral, Convención de la Asociación de Banqueros de México, Acapulco, Gro., 10 de abril de 1999.
[11] *Ibid.*
[12] Leon Bouvier F., *Peaceful Invasions: Immigration and Changing America*, Lanham, Md.; University Press of America, 1992.

en esos años de 10% a 22%; esto es, de 27.9 a 87.3 millones. Si entre los hispánicos se conservase la proporción de personas de origen —que de acuerdo con el Censo de Población de Estados Unidos[13] fue en 1990 de 60%—, para el año 2050 los méxico-americanos serán más de 52 millones; esto es, más de uno de cada tres mexicanos residirá al norte del río Bravo, casi el triple de la cifra actual.

Estas tendencias indudablemente constituyen un evento "portador del futuro", ya que sus implicaciones, tanto para México como para Estados Unidos (y para aquellos estados de este país donde preferentemente se asientan los mexicanos que emigran, como California y Texas), abren un gran abanico de posibilidades y escenarios, entre los que destacan: la toma del poder por los "hispanos" que serán mayoría en estos estados; guerras étnicas de gran violencia; cierre y militarización de las fronteras; creación de nuevos Estados nacionales; o extensión del Tratado de Libre Comercio de Norteamérica a un acuerdo más amplio, del tipo de Maastrich de la Unión Europea, con moneda común, parlamento e incluso política exterior y de defensa comunes.

La gran mayoría de los mexicanos, ocho de cada diez (80%), estima que la migración hacia Estados Unidos ha aumentado en los últimos años del siglo XX; uno de cada siete (15%) piensa que dicha migración ha disminuido, y 5% no respondió. La relación aumento-disminución es de 5.3 a uno. Entre quienes consideran que la tendencia hacia una mayor emigración es clara, ocho de cada diez (80%) consideran que la misma es negativa; sólo un quinto de ellos la perciben como buena. Por el lado de quienes consideran que la emigración ha disminuido, poco más de la mitad dicen que ello es bueno (57%) y poco menos de la mitad que es malo (43%). Los mexicanos todavía no reconocen los beneficios de la migración masiva al norte; ésta se aprecia como un mal necesario, como una válvula de escape a la presión demográfica y de demanda de empleos y salarios remuneradores. Tampoco se reconoce el potencial económico y político de los emigrados, si bien en años recientes ha habido cambios importantes: se estableció una ley que permite la doble nacionalidad y se debate el derecho de votar de los mexicanos radicados en el extranjero. Incluso la cuantificación del fenómeno tiende a minimizarlo; no deseamos reconocer que no podemos hacer frente a una expansión demográfica que nos rebasa. Si bien la cifra oficial del CONAPO sobre la emigración neta promedio es de 300 000 mexicanos al año,[14] hay indicios de que podría ser del doble o el triple.

Más de dos tercios (68%) de los mexicanos aprecian que en los últi-

[13] U.S. Bureau of Census, *1990 Population Census*.
[14] CONAPO, *Informe Anual 1999*.

mos años existen en nuestro país facilidades crecientes para comprar productos extranjeros; uno de cada cuatro opina que éstas han disminuido; un 7% no opinó. Entre quienes estiman una apertura comercial creciente, sólo un tercio (32%) considera que ello es bueno y dos tercios (68%) que es malo. De nueva cuenta se refleja una cultura xenófoba y cerrada al exterior. Las facilidades para comprar productos internacionales sin permisos de importación y con bajos aranceles beneficia a los consumidores, enriquece las opciones de elección y aumenta el bienestar material, pero sólo un tercio de la población lo ve como bueno. Esta tendencia continuará profundizándose; con el Tratado de Libre Comercio de Norteamérica y tratados y acuerdos similares con otras regiones del mundo, cada día existirá en México una mayor oferta de productos y servicios extranjeros. La evaluación cambiará conforme se aprecien las ventajas del libre comercio, si bien podrían presentarse resistencias e incluso retrocesos, ya que la mayoría de la población no está convencida de las bondades de esta estrategia de desarrollo.

Los mexicanos mostraron en los últimos años una tendencia hacia una mayor vinculación e interdependencia internacional; así consideran que ha ocurrido casi siete de cada diez (68%); por el contrario, uno de cada seis (17%) estima que la interdependencia ha decrecido; uno de cada cuatro (25%) no respondió. Quienes piensan que ha aumentado están polarizados; casi la mitad (45%) manifestaron que es bueno que así haya sido, y más de la mitad (55%) dijeron que es malo. Entre quienes opinan que la vinculación ha disminuido, tres de cada diez afirman que ello es bueno y siete de cada diez (70%) que es malo. La relación aumento-disminución es de 3.4 a uno. Así, para la mayoría de los mexicanos el país gravita hacia la globalización, entendida ésta como una mayor relación en el orden económico y financiero con otros países del mundo.

La evaluación de la tendencia todavía se inclina del lado del aislamiento. La apertura y la interdependencia se perciben como algo negativo; demasiados años cerrados y con posiciones xenófobas aún pesan en el *ethos* nacional. La apertura internacional y de nuestras fronteras ha sido la labor de una elite contra el sentir de las mayorías. Si bien la tendencia hacia una mayor interdependencia y vinculación con las otras naciones de la Tierra es clara para la mayoría, su continuidad no está garantizada, ya que más de la mitad no la aprecia como buena. La vinculación de México en la globalización costará trabajo, incluso en los aspectos culturales y de valores. Se requiere no sólo mayor educación, productividad y calidad para tener éxito en la competencia internacional, sino también un cambio de mentalidad y la adopción de ciertos valores funcionales y operativos que demanda el nuevo entorno.

CUADRO XVI.5. *Nuestra sociedad está cambiando, ¿observa usted aumento o disminución en las siguientes tendencias?*

Tendencia	A	D	NR	A-D	A/D	AB	AM	DB	DM
Migración de México a									
Estados Unidos	80	15	5	65	5.3	20	80	57	43
Facilidad para comprar									
prod. extranjeros	68	25	7	43	2.7	32	68	52	48
Vinculación e interdependencia									
internacioles	58	17	25	41	3.4	45	55	30	70
Orgullo nacional/ patriotismo	38	52	10	-14	1.4	87	13	10	90
Conservación de las costumbres /									
tradiciones	25	69	6	-44	2.8	85	15	32	68
Promedio		53.8	35.6	10.6	18.2	3.12	53.8	46.2	36.2	63.8

A= aumento, D= disminución, NR= no respondió, B=bueno, M=malo

Respecto al orgullo nacional y al patriotismo, éstos han aumentado para casi cuatro de cada diez (38%) ciudadanos, han disminuido para más de la mitad (52%) y uno de cada diez no respondió. Entre quienes consideran que el nacionalismo ha aumentado, la gran mayoría (85%) consideran que ello es bueno y sólo uno de cada siete (15%) piensa que es malo. Entre quienes piensan que el orgullo nacional ha declinado, nueve de cada diez (90%) lo consideran malo y sólo 10% dijeron que es bueno . Ésta es la otra cara de la moneda de nuestra mayor vinculación internacional; la mayoría de los ciudadanos considera que se pierde el amor por lo nuestro y por nuestras raíces, y casi todos los mexicanos deploran este hecho.

En este asunto podrían presentarse dos escenarios. En el primero se perdería cada día más el orgullo nacional y el patriotismo; la identidad nacional se desdibujaría y en su lugar se adoptarían identidades regionales o estatales correspondientes a la "patria chica"; algunos mexicanos adoptarían las de la macrorregión económica de Norteamérica y unos cuantos podrían incluso empezar a identificarse como ciudadanos del mundo. En el segundo escenario ocurriría un renacimiento y una búsqueda de nuestras auténticas raíces, que podría adoptar varias formas, desde el indigenismo y la refundación de Aztlán, pasando por el despertar de la "raza cósmica", hasta la revitalización del "nacionalismo revolucionario". Dada la nueva diversidad y pluralidad del país podría también, y con mayor probabilidad, darse una mezcla de los dos escenarios, con lo cual se abriría otro frente en las guerras culturales del siglo XXI.

Relacionado con la tendencia previa, a fin de siglo uno de cada cuatro mexicanos (25%) piensa que la conservación de nuestras costumbres y tradiciones ha aumentado, y siete de cada diez (69%) consideran que ha disminuido. Los primeros consideran casi por consenso (85%) que el aumento habido en su conservación es bueno, mientras que siete de cada diez (68%) de los segundos consideran malo que haya disminuido; en otras palabras, casi un tercio (32%) piensan que es bueno que declinen las costumbres y tradiciones ancestrales. La globalización está imponiendo, por medio del consumismo y los medios electrónicos, patrones culturales mundiales que están siendo adoptados sobre todo por las generaciones jóvenes. La pérdida de los valores tradicionales es uno de los costos de la globalización. En el futuro podría ocurrir cualquiera de los siguientes tres escenarios: uno en el que los valores, usos y costumbres tradicionales serían sustituidos por los mundiales; un segundo en el que se buscaría activamente el rescate y revaloración de los valores locales, y un tercero, que sería una combinación de los dos primeros, cuya resultante sería una lucha entre la tradición y la modernidad representada por la mundialización.

XVI.9. Consideraciones finales

Los valores como centro de toda cultura se ubican en todas las esferas del ser y el quehacer humanos: ética, estética, cognoscitiva, afectiva y política. En este breve capítulo sólo se consideraron algunas, por lo que necesariamente se dejaron de lado valores importantes que nos guiarán durante el siglo XXI. Dentro de las omisiones destacan los valores "verdes" o ecologistas, que no sólo se traducen en movimientos políticos y partidos, sino que se perfilan incluso como fundamento de nuevas religiones del tercer milenio.

El objetivo de analizar y evaluar las macrotendencias es el de establecer posibles escenarios valorales y los temas de las principales "guerras culturales" de las primeras décadas del próximo siglo; esto es, de los debates intelectuales, sociales y políticos que redefinirán el México del siglo XXI. Es claro que el país se encuentra en una crisis de identidad y en una transición política, económica y social que implica una mudanza de valores; algunos hablan incluso de una "revolución ética" para significar que el cambio debe ser profundo. Estas luchas por el contenido normativo de las mentes no sólo ocurren en México; también se presentan en la mayoría de los países del mundo.[15]

El tercer milenio será una nueva época; la humanidad tiene una gran oportunidad, así como graves retos y riesgos. La ciencia y la tecnología

---

[15] James Davison Hunter, *Cultural Wars. The Strugle to Define America*. Basic Books, Harper Collins, 1991.

abren espacios más allá de la imaginación; pareciera que la humanidad se trasciende a sí misma y que tomará en sus manos el curso de la evolución. Conviene recordar que a fines del siglo XIX el espíritu de los tiempos era similar: se creía que arribaríamos a un mundo mejor y que el progreso sería lineal y ascendente. Muchos filósofos clásicos y modernos como Kant, Hegel, Marx, Spencer, Maritain, y Teilhard de Chardin entre otros, así lo afirmaron. Por otro lado, también ha habido pensadores que consideraron la posibilidad de una regresión, como Juenger, Marcuse, Ellul, Seidenberg, Rousseau, Hesiodo y Ovidio, para citar algunos.[16] La historia no termina con la caída del Muro de Berlín ni con el fin del segundo milenio; tampoco se puede garantizar un progreso continuo y la solución de todos nuestros problemas. La visión del futuro no debe ser ni pesimista ni optimista; en otras palabras, no debemos desesperar ni perder la esperanza de un mundo mejor, pero tampoco debemos soñar con que el simple paso del tiempo solucionará nuestras carencias físicas y espirituales; para ello debemos luchar. La semilla del futuro es el acto presente.

[16] Charles Van Doren, *The Idea of Progress*, Frederick A. Paeger, Nueva York, Washington, Londres, 1967.

RELACIÓN DE AUTORES

ENRIQUE ALDUNCIN ABITIA

Doctor en matemáticas aplicadas a la economía por la Universidad de Essex, Inglaterra (1980). Ha sido gerente de estudios económicos de Teléfonos de México (1974-1977); subdirector general de Planeación en la Dirección General de Estadística (1977); director general de Estudios Económicos, Estadística e Informática en la Secretaría de Comercio y en la Secretaría de Comercio y Fomento Industrial (1977-79, 1982); director de Planeación, Organización y Presupuestos en el Instituto Mexicano de Comercio Exterior (1979-1981); responsable de estadística y econometría en la Oficina de Asesores del Presidente de la República (1979-1981); director adjunto del Departamento de Estudios Económicos del Banco Nacional de México y editor de la revista *Examen de la Situación Económica de México* (1983-87); director general de Mori de México *(Market and Opinion Research Internacional)* (1994-95). Actualmente es Director general de Alduncin y Asociados, S. A. de C. V. Autor de varios libros, estudios y ensayos, entre los que destacan la serie sobre "Los Valores de los Mexicanos": *México: entre la tradición y la modernidad* (1986), *México en tiempos de cambio* (1991), y *En busca de una esencia* (1993); *Expectativas económicas de los líderes empresariales: determinantes de la inversión y posición competitiva internacional de las empresas líderes de México* (1989), *Modelos econométricos de México, revisión crítica y evaluación* (1984), y *Población, educación y empleo en México. Dinámica de sistemas y lineamientos de política* (1982).

ANTONIO ALONSO CONCHEIRO

Doctor en ingeniería de control por el Imperial College of Science and Technology, Inglaterra. Ha sido investigador titular del Instituto de Ingeniería de la UNAM (1975-1984); coordinador de automatización en el Instituto de Ingeniería de la UNAM (1976-1978); subdirector del Instituto de Ingeniería de la UNAM (1978-1983); investigador titular y director de la Fundación Javier Barros Sierra, A. C. (1983-1987); investigador titular y director del Centro de Estudios Prospectivos, A. C. (1987-1995). Actualmente es director general de la revista *Este País* (DOPSA, S. A. de C. V.) y socio consultor en Analítica Consultores Asociados, S. C. Es miembro de los comités técnicos de diversas instituciones nacionales e internacionales y ha sido asesor técnico del gobierno mexicano en diversas ocasiones. Fue miembro del Consejo Directivo de la Federación Mundial de Estudios del Futuro, asesor del proyecto Futuros de Largo Plazo para África. Miembro fundador de diversas sociedades científicas y tecnológicas, donde ha participado en diferentes cargos directivos. Es miembro del Comité Editorial de Ciencia y Tecnología del Fondo de Cultura Económica. Es coautor de los libros *Alternativas energéticas* (1985); *Estudios del siglo 21* (1988), *Prospectiva del sector alimentario mexicano y sus implicaciones para la ciencia y la tecnología* (1988); *Comunicaciones: pasado y futuros* (1989), *México hacia el año 2010, política interna* (1989); *Energy for Tomorrow's World: Latin America and the Caribbean Regional Report* (1992), *El sector eléctrico en México* (1994), *Telecomunicaciones* (1996).

Juan Pablo Arroyo Ortiz

Licenciado en economía por la Universidad Nacional Autónoma de México, donde se graduó con mención honorífica. Fue secretario general, director y catedrático de la de la Facultad de Economía de la UNAM desde 1972. Realizó una especialización sobre empleo y distribución del ingreso en el PREALC-DIT de la ciudad de Santiago de Chile. Actualmente es presidente del Colegio Nacional de Economistas, A. C. (período 1998-2000) y director ejecutivo de la Fundación UNAM, A. C. Ha sido profesor invitado y conferencista en las universidades de Stanford, Estados Unidos, Complutense e Instituto Ortega y Gasset de Madrid, Autónoma de Buenos Aires y de Chile. Entre sus investigaciones y publicaciones destacan las relativas a la historia económica de México, el papel del Estado en la economía, planeación, desarrollo económico y política económica. En la UNAM ha ocupado puestos relacionados con la administración y la docencia. Asimismo ha desempeñado diversos cargos en la administración pública relacionados con la educación. Fue miembro destacado de la Asociación de Facultades, Escuelas e Institutos de Economía de América Latina (AFEIEAL), la cual ha presidido en dos ocasiones. Es miembro fundador de la Asociación Nacional de Instituciones de Docencia e Investigación Económica (ANIDIE), la cual presidió de 1994 a 1998. Fue coordinador del Consejo Académico del Área de las Ciencias Sociales de la UNAM, de 1997 a 1998. Es miembro del Colegio Nacional de Economistas desde 1974, en el cual ha ocupado diversos cargos en su mesa directiva. Miembro de número de la Academia Mexicana de Economía Política.

ROLANDO CORDERA

Licenciado en economía por la UNAM. Con estudios de posgrado en la
London School of Economics, Londres, Inglaterra. Profesor titular "C" de
tiempo completo en la Facultad de Economía de la Universidad Nacional
Autónoma de México. Miembro del consejo editorial y de la mesa editorial de la revista *Nexos*. Durante 10 años fue director y conductor del programa de televisión semanal Nexos. Es consejero de la Comisión de Derechos Humanos del Distrito Federal y miembro del Instituto de Estudios
para la Transición Democrática, de la Academia Mexicana de Economía
Política y del Consejo Consultivo de la Fundación UNAM. Es director general de la Fundación Nexos, A. C. y presidente del consejo de administración de Nexos. Sociedad, Ciencia y Literatura, S. A. de C. V. Es autor del
libro *Las decisiones del poder* (Cal y Arena, 1989); coautor, con Carlos Tello, de *La disputa por la Nación* (Siglo XXI Editores). Es coordinador y coautor de los libros: *Desarrollo y crisis de la economía mexicana* (Fondo de
Cultura Económica, 1991), *La desigualdad en México* (Siglo XXI editores);
El reclamo democrático (Siglo XXI Editores). Es compilador del libro
1995: La economía mexicana en peligro (Cal y Arena, 1997).

DANIEL DÍAZ DÍAZ

Ingeniero civil por la Facultad de Ingeniería, UNAM, en 1960. En 1962 tomó el curso de problemas de desarrollo económico y evaluación de proyectos en la CEPAL, y de 1963 a 1964 el curso de programación económica en el Centre d'Etudes des Programmes Economiques de París, Francia. En 1968-1982 y 1989-92 fue profesor de los cursos de planeación y recursos y necesidades de México en la Facultad de Ingeniería de la UNAM. En 1956 ingresó a la Secretaría de Comunicaciones y Obras Públicas. De 1966 a 1982 fue, sucesivamente, director general de Planeación y Programa, de Programación y de Análisis de Inversiones de la SOP y la SAHOP. En 1983 fue designado subsecretario de Infraestructura de la SCT. De 1984 a 1988 fue secretario de Comunicaciones y Transportes, y por ello, presidente de los consejos de administración de Teléfonos de México, Aeronaves de México, Compañía Mexicana de Aviación, Ferrocarriles Nacionales de México, Aeropuertos y Servicios Auxiliares y Caminos y Puentes Federales de Ingresos y Servicios Conexos. Ha sido miembro de la Junta de Gobierno de la UNAM (1990-1997) y director general del Instituto Mexicano del Transporte, SCT (1995-1997). Actualmente es diputado federal, y a la vez, presidente de la Comisión de Comunicaciones y Transportes de la Cámara de Diputados, en la LVII Legislatura. Fundador y presidente del Consejo Consultivo del Instituto Mexicano el Transporte y del Instituto Mexicano del Comunicaciones (1987-1988). Miembro fundador de la "Fundación Javier Barros Sierra". Presidente del XIX consejo directivo del Colegio de Ingenieros Civiles de México y presidente de la Sociedad de Ex-alumnos de la Facultad de Ingeniería (1989-1991). En 1990 fue designado por el gobierno de la República para recibir del Rey de España el Premio Internacional "Puente de Alcántara", otorgado al Puente Tampico. En 1985 el Gobierno de Francia le otorgó la condecoración de la Legión de Honor, con grado de oficial. En 1987 recibió la presea Generalísimo Morelos, otorgada por el Ayuntamiento de Morelia, Michoacán. En 1994 se le otorgó el premio Antonio Dovalí Jaime de la Secretaría de Comunicaciones y Transportes y el Colegio de Ingenieros Civiles de México. En 1997 recibió el Premio Nacional de Ingeniería.

JORGE ELIZONDO ALARCÓN

Licenciado en ingeniería civil. Maestría en planeación de la Facultad de Ingeniería de la UNAM. Ha sido profesor de licenciatura y posgrado en la UNAM, subdirector del Instituto de Ingeniería de la UNAM y director adjunto de Planeación del CONACYT. Actualmente es director del Centro de Estudios Prospectivos de la Fundación Javier Barros Sierra. Los campos de su experiencia profesional han sido obras hidroeléctricas, estructuras metálicas, planeación, desarrollo rural y prospectiva. Sobre el tema de la educación ha publicado: *Bases para un plan nacional de educación*, Series del Instituto de Ingeniería, núm. 457, UNAM, México 1983; *Fines y problemas de la educación* (Series del Instituto de Ingeniería, núm. 467, UNAM, México 1983); "Algunas categorías de la educación" (en colaboración con M. Alonzo, J. A. Carranza y E. Rosenblueth), en José Antonio Carranza, coord., *Entorno y propósitos de la educación en México*, Cambio XXI (Fundación Mexicana, México, 1991).

Julio Faesler Carlisle

Licenciado en derecho y en economía por la Universidad Nacional Autónoma de México. Ha desempeñado diversos cargos dentro de la administración pública (Comisión Nacional de Valores, Secretaría de Hacienda y Crédito Público, Secretaría de Industria y Comercio, Banco Nacional de Crédito Mexicano e Instituto Mexicano de Comercio Exterior). Asimismo, como promotor del comercio internacional, ha representado a México en calidad de consejero comercial en la Gran Bretaña y Bélgica, y ha sido jefe de numerosas delegaciones ante organismos internacionales como la OEA, GATT, ONUDI, UNCTAD ALALC y ante la Asamblea General de la ONU. Actualmente es presidente del Comité de Asuntos Internacionales de la Cámara de Diputados en la LVII Legislatura. Es fundador del Consejo para la Democracia, integrante de fundaciones como Alianza Cívica y Tribunal Independiente de Ciudadanos. Ha participado como observador en varios procesos electorales. Desde 1996 participa como columnista en los periódicos *Reforma, El Norte, Diario de Yucatán, El Occidental* y *La Crónica.*

José Gómez de León

Licenciado en sociología por la UNAM. Posteriormente realizó un diplomado y una maestría en demografía en la Universidad de Lovaina, Bélgica (1972-1974). Es doctor en ciencias por la Universidad de Harvard (1982), y completó un programa de post-doctorado en la Universidad de Princeton (1982-1983). Ha sido profesor de la UNAM, de El Colegio de México y del ITAM. Fue *teaching fellow* de la Universidad de Harvard (1978-1981) y ha impartido cursos en la Universidad de París. Ha sido director del Instituto Nacional de Salud Pública (1993-1994) y secretario general del Consejo Nacional de Población (1995-1997). Durante 1995-1996 presidió la Comisión de Población y Desarrollo de las Naciones Unidas. Desde mediados de 1997 es coordinador nacional del Programa de Educación, Salud y Alimentación, el PROGRESA. Ha publicado numerosos artículos en revistas internacionales especializadas en temas de población, así como varios libros. Es miembro del consejo editorial de varias revistas internacionales. Ha sido presidente de la Sociedad Mexicana de Demografía, y actualmente es miembro del Consejo de la Unión Internacional para el Estudio Científico de la Población.

ENRIQUE GONZÁLEZ TIBURCIO

Licenciado en economía y maestro en ciencias económicas por la Universidad Nacional Autónoma de México, donde obtuvo ambos grados con mención honorífica. Realizó estudios sobre programación de inversiones en el Instituto de Desarrollo Económico (IDE) del Banco Mundial. Ha sido secretario técnico del Consejo Consultivo del Programa Nacional de Solidaridad (1989-1991), director general de Investigación y Desarrollo del Instituto Nacional de Solidaridad (1992-1993), director de organización y capacitación social del Instituto Nacional Indigenista (1994-1998), y consultor externo de diversos organismos internacionales (FAO, PNUD, UNICEF). Fue coordinador del suplemento "Gente solidaria" en el periódico El Nacional (1991-93). Fue presidente del área de prospectiva del Programa de Combate a la Pobreza durante la campaña presidencial de Ernesto Zedillo (1994). Es profesor-investigador de la UNAM y el INAP y profesor invitado al curso central de planificación en Santiago de Chile (Instituto Latinoamericano de Planificación Económica y Social). Es coautor de diversos libros; entre ellos: *El reclamo democrático*; *El sector externo en la crisis*; *Estado y desarrollo*; *La formación de la economía mixta (1920-1982)*; *El combate a la pobreza, lineamientos programáticos*; *Reforma del Estado y política social: aspecto teórico; práctico* y *La política económica: aspectos teóricos y metodológicos*. Entre sus artículos recientes están: "La política económica postelectoral" (semanario *Etcétera)*, y "Respeto a la diferencia y combate a la pobreza: dos componentes para una política social de Estado" (*Revista del Senado de la República*, Vol. 4, núm. 10). Recibió el Premio Nacional de Administración Pública 1990 por el trabajo, "Reforma del Estado y política social".

ÓSCAR M. GUERRA FORD

Es licenciado en economía por la UNAM, en donde estudió una maestría en ciencias económicas y un diplomado en economía matemática, e hizo estudios de licenciatura en sociología. Fue secretario de Planeación (1990-1991), jefe de la División de Estudios Profesionales (1992-1994) y secretario general (1994-1998) de la Facultad de Economía de la UNAM. Ha sido ponente en numerosos congresos nacionales e internacionales. Fue vocal ejecutivo del Comité de Ciencias Sociales y Administrativas de los Comités Interinstitucionales para la Evaluación de la Educación Superior. Coordinó la elaboración del cuadro básico de asignaturas a nivel nacional para la licenciatura en economía en la Asociación Nacional de Instituciones de Docencia e Investigación Económica. Actualmente es subdirector de Atención Universitaria de la Fundación UNAM, A. C. Es profesor asociado "B" de tiempo completo de la Facultad de Economía de la UNAM y secretario de capacitación y actualización profesional del Colegio Nacional de Economistas y secretario general de la Asociación de Facultades, Escuelas e Institutos de Economía de América Latina. Ha publicado doce artículos y capítulos en revistas especializadas.

Carlos M. Jarque

Licenciado en actuaría por la Universidad Anáhuac. Obtuvo un diplomado y una maestría en economía de la London School of Economics and Political Science. Realizó estudios de posgrado en planeación urbana y regional en la Universidad de Oslo, Noruega. Obtuvo el doctorado en economía en la Universidad Nacional de Australia y un posdoctorado en la Universidad de Harvard. Ha sido gerente de estudios económicos de Teléfonos de México; director general de Estadística de la Secretaría de Programación y Presupuesto; presidente del Comité Intersecretarial de Finanzas Públicas; director general del Instituto Internacional de Estadística (ISI), organismo científico cúpula en su materia a nivel mundial con sede en La Haya, Holanda. Además —por elección unánime de 182 países— ha sido presidente mundial de la Comisión de Estadística, y presidente de la Conferencia Cartográfica de la ONU. Fue secretario técnico del Plan Nacional de Desarrollo de México, 1995-2000. Ocupó la presidencia del Instituto Nacional de Estadística, Geografía e Informática (INEGI) de México (1988-99). Actualmente es secretario de Desarrollo Social. Ha sido profesor de la Facultad de Economía en la Universidad Nacional de Australia y profesor invitado del Departamento de Economía de la Universidad de Harvard. Ha recibido reconocimientos en el Premio Nacional de Ciencia y Tecnología, el Premio Nacional de Actuaría, la Medalla al Mérito Benito Juárez, la Medalla Henri Willen Methorst y la Medalla Adolf Quetelet. Es autor de más de 100 publicaciones en las áreas de planeación, demografía y economía.

FEDERICO KUHLMANN

Ingeniero mecánico electricista por la Facultad de Ingeniería de la UNAM (1974). Estudió la maestría en ingeniería eléctrica en la Universidad de Cornell, Nueva York (1975) y el doctorado en ingeniería eléctrica en la Universidad de Texas en Austin (1981). Fue investigador en el Instituto de Investigaciones Eléctricas (1981); después se incorporó a la Facultad de Ingeniería de la UNAM, de cuya División de Estudios de Posgrado llegó a ser jefe. Ha sido profesor visitante de la Universidad de Wisconsin, así como investigador invitado en el Instituto Alemán de Comunicaciones en Bonn (WIK). Ha colaborado como consultor en muchos proyectos tecnológicos en el área de telecomunicaciones, campo en que ha trabajado durante los últimos 25 años, tanto en México como en el extranjero. Desde julio de 1993 es director de la carrera de ingeniería en telemática y jefe del Departamento de Sistemas Digitales del Instituto Tecnológico Autónomo de México (ITAM), y desde agosto de 1999 colabora con Axtel, S. A. de C. V., en su Dirección de Regulación y Negociaciones. Ha publicado más de 60 artículos técnicos en México y en revistas internacionales, así como el libro *Comunicaciones: pasado y futuros* (FCE, 1989), sobre la historia y el futuro de esta área, y otro que es una introducción a la información y las telecomunicaciones.

VÍCTOR LICHTINGER

Licenciado en economía por la Universidad Autónoma Metropolitana. Maestría en economía aplicada de la Universidad de Stanford. Candidato a doctor (PhD) en economía aplicada por la Universidad de Stanford. Ha sido analista en la Dirección de Inversiones Industriales en la Secretaría de Patrimonio y Fomento Industrial (1978-1979), economista en Data Resources Incorporated en Massachussetts, EUA (1979-1980), subdirector y director técnico del Gabinete de Comercio Exterior, Presidencia de la República (1983-1986), consejero económico en la Representación de México ante la ONU en Nueva York y representante por México en los foros económicos de la ONU y en el Programa de Naciones Unidas de Desarrollo (1986-1990), coordinador general de Recursos Naturales y Medio Ambiente en la Secretaría de Relaciones Exteriores (1990-1992), director ejecutivo de la Comisión de Cooperación Ambiental (Comisión trilateral creada en paralelo al Tratado de Libre Comercio de América del Norte, 1994-1998). Realizó uno de los primeros estudios de valuación ambiental y de costo-beneficio ambiental realizadas en México (1992-1994). Actualmente es socio consultor de Especialistas Ambientales, S.A de C.V.

JAIME MARTUSCELLI

Médico cirujano (1964) y doctor en bioquímica (1973) por las facultades de Medicina y Química de la UNAM, respectivamente. Postdoctorado en la Universidad de Colorado en Denver (1967-1969). Ha sido presidente de la Sociedad Mexicana de Bioquímica (1976-1978); miembro de la mesa directiva de la Asociación Latinoamericana de Gestión Tecnológica (1989-1993); consejero de la Asociación Mexicana de Directivos de la Investigación Aplicada y el Desarrollo Tecnológico (ADIAT) (1989-1990); secretario y director del Instituto de Investigaciones Biomédicas (1970-1980); y coordinador de la Investigación Científica de la UNAM (1981-1985), subsecretario de Regulación Sanitaria y Desarrollo de la Secretaría de Salud (1985-1988), director del Centro para la Innovación Tecnológica (UNAM, 1989 a 1993), secretario ejecutivo del Consejo Consultivo de Ciencias de la Presidencia de la República (1993-1994), y secretario general de la Universidad Nacional Autónoma de México (1995-1996). Desde enero de 1997 es director adjunto de Investigación Científica del Consejo Nacional de Ciencia y Tecnología. Es autor de medio centenar de artículos sobre biología molecular y políticas de investigación en salud y co-editor de cinco libros sobre bioquímica y salud. Sus publicaciones han sido citadas en más de 500 ocasiones. Premio Sinaloa de Ciencias y Artes 1990 y miembro de El Colegio de Sinaloa.

Julio A. Millán B.

Licenciado en economía por la UNAM, con estudios sobre comercio exterior, productividad y análisis económico en Washington, EUA, Oxford (Inglaterra) y Tokio (Japón). En 1969 fundó Consultores Internacionales, S. C., firma que actualmente preside. Es fundador y patrocinador del Premio Nacional Tlacaélel de Consultoría Económica. Actualmente es presidente del consejo de administración de las empresas que conforman el grupo CORAZA, Corporación Azteca, S. A. de C. V.; vicepresidente del consejo de administración de Olivetti Mexicana, S. A. de C. V.; participa en los Consejos de Administración de diversas empresas. Fundó el Capítulo Mexicano del Consejo Económico de la Cuenca del Pacífico, organismo en el que funge como presidente emérito. Fundó y es presidente del Capítulo Mexicano de la World Future Society, y es miembro de su Consejo Internacional. Presidió la sección empresarial para Asia y Oceanía del Consejo Empresarial Mexicano para Asuntos Internacionales (CEMAI). Fungió como presidente de los comités bilaterales del CEMAI. Es presidente de la Junta de Gobierno de la Universidad Marista, miembro del Consejo de la Asociación de ex-alumnos de la Facultad de Economía de la UNAM y del Colegio Nacional de Economistas. Es académico fundador de la Academia Mexicana de Auditoría Integral; participa en el Consejo de la Fundación Mexicana de Desarrollo Rural, en el Consejo Nacional de Participación Social en la Educación. Es miembro del Consejo Administrativo del Instituto Mexicano de Ejecutivos en Comercio Exterior, A. C.

OLGA OJEDA CÁRDENAS

Licenciada en sociología por la UNAM. Con estudios de maestría y doctorado en ciencias políticas y sociales en la Universidad de Essex, Inglaterra. También ha realizado cursos de especialización en Economía Ambiental Aplicada en el Wye College de la Universidad de Londres. Ha sido profesora de política ambiental internacional en el Instituto Tecnológico Autónomo de México, y en el Programa de Estudios Avanzados en Desarrollo y Medio Ambiente de El Colegio de México, y de Filosofía de las Ciencias Sociales en la Unidad de Posgrado de la Facultad de Ciencias Políticas y Sociales de la UNAM. Actualmente se desempeña como consultora en las áreas de regulación y política ambiental.

FERNANDO DEL OLMO

Licenciado en economía por el Instituto Tecnológico Autónomo de México; maestría en sociología en la Universidad Iberoamericana; candidato al doctorado (PhD) en desarrollo en la London School of Economics and Political Science, Universidad de Londres. Ha sido vicepresidente de Crédito al Consumo y vicepresidente de Administración de Riesgo Crediticio de BANAMEX; encargado de la reestructuración de las empresas coordinadas por el sector hacendario, director de Planeación Financiera, encargado del Programa Nacional de Financiamiento del Desarrollo y director de Coordinación de Banca de Desarrollo, de la Secretaría de Hacienda y Crédito Público, también fue asesor del secretario y encargado de los estudios estratégicos para la reestructuración de las paraestatales, en la Secretaría de Energía y Minas e Industria Paraestatal. En el sector privado ha desarrollado diversas actividades de consultoría financiera, desarrollando y operando estudios de inversión, operaciones de SWAPS, de colocación de capitales CPI's y estructuración de SINCAS. Obtuvo mención honorífica en el Premio Anual de Economía BANAMEX 1977. Actualmente es socio director de Analítica Consultores, S. C. Asesorías en Administración de Riesgos Crediticios y Financieros. Sus áreas de especialización son: administración de riesgo y de crédito, tanto en la banca como del emisor; análisis estadísticos, ingeniería y planeación financiera y análisis estratégico de las empresas. Es profesor universitario de las materias de teoría económica, del seminario de investigación económica, finanzas y teoría y política del desarrollo en el ITAM, la Universidad Iberoamericana y la Universidad Panamericana. Es coordinador del diplomado en administración de riesgo crediticio y financiero del ITAM.

Daniel Reséndiz Núñez

Ingeniero civil (1961), maestro en ingeniería (1962) y doctor en ingeniería (1965) por la UNAM. Estancia de investigación en la Harvard University (1963-1964). Investigador del Instituto de Ingeniería de la UNAM desde 1960; director del mismo de 1974 a 1982. Profesor de la Facultad de Ingeniería de la UNAM desde 1958 y director de la misma de 1987 a 1991. Presidente de la Academia de la Investigación Científica (hoy Academia Mexicana de Ciencias, 1979-1981) y del Fondo de Estudios e Investigación Ricardo J. Zevada de (1988-1991). Secretario General del CONACYT (1982-1987). Miembro del Comité Asesor de la ONU sobre Ciencia y Tecnología para el Desarrollo (1988-92). Miembro del Consejo Consultivo de Ciencias de la Presidencia de la República (desde 1990). Subdirector técnico de la Comisión Federal de Electricidad (1991-1994). Miembro del Consejo Asesor del CONACYT (1991-1995). Presidente del Patronato de la Universidad Autónoma Metropolitana (1991-1995), subdirector general técnico de la Comisión Nacional del Agua (1995). Desde enero 1996 es subsecretario de Educación Superior e Investigación Científica de la Secretaría de la Educación Pública. Miembro regular u honorario de doce sociedades profesionales y científicas de México e internacionales, consultor de decenas de proyectos de ingeniería civil (cimentaciones, presas, túneles) en México y otros países. Recipiendario de once premios científicos o profesionales, entre ellos el Premio Nacional de Ciencias y Artes (1990) del Gobierno de la República. Autor, coautor o editor de ocho libros; autor de más de 140 artículos científicos o técnicos. Desde 1992, investigador emérito de la UNAM.

Federico Reyes-Heroles

Es director fundador y asesor general de la revista *Este País, Tendencias y Opiniones*. Colaborador de, entre otros, los periódicos *Reforma* y *El Norte;* investigador de la Coordinación de Humanidades de la UNAM; profesor asociado del Pierson College de la Universidad de Yale. Es profesor invitado de la Universidad de Chicago; titular de la cátedra Simón Bolívar en la Facultad de Filosofía y Letras de la UNAM, y titular de la Cátedra Julio Cortázar de la Universidad de Guadalajara. Es miembro del Consejo de la Comisión Nacional de Derechos Humanos y presidente del consejo directivo de Transparencia Mexicana. Es autor de *Ensayo sobre los fundamentos políticos del Estado contemporáneo* (1982); *Ante los ojos de Desirée* (novela, 1983); *Anclajes* (periodismo político, 1985): *Transfiguraciones políticas del Estado Mexicano* (1986); *Contrahechuras mexicanas* (1987); *La democracia difícil* (1991); *Noche tibia* (novela, 1994); *Sondear a México* (1995); *Conocer y decidir* (1998), y *Memorial del mañana* (1999). Ha sido coordinador de los libros: *Los partidos políticos mexicanos en 1991* (FCE, 1991): *50 preguntas a los candidatos* (FCE, 1994); *1997: Tareas y compromisos* (FCE, 1997); *Los candidatos frente a la Capital* (FCE, 1997). Autor de artículos en revistas de difusión y especializadas.

Georgina Sánchez

Politóloga por la Universidad Autónoma Metropolitana, con posgrado en relaciones internacionales del Instituto de Estudios Políticos de París. Especialista en estudios estratégicos, procesos políticos y prospectiva internacional. Ha sido directora ejecutiva de la Organización para la Cooperación y el Desarrollo Económicos para América Latina y responsable editorial de la versión en español de más de 20 publicaciones de la OCDE (1995-1999). Es miembro del Servicio Exterior Mexicano e investigadora asociada del Instituto de Estudios de Estados Unidos, del Centro Investigación y Docencia Económicas. Actualmente es directora ejecutiva de la consultoría Asesores Internacionales en Prospectiva. Ha publicado *Los caminos inciertos de la democracia en América Latina. Estrategias de transición y consolidación de la democracia en América Latina* (L'Harmattan, París) y numerosos artículos en México y París.

Fernando Solana

Ha sido secretario de Comercio; secretario de Educación Pública; presidente de la Reunión Mundial de Políticas Culturales de la UNESCO para la década de los 80; director general del Banco Nacional de México; presidente de la Asociación Mexicana de Bancos, y secretario de Relaciones Exteriores. Actualmente es senador de la República, donde preside la Comisión de Relaciones Exteriores; es presidente alterno del Parlamento Latinoamericano (PARLATINO); es, además, miembro del Comité Ejecutivo de la Unión Interparlamentaria Mundial. Es autor de varios libros, entre ellos *La planeación universitaria de México*; *Historia de la educación pública en México*, y *Tan lejos como llegue la educación*.

Lorenzo H. Zambrano

Ingeniero mecánico administrador por el Instituto Tecnológico y de Estudios Superiores de Monterrey con maestría en administración de empresas por la Escuela de Graduados en Administración de la Universidad de Stanford. En 1968 ingresó a CEMEX, en donde ocupó diversos puestos en el área de ingeniería y operaciones de la empresa hasta convertirse en director de operaciones y posteriormente en director general (1985). A partir de 1995 es, además, presidente del consejo de administración de esta empresa. Consejero de Femsa, de las empresas ICA, Alfa, Cydsa, Vitro y Televisa, así como miembro del comité ejecutivo de Banamex. También es presidente del Consejo de Enseñanza e Investigación Superior, A. C., órgano que rige la administración del ITESM y también es miembro del consejo de diferentes asociaciones e instituciones industriales, de negocios y académicas, entre las que figuran Americas Society, Inc, Escuela de Negocios de Stanford, Museo de Arte Contemporáneo de Nuevo León, y la Comisión México-Estados Unidos para el Intercambio Educativo y Cultural. Ha recibido premios y distinciones de la comunidad financiera mexicana y el gobierno estatal. En 1988 recibió el *Ernest C. Arbuckle Award* por su compromiso continuo con la excelencia empresarial.

ÍNDICE

          de simulación de flujos 393

Anexo X.2. Escenarios básicos 394

XI. Salud: caminos mexicanos por andar, por *Jaime Martuscelli*
     y *Antonio Alonso C.* 399

     XI.1.   Introducción 399

     XI.2.   La transición demográfica: Los mexicanos del futuro 401
     *XI.2.1. Población total, 401; XI.2.2. Tasas de natalidad y mor-
     talidad, 403; XI.2.3. Curvas de sobrevivientes, 405; XI.2.4.
     Población urbana y rural, 407; XI.2.5. Población de algunos de
     los principales centros urbanos, 409; XI.2.6. Esperanza de vi-
     da al nacer y estructura de la población por grupos de edades,
     410*

     XI.3.   La transición epidemiológica: Las enfermedades y
              causas de muerte de los mexicanos 411

     XI.4.   El entorno económico 425
     *XI.4.1. Ingresos y distribución de la riqueza, 425; XI.4.2. Los
     gastos en atención a la salud, 427*

     XI.5.   Los sistemas de atención a la salud y la seguridad
              social 429

     XI.6.   Los futuros científicos y tecnológicos 436

XII. Telecomunicaciones en México: 2030, por *Federico Kuhlmann* 441

     XII.1.   Introducción 441

     XII.2.   El entorno de las telecomunicaciones 444

     XII.3.   La distribución de la infraestructura telefónica a
              nivel mundial 446

     XII.4.   La infraestructura telefónica en México 448

     XII.5.   Estado actual de la industria de las telecomunica-
              ciones 454

     XII.6.   Las telecomunicaciones y su futuro de corto plazo 456

     XII.7.   Hacia el acceso universal y el crecimiento basado
              en las telecomunicaciones 459

     XII.8.   Futuros posibles 463

     XII.9.   Conclusión 478

Este libro se terminó de imprimir y encua-
dernar en los talleres de Impresora y Encuader-
nadora Progreso, S.A. (IEPSA), calzada de San
Lorenzo 244, 09830 México, D.F., en el mes de
octubre de 2000. En su tipografía se utilizaron
tipos New Aster de 10:12 puntos de pica.
Se tiraron 2 000 ejemplares

Corrección de *Esteban Torres Alexander*
(con el doctor *Antonio Alonso)*,

Laura Elena Martínez Basurto,
Jesús Eduardo García Castillo,
Osvelia Molina y *Guillermo Hagg*

La tipografía y formación ha sido elaborada
en el Taller de Composición
del Fondo de Cultura Económica
por *Guillermo Carmona,*
José Luis Acosta, Juan M. Jiménez Piña,
Mauricio Vargas y *Ernesto Ramírez*

Preparación del material gráfico:
Verónica Medina Wence y *Ricardo Gutiérrez*

Preprensa y fotomecánica: *Formación Gráfica*

Cuidó la edición *Axel Retif*

Esta edición ha sido coordinada por
Lucía Segovia y
María del Carmen Farías